Angewandte Politikforschung

Manuela Glaab • Karl-Rudolf Korte (Hrsg.)

Angewandte Politikforschung

Eine Festschrift für
Prof. Dr. Dr. h.c. Werner Weidenfeld

Herausgeber
Dr. Manuela Glaab
Ludwig-Maximilians-Universität München,
Deutschland

Prof. Dr. Karl-Rudolf Korte
Universität Duisburg-Essen,
Deutschland

ISBN 978-3-531-19671-8
DOI 10.1007/978-3-531-19672-5

ISBN 978-3-531-19672-5 (eBook)

Die Deutsche Nationalbibliothek verzeichnet diese Publikation in der Deutschen Nationalbibliografie; detaillierte bibliografische Daten sind im Internet über http://dnb.d-nb.de abrufbar.

Springer VS
© VS Verlag für Sozialwissenschaften | Springer Fachmedien Wiesbaden 2012
Das Werk einschließlich aller seiner Teile ist urheberrechtlich geschützt. Jede Verwertung, die nicht ausdrücklich vom Urheberrechtsgesetz zugelassen ist, bedarf der vorherigen Zustimmung des Verlags. Das gilt insbesondere für Vervielfältigungen, Bearbeitungen, Übersetzungen, Mikroverfilmungen und die Einspeicherung und Verarbeitung in elektronischen Systemen.

Die Wiedergabe von Gebrauchsnamen, Handelsnamen, Warenbezeichnungen usw. in diesem Werk berechtigt auch ohne besondere Kennzeichnung nicht zu der Annahme, dass solche Namen im Sinne der Warenzeichen- und Markenschutz-Gesetzgebung als frei zu betrachten wären und daher von jedermann benutzt werden dürften.

Redaktion: Dr. Frank Gadinger, Julia Staub (NRW School of Governance, Universität Duisburg-Essen); Johannes Meiners (Ludwig-Maximilians-Universität München)
Einbandentwurf: KünkelLopka GmbH, Heidelberg

Gedruckt auf säurefreiem und chlorfrei gebleichtem Papier

Springer VS ist eine Marke von Springer DE. Springer DE ist Teil der Fachverlagsgruppe Springer Science+Business Media
www.springer-vs.de

Inhalt

1. Theoretische Grundlagen, Methoden und Zugänge

Manuela Glaab/Karl-Rudolf Korte
Angewandte Politikforschung – Konzeption und Forschungstradition 11

Andreas Blätte
Der Reformdiskurs in der universitären Vermittlung angewandter
Politikforschung – Thesen zu Kontextualisierung und Reorientierung 45

Warnfried Dettling
Angewandte Politikforschung – Idee und Wirklichkeit 61

Manuel Fröhlich
Angewandte Politikforschung *avant la lettre* – Aktuelle Betrachtungen anhand
zweier Friedenspläne aus dem achtzehnten Jahrhundert 67

Heinz-Jürgen Axt
Reflexionen zur Politikberatung 81

Karl-Rudolf Korte
Besondere Herausforderungen der angewandten Regierungsforschung 91

2. Strukturen, Akteure, Ressourcen und Gegenstände

Josef Janning/Jürgen Turek
Das Centrum für angewandte Politikforschung (C·A·P) –
Brückenbauer zwischen Wissenschaft, Politik und Gesellschaft 101

Markus Hoffmann/Marion Steinkamp
Die NRW School of Governance – Angewandte Politikforschung im
Spannungsfeld von Forschung und Lehre 117

Josef Janning
Auswärtiges Amt – Eine Betrachtung zum Wandel von Außenpolitik und
Politikberatung in Deutschland 127

Tassilo Wanner/Daniel von Hoyer
Angebot trifft Nachfrage? Politikberatung im Umfeld deutscher Parlamente 137

Otto Schmuck
Landesregierungen und Mehrebenenpolitik 151

Melanie Piepenschneider
Stiftungen – Politikforschung und Politikberatung auf christlich-
demokratischer Grundlage 165

Thomas Leif
Souveränitätsverzicht der Politik und Bedeutungsverlust der Parlamente –
Lobbyismus als Schatten-Management widerspricht dem Prinzip des
Pluralismus 179

Jürgen Gros
Kommunikation in Genossenschaftsverbänden 199

Andreas Kießling
Politische Unternehmenskommunikation und angewandte Politikforschung –
Potentiale und Limitationen am Beispiel der Erneuerbaren Energien-Politik im
Wendejahr 2011 211

Peter Frey
Medien und Politik – Arbeiten an der Schnittstelle 223

Michael Garthe
Medien und Politik – Die Zeitung 233

Christian Jung
Öffentliche Meinung als Analyse- und Zielobjekt der angewandten
Politikforschung 239

Matthias Belafi
Die elementare Wucht einfacher Zeichen – Zum Verhältnis von Liturgie
und Politik 251

3. Anwendung in Politikfeldern

Franco Algieri/Janis A. Emmanouilidis
What else is new? Zur Relevanz klassischer und neuer Themen der europäischen
Integration für die angewandte Politikforschung 269

Florian Baumann
Differenzierung als Strategie der europäischen Integration 279

Reinhardt Rummel
Auswärtiges Handeln der EU als Entwicklungsaufgabe für angewandte
Politikforschung 293

Inhalt

Michael Bauer/Almut Möller
Angewandte Politikforschung zur europäischen Nahostpolitik   307

Uwe Wagschal
Schuldengrenzen und Haushaltskonsolidierung in der Europäischen Union   319

Gerd Langguth
Das deutsche Parteiensystem im Wandel – Krisensymptome und
Revitalisierungsoptionen   335

Lars C. Colschen
Politikberatung in der deutschen Außenpolitik   347

Andreas Meusch
Angewandte Politikforschung in der Gesundheitspolitik   357

Jürgen Turek
Demographischer Wandel und Telemedizin   367

Martin Brusis/Olaf Hillenbrand/Peter Thiery
Demokratiemessung – Der Bertelsmann Transformation Index   383

Silvia Simbeck/Susanne Ulrich/Florian Wenzel
Politische Bildung: Demokratiekompetenz als pädagogische Herausforderung   395

Eva Feldmann-Wojtachnia/Barbara Tham
Europäisierung der Bildungsarbeit und aktives Bürgerbewusstsein junger
Menschen   407

Britta Schellenberg
Strategien gegen Rechtsextremismus und Vorurteilskriminalität –
Für Pluralismus und liberale Demokratie in Deutschland   419

Michael Weigl
Anwendungsfelder angewandter Identitätsforschung in Deutschland –
eine politikwissenschaftliche Perspektive   431

4. Anhang

Würdigung des wissenschaftlichen Werdegangs von Werner Weidenfeld   445

Schriftenverzeichnis   453

Autorinnen und Autoren   461

1. Theoretische Grundlagen, Methoden und Zugänge

Manuela Glaab/Karl-Rudolf Korte

Angewandte Politikforschung – Konzeption und Forschungstradition

1 Der Kerngehalt angewandter Politikforschung

Politische Akteure sind in ihrem täglichen Handeln und Entscheiden auf kompetente Beratung angewiesen. Es verwundert daher, dass die offensichtliche Verknüpfung von Politik, Wissenschaft und Politikberatung von der Politikwissenschaft in Deutschland lange Zeit wenig zur Kenntnis genommen wurde. Während in den USA der Politikberatung schon immer ein hoher Stellenwert im wissenschaftlichen Diskurs beigemessen wird und als Beratungskultur auch Teil öffentlicher Debatten ist, steckt diese Diskussion in Deutschland noch in den Anfängen. In den 1990er Jahren – auch durch die Regierungszeit des Bundeskanzlers Gerhard Schröder – verstärkte sich jedoch in der öffentlichen Wahrnehmung der Eindruck eines neuen Politikstils mit einem wachsenden Einfluss politischer Berater und Ideengeber von außen: „Die Berater sind los!" titelte *Die Zeit* damals in überraschter Rhetorik (Hofmann 1998). Auch im politikwissenschaftlichen Feld hat sich seitdem das Interesse an Politikberatung, angewandter Politikforschung und deren Möglichkeiten zumindest intensiviert. Das Schlagwort von der „Beraterrepublik" verweist letztlich auf zweierlei: Einerseits nimmt der Beratungsbedarf der Politik in der Bundesrepublik Deutschland ebenso wie in anderen modernen Demokratien auf Grund immer komplexer werdender Probleme und multipler Interdependenzen zu. Politikberater sind nicht nur in formalen wie informellen Beratungsrunden von Parlament und Regierung, sondern auch in den Medien vielfach präsent. Andererseits macht das Schlagwort auf Kontroversen aufmerksam, die um die Leistungsfähigkeit und Legitimität von Politikberatung geführt werden. Ablesbar ist der Stellenwert der Politikberatung auch an einer größeren Zahl wissenschaftlicher Publikationen (z. B. Cassel 2001; Falk u. a. 2006; Bröchler/Schützeichel 2008; Weingart/Lentsch 2008) wie auch praxisorientierter Veröffentlichungen (z. B. Althaus/Meier 2004; Busch-Janser u. a. 2007) sowie der Begründung eines Fachmagazins (Zeitschrift für Politikberatung 2008ff.) zum Thema.

Diese Beobachtung soll zum Ausgangspunkt genommen werden, um den Kontext angewandter Politikforschung – genauer die veränderten Anforderungen politischen Entscheidens – problemorientiert darzulegen.[1] Nicht nur die politischen Entschei-

---

[1] Wir bedanken uns für die wertvollen, weiterführenden Anregungen, die wir von Dr. Frank Gadinger (Universität Duisburg-Essen) für diesen Grundsatzartikel bekommen haben.

dungsträger, auch die Politikberatung muss sich auf diese Herausforderungen einstellen und mit vielfältigen Unsicherheiten umgehen. Welchen Beitrag die angewandte Politikforschung dazu leisten kann, wie sich deren Selbstverständnis und Arbeitsweisen hier einordnen lassen, gilt es im Folgenden zu präzisieren.

Angewandte Politikforschung will ihre Befunde und Ergebnisse für die Politik bereitstellen. Wissenschaftliche Politikberatung soll so zur Rationalität von politischen Entscheidungen beitragen. Eine solche Prozessbegleitung kann gelingen, wenn die Politik Angebote der angewandten Politikforschung systematisch nutzt. Deren Beitrag kann sich auch dadurch zeigen, dass sich das Rationalitätsniveau der öffentlichen Debatte hebt (Kielmansegg 2009).

Grundsätzlich kreisen sowohl die angewandte Forschung als auch die Politikberatung um die Komplexität des politischen Entscheidungshandelns.[2] Mit dem Begriff der Entscheidung ist aber keineswegs nur im engeren Sinne eine konkrete politische Handlung gemeint, vielmehr umfasst die zu treffende Entscheidung Orientierungswissen als Handlungsset. Im politischen Kontext muss solches Orientierungswissen immer mit Ambiguität und Kontingenz rechnen. Jede dieser Entscheidungen hat stets eine Sach-, Sozial- und Zeitdimension (Schimank 2005: 70-71; Korte/Fröhlich 2009). Angewandte Politikforschung hat dies professionell zu antizipieren: Sach- und Machtfragen müssen für die politischen Akteure in einen Kontext gebracht werden. Sowohl die Grundlagenforschung als auch die angewandte Forschung sind problemorientiert, erforschen Entwicklungstendenzen, Anpassungsprobleme, Veränderungskorridore – alles auch mit dem Anspruch, dies interdisziplinär und international vernetzt anzugehen. Angewandte Forschung kann ebenso wie die Grundlagenforschung nur theoriebasiert Erkenntnisse generieren. Doch am jeweiligen Erkenntniszweck unterscheiden sich beide Forschungskontexte. Denn angewandte Politikforschung stellt die Erkenntnisse immer in den Dienst der Öffentlichkeit. Ihr Mehrwert ist nutzenorientiert – was nicht auf eine Marktorientierung reduziert werden sollte, sondern immer auch einen ethischen Nutzen beinhalten kann. Die auf Anwendungsbezug ausgerichteten Wissenschaftler sehen den Zweck der Forschung im Wissenstransfer und der Verbesserung von Public Policy im Sinne der Lösung konkreter Problemlagen. Der Anwendungsbezug ist daran erkennbar, dass wissenschaftliche Konzepte und analytische Methoden stets daraufhin geprüft werden, ob sie zur Verbesserung der Praxis beitragen (Zürn/Walter/Bertram 2006). Statt des grundlagentheoretischen Interesses treibt die angewandte Politikforschung ein sachproblemorientiertes Herangehen an.

Akademische Exzellenz und professionelle Orientierung bedürfen im Verständnis von anwendungsorientierter Forschung immer eines konkreten Anwendungsbezugs, der die außeruniversitäre Öffentlichkeit erreicht. Für Politikwissenschaftler, die anwendungsorientiert forschen, ist die Teilnahme am öffentlichen Diskurs systemimmanent. Das Potenzial anwendungsorientierter Politikforschung erstreckt sich auf alle drei Dimensionen des Politikbegriffs: Polity, Policy und Politics. In jeder dieser Dimensio-

---

[2] Grundsätzlich dazu Korte/Grunden (2012).

nen hat der Bedarf nach wissenschaftlicher Politikberatung zugenommen – mithin die Nachfrage nach Erkenntnissen der angewandten Politikforschung. Nachfolgend beziehen sich die Schwerpunktsetzungen auf angewandte Politikforschung im Bereich von Politics. Der Fokus des gesamten Buches umfasst jedoch darüber hinaus auch die klassischen Bereiche der Policy-Beratung.

2   Angewandte Politikforschung vor neuen Herausforderungen

Politisches Entscheiden tritt in eine neue formative Phase. Das hängt mit einer Modernisierung von Instrumenten, Techniken und Stilen des Entscheidens in digitalen Demokratien zusammen. Online-Kontexte verschieben mit „absolute(r) Gegenwart und organisierte(r) Gleichzeitigkeit" (Mittelstraß 2011) die Zeit-Dimension des Entscheidens. Noch wirkungsmächtiger auf den Modus des demokratischen Entscheidens sind allerdings die Zeitabläufe, die eine enorme Ereignisdichte bereithalten und seit einigen Jahren das Risiko zum Regelfall der Politik machen. Für die politischen Spitzenakteure kommen in Folge dieser Veränderungen immer mehr Entscheidungen als purer 'Stresstest' daher. Ohne Risikokompetenz droht den Akteuren das politische Aus. Wie könnte so eine Risikokompetenz aussehen? Welche sozialwissenschaftlichen Antworten lassen sich generieren? Wie können politische Akteure mit den wachsenden Entscheidungszumutungen[3] seitens der Bürger strategisch umgehen?

Die politischen Spitzenakteure einer Regierung sind in eine Regierungsformation eingefügt (Grunden 2009: 67). Als Kollektivakteur ist die Formation fragil und unbeweglich zugleich. Handlungsfähig sind die Spitzenakteure, die ihr Politikmanagement unter den Bedingungen von politischer Komplexität und Unsicherheit organisieren (Luhmann 2004). Der ehemalige Bundesfinanzminister Peer Steinbrück (SPD) formulierte dies treffend in einem Spiegel-Interview: „Ich bemühe mich um Rationalität. Tue nur das, von dem du überzeugt bist! Politische Verantwortung heißt, bei Unsicherheiten und unvollständigen Informationen Entscheidungen zu treffen. Das unterscheidet Politiker von Wissenschaftlern und Kommentatoren" (Spiegel 49/2008 vom 01.12.08: 38). Das erwähnte Bemühen um Rationalität beschreibt ein strategisches Dilemma eines jeden Entscheiders, nämlich Entscheidungen unter den Bedingungen des Nichtwissens zu treffen. Die Formulierungen deuten die Richtung des Steuerungsverständnisses an. Politik als gemeinsame Verabredung von Regeln und Prioritäten ist unter den Bedingungen von Government möglich. Kein Government ist wiederum ohne Governance vorstellbar (Florack/Grunden/Korte 2011). Sinkende Erwartungssicherheit, mangelnde Zeitsouveränität und der stete Zwang zur Reaktion sind wichtige Faktoren, die in Teilen der Politikwissenschaft, aber auch unter den politischen Akteuren eine Strategie-

---

[3] Das bezieht sich konkret auf die gestiegenen Erwartungshaltungen der Bürger gegenüber staatlichem Handeln.

Skepsis hervorrufen (vgl. alle Argumentationen bei Wiesenthal 2006; Glaab 2007a; Brodocz u. a. 2008: 14-21)[4].

Die aktuelle Kaskade von Krisen, seien es Naturkatastrophen, menschengemachte oder auch nur medieninszenierte Krisen, stellt jede Regierung vor besondere Probleme. Denn dabei geht es nicht ‚nur' um Krisenbewältigung im Sinne einer Problemlösung in Zeiten entfesselter Dynamiken. Vielmehr wird im Politikmanagement das Primat der Politik hierbei auf die Probe gestellt; im Kampf um die Verteilung politischer Entscheidungsmacht müssen sich die politischen Akteure jeden Tag aufs Neue bewähren (Vogl 2011; Schirrmacher/Strobl 2010). Eine Regierung kann sich aber, wie im Weiteren gezeigt werden soll, durchaus auch in Zeiten des Gewissheitsschwundes strategische Potenziale erarbeiten und erhalten, die ein nicht allein durch Zufälle und Inkrementalismus[5] dominiertes Politikmanagement möglich machen. Risikokompetenz wäre dabei das auszubauende Potenzial. Was damit gemeint ist, soll nachfolgend weiter entwickelt werden.

Wenn Risiken und Krisenszenarien zum Regelfall der Politik werden, bedeutet dies nicht, dass die Routinepolitik einfach verschwindet. Das alltägliche Politikmanagement entlang von Legislaturperioden rückt aus dem Zentrum der öffentlichen Aufmerksamkeit, bindet jenseits der Scheinwerfer und Fernsehkameras aber weiterhin erhebliche Ressourcen des Entscheidungssystems. Zudem werden latente oder chronische Krisen oftmals eher verwaltet, als dass mit hohen Entscheidungskosten verbundene Problemlösungen konsequent verfolgt würden (die Reformstaudebatte bietet hierfür reichlich Anschauungsmaterial). Auch für die Routinepolitik gilt, dass die Folgen politischer Entscheidungen nicht sicher zu berechnen sind, aber gleichwohl Pfadabhängigkeiten entstehen, so dass Fehlerkorrekturen nur unter hohen Kosten möglich sind. Auch hier muss also permanent mit Informationsunsicherheit umgegangen werden. Der Ansatz evidenzbasierter Politik (Nutley u. a. 2000) verweist zugleich auf das Bestreben, möglichst präzises Wissen zu generieren, um Wissenslücken und daraus resultierende Risiken zu minimieren.

Die Strategiefähigkeit einer Regierung und ebenso auch von individuellen Akteuren ist jedoch gerade nicht an der Verfügbarkeit weit in die Zukunft reichender Konzepte festzumachen, die detaillierte „Wenn-dann-Kausalitätsvermutungen" beinhalten. Strategiefähigkeit bedeutet zumeist, mit Informationsunsicherheit bzw. Nichtwissen adäquat umzugehen und die Fähigkeit zu erlangen, Erwartungsunsicherheiten zu antizipieren. Hierbei sind die Spitzenakteure auf die Verfügbarkeit von Orientierungswissen für offene Problemsituationen angewiesen (Korte/Fröhlich 2009: 183).

---

[4] Ein Überblick zur kontroversen Diskussion findet sich bei Raschke/Tils (2007: 31ff.).
[5] Dazu hat sich bereits 1959 Charles Lindblom mit seinem Diktum von Public Policy als Kunst des „Durchwurstelns" („muddling through") maßgeblich geäußert.

3 Konturen der veränderten Entscheidungszumutungen

3.1 Risiko und Komplexität

Womit sollte sich dieses Orientierungswissen auseinandersetzen, um daraus Risikokompetenz[6] abzuleiten? Da ist zunächst das Umfeld der Risikoabschätzung. Politik gilt seit vielen Jahren in der Wahrnehmung der Bürger als Risikofaktor (Köcher 2002): Die Bürger sind verunsichert über die Zukunftsaussichten und haben immer weniger Vertrauen in die Politik bzw. die Politiker im Hinblick auf Problemlösungen. Aber auch Experten können nicht automatisch mit dem Vertrauen der Bürger rechnen. Die Risikoforschung verweist zudem auf die divergierende Risikowahrnehmung von Laien und Experten. Mehr Informationen über Risikowahrscheinlichkeiten schaffen deshalb nicht unbedingt mehr Vertrauen. Auch damit müssen Entscheidungsträger umgehen, wenn sie Risiken kommunizieren (Korte 2011a).

Der Soziologe Ulrich Beck (1986) charakterisierte bereits vor mehr als einem Vierteljahrhundert das Phänomen der Risikogesellschaft. Ausgangspunkt waren Beobachtungen, dass sich Risiken qualitativ und quantitativ verändert haben: Sie sind nicht eingrenzbar, weder räumlich noch zeitlich oder sozial. Immer häufiger kommen Krisen transnational daher, so dass die etablierten Regeln der Zurechenbarkeit und Verantwortung in einem demokratischen politischen System nicht mehr greifen. Risiko ist seitdem zu einer Reflexionsfigur geworden, auch in öffentlichen Diskursen. Dass der Versuch der Vermeidung eines Risikos wiederum zu neuen Risiken führen kann, charakterisiert für Beck die Struktur der sogenannten „zweiten Moderne". Die Entscheidungstheorien wiederum differenzieren das Verhalten des Entscheiders im Managen des Risikos. Die Finanzkrise sowie der Reaktorunfall von Fukushima liefern das aktuelle Material für die Risikoforschung. Die Ereignisdichte der externen Schocks auf die Politik der konsolidierten Demokratien hat zugenommen und somit auch das offenbar notwendige stakkatohafte Entscheiden unter Risikobedingungen. Die Katastrophen folgen keinem bekannten Muster: Das jeweilige Desaster gewinnt seine Wucht aus einer nicht erwarteten Kettenreaktion, die sogleich globale Wirkung entfaltet (Schnabel 2011). Zeitgleich modifizieren sich die Bewertungen der Risiken durch die Bürger. Die gesellschaftliche Bewertung dessen, was eine sichere Leitwährung war oder ein sicheres Atomkraftwerk sein könnte, hat sich durch derartige Einschnitte drastisch verändert. Denn Sicherheit ist kein mathematischer Wert, sondern von gesellschaftlichen Risikoabwägungen abhängig. Anders als Kapitalmärkte verfügt die Politik nicht über scheinbar unabhängige Risikoparameter, die Ratingagenturen zu liefern haben. Andererseits ist Politik damit auch unabhängig, weil sie selbst Mechanismen zur Risikobeurteilung schaffen kann. In den Worten der Bundeskanzlerin drückt sich das folgender-

---

[6] Hier gilt der Bezug auf die sozialwissenschaftlichen Fundamenten des Kompetenzbegriffs: Die Soziologie Max Webers, die Sprechakt-Theorie von Chomsky, die pragmatisch-funktionale Tradition der amerikanischen Psychologie (Klieme/Hartig 2007: 14-19).

maßen aus: „Es geht also um die Belastbarkeit von Wahrscheinlichkeitsanalysen und Risikoannahmen" (Die Zeit 20/2011 vom 12.05.11: 3).

Parallel zu wachsenden Risiken entwickelt sich exponentiell politische Komplexität. Immer mehr Akteure in immer stärker globalisierten Verhandlungsformaten ohne hierarchische Formen der Handlungskoordination arbeiten an Problemlösungen (Benz/Dose 2010: 22-27). Dabei sind immer häufiger private und öffentliche Akteure in Netzwerken zusammenzubringen. Hier wächst Governance im Schatten von Government und Formalität (Florack/Grunden 2011). Die gesteigerte Binnenkomplexität drückt sich durch eine Intensivierung und Verdichtung der Beziehungen zwischen den vorhandenen staatlichen Akteuren und Institutionen (mehr und verflochtener) oder durch die Entstehung und Etablierung zusätzlicher neuer Akteure, Institutionen und Handlungsebenen (Ausweitung und Mehrebenen) aus.

Doch die Entscheidungszumutungen an den politischen Akteur nehmen keine Rücksicht auf die gewachsene Komplexität. Im Gegenteil, gerade in Deutschland nimmt der Grad an Staatszentriertheit und Staatsvertrauen zu, wenn Krisenszenarien die öffentliche Meinung dominieren (Heinze 2009: 11-42). Bürger erwarten dann die entschlossene Umsetzung des Primats der Politik, möglichst als heroische Chefsache des Krisenmanagers. Doch die Qualität von Komplexität hängt keinesfalls nur von der gesteigerten Binnenkomplexität ab. Zu den Kernkomponenten gehören vielmehr nichtlineare Dynamiken, die vielfältige Rückkopplungen von gleichzeitigen Wechselwirkungen vieler Elemente berücksichtigen (Scobel 2008; Mitchell 2008; Mainzer 2008). Diese Strukturmuster markieren den Kern des Gewissheitsschwundes in der Politik (Korte 2011c).

3.2 Die neue Natur der Politik

Die Befunde aus dem Bereich der Regierungsforschung sind eindeutig. Im Zeitverlauf ist politische Führung verflochtener, anspruchsvoller, kommunikationsabhängiger, zeitaufwändiger, unkalkulierbarer, komplexer geworden (Grasselt/Korte 2007; Glaab 2007b). Auch im Hinblick auf ethische oder normative Grundlagen, also wertebasiertes Entscheiden, fehlen zunehmend Orientierungspunkte. Das Entscheiden wird schwieriger, was sich auf die Kontingenz des Handelns in der Führung auswirkt. Die letzten Jahre haben diese Lageeinschätzung jedoch weiter dramatisiert, wie auch die Risiko- und Krisenforschung konstatiert (Mitchell 2008: 108-116). Unter dem Druck der Ereignisdichte scheint sich ein neuer Rhythmus der Politik zu entwickeln: „Die Natur der Politik verändert sich" (Ulrich 2011). Wichtiger und bindender als Koalitionsverträge werden für die politischen Akteure auf vielen Ebenen die Krisenreaktionskräfte (Korte 2011a). Wenn es serienmäßig zum Triumph des Unwahrscheinlichen über das Wahrscheinliche kommt, muss Politik stets das Überraschende erwarten. „Die Desaster entwickeln ihre Wucht aus einer höchst unglaublichen, aber dennoch möglichen Kettenreaktion, die in der eng vernetzten Welt postwendend globale Wirkung entfaltet" (Schnabel 2011).

Der Vorwurf gegenüber der Politik, die auf diese neuen Rhythmen zu reagieren hat, kommt lautstark daher. Denn Politik kann unter diesen Bedingungen leicht zu einem ‚Slalom der Desorientierung' beitragen, wenn täglich auf neue Risiken reagiert werden muss. Habermas unterstellt der Politik einen Verzicht auf Perspektive und Gestaltungswillen. Er konstatiert: „(D)ie wachsende Komplexität der regelungsbedürftigen Materien nötigt zu kurzatmigen Reaktionen in schrumpfenden Handlungsspielräumen", und kritisiert weiter: „als hätten sich die Politiker den entlarvenden Blick der Systemtheorie zu eigen gemacht, folgen sie schamlos dem opportunistischen Drehbuch einer demoskopiegeleiteteten Machtpragmatik, die sich aller normativen Bindungen entledigt hat" (Habermas 2011).

Unabhängig davon, ob man diese Kritik teilt, räumt auch Habermas einen Strukturwandel der Politik ein. Das Ursachenbündel für diesen Strukturwandel, der die Natur der Politik sukzessive verändert, ist vielgestaltig, was an drei Aspekten aufgezeigt werden soll: Wissen und Nichtwissen; Irrationalität und Heuristiken; Zeit und Geschwindigkeit. Auf diese drei Aspekte muss angewandte Politikforschung Antworten finden.

4 Komponenten des politischen Entscheidungsregelfalls

4.1 Wissen und Nichtwissen

Die Demokratie kennt keine politische Entscheidungsautorität durch den Faktor Wissen. Doch die Politikwissenschaft wird wichtiger werden für die Bestimmung und Analyse der Probleme sowie der verfügbaren Optionen des Handelns (vgl. Kielmansegg 2009). Die Ressource Wissen hat strukturbedingt für den politischen Akteur an Qualität verloren. Wissen ist Macht. An der systemtheoretischen Unterscheidung dieses Grundkonflikts zwischen Wissen und Macht hat sich wenig geändert. Das Dilemma zwischen einer sachlich gebotenen und demokratisch legitimierten Entscheidung ist nicht auflösbar (Weingart 2006: 36). Doch mehr Wissen übersetzt sich unter den neuen Bedingungen des Risikos in einer „Entscheidungsgesellschaft" (Schimank 2005) nicht automatisch in mehr Macht. Fachpolitische Entscheidungen haben weiterhin Bedarf an systematischem Wissen, welches Wissenschaft und wissenschaftliche Politikberatung idealerweise zur Verfügung stellen. Dieses wissenschaftliche Wissen nimmt nicht ab, das Gegenteil ist der Fall, aber es erreicht keineswegs ausreichend den Entscheidungsakteur (grundsätzlich Falk u. a. 2006; vgl. auch Hebestreit 2012). Machtrelevanter wird für den Politiker hingegen, wie er mit dem proportional wachsenden Nichtwissen verfährt. Der Umgang mit Nichtwissen und Nichtwissenskulturen wird für ihn zur Macht- und Legitimationsressource bei politischen Entscheidungen (Böschen u. a. 2008). Die Demokratisierung von genutzter Expertise erzeugt hierbei zusätzlich politische Legitimität (vgl. Nowotny 2003).

Faktisch führt die Produktion von Mehr-Wissen keinesfalls zu einer höheren Rationalität verbindlicher Entscheidungen. Entscheidungsvorbehalte resultieren wesentlich aus der Wissensvervielfältigung (Walter 2011: 170) Jedes Wissen multipliziert Nicht-Wissen. Insofern sind auch hier Erkenntnisse der angewandten Politikforschung notwendig, um Auswege aus der Dilemma-Situation zu konstruieren. In der Regel kann dies durch das Aufzeigen von Alternativen und Optionen gelingen, die den jeweiligen Handlungskorridor beschreiben: mehr Ressourcen oder mehr Restriktionen? Die empirische Bedeutung von Nichtwissen wird seit mehreren Jahrzehnten in der Umwelt- und Technologiepolitik konstatiert (Mainzer 2008: 31). Sozialwissenschaftlich relevant werden jedoch heute Entscheidungsprozesse unter Nichtwissensbedingungen (Wehling 2007: 221-225; auch Mai 2011).[7] Denn wenn Wissen nicht mehr Macht für den Politiker bedeutet, dann kann der Umgang mit Nichtwissen zur neuen Machtquelle werden. Entscheidungen unter Nichtwissensbedingungen könnten ihre Legitimität und ihre Robustheit dadurch erlangen, dass systematisch die Pluralität von Nichtwissenskulturen einbezogen wird (Martinsen 2006; Böschen u. a. 2008). Eine sogenannte „Gestaltungsöffentlichkeit", die neue Formate der Aushandlung, Teilhabe und Partizipation mit sich bringt, könnte der Politiker als Kompensation nutzen. Zum Komplex „Wissen ist Macht" gehört somit auch der Umgang mit Nichtwissenskulturen. Aus der traditionellen Legitimität des Entscheidens durch Wissen kann sich unter den Bedingungen wachsender nichtwissensbasierter Entscheidungen eine neue Legitimität durch Partizipation entwickeln. Wenn die Zentralität von Entscheidungen unter Bedingungen des Nichtwissens zunimmt (Rüb 2008: 94-97), dann liegt es an den Machtmaklern (Korte 2008; Grunden 2009) im Umfeld der Spitzenakteure, das Arrangement mit dem Nichtwissen zur Machtressource des Informationsmanagements für den jeweiligen Spitzenakteur auszubauen.

Die Informationen können sich einerseits auf Policies beziehen – im Sinne einer problemlösenden Argumentationskette –, andererseits auf herrschaftssichernde Indikatoren: Welchen machtpolitischen Stellenwert hat die Information – wer ist dafür, wer dagegen? Die Maxime lautet: Nicht wie man am Ende Entscheidungen trifft, sondern wie man sie machterhaltend vorbereitet, ist bedeutsam. Akteure haben zu jedem Zeitpunkt Widerstände klug zu antizipieren. Zielpunkt sollte es aus Sicht des Machtakteurs sein, innerhalb der notwendigen Selektion und Reduktion eine größtmögliche Vielfalt an Informationen beizubehalten (Zahariadis 2003: 5-8). Politische Macht bedeutet, über Entscheidungsalternativen zu verfügen. Nur wer sich langfristig die Unabhängigkeit sichert, alternative Beratungsquellen zur Entscheidungsvorbereitung nutzen zu können, kann die Ressource Information zur Machtstabilisierung einsetzen. Beratung kann

---

[7] Grundsätzlich zum politischen Entscheiden unter den neuen Bedingungen von Kontingenz in Bezug auf Policy-Analysen siehe Rüb (2008); außerdem im Hinblick auf eine daraus abzuleitende Wissenspolitologie siehe Nullmeier (1993), auch Korte/Fröhlich (2009).

durch angewandte Politikforschung sowohl im internen Organisationsprozess als auch im Gebrauch externer Expertise ermöglicht werden. Politische Macht hat inzwischen eine stark kommunikative Komponente (vgl. Spörer-Wagner/Marcinkowski 2011: 416-426), auch hinsichtlich der Einbeziehung nichtstaatlicher Akteure einer Gesellschaftsberatung (Grunden/Korte 2011; Glaab 2011) – mithin die Beteiligung von Nichtwissenskulturen.

Abstrakt kann man sich das permanent ablaufende Informationsmanagement als Teil des Steuerungsprozesses in einem dreistufigen Kontext vorstellen:

- Informations- und Ideengewinnung (Problemdefinition, Risikoeinschätzung, Lage analyse)
- Informations- und Ideenauswertung bzw. -verarbeitung (wie kommuniziere ich wann welches Problem?)
- Informationsinterpretation (Zuweisung der Information durch die Suche nach Sach- und Machtkoalitionen auch unter der Bedingung des Nicht-Wissens)

Letztlich folgt dieses abstrakte organisationslogische Modell weitgehend einem linearen Entscheidungshandeln (Nullmeier 2010: 263-265). Doch die politische Realität ist immer mehr von nichtlinearen Dynamiken gekennzeichnet. Zu den Konturen des Neuen im Politikmanagement gehört deshalb nicht nur die Zentralität von Nichtwissen – die Wissen als Machtquelle relativiert –, sondern auch die Bedeutungskraft von Irrationalität.

4.2 Irrationalität und Heuristiken

Die politische Lageeinschätzung wird unter den Bedingungen von Komplexität schwieriger. Das gilt für den individuellen Akteur, aber auch für kollektive und korporative Akteure. Denn Organisationen haben in der Regel keine geeigneten Strukturen und Organisationsroutinen, um professionell auf die neue Dichte an komplexen Aufgaben zu reagieren (Fisch 2004; Benz/Dose 2010). Der Blick nach vorn ist systematisch getrübt; die Zukunft gilt schon lange als unbestimmbar. Planen ist in Organisationen ein überholtes Relikt. Die begrenzte Rationalität des politischen Entscheidens ist dabei von der Wissenschaft schon seit mehreren Jahrzehnten belegt (Simon 1981; Wiesendahl 2010: 33-35). Wenn das Risiko jedoch zum Regelfall des Entscheidens wird, dann gewinnen alle Konzeptualisierungen von Irrationalität an neuer „Erklärkraft" (Schimank 2005: 307-428). Das Entscheidungsverhalten individueller politischer Akteure ist in diesem Kontext von Rationalitätsillusionen oder „Rationalitätsfiktionen" (Schimank 2005: 373-379) einzuordnen. Diese spiegelt sich mit einer spezifischen politischen Rationalität, die mit dem prekären Arbeitsplatz des Parteipolitikers einhergeht (Best u. a. 2011). Er muss täglich Mehrheiten organisieren, um sein Mandat zu sichern, ohne Kündigungsschutz zu genießen. Dabei wird der Spitzenakteur alles tun, um nicht permanent mit allzu polarisierenden Entscheidungen konfrontiert zu sein, und Vermeidungsstrategien gebrauchen. Nur so kann er Optionen offen halten; nur so kann er vorzeitige Polarisierungen und neue gegnerische Mehrheitskonstellationen vermeiden; nur so kann er weiterhin seinen Einfluss vor einer potentiellen Entscheidung geltend machen. Politische Akteure sind Interdependenzmanager (Korte/Fröhlich 2009: 356). Entscheidungsmechanismen stehen somit unter den Bedingungen einer spezifischen politischen Rationalität der Akteure immer im Spannungsfeld von Macht- und Einflussfragen (auch Priddat 2009: 22). Wer entscheidet wie?

Dabei folgt der Akteur einer karriereorientierten Rationalität, die mit Rationalitätsillusionen im Entscheidungsfall einhergeht. Damit ist ein zunehmendes Entscheiden nach Heuristiken gemeint (Gigerenzer 2009). Man muss nicht gleich mit dem sogenannten „Bauchgefühl" (Gigerenzer 2011) argumentieren, wenn es um die Begründung einer Entscheidung geht. Doch bei Risiko als Regelentscheidung kann immer weniger auf die abwägende Sachrationalität Bezug genommen werden.

Das Plädoyer für das kompetente Bauchgefühl als Entscheidungsgrundlage der Politik kann angereichert werden mit Forschungsergebnissen zu Heuristiken in der Urteils- und Entscheidungsfindung unter Mangel an Informationen. Psychologen sind sich einig, dass Entscheidungen nicht besser werden, wenn mehr Informationen vorliegen, vielmehr können einfache Faustregeln (Heuristiken) erfolgreicher sein als aufwändige Analysen (Pachur 2010; Gigerenzer 2009; Gigerenzer/Brighton 2009). Besonders erforscht sind die Wiedererkennungsheuristiken und die „Machen-was-die-Mehrheit-macht-Heuristik". Für die Bundesregierung könnte hier das Beispiel der konjunkturstabilisierenden Maßnahmen zur Finanz- und Wirtschaftskrise 2008 eingebracht werden. Die Kanzlerin zögerte, ob sie mit Konjunkturpaketen, wie sie Nachbarländer aufgelegt hatten, auf die Krise reagieren sollte. Die Entscheidung, ob in die Wirtschaft stabilisierend eingegriffen werden sollte oder nicht, war auf Grund der sich damals im Widerspruch befindlichen Theorien und Prognosen alles andere als einfach. Die eine Fraktion wies darauf hin, dass derartige Maßnahmen überhaupt nichts taugen und Mitnahmeeffekte die Regel sein würden, die andere schwor darauf. In dieser Situation konnten nur Heuristiken für die Entscheidungsfindung genutzt werden. Dabei zeigt sich, dass Experten häufig für ihre Entscheidungen nicht mehr, sondern eher weniger Informationen als Laien nutzen. Profis erkennen schneller, was wichtig ist (Dieckmann/Martigon 2004). Der bewusste Umgang, die kalkulierte Einbeziehung von Heuristiken in das Entscheidungsmanagement könnte eine Antwort auf gestiegene Komplexitätsformate sein. Die Illusion der Gewissheit empfindet der Entscheider – folgt man der Logik dieses Ansatzes – nicht als Mangel, sondern als strategische Stärke.

Verhaltensökonomen ergänzen diese Aspekte, weil sie auch danach suchen, wie Menschen Informationen verarbeiten und sie entsprechend in Entscheidungen übersetzen. Dabei spielen die Wahrnehmungen der Menschen eine große Rolle. Je nachdem, wie Wahrnehmungen über gezielte Anstöße, so genannte „Nudges" (Thaler/Sunstein 2008), von der Politik gesteuert werden, können Entscheidungen nicht nur beeinflusst werden, sondern sind auch im Hinblick auf Wertschätzungen als positiv und wichtig charakterisierbar (Ariely 2008; Kahnemann/Tversky 2000; Ockenfels 1999). Ein entsprechendes Konzept des sanften, liberalen Paternalismus ist häufig im Bereich der Sozialpolitik anzutreffen. Hier sollen durch sachten Druck Optionen eröffnet werden, die in ihrer Entscheidungstiefe langfristige Handlungskorridore offen halten können.

Irrationalität und Heuristiken sind Auswege für individuelle, korporative und kollektive Akteure beim politischen Entscheiden. Trotz Komplexität und Nichtwissen zeigen diese Mechanismen, wie Akteure Rationalitätsansprüchen gerecht werden können. Traditionelle Routinen und Regelentscheidungen sind eher Sackgassen, um mit wachsenden Entscheidungszumutungen zurechtzukommen. Ergebnisse der angewandten Politikforschung können so nutzbar gemacht werden, um in Zeiten von Irrationalität dennoch die Rationalität von Entscheidungsprozessen zu begleiten.

4.3 Zeit und Geschwindigkeit

Die neue Qualität des Entscheidens unter komplexen Risikobedingungen hängt auch mit dem Thema der Zeit unmittelbar zusammen. Bundeskanzlerin Angela Merkel (CDU) formulierte die Zeitbedingungen für Regierungshandeln folgendermaßen: „Das Amt des Bundeskanzlers verlangt eine unglaubliche Komplexität von Entscheidungen und Einschätzungen pro Zeiteinheit" (FAZ vom 22.11.2005). Der Rohstoff Zeit ist elementar für jede Strategie. Zeitarmut ist eine wichtige Einschränkung von Strategiefähigkeit und Entscheidungsfindung. Politische Planung und Strategiebildung setzen die Antizipation von Zeitstrukturen und zeitlichen Dynamiken voraus (Riescher 1994). Zeitstrukturen sind wiederkehrende, zum Teil rechtlich fixierte Handlungsgelegenheiten und Entscheidungssituationen, beispielsweise Legislaturperioden, Wahlkampfphasen, parlamentarische Entscheidungsverfahren, Regierungserklärungen, Parteitage etc. Zeitliche Dynamiken vergrößern oder verkleinern über kurz- bis mittelfristige Zeitspannen die Handlungskorridore einer Regierung. Abhängig von medialen Themenkonjunkturen, der Meinungsbildung in Partei und Koalition oder dem Problemdruck in einem Politikfeld, öffnen oder verschließen sich Gelegenheitsfenster: Entscheidungsprozesse beschleunigen oder verlangsamen sich, demoskopische Zustimmungswerte sinken oder steigen, die Folgebereitschaft in Partei und Parlament wird stärker oder schwächer.

Die Antizipation von zeitlichen Dynamiken ist für die erfolgreiche Kommunikation und Durchsetzung der Regierungspolitik von großer Bedeutung. Das gilt für Zeitpunkte, von denen an bestimmte Probleme und Themen relevant werden. Zeitstrukturen und zeitliche Dynamiken eröffnen ferner Gelegenheitsfenster für die Verankerung eigener Agenden im öffentlichen Bewusstsein oder für die Initiierung und die beschleunigte Verabschiedung von Gesetzgebungsprojekten.

Politik hat immer weniger Zeit, um Entscheidungen mit immer längerer Wirkungszeit und Implementationsphasen zu treffen, was man als „Gegenwartsschrumpfung" (Lübbe 1996: 12ff.) bezeichnen kann.[8] Hartmut Rosa (2005) konnte zeigen, wie sich solche Desynchronisationen entwickeln und welche Probleme daraus für die Politik entstehen. Denn die ‚Eigenzeiten' der Politik mit mannigfachen institutionalisierten Zeitstrukturen der politischen Willensbildung, Entscheidungsfindung und Entscheidungsimplementierung passen nicht mehr zu den Rhythmen, zum Tempo der sozialen Entwicklungen anderer Bereiche. Demokratische Politik ist nur beschränkt beschleunigungsfähig. Die Zeitkrise des Politischen führt zur Rücknahme des Gestaltungsanspruchs der Politik. Politik ist nicht mehr Schrittmacher sozialer Entwicklungen, sondern reagiert auf die Vorgaben der schnelleren Systeme. Strategien des *muddling through*, die sich an den Vordringlichkeiten des Befristeten orientieren, treten an die Stelle gesellschaftsgestalterischer politischer Strategien (Rosa 2005: 417).

Der Faktor Zeit ist auch eine Schlüsselvariable beim Thema Risikomanagement unter den Bedingungen von Komplexität und Unsicherheit. Der Rohstoff Zeit ist ebenso elementar für den individuellen Akteur, der nur durch persönliches Entschleunigungsmanagement (Organisation, persönliches Umfeld, Stil) langfristig strategiefähig bleibt. Zeitarmut – im Sinne einer Beschleunigung – ist ein Problem für eine notwendige entschleunigte Strategiebildung. Online-Kommunikation verändert die Spielregeln, den Modus und vor allem die Dynamik der politischen Öffentlichkeit. „Regieren 2.0" interagiert mit Online-Gemeinschaften in einer strategischen Netzwerkgemeinschaft – unter Echtzeitbedingungen und permanent. Angesichts solcher Bedingungen gerät die Demokratie noch mehr unter Kommunikationsstress. Strategisches Regierungshandeln nutzt die geringen entschleunigten Korridore.

Die Zeitkrise des Politischen potenziert auch die Krisenphänomene (Korte 2011b). Denn verschiedenen Zeitstrukturen stehen in einem Wettbewerb zwischen der repräsentativen und der direkten Demokratie. Demokratie braucht Zeit. Die repräsentative Demokratie arbeitet absichtsvoll mit Entschleunigung: Parlamente sollen deliberativ durch sorgfältige und langandauernde Beratung mit Mehrheitsregel zu einem Ergebnis kommen. Das ist der Verfahrens- und Institutionenkern der repräsentativ-parlamentarischen Demokratie, der sich gegen das primäre dezisionistische und direktschnellere Prinzip entschieden hat: Entschleunigte Beratung steht über der beschleunigten Entscheidung (Nolte 2011; Füchtjohann 2011). Demokratische Politik ist grundsätzlich nur beschränkt beschleunigungsfähig. Die Zeitkrise des Politischen führt nicht nur konsequenterweise seit einigen Jahren zur Rücknahme des Gestaltungsanspruchs der Politik, weil sich alle anderen Lebensbereiche im Vergleich zu den Rhythmen der Legislaturperiode und des parlamentarischen Entscheidens beschleunigt haben. Nach den Erfahrungen mit den sogenannten ‚Wutbürgern' von 2010 hat die Zeitkrise darüber hinaus auch Konsequenzen, die zu einem zugespitzten Dualismus führen: indirekte oder direkte Demokratie, Beratung oder Entscheidung, Mehrheitsregel oder partikulares Betroffenheitsprinzip.

---

[8] Manchmal – wie unmittelbar nach der Atomkatastrophe von Fukushima – verkürzt die Politik auch eigenmächtig die Zeitkorridore, um entscheidungsfähig zu bleiben.

5 Zur Einordnung des Gegenstands: Wissenschaft, Politik und Politikberatung

Angesichts dieser dramatischen Wandlungsprozesse nimmt die Informationsunsicherheit in allen Entscheidungsdimensionen zu. Der Beratungsbedarf wächst in der Routinepolitik ebenso wie im Krisenmanagement oder der Risikopolitik. Das Spektrum der Anbieter und Formate von Politikberatung hat sich mit dem wachsenden Beratungsbedarf vervielfältigt. International zu beobachten ist eine Gewichtsverlagerung von der internen, bürokratischen zur externen, nicht-bürokratischen Politikberatung der Exekutiven (vgl. Bakvis 1997). Gleichzeitig hat eine Professionalisierung der Beraterszene eingesetzt, im Zuge derer die klassischen, institutionalisierten Formen wissenschaftlicher Politikberatung, aber auch die informellen, vertraulichen „Küchenkabinette" immer häufiger von ad hoc beauftragter, kommerzieller Politikberatung durch z. B. Public Affairs-Agenturen oder Anwaltskanzleien ergänzt werden. Die begriffliche Unterscheidung des Policy Advice und des Political Consultings hat jedoch – ungeachtet der in der Praxis vorhandenen Mischformen – weiterhin Bestand, da die Begriffe verschiedenartige analytische Perspektiven bzw. Konzepte der Politikberatung beschreiben (vgl. Siefken 2010). Wissenschaftliche Politikberatung soll demnach einen Beitrag zur Politikformulierung liefern, indem sie sich sachrational mit Politikinhalten auseinandersetzt und wissensbasierte Problemlösungen (Policy Advice) aufzeigt. Demgegenüber zielt das Political Consulting auf Kategorien des politischen Wettbewerbs und die machtrational zu beantwortende Frage der Durchsetzung von Politikalternativen. In eine ähnliche Richtung weist die von Cassel (2001) eingeführte Unterscheidung zwischen Politikberatung (Policy) und Politikerberatung (Politics).

Wissenschaftliche Politikberatung soll die Rationalität politischer Entscheidungen erhöhen, indem sie wissenschaftlich fundierte Informationen liefert. Das Aufgabenspektrum erstreckt sich von der Problemdiagnose und Frühwarnfunktion, über die Erhebung und Auswertung von Daten, das Monitoring in bestimmten Politiksektoren, die Meinungsbildung im Vorfeld von Entscheidungen und die Formulierung von Entscheidungsalternativen bis hin zur Durchführung operativer Routineaufgaben einschließlich der Evaluation von Projekten (vgl. Mayntz 2009). Schwerpunkte des Political Consulting sind dagegen die Kampagnenberatung sowie das Gebiet der politischen Kommunikation, hier insbesondere das Issue- und Imagemanagement. In Anspruch genommen werden dessen Beratungsleistungen längst nicht mehr nur im Rahmen von Wahlkämpfen, sondern umfassender als politischer Strategie- und Managementberatung. Gleichwohl ist die Unterscheidung zwischen wissenschaftlicher Politikberatung und Political Consulting in der Praxis nicht immer trennscharf. So bieten Beratungsfirmen auch Produkte wie Policy Proposals an und Wissenschaftler können Strategieberatung betreiben (vgl. Glaab 2008).

Wissenschaftliche Politikberatung sieht sich jedoch stets mit der Grundsatzfrage nach dem Verhältnis von Wissenschaft und Politik konfrontiert. Traditionelle Konzepte der Politikberatung formulieren dazu drei unterschiedliche Sichtweisen (vgl. Lompe 2006 sowie den Beitrag von *Heinz-Jürgen Axt* in diesem Band):

- Das „dezisionistische Modell" geht von einer klaren Abgrenzbarkeit der Subsysteme Politik und Wissenschaft aus. Letztere begibt sich in ein Auftragsverhältnis, indem sie der Politik wertfreie Informationen und technisches Wissen zur Verfügung stellt. Es ist die alleinige Aufgabe der Politik, Schlussfolgerungen aus den wissenschaftlichen Beschreibungen, Erklärungen und Prognosen zu ziehen und die notwendigen Entscheidungen zu treffen und zu verantworten.
- Demgegenüber räumt das „technokratische Modell" Wissenschaft und Technik den Vorrang ein. Aufgrund von Sachgesetzlichkeiten sind ‚beste' Problemlösungen gewissermaßen vorgegeben. Die Politik wird dadurch zum Vollzugsorgan wissenschaftlicher Erkenntnisse, dem nur noch ein geringer Entscheidungsspielraum verbleibt, so dass es letztlich zu einer Aufhebung der Trennung der Subsysteme kommt.
- Das „pragmatische Modell" erkennt hingegen ein reziprokes Verhältnis von Politik und Wissenschaft. Nicht allein die Politik, auch die Wissenschaft ist demnach an der Problemdefinition und Entwicklung alternativer Problemlösungsstrategien beteiligt. So sind gemeinsam Lernprozesse zu vollziehen und Übersetzungsleistungen zu erbringen. Zudem wird hier die Wechselbeziehung zur Öffentlichkeit betont, um die Legitimationsfunktion von Politikberatung zu gewährleisten (vgl. Glaab/Metz 2006).

Darüber hinaus hat sich die Forschung mit der Frage auseinandergesetzt, wie sich das institutionelle Design auf die Qualität wissenschaftlicher Politikberatung auswirkt. Zu den zentralen Bedingungen wird deren Unabhängigkeit gerechnet, um die Ergebnisoffenheit wissenschaftlicher Forschung und daraus resultierender Empfehlungen nicht zu gefährden (vgl. dazu genauer die Prinzipien und Leitlinien der Berlin-Brandenburgischen Akademie der Wissenschaften). Diskutiert wird überdies, inwieweit sich die wissenschaftliche Politikberatung darauf beschränken kann, sachrational begründete Problemlösungen („truth") vorzuschlagen, ohne die machtrationale Dimension der politischen Durchsetzbarkeit („power") zu berücksichtigen, die für die Politik in der politischen Praxis zumeist handlungsleitend ist. Schon der unterschiedliche Zeithorizont von Wissenschaft und Politik führt zu Verständigungsproblemen: Während erstere je nach Gegenstand in mittel- bis langfristigen Forschungsprozessen denkt und arbeitet, agiert letztere oftmals tagespolitisch und ist an kurzfristigen, zumindest aber in Legislaturperioden zu implementierenden Problemlösungen interessiert. Hinzu kommen Verständnisbarrieren, die aus einer hoch spezialisierten Fachterminologie und den primär an Fachdiskursen orientierten Vermittlungsformen der Wissenschaft erwachsen. „Berührungsängste" der Wissenschaft mit der politischen Praxis und „Beratungsresistenz" der an brauchbaren Empfehlungen („truth for power"[9]) interessierten politischen Akteure drohen sich daher wechselseitig zu bestärken. Politik und Wissenschaft erscheinen demnach als getrennte Welten.

---

[9] Für eine systematische Erörterung des Begründungszusammenhangs, siehe Mayntz (2009).

6 Das Selbstverständnis angewandter Politikforschung

Genau diese Trennung will die angewandte Politikforschung überwinden. Sie versteht sich als „Brückenbauer" zwischen Wissenschaft, Politik und Öffentlichkeit, indem sie eine Innovations- und Vermittlungsfunktion übernimmt. Selbst in der universitären Politikwissenschaft verankert, arbeitet sie den aktuellen Forschungsstand kontinuierlich auf, entwickelt aus Trendbeobachtungen neue Fragestellungen und bringt deren Beantwortung durch eigene Forschungsprojekte voran, um die Befunde schließlich anwendungsorientiert zu vermitteln. Angewandte Politikforschung erfordert also eigenständiges, kreatives Vorausdenken und grenzt sich daher von bloßer Auftragsforschung ab, deren Themenhaushalt extern bestimmt wird.

Selbstverständnis und Arbeitsweise der angewandten Politikforschung kommen einer Denkfabrik – nach dem Vorbild der in den USA zahlreich vertretenen Think Tanks – nahe (vgl. Gellner 1995; Janning 1996; Braml 2004; Thunert 2008). Im Unterschied zu advokatorischen Think Tanks, die für ein bestimmtes politisches Anliegen oder eine parteipolitische Richtung eintreten, ist für die angewandte Politikforschung politische Unabhängigkeit jedoch unabdingbare Richtschnur. Da sie an der „empfindlichen Schnittstelle von Wissen und Macht" (Weidenfeld/Turek 2003: 7) arbeitet, benötigt sie wissenschaftliche Distanz, zugleich aber auch die kommunikative Nähe zur Politik. „Angewandte Politikforschung muss sich deshalb (…) stetig darauf besinnen, ihre Redlichkeit durch eine berufsspezifische ethische Haltung abzusichern" (Weidenfeld/Turek 2003: 7). Wissenschaftliche Standards und Methodik sind grundsätzlich einzuhalten.

Die angewandte Politikforschung will ihre Ergebnisse dennoch bedarfsorientiert transportieren. Die vielfältig beklagten Vermittlungsdefizite wissenschaftlicher Politikberatung sollen konsequent vermieden werden. Ausgangspunkt hierfür ist die Einsicht, dass Zeit die womöglich knappste Ressource der Politik darstellt. Dies gilt für den dicht getakteten Arbeitsalltag des einzelnen Politikers, mithin für die Adressaten von Politikberatung, betrifft aber auch die zu bearbeitenden Materien, da sich der politische Problemhaushalt beständig verändert und Problemlösungen – selbst wenn diese nur mittel- bis langfristig wirken können – daher oftmals kurzfristig nachgefragt werden. Angewandte Politikforschung, die den zeitlichen Rahmen und den Verwertungskontext der Politik vernachlässigt, wird letztlich irrelevant für die politische Entscheidung bleiben. „Aktualität, Praxisnähe und Durchsetzbarkeit werden deshalb zur Messlatte einer wirklich verwertbaren Kommunikation" (Weidenfeld/Turek 2003: 7). Konsequenterweise bekennt sich die angewandte Politikforschung zu einer Dienstleistungsfunktion von Politikberatung.

Darüber hinaus betont das Konzept der angewandten Politikforschung die strategische Dimension der Politik. Die Frage nach politischen Optionen und Strategien wird stets mitgedacht. Es geht also nicht allein um die Vermittlung von Fakten und fachlichem Wissen, sondern auch und vor allem darum, „Möglichkeiten und Pfade systemischer Gestaltung aus(zu)loten und auf(zu)zeigen" (Weidenfeld/Turek 2003: 7). Sie beschränkt sich daher nicht auf punktuelle Problemdeutungen und Bewertungen aktueller Politik, sondern will umfassendere Analysen und Konzepte liefern. „Angewandte Politikforschung avanciert so zur differenzierten Orientierungsleistung und bietet als Ideenagentur Lotsendienste für die Politik" (Weidenfeld/Turek 2003: 7).

7 Zur Praxis der angewandten Politikforschung

Dieser selbst formulierte Anspruch hat Konsequenzen für die gesamte Arbeitsweise – vom analytischen Zugang über die methodische Vorgehensweise bis hin zur Vermittlung der Ergebnisse – der angewandten Politikforschung (vgl. dazu auch Heinze 2011: 194-214).

Zu den Maximen ihrer Forschungspraxis zählt es, das eigene Arbeitsprogramm strategisch vorauszuplanen. Sie muss „Entscheidungslagen in der operativen Politik antizipieren und ihre Ergebnisse kurzfristig verfügbar machen können" (Weidenfeld/Turek 2003: 7). Nur wenn sie Trends frühzeitig erkennt, kann sie Impulse in der öffentlichen Debatte wie auch im politischen Themenhaushalt setzen.

Um diese Strategiefähigkeit zu erreichen, ist grundständige, begleitende Forschung ein zentrales Erfordernis. Angewandte Politikforschung bedient sich aller verfügbaren Methoden, welche die empirischen Sozialwissenschaften bereitstellen. Quantitative und qualitative Methoden ergänzen sich dabei idealerweise (Mayring 2002). Erweitert wird das Methodensetting durch gegenstandsorientierte Theoriebildung (Florack 2012). Denn ohne ein Theorie- (Czerwick 2011) und Methodensetting bleibt die Politikberatung in der Beliebigkeitsfalle. Die Policy-Forschung liefert seit vielen Jahren verlässliche Sachstände zur differenzierten Problemlösung in den Ressorts. Im Bereich der Politics und Polity-Nachfragen bewährt sich die Mikropolitik als heuristisches Modell (Schmid 2011: 324-344). Das Forschungsdesign beruht dabei auf der Prämisse des erklärenden Verstehens und orientiert sich in seinen Bezugspunkten immer am Vermittlungsdreieck von Steuerung, Kommunikation und Macht. Angewandte Politikforschung ist nicht ortlos, nicht subjektlos, nicht machtblind und geht davon aus, dass Politik als Verabredung von Regeln und Prioritäten möglich ist (Korte/Grunden 2012). Wenn dieses Grundverständnis fehlt, kann angewandte Politikforschung nur scheitern.

Idealtypisch erfolgt die Forschungspraxis in ineinandergreifenden Arbeitsschritten: Am Anfang steht die Problemerkennung und -analyse im Sinne der Frühwarnfunktion. Dazu bedient sich die wissenschaftliche Analyse des gesamten Repertoires quantitativer wie qualitativer Methoden der Sozialwissenschaft. Der Komplexitätsgrad des Forschungsdesigns variiert dabei mit den Gegenständen. Auf Grundlage des Analysebefunds werden im zweiten Schritt mögliche Lösungsvorschläge entworfen. Möglicherweise damit verbundene politische Sensibilitäten gilt es offen zu legen. Die Formulierung von politischen Optionen und ihre Aggregation zu politischen Strategien bilden den dritten Schritt. Zuletzt gilt es, deren Umsetzung durch die Politik zu evaluieren.

Angewandte Politikforschung – Konzeption und Forschungstradition

In der Forschungs- und Beratungspraxis werden nicht immer sämtliche Stufen durchlaufen. Gerade im Bereich der Evaluation sind häufig Defizite festzustellen. Stets gefordert ist jedoch eine zeitnahe Publikation der Forschungsergebnisse und Empfehlungen. Diese werden – sofern nicht Vertraulichkeit der Beratung vereinbart wurde – an eine breite Öffentlichkeit kommuniziert, wie es dem Selbstverständnis demokratischer Meinungs- und Willensbildung entspricht.

Zur Arbeitsweise der angewandten Politikforschung gehört auch die Etablierung und Pflege von Netzwerken mit 'Praktikern' aus Politik, Wirtschaft und Gesellschaft, aber auch der intellektuelle Austausch mit der Scientific Community. Die Kooperation mit Wissenschaftlern verschiedener Fachdisziplinen trägt wesentlich dazu bei, Perspektivenvielfalt und Innovationsfähigkeit zu gewährleisten. Zugleich wird die Dialogfähigkeit aller Beteiligten in solchen Netzwerken gefördert. In den sich auch in Deutschland mittlerweile etablierenden Professional Schools werden diese Kompetenzen gezielt in praxisorientierten Studiengängen gefördert.

Angewandte Politikforschung liefert forschungsbasierte, aber verständlich aufbereitete, knappe und aktualitätsnahe Analysen wie Empfehlungen. Sie vermittelt ihre Ergebnisse zielgruppenspezifisch und bedarfsgerecht, kommuniziert direkt mit der Politik, adressiert diese aber auch indirekt über die mediale Aufbereitung. Erfolgreiche Politikberatung lebt davon, dass sie eine ausbalancierte Distanz zur Politik mitbringt. Das meint eine wissenschaftliche Entfernung bei gleichzeitiger kommunikativer Nähe. Als Formate stehen zur Verfügung:

- Die Publikationstätigkeit bedient sich der klassischen wie auch der neuen Medien. Eigene Formate wie Positionspapiere oder Newsletter bereiten die Informationen kompakt auf. Eine immer größere Bedeutung gewinnen Online-Angebote, die von potenziellen Nutzern bedarfsorientiert selbst abgerufen werden können. Expertisen in den Massenmedien mit hohen Reichweiten kommen hinzu.
- Eine wichtige Rolle spielt auch die direkte Kommunikation, sei es im Rahmen von wissenschaftlichen Konferenzen und Workshops mit Teilnehmern aus Politik, Wissenschaft, Wirtschaft und Gesellschaft oder im Expertengespräch mit politischen Akteuren.
- Gearbeitet wird zudem mit Multiplikatoren und partizipativen Vermittlungsformen, so z. B. in Planspielen mit Jugendlichen zur Landes- oder Europapolitik, die idealerweise Politiker miteinbeziehen (vgl. dazu den Beitrag *von Eva Feldmann-Wojtachnia* und *Barbara Tham* in diesem Band).
- Wichtig bleibt aber auch die Teilnahme am wissenschaftlichen Diskurs, weshalb herkömmliche wissenschaftliche Publikationen ebenso zum Portfolio zählen (vgl. etwa entsprechende Schriftenreihen).

Das hier nur stichwortartig entfaltete Tableau gewinnt Konturen in den weiteren Beiträgen dieses Bandes, die sich den unterschiedlichen Arbeitsfeldern der angewandten Politikforschung widmen.

8 Ausblick auf den vorliegenden Band

Angewandte Politikforschung ist die Grundlage einer wissenschaftlichen Politikberatung. In allen drei Dimensionen des Politikbegriffs ist diese möglich. Das Ziel bleibt, zu einer Rationalisierung von politischen Entscheidungsprozessen beizutragen. Das kann nur gelingen in der reflektierten Erkenntnis wachsender Risiken, der Zentralität des Nicht-Wissens, zunehmender Unsicherheit und der Dramaturgie schwindender Zeitkorridore. Zu gelungener Politikberatung gehören immer auch Orte und Räume kritischer Reflektion – abseits der Öffentlichkeit. Distanz zur Politik und kommunikative Nähe sind auszubalancieren. Bei allem bleibt die Bescheidenheit des Wissenschaftlers wichtig, eine realistische Einschätzung der Möglichkeiten und Reichweiten der eigenen Beratung sind zentral. Angewandte Politikforschung kann Erkenntnisse für die wissenschaftliche Politikberatung bereitstellen. Ob und wie sie genutzt werden, bleibt den politischen Akteuren überlassen.

Der vorliegende Band strukturiert das Feld der angewandten Politikforschung und versucht, in drei Kapiteln sowohl deren theoretische Grundlagen und Konzepte zu reflektieren (Kapitel 1), zentrale Strukturen, Akteure und Ressourcen vorzustellen (Kapitel 2), als auch deren konkrete Anwendung in verschiedenen Politikfeldern zu beleuchten. Dadurch soll der analytische und praktische Mehrwert einer angewandten Politikforschung veranschaulicht, bestehende Missverständnisse innerhalb der Politikwissenschaft abgebaut und ein selbstbewusster Anschub zu einer eigenständigen Forschungsperspektive geleistet werden.

In dieser Motivation ist auch der einführende Beitrag der Herausgeber geschrieben, der die Herausforderungen angewandter Politikforschung skizzieren und die Konturen einer offenen Forschungsagenda aufzeigen möchte. Die Hoffnung der Herausgeber besteht darin, potentielle Leser für Problemstellungen zu sensibilisieren und zu eigenen Forschungsfragen anzuregen. Hierzu ist eine kritische Reflexion über die Möglichkeiten und Grenzen einer angewandten Politikforschung unverzichtbar, die von sämtlichen Autoren des ersten Kapitels in unterschiedlicher Weise aufgegriffen wird.

Andreas Blätte leistet in seinem Beitrag *Der Reformdiskurs in der universitären Vermittlung angewandter Politikforschung – Thesen zu Kontextualisierung und Reorientierung* beispielsweise eine selbstkritische Bestandsaufnahme zur Rolle der noch jungen Professional Schools als Vermittler einer angewandten Politikforschung in Deutschland. Er vergleicht die Entwicklung der deutschen Einrichtungen mit ihren US-amerikanischen Vorbildern und rekonstruiert die jeweiligen Entstehungsbedingungen und Problemhintergründe. Die Analyse institutioneller Faktoren und ideeller Grundlagen ergibt für den Autor, dass besonders der Reformdiskurs der rot-grünen Bundesregierung in den 1990er Jahren das Selbstverständnis der neu gegründeten Professional Schools geprägt hat. Schließlich plädiert Blätte für eine Überwindung der Elitenorientierung in den bisherigen Profilen und schlägt eine Hinwendung zu Konzepten partizipatorischer Governance vor.

Warnfried Dettling beleuchtet in seinem Beitrag *Angewandte Politikforschung – Idee und Wirklichkeit* vor dem Hintergrund der historischen Entwicklung der Politikwissenschaft in Deutschland die Gründung des Centrums für Angewandte Politikforschung (C·A·P) aus einer Innenperspektive. Er sieht das C·A·P in seinem Rollenverständnis einem kritischen Rationalismus verpflichtet. Angewandte Politikforschung dieser Art frage nach den Voraussetzungen und Folgen einer Politik, nach den nicht beabsichtigten Nebenwirkungen und den institutionellen Zusammenhängen – und immer auch nach den Alternativen zum Status quo. Auf diese Weise sei es dem Centrum immer wieder gelungen, den Wirklichkeitssinn empirisch-analytischer Wissenschaft mit dem Möglichkeitssinn kreativer Politikberatung zu verbinden. Die Aufgabe angewandter Politikforschung sieht Dettling vor allem darin, als aufklärende Instanz die öffentliche Urteilsfähigkeit der Menschen in der Gesellschaft zu verbessern.

Manuel Fröhlich wählt wiederum einen gänzlich anderen Zugang, in dem er die Relevanz einer angewandten Politikforschung ideengeschichtlich ableitet. In seinem Beitrag *Angewandte Politikforschung avant la lettre – Aktuelle Betrachtungen anhand zweier Friedenspläne aus dem achtzehnten Jahrhundert* argumentiert Fröhlich, dass angewandte Politikforschung in ihrem Arbeitsmodus aus verbundener Wissensgenerierung und -vermittlung nicht als Gegensatz zur Grundlagenforschung aufgefasst werden sollte. Er demonstriert dies anhand einer Untersuchung zweier Friedenspläne (Abbé de Saint-Pierre und Immanuel Kant) und zeigt hierbei, dass angewandte Politikforschung eine erkennbare Linie im ideengeschichtlichen Stammbaum der Politikwissenschaft aufweist. Der Autor stellt die These auf, dass wesentliche Elemente dessen, was heute die angewandte Politikforschung kennzeichnet, nennenswerte Vorläufer im Feld der Ideengeschichte haben, wo in vergleichbarer Weise Theorie und Praxis gedanklich verbunden wurden. Daher seien diese als Manifestationen einer angewandten Politikforschung *avant la lettre* zu betrachten.

Heinz-Jürgen Axt bemüht in seinen *Reflexionen zur Politikberatung* zwar nicht ideengeschichtliche Denker des 18. Jahrhunderts, bezieht sich jedoch unmittelbar auf Max Weber, um über das Verhältnis von Wissenschaft und praktischer Politik zu räsonieren. Ausgehend von Webers These einer unterschiedlichen Logik von Wissenschaft und Politik reflektiert der Autor seine eigenen Erfahrungen in der wissenschaftlichen Politikberatung. Für Axt kann es hierbei nicht darum gehen, Wissen und Politik einfach zu addieren. Das Ziel einer wissenschaftlichen Politikberatung müsse vielmehr sein, bei Aufrechterhaltung der Autonomie beider Sphären eine Interaktion und einen Dialog zu organisieren. Seine Tätigkeit in Expertengremien im Bereich der europäischen Integration stellt der Autor den klassischen Politikberatungsmodellen aus der Forschung gegenüber. Er kommt zum Ergebnis, dass ein partnerschaftliches Modell von Politikberatung in der Praxis meist nicht umgesetzt wird. Wissenschaftler lernten zwar durch Politikberatung, die Politik sei jedoch häufig nicht bereit, offen über Politikergebnisse zu diskutieren.

Karl-Rudolf Korte skizziert in seinem Beitrag *Besondere Herausforderungen der Regierungsforschung*. Die Analyse der Regierungspraxis als einer der zentralen Aufgaben angewandter Politikforschung sei in besonderer Weise auf einen mikropolitischen Zugriff angewiesen, um die Führungsstile und Machttechniken politischer Spitzenakteure in ihrem Entscheidungsmanagement aufzudecken. Diese Spurensuche werde jedoch unter den Bedingungen modernen Regierens erschwert, da der Grad an Informalität im komplexen Politikmanagement stetig zunehme. Für Korte verschwindet dadurch leise das Untersuchungsobjekt der Regierungsforscher. Der Autor spricht sich für eine Intensivierung qualitativer Analysemethoden aus, beispielsweise durch ethnographische und hermeneutische Methoden. Die Spurensuche bleibe wichtig, weil in konsolidierten Demokratien jede Politik rechenschafts- und begründungspflichtig sei. Nach Korte leisten Regierungsforscher in diesem Bereich einen signifikanten Beitrag zur Qualität der Demokratie.

Das zweite Kapitel des Bandes, das auf Strukturen, Akteure, Ressourcen und Gegenstände der angewandten Politikforschung abzielt, wird von *Josef Janning* und *Jürgen Turek* eröffnet. Beide Autoren setzen sich in ihrem Beitrag *Das Centrum für angewandte Politikforschung (C·A·P) – Brückenbauer zwischen Wissenschaft und Politik* mit der Entstehungsgeschichte und dem Anforderungsprofil des C·A·P als zentralem Akteur einer angewandten Politikforschung in Deutschland auseinander. Die Gründungsidee Werner Weidenfelds habe darin bestanden, mit einer angewandten Politikforschung als Handlungsfeld universitärer Forschung sachgerechte politische Entscheidungen mitzugestalten und damit zugleich auch in die politische Wissenschaft zu wirken. In dieser Hinsicht bildete das C·A·P eine Innovation in der Beratungslandschaft, da angewandte Politikforschung und Politikberatung als Synthese von wissenschaftlicher Interdisziplinarität, Internationalität und angemessener Kommunikation verstanden wurde. In der Nachzeichnung zentraler Forschungsgebiete (Deutschland-, Europa- und Zukunftsforschung) und Projekten politischer Bildung sei dieses Prinzip aufgegangen. Janning und Turek kommen in ihrem Rückblick zwar zu dem Ergebnis, dass sich der am C·A·P entwickelte Ansatz bewährt habe, beispielsweise in der Projektorientierung und der Integration der Mediendimension. Der strategische Ausblick fällt jedoch nüchterner aus, da die angewandte Politikforschung in Deutschland aufgrund fehlender Ressourcen noch nicht als etabliert gelten könne.

Wie angewandte Politikforschung an der Universität in konkreten Studiengängen umgesetzt wird, zeigen Markus Hoffmann und Marion Steinkamp in ihrem Beitrag *Die NRW School of Governance – Angewandte Politikforschung im Spannungsfeld von Forschung und Lehre*. Die beiden Autoren erläutern, wie es gelungen ist, in Nordrhein-Westfalen eine Professional School für Public Policy zu etablieren und welche Maßstäbe für das entwickelte Profil von Bedeutung sind. Eines der grundlegenden Ziele des Master-Studiengangs „Politikmanagement, Public Policy und öffentliche Verwaltung" habe darin bestanden, neben einem theoretischen fundierten Studiengang auch ein hohes Maß an praktischer Relevanz für die Ausbildung der Studierenden zu gewährleisten. Eine Herausforderung sehen die Autoren darin, eigene Kriterien wissenschaftlicher Exzellenz zu entwickeln und das politikwissenschaftliche Verständnis um anwendungsorientierte Lehr- und Forschungsansätze zu erweitern. Für Hoffmann und Steinkamp entwickelt sich ein derartiges Forschungsprofil dynamisch, indem neben der Regierungs-, Parteien- und Kommunikationsforschung auch neue Forschungsfelder (Politische Ethik, Landespolitik) integriert werden, um aktuellen politischen Veränderungen stets Rechnung zu tragen.

Josef Janning beschäftigt sich in seinem Beitrag *Auswärtiges Amt – Eine Betrachtung zum Wandel von Außenpolitik und Politikberatung in Deutschland* mit den veränderten Bedingungen im Feld der Außenpolitik von der Bonner zur Berliner Republik. Für Janning nahm die politikberatende Expertise in Planung und Umsetzung deutscher Außenpolitik zu den Zeiten des Kalten Krieges eher eine Randrolle rein. Dies habe sich jedoch mit der politischen Zäsur von 1989 fundamental geändert: sowohl in Bezug auf die Nachfrage seitens der politischen Akteure als auch im Hinblick auf die Angebotsseite der politikberatenden Akteure könne von einem Paradigmenwechsel gesprochen werden. Der Stellenwert von Politikberatung habe sich durch die Unsicherheit in Entscheidungsfragen und einer wahrgenommenen politischen Unübersichtlichkeit erhöht, besonders in der Außen- und Sicherheitspolitik. Der Autor kommt zu dem Ergebnis, dass sich die außenpolitische Reflexion und Entscheidungsvorbereitung im Auswärtigen Amt durch politikberatende Institutionen in Form, Inhalt und Dichte enorm verbreitert hat, beispielsweise durch Analyse, Interpretation und Strategiebildung in der Europa-, Allianz- und Sicherheitspolitik sowie in der Entwicklungs- und Umweltpolitik.

Tassilo Wanner und *Daniel von Hoyer* beleuchten in ihrem Beitrag *Angebot trifft Nachfrage? Politikberatung im Umfeld deutscher Parlamente* die Möglichkeiten und Schwierigkeiten angewandter Politikforschung in der täglichen Parlamentsarbeit. Die Autoren geben einen umfassenden Überblick über die Beratungspraxis im Umfeld deutscher Parlamente und zeigen hierbei auf, an welchen Stellen strukturelle Hindernisse einem optimalen Zusammentreffen von Beratungsangebot und -nachfrage im Wege stehen. Die Unterschiede in Strukturen, Arbeitsweisen und Rahmenbedingungen parlamentarischen Arbeitens in Bund und Ländern erlaubten keine Standardmodelle und -lösungen für die Politikberatung in deutschen Parlamenten, so dass sich eine bunte Vielfalt an etablierten Formen der parlamentsinternen und -externen Beratung von Volksvertreten entwickelt habe. Parlamentarische Politikgestaltung – so eine der zentralen Thesen – wäre sowohl in ihrer Vielfalt als auch ihrem Tempo ohne die Beratung der handelnden Akteure durch Dritte nur schwer vorstellbar.

Otto Schmuck erweitert im nächsten Beitrag *Landesregierungen und Mehrebenenpolitik* die Perspektive, indem er die Bedeutung der regionalen Ebene im EU-System untersucht und die hierbei wirkenden vielfältigen politischen Mechanismen zwischen verschiedenen Regierungsebenen nachzeichnet. Angewandte Politikforschung wird hier an den Schnittstellen sichtbar. Nach Schmuck lässt sich ein Rollenwandel der Regionen beobachten, die zunehmend vom Objekt zum Mitgestalter europäischer Politik wurden. Dadurch habe sich ein neues Handlungsfeld für Landespolitiker ergeben, die nach Einflussmöglichkeiten und Mitsprache gesucht hätten, um dem Machtverlust der Länder durch die Europäisierung zu begegnen. Länder und Regionen seien hierbei durchaus erfolgreich gewesen, beispielsweise durch den Ausschuss der Regionen oder die Entsendung regionaler Minister in den Rat. Allerdings falle es den Ländern in der EU der 27 Mitgliedstaaten im Vergleich zur früheren EG zunehmend schwerer, direkten Einfluss auf die Verhandlungen des Rates oder der Kommission zu nehmen.

Melanie Piepenschneider wechselt in ihrem Beitrag *Stiftungen – Politikforschung und Politikberatung auf christlich-demokratischer Grundlage* den Fokus und analysiert die Rolle politischer Stiftungen, speziell der Konrad Adenauer-Stiftung, im Kontext veränderter politischer und gesellschaftlicher Rahmenbedingungen. Ausgehend von den zunehmenden Anforderungen einer Multi-Kompetenz an politische Entscheidungsträger zeigt die Autorin, wie politische Stiftungen versuchen, diesen Herausforderungen durch ein wertgebundenes, glaubwürdiges und praxisorientiertes Profil ihrer Politikforschung und Politikberatung gerecht zu werden. Hierbei stünden Stiftungen vor der Aufgabe, die richtige Balance zu finden zwischen der tagesaktuellen Entwicklung von Strategien und Lösungsoptionen und der Förderung von „Grundlagen politischen Wirkens" als ein Denken auf Vorrat. Zudem gelte es, die politische Bildung als Politikberatung an der Basis zu fördern und als politische Stiftung in diesem Bereich eine Scharnierfunktion wahrzunehmen.

Thomas Leif widmet sich in seinem *Beitrag Souveränitätsverzicht der Politik und Bedeutungsverlust der Parlamente – Lobbyismus als Schatten-Management der parlamentarischen Demokratie* einem kontrovers diskutierten Spannungsfeld in modernen Demokratien. Er stellt in pointierter Form die Mechanismen des Lobbyismus dar und rekonstruiert anhand exemplarischer Beispiele aus der Praxis die „Infrastruktur des Berliner Lobbyismus". Leif argumentiert, dass Lobbyisten in ihrer jetzigen Praxis die Grundprinzipien des Pluralismus missachten und dadurch ein massives Legitimationsdefizit aufweisen. Als zentrales Problem identifiziert er den wechselseitigen politischen Nutzen von Seitenwechseln für die Lobby-Organisationen und Politiker. Um dieser Praxis entgegenzuwirken, bedürfe es einer Revitalisierung des Parlaments als Gegenstrategie. Mit zehn Lösungsansätzen und einem aufrüttelnden Fazit versucht Leif für ein von der Öffentlichkeit wenig beachtetes politisches Problem zu sensibilisieren.

Jürgen Gros analysiert die *Kommunikation in Genossenschaftsverbänden* und konzentriert sich aus der Perspektive einer angewandten Politikforschung auf die besonderen Merkmale, Erfolgsfaktoren und Ziele eines regionalen Akteurs, insbesondere auf den Genossenschaftsverband Bayern, in seinem politischen Kontext. Er beschreibt systematisch die Rahmenbedingungen und erläutert das Selbstverständnis eines Genossenschaftsverbandes. Für Gros sind Genossenschaftsverbände in ihrer Kommunikation zwar von globalen Entwicklungen, wie bei der Finanzmarktkrise und der Reaktorkatastrophe von Fukushima, abhängig und gezwungen zu reagieren. Dennoch gebe es für die Verbände Möglichkeiten, selbst eine kommunikative Gestalterfunktion auszufüllen, was sich in beiden Krisenphasen gezeigt habe.

Andreas Kießling untersucht in seinem *Beitrag Politische Unternehmenskommunikation und angewandte Politikforschung – Potentiale und Limitationen am Beispiel der Erneuerbaren Energie-Politik im Wendejahr 2011* die Rolle der angewandten Politikforschung im konkreten Fall des Gesetzgebungsprozesses zum Ausbau Erneuerbarer Energien. Er fokussiert hierbei auf die Unternehmenskommunikation und beschäftigt sich mit der Frage, welche Leistungen die angewandte Politikforschung in diesem Kontext bereitstellen kann und welchen Beschränkungen sie in einem konkreten legislativen Verfahren von besonderer Brisanz ausgesetzt ist. Der Autor zeigt die Schwierigkeiten im Wechselverhältnis zwischen Interessenvertretung und Politikberatung auf und verweist auf die inhaltliche Stärke der angewandten Politikforschung in der Analyse und Einordnung der Energiewende in das breitere politische Umfeld. Am Beispiel der „Marktprämie" werden schließlich Erfolgsfaktoren wissenschaftlicher Politikberatung identifiziert.

Mit *Peter Freys* Beitrag *Medien und Politik – Arbeiten an der Schnittstelle* wechselt der Fokus auf die prominente Rolle der Medien als „vierte Gewalt" im Staat. Der Autor vergleicht die Funktion der Medien als Vermittler zwischen Gesellschaft und Politik mit der Rolle wissenschaftlicher Politikberater als Bindeglied zwischen der Welt des Fachwissens und der Politik. Das sich entwickelnde interaktive Netz aus Politikern, Beratern und Journalisten sei nicht per se als Fehlentwicklung zu sehen, sondern habe durchaus Vorteile, solange Journalisten und Berater ihre Ziele klar definierten und ethische Herausforderungen reflektierten. Frey geht auf die veränderten Rahmenbedingungen und Aufgaben für Politikberatung und Journalismus ein und identifiziert tägliche Herausforderungen wie der mühsame Aufbau von Vertrauen und Glaubwürdigkeit, die durch die „Eitelkeitsfalle" einer vermeintlichen Exklusivität stets beschädigt werden können. Von einer wechselseitigen Kontrolle zwischen Journalisten und Beratern könnten schließlich beide Seiten profitieren und dem Verlust von Unabhängigkeit vorgebeugt werden.

Michael Garthe beschäftigt sich zwar mit ähnlichen Problemstellungen wie Frey, wechselt jedoch durch seinen Blick auf die Medienwelt der Regionalzeitungen den Untersuchungsgegenstand. *Medien und Politik – Die Zeitung* lautet sein Beitrag, in dem er sich mit den Herausforderungen des schon häufig totgesagten Mediums Zeitung im multimedialen Zeitalter beschäftigt. Er sieht zwar in vielen Bereichen sinkende Auflagen, verweist jedoch auf die Stärken der regionalen Zeitung als komplettestes Medium, das nach wie vor zur gesellschaftlichen Kommunikation anregt. Unter veränderten Marktbedingungen müsse sich die Zeitung auf ihre Stärken besinnen und die Kriterien guten journalistischen Handwerks erfüllen. Für Garthe führen sowohl verflachende Medieninhalte und die oberflächliche Nutzung als auch ein latenter Glaubwürdigkeitsverlust der Politik zu einer fortschreitenden Entpolitisierung der Gesellschaft. Er identifiziert fünf Ursachen dieser Entwicklung und plädiert dafür im journalistischen Alltag stärker auf Methoden und Erkenntnisse der angewandten Politikforschung zurückzugreifen, um die Zeitungsqualität zu sichern.

Christian Jung zielt in seinem Beitrag auf die *Öffentliche Meinung als Analyse- und Zielobjekt der angewandten Politikforschung*. Der Autor reflektiert das Wissenschaftsverständnis einer angewandten Politikforschung und verbindet dies mit den beruflichen Erfahrungen in der Öffentlichkeitsarbeit eines kreditwissenschaftlichen Verbandes, um so den Begriff „öffentliche Meinung" in seinem politischen Kontext zu schärfen. Als Gegenstand der angewandten Politikforschung sei die öffentliche Meinung vor allem in der Demoskopie prominent, die jedoch mit etlichen methodischen Problemen behaftet sei, mit denen der politikberatende Forscher wiederum vertraut sein müsse. Im Gegensatz zur bloßen Analyse der öffentlichen Meinung ist der Versuch, diese zu beeinflussen und als Zielobjekt zu betrachten, für Jung stets an moralische Prinzipien gekoppelt. Die öffentliche Meinung befinde sich letztlich stets an der Schnittstelle zwischen Politik, Politikberatung und Lobbyismus; die Aufgabe angewandter Politikforschung bestehe darin, positiven Einfluss auf die Qualität der öffentlichen Meinungsbildung zu nehmen.

Matthias Belafi beendet die Feldvermessung der angewandten Politikforschung im zweiten Kapitel und analysiert in seinem Beitrag *Die elementare Wucht einfacher Zeichen – Zum Verhältnis von Liturgie und Politik* die in der Politikwissenschaft nur äußerst selten beleuchtete Rolle der Religion in politischen Zusammenhängen. Der Autor verweist darauf, dass zwischen der Liturgie und der Politik schon immer ein wechselseitiger Austausch bestand. Für Belafi ist der Begriff der „Politischen Liturgie" zwar etwas schillernd, jedoch lässt sich aus seiner Sicht das Verhältnis in fünf verschiedenen Schnittfeldern zumindest charakterisieren. Schließlich identifiziert der Autor Gemeinsamkeiten in der Formsprache der Liturgie und der Symbolwelt der Politik und beschreibt dies beispielsweise anhand von Ritualen als Kern symbolischer öffentlicher Kommunikation.

Das folgende dritte Kapitel zur angewandten Politikforschung in Politikfeldern vermittelt einen Eindruck des vielseitigen Spektrums an Themen, zu denen Wissen erarbeitet, Sachverhalte analysiert sowie Lösungsansätze und Methoden entwickelt werden. Die Beiträge setzen jeweils eigene Schwerpunkte, doch ist ihnen gemeinsam, dass sie Fragestellungen aufwerfen, die sowohl aus politikwissenschaftlicher als auch aus praktisch politischer Perspektive eine hohe Relevanz besitzen.

Franco Algieri und Janis A. Emmanouilidis machen den Auftakt mit ihrem Beitrag *What else is new? Zur Relevanz klassischer und neuer Themen der europäischen Integration für angewandte Politikforschung.* Die Autoren gehen auf denkbare, die Strahlkraft der europäischen Idee womöglich revitalisierende Zukunftsprojekte ein. Die Euro-, Wirtschafts- und Schuldenkrise bedeute enorme langfristige Schwierigkeiten, auch für den Fortgang der europäischen Integration. Gerade deshalb benötige die Europäische Union (EU) ein neues Leitmotiv, das über die Bewahrung des Erreichten hinausgeht. Ein Ansatzpunkt dafür sei, dass die EU ihre Mitgliedsländer kollektiv in die Lage versetze, Entwicklungen im dynamischen internationalen Umfeld mitzugestalten. Dabei stehe die Führung der EU zum einen vor der Aufgabe, gegenseitiges Vertrauen innerhalb und außerhalb Europas wiederherzustellen. Um ein selbstbewusstes Europa zu schaffen, sei es zum anderen notwendig, den Umgang mit Macht, sowohl mit „Soft" als auch mit „Hard Power", zu normalisieren.

Florian Baumann beleuchtet in *Differenzierung als Strategie der europäischen Integration* verschiedene Modelle, die ein Voranschreiten der europäischen Einigung – trotz voneinander abweichender Geschwindigkeiten der Intensivierung der Zusammenarbeit zwischen den Mitgliedstaaten der EU – gelingen lassen könnten. Der Vertrag von Lissabon eröffne vielfältige Möglichkeiten der Kooperation und verspreche vor allem Flexibilität. Das Element der Differenzierung erscheint hier weniger als Menetekel, denn vielmehr als Strategieoption der europäischen Integration, da sich damit die Chance eröffne, eine „Eurosklerose" zu vermeiden bzw. kollektiven Frustrationserfahrungen vorzubeugen. Integrierend wirkende Entwicklungen könnten hierdurch dynamisch gehalten werden und selbst neue Sogwirkung entfalten. Dies gelte insbesondere dann, wenn die beiden größten Staaten, Deutschland und Frankreich, als Motoren der europäischen Einigung fungierten.

Reinhardt Rummel betrachtet das *auswärtige Handeln der EU als Entwicklungsaufgabe für angewandte Politikforschung*. Er nimmt deren Funktionen, Strukturen und Leistungen in den Blick. Die Politikforschung könne die Verhaltensweisen der europäischen Akteure beeinflussen bzw. ihnen Gestaltungsoptionen aufzeigen. Dezidert geht der Autor auf das Angebotsspektrum der Denkfabriken sowie den Leistungsanspruch der Politikberatung ein, wozu er den Alltag im Brüsseler Europa-Viertel mit seinen vielfältigen Netzwerken, Verflechtungen und Einflussnahmen schildert. Zugleich nimmt er die Bemühungen der Institute, sich in dieser Szene zu etablieren, mithin an Reputation und Gehör zu gewinnen, unter die Lupe.

Michael Bauer und *Almut Möller* behandeln in ihrem Beitrag die *angewandte Politikforschung zur europäischen Nahostpolitik*. Dabei gehen sie vom „Arabischen Frühling" aus sowie auf mögliche Reaktionen der EU ein. Sie stellen fest, dass die EU-Institutionen bzw. ihre Vertreter die revolutionäre Lage in ihrer südlichen Nachbarschaft noch keineswegs in vollem Umfang erkannt haben. Ihr Plädoyer beinhaltet den Ratschlag an die Verantwortlichen auf EU-Ebene, eine enge Zusammenarbeit mit den mediterranen Anrainern anzustreben und bestehende Kooperationen konsequent fortzuentwickeln. Dies sollte nicht zuletzt auch deshalb Priorität haben, damit die EU im Rahmen der Transformationsprozesse zugunsten von Demokratie, Transparenz und des Respekts vor den Menschenrechten einwirken kann.

Der Beitrag von *Uwe Wagschal Schuldengrenzen und Haushaltskonsolidierung in der Europäischen Union* widmet sich einer weiteren hoch aktuellen Problematik, der Budgetpolitik in der EU. Konkret geht es um die Herausforderungen der Schuldengrenzen und Haushaltskonsolidierung. Dabei betrachtet er die Finanz- und Schuldenkrise als Kristallisationspunkt von Veränderungen, welche die europäische Integration fundamental beeinflussen und auf den Prüfstand stellen. Hinsichtlich der Erfolgschancen von Verschuldungsgrenzen gelangt Wagschal zu einer skeptischen Einschätzung. Die Existenz staatlicher „Schuldenbremsen" werde kaum zu einer Limitierung der steigenden Verschuldung in der EU führen. Eine tragfähige Alternative stelle jedoch der so genannte „Commitmentansatz" dar, der v. a. ein glaubhaftes Bekenntnis politischer Entscheidungsträger zum Schuldenabbau für entsprechende Erfolge voraussetze.

Das Thema von *Gerd Langguth* lenkt den Blick anschießend auf Deutschland und in die hiesige Parteipolitik. Er analysiert in seinem Beitrag *Das deutsche Parteiensystem im Wandel – Krisensymptome und Revitalisierungsoptionen* die sich vollziehenden Veränderungen innerhalb des Parteienspektrums und der Wählerschaft. Im Zentrum steht die Frage nach der Zukunft der Volksparteien. Angesichts der Fragmentierung des deutschen Parteiensystems wird andiskutiert, ob es sich auf dem Weg zurück zu seinen Anfängen in der jungen Bundesrepublik befindet oder ob aus Berlin gar ein neues Weimar werden könnte. Einem solchen Szenario setzt Langguth ein Acht-Punkte-Programm entgegen, wie die (Volks-)Parteien reformiert und somit wieder attraktiver für die Wahlberechtigten werden könnten. Eine Imageverbesserung der Politik erscheint ihm hierfür wesentlich, wozu die Konzentration der Akteure auf das Kerngeschäft sowie eine überzeugende Kommunikation beitragen könnten. Ebenso sei eine Betonung des antiklientelistischen Charakters von Volksparteien sowie ihre Verlebendigung durch mehr offene innerparteiliche Abstimmungen, Ämtertrennungen oder ein Vorwahlsystem angezeigt.

Lars C. Colschen hingegen rekurriert auf die *Politikberatung in der deutschen Außenpolitik*. Hierzu stellt er nicht nur die Vorgehensweisen der (externen) Politikberatung dar, sondern setzt sich ebenso mit den Anforderungen auseinander, vor denen sich die Branche angesichts der drastisch gewandelten und sich weiterhin rasch verändernden weltpolitischen Konstellationen und Kräfteverhältnisse gestellt sieht. Ein besonderes Augenmerk legt er auf die Merkmale deutscher Außenpolitik in den zurückliegenden Jahrzehnten, die Westintegration sowie die Ostpolitik. Die zentrale Herausforderung besteht nach Colschen jedoch in der Entwicklung und der öffentlichen Vermittlung eines klaren ‚Kompasses' für die deutsche Außenpolitik im 21.Jahrhundert, der in seiner strategischen Ausrichtung von einem sich stetig intensivierenden Multilateralismus geprägt werden sollte. Hierzu könne die angewandter Politikforschung mit ihren Erkenntnissen wiederum wichtige Impulse liefern.

Bei *Andreas Meusch* umfasst *angewandte Politikforschung in der Gesundheitspolitik* die Frage, was für eine Rolle Politikberatung unter welchen Umständen in dieser Branche spielen kann. Dabei gehe es maßgeblich um Orientierungshilfen für die dort tätigen Akteure, wozu auch das C·A·P einen Beitrag leiste. Gleichwohl setzt Meusch sich kritisch mit der bisher eher nachgeordneten Rolle der Politikwissenschaft bei der Konzeptualisierung von Gesundheitspolitik auseinander. Welche Akteure als maßgebliche Orientierungsgeber in diesem Politikfeld zu betrachten sind, wird im Folgenden aufgezeigt. Als gelungenes Beispiel von Politikberatung führt der Autor die Arbeit der langjährig tätigen Enquête-Kommission im Bundesgesundheitsministerium ab 1990 an, doch spart er durchaus nicht mit Kritik an der Politikberatung durch Interessenakteure im Bereich der Gesundheitspolitik.

Dass sich das C·A·P des „Megatrends Gesundheit" durchaus angenommen hat, illustriert der Beitrag *Telemedizin und demographischer Wandel* von *Jürgen Turek* in diesem Band. Darin widmet sich der Autor den vielfach dramatischen Entwicklungen innerhalb der Alterspyramiden der Wohlstandsgesellschaften und zeigt die Folgen bzw. Herausforderungen auf, die damit für alle Lebensbereiche verbunden sind. Gleichfalls beschreibt er Wege, wie sich die bereits deutlich absehbaren Veränderungen u. a. mit

Angewandte Politikforschung – Konzeption und Forschungstradition

Hilfe hochmoderner Telemedizin konstruktiv gestalten lassen, um für möglichst viele Menschen eine beachtliche Lebensqualität zu erhalten.

Bei *Martin Brusis, Olaf Hillenbrand* und *Peter Thiery* geht es in *Demokratiemessung – Der Bertelsmann Transformation Index* darum, wie Stand, Wirkungen und Tendenzen politischer Transformationen durch die angewandte Politikforschung begleitet werden können. Die Autoren erläutern sowohl das am C·A·P mit entwickelte Messkonzept als auch den aufwendigen Methodenmix zur Erhebung der Daten. Ein umfangreiches Indikatorenset soll Aufschluss darüber geben, wie es um Demokratie, Marktwirtschaft und politisches Management in Entwicklungs-, Schwellen- und Transformationsländern bestellt ist. Um auch die Verhältnisse in Gesellschaften westlicher bzw. entwickelter Staaten differenziert erfassen und vergleichen zu können, wurden darüber hinaus weitere, spezifische Indikatoren zur Messung der Qualität von Governance entwickelt. Auf längere Sicht werden so umfangreiche Datensätze bereitgestellt, die von politischen Akteuren genutzt werden können, um Reformen konsequent und zielsicher umzusetzen.

Die folgenden Beiträge veranschaulichen, wie angewandte Politikforschung in unterschiedlichen Kontexten politischer Bildung zum Tragen kommt.

Silvia Simbeck, Susanne Ulrich und *Florian Wenzel* befassen sich in *Politische Bildung: Demokratiekompetenz als pädagogische Herausforderung* damit, was getan werden kann und muss, um die Schlüsselwerte Demokratie und Toleranz noch fester in unserer Gesellschaft zu verankern. Insbesondere soll dazu beigetragen werden, Wissen über Demokratie zu vermitteln und Fertigkeiten des demokratischen Umgangs in Konflikt- und Entscheidungssituationen einzuüben. Es wird dazu ein konkretes Projekt der Akademie Führung & Kompetenz des C·A·P vorgestellt, das sich mit der Professionalisierung und Zertifizierung von politischer Bildungsarbeit beschäftigt. Ziel ist es, ein umfassendes und international anschlussfähiges Verständnis von Demokratiekompetenz zu entwickeln. Zudem soll ein eigens entworfenes Qualitäts- und Qualifikationsraster eine bessere Einordnung und Zertifizierung von politischer Bildung erlauben, um ihren gesellschaftlichen Stellenwert umfassender darstellen zu können.

Eva Feldmann-Wojtachnia und *Barbara Tham* befassen sich danach mit der *Europäisierung der Bildungsarbeit* und dem *aktiven Bürgerbewusstsein junger Menschen*. In ihrem Beitrag stellen sie, nach einem historischen Abriss der Förderung jugendorientierter Bildungsarbeit zu Europa im vergangenen Vierteljahrhundert, angewandte Politikforschung in ein Dreieck von Wissenschaft, Bildung und Beratung. In diesem Zusammenhang gehen sie sowohl auf aktuelle Projekte als auch auf die Perspektiven der Bildungsarbeit angesichts von Kürzungen der Förderung durch die öffentliche Hand ein.

Britta Schellenberg nimmt in ihrem Beitrag *Strategien gegen Rechtsextremismus und Vorurteilskriminalität – Für Pluralismus und liberale Demokratie in Deutschland* die Mordserie einer rechtsextremen Terrorbande zum Ausgangspunkt. Sie plädiert dafür, das so genannte „Hate Speech"-Konzept zur Anwendung zu bringen, um entsprechende Straftaten differenzierter einordnen und zielgerichteter ermitteln zu können. Die angewandte Politikforschung könne durch ihre Befunde, Begriffe und Konzepte zu tragfähigen Kategorisierungen in der Auseinandersetzung mit Rechtsextremismus beitragen. Eine erfolgreiche Bekämpfung der Vorurteilskriminalität bspw. setze voraus, dass zunächst Grundlagen geschaffen würden, um bestehende Probleme zu erkennen, zu benennen und ihnen entgegnen zu können. Weiterhin bedarf es Schellenberg zufolge einer zwar nicht kooperativen, jedoch offensiven Auseinandersetzung mit rechtsextremen Umtrieben. Die Forschung könne ebenso dafür sorgen, dass ein konsequenter Diskriminierungsschutz schwerpunktmäßig vorangetrieben und für Vielfalt geworben werde.

Schließlich ist der Beitrag *Anwendungsfelder angewandter Identitätsforschung in Deutschland – eine politikwissenschaftliche Perspektive* von *Michael Weigl* Teil dieser Festschrift. Darin beschäftigt er sich zunächst mit den Prämissen politikwissenschaftlicher Identitätsforschung, um über den Abschied von identitären Selbstverständlichkeiten zu Arenen angewandter Politikforschung zu gelangen. In je eigenen Kapiteln geht er sowohl auf die EU, als auch auf Deutschland und dessen Regionen ein. Politikwissenschaftliche Identitätsforschung stecke auf Grund ihrer thematischen Offenheit und der potentiellen Betroffenheit aller Kollektive inhaltlich ein weites Terrain ab. In diesem Zusammenhang problematisiert der Autor, dass vielen Parteien und Politikern die Relevanz derartiger Fragestellungen oft noch wenig vertraut zu sein scheint.

Insgesamt weisen die in dieser Festschrift versammelten Beiträge darauf hin, dass angewandte Politikforschung an der Schnittstelle zwischen Politikwissenschaft und politischer Praxis ein außerordentlich weites Themenfeld bearbeitet. Dabei erschöpfen die in den Texten behandelten Thematiken das Spektrum keineswegs. Ebenso gilt dies für die Vielfalt der Projekte und Aktivitäten der Mitarbeiterinnen und Mitarbeiter des Centrums für angewandte Politikforschung (C·A·P) seit Gründung dieses Instituts durch Werner Weidenfeld 1995 sowie die Arbeit der vielen weiteren Denkfabriken in Deutschland und Europa. Nach den theoretischen Grundlagen, Methoden und Zugängen im ersten Kapitel, den nachfolgenden Beschreibungen der Strukturen, Akteure, Ressourcen und Gegenständen angewandter Politikforschung im zweiten, ergänzt ein Blick auf die dargestellten Politikfelder deshalb die Perspektiven für die Leser dieses Bandes.

In allen Beiträgen dieses Bandes wird ersichtlich, dass die Autorinnen und Autoren der angewandten Politikforschung eine außerordentlich hohe Relevanz beimessen, um in politischen Prozessen auf unterschiedlichen Wegen die Problemlösungskompetenz zu erhöhen und dadurch zur Rationalisierung der Politik beizutragen. Die Resultate politikwissenschaftlicher Forschung können darauf einwirken, dass sich die politischen Akteure in den politischen Institutionen, Parteien und anderen Organen ihrer Gestaltungsspielräume bewusster werden.

Danksagung

Wir, die Herausgeber dieser Festschrift aus Anlass des 65. Geburtstags von Prof. Dr. Dr. h.c. Werner Weidenfeld, möchten uns bei allen Autorinnen und Autoren bedanken! Jeder Einzelne blickt auf gemeinsame akademische Wegstrecken, Projekte oder Kooperationen mit dem hier Gewürdigten.

Ausdrücklich danken möchten wir zudem unserem Redaktionsteam – Dr. Frank Gadinger (Gesamtverantwortung) sowie Johannes Meiners und Julia Staub (Redaktionsassistenz) –, das uns bei der täglichen Arbeit in Duisburg und München tatkräftig unterstützt hat. Ihr verlässliches Engagement hat zum Gelingen dieses Projekts ganz wesentlich beigetragen! Ebenso gilt unser Dank den Mitarbeiterinnen und Mitarbeitern des VS Verlags in Wiesbaden, besonders unserem verantwortlichen Lektor Frank Schindler. Ihre Mühen um die praktische Erstellung des vorliegenden Buches wissen wir sehr zu schätzen!

Literatur

Althaus, Marco/Meier, Dominic (Hrsg.) 2004: Politikberatung: Praxis und Grenzen, Münster.
Ariely, Dan, 2008: Predictably Irrational: The Hidden Forces That Shape Our Decisions, New York.
Bakvis, Herman, 1997: Advising the Executive. Think Tanks, Consultants, Political Staff and Kitchen Cabinets, in: Weller, Patrick/Bakvis, Herman/Rhodes R.A.W. (Hrsg.), The Hollow Crown. Countervailing Trends in Core Executives, Houndmills, 84-125.
Beck, Ulrich. 1986: Risikogesellschaft. Auf dem Weg in eine andere Moderne, Frankfurt a. M.
Benz, Arthur/Dose, Nicolai, 2010: Governance. Modebegriff oder nützliches sozialwissenschaftliches Konzept, in: Dies. (Hrsg.), Governance. Regieren in komplexen Regelsystemen, Wiesbaden, 13-36.
Best, Heinrich/Jahr, Stefan/Vogel, Lars, 2011: Karrieremuster und Karrierekalküle deutscher Parlamentarier, in: Edinger, Michael/Patzelt, Werner J. (Hrsg.), Politik als Beruf, Wiesbaden, 168-191.
Böschen, Stefan/Kastenhofer, Karen/Rust, Ina/Soentgen, Jens/Wehling, Peter, 2008: Entscheidungen unter Bedingungen pluraler Nichtwissenskulturen, in: Mayntz, Renate/Neidhardt, Friedhelm/Weingart, Peter/Wengenroth, Ulrich (Hrsg.), Wissensproduktion und Wissenstransfer, Bielefeld, 197-219.
Braml, Josef, 2004: Think Tanks versus Denkfabriken? U.S. and German Policy Research Institutes. Coping with and Influencing their Environments, Baden-Baden.
Brodocz, André/Llanque, Marcus/Schaal, Gary S., 2008: Demokratie im Angesicht ihrer Bedrohungen, in: Dies. (Hrsg.), Bedrohungen der Demokratie, Wiesbaden, 11-28.
Bröchler, Stephan/Schützeichel, Rainer (Hrsg.) 2008: Politikberatung, Stuttgart.
Busch-Janser, Florian/Gerding, Sandra/Voigt, Mario (Hrsg.) 2007: Politikberatung als Beruf, Berlin.
Cassel, Susanne, 2001: Politikberatung und Politikerberatung. Eine institutionenökonomische Analyse der wissenschaftlichen Beratung der Wirtschaftspolitik, Bern.
Czerwick, Edwin, 2011: Funktionale Politikberatung. Vorüberlegungen zu einer poiltikwissenschaftlichen Theorie der Politikberatung, in: Zeitschrift für Poltikberatung 4, 147-156.
Dieckmann, Anja/ Martignon, Laura, 2004: Einfache Heuristiken für gute Entscheidungen, in: Fisch, Rudolf/Beck, Dieter (Hrsg.), Komplexitätsmanagement. Methoden zum Umgang mit komplexen Aufgabenstellungen in Wirtschaft, Regierung und Verwaltung, Wiesbaden, 35-54.

Falk, Svenja/Römmele, Andrea/Rehfeld, Dieter/Thunert, Martin (Hrsg.) 2006: Handbuch Politikberatung, Wiesbaden.
Fisch, Rudolf, 2004: Was tun? Hinweise zum praktischen Umgang mit komplexen Aufgaben und Entscheidungen, in: Fisch, Rudolf/Beck, Dieter (Hrsg.), Komplexitätsmanagement, Wiesbaden, 319-345.
Florack, Martin, 2012: Transformation der Kernexekutive. Eine institutionentheoretische Analyse der nordrhein-westfälischen Regierungsorganisation nach dem Regierungswechsel 2005, Wiesbaden i.E.
Florack, Martin/Grunden, Timo/Korte, Karl-Rudolf 2011: Kein Governance ohne Government, in: Bröchler, Stephan/Blumenthal, Julia von (Hrsg.), Regierungskanzleien im politischen Prozess, Wiesbaden, 181-202.
Florack, Martin/Grunden, Timo (Hrsg.) 2011: Regierungszentralen. Organisation, Steuerung und Politikformulierung zwischen Formalität und Informalität, Wiesbaden.
Frankfurter Allgemeine Zeitung, 22.11.2005.
Füchtjohann, Jan, 2011: Die große Ungeduld, in: Süddeutsche Zeitung, 31.05.2011.
Gellner, Winand, 1995: Ideenagenturen für Politik und Öffentlichkeit. Think Tanks in den USA und Deutschland, Opladen.
Gigerenzer, Gerd, 2009: Das Einmaleins der Skepsis. Über den richtigen Umgang mit Zahlen und Risiken, Berlin.
Gigerenzer, Gerd, 2011: Jedes Volk hat seine eigenen Ängste, in: Frankfurter Allgemeine Zeitung, 30.05.11.
Gigerenzer, Gerd/Brighton, Henry, 2009: Homo Heuristicus. Why Biased Minds Make Better Inferences, in: Topics in Cognitive Science 1, Nr. 1, 107-143.
Glaab, Manuela/Metz, Almut, 2006: Politikberatung und Öffentlichkeit, in: Falk, Svenja/Römmele, Andrea/Rehfeld, Dieter/Thunert, Martin (Hrsg.), Handbuch Politikberatung, Wiesbaden, 161-170.
Glaab, Manuela, 2007a: Strategie und Politik: das Fallbeispiel Deutschland, in: Fischer, Thomas/Schmitz, Gregor Peter/Seberich, Michael (Hsrg.), Die Strategie der Politik. Ergebnisse einer vergleichenden Studie, Gütersloh, 67-115.
Glaab, Manuela, 2007b: Politische Führung als strategischer Faktor, in: Zeitschrift für Politikwissenschaft 17 (2), 303-332.
Glaab, Manuela, 2008: Leistungen und Grenzen politischer Strategieberatung, in: Zeitschrift für Politikberatung 1 (2), 280-288.
Glaab, Manuela, 2011: Führungsressourcen neu entdecken – Leadership und Gesellschaftsberatung im Kontext von Öffentlichkeit, in: Bertelsmann Stiftung (Hrsg.), Wie Politik von Bürgern lernen kann. Potenziale politikbezogener Gesellschaftsberatung, Gütersloh, 115-138.
Grasselt, Nico/Korte, Karl-Rudolf, 2007: Führung in Politik und Wirtschaft. Instrumente, Stile, Techniken, Wiesbaden.
Grunden, Timo, 2009: Politikberatung im Innenhof der Macht. Zu Einfluss und Funktion der persönlichen Berater deutscher Ministerpräsidenten, Wiesbaden.
Grunden, Timo/Korte, Karl-Rudolf, 2011: Gesellschaftsberatung in der Parteiendemokratie, in: Bertelsmann Stiftung (Hrsg.), Wie Politik von Bürgern lernen kann. Potenziale politikbezogener Gesellschaftsberatung, Gütersloh, 62-96.
Habermas, Jürgen, 2011: Ein Pakt für oder gegen Europa?, in: Süddeutsche Zeitung, 07.04.11, 11.
Hebestreit, Ray, 2012: Partizipation in der Wissensgesellschaft. Funktion und Bedeutung diskursiver Beteiligungsverfahren, Wiesbaden, i. E.
Heinze, Rolf G., 2009: Rückkehr des Staates? Politische Handlungsmöglichkeiten in unsicheren Zeiten, Wiesbaden.

Heinze, Rolf G., 2011: Von der Beratung zur Gestaltung? Zur Pluralisierung der Politikberatung in Deutschland, in: Bandelow, Nils C./Hegelich, Simon (Hrsg.), Pluralismus-Strategien-Entscheidungen, Wiesbaden, 194-214.
Hofmann, Gunter, 1998: Die Berater sind los!, in: Die Zeit, Nr. 42, 08.10.1998, 17-18.
Janning, Josef, 1996: Anforderungen an Denkfabriken, in: Internationale Politik, Nr. 9, 65-66.
Kahneman, Daniel/Tversky, Amos (Hrsg.) 2000: Choices, Values and Frames, New York.
Kielmansegg, Peter Graf, 2009: Wozu und zu welchem Ende braucht man Akademien?, in: Frankfurter Allgemeine Zeitung, 17.09.09.
Klieme, Eckhard/Hartig, Johannes, 2007: Kompetenzkonzepte in den Sozialwissenschaften und im erziehungswissenschaftlichen Diskurs, in: Prenzel, Manfred/Gogolin, Ingrid/Krüger, Heinz-Herman (Hrsg.), Kompetenzdiagnostik, Sonderheft August 2007 der Zeitschrift für Erziehungswissenschaft, Wiesbaden, 11-29.
Köcher, Renate, 2002: Politik als Risikofaktor, in: Frankfurter Allgemeine Zeitung, 18.12.02.
Korte, Karl-Rudolf, 2008: Die Praxis regierungsförmiger Steuerung, in: Holtmann, Everhard/Patzelt, Werner J. (Hrsg.), Führen Regierungen tatsächlich? Zur Praxis gouvernementalen Handelns, Wiesbaden, 59-72.
Korte, Karl-Rudolf, 2011a: Risiko als Regelfall: Über Entscheidungszumutungen in der Politik, in: Zeitschrift für Politikwissenschaft 3, 465-472.
Korte, Karl-Rudolf, 2011c: Lob des Opportunismus. Die Wandlungsfähigkeit unserer Parteien spricht für, nicht gegen sie, in: Die Zeit, 14.07.11.
Korte, Karl-Rudolf/Fröhlich, Manuel, 2009: Politik und Regieren in Deutschland. Strukturen, Prozesse, Entscheidungen, 3. Auflage, Paderborn/ Stuttgart.
Korte, Karl-Rudolf/Grunden, Timo (Hrsg.) 2012: Handbuch Regierungsforschung, Wiesbaden i.E.
Lindblom, Charles E. 1959: The Science of Muddling Through, in: Public Administration Review 19 (2), 79-88.
Lompe, Klaus, 2006: Traditionelle Modelle der Politikberatung, in: Falk, Svenja/Römmele, Andrea/Rehfeld, Dieter/Thunert, Martin (Hrsg.), Handbuch Politikberatung, Wiesbaden, 25-34.
Lübbe, Hermann, 1996: Zeit-Erfahrungen. Sieben Begriffe zur Beschreibung moderner Zivilisationsdynamik, Stuttgart.
Luhmann, Niklas, 2004: Soziologie des Risikos, Berlin.
Mai, Manfred, 2011: Technik, Wissenschaft und Politik, Wiesbaden.
Mainzer, Klaus, 2008: Komplexität, Paderborn.
Martinsen, Renate, 2006: Demokratie und Diskurs. Organisierte Kommunikationsprozesse in der Wissensgesellschaft, Baden-Baden.
Mayntz, Renate, 2009: Speaking truth to Power: Leitlinien für die Regelung wissenschaftlicher Politikberatung, in: der moderne staat – Zeitschrift für Public Policy, Recht und Management 1, 5-16.
Mayring, Philipp, 2002: Einführung in die qualitative Sozialforschung: Eine Anleitung zu qualitativem Denken, Weinheim-Basel.
Mitchell, Sandra, 2008: Komplexitäten. Warum wir erst anfangen, die Welt zu verstehen, Frankfurt a. M.
Mittelstraß, Jürgen, 2011: Internet oder Schöne neue Leonardo-Welt, in: Frankfurter Allgemeine Zeitung, 25.07.11, 7.
Nolte, Paul, 2011: Von der repräsentativen zur multiplen Demokratie, in: Aus Politik und Zeitgeschichte, Januar/Februar, 5-12.
Nullmeier, Frank,1993: Wissen und Policy-Forschung, in: Héritier, Adrienne (Hrsg.), Policy-Analyse, Opladen, 175-196.
Nullmeier, Frank, 2010: Strategie und politische Verwaltung, in: Raschke, Joachim/Tils, Ralf (Hrsg.), Strategie in der Politikwissenschaft. Konturen eines neuen Forschungsfelds, Wiesbaden, 257-266.
Nutley, Sandra M./Smith, Peter C./Davies, H. T. O., 2000: What works? Evidence-based policy and practice in public services, Bristol.

Ockenfels, Axel,1999: Fairness, Reziprozität und Eigennutz. Ökonomische Theorie und experimentelle Evidenz, Tübingen.
Pachur, Thorsten, 2010: Ohne Fleiß zum Preis, in: Gehirn und Geist, Juli/August, 18-23.
Priddat, Birger P., 2009: Politik unter Einfluss. Netzwerke, Öffentlichkeiten, Beratungen, Lobby, Wiesbaden.
Raschke, Joachim/Tils, Ralf, 2007 (Hrsg.): Politische Strategie – Eine Grundlegung, Wiesbaden.
Riescher, Gisela, 1994: Zeit und Politik. Zur institutionellen Bedeutung von Zeitstrukturen in parlamentarischen und präsidentiellen Regierungssystemen, Baden-Baden.
Rosa, Hartmut, 2005: Beschleunigung. Die Veränderung der Zeitstrukturen in der Moderne, Frankfurt a. M.
Rüb, Friedbert W., 2008: Policy-Analyse unter den Bedingungen von Kontingenz, in: Toens, Katrin/Janning, Frank (Hrsg.), Die Zukunft der Policy-Forschung. Theorien, Methoden, Anwendungen, Wiesbaden, 88-111.
Schimank, Uwe, 2005: Die Entscheidungsgesellschaft. Komplexität und Rationalität der Moderne, Wiesbaden.
Schirrmacher, Frank/Strobl, Thomas (Hrsg.), 2010: Die Zukunft des Kapitalismus, Frankfurt a. M.
Schmid, Josef, 2011: Mikropolitik – Pluarismus mit harten Bandagen?, in: Bandelow, Nils C./Hegelich, Simon (Hrsg.), Pluralismus, Strategien, Entscheidungen, Wiesbaden, 324-344.
Schnabel, Ulrich, 2011: Das Überraschende erwarten, in: Die Zeit, Nr. 16, 14.04.11, 33.
Scobel, Gert, 2008: Weisheit. Über das, was uns fehlt, Köln.
Siefken, Sven T., 2010: Ist denn alles Politikberatung? Anmerkungen zum Begriff und der Diagnose institutionalisierter Kooperation, in: Politische Vierteljahresschrift, 51 (1), 127-136.
Simon, Herbert A., 1981: Entscheidungsverhalten in Organisationen. Eine Untersuchung von Entscheidungsprozessen in Management und Verwaltung, Landsberg am Lech.
Der Spiegel, Nr. 49, 01.12.2008, 38.
Spörer-Wagner, Doreen/Marcinkowski, Frank, 2011: Politiker in der Öffentlichkeitsfalle? Zur Medialisierung politischer Verhandlungen in nationalen Kontexten, in: Edinger, Michael/Patzelt, Werner J. (Hrsg.), Politik als Beruf, Wiesbaden, 416-438.
Thaler, Richard/Sunstein, Cass R., 2008: Nudge. Improving Decisions about Health, Wealth and Happiness, New Haven/London.
Thunert, Martin, 2008: Think Tanks in Germany: Their Resources, Strategies and Potential, in: Zeitschrift für Politikberatung 1 (1), 32-52.
Ulrich, Bernd, 2011: Schlag auf Schlag, in: Die Zeit, 14.04.2011, 3.
Vogl, Joseph, 2011: Was wir jetzt lernen müssen, in: Die Zeit, Nr. 33, 11.08.11, 37-38.
Walter, Franz: Der Gebrauch der Wissenschaft durch die Parteien, in: Kraul, Margret/Stoll, Tobias (Hrsg.), Wissenschaftliche Politikberatung, Göttingen, 163-176.
Wehling, Peter, 2007: Die Politisierung des Nichtwissens. Vorbote einer reflexiven Wissensgesellschaft?, in: Ammon, Sabine/Heineke, Corinna/Selbmann, Kirsten (Hrsg.), Wissen in Bewegung. Vielfalt und Hegemonie in der Wissensgesellschaft, Weilerswist, 221-240.
Weidenfeld, Werner / Turek, Jürgen, 2003: Schlüsselfertige Beratung. Eine Frage der Kommunikation, in: politik & kommunikation 3, 2003, 6-7.
Weingart, Peter, 2006: Erst denken, dann handeln? Wissenschaftliche Politikberatung aus der Perspektive der Wissens(chaft)soziologie, in: Falk, Svenja/Römmele, Andrea/Rehfeld, Dieter/Thunert, Martin (Hrsg.), Handbuch Politikberatung, Wiesbaden, 35-44.
Weingart, Peter/Lentsch, Justus 2008: Wissen - Beraten - Entscheiden. Form und Funktion wissenschaftlicher Politikberatung in Deutschland, Weilerswist.
Wiesendahl, Elmar, 2010: Der Organisationswandel politischer Parteien. Organisatons- und wandlungstheoretische Grundlagen, in: Jun, Uwe/Höhne, Benjamin (Hrsg.), Parteien als fragmentierte Organisationen, Opladen, 35-65.

Wiesenthal, Helmut, 2006: Gesellschaftssteuerung und gesellschaftliche Selbststeuerung. Eine Einführung, Wiesbaden.

Zahariadis, Nikolaos, 2003: Ambiguity and Choice in Public Policy. Political Decision Making in Modern Democracies, Washington D. C.

Die Zeit, Nr. 20, 12.05.2011, 3.

Zürn, Michael/Walter, Gregor/Bertram, Christoph 2006: „Schulen der Macht ?" – Governance Schools in Deutschland, Working Paper 1, Berlin.

Internetquellen:

Korte, Karl-Rudolf, 2011b: Eine Zeitkrise des Politischen. Über die Zeitkrise im Superwahljahr 2011. Erschienen in: Regierungsforschung.de, Politikmanagement und Politikberatung, http://www.regierungsforschung.de/dx/public/article.html?id=142 (Stand: 06.04.2012).

Andreas Blätte

Der Reformdiskurs in der universitären Vermittlung angewandter Politikforschung – Thesen zu Kontextualisierung und Reorientierung

1 Die Genese des Feldes der Professional Schools

Die Entstehung der Sozialwissenschaften im 19. Jahrhundert war mit dem Anspruch verbunden, politische Entscheidungen informieren und verbessern zu können. Schon bei Auguste Comte wird dieser Anspruch artikuliert, er findet sich nicht weniger bei Emile Durkheim und Max Weber. Im 20. Jahrhundert haben sich die Sozialwissenschaften allerdings den Ruf erworben, durch Ausdifferenzierung, einer Beschäftigung mit zunehmend kleineren Ausschnitten der sozialen und politischen Welt sowie durch methodologische Verfeinerung zunehmend weniger praxisrelevant geworden zu sein. Der Vorwurf trifft die Politikwissenschaft nicht weniger als die Soziologie – und sicherlich empfindlicher, weil die Beschäftigung mit Politik stets auf politisches Handeln bezogen ist.

Den Politikwissenschaften pauschal Selbstreferentialität – „Elfenbeinturmmentalität" – zu unterstellen, ist mit Sicherheit grob undifferenziert. Wer pauschal behaupten würde, Politikwissenschaftler würden sich dem „l'art pour l'art" hingeben, würde ungerechtfertigt die etablierten politikwissenschaftlichen Institutionen der Politikberatung aus seinem Urteil ausblenden (vgl. Thunert 2008). Deutschland war keine Politikberatungswüste, doch hat mit der „Berliner Republik" ein Boom des Beratungsgeschäfts eingesetzt (Falk/Römmele 2009). Als neue Entwicklung kann in diesem Zusammenhang die von Politikwissenschaftlern getragene Etablierung von „Professional Schools of Public Policy" bzw. „Professional Schools of Governance" gelten. Mit dieser Entwicklung möchte ich mich im Folgenden (selbst-) kritisch auseinandersetzen.[1] Diese „Schools" bieten Studiengänge an, die zwar einen hohen politikwissenschaftlichen Anteil haben, die aber auch einen interdisziplinären Anspruch haben und die vor allem eine starke Praxisorientierung aufweisen. Die an der Universität Erfurt angesiedelte Willy Brandt School of Public Policy (kurz "Brandt School", bis 2009 Erfurt School of

---

[1] Im akademischen Jahr 2005/06 war ich interimistisch stellvertretender Direktor der Brandt School (damals noch Erfurt School of Public Policy). Davor und danach bis 2009 war ich in die Entwicklung in Erfurt als wissenschaftlicher Mitarbeiter des Direktors der Brandt School und als Dozent im MPP eingebunden. Seit 2009 unterrichte ich an der NRW School of Governance als Juniorprofessor für Politikwissenschaft der WestLB-Stiftung Zukunft NRW.

Public Policy/ESPP) nahm 2002 den Lehrbetrieb mit einem "Master of Public Policy" (MPP) auf. Die Hertie School of Governance (HSoG) bietet seit 2005 einen „Master of Public Policy" (MPP) an; die NRW School of Governance der Universität Duisburg-Essen flankiert als Ausbildungsangebot einen „Master Politikmanagement, Public Policy und öffentliche Verwaltung", der im Wintersemester 2006/2007 eingeführt wurde.[2] Das Portfolio dieser Einrichtungen, die sich als „Professional Schools" verstehen (vgl. Weiler 2003) beschränkt sich aber nicht auf diese Studienangebote, sie vermitteln für ihre Studierenden Kontakte zur Berufspraxis, bieten Fortbildungsangebote an und sind u. a. in Beratungsprojekten engagiert. Die Schools sind zwar nicht durch eine formalisierte Kooperation miteinander verbunden,[3] nehmen aber einander wahr und agieren aufeinander bezogen, sodass man – im organisationstheoretischen Sinn (DiMaggio 1983) – von einem „Feld" der Professional Schools of Public Policy und Governance sprechen kann, das sich in Deutschland herausgebildet hat. Die zehnjährige Reifungszeit dieses Feldes ermöglicht mit erstem Abstand eine Reflexion, was hier eigentlich entstanden ist. Der Blick zurück auf die Gründungsimpulse soll dabei durch eine Auseinandersetzung mit analogen Entwicklungen in den USA gelenkt werden. Die hiesigen Schools – allein schon die Selbstbezeichnung macht dies kenntlich – ließen sich inspirieren durch vergleichbare Einrichtungen in den USA, wo Professional Schools of Public Policy schon früher entstanden. Der amerikanische Horizont der Selbstreflexion ist entsprechend größer als es jener in Deutschland sein kann – und man kann von diesem lernen. Im Zuge einer Beschäftigung mit den amerikanischen Professional Schools möchte ich im Folgenden nachzeichnen, vor welchem Problemhintergrund die amerikanischen Einrichtungen entstanden sind[4] und die Frage stellen, was eigentlich die Genese der Einrichtungen in Deutschland motiviert hat. In einem daran anknüpfenden Schritt rekonstruiere ich die institutionellen Faktoren, welche die Entstehung der Professional Schools möglich machten. Im vierten Schritt analysiere ich die ideellen Grundlagen ihrer Entstehung; dabei vertrete ich die These, dass die Schools ihr Selbst-

---

[2] Mit der Humboldt-Viadrina School of Governance kommt mittlerweile eine weitere Einrichtung hinzu, die einen Master of Public Policy anbietet. Diese Analyse beschränkt sich allerdings auf die Professional Schools, welche in der Gründungsphase des Feldes geprägt wurden. Eine umfassendere Analyse müsste auch die Studienangebote in Potsdam (Jann u. a. 2011) und in Speyer (Kropp 2011) berücksichtigen, als dies in dieser rein auf die Professional Schools bezogenen Überlegung der Fall ist.
[3] Ein loses Netzwerk besteht durch die Partizipation der Einrichtungen an dem DAAD-Programm „Public Policy and Good Governance".
[4] Für das Verständnis dieses Feldes verdanke ich viel einem Set von Interviews im Rahmen des vom BMBF geförderten Projekts „Professionelle Ausbildung für Internationale Organisationen" (Herz u.a. 2008). Die Interviews haben Kristin Linke und ich Anfang 2006 mit Vertretern US-amerikanischer Professional Schools geführt. Die Interviewpartner waren Programmmanger und Dozenten der School of Public and Environmental Affairs (University of Indiana, Bloomington), der John F. Kennedy School of Government (Harvard University), der School of Public Affairs (American University), der Elliott School of International Affairs und der School of Public Policy and Public Administration (beide George Washington University), der Edmund A. Walsh School of Foreign Service (Georgetown University) sowie der Paul A. Nitze School of Advanced International Studies (Johns Hopkins University).

verständnis aus dem Reformdiskurs bezogen, der zur Zeit der rot-grünen Bundesregierung geführt wurde. Klarheit über diesen Kontext der Genese der Schools kann, so mein abschließendes Argument, helfen, eine Reorientierung der Schools zu erreichen. Konkret meine ich damit eine Überwindung einer Elitenorientierung, die aus der bisherigen Governance-Orientierung resultiert und eine Hinwendung zu Konzepten partizipatorischer Governance.

2   Der politische Kontext der Schools of Public Policy in den USA

Harold D. Lasswell gilt als herausragende Gründungspersönlichkeit für die policyorientierte Wissenschaft in den USA. Er hatte bereits 1951 die Etablierung der „policy sciences of democracy" gefordert (Lasswell 1951). Lasswells Wissenschaftsprogrammatik sah erstens einen starken Anwendungsbezug der Forschung vor. Damit meinte er ausdrücklich nicht, dass Wissenschaftler die Grenze zur Praxis verwischen sollten (und selbst zu Praktikern werden sollten) oder dass sich Wissenschaftler einfach ausgiebiger Beratungstätigkeiten widmen sollten. Seine Vision war es vielmehr, dass Forschung als Suche nach Antworten auf die großen drängenden politischen Fragen der Zeit angelegt werden sollte. Zweitens forderte er eine Überwindung der Spezialisierung und Atomisierung der Fachwissenschaften. Eine Disziplin allein könnte, so Lasswells Auffassung, jeweils nur einen Ausschnitt der politisch relevanten Realität erkennen und bearbeiten. Antworten auf fundamentale Herausforderungen und politischen Probleme erforderten daher die disziplinübergreifende Zusammenarbeit. Großer Wert sei dabei – drittens – auf ein methodisch kontrolliertes Vorgehen zu legen.[5] Das wissenschaftliche Streben sah er dabei – viertens – eingebettet in den normativen Zusammenhang der Demokratie. Forschung, die sich als analytisches Instrument zur Diskussion alternativer Zweck-Mittel-Relation versteht, könnte prinzipiell zum willfährigen Instrument jeglicher politischen Zielsetzung werden. Lasswell sah aber die Demokratie als unwiderruflichen politischen Kontext der „policy sciences" (Lasswell 1951: 10).[6]

Es war nicht Lasswell selbst, der die genannten Forderungen in die Form einer Institution goss. Zur Gründung von Professional Schools, welche das Lasswellsche Programm umsetzen sollten, kam es erst in den späten 1960er Jahren, vor dem Hintergrund eines ganz konkreten Problemkontextes. Aaron Wildavsky, von 1969 bis 1977 Dekan der Goldman School of Public Policy der University of California, Berkeley, stellt in einem Aufsatz über den Stand und die Entwicklungsperspektiven der amerikanischen Public Policy Schools unmissverständlich fest: „The immediate impetus of

---

[5] Lasswell hat sich dabei durch eine Präferenz für quantitative Methoden den Ruf eines Erz-Positivisten erworben.
[6] Inwiefern Lasswells methodische Forderungen geeignet waren, die „policy sciences" ungeeignet für einen nicht-demokratischen Einsatz zu machen und ob nicht die tatsächlich praktizierten „policy sciences" demokratisch problematisch wurden, ist freilich umstritten, vgl. Dryzek (1989).

graduate schools of public policy was undoubtedly the Great Society" (Wildavsky 1985: 25). In der amerikanischen Öffentlichkeit war in den 1960er Jahren, zum Teil mit Erschütterung, festgestellt worden, dass die Selbstwahrnehmung einer wohlhabenden Gesellschaft mit Chancen für alle Tüchtigen, welche das Selbstbild Amerikas in den 1950er Jahren geprägt hatte, mit einer von Armut, sozialen Randlagen und Sphären der Perspektivlosigkeit geprägten Realität nicht vereinbar war. Maßnahmen zur Bekämpfung der Armut – der „War on Poverty" – wurden zu einem wesentlichen Strang des von Präsident Lyndon B. Johnson ausgerufenen Projekts der „Great Society". Im Laufe der 1960er Jahre mehrten sich allerdings Hinweise, dass wohlmeinende Maßnahmen oft ihre erhoffte Wirkung verfehlten oder sogar einen gegenteiligen Effekt erzielten (Moynihan 1969). Die Gründung von Professional Schools war eine Antwort auf diese Krise: Sie wurden gegründet, um durch Forschung die Ursachen des Scheiterns besser zu verstehen. Sie sollten für eine Beschäftigung im öffentlichen Sektor Personal ausbilden, das professionell gerüstet sein sollte, die öffentlichen Angelegenheiten nicht nur zu verwalten, sondern tatsächlich wirkungsvolle Programme in die Tat umzusetzen. Anfang der 1960er Jahre gab es, dies bestätigt ein nach wie vor instruktiver Überblick über die amerikanischen Public Policy Schools von Werner Jann aus dem Jahre 1987, „noch keine Aus- und Fortbildungsprogramme […], die dem Namen oder auch der Intention nach sich ausdrücklich mit staatlichen Politikinhalten, eben ‚Public Policies', beschäftigten" (Jann 1987: 30). Die Schools der ersten Stunde wurden ab Ende der 1960er Jahre in dichter zeitlicher Reihenfolge gegründet. Im Jahr 1969 waren dies die John F. Kennedy School of Government der Harvard University sowie das Institute of Public Policy Studies, University of Michigan. Die Lyndon B. Johnson School of Public Affairs der University of Texas at Austin, die School of Urban and Public Affairs der Carnegie-Mellon University Pittsburg und die Rand Business School kamen 1970 hinzu, die Graduate School of Public Policy der University of California, Berkeley wurde 1969 gegründet (Jann 1987: 31, Fn. 62). Einige spätere Gründungen können zwar der Liste hinzugefügt werden (vgl. Herz u. a. 2008), aber festzustellen bleibt doch, dass sich das Feld der Public Policy Schools Ende der 1960er Jahre in einem recht kurzen Zeitraum etablierte.[7] Wie schon knapp 20 Jahre früher von Lasswell gefordert, wurden Anwendungsbezug, Interdisziplinarität und (quantitative) Methodenorientierung zu Leitprinzipien des Feldes der ab Ende der 1960er Jahre entstehenden Public Policy Schools. Zur Verankerung von Interdisziplinarität und quantitativer Methodenausrichtung in den Curricula der Policy Schools kam es insbesondere durch den herausgehobenen Platz, den (mikro-) ökonomische Modellierungen und statistische Verfahren im

---

[7] Die Herausbildung des organisationalen Feldes der Professional Schools of Public Policy sollte nicht früher angesetzt werden. So ist es insbesondere trügerisch, die Gründung der Vorgänger-Institution der Kennedy School der Harvard University, der Graduate School of Public Administration (GSPA) im Jahr 1936 als Initiationsimpuls zu betrachten. Graham Allison, Dekan der Kennedy School von 1977 bis 1989 erläutert die konzeptionellen Unterschiede der GSPA zur Kennedy School (Allison 2008: 66f). Die Erinnerungen Allisons zur Gründungsgeschichte der Kennedy School unterstreichen die Kontextualisierung der Schaffung der Professional Schools im „Great Society"-Projekt.

Curriculum von Master of Public Policy-Studiengängen (MPP) eingenommen haben (Jann 1987: 81ff). Ein MPP ist zugleich mehr als eine Vermittlung der Anwendung ökonomischer Verfahren auf die Analyse politischer Probleme, etwa in Gestalt von Cost-Benefit Analysis oder Cost-Efficiency Analysis (vgl. Stokey und Zeckhauser 1978). Je nach Schwerpunkt des Programmes kommen Organisationstheorie, Verwaltungswissenschaft, Politikwissenschaft, Management-Techniken oder „Leadership" als Lehrinhalte hinzu. Der Anwendungsbezug des Lasswell'schen Programms ist ebenfalls keine leere Forderung geblieben.

Weitet man den Fokus über die Gründungsphase der Schools hinaus, so lassen sich übergeordnete Problemstellungen identifizieren, welche die Entwicklung der policy-orientierten Forschung und Lehre geprägt haben und damit den politisch-praktischen Bezugspunkt der Aktivitäten der Professional Schools ausmachten. Peter DeLeon sieht hier neben dem „War on Poverty" vier weitere größere politische Konstellationen, die ein Angebot policy-orientierter Forschung und eine Nachfrage danach generierten. Dabei handelt es sich DeLeon zufolge erstens um den Zweiten Weltkrieg, der seitens der USA durch eine massive sozialwissenschaftliche Kraftanstrengung begleitet war, die zur Ausreifung analytischer Techniken wie Operations Research und Systems Analysis führte, die der späteren quantitativen Ausrichtung der Policy Analyse Vorschub leisten sollten. Nach der Gründungsphase der Policy Schools führte das Scheitern der USA im Vietnam-Krieg hingegen zu einer wachsenden Skepsis gegenüber technisch-kalkulatorischen Verfahren. Der Watergate-Skandal löste DeLeon zufolge hingegen Zweifel an der moralischen Integrität des Regierungsapparats aus und führte zu einer Hinwendung zu ethischen Fragen. Als vierte Großentwicklung sieht DeLeon schließlich die Energiekrise der 1970er Jahre, die mit ihren enormen Anforderungen an eine Integration der analytischen Möglichkeiten unterschiedlicher Disziplinen letztlich die Professional Schools überforderte, so dass politische Setzungen an die Stelle ausgereifter Analysen traten (DeLeon 2008).

Welche Impulse maßgeblich waren für die Entwicklungen seit den 1980er Jahren, kann DeLeon zufolge erst mit einem größeren historischen Abstand beurteilt werden. Doch der Rückblick auf die Entwicklung des Feldes der Policy Schools in den USA zeigte sehr deutlich, dass es spezifische politisch-gesellschaftliche Dringlichkeiten gab, welche als Stimulus in das akademische Feld wirkten. Harold Lasswell hatte vorgeschlagen, „developmental constructs" zu entwerfen, die als – zum Teil auch spekulative – Projektionen möglicher künftiger, aber doch wahrscheinlicher Entwicklungen die Relevanzsetzungen policy-orientierter akademischer Tätigkeit bestimmen sollten (Lasswell 1941; Eulau 1958; Torgerson 1985). Auch wenn die explizite Berufung auf Vorstellungen dieser Art die Ausnahme sein mögen, so lassen sich doch mit der Vorstellung des Bezugs auf „developmental constructs" die Entwicklungen der Professional Schools rekonstruieren: Mit dem Zweiten Weltkrieg und der Befürchtung einer nationalsozialistischen Vorherrschaft oder einer kommunistischen Revolution, dem im „War on Poverty" zu führenden Kampf gegen ein den gesellschaftlichen Zusammenhalt bedrohendes Ausmaß sozialer Randlagen, der mit dem Vietnam-Krieg verbundenen Einsicht in die Grenzen der technischen Beherrschbarkeit des Krieges, der mit dem Watergate-Skandal verbundenen Herausforderung der Wiederherstellung moralischer Integrität öffentlicher Ämter und dem mit den Energiekrisen verbundenen Abstiegsbefürchtungen lassen sich die jeweils wirksamen Motivlagen für Genese und Reorientierungen der amerikanischen Professional Schools doch recht deutlich rekonstruieren. Doch was waren die Relevanz spendenden Annahmen über politische Entwicklungslinien, welche die Genese des Feldes der Professional Schools in Deutschland motiviert haben?

3   Professional Schools in Deutschland

Aaron Wildavsky beschreibt die Streuung politischer Macht und mithin den Pluralismus der amerikanischen politischen Ordnung als Faktor, der Institutionen einer unabhängigen policy-orientierten Forschung und Lehre in der amerikanischen Hochschullandschaft möglich gemacht hat. Policy-orientierte wissenschaftliche Debatten müssen sich notwendigerweise durch eine Kritik an politischen Maßnahmen profilieren – wenn aber durch eine pluralistische Grundverfassung immer ein Zugang zu Politik und Verwaltung möglich bleibt, können solche Bildungseinrichtungen ihrem kritischen Geist zum Trotz den Rückhalt in diesen Feldern gewinnen, den sie für ihren Bestand benötigen. Wildavsky glaubte noch in der Mitte der 1980er Jahre, dass dies Bedingungen waren, die in Europa nicht erfüllt wären. Er sah die Perspektiven für Professional Schools in Europa überaus negativ:

> „It is exactly intolerance for independent advice that has inhibited schools of public policy from starting in Europe. If you have hierarchical societies, if you have legitimated the idea of bureaucracy having a monopoly of expertise in policy areas, you will not look too favorably on the idea of think tanks. What are analysts supposed to do? If they are supposed to ratify what the government does, they are hired guns. If they are to criticize it, that means government cannot be doing the right thing; then, in the European view, the party or parties that rule should be changed. […] Competition among parties (think of them as rival hierarchies) has been legitimated in Japan and Europe but not yet competition of policy ideas outside party and bureaucracy. That is why policy research, if done at all, takes place in institutes attached to political parties" (Wildavsky 1985: 30).

Wie aber schon in der Einleitung festgestellt worden ist, gibt es mit der Brandt School, der HSoG und der NRW School of Governance drei etablierte policy-orientierte Professional Schools, so dass dieses Feld in Deutschland – auch wenn es überschaubar ist – als vorläufig gefestigt gelten kann. Eine Ewigkeitsgarantie gibt es für keine dieser Einrichtungen, aber Anzeichen, dass eine dieser Einrichtungen die Bildfläche wieder ver-

Der Reformdiskurs in der Vermittlung angewandter Politikforschung 51

lassen würde, sind nicht erkennbar. Wie kam es also zur Entstehung der Schools, und wieso erfolgte diese ausgerechnet kurz nach der Jahrtausendwende?

3.1 Begünstigende Faktoren: Pluralisierung, Bologna und Stiftungsmittel

Es lassen sich zunächst drei Faktoren identifizieren, die notwendige Bedingungen waren, dass sich in Deutschland Professional Schools etablieren konnten. Erstens – dies bezieht sich auf die noch von Wildavsky angenommene Blockade einer solchen Entwicklung in den 1980er Jahren – haben sich die Rahmenbedingungen geändert. Sowohl die Verwaltung als auch Parteien haben im politischen Prozess an Gewicht verloren: Parteien öffnen sich aufgrund eigener Schwäche zunehmend gegenüber externen Beratungsakteuren. Dies gilt auch für die Verwaltung, die durch einen langfristigen Personalabbau an Eigenressourcen einbüßt. Der Wandel von der „Bonner" zur „Berliner Republik" geht allgemein mit einer zunehmenden Pluralisierung der Verhältnisse einher. Ein Anwachsen des Marktes für Politikberatung ist längst festgestellt worden (Falk/Römmele 2009). Mit der „Berliner Republik" ist der politische Prozess fluider und pluralistischer geworden. Neue Beratungsakteure erschließen sich Plätze im politischen Prozess.

Lehreinrichtungen konnten - zweitens - die Möglichkeiten einer solchen Öffnung nutzen, weil die Bologna-Reformen die Entstehung eines neuen Bildungsmarkts ermöglicht haben. Ein wesentlicher Zweck der Reformen war die Förderung der studentischen Mobilität in einem europäischen Bildungsraum. Es ist mindestens zweifelhaft, ob diese Zielsetzung erreicht worden ist. Nicht weniger wichtig ist, dass mit der Möglichkeit, Master-Studiengänge anzubieten, deutsche Bildungseinrichtungen erstmals auf einem internationalen Bildungsmarkt auftreten können, der stark von der BA-/MA-Studienstruktur des angloamerikanischen Hochschulsystems geprägt ist. Internationale Interessenten an einem Studienplatz finden seit Bologna in Deutschland ein Studienangebot vor, das sie einordnen können. Auch wenn das Serviceangebot amerikanischer Professional Schools kaum überboten werden kann, so können doch deren Kosten (d.h. Studiengebühren) unterboten werden. Studiengebühren bei Brandt School und auch Hertie School sind signifikant niedriger als jene amerikanischer Universitäten.[8] Ohne die Bologna-Reformen als institutionellen Faktor sind die Professional Schools kaum vorstellbar.

Ein dritter Faktor ist ökonomischer Art: Das Studienangebot und vor allem die Bandbreite der Zusatzangebote zur Lehre wäre an allen drei Schools ohne das Engagement privater Förderer nicht denkbar.[9] Bei der Hertie School of Governance verweist

---

[8] Die NRW School of Governance erhebt keine Studiengebühren, sieht sich aber auch durch ein deutschsprachiges Studienangebot in einer anderen Ausgangslage.
[9] Interessant mag dabei ein Hinweis auf die Bedeutung von Stiftungsmitteln für die Entwicklung der amerikanischen Schools sein. Im Jahr 1972 beschloss das Kuratorium („Board of Trustees") der Ford

der Name der Einrichtung auf das Engagement der Hertie-Stiftung. Doch auch Brandt School und NRW School of Governance wären ohne Stiftungsmittel undenkbar. Die finanziellen Möglichkeiten und die Bereitschaft privater Stiftungen, sich für ein neuartiges Studienangebot zu engagieren, ist eine unabdingbare Voraussetzung für die Etablierung der Professional Schools. Mit den Schools war eine Zielsetzung verbunden, die für private Stiftungen attraktiv war, Mittel zu mobilisieren und bereit zu stellen. Die Auseinandersetzung mit dieser Frage führt zurück zu der spezifischen Projektion von Relevanz, welche die Schools ihrem wissenschaftlichen Personal, ihren Studierenden und Stiftern anbieten konnten, nachdem der institutionelle Rahmen für ihre Gründung günstig war.

3.2 Reformdiskurs als Kontext der Professional Schools

Selbstdarstellungen der drei hier untersuchten Professional Schools, die 2008 und 2009 in der *Zeitschrift für Politikberatung* erschienen sind und die als Grundlage der folgenden Analyse dienen sollen,[10] lassen – dies ist unschwer erkennbar - Gemeinsamkeiten der Gründungsideen der Professional Schools erkennen, die dem Lasswell'schen Programm entsprechen. Ein erstes, geradezu dominantes Motiv, sind die Praxisorientierung und der Anwendungsbezug, dem sich die neuen Einrichtungen verschreiben. Die entsprechenden Formulierungen lesen sich relativ ähnlich. In dem aus der Hertie School stammenden Text wird an jener „der Lösung von praktischen Problemen besondere Bedeutung zugemessen" (Ebding/Finke/Janowski 2008: 513), der MPP der Brandt School wir als „zweijähriges Programm mit besonderer Praxisorientierung" (Grimm 2008: 62) vorgestellt, der Duisburger Master betont „die Verbindung von Theorie und Praxis, das Zusammenwirken von wissenschaftlicher Expertise und praxisorientierten Elementen", wobei dies ausdrücklich als Gemeinsamkeit mit den anderen Governance-Schulen gesehen wird (Grasselt/Hoffmann/Korte 2009: 253). Die Schools legen Wert auf die Feststellung, ihre Bemühungen um Praxisorientierung würden von einem soliden wissenschaftlichen Fundament ausgehen. Allerdings wird vermittelt, dass konventionelle Forschung nicht genug sei: Anwendungsbezug und Praxisorientierung dienen als Abgrenzungskriterien zur traditionellen wissenschaftlichen Orientierung und als Begründung, warum mit den Schools etwas Neuartiges entstehe. Als zweite proklamierte Realisierung des Lasswell'schen Programms erscheint das Be-

---

Foundation ein fünfjähriges, mehrere Millionen US-Dollar umfassendes Programm zur Förderung von insgesamt acht Public Policy-Studiengängen. In seinen Erinnerungen an seine Zeit als Dekan der Kennedy School bemerkt Graham Allison zu dieser Förderung: „The Foundation's initial seed money proved crucial in nurturing the incipient development of a new field in an era marked by deep distrust of government" (Allison 2008, vgl. dazu auch Jann 1987: 30f.).

[10] Selbstverständlich gäbe es eine Reihe weiterer Materialien – vor allem Broschüren und Internetauftritte – in denen die Schools Auskunft über sich geben. Die Selbstdarstellungen wurden hier herangezogen, weil diese als Textgattungen besonders vergleichbar erscheinen.

kenntnis zu Interdisziplinarität. Dieses schlägt sich – zumindest bei Hertie School und Brandt School – in einem verschiedene Fachdisziplinen kombinierenden Curriculum nieder. Der MPP der Hertie School „vermittelt … Kenntnisse aus den Sozial-, Wirtschafts- und Rechtswissenschaften und Kernkompetenzen in den Bereichen quantitative und qualitative Methoden, Politikfeldanalyse und Public Management" (Ebding/ Finke/Janowski 2008: 512). Von den Rechtswissenschaften abgesehen findet sich dieses Fächerspektrum auch im Erfurter MPP-Curriculum. Der Duisburger MA Politikmanagement kombiniert Politik- und Verwaltungswissenschaft und realisiert damit Interdisziplinarität weniger als die beiden anderen Programme – das Bekenntnis dazu gibt es nichtsdestoweniger (Grasselt/Hoffmann/Korte 2009: 253). Bemerkenswert offen ist nun, wie die drei Schools den Anspruch auf Interdisziplinarität begründen. Die Argumentation zur Interdisziplinarität setzt bei den deutschen Schools an den angenommenen Gestaltungskompetenzen an, die von politisch und administrativ Handelnden zur Lösung von Problemen erforderlich sind – welche Probleme auch immer das sein mögen: So ist der MPP der Universität Erfurt ein „Programm mit besonderer Praxisorientierung, das sich inhaltlich an den komplexen Herausforderungen an Führungskräfte vor allem im öffentlichen Dienst sowie von Nichtregierungsorganisationen in einer globalen Welt stellt" (Grimm 2008: 62f). Bei der Selbstdarstellung der Hertie School liest man: „Die Studienangebote der HSoG orientieren sich am Ausbildungsbedarf des öffentlichen politiknahen privaten und zivilgesellschaftlichen Sektors. Sie zeichnen sich durch Interdisziplinarität, Internationalität und Problemlösungsorientierung aus" (Ebding/Finke/Janowski 2008: 512). Es geht beim MPP der Hertie School um Kenntnisse aus verschiedenen Disziplinen, „die für die Gestaltung öffentlicher Angelegenheiten in einer komplexen, globalen Welt unentbehrlich sind" (ebd.). Die NRW School of Governance möchte mit ihrem Programm einen Beitrag zu „fachübergreifende[r] wissenschaftlicher Exzellenz" in der Politikwissenschaft liefern, da „in Zeiten neuer ökonomischer, mithin auch sozialer und politischer Problemlagen", die Politikwissenschaft zunehmend unter einen Rechtfertigungsdruck gerate (Grasselt/Hoffmann/Korte 2009: 253). Die angenommene Dringlichkeit, welche das Gründungsmotiv der Schools ausmacht – mit der auch private Förderer zu einem Engagement bewogen werden konnten – ist damit anderer Art als im Falle des Feldes der amerikanischen Professional Schools, bei denen ja festgestellt wurde, dass diese der Versuch einer Antwort auf den „War on Poverty" waren. Den Bezug auf eine konkrete, benannte Problemlage lassen die Selbstdarstellungen vermissen. Die in Deutschland wahrgenommene Problemlage ist scheinbar weniger materiell und abstrakter: Die politische Problemlage ergibt sich aus „Governance", verstanden als Herausforderung und Lösung: Was in der Politikwissenschaft beginnend in den 1990er Jahren als der allgemeine Prozess des „Wandels von Staatlichkeit" diskutiert wurde, prägt das Gedankengut bei der Gründung der Professional Schools maßgeblich. Ein erster Gesichtspunkt sind dabei die mit Globalisierung verbundenen Entgrenzungsprozesse, die mit mehr inter- oder transnationaler Kooperation eine Internationalisierung von Funktionseliten erforderlich machen. Ein zweiter Grenzveränderungsprozess sind die nicht nur beobachteten, sondern affirmativ begrüßten neuen Formen der Zusammenarbeit zwischen Akteuren aus unterschiedlichen politischen und gesellschaftlichen Bereichen. Diese Vorstellungen finden sich im Diskurs der Professional Schools wieder als stete Ansprache des notwendigen Zusammenwirkens von Politik, Wirtschaft und Zivilgesellschaft. Die Hertie School bekennt sich zu einem „tri-sektoralen Ansatz" (Ebding/Finke/Janowski 2008: 511). Das Statement, dass an „Entscheidungen mit kollektiver Bindekraft […] eine Vielzahl von Akteuren aus Staat, Wirtschaft und Zivilgesellschaft beteiligt" (ebd., 513) sind, begründet diesen. Das (bei der Lösung von Problem für notwendig erachtete) „Zusammenspiel unterschiedlicher Akteure" (ebd., 514) ist ein Leitmotiv. Die Auffassung, kollektive Entscheidungen würden nicht allein durch staatliche Institutionen getroffen, durchzieht auch die Texte aus Erfurt – „… im öffentlichen, Nichtregierungs- und privaten Sektor …" (Grimm 2008: 64) – und aus Duisburg – „… Gedankenaustausch mit Praktikern aus Politik und Zivilgesellschaft …" (Grasselt/Hoffmann/Korte 2009: 253).[11] Nicht nur die Hertie School of Governance, auch die NRW School of Governance trägt „Governance" im Namen; die Spuren des Governance-Diskurses sind auch in der Programmatik der Brandt School unübersehbar. Der Bezug auf Governance verspricht diskursive Legitimität. Für die amerikanischen Public Policy-Schools war die Akzentuierung formaler und quantitativer wirtschaftswissenschaftlicher Analyseverfahren im Ausbildungskanon eine Möglichkeit, ihren anwendungsbezogenen Zugang durch den Anspruch auf zahlenbasierte, harte und objektive Analyse abzusichern und zu legitimieren (Wildavsky 1985: 29). Im europäischen bzw. deutschen Kontext eröffnete die Governance-Diskussion für die Politikwissenschaft – die Gründung der Professional Schools ging in allen Fällen von Politikwissenschaftlern aus – eine vergleichbare Möglichkeiten. Die Governance-Debatte bietet erstens Anknüpfungsmöglichkeiten für ein interdisziplinäres Forschungsprogramm, an dem sich Politikwissenschaftler, Wirtschaftswissenschaftler und Rechtswissenschaftler und Vertreter weiterer Disziplinen beteiligen können. Insbesondere Gunnar Folke Schuppert hat die Vorzüge von „Governance" als „Brückenkonzept" herausgearbeitet (Schuppert 2008). „Governance" hat der Politikwissenschaft nicht nur einen Begriff, sondern auch ein Selbstbewusstsein verliehen, einen Wissensbestand entwickeln zu können, der in ein Beratungswissen und ein spezifisches Managementwissen übersetzt werden kann (vgl. Haus 2010).

Dabei handelt es sich um ein Gestaltungswissen für Eliten. Die Programme in Erfurt, Berlin und Duisburg lassen keinen Zweifel, dass diese ein Ausbildungsangebot für künftige Führungskräfte machen wollen. Der Duisburger Master „soll zukünftige Führungspersönlichkeiten dazu befähigen, gestalterisch Verantwortung an der Schnittstelle von Politik und Öffentlichkeit zu übernehmen" (Grasselt/Hoffmann/Korte 2009: 255), auch in Erfurt sollen „Führungskräfte" angesprochen werden (Grimm 2008: 62) und in Berlin verfolgt man ebenso „das Ziel, Führungskräfte für den öffentlichen und den

---

[11] Es ist sicher nicht überraschend, dass bei der HSoG der Bezug auf „Governance" beredter dargestellt wird, schließlich kann Michael Zürn als Gründungsdekan der HSoG als Spiritus rector der Governance-Debatte gelten.

politiknahen privaten und zivilgesellschaftlichen Sektor auszubilden" (Ebding/ Finke/Janowski 2008: 512). Diese „Führungskräfte"- bzw. Elitenorientierung ist mehr als ein Marketing-Kniff. Sie vermittelt ein Gefühl möglicher künftiger Bedeutsamkeit und mag Bewerbern für die studiengebührenpflichtigen Programme in Erfurt und Berlin plausibel machen, warum sich diese Kosten als Investition in Aussichten auf Einkommen und Prestige lohnen. Grundsätzlich hätte man ja auch in den Vordergrund rücken können, dass man Personen ein Ausbildungsangebot machen möchte, die an der Lösung politischer Probleme interessiert sind oder die in ihrer Gesellschaft einen Unterschied zum Besseren machen möchten. Die Führungskräfte- bzw. Elitenorientierung harmoniert mit der Governance-Perspektive. Sie ist ein mehr als eine Arabeske in der Begründungsstruktur der Professional Schools.

In einem für die Ausrichtung der Hertie School grundlegenden Papier (Zürn/ Walter/Bertram 2006) kommt es zu einer expliziten Engführung von Governance-Perspektive und Elitenorientierung. Das Papier der Hertie School soll näher erläutert werden, unter der Prämisse, dass die hier aufgefundenen Begründungsmuster auch für die anderen Schools greifen. Das Bindeglied sind im Papier „drei zentrale Schlüsselkompetenzen", die „für die Gestaltung von Governance im 21. Jahrhundert eine zentrale Rolle spielen werden" (Zürn/Walter/Bertram 2006: 28). Als erste solche Schlüsselkompetenz wird „Fungibilität" bestimmt, die verstanden wird als Fähigkeit „zur erfolgreichen Arbeit in verschiedenen gesellschaftlichen Subsystemen" (ebd.). Fungibilität wird damit zur Voraussetzung einer „sektorenübergreifenden Problemlösungskompetenz" und realisiert den Übergang von „government" zur „governance". Als zweite Schlüsselkompetenz wird „Internationalität" angegeben. Deren Erforderlichkeit resultiert aus den Prozessen der Globalisierung. Drittens wird „Innovationsfähigkeit" als Schlüsselkompetenz bestimmt, die durch die Ausbildung in der neuen Professional School gefördert werden soll. Die Innovationsfähigkeit der Absolventen der neuen Studiengänge wird dabei in Differenz zu einer „Reformresistenz" gesehen; diese ist das „Ergebnis eines bestimmten Bewusstseins der politischen Elite, deren Hauptinteressen eindeutig gegen Innovation sprechen" (Zürn/Walter/Bertram 2006: 30). Die Professional Schools müssen für ihre Absolventen neue Beschäftigungsperspektiven beanspruchen, auch im öffentlichen Sektor, der die längste Zeit stark von Juristen dominiert wurde. Der juristischen Hegemonie setzen die Schools eine Konzeption des politischen und administrativen Handelns entgegen, welche eine interdisziplinäre Problemlösungsorientierung betont und die Idee des Managements an die Stelle der bloßen Verwaltung setzt. Die Kritik trifft jedoch – jedenfalls im zitierten Papier aus dem HSoG-Kontext – nicht allein die für Juristen vorteilhaften Rekrutierungsmuster der öffentlichen Verwaltung, sondern auch die gängigen politischen Pfade zur Besetzung politischer und administrativer Spitzenpositionen. Tatsächlich wird ein Gegensatz hergestellt zwischen dem Maßstab der Leistungsfähigkeit des politischen Personals und einem meritokratischen Ausleseprinzip einerseits, und dem Aufstieg in politische Leitungspositionen über Parteikarrieren bzw. parteipolitische Patronage andererseits:

„Funktionalistisch gedeutet lässt sich dabei zwar annehmen, dass in Parteien v.a. diejenigen Personen Karriere machen werden, die am besten nach den Spielregeln dieses Subsystems zu spielen bereit und fähig sind – ob dies aber mit einem meritokratischen Auswahlprozess im Sinne der Auslese der Besten für die Erfüllung politischer Leitungsaufgabe (sic!) identisch ist, darf zumindest bezweifelt werden" (Zürn/Walter/Bertram 2006: 26).[12]

Wenn aber den Parteien die Fähigkeit abgesprochen wird, politische Leitungspositionen adäquat zu besetzen, stellt sich die Frage, welcher Maßstab dann für die demokratische Legitimation des Personals in Entscheidungspositionen angenommen wird.

Das zitierte Papier ist nicht blind gegenüber der Frage nach der Legitimität – die Überschrift des Abschnitts lautet „Kriterien für legitime politische Eliten und Anforderungen an Governance Schools". Die aus einem Egalitätsprinzip abgeleitete Folgerung lautet, „dass in demokratischen Systemen nur ein meritokratisches Rekrutierungssystem als legitim gelten kann, das Leitungsfunktionen für die Regelung öffentlicher Angelegenheiten mit den jeweils am besten Qualifizierten besetzt und dabei soziale Offenheit bewahrt. Governance Schools müssen sich also dem meritokratischen Prinzip bedingungslos verpflichten" (Zürn/Walter/Bertram 2006: 30). Allein Leistung kann einen Anspruch auf politische Leitungsfunktionen begründen und gewährleistet Legitimität durch überlegene Problemlösungskompetenz. Damit wird eine Konzeption klar, die im Spannungsfeld zwischen Input- und Output-Legitimtität klar auf der Seite der Legitimierung politischer Entscheidungen durch Output steht. Ein Platz für die Mühsal, die Emotionalitäten, argumentativen Verirrungen, kommunikativen Erfordernisse und zuweilen auch für die Irrationalitäten einer partizipativen demokratischen Willensbildung ist hier nicht erkennbar. Was sich am Beispiel eines konzeptionellen Papiers der Hertie School zeigen lässt, kennzeichnet – was bei einer ausführlicheren Analyse dargelegt werden könnte – das Feld der Professional Schools insgesamt. Die Auffassung, dass es einen Reformstau gebe, dass etablierte Ausbildungs- und Rekrutierungsmuster inadäquat seien und dass es ein übermächtiges Gewicht bewegungsunwilliger Veto-Spieler gebe, waren in der Gründungsphase der Schools im öffentlichen Diskurs wie auch im politikwissenschaftlichen Diskurs allgegenwärtig. Die sogenannte „Ruck-Rede" des damaligen Bundespräsidenten Roman Herzog drückte den Zeitgeist jener Periode aus. Herzogs Rede blieb diffus hinsichtlich der Richtung des anzustoßenden Wandels, doch sie drückte das Unbehagen an der wahrgenommen Reformfähigkeit der Politik in Deutschland für viele nachvollziehbar aus. Die Professional Schools übersetzten dieses Unbehagen in das Projekt, dass eine Erneuerung der Politik und des

---

[12] Der Nachfolger Michael Zürns als Dekan der Hertie School, Helmut K. Anheier, wird mit der Aussage zitiert: „Wir möchten keine Politiker ausbilden, sondern Querdenker. Wenn wir Studenten in die Wirtschaft entlassen, hoffen wir, dass sie ihre soziale Verantwortung in die Unternehmen tragen. Wenn wir Studenten für die politische Verwaltung ausbilden, hoffen wir, dass sie die weit- und umsichtige Intelligenz hinter den Politikern werden, denn das Parteiensystem bietet keine Politikschule außer in Machterwerb und Machterhalt. Darum brauchen wir neue Schulen" (Rinke 2010).

öffentlichen Sektors auch über neu angelegte Studiengänge für diesen Bereichs erfolgen müsse. Dieses Projekt hatte intellektuellen Rückenwind durch den in der Öffentlichkeit weithin akzeptierten anti-ideologischen und pragmatischen Kurs einer Sozialdemokratie, die mit dem „Third Way" zumindest kurzfristig, wenn auch nicht widerspruchsfrei Meinungsvorherrschaft hatte (Turowski 2010). Stiftungen, die für dieses Projekt unverzichtbar waren, standen bereit, in diese Maßnahme wider den Reformstau zu investieren. Die Hochschulen konnten so ihr Interesse realisieren, sich im herausbildenden Bildungsmarkt mit einem Innovationsfähigkeit ausstrahlenden Akzent zu positionieren. Damit lässt sich – zumindest als These formuliert – die Frage klären, zu welchem gesellschaftlichen und politischen Notstand die Professional Schools ihrer Gründungsidee nach Position bezogen. Sie sind nicht bloß eine kreative Idee, mit der Bildungseinrichtungen die Opportunitäten eines durch die Bologna-Reformen entstehenden Bildungsmarktes ausnutzten. Die Professional Schools sind Kinder eines durch den „Third Way" geprägten Zeitgeists, der Auseinandersetzungen über strukturelle Grundfragen als ideologisch und vormodern erscheinen ließ und einen Vorrang für pragmatisches Problemlösen proklamierte. Die Schools wurden durch den Zeitgeist des Reformdiskurses geprägt, der von Unrast und Ungeduld gekennzeichnet war, der aber optimistisch war, dass sachgerechte Problemlösungen durch ein Zusammenwirken der maßgeblichen Akteure in unterschiedlichen Sektoren möglich wären. Dieser Anstoß für die Gründung der Schools ist zwar vielleicht etwas diffuser als die Herausforderungen, welcher sich die amerikanischen Professional Schools mit ihrem Engagement für die Auseinandersetzungen mit den Schwierigkeiten im „War on Poverty" annahmen. Aber die Befürchtungen, dass Reformunfähigkeit und Verkrustung der öffentlichen Politik zu weiterhin hoher, möglicherweise steigender Arbeitslosigkeit führen könnten, dass Herausforderungen wie der demographische Wandel und die drohende Klimakatastrophe in einer politischen Situation enger politischer Machthorizonte nicht adressiert würden und Lösungsansätze in den Mühlen der herkömmlichen Parteipolitik zerrieben würden, schienen konkret.

4 Professional Schools als Teil einer demokratischen Suchbewegung

Der Zeitgeist des Reformdiskurses hat seinen Tribut gefordert. So waren etwa die im Nachhinein oftmals kritisierten notorischen parteiinternen Vermittlungsprobleme der SPD rund um die Hartz-Gesetzgebung nicht schlicht Ausfluss kommunikativen Unvermögens, sondern durchaus Resultat einer bestimmten Konzeption von Governance. Governance stößt als präskriptives Konzept bei der Regulierung der Finanzmärkte an Grenzen. Das Stichwort „Stuttgart 21" verweist auf die Herausforderung, neue partizipative Öffnungen zu schaffen, die über eine bloße intensivierte Erklärung ohne Beteiligungsmöglichkeiten getroffener Entscheidungen hinaus reichen. Gegenüber der Gründungsphase der Schools haben sich im politischen Raum Einschätzungen zur richtigen Balance von Partizipation und politischen Entscheidungen gewandelt.

Dieser Diskussion müssen sich die Professional Schools stellen. Eine gegen die Professional Schools gerichtete Generalskepsis, die in diesem akademischen Feld pauschal eine – weitere – ungute Institutionalisierung des Neoliberalismus sieht (z. B. Altvater 2003), unterschätzt das der Tradition der „Policy Sciences" immanente Potential zur Selbstreflexion. Hier lässt sich wiederum von der amerikanischen Entwicklung lernen.[13] In den Vereinigten Staaten treffen technokratische Tendenzen der Policy-Analyse seit den Ursprüngen des Faches auf Widerspruch (als Überblick vgl. Fischer 2009). Jene Strömung in der Policy-Forschung, die Ansprüche auf eine technokratische Herrschaft unter Hinweis auf die Fragwürdigkeit positivistisch begründeter Geltungsansprüche eines vermeintlich objektiven, werturteilsfreien Wissens begründet, ist zwar in den amerikanischen Professional Schools eher minorisiert, sie hat gleichwohl eine entwickelte theoretische Fundierung eines alternativen Forschungsprogramms für die „policy sciences" hervorgebracht (Fischer/Forester 1993; Fischer 2003). Tatsächlich gibt es Grund zur Hoffnung, dass derartige Argumente im europäischen akademischen Kontext, der für konstruktivistische Theorien weit offener ist als der amerikanische, größere Wirkung entfalten als jenseits des Atlantiks. Zwei Aspekte können dazu beitragen, dass die Professional Schools dem Anspruch gerecht werden, umfassend im Sinne der „policy sciences of democracy" zu wirken. Erstens eröffnet eine Selbstvergewisserung über die wirksamen Ideen bei der Genese des Feldes die Möglichkeit, deren Gehalt explizit und damit debattierbar und revidierbar zu machen. Ich vertrete hier die These, dass der Reformdiskurs der ersten Dekade des 21. Jahrhunderts die Entwicklung des Feldes der Professional Schools stärker geprägt hat, als dies oft offenkundig ist. Der Pragmatismus des Third Way, die Notwendigkeit der Legitimation von Politik durch Output, der Maßstab der Leistungsfähigkeit politischer Eliten, eine Präferenz für elitenzentrierte Entscheidungsverfahren und die Vorstellung eines Wandels von Staatlichkeit, der eine Kooperation von staatlichen und nicht-staatlichen Akteuren in Netzwerken zur Problemlösung erforderlich macht, waren diskursive Muster, welche die Konzeption der Schools imprägniert haben. Mit dem Abstand einiger Jahre, mit der Erfahrung der disruptiven Facetten der Hartz-Gesetzgebung und der partizipativen Folgerungen, die Stuttgart 21 als poltisch-kulturelles Ereignis mit überregionaler Strahlkraft hatte, wird man die Fixierung auf Output-Legitimität sicher heute anders bewerten als in der Gründungsphase der Schools. Dann ist es aber erforderlich, über ein Bewusstsein des historischen Kontexts der Schoolgründungen zu einer Justierung der Konzeption der Schools zu finden. Wenn Policy-Forscher ihre Tätigkeiten in Forschung und Lehre kontextualisieren, so verblasst der Reformdiskurs des frühen 21.

---

[13] Das bereits zitierte Papier der Hertie School spricht etwa an, dass „mit dem Konzept der Professional Schools erhebliche Befürchtungen über eine Abschottung von Eliten mit technokratischem Selbstverständnis" verbunden werden (Zürn et al. 2006: 6) und entgegnet: „Dabei haben sich die guten Professional Schools längst vom technokratischen Modell der Politikberatung getrennt, wonach scheinbar wertfreie WissenschaftlerInnen Politiker hinsichtlich der angemessenen Instrumentenwahl beraten." (ebd.: 12)

Jahrhunderts als sinnstiftender Bezug von Bedeutung. Welche Rekontextualisierung gefunden wird, muss diskutiert werden und kann dann vielleicht wiederum nur im Rückblick erkannt werden. Wenn allerdings Partizipation und Deliberation ein größeres Gewicht verdienen und beispielsweise Governance stärker mit den Attributen „partizipativ" oder auch „deliberativ" gedacht wird, so würde eine solche Justierung auch die Rolle der Schools im politischen Kontext verändern. Das Wissen, das Governance Schools anbieten können, müsste anders verstanden werden. Schools, die Abschied nehmen von einer überakzentuierten Elitenorientierung und die demokratische Partizipation als Produktivkraft verstehen, müssen eine Abdankung vom Anspruch vollziehen, autoritatives Wissen zu generieren. Die Auseinandersetzung mit Aufgaben politischer Gestaltung wird dann zu einer Suchbewegung, an der Professional Schools mit einer spezifischen Rolle Anteil haben. Sie sind dabei nicht nur Stätten von Forschung und Lehre, sondern umfassender Orte der Interaktion und der Begegnung unterschiedlicher Wissenshorizonte. Die Schools können mehr Demokratie wagen und über den Beweis der Tragfähigkeit ihrer Geschäftsmodelle hinaus auch zeigen, dass sie eine produktive Kraft für die Vitalität der Demokratie sind.

Literatur

Allison, Graham, 2008: Emergence of Schools of Public Policy. Reflections By a Founding Dean, in: Moran, Michael/Rein, Martin/Goodin, Robert E. (Hrsg.), The Oxford Handbook of Public Policy, New York/Oxford, 58-79.

Altvater, Elmar, 2003: Popelig und elitär zugleich, in: tageszeitung, 09.12.03, 23.

DeLeon, Peter, 2008: The Historical Roots of the Field, in: Moran, Michael/Rein, Martin/Goodin, Robert E. (Hrsg.), The Oxford Handbook of Public Policy, Oxford, New York, 39-57.

DiMaggio, Powell, 1983: The Iron Cage Revisited. Institutional Isomorphism and Collective Rationality in Organizational Fields, in: American Sociological Review 48 (2), 147-160.

Dryzek, John S., 1989: Policy Sciences of Democracy, in: Polity 22 (1), 97-118.

Ebding, Hanneli/Finke, Barbara/Janowski, Cordula, 2008: Eine Professional School for Public Policy. Die Hertie School of Governance, in: Zeitschrift für Politikberatung 1 (3/4), 511-516.

Eulau, Heinz, 1958: H.D. Lasswell's Developmental Analysis, in: Western Political Quarterly 11 (2), 229-242.

Falk, Svenja/Römmele, Andrea, 2009: Der Markt für Politikberatung, 1. Aufl., Wiesbaden.

Fischer, Frank, 2003: Reframing Public Policy. Discursive Politics and Deliberative Practices, Oxford.

Fischer, Frank, 2009: Democracy and Expertise. Reorienting Policy Inquiry, Oxford.

Fischer, Frank/Forester, John, 1993: The Argumentative Turn in Policy Analysis and Planning, Durham.

Grasselt, Nico/Hoffmann, Markus/Korte, Karl-Rudolf, 2009: Politikmanagement an der NRW School of Governance. Forschend lehren und lernen, in: Zeitschrift für Politikberatung 2, 251-259.

Grimm, Heike, 2008: International, anwendungsorientiert und akkreditiert. Der erste "Master of Public Policy"-Studiengang in Deutschland, in: Zeitschrift für Politikberatung 1 (1), 62-66.

Haus, Michael, 2010: Governance-Theorien und Governance-Probleme. Diesseits und jenseits des Steuerungsparadigmas, in: Politische Vierteljahresschrift 51 (3), 457-479.

Herz, Dietmar/Schattenmann, Marc/Dortants, Susan Lynn/Linke, Kristin/Steuber, Stefanie 2008: Professional Education for International Organizations. Preparing Students for International Public Service, Frankfurt am Main.

Jann, Werner, 1987: Policy-orientierte Aus- und Fortbildung für den öffentlichen Dienst, Basel.

Jann, Werner/Jantz, Bastian/Gebhardt, Thomas, 2011: Interdisziplinäre Ausbildung und Forschung für den öffentlichen Sektor, in: Zeitschrift für Politikberatung 4 (2), 78-81.

Kropp, Sabine, 2011: Die Deutsche Hochschule für Verwaltungswissenschaften Speyer - die neuen universitären Masterstudiengänge „Öffentliche Wirtschaft" und „Administration Sciences", in: Zeitschrift für Politikberatung 4 (2).

Lasswell, Harold Dwight, 1941: The Garrison State. In: American Journal of Sociology 46 (4), 455-468.

Lasswell, Harold Dwight, 1951: The Policy Orientation, in: Lerner, Daniel/Lasswell, Harold Dwight/Fisher, Harold H. (Hrsg.), The Policy Sciences. Recent Developments in Scope and Method, Stanford, 3-15.

Moynihan, Daniel Patrick, 1969: Maximum Feasible Misunderstanding. Community Action in the War on Poverty, 3. Aufl. New York.

Schuppert, Gunnar Folke, 2008: Governance - auf der Suche nach Konturen eines "anerkannt uneindeutigen Begriffs", in: Schuppert, Gunnar Folke/Zürn, Michael (Hrsg.), Governance in einer sich wandelnden Welt, 1. Aufl., Wiesbaden, 13-40.

Stokey, Edith/Zeckhauser, Richard, 1978: A Primer for Policy Analysis, New York.

Thunert, Martin, 2008: Think Tanks in Germany. Their Resources, Strategies and Potential, in: Zeitschrift für Politikberatung 1 (1), 32-52.

Torgerson, Douglas, 1985: Contextual Orientation in Policy Analysis. The Contribution of Harold D. Lasswell, in: Policy Sciences 18, 241-261.

Turowski, Jan, 2010: Sozialdemokratische Reformdiskurse, Wiesbaden.

Weiler, Hans N., 2003: Anwendungsbezug und interdisziplinäre Wissenschaft. Das Strukturmodell der Professional Schools, in: Bensel, Norbert (Hrsg.), Hochschulen, Studienreform und Arbeitsmärkte. Voraussetzungen erfolgreicher Beschäftigungs- und Hochschulpolitik, Bielefeld, 199-211.

Wildavsky, Aaron, 1985: The Once and Future School of Public Policy, in: Public Interest 79, 25–41.

Zürn, Michael/Walter, Gregor/Bertram, Christoph, 2006: "Schulen der Macht?". Governance Schools in Deutschland, Hertie School of Governance, Working Papers.

Warnfried Dettling

Angewandte Politikforschung – Idee und Wirklichkeit

1   Angewandte Politikforschung jenseits des Dogmen- und Richtungsstreits

Wir betrachten unsere Ernennung zu Fellows des Centrums für angewandte Politikforschung als eine Ehre und als eine Auszeichnung, und dies vor allem deshalb, weil wir von einer ausgezeichneten Institution geehrt werden, die ziemlich einzigartig in der wissenschaftlichen und in der politischen Landschaft Deutschlands dasteht, einzigartig nicht nur, was die Größe, sondern vor allem auch, was das Renommee, das Selbstverständnis und die öffentliche Wirkung angeht. Das Centrum für angewandte Politikforschung steht für eine ganz bestimmte und unverwechselbare Idee und Praxis.

Als ich mir überlegt habe, worin das Besondere, das Unterscheidende des Centrum für angewandte Politikforschung (C·A·P) besteht, sind mir beim Streifzug über all die Jahre vor allem vier Punkte ein- und aufgefallen: Es ist erstens, wie der Name sagt, ein Centrum für *angewandte Politikforschung*. Diese Kombination ist für Deutschland noch immer keine Selbstverständlichkeit. Meist gibt es das eine oder das andere. Es gibt Agenturen und Beratungen, die die Sichtweite zur wissenschaftlichen Forschung verloren haben. Und es gibt Wissenschaftler, die Politik nicht wirklich verstehen und deshalb auch nicht beraten können. Nicht wenige von ihnen sind gar der Auffassung, die Wissenschaft werde durch die Berührung mit der Politik kontaminiert. Nicht so das C·A·P. Es vereinigt in sich Politikberater, die wissenschaftlich denken, analysieren und argumentieren können mit Forschern, die die Logik der Politik verstehen, ohne diese einfach nachzuzeichnen und sich so dieser Logik umstandslos auszuliefern. Das C·A·P fragt nach den Voraussetzungen und Folgen einer Politik, nach den nicht beabsichtigten Nebenwirkungen und den institutionellen Zusammenhängen – und immer auch nach den Alternativen zum Status quo. So trägt es dazu bei, den Horizont möglicher Alternativen zu erweitern. Es ist dies, ohne lange erkenntnistheoretische Grundlegungen, das Vorgehen und die Methode eines kritischen Rationalismus. Auf diese Weise gelingt es dem Centrum immer wieder, den *Wirklichkeitssinn* empirisch-analytischer Wissenschaft mit dem *Möglichkeitssinn* kreativer Politikberatung zu verbinden. Dies ist auch deshalb immer wieder möglich, weil diese Einrichtung zwischen Wissenschaft und Politik eine Kultur der Vielfalt pflegt und eine geglückte Kombination von Sichtweisen, Methoden und Akteuren in sich vereint.

Dabei hat sich die angewandte Politikforschung Marke C·A·P auf eine unspektakuläre Weise entwickelt. Ich erinnere mich noch gut, wie sich die Politikwissenschaft in den 1950er Jahren in Freiburg und anderswo wieder neu als eine „praktische Wissenschaft" begründet hat, ja sogar als „praktische Philosophie". Arnold Bergstraesser, Dieter Oberndörfer und andere haben sich bei der Rekonstruktion der Politikwissenschaft auf die „Klassiker des Staatsdenkens" bezogen und auf eine durchaus abstrakte und theoretisch anspruchsvolle Weise über Politik nachgedacht, geredet und geschrieben. Eine wichtige Absicht dieser Selbstvergewisserung aus den klassischen Wurzeln (Platon, Aristoteles) war es auch, die Existenzberechtigung der „neuen" Disziplin in der akademischen und für die politische Welt nachzuweisen. Später ging es dann darum, eine bestimmte Art Politikwissenschaft zu betreiben, gegen andere abzugrenzen und zu behaupten. Man konnte bald wenigstens drei Richtungen unterscheiden: das klassische Verständnis von „Politik als praktischer Wissenschaft; den Versuch, Politik als Verhaltenswissenschaft („behavioral science") nach amerikanisch-szientistischem Vorbild zu etablieren und schließlich – vor und nach der 68er Bewegung die politische und akademische Szene beherrschend – die Kritische Theorie der Gesellschaft.

Nicht so das C·A·P. Der Gründer Werner Weidenfeld und die rasch wachsende Zahl seiner Mitarbeiterinnen und Mitarbeiter haben nicht abstrakt darüber geredet, sie haben sie einfach gemacht: eine angewandte Politikforschung, auf eine unverwechselbare Art und Weise, als einen kommunikativen und interaktiven Prozess, bei dem aus der politisch-gesellschaftlichen Praxis selbst sich neue Fragestellungen und Einsichten ergeben haben. Angewandte Politikforschung, das war für das C·A·P nie nur ein Brückenschlag oder Kurierdienste zwischen getrennten und fernen Territorien oder, in der Sprache des Weinbaus, das Abfüllen aus den Fässern des Wissens in andere, für die Politik handhabbare Mengen und Gefäße. Ganz im Gegenteil: Die Politik und die Praxis selbst waren Orte, wo Wissen generiert wurde, wenn nur das Ambiente und die Moderation stimmten: angewandte Politikforschung als „Hebammenkunst" ganz im sokratischen Sinne.

So entstand schließlich etwas Neues, ein Hybrid, eine Kreuzung: angewandte Politikforschung als ein Unternehmen, das sich auf dem Markt zu behaupten hat, in dem sich auch viele andere tummeln, die sich mit einfacheren Standards begnügen. Im besten Falle ist Politikberatung ein Beitrag, die Politik und die Öffentlichkeit insgesamt urteilsfähiger zu machen und damit zu verbessern, im schlechten Falle trägt sie zur Boulevardisierung und Trivialisierung der Politik. Ich denke, das C·A·P und sein Gründungsvater haben die Gratwanderung insgesamt bestanden ohne abzustürzen und Maßstäbe für die angewandte Politikforschung gesetzt und durchgehalten, wovon auch dieser Band Zeugnis ablegt.

2   Angewandte Politikforschung braucht Nähe und Distanz zur Politik

Dieses Profil aber, und das ist mein zweiter Punkt, wäre nicht möglich (gewesen) ohne die richtige Mischung aus Nähe und Distanz zur Politik, die das C·A·P von Anfang an ausgezeichnet hat. Diese Mitte zwischen den Extremen zu finden und zu halten ist alles andere als selbstverständlich. In seiner „Nikomachischen Ethik" hat Aristoteles an

Angewandte Politikforschung – Idee und Wirklichkeit

vielen Beispielen gezeigt, wie schwierig es ist, die richtige Mitte zwischen den Extremen zu finden, und dass gerade darin die eigentliche „Tugend" (im Sinne von Tüchtigkeit und Tauglichkeit) eines Werkzeuges, eines Menschen, einer Institution zu sehen ist.

Das C·A·P hat die Mitte gehalten zwischen den Extremen, deren Ruinen man überall in der Beratungslandschaft besichtigen kann. Den meisten „Expertisen" merkt man auf den ersten Blick an, aus welcher Richtung der Auftrag kommt. Es gibt hierzulande nur wenige wirklich unabhängige Think Tanks. Es ist nicht schwer, in dieser „korporatistischen", das heißt von Parteien, Verbänden und Interessengruppen beherrschten Beratungslandschaft, Gutachten und Institute für *jede* Position zu finden. Wenn die Distanz fehlt, dann führt dies jedoch nicht nur zu einer Selbstentwertung der Wissenschaft, die Ergebnisse sind dann auch für die Politik nur von einem begrenzten Nutzen. Das andere Extrem bilden Sozialwissenschaftler, die sich der Politik und der Öffentlichkeit weder verständlich machen können noch wollen. Im Einzelfall mag dies eine durchaus respektable Position sein, wenn sich aber alle so verhalten, schadet das sowohl der Politik als auch der Wissenschaft. In Deutschland lernen angehende Wissenschaftler nirgendwo, sich einem breiteren Publikum verständlich zu machen. Wer sich mit Erfolg darum bemüht, macht sich in der akademischen Welt eher verdächtig. Wissenschaft wird für die einen zu einem selbstreferentiellen System, für die anderen zu einem Sprungbrett, Drittmittel einzuwerben und sich unternehmerisch und „marktkonform" zu betätigen. Das Ansehen, welches das C·A·P landauf, landab genießt, hat auch darin seinen guten Grund: Es lässt sich nicht vereinnahmen, wird von allen Seiten respektiert, gründet seinen Erfolg in der richtigen Mitte zwischen zu großer Nähe und zu großer Distanz zur Politik – und das alles in einer verständlichen Sprache.

3 „Herstellung" versus „Darstellung" von Politik

Die dritte Besonderheit, die mir in über zwanzig Jahren teilnehmender Beobachtung am C·A·P aufgefallen ist, ist nicht nur ein Kompliment an das Centrum selbst, sondern an alle, die seine finanziellen und organisatorischen Grundlagen sichern. Regierungen und Parteien wenden in Deutschland sehr viel Ressourcen auf (Geld, Zeit, Aufmerksamkeit) für die *Darstellung* der Politik, allgemeiner: für die politische Kommunikation. Auf die *Herstellung* der Politik hingegen, also auf politische Inhalte und deren analytische Aufbereitung verwenden sie sehr viel weniger Ressourcen. Das ist natürlich ein Problem, und dies umso mehr, je komplexer die Welt und die Gesellschaft und je schwieriger die Probleme werden.

Das ist wohl eine der schwerwiegendsten Veränderungen in den vergangenen Jahrzehnten. Sie springt sofort ins Auge, wenn man etwa die einschlägigen Reden Max Webers „Politik als Beruf" und „Wissenschaft als Beruf" noch einmal nachliest oder auch nur die Politik und Personen, Parteien und Programme in den Jahrzehnten nach Gründung der Bundesrepublik mit dem politischen Betrieb von heute vergleicht (Ausnahmen bestätigen die Regel): Die *„Hingabe an die Sache"*, von der Max Weber spricht, wird im Extremfall ersetzt durch die *Hingabe an den Boulevard*. Oliver Lepsius hat diese Veränderung inzwischen aus gegebenem Anlass auf den Begriff gebracht: Politik als Inszenierung, „Inszenierung als Beruf." Er meint damit die Praxis, „Politik gerade durch die Entleerung der Inhalte und die Substitution des Inhalts durch Form dem Mann auf der Straße nahezubringen" (Lepsius 2011: 13). Das C·A·P weiß um die Logik der Wettbewerbsdemokratie und deren Folgen für die politische Rationalität, bleibt aber doch hartnäckig der Suche nach vernünftigen Lösungen realer Probleme verpflichtet. Auf diese Weise trägt es dazu bei, dass Politik besser wird, jedenfalls besser werden könnte. Es müsste mehr solcher Einrichtungen wie das C·A·P geben, welche die Bedingungen der Möglichkeit einer vernünftigen Politik verbessern.

4 Common Sense: Die politische Urteilsfähigkeit in einer Demokratie kommt nicht von selbst

Schließlich mein vierter und letzter Punkt: Es geschieht viel im Lande, um die öffentliche Meinung zu messen. Regierungen und Parteien sind ständig an den neuesten Umfragen interessiert. Was aber geschieht in Staat und Gesellschaft, um die öffentliche Urteilsfähigkeit der Menschen, das sogenannte „Public Judgement" (Yankelovich 1991), zu verbessern, also dazu beizutragen, dass die Menschen (und auch die Politiker) als Folge der real existierenden Mediengesellschaft nicht immer dümmer, sondern möglichst immer klüger werden?

Eine entscheidende Rolle spielen in diesem Zusammenhang unabhängige und öffentlich wirksame „Denk-Stätten" wie das C·A·P und zwar als aufklärende Instanzen in der zivilgesellschaftlichen Öffentlichkeit ebenso wie für die Medien selbst. Es ist deshalb ein glücklicher Umstand, dass die führenden Akteure des Centrums regelmäßig und durchweg trittsicher in den Medien präsent sind: Auch das ist ein Aspekt angewandter Politikforschung. Und nicht zuletzt haben sämtliche Fellows, die das C·A·P bisher berufen hat, eben dies gemeinsam, so verschieden sie sonst auch sein mögen: Ein jeder versucht auf seine Weise dazu beizutragen, die öffentliche Urteilsfähigkeit ein wenig zu verbessern.

So ist denn alles in allem das C·A·P ein herausragendes Beispiel für eine angewandte Politikforschung, in der die Tradition eines ideengeleiteten Realismus ebenso wie die eines kritischen Rationalismus, der Lösung von Problemen und der schrittweisen Verbesserung der öffentlichen Dinge verpflichtet ist. Dass dieses wissenschaftliche Engagement in der Vergangenheit auch und vor allem der europäischen Integration und der Demokratie in einer veränderten, globalisierten Welt gegolten hatte, macht seinen Beitrag noch bedeutsamer in einer Zeit, in der sich demokratische Willensbildung und europäische Integration nicht mehr bruchlos fügen, sondern beide neuer institutioneller Anstrengungen bedürfen. „Cura ut valeas" war der altrömische Gruß an jene, mit denen man es gut meinte; er gilt Werner Weidenfeld zum 65. Geburtstag und „seinem" Centrum für angewandte Politikforschung: „Sorgt dafür, dass Ihr stark bleibt und es Euch auch künftig gut gehen möge."

Literatur

Lepsius, Oliver 2011: Die Causa Guttenberg als interdisziplinäre Fallstudie – eine Einleitung, in: Lepsius, Oliver/Meyer-Kalkus, Reinhart (Hrsg.), Inszenierung als Beruf. Der Fall Guttenberg, Berlin, 7-17.
Yankelovich, Daniel 1991: Coming to Public Judgement: Making Democracy Work in a Complex World, Syracuse.

Manuel Fröhlich

Angewandte Politikforschung *avant la lettre* – Aktuelle Betrachtungen anhand zweier Friedenspläne aus dem achtzehnten Jahrhundert

1 Einleitung

In der Einleitung seiner 1972 erschienenen Dissertation über „Die Englandpolitik Gustav Stresemanns" schrieb Werner Weidenfeld mit Blick auf die von ihm damals beobachtete Vielstimmigkeit unterschiedlicher theoretischer Ansätze in der Politikwissenschaft: „Es steht hier außer Zweifel, dass der ursprüngliche Wert theoretischen Bemühens sich dann in sein Gegenteil verkehrt, wenn nicht mit äußerster Sorgfalt die Möglichkeiten der *Anwendbarkeit* und die Grenzen des Erkenntniswertes einzelner theoretischer Konstruktionen beachtet werden" (Weidenfeld 1972: 14; Hervorhebung d.V.). Dieser Einschätzung liegt die auch mit Verweis auf seinen akademischen Lehrer Hans Buchheim vorgetragene Überzeugung zugrunde, dass dem Politischen eine spezifische Rationalität innewohnt, eine Eigenlogik, die sich mit Blick auf die konstitutive Interaktion politischer Akteure eben nicht voll umfänglich durch abstrakte Setzungen erfassen lasse. Weidenfeld zitiert im Weiteren Buchheims Aufsatz über „Außenpolitik und Planung" aus dem Jahr 1968, in dem dieser schreibt, „dass jede theoretische Erörterung (ganz gleich wie streng wissenschaftlich sie ist oder nicht) primär sachbezogen ist und die Probleme durch Subsumierung unter das einheitliche System einer erklärenden Theorie zu lösen versucht, während das politische Handeln primär personenbezogen ist und die Aufgabe hat, die Lösung der Probleme durch Verhandlungen zu suchen" (Buchheim 1968: 174). Die Beachtung der Eigenlogik des Politischen und der spezifischen Perspektiven und Handlungsoptionen von politischen Akteuren wird damit zum Prüfstein für die von Weidenfeld angemahnte „Anwendbarkeit" theoretischer Konstruktionen und wissenschaftlichen Bemühens überhaupt. Seine Dissertation zu Stresemanns Englandpolitik und die Habilitation zu „Konrad Adenauer und Europa", die 1976 erschien, markieren Versuche, den politischen Akteuren und ihren Handlungen retrospektiv ein Stück näher zu kommen (Weidenfeld 1976). Dass hierin jedoch kein bloß zeitgeschichtliches Interesse liegt, unterstreicht augenfällig das Zitat Adenauers, das Weidenfeld seiner Arbeit voranstellte: „Ein Rückblick hat nur dann Sinn, wenn durch ihn die Ansätze künftiger Entwicklungen bloßgelegt werden und er damit der Zukunft dient" (zit. nach Poppinga 1997: 48).

Das Postulat der Beachtung der Anwendbarkeit im dargestellten Sinne wurde für Werner Weidenfeld spätestens 1995 mit der Gründung des Münchener Centrums für Angewandte Politikforschung (C·A·P) zum Programm. Als Wegbegleiter von Entscheidungen und Entscheidungsträgern in der deutschen, europäischen sowie internationalen Politik wurde er zugleich zum führenden Repräsentanten und Vorreiter wissenschaftlicher Politikberatung in der Bundesrepublik (vgl. auch Falter/Knodt 2007). In einer Hausbroschüre des C·A·P aus dem Jahr 2008 heißt es ganz in diesem Sinne: „In einer vernetzten Welt wächst der Bedarf an langfristiger Strategieberatung und an wissenschaftlich begründeter Orientierungsleistung für Politik, Wirtschaft und Zivilgesellschaft. Wer schon heute Trends erkennt und Entscheidungen trifft, um Entwicklungen für die nächsten fünf bis zehn Jahre anzustoßen, kann nachhaltige Erfolge erzielen. Dieser Herausforderung muss sich auch die Politikwissenschaft in Deutschland stellen. Sie verfügt über große Wissensreserven, ihr fehlt aber oft das nötige Vermittlungswissen, um zeitnah zur Lösung politischer Probleme beizutragen. Wissenschaftliche Politikberater müssen daher nicht nur Antworten auf theoretische Fragen, sondern auch Reformstrategien für die politischen Systeme der Gegenwart formulieren. So können sie wichtige Impulse in den demokratischen Entscheidungsprozess einbringen. Als unabhängige Denkfabrik schließt das C·A·P mit seinem besonderen Arbeitsansatz der ‚angewandten Politikforschung' die Lücke zwischen Politik und Wissenschaft" (C·A·P 2008: 4-5).

Diese Lücke ist in der Tat ein Topos der politischen wie wissenschaftlichen Debatte. Oft genug werden dabei Politik und Wissenschaft als Praxis und Theorie gegeneinander gestellt und als unvereinbare Sphären etikettiert. Wiederkehrende Urteile unterstellen je nach Perspektive eine zu große Nähe zur Politik, die unweigerlich mit Defiziten in der Wissenschaftlichkeit einhergehe oder aber eine zu enge Orientierung an den Gelegenheitsstrukturen wissenschaftlicher Theoriebildung, die zwangsläufig mit Defiziten in der Erfassung der Komplexität der politischen Wirklichkeit verbunden sei (zu diesem Problembereich bereits Buchheim 1968; vgl. auch die Diskussion von Sach- und Machtbezug politischen Handelns in Mayntz 2009). Dabei erscheint eine prinzipielle Gegenüberstellung oder gar Unverzichtbarkeit der beiden Sphären weder grundsätzlich gerechtfertigt noch besonders hilfreich in der Weiterentwicklung einer Sozialwissenschaft, die es mit einem sich wandelnden Untersuchungsgegenstand zu tun hat. Angewandte Politikforschung könnte sich in diesem Sinne als ein Arbeitsmodus der Politikwissenschaft begreifen, wobei eine solche Etikettierung als Teilbereich der Wissenschaft eben auch und gerade nicht als Gegensatz zur „Grundlagenforschung" verstanden werden sollte. Sicher gilt: Angewandte Politikforschung im Sinne der Arbeiten des C·A·P ist neben der Wissensgenerierung auch stark mit der Wissensvermittlung beschäftigt und sieht beide Funktionen als miteinander verbunden an: „Angewandte Politikforschung bedeutet, für komplexe politische Sachverhalte innovative und realisierbare Lösungen zu erarbeiten. Darüber hinaus muss in der Demokratie für diese Vorschläge um Aufmerksamkeit geworben werden. Das C·A·P spricht daher mit einem differenzierten Instrumentarium Entscheidungsträger, Experten und Öffentlichkeit an"

(C·A·P 2008: 13). Auch eine solche Funktionsbeschreibung mag die Frage aufwerfen, ob die Beachtung der Vermittlungsbedingungen von Wissen nicht die Wissenschaftlichkeit selbst in Frage stellt.

Dass dies beileibe nicht so sein muss, sondern diese Art von angewandter Politikforschung im ideengeschichtlichen Stammbaum der Politikwissenschaft eine erkennbare Linie aufweist, soll im Folgenden anhand zweier Friedenspläne der Neuzeit illustriert werden. Die dabei für dieses Beispiel aufgestellte These besagt, dass wesentliche Elemente dessen, was heutzutage und nicht zuletzt in der Arbeit des C·A·P als angewandte Politikforschung bezeichnet wird, nennenswerte Vorläufer hat, die bemerkenswerterweise als Autoren der Ideengeschichte gerade dem eingangs benannten Bereich der „Theorie" oder besser gesagt dem Versuch, Theorie und Praxis zu verbinden, zuzuordnen sind.

Beginnend mit Erasmus von Rotterdam und seiner „Querela Pacis" (1517) über William Penns „Essay Toward the Present and Future Peace of Europe" (1693) oder das „Projet pour rendre la paix perpétuelle en Europe" (1712/1713) des Abbé de Saint-Pierre bis hin zu der wohl artikuliertesten Ausformung in Immanuel Kants Schrift „Zum ewigen Frieden" (1795) bietet die politische Philosophie eine Reihe von Beispielen so genannter Friedensrufe oder Friedenspläne (vgl. statt anderer Raumer 1953; Schlochauer 1953; Archibugi 1992; Boucher 1998; Koppe 2001). In ihnen finden sich mannigfaltige Friedensstrategien: von der Idee kollektiver Sicherheit über die Stärkung der Schiedsgerichtsbarkeit (Justenhoven 2006) bis hin zum Plädoyer für die friedensfördernde Wirkung des internationalen Handels. In diesem Zusammenhang werden sie bis heute als Orientierungsmarken der politischen Philosophie und Theorie der internationalen Beziehungen herangezogen und gelten nicht zuletzt als geistige Anreger und Vorläufer internationaler Organisationen wie der Europäischen Union oder den Vereinten Nationen (Fröhlich 2010a; Fröhlich 2010b). An dieser Stelle kann nicht auf alle Autoren von Friedensplänen eingegangen werden, es bietet sich jedoch der Blick auf zwei Texte und Autoren an, die auch von ihrer Tätigkeit her zunächst einmal eher dem Bereich der Wissenschaft zugeordnet werden können: Der Abbé de Saint-Pierre (1658-1743) (vgl. statt anderer Borner 1913; Pekarek 1997; Asbach 2002; Asbach 2005) und Immanuel Kant (1724-1804) (vgl. statt anderer Gerhardt 1995; Höffe 1995; Fröhlich 1997; Dicke 2007; Eberl 2008). Ihre Friedenspläne sollen im Weiteren nun auch nicht en détail wiedergegeben oder in ihren inhaltlichen Gemeinsamkeiten und Unterschieden verglichen werden. Im Zentrum steht vielmehr die Frage, inwiefern ihre Arbeiten als Manifestationen einer angewandten Politikforschung *avant la lettre* gelten können.

2 Anforderungen angewandter Politikforschung

Um dies annähernd zu illustrieren, sollen wesentliche Bestandteile der Definition einer angewandten Politikforschung sozusagen diachron auf die damaligen Autoren übertragen werden. Hierzu bieten sich die sicherlich nicht für einen solchen Zweck formulierten „Anforderungen an die Denkfabriken" an, die Josef Janning 1996 im Kontext des C·A·P zusammengestellt hat (Janning 1996: 65-66). Vier der hier geäußerten Anforderungen an Denkfabriken (die im Weiteren dann durchaus synonym mit Anforderungen und Bestimmungsmerkmalen angewandter Politikforschung zu verstehen sind) sollen dabei aufgegriffen werden:

- „Politikberatung kann sich nicht auf die reine Vermittlung von Fakten beschränken, sondern muss Möglichkeiten und Wege politischer Gestaltung aufzeigen" (65).
- „Politikberatung erfordert wissenschaftliche Distanz, aber kommunikative Nähe zur Politik" (65).
- „Angewandte Politikforschung muss (...) den eigenen Zeitbedarf und Entstehungskontext darauf abstimmen, Entscheidungslagen zu antizipieren und Ergebnisse kurzfristig verfügbar machen können" (66).
- „[A]ngewandte Politikforschung muss (...) die Vermittlung ihrer Ergebnisse an die Politik strategisch planen und als Teil des Arbeitsprozesses verstehen. Dazu gehört vor allem auch die Nutzung des Dreiecks von Wissenschaft, Politik und Öffentlichkeit: Analysen und Empfehlungen müssen den Akteuren in knapper, für sie verständlicher und weiterverwendbarer Form vorliegen. Zugleich sollten sie in geeigneter Form über die Medien öffentlich gemacht werden, weil die Präsenz in der öffentlichen Meinung ein zentrales Kriterium der Politik darstellt. Darüber hinaus müssen sie in einer wissenschaftlich nachprüfbaren Form vorgelegt werden, da dies als entscheidendes Qualitätskriterium in Politik und Öffentlichkeit bzw. den Medien gilt" (66).

Diese Anforderungen lassen sich für die Zwecke der Übertragbarkeit knapp zusammenfassen. Danach zeichnet sich die angewandte Politikforschung aus durch

- das Aufzeigen von Gestaltungsoptionen,
- die Gewährleistung wissenschaftlicher Distanz und kommunikativer Nähe zu politischen Entscheidern,
- die auf den Entscheidungsbedarf zeitlich abgestimmte Produktion von Ergebnissen und
- die Einbeziehung von Vermittlungsstrategien dieser Ergebnisse in Politik, Wissenschaft und Öffentlichkeit.

Nun ist mit der Gattung der Friedensrufe oder Friedenspläne natürlich eine spezifische Textgattung gewählt, die in vielerlei Hinsicht als besondere Äußerungsform verstanden werden kann und von ihrem Charakter her schon eine besondere öffentliche Wirkung erreichen will (Raumer 1953). Trotzdem sind die Autoren der hier behandelten Texte primär Denker und Wissenschaftler gewesen, die diese Friedenspläne nicht im

Gegensatz zu ihrem weiteren, oftmals theoretischen oder gar metaphysischen Werk verstanden haben, sondern als integralen Teil, wenn nicht gar als Konsequenz desselben. Zugleich haben die beiden hier ausgewählten Texte spezifische Anlässe auf die sie reagieren: Geht es beiden übereinstimmend um eine Reaktion auf jahrhundertelange Erfahrungen von Krieg, Gewalt, Zerstörung sowie gesellschaftlichem und wirtschaftlichem Niedergang, standen ihnen zugleich auch sehr konkret Ereignisse ihrer Zeit vor Augen. Doch genau diese Einsichten bieten die Möglichkeit des Nachgehens ihrer Arbeit mit Blick auf Elemente angewandter Politikforschung.

Die Lebensspannen der beiden Denker liegen nahe beieinander, werden allerdings doch auch durch einige Punkte getrennt. Der Abbé veröffentlichte erste Fassungen seines Friedensplans bereits 1712, „um dann den ganzen Rest seines Lebens, bis zu seinem Tode 1743, mit einem (mit Rousseau zu sprechen) an Halsstarrigkeit grenzenden Missionseifer in stets neuen Formen, Abkürzungen und Erweiterungen immer wieder auf dieses Projekt zurückzukommen" (Raumer 1953: 129; zur Entstehungs- und Editionsgeschichte vgl. Asbach 2002: 125ff.). Die Rezeptions- und Wirkungsgeschichte seines Werkes ist in der Tat dadurch gekennzeichnet, dass Jean-Jacques Rousseau, der auf verschiedene Weise mit den Schriften des Abbé verbunden war, nach dessen Tod einen Auszug des Projekts nebst einer eigenen Stellungnahme 1761 veröffentlichte (dies ist auch die in Raumer wiedergegebene Fassung, die im Folgenden zitiert wird; vgl. Raumer 1953: 132ff.; Saint-Pierre 1756/1761 sowie systematisch zum Denken der beiden Asbach 2002). Im Falle Kants erscheint die Friedenschrift als Spätwerk und vor allen Dingen nach der epochalen Erfahrung der Revolutionen in Amerika und Frankreich. Letztere prägt den Inhalt der Friedensschrift nachdrücklich. Für die Verortung der beiden Texte ist es jedoch wichtig, darauf hinzuweisen, dass sowohl der Abbé als auch Kant Auseinandersetzungen in der Sphäre der praktischen Politik vor Augen hatten, die als Anlass und Referenzpunkt der Veröffentlichungen gelten können. Im Falle des Abbé ist dies der Spanische Erbfolgekrieg (1701-1714) als Auseinandersetzung der Bourbonen und Habsburger über den vakanten Thron in Spanien – und damit um die Vorherrschaft in Europa. Den Zeitgenossen war die Generationserfahrung von Krieg und Zerstörung, wechselnden Allianzen und Heereszügen aus dem Dreißigjährigen Krieg (1618-1648) noch sehr geläufig. Kurz zuvor war es im Zuge des Pfälzischen Erbfolgekrieges (1688-1697) dazu gekommen, dass Streitigkeiten um die dynastische Nachfolgeregelung eines relativ kleinen Landstriches weite Teile Europas mit Gewalt und Zerstörung übersät hatten. Tatsächlich wird berichtet, dass dem Abbé die Idee zu seiner Schrift gekommen sei, als er bei einer seiner Reisen in Frankreich aufgrund eines Achsenbruchs an seiner Kutsche Zeit zum Nachdenken hatte und die Frage nach der Ursache der schlechten Straßen zur Einsicht führte, dass auch hier der Krieg die eigentliche Ursache von Verfall und Unbill war (Raumer 1953: 129-130). Damit war für den Abbé der Sinn und Zweck solcher Auseinandersetzungen ein weiteres Mal in Frage gestellt. Mehr noch: Der spontane Seitenwechsel Großbritanniens in der spanischen Erbauseinandersetzung zeigte, dass Zufälligkeiten in der dynastischen Reihenfolge die

Geschicke ganzer Völker relativ willkürlich ins Verderben stürzen konnten. Gegen diesen Umstand wollte er mit seinem Projekt angehen.

Auch Kant hatte im Nachgang zu den Erfahrungen des Abbé einen konkreten Anlass vor Augen, als er die Schrift zum Ewigen Frieden verfasste. Damit ist weniger der Umstand gemeint, dass er den Titel seiner Schrift einem Wirtshausschild entlehnt hat. Bezugspunkt dürfte wohl der für den Königsberger Kant sehr präsente Friede von Basel sein, der im Jahr 1795 zwischen Frankreich und Preußen geschlossen wurde. Dieser Friede findet mitten im Ersten Koalitionskrieg statt, in dem sich Österreich und Preußen eigentlich gegen Frankreich verbündet hatten. Mit dem Basler Frieden schert Preußen aus dieser Koalition aus. Die Gegensätze zu Frankreich waren jedoch in keiner Weise beigelegt. Der Friedensschluss war vielmehr beiden Seiten als Möglichkeit zum Aufbau neuer Kräfte willkommen – Wiederaufnahme der Kampfhandlungen explizit nicht ausgeschlossen. Dieses Vorgehen kritisiert Kant ausdrücklich im ersten der Präliminarartikel der Schrift „Zum ewigen Frieden": „Es soll kein Friedensschluss für einen solchen gelten, der mit dem geheimen Vorbehalt des Stoffs zu einem künftigen Kriege gemacht wurde" (Kant 1795: 196). Statt eines solchen Friedens wollen sowohl der Abbé als auch Kant die Bedingungen der Möglichkeit eines dauernden Friedens skizzieren, der die wiederkehrenden Kriege auf dem europäischen Kontinent (und darüber hinaus) eindämmen und schließlich vielleicht sogar ganz beenden könnte. Die Art und Weise, wie sie das tun, ist dabei erstaunlich eng an den Anforderungen angewandter Politikforschung im oben benannten Sinne angelehnt, wie ein Durchgang der vier Anforderungen zeigt.

3 Die Friedenspläne Saint-Pierres und Kants im Lichte der Anforderungen angewandter Politikforschung

Das Aufzeigen von Gestaltungsoptionen. Der Abbé leistet in seiner Schrift nicht nur eine theoretische Bestandsaufnahme der Gründe wider den Krieg. Sein Projekt ist überaus konkret. So formuliert er fünf Artikel einer Bundesakte, die von den Vertretern der Völker Europas unterzeichnet werden sollten (Saint-Pierre 1756/1761: 354-355). Diese fünf Artikel sehen die Einrichtung eines ständigen Staatenbundes, die Verteilung von Stimmgewichten und Abgabezahlungen, die Verbürgung von Rechtsansprüchen und Schiedsverfahren, die Option eines sogenannten Bannes gegen vertragsbrüchige Mitglieder und letztlich auch die spezifischen Abstimmungsmodalitäten in diesem Staatenbund vor. Mehr noch: Der Abbé listet die „neunzehn Mächte, aus denen man die europäische Republik zu bilden gedenkt" (Saint-Pierre 1756/1761: 356) – angefangen vom römischen Kaiser bis hin zum König von Sardinien. Auch seine Aussagen zu Rüstungsfragen und der Herstellung eines militärischen Gleichgewichts sind überaus konkret. Sie lassen sich als unmittelbare Handlungsanweisung an die politischen Akteure seiner Zeit verstehen.

Auch Kant listet eine Reihe von relativ konkreten Bedingungen auf. Seine Präliminarartikel beinhalten eine ganze Reihe von Gestaltungsoptionen, auch wenn sie als negative Bedingungen des Friedens formuliert sind. Neben dem schon genannten ersten Artikel mit seiner Absage an bloße Waffenstillstände kommt das Verbot der Vererbung, des Tauschs, Kaufs oder der Schenkung von Staaten hinzu – eine Vorkehrung, die auf die Konfliktursache dynastischer Streitigkeiten abzielte. Zugleich formuliert Kant ein Einmischungsverbot, nach dem sich kein Staat „in die Verfassung und Regierung eines andern Staats gewalttätig einmischen" (Kant 1795: 199) darf. Noch konkreter und für seine Zeit wirklich bemerkenswert ist die Forderung nach Abschaffung der stehenden Heere (bei Ausbildung von Bürgerwehren zur Verteidigung des Landes). Auch die Warnung vor Feindseligkeiten, „welche das wechselseitige Zutrauen im künftigen Frieden unmöglich machen müssen" (Kant 1795: 200), zeigt konkrete Wege zur Veränderung des Kriegsgeschehens hin zur Beachtung humanitärer Mindeststandards und ist insofern auch das Aufzeigen einer Gestaltungsoption. Ähnliches gilt umso mehr für die Definitivartikel Kants, die die positiven Bedingungen des Friedens beinhalten und Anleitungen bzw. Anforderungen zur Gestaltung des Staatsrechts, des Völkerrechts und des Weltbürgerrechts hin zur Erreichung des Ziels eines ewigen Friedens aufweisen.

Die Gewährleistung wissenschaftlicher Distanz und kommunikativer Nähe zu politischen Entscheidern. Der Abbé hat die Nähe zu politischen Entscheidern durchaus aktiv gesucht. Sein Studium der Theologie, Naturwissenschaften und Ethik brachte ihn an den Hof Ludwigs XIV. Hier wird er Geistlicher bei Ludwigs Schwägerin, der Herzogin Elisabeth Carlotte von Orléans, und dürfte auch auf diesem Wege einige Einblicke in die spezifischen Handlungsweisen und Handlungszwänge der Politiker seiner Zeit bekommen haben. Schlochauer ging noch davon aus, dass Saint-Pierre sogar als Sekretär des französischen Gesandten Abbé de Polignac am Friedenskongress von Utrecht teilgenommen hatte (Schlochauer 1953: 22) – also bei jenem Friedenskongress, der schlussendlich den Spanischen Erbfolgekrieg 1713 (teilweise) beendete. Asbach findet dafür keine tragfähigen Belege, kann jedoch nachweisen, dass Saint-Pierre ein Exemplar einer frühen Version seiner Schrift an die Utrechter Delegierten gesandt hatte und offenkundig „auf die dort stattfindenden Verhandlungen Einfluss nehmen wollte" (Asbach 2002: 129-130; Fn. 28). Die Nähe zum französischen Hof war jedoch beileibe nicht ohne Spannungen und Widersprüche für den Abbé (vgl. auch Fetscher 1985). 1718, mittlerweile war Ludwig XV. König von Frankreich, veröffentlichte er die „Polysynodie" – ein auf die französische Innenpolitik zielendes Werk, in dem sich Saint-Pierre auf die Beratungsgremien bezog, die Philipp II. von Orléans (dessen Mutter der Abbé ja als Geistlicher diente) als Regent des noch minderjährigen Ludwig XV. eingeführt hatte. Saint-Pierre verteidigt den Gedanken der Öffnung der politischen Strukturen vehement gegen Kritik und mahnt angesichts der drohenden Rücknahme der durch den Regenten angestoßenen Veränderungen weitere Reformen in königlicher Amtsführung und Verfassung an. Nicht zuletzt diese Haltung führte 1718 zum Ausschluss Saint-Pierres aus der Académie Française (vgl. Asbach 2005: 180-186).

Im Leben und Werk Kants lässt sich keine solcherart exponierte Nähe zur Politik feststellen. Gleichwohl hatte er alleine schon über das Besetzungsverfahren für seine Königsberger Professur mit der Obrigkeit zu tun. Seine „Kritik der reinen Vernunft" widmete er dem amtierenden preußischen Kulturminister Karl Abraham Freiherr von Zedlitz. Dessen Versuch, Kant zur Übernahme einer Professur in Halle zu gewinnen und ihm sogar den Titel eines Hofrates anzutragen, schlug der in Königsberg verhaftete Philosoph jedoch ab (Irrlitz 2010: 4). Die Drohung staatlicher Zensur lag jedoch lange über seinem Werk wie über dem vieler seiner Zeitgenossen; von Zedlitz legte 1789 seine Ämter aufgrund der Beschneidung seiner aufklärerischen Reformbemühungen im Bildungswesen unter Friedrich Wilhelm II. nieder (Irrlitz 2010: 186-187). In diesem Kontext ist die Einleitung der Schrift zum Ewigen Frieden von besonderem Interesse, da Kant hier auf ganz eigene Weise die Anspielung im Titel seiner Schrift zum Namen eines Wirtshauses erläutert, das neben einem Friedhof gelegen war. Er tut dies mit einer längeren Ausführung zum Verhältnis von Theorie und Praxis, die durchaus als Variation des Themas von wissenschaftlicher Distanz und kommunikativer Nähe gelesen werden kann: „Ob diese satirische Überschrift auf dem Schilde jenes holländischen Gastwirts, worauf ein Kirchhof gemalt war, die Menschen überhaupt oder besonders die Staatsoberhäupter, die des Krieges nie satt werden können, oder wohl gar nur die Philosophen gelte, die jenen süßen Traum träumen, mag dahingestellt sein. Das bedingt sich aber der Verfasser des Gegenwärtigen aus, dass, da der praktische Politiker mit dem theoretischen auf dem Fuß steht, mit großer Selbstgefälligkeit auf ihn als einen Schulweisen herabzusehen, der dem Staat, welcher von Erfahrungsgrundsätzen ausgehen müsse, mit seinen sachleeren Ideen keine Gefahr bringe, und den man immer seine eilf Kegel auf einmal werfen lassen kann, ohne dass sich der weltkundige Staatsmann daran kehren darf, dieser auch im Fall eines Streits mit jenem sofern konsequent verfahren müsse, hinter seinen auf gut Glück gewagten und öffentlich geäußerten Meinungen nicht Gefahr für den Staat zu wittern; - durch welche clausula salvatoria der Verfasser dieses sich dann hiermit in der besten Form wider alle bösliche Auslegung ausdrücklich verwahrt wissen will" (Kant 1795: 195). Hier vollführt Kant eine Verbeugung vor der Obrigkeit, indem er explizit deren Perspektive auf das Politische anerkennt und dennoch auch die Distanz des wissenschaftlichen Blicks verteidigt – wenn auch (aus Furcht vor Zensur) in der Form einer auch ironischen Selbstbeschränkung der Bedeutung seiner Gedanken – ein bemerkenswerter Spagat.

Die auf den Entscheidungsbedarf zeitlich abgestimmte Produktion von Ergebnissen. Hier lassen sich nur einige Hinweise festhalten. Ein Entwurf des Projekts des Abbé wurde durchaus noch zeitlich parallel mit den Verhandlungen in Utrecht verfasst, allerdings dürfte er trotz der Übersendung an die Delegierten keine unmittelbare Wirkung darauf gehabt haben. Die Schrift Kants erscheint in ähnlicher zeitlicher Nähe zum Frieden von Basel, der ihrer Veröffentlichung jedoch vorausgeht. Sowohl der Abbé als auch Kant dürften allerdings davon überzeugt gewesen sein, dass das von ihnen beschriebene Anliegen einerseits sehr dringlich war, andererseits jedoch aufgrund der in ihren Augen verfehlten aber eingespielten Handlungsweise der politischen Entscheider nichts an ihrer Relevanz verlieren würde, solange die Politik noch in altem Stil betrieben werden würde. Dass sich beide jedoch in die akute Debatte aktiv einmischen (oder diese gar initiieren) wollten, ist dem Charakter ihrer Texte deutlich anzumerken, was auch zum letzten Punkt des Bezugs zu den Anforderungen angewandter Politikforschung führt.

Die Einbeziehung von Vermittlungsstrategien dieser Ergebnisse in Politik, Wissenschaft und Öffentlichkeit. Der Abbé hat sich Zeit seines Lebens mit tagesaktuellen Schriften oder Beiträgen zu Preisfragen wissenschaftlicher Akademien zu Wort gemeldet. Mit Blick auf das Friedensprojekt urteilt Raumer: „Dem Abbé ist es gelungen, den Gedanken der Friedensstiftung populär zu machen; er brachte ihn unter die Leute und verlieh ihm jenes Renommee, das freilich vom ersten Augenblick an mit der Hypothek des Unpraktischen, ja des Unmöglichen und Lächerlichen belastet war" (Raumer 1953: 128). In der Tat musste sich der Abbé immer wieder den Spott seiner Zeitgenossen anhören; aus der Académie Française wurde er wie bereits erwähnt im Zuge von Kontroversen um seine Haltung zur Monarchie und seine Ideen zur Umgestaltung des französischen Regierungssystems ausgeschlossen (Asbach 2005: 180-186). Sein Projekt wurde interessanterweise wesentlich mit der (kritischen) Aufnahme seiner Gedanken durch Rousseau über die Zeit wirkmächtig (Raumer 1953: 132ff.; zu Verhältnis und Vergleich beider vgl. Asbach 2002). Die Anwendbarkeit und Umsetzung von solch neuen Ideen lässt sich also auch in der Verfolgung von Rezeptions- und Wirkungsgeschichte nachzeichnen. Bemerkenswert ist jedoch auch der Umstand, dass der Abbé gerade in der Wahl des Formats seines Projekts schon wesentliche Vermittlungsstrategien seiner Ideen mit integriert hat. So benennt er nicht nur die Strukturprinzipien und Vorteile seines Staatenbundes, sondern diskutiert auch explizit mögliche Einwände gegen seine Ideen und stellt klar geordnet und nummeriert die Vor- und Nachteile gegenüber. So kommt er zu dem Schluss, „dass sich alle nachteiligen Begleiterscheinungen des Bundesstaats, wohl erwogen, in ein Nichts auflösen" (Saint-Pierre 1756/61: 366). Dabei versetzt er sich nicht nur in die Perspektive der von Krieg betroffenen Bevölkerung, sondern nimmt besonders die Belange der Regierenden seiner Zeit auf, wenn er etwa als dritten Vorteil eines europäischen Schiedsgerichts (als einem Organ des Bundesstaates) aufführt: „Völlige und dauernde Sicherheit für die Person des Herrschers, seine Familie, seine Staaten und die durch die Gesetze eines jeden Landes festgelegte Thronfolgeordnung, sowohl gegen die Ansprüche unrechtmäßiger und ehrgeiziger Prätendenten als auch gegen die Aufstände rebellischer Untertanen" (Saint-Pierre 1756/61: 367). Solche Überlegungen sieht er dabei nicht als Verwässerung seines grundsätzlich aufklärerischen Duktus, sondern als Bestätigung des Umstands, dass sich die von ihm als richtig identifizierte Gestaltungsoption für die europäische Politik von verschiedenen Seiten aus als vorteilhaft darstellen lässt.

Kant argumentiert an einigen Stellen ähnlich, die Neuakzentuierung der Bedeutung der Bürger eines Landes bei der Entscheidung, ob Krieg oder Frieden herrsche (wie sie im zweiten Definitivartikel geregelt ist), macht sein Friedensprojekt jedoch nochmals mehr zu einem Plädoyer für politische Reformen (wenn auch nicht Revolutionen) (Gerhardt 1995: 14-23). Auch bei Kant lässt sich jedoch die Übernahme der Perspektive der Öffentlichkeit und der politischen Entscheidungsträger nachweisen. Ein Punkt verbindet in diesem Zusammenhang die beiden Autoren und ihre Texte schon an der Oberfläche: Die Texte sind der Form nach im Stile von Friedensverträgen verfasst. Sie enthalten unterschiedliche Artikel, Anhänge und Erläuterungen und übernehmen auf diese Art und Weise schon die Äußerungsform der praktischen Politik. Als der Abbé die Artikel seiner Bundesakte schrieb und Kant seinen Text in Präliminar- und Definitivartikel strukturierte, dürften sie also durchaus schon einer Vermittlungsstrategie gefolgt sein: Sie lieferten ihre Forschungsergebnisse im Format eines politischen Aktes, für dessen Konsequenzen bei Einhaltung der von ihnen aufgestellten Bedingungen sie sozusagen die wissenschaftliche Gewähr übernehmen würden.

4 Schlussbetrachtung

Diese kurze Illustration von Elementen angewandter Politikforschung anhand zweier Autoren und Texte der Ideengeschichte soll in zweierlei Hinsicht keine Vereinnahmung sein. So lassen sich der Abbé und Kant nicht einfach als angewandte Politikforscher bezeichnen und so sollten sie auch nicht zur unangemessenen Überhöhung des Anspruchs von gegenwärtigen Think Tanks dienen. Der Vergleich ist selbstredend in mehrfacher Hinsicht problematisch. Es ließe sich trefflich streiten, ob man denn die beiden Denker überhaupt als Politikwissenschaftler bezeichnen kann und ob das, was sie als wissenschaftliche Einzelkämpfer erarbeitet haben, mit den methodologischen Standards von gegenwärtiger universitärer Wissenschaftlichkeit verglichen werden kann. Das *avant la lettre* des Titels bezieht sich ja nicht nur auf die „angewandte Politikforschung", sondern auch auf „Politikwissenschaft", die in den Zeiten des Abbés und Kants nicht vor Herausforderungen der Ausdifferenzierung, sondern der Etablierung stand. Bemerkenswert ist in diesem Kontext jedoch immerhin, dass der Abbé sich mehrfach für die Gründung einer „Akademie für Politik" ausgesprochen hat (vgl. Asbach 2005: 268ff.), deren Arbeit sowohl in die breitere Gesellschaft als auch die politischen Entscheidungsgremien ausstrahlen sollte. Grundsätzliche Unterschiede scheinen im Vergleich des 18. und 21. Jahrhunderts selbstredend u. a. in einer erhöhten Akzentuierung von Medientauglichkeit, Veränderungen des öffentlichen Raumes oder den ökonomischen Implikationen wissenschaftlicher „Dienstleistungen" zu liegen.

Das hier vorgestellte Argument ist aber ein anderes: Sowohl die Bemühungen des Abbés und Kants als auch neuere Bemühungen hin zu einer angewandten Politikforschung hängen unmittelbar mit dem Gegenstand des Politischen zusammen. In einer solchen Perspektive wird zweierlei deutlich: Angewandte Politikforschung ist nichts der Politikwissenschaft Widerläufiges oder Fremdes. Zugleich ist aber auch die Auseinandersetzung gerade mit den Grundlagen des Politischen (prominenterweise in der Ideengeschichte) nichts, was auch eine angewandte Politikforschung einfach ignorieren könnte. Mehr noch: Erst aus der Vergewisserung der Grundlagen des Politischen erwächst der Standpunkt, von dem aus wissenschaftliche Distanz und kommunikative Nähe im oben genannten Sinne möglich sind. Der Abgleich allgemeiner Anforderungen mit der Empirie der Friedenspläne hat am ehesten bei der Beachtung von Zeitvorgaben der politischen Entscheider eine Lücke gelassen. In der Tat: Die Ideen des Abbés und Kants brauchten nicht Jahre, sondern eher Jahrhunderte, um ein substantielles Echo in der politischen Wirklichkeit zu finden. Das liegt aber zum Teil auch daran, dass es sich um ein Projekt handelt, das über verschiedenste Erfahrungen möglicher Kooperation und leidvollen Konflikts gewachsen ist. Dennoch lassen sich in der Tat einige Strukturprinzipien der Europäischen Union oder auch der Vereinten Nationen auf die beiden Friedenspläne zurückverfolgen.

Friedrich II. soll nach der Diskussion der Ideen des Abbé mit Voltaire gesagt haben: „Eine höchst einfache Sache; es fehlt, um ihr den Erfolg zu sichern, nichts weiter als die Zustimmung Europas, nebst ein paar anderen ähnlichen Kleinigkeiten" (zit. nach Michael 1922: 47). Dieses Zitat impliziert vier abschließende Einsichten: Erstens kann festgehalten werden, dass es dem Abbé zumindest gelungen ist, sein Projekt durch all seine Aktivitäten und Bemühungen an das Ohr des einflussreichen Königs herangebracht zu haben. Zweitens macht der sarkastische Ton Friedrichs II. klar, dass angewandte Politikforschung eben nur ein Angebot zur Beratung sein kann. Die Entscheidung wird auf anderem Wege gefällt und Politikberatung, die eine eigene Agenda jenseits von Expertise und Wissenschaftlichkeit verfolgt, wird dieser (gerade unter den Bedingungen einer Demokratie legitimen und erforderlichen) Trennung nicht gerecht (sondern wäre anmaßender Lobbyismus). Drittens aber wird auch deutlich, dass dem ostentativen Bemühen des Eingehens auf die besondere Situation des politischen Entscheiders letztlich auch eine gewisse Anerkennung der besonderen Situation des wissenschaftlichen Begleiters solcher Entscheidungen entsprechen müsste. Dem Vorwurf der Untauglichkeit der Theorie in der Praxis kann durch unzählige Verweise auf die Konsequenzen zu kurzatmiger oder zu einfallsloser Politik (um nur die milderen Formen zu nennen) begegnet werden. Als vermittelnde Variable in diesem Streit zwischen Theorie und Praxis hat Kant – und in seiner Folge Hannah Arendt – die Urteilskraft etabliert (vgl. Kant 1790; Kant 1793; Arendt 1998). Sie ist, viertens, in der Tat auf beiden Seiten eines gelingenden Dialogs gefragt.

Literatur

Archibugi, Daniele, 1992: Models of international organization in perpetual peace projects, in: Review of International Studies 18 (5), 295-317.

Arendt, Hannah, 1998: Das Urteilen. Texte zu Kants politischer Philosophie, München/Zürich.

Asbach, Olaf, 2002: Die Zähmung der Leviathane. Die Idee einer Rechtsordnung zwischen Staaten bei Abbé de Saint-Pierre und Jean-Jacques Rousseau, Berlin.

Asbach, Olaf, 2005: Staat und Politik zwischen Absolutismus und Aufklärung. Der Abbé de Saint-Pierre und die Herausbildung der französischen Aufklärung bis zur Mitte des 18. Jahrhunderts, Hildesheim/Zürich/New York.

Borner, Wilhelm, 1913: Das Weltstaatsprojekt des Abbé de Saint Pierre. Ein Beitrag zur Geschichte der Weltfriedensidee, Berlin/Leipzig.
Boucher, David, 1998: Political Theories of International Relations, Oxford.
Buchheim, Hans, 1968: Außenpolitik und Planung, in: Politische Vierteljahresschrift 9, 166-176.
C·A·P, 2008: Das Centrum für Angewandte Politikforschung, München.
Dicke, Klaus, 2007: Immanuel Kant. Zum ewigen Frieden, 1795, in: Brocker, Manfred (Hrsg.), Geschichte des politischen Denkens. Ein Handbuch, Frankfurt, 373-387.
Eberl, Oliver, 2008: Demokratie und Frieden. Kants Friedensschrift in den Kontroversen der Gegenwart, Baden-Baden.
Falter, Jürgen W./Knodt, Michèle, 2007: Die Bedeutung von Themenfeldern, theoretischen Ansätzen und die Reputation von Fachvertretern, in: DVPW Rundbrief 137, 147-161.
Fetscher, Iring, 1985: Politisches Denken im Frankreich des 18. Jahrhunderts, in: Fetscher, Iring/Münkler, Herfried (Hrsg.), Pipers Handbuch der politischen Ideen. Band 3, München/Zürich, 437-494.
Fröhlich, Manuel, 1997: Mit Kant, gegen ihn und über ihn hinaus: Die Diskussion 200 Jahre nach Erscheinen des Entwurfs „Zum ewigen Frieden", in: Zeitschrift für Politikwissenschaft 7 (2), 483-517.
Fröhlich, Manuel, 2010a: Organizations, Rise of International, in: Young, Nigel J. (Hrsg.), The Oxford International Encyclopedia of Peace, Volume 3, Oxford u. a., 297-302.
Fröhlich, Manuel, 2010b: Politische Philosophie, in: Masala, Carlo/Sauer, Frank/Wilhelm, Andreas (Hrsg.), Handbuch der Internationalen Politik, Wiesbaden, 13-26.
Gerhardt, Volker, 1995: Immanuel Kants Entwurf „Zum ewigen Frieden". Eine Theorie der Politik, Darmstadt.
Höffe, Otfried (Hrsg.), 1995: Immanuel Kant – Zum ewigen Frieden, Berlin.
Irrlitz, Gerd, 2010: Kant Handbuch. Leben und Werk. 2. Auflage, Stuttgart.
Janning, Josef, 1996: Anforderungen an die Denkfabriken, in: Internationale Politik 9, 65-66.
Justenhoven, Heinz-Gerhard, 2006: Internationale Schiedsgerichtsbarkeit. Ethische Norm und Rechtswirklichkeit, Stuttgart.
Kant, Immanuel, 1790: Kritik der Urteilskraft, in: Kant. Werke Band 8: Kritik der Urteilskraft und Schriften zur Naturphilosophie, hrsg. v. Wilhelm Weischedel, Darmstadt 1983, 235-620.
Kant, Immanuel, 1793: Über den Gemeinspruch: Das mag in der Theorie richtig sein, taugt aber nicht für die Praxis, in: Kant. Werke Band 9: Schriften zur Anthropologie, Geschichtsphilosophie, Politik und Pädagogik, hrsg. v. Wilhelm Weischedel, Darmstadt 1983, 125-172.
Kant, Immanuel, 1795: Zum ewigen Frieden. Ein philosophischer Entwurf, in: Kant. Werke Band 9: Schriften zur Anthropologie, Geschichtsphilosophie, Politik und Pädagogik, hrsg. v. Wilhelm Weischedel, Darmstadt 1983, 193-251.
Koppe, Karlheinz, 2001: Der vergessene Frieden. Friedensvorstellungen von der Antike bis zur Gegenwart, Opladen.
Mayntz, Renate, 2009: Speaking Truth to Power: Leitlinien für die Regelung wissenschaftlicher Politikberatung, in: dms – der moderne staat 1, 5-16.
Michael, Wolfgang, 1922: Einleitung, in: Das Traktat vom ewigen Frieden 1713, Berlin, 1-48.
Pekarek, Marcel, 1997: Absolutismus als Kriegsursache: Die Französische Aufklärung zu Krieg und Frieden, Stuttgart/Berlin/Köln.
Poppinga, Anneliese, 1997: Konrad Adenauer – „Seid wach für die kommenden Jahre". Grundsätze, Erfahrungen, Einsichten, Bergisch-Gladbach.
Raumer, Kurt von, 1953: Ewiger Friede. Friedensrufe und Friedenspläne seit der Renaissance, Freiburg/München.
Saint-Pierre, Charles Abbé de, 1756/61: Auszug aus dem Plan des Ewigen Friedens, hrsg. v. Jean-Jacques Rousseau, in: Raumer 1953, 343-368.

Schlochauer, Hans-Jürgen, 1953: Die Idee des ewigen Friedens. Ein Überblick über Entwicklung und Gestaltung des Friedenssicherungsgedankens auf der Grundlage einer Quellenauswahl, Bonn.
Weidenfeld, Werner, 1972: Die Englandpolitik Gustav Stresemanns. Theoretische und praktische Aspekte der Außenpolitik, Mainz.
Weidenfeld, Werner, 1976: Konrad Adenauer und Europa. Die geistigen Grundlagen der westeuropäischen Integrationspolitik des ersten Bonner Bundeskanzlers, Bonn.

Heinz-Jürgen Axt

Reflexionen zur Politikberatung

1 Wissenschaftliche Politikberatung

Wenn ein verdienter Kollege sein 65. Lebensjahr vollendet, der sich noch dazu so vorbildlich im Feld der wissenschaftlichen Politikberatung ausgezeichnet hat, dann erscheint es angebracht und angemessen, eigene Erfahrungen und Einsichten zur Politikberatung zu reflektieren. Dieser Reflexion seien einige allgemeine Gedanken zur wissenschaftlichen Politikberatung vorangestellt.[1]

1.1 Max Weber „Wissenschaft als Beruf"

Wenn man über das Verhältnis von Wissenschaft und praktischer Politik räsoniert, tut es gut, einen Blick in Max Webers Vortrag „Wissenschaft als Beruf" aus dem Jahre 1919 zu werfen. Zunächst einmal betont Weber, dass gerade der Wissenschaftler der intrinsischen Motivation bedarf, die von Außenstehenden oft belächelt wird. „Denn nichts", so Weber, „ist für den Menschen als Menschen etwas wert, was er nicht mit Leidenschaft tun kann" (Weber 1919: 312). „Persönlichkeit" auf wissenschaftlichem Gebiet hat nach Weber nur der, der „rein der Sache dient". Und wie aktuell ist es, wenn Weber fortfährt: „Auf dem Gebiet der Wissenschaft aber ist derjenige ganz gewiss keine ‚Persönlichkeit', der als Impressario der Sache, der er sich hingeben sollte, mit auf die Bühne tritt, sich durch ‚Erleben' legitimieren möchte und fragt: Wie beweise ich, dass ich etwas anderes bin als nur ein ‚Fachmann', wie mache ich es, dass ich, in der Form oder der Sache, etwas sage, das so noch keiner gesagt hat wie ich?" (Weber 1919: 315)

Politik gehört nach Webers Meinung „nicht in den Hörsaal. Sie gehört nicht dahin von Seiten der Studenten [...]. Aber Politik gehört [...] auch nicht dahin von Seiten des Dozenten. Gerade dann nicht, wenn er sich wissenschaftlich mit Politik befasst, und dann am allerwenigsten. Denn praktisch-politische Stellungnahme und wissenschaftliche Analyse politischer Gebilde und Parteistellung ist zweierlei." Und Weber fordert uns weiter heraus, behauptet er doch, dass jemand dann ein "brauchbarer Lehrer ist [...] (wenn) er seine Schüler unbequeme Tatsachen anerkennen [...] (lehrt), solche, meine ich, die für seine Parteimeinung unbequem sind..." (Weber 1919: 328). Prakti-

---

[1] Dieser Artikel greift Gedanken auf, die der Verfasser aus Anlass seiner Abschiedsvorlesung am 11.01.2012 an der Universität Duisburg-Essen vorgetragen hat.

sche Stellungnahmen wissenschaftlich vertreten zu wollen, ist nach Weber unmöglich und sinnlos, „weil die verschiedenen Wertordnungen der Welt in unlöslichem Kampf untereinander stehen" (Weber 1919: 328).

Wer jetzt zweifelt, dass wissenschaftliche Politikberatung möglich sei, den belehrt Weber eines Besseren. Wissenschaft könne nämlich für das praktische Leben vier wichtige Leistungen erbringen: Kenntnisse über die Technik, Methoden des Denkens und Klarheit. Eine vierte Leistung kommt hinzu: Sie kann die normativen Grundlagen praktischer Stellungnahmen aufdecken. In der Sprache Webers: „Ihr dient, bildlich geredet, diesem Gott und kränkt jenen anderen, wenn Ihr Euch für diese Stellungnahme entscheidet" (Weber 1919: 333). In diesem Sinne einer ‚Aufklärung' wird eine erste ernst zu nehmende Option für wissenschaftliche Politikberatung offenbart: Sie kann mit Optionen und Szenarien arbeiten, deren normative Grundlagen ebenso aufzudecken sind wie deren jeweilige Konsequenzen.

Wissenschaft und Politik werden im Sinne Webers durch unterschiedliche Logiken und Wirkungsimperative angetrieben: Während Politik zumindest in Demokratien durch Begriffe wie Macht, Konflikt, Interesse, Konsens und Mehrheitsentscheid gekennzeichnet ist, strebt Wissenschaft nach Erkenntnisfortschritt und ‚Wahrheitssuche' (Lompe 2006: 25).

Zu guter Letzt: Weber hilft uns auch bei der Antwort auf die Frage, wie der Wissenschaftler auf die unabdingbar notwendigen Einfälle kommt, die er dann methodisch zu vollenden hat. Weber schreibt hier: „Es ist in der Tat richtig, dass die besten Dinge einem [...] bei der Zigarre auf dem Kanapee, oder [...] beim Spaziergang auf langsam steigender Strasse [...] einfallen und nicht während des Grübelns und Suchens am Schreibtisch" (Weber 1919: 313).[2]

1.2 Politikberatung: Begriffe, Anforderungen, Leistungen und Legitimation

Wenn man so wie Weber auf der strikten Trennung von Wissenschaft und Politik besteht, könnte man schlussfolgern, wissenschaftliche Politikberatung sollte sich darauf beschränken, lediglich Fachkenntnis zu generieren, die dann der Sphäre der Politik übereignet wird. Gerade das bestreitet Martin Thunert, geht er doch davon aus, dass eine solche Politikberatung in der politischen Praxis zum Scheitern verurteilt sei (Thunert 2003). Politikberatung müsse gleichzeitig politische Handlungsperspektiven aufzeigen können. Dazu müsse man die Logik der Politik verstehen, zumindest nachvollziehen können. Politikberatung auf wissenschaftlicher Grundlage soll nicht nur die eigene Rationalität der Produktion von Erkenntnis – oder anspruchsvoller formuliert: von Wahrheit – kennen, sondern auch die Handlungsrationalität politischer Praxis.

---

[2] Wie der Jubilar sich zu dieser Beobachtung Webers verhält, entzieht sich meiner Kenntnis. Der Verfasser jedenfalls zieht es vor, mit dem Rennrad auf steil ansteigender Strasse unterwegs zu sein und stets das Handy mit Sprachmemofunktion dabei zu haben.

Reflexionen zur Politikberatung

Aufgeklärt durch die (in meiner Studienzeit) populäre Kritische Theorie gilt es an dieser Stelle zu fragen: Was sind die Eigeninteressen des Beraters? Ist es das Gemeinwohl? Oder nur die Sicherung des nächsten Auftrags? Oder will sich jemand bloß wissenschaftlich oder politisch profilieren? Nimmt man wiederum die Ansprüche Webers ernst, dann sollte man gerade das als Beratungsprodukt zur Verfügung stellen, was einem selbst unbequem ist. Man sollte es auf jeden Fall nicht vermeiden.

Nicht zuletzt wegen des Zuwachses an Komplexität nimmt der Bedarf an Politikberatung zu. Unter diesen Umständen verschwimmt nicht selten die Trennschärfe zwischen Politikberatung, Lobbyismus und Public Affairs (Falk/Rehfeld/Römmele/Thunert 2006: 14). Ich möchte hier nicht die Begriffe abgrenzen, sondern nur darauf verweisen, dass ich – wenn ich im Folgenden auf meine eigenen Erfahrungen eingehe – immer nur die wissenschaftliche Politikberatung und weder den Lobbyismus noch die Public Affairs meine.

Wie kann in diesem Zusammenhang Professionalisierung aussehen? An dieser Stelle mag der Hinweis genügen, dass der Wissenschaftler in der Lage sein sollte, die Rationalität der Politik nachzuvollziehen, nicht aber sich dazu verleiten lassen sollte, sich ihrer in seiner Suche nach Erkenntnis zu bedienen. Bei wissenschaftlicher Politikberatung kann es nicht darum gehen, Wissen und Politik einfach zu addieren. Ziel sollte es vielmehr sein, bei Aufrechterhaltung der Autonomie beider Sphären eine Interaktion und einen Dialog zu organisieren. So etwas kann man erreichen, indem Vertreter beider Seiten in einem offenen und in der Regel wohl auch längeren Kommunikations- und Austauschprozess zusammengeführt werden. Ich werde das am Beispiel meiner Erfahrungen in Expertengremien erläutern.

Jürgen Habermas hat 1968 bekanntlich drei alternative Modelle der Politikberatung diskutiert (Habermas 1968):

- Nach dem *technokratischen* Modell soll Politik im technischen Staat gleichsam weggeregelt werden. Dass technische Argumente aber keineswegs wertfrei und "unideologisch" sind, wird ignoriert.
- Das *dezisionistische* Modell geht von der strikten Trennung der Funktionen des Sachverständigen und des Politikers aus. Die öffentliche Mitwirkung der Bürger ist auf die Legitimation der Führungsgruppen eingeschränkt.
- Ziel des *pragmatischen* Modells ist es, die Erkenntnisse der Wissenschaft und die Wertorientierung der Politik einer wissenschaftlich fundierten Diskussion zugänglich zu machen. An die Stelle einer strengen Trennung zwischen den Funktionen des Politikers und des Beraters tritt ein kritisches Wechselverhältnis: Wissenschaftler beraten die politischen Entscheidungsträger, Politiker beauftragen die Wissenschaftler mit der Untersuchung praktisch bedeutsamer Fragen.

Der Gewinn des pragmatischen Modells besteht für mich darin, dass zum einen – ganz im Sinne Webers – die Trennung der Sphären Wissenschaft und Politik keineswegs aufgegeben wird (Kevenhörster 2003). Zum anderen aber geht man über Weber hinaus, indem vom Berater verlangt wird, die Rationalitäten der Politik nachzuvollziehen wie umgekehrt Politiker und Verwalter sich darum bemühen müssen, die vom Wissenschaftler erarbeiteten Handlungsmöglichkeiten zu verstehen. Dann kann sich ein kritisches Wechselverhältnis entwickeln. Das zeigt sich dann auch darin, dass Wissenschaftler an den von ihnen zu bearbeitenden Problemen und Fragestellungen beteiligt werden (Lompe 2006: 30 f.).

Auch das pragmatische Modell von Politikberatung ist mittlerweile in die Kritik geraten. Zu erinnern ist hier beispielsweise an die Forderung, man möge doch von der Politikberatung zur *Gesellschaftsberatung* übergehen. Gerade im Zeitalter der digitalen Medien sehen Autoren wie Frank Nullmeier oder Claus Leggewie Chancen, der Beratung eine deliberative und gleichsam post-dezisionistische Form zu geben (Leggewie 2006). Inwieweit solche Ansätze aber tatsächlich verallgemeinerbar sind, sollte gründlich bedacht werden. Jedenfalls haben kritische Analysen des durchaus deliberativ angelegten Europäischen Verfassungskonvents in den Jahren 2002 und 2003 gezeigt, dass auch unter Nutzung von digitalen Medien, Internetforen und Chats die gesetzten Ziele nur schwerlich, wenn überhaupt zu erreichen sind (Maurer 2003).

Der Zweck wissenschaftlicher Politikberatung kann auch darin bestehen, einen Prozess zu initiieren, der eine Art von *Selbstdiagnose* ermöglicht (Falk/Rehfeld/ Römmele/Thunert 2006: 13). Die Wissenschaft hat dann Anstöße von außen zu geben, die eine Reflexion über Ziele, Alternativen und deren Implikationen einleiten. Ein solcher Prozess kann die Akteure einbeziehen, die kollektiv bindende Entscheidungen zu verantworten haben, aber auch diejenigen, die sie zu befolgen haben. Bei dieser Art wird besonders deutlich, dass Politikberatung keineswegs den Anspruch erheben kann, immer schon alles besser gewusst zu haben.

Freilich finden sich auch Vertreter, die generelle Vorbehalte gegen eine anwendungsorientierte Wissenschaft erheben. Nimmt man aber meine einführenden Bemerkungen zu Max Weber ernst, dann muss man nicht bei der antagonistischen Trennung von Grundlagen- und anwendungsorientierter Forschung landen. Vielmehr erscheint die kontinuierliche Verknüpfung von Beratung und Grundlagenforschung attraktiv. Ein Berater ohne jegliche Grundlagenforschung steht in der Gefahr, seine Autonomie einzubüßen.

Auch Forschungseinrichtungen außerhalb der Universität bieten ihren Mitarbeitern die Möglichkeit, grundlegend zu forschen und die Ergebnisse in die Politikberatung einzuspeisen. Ich selbst hatte in den 1980er und 1990er Jahren die Gelegenheit, bei der Stiftung Wissenschaft und Politik – erst in Ebenhausen und dann in Berlin – diese Form des wissenschaftlichen Arbeitens zu praktizieren.

Als Mitglied in den Vorständen verschiedener wissenschaftlicher Forschungseinrichtungen ist mir immer wieder bewusst geworden, dass der legitime Drang, Drittmittel einzuwerben, kritisch wird, wenn nicht eine grundlegende – zumeist institutionelle – Förderung gewährleistet ist, die es Forschern ermöglicht, nicht nur einen Projektantrag nach dem anderen zu verfassen, sondern sich auch über einen längeren Zeitraum grundlegenden Forschungsfragen widmen zu können.

Reflexionen zur Politikberatung

Wenn es um das Verhältnis von Forschung und Beratung geht, dann können zwei zentrale Herausforderungen nicht übergangen werden:

Erstens eignet sich die allgemein gepflegte *Wissenschaftssprache* nur selten dazu, den Partnern in der Politikberatung die Ergebnisse wissenschaftlicher Erkenntnis nahezubringen. Ich selbst erinnere mich noch gut genug daran, als ich für die Stiftung Wissenschaft und Politik meine erste, rund 50-seitige Studie verfasst hatte und diese vom Forschungsdirektor mit den Bemerkungen zurückbekam: kürzer, prägnanter, verständlicher.

Zweitens stellt sich immer wieder das Problem, inwieweit Wissenschaftler zur *transdisziplinären* Kooperation in der Lage sind. Im Bereich der Politikberatung wird man zumindest erwarten müssen, dass man die Rationalitäten und Logiken derjenigen Disziplinen nachvollziehen kann, mit deren Vertreter man kooperiert. Es bleibt freilich die Frage: Wie kann man das erlernen? Eignen sich dazu die aktuellen Studienstrukturen in hinreichendem Maße?

2   Meine Erfahrungen und Einsichten

Zunächst möchte ich auf zwei Beispiele eingehen, die der *Evaluation* von Politikergebnissen zuzurechnen sind.

Im Mai 1985 war ich als Gutachter für die Kommission der Europäischen Gemeinschaft zur Evaluierung der Kooperation mit den Staaten in der *Karibik* tätig. Es ging insbesondere um das sogenannte STABEX-Systems zur Stabilisierung von Exporterlösen. Zu diesem Zweck forschte ich auf den Karibikinseln Barbados, Grenada, St. Lucia, Jamaika und Dominica. Ich habe nicht nur Fortschritte bei der Umsetzung diverser Projekte dokumentieren, sondern auch erfahren können, was Abhängigkeit von der industrialisierten Welt bedeutet. Was mir noch immer präsent ist, ist Folgendes: In Dominica saß ich dem Finanzminister gegenüber und erläuterte ihm die vorläufigen Ergebnisse meiner Evaluierung. Partnerschaft ist ja ein wichtiges Prinzip in der Entwicklungszusammenarbeit. Ich musste dem Finanzminister allerdings auch offenbaren, dass mir der Verbleib von rund 1 Million Europäischen Rechnungseinheiten – damals rund 1 Million D-Mark – nicht hatte erklärt werden können. Mir war das peinlich. Dem Finanzminister nicht. Also gingen wir letztlich auseinander, ohne den Verbleib des erheblichen Geldbetrags klären zu können. Was ich natürlich in meinem Bericht nach Brüssel notierte. So weit ich weiß, hatte dies allerdings keine Folgen. Der Primat des außenpolitischen Interesses dürfte obsiegt haben. Und ich war um eine Lektion reicher. Die Europäische Kommission hat die Expertengruppe nicht informiert – also ein klassischer Fall von dezisionistischer Politikberatung.

1981 war ich an der Evaluierung eines ländlichen Entwicklungsprojekts im Auftrag des Bundesministeriums für wirtschaftliche Zusammenarbeit beteiligt. Zu diesem Zweck hielt ich mich sechs Wochen im afrikanischen Staat *Malawi* auf. In den Bereichen ländliche Entwicklung, Partizipation, Migration, Nutzungsanalyse und Bedürfniserhebung sollte eine empirische Untersuchung durchgeführt werden. Die zu untersuchenden Projekte orientierten sich an dem ‚Basic-Needs-Ansatz', strebten also danach, Grundbedürfnisse der ortsansässigen Bevölkerung zu befriedigen. Das zu betonen ist wichtig, weil damals die entwicklungspolitische Arbeit insgesamt in die Kritik geraten war. 1985 beispielsweise hatte Brigitte Erler ihr Buch "Tödliche Hilfe – Bericht von meiner letzten Dienstreise in Sachen Entwicklungshilfe" veröffentlicht. "Überall, wo wir helfen, richten wir Unheil an", so ihr überaus kritisches Resümee (Erler 1985). Mit der Grundbedürfnis-Orientierung wollte man den Fallen insbesondere der modernisierungstheoretisch angelegten Projekte entgehen. Dem Bemühen, solcher Kritik standzuhalten, entsprach auch unsere empirische Untersuchung. Wir führten nicht nur die üblichen Interviews durch, sondern organisierten wohlbedachte Gruppendiskussionen insbesondere mit den Häuptlingen der von uns besuchten Dörfer. Es kam uns also durchaus auf die bereits erwähnte Selbstdiagnose an, bei der die Betroffenen ihre Bedürfnisse erfahren und priorisieren sollten. Und dennoch: trotz aller Bemühungen konnten wir nicht verhindern, dass die Zusammenkünfte in der Regel so abliefen, dass man uns am Ende mit einer Art Einkaufsliste konfrontierte. Und oben auf der Liste standen durchaus nicht immer Grundbedürfnisse, sondern nicht selten jene Attribute der modernen Technik, mit denen die europäischen Projektarbeiter vor Ort umgingen: Auto, Radio, Telefon, Diktiergerät und ähnliches.

Hier sollte ich kurz auf ein Gutachten eingehen, das ich 1983/1984 für die Kommission der Europäischen Gemeinschaft über "Die politischen und wirtschaftlichen Beziehungen zwischen Griechenland und den mediterranen Drittländern" erstellen durfte. In mehreren Staaten galt es, statistisches Material zu sammeln. Das tat man damals noch in Papierform, das digitale Zeitalter war ja noch nicht angebrochen. Wenn wir heute im Zeichen der Euro-Turbulenzen immer wieder vernehmen, wie wenig effektiv der Staat und die Verwaltung in Griechenland funktionieren, dann durfte ich dazu ein eigenes Lehrstück erfahren. Als mein griechischer Kooperationspartner im Athener Statistikamt die entsprechenden Daten über den Handel mit arabischen Staaten besorgen sollte, kam er unverrichteter Dinge wieder zu mir. Man hatte die Daten nicht herausgeben wollen. Erst als ich als Ausländer selbst mit Nachdruck darauf beharrte, bekam ich die Daten. ‚Wissen ist Macht' und Verfügung über Wissen ebenso, das bekam mein Kollege zu spüren. Und mir wurde schlagartig klar, woran die Administration in Griechenland krankt – bis heute.

Wenn wir schon bei Griechenland sind, dann möchte ich es nicht unterlassen, auch an die Versäumnisse europäischer Politik zu erinnern. Im September 2000, ein Jahr vor der Euro-Qualifikation Griechenlands, hatte ich in einer Studie für die Friedrich-Ebert-Stiftung geschrieben: „Die Regierung Simitis hat zwar Stabilisierungserfolge erzielt und dabei auch der Bevölkerung einige finanzielle Belastungen auferlegt, notwendige Strukturreformen wurden indes nicht durchgesetzt" (Axt 2000). Und genau diese fehlenden Strukturreformen – so wissen wir heute – haben zur aktuellen übermäßigen Staatsverschuldung Griechenlands in erheblichem Maße beigetragen. Ich hatte damals etliche kritische Stimmen zitiert, die ähnlich argumentierten. Die Europäische Kommis-

Reflexionen zur Politikberatung

sion hat freilich die schon damals zu hohe Verschuldung wohlwollend, d.h. politisch interpretiert. Griechenland befinde sich – so die Kommission – auf dem richtigen Weg. Welch ein Irrtum!

Dass Politikberatung durchaus *partizipativ* angelegt sein kann, konnte ich 1994 erfahren. Damals lud man mich nach Zypern zu einer Konferenz ein, bei der das Führungspersonal *aller* Parteien zugegen war. Man konfrontierte mich mit der Frage, ob und wann man einen Antrag auf Mitgliedschaft in der Europäischen Union stellen solle. Zu diesem Zweck sollten verschiedene Varianten geprüft werden. Ohne diesen sehr intensiven Gedankenaustausch mit den Politikern hätte ich mein Policy-Paper, in dem ich vier verschiedene Szenarien entwickelte – Konfliktlösung vor Beitritt, schwache Föderation, doppelter Beitritt Nord und Süd sowie Beitritt nach einem variablen Zeitplan –, nicht verfassen können (Axt 2001). Das Vorgehen entsprach keineswegs einem dezisionistischen Beratungsansatz, wie man vermuten könnte, sondern verfolgte ein kritisches Wechselverhältnis von Wissenschaft und Politik und entsprach also dem pragmatischen Ansatz.

Als die Osterweiterung der Europäischen Union anstand und man über eine längerfristige Finanzierung nachdachte sowie die Möglichkeiten zur Reform der ausgabenintensiven Politiken eruierte, beauftragte mich die Bertelsmann-Stiftung mit einem Gutachten zur Reform der europäischen Strukturpolitik (Axt 2000a). Es ging also um die Policy-Dimension. Ohne auf Details einzugehen, sind doch zwei Aspekte für das Thema Politikberatung erwähnenswert:

Erstens versicherten mir die Damen und Herren aus den zuständigen Bundesministerien immer wieder, dass man meine Reformvorschläge sehr schätze. Ich musste aber erkennen, dass man derartige Ideen schlicht beiseite schob, als klar wurde, dass damit der Rückfluss der Finanzmittel von der EU nach Deutschland nicht, oder zumindest nicht im gewünschten Umfang zu gewährleisten sei. Gegenüber der Optimierung der EU-Politik gewann das Motiv an finanziellen Rückflüssen die Oberhand. Das hatte ich als Rationalität der Politik in meinem Gutachten wenig berücksichtigt. Wahrscheinlich wäre ich in diesem Punkt aber auch nicht belehrbar, weil ich der Meinung bin, es hilft der Politik, wenn sie sich an einem Ordnungs- und Optimierungsmodell ausrichten kann.

Zweitens habe ich in Fortschreibung des Gutachtens zur Strukturpolitik gemeinsam mit anderen Wissenschaftlern zunehmend vehementer dafür plädiert, die Strukturpolitik mehr auf die Generierung von Wachstum auszurichten (Axt 2002) – ein Ansatz der mittlerweile im Zeichen der Euro-Turbulenzen auch von der Europäischen Kommission bevorzugt wird. Lehrt das nicht, dass Politikberatung gerade nicht die Handlungszwänge und Prioritäten der Politik verabsolutieren sollte?

Ein pragmatisches Modell der Politikberatung, bei dem sich ein kritisches Wechselverhältnis zwischen Wissenschaft und Politik entwickeln kann, konnte ich erleben, als mich die Landesregierung von Nordrhein-Westfalen 2002 zum Mitglied in einen Expertenrat berief, der die Verhandlungen des EU-Verfassungskonvents über mehrere Jahre kritisch begleiten sollte.

Zum einen praktizierten wir hier eine „Vermündlichung von Politik", wie Peter Graf Kielmansegg das ausgedrückt hat (Zunker 2006: 372). In vertraulichen Gesprächsrunden wurden die Implikationen und Folgen dessen erörtert, was im Konvent beraten wurde. Zu diesem Zweck wurden wir im Expertenrat seitens der Politik natürlich mit Informationen aus erster Hand versorgt.

Zum anderen konnten wir Wissenschaftler die von uns zu bearbeitenden Problemen und Fragestellungen mitbestimmen, so wie dies in der Wissenschaft verlangt wird (Lompe 2006: 30 f.). Ohne die je eigene Rationalität von Wissenschaft und Politik aufzulösen, vertieften sich die Einsichten in die Handlungszwänge der Politik in erheblichem Maße.

3 Konklusionen

Was lässt sich aus meinen allgemeinen Bemerkungen zur Politikberatung, aber gerade auch aus meinen persönlichen Erfahrungen an Einsichten gewinnen? Dazu abschließend einige Bemerkungen.

Im Bereich der Politikberatung unterscheiden wir gewöhnlich:

- „Policy advice" als auf Politikinhalte fokussierte Beratung,
- „Political consulting" als auf politische Strategien und Prozesse orientierte Beratung und
- „Public management consulting" als die auf die Implementation bezogene Beratung.

Wie meinen Ausführungen zu entnehmen war, habe ich mich stark auf Beratung konzentriert, die auf der Expertise in verschiedenen Politikfeldern beruhte. Aus dem Bereich der europäischen Integration wären da beispielsweise zu nennen: Erweiterungspolitik, Strukturpolitik, Währungsunion, Konfliktforschung. Aber diese Expertise im Bereich von policy advice wäre wahrscheinlich wenig tragfähig, wenn sie nicht zumindest mit Kenntnissen verbunden würde, wie Politikinhalte im politischen Prozess bearbeitet werden, welchen Zwängen und Interessen sie unterliegen.

Wenn es um die akademische Ausbildung geht, wäre mithin mein erster Ratschlag: Die Orientierung auf Politikmanagement greift zu kurz, wenn nicht zumindest in einem Politikfeld vertiefte Kenntnisse über die Inhalte von Politik vermittelt werden. Wer sich zumindest in einem Politikfeld gut auskennt, kann Transferleistungen in andere Politikfelder leichter erbringen. Wer auf diese Weise Politikinhalte mit Politikmanagement verbinden kann, hat auch einen Wettbewerbsvorteil gegenüber Studierenden aus anderen Disziplinen, die sich ebenfalls auf dem Feld der Politikberatung engagieren – seien es Ökonomen, Rechtswissenschaftler oder Kommunikationswissenschaftler.

Wenn ich zuvor davon gesprochen habe, dass Wissenschaft und Politik unterschiedliche Rationalitäten und Logiken aufweisen, dann kommt es darauf, dass wir unseren Studierenden vermitteln, dass Politik im Unterschied zur Wissenschaft nicht nur von Interessen und Machtstreben durchdrungen ist, sondern oftmals gezwungen ist, auf *unsicherer Datenlage* zu entscheiden. Das ist eine nicht zu unterschätzende Differenz zur Wissenschaft, die Themen als noch nicht bearbeitungsfähig deklarieren kann, weil gesicherte Daten fehlen. Politikberatung im Sinne einer Besserwisserei verbietet sich damit.

Wenn ich für ein partnerschaftliches Modell von Politikberatung plädiert habe, das die Autonomie beider Sphären keineswegs in Frage stellt, dann bedeutet das, dass die Politik den wissenschaftlichen Beratern auch die Ergebnisse der Beratung kommunizieren sollte. Leider geschieht dies – so meine Erfahrung – nicht immer und nicht in ausreichendem Maße. Wissenschaftler lernen durch Politikberatung. Das war eine meiner zentralen Thesen. Freilich muss auch die Politik bereit sein, offen über Politikergebnisse zu diskutieren.

Literatur

Axt, Heinz-Jürgen, 2000: Griechenland: Reformaufgaben nach der Euro-Qualifikation, in: FES-Analyse, Friedrich-Ebert-Stiftung, Bonn.

Axt, Heinz-Jürgen, 2000a: Solidarität und Wettbewerb – die Reform der EU-Strukturpolitik, Gütersloh.

Axt, Heinz-Jürgen, 2001: Zypern – ein EU-Dilemma?, in: FES-Analyse, Friedrich-Ebert-Stiftung, Bonn.

Axt, Heinz-Jürgen, 2002: Strukturpolitik in der erweiterten EU: statt Regionalausgleich Wachstum fördern?, in: Beihefte der Konjunkturpolitik. Zeitschrift für angewandte Wirtschaftsforschung. Osterweiterung der EU. 65. Wissenschaftliche Tagung der Arbeitsgemeinschaft deutscher wirtschaftswissenschaftlicher Forschungsinstitute am 25. und 26. April 2002, Berlin, 181-215.

Erler, Brigitte, 1985: Tödliche Hilfe – Bericht von meiner letzten Dienstreise in Sachen Entwicklungshilfe, Köln.

Falk, Svenja/Rehfeld, Dieter/Römmele, Andrea/Thunert, Martin 2006: Einführung: Politikberatung – Themen, Fragestellungen, Begriffsdimensionen, Konzepte, Akteure, Institutionen und Politikfelder, in: Falk, Svenja/Rehfeld, Dieter/Römmele, Andrea/Thunert, Martin (Hrsg.), Handbuch Politikberatung, Wiesbaden, 11-19.

Habermas, Jürgen, 1968: Verwissenschaftlichte Politik und öffentliche Meinung, in: Habermas, Jürgen: Technik und Wissenschaft als 'Ideologie', Frankfurt am Main, 120-145.

Leggewie, Claus, 2006: Deliberative Demokratie – Von der Politik- zur Gesellschaftsberatung (und zurück), in: Falk, Svenja/Rehfeld, Dieter/Römmele, Andrea/Thunert, Martin (Hrsg.), Handbuch Politikberatung, Wiesbaden, 152-160.

Lompe, Klaus, 2006: Traditionelle Modelle der Politikberatung, in: Falk, Svenja/Rehfeld, Dieter/Römmele, Andrea/Thunert, Martin (Hrsg.), Handbuch Politikberatung, Wiesbaden.

Maurer, Andreas, 2003: Die Methode des Konvents – ein Modell deliberativer Demokratie? In: Integration, 26 (2), 130-140.

Thunert, Martin, 2003: Think Tanks in Deutschland – Berater der Politik? in: Aus Politik und Zeitgeschichte, B51, 30-38.

Zunker, Albrecht, 2006: Stiftung Wissenschaft und Politik: Die Neu-Berlinerin, in: Falk, Svenja/Rehfeld, Dieter/Römmele, Andrea/Thunert, Martin (Hrsg.), Handbuch Politikberatung, Wiesbaden, 363-373.

Internetquellen:

Kevenhörster, Paul, 2003: Politikberatung, in: Andersen, Uwe/Woyke, Wichard (Hrsg.), Handwörterbuch des politischen Systems der Bundesrepublik Deutschland, Bonn, http://www.bpb.de/wissen/ 09002513444305571699302438141311,1,0,Politikberatung.html (Stand 02.03.2012).
Weber, Max, 1919: Wissenschaft als Beruf, http://www.wsp-kultur.uni-bremen.de/summerschool/ download%20ss%202006/Max%20Weber%20-%20Wissenschaft%20als%20Beruf.pdf (Stand: 02.03. 2012).

Karl-Rudolf Korte

Besondere Herausforderungen der angewandten Regierungsforschung

1 Verschiebungen im Blickfeld: Regierungspraxis analysieren

Die angewandte Regierungsforschung zielt auf die Analyse der Regierungspraxis (Florack/Grunden 2011; vgl. Korte 2011a). Instrumente, Techniken, Stile des Regierens kreisen um Innenansichten der Macht bei der Praxis des Regierens (Korte/Fröhlich 2009). Um die Korridore des Politikmanagements in konsolidierten Demokratien zu bestimmen, sind die Muster des Entscheidens zwischen Formalität und Informalität stets Forschungsgegenstand, um Steuerungswissen zu generieren. Diese Muster sind immer eine Spurensuche nach Informalitätskulturen: „Entscheiden im Schatten der Formalität" (Pannes 2011: 53). Praktiken und Routinen des Regierens kann man davon ableiten (Büger/Gadinger 2011). Die politikwissenschaftliche Analyse derartiger Innenansichten wird häufig auch als Mikropolitik bezeichnet (Schmid 2011). Die Untersuchungen kreisen dabei um Politik in Organisationen als politics policy, wobei die Bewegungen des personalen und institutionellen Machtmobiles im Interesse stehen. Dabei verdichten sich immer Sprache, Macht, Steuerung, um das jeweilige Politikmanagement zu analysieren. Steuerungswissen muss sich auch mit dem kritischen Verstehen der Entscheidungsprozesse auseinandersetzen. Insofern sucht die Regierungsforschung nicht nur nach den Mustern des Entscheidens, sondern auch nach der Legitimität des Verfahrens. Wer das Verfahren kennt, ist auch in der Lage die Qualität einer Demokratie zu beurteilen. Wer entscheidet, ist eine Schlüsselfrage nicht nur der Regierungs-, sondern auch der Demokratieforschung (Fuchs/Roller 2008).

Sowohl die Muster des Entscheidens (wer ist wie beteiligt?) als auch die Legitimität des Verfahrens (wer ist demokratisch beauftragt?) setzen in gewissem Maß Transparenz voraus, sonst muss die Erkenntnissuche des Wissenschaftlers von Beginn an scheitern. Die Analyse der Regierungspraxis – und das ist die These dieses Beitrags – ist zukünftig zum Scheitern verurteilt, wenn sich die Tendenz verstärkt, absichtsvoll keine Spuren mehr beim substanziellen politischen Entscheidungsmanagement zu hinterlassen.

Steuerungswissen in einer „Entscheidungsgesellschaft" (Schimank 2005) muss in der Politikwissenschaft immer mit der Frage verknüpft werden, wer letztlich die Entscheidungen fällt, wer sie zu verantworten hat, wie transparent sie fallen. Insofern ist das Suchen nach Informalitätskulturen auch immer mit der zentralen Frage „Who governs?" (Florack/Grunden/Korte 2011: 195-201) verbunden. Wenn klar ist, wer die

Entscheidung fällt, wo somit die Macht- und Entscheidungszentren liegen, erhält das formelle oder informelle Politikmanagement daraus abgeleitet seine besondere Forschungsrelevanz. Politikmanagement verbindet die Steuerbarkeit des politischen Systems mit der Steuerungsfähigkeit der politischen Akteure (Korte/Fröhlich 2009: 175-176). Um das Räderwerk der Politik in Schwung zu halten, muss jede Regierung beachten, dass sie je nach Lageeinschätzung höchst unterschiedliche Steuerungsmechanismen aktiviert. Wie sich die Regierungssteuerung konkret gestalten kann, ist auch davon abhängig, in welcher Arena sie sich abspielt.

Drei Arenen sind dabei grundsätzlich zu unterscheiden: Die parlamentarische, die administrative und die öffentliche Arena (Korte/Fröhlich 2009: 230-235). Alle drei Arenen verfügen über ausdifferenzierte Handlungsebenen mit eigenen Handlungslogiken und Handlungsanforderungen, unterschiedlichen Reichweiten, Grenzen und verschiedenen Beteiligungschancen der Bürger: Die Parteiendemokratie (unter welcher man aus steuerungstechnischer Sicht die Kanzlerdemokratie und die Koalitionsdemokratie subsumieren könnte), die Verhandlungsdemokratie sowie die Mediendemokratie. Die Grundthese ist, dass sich diese drei Handlungsebenen des Regierens im Zuge der Professionalisierung von Politik in den letzten Jahrzehnten zunehmend ausdifferenziert haben. Dadurch ist das Prinzip der repräsentativen Demokratie belastet worden. Denn die Herstellung und Legitimation verbindlicher kollektiver Entscheidungen ist aus der dafür vorgesehenen parlamentarischen Arena ausgewandert: durch Überlagerung, Ergänzung, Erweiterung von Regelsystemen der repräsentativen Demokratie.

Das Politikmanagement einer Regierung ist komplex. Alle Entscheidungen fallen unter den Bedingungen von wachsender Unsicherheit, zunehmendem Nichtwissen, unklaren Risikoabwägungen und extrem begrenzter Rationalität (Schimank 2005; Gigerenzer 2009; Korte 2012). Das Entscheidungsverhalten individueller politischer Akteure ist in diesem Kontext von Rationalitätsillusionen einzuordnen. Hinzu kommt eine spezifische politische Rationalität, die mit dem prekären Arbeitsplatz des Parteipolitikers einhergeht (Best/Jahr/Vogel 2011). Er muss täglich Mehrheiten organisieren, um sein Mandat zu sichern, ohne Kündigungsschutz zu genießen. Dabei wird der Spitzenakteur alles tun, um Entscheidungen zu vermeiden. Nur so kann er Optionen offen halten; nur so kann er vorzeitige Polarisierungen und neue gegnerische Mehrheitskonstellationen vermeiden; nur so kann er weiterhin seinen Einfluss vor einer potentiellen Entscheidung einbringen. Politische Akteure sind Interdependenzmanager (Korte/Fröhlich 2009: 356). Entscheidungsmechanismen stehen somit unter den Bedingungen einer spezifischen politischen Rationalität der Akteure immer im Spannungsfeld von Macht- und Einflussfragen (auch Priddat 2009: 20-22). Wer entscheidet wie? Diese Frage kann deshalb nicht nur mit formellen und transparenten Verfahrenswegen beantwortet werden. Unser Steuerungswissen im Hinblick auf Governance und Government braucht geradezu als Pendant das Forschungsfeld von reziproken Formalitäts- und Informalitätsbezügen.

Man kann sogar noch einen Schritt weitergehen: Informelle Entscheidungsverfahren gewährleisten ganz offensichtlich die Entscheidungsfähigkeit in formalen Entscheidungsinstitutionen (Grunden 2011: 257). Das heißt Governance als optimale Handlungskoordination hat durchaus auch positive Funktionen. Der Sprachgebrauch zur Informalität ist vielsagend: Die neutrale Konnotation geht vom sogenannten „kleinen Dienstweg" in Organisationen aus (Schimank 2007: 202). Das kann von der Banalität des Informationsaustauschs am Kaffee-Automaten bis zum SMS-Austausch in Netzwerken reichen. Negativ klingen die Bezeichnungen „abweichendes Verhalten" (Benz 2004: 26) oder „brauchbare Illegalität" (Luhmann 1964: 304-314). Positiv hingegen zielt eine Verortung von Informalität auf „Politikberatung im Innenhof der Macht" (Grunden 2010). Dabei stehen sogenannte „Machtmakler" (Korte 2003) als beratende Vermittler zum Politikmanagement und zur internen Politikberatung zur Verfügung. Mit ihnen lässt sich personalisiert jede Komplexität reduzieren. Traditionell werden Informalität und Formalität in einem spannungsgeladenen binärem Antagonismus dargestellt. Politikwissenschaftlich ist es jedoch für die Regierungsforschung angemessener eher von einem Kontinuum auszugehen, innerhalb dessen sich fallspezifisch mehr oder weniger Formalität in der Regierungspraxis nachweisen lässt.

Zum Kern-Untersuchungsobjekt der Regierungsforschung gehören dabei die Vorbereitung von politischen Entscheidungen in Regierungszentralen; das Entscheiden als kollektive Handlungsfähigkeit in fragmentierten Regierungsformationen und gleichermaßen das intraorganisatorische Governance in Parteien, Parlamenten oder anderen politischen Institutionen. Tendenziell ist der Gegenstandsbereich der Regierungszentralen und der Regierungsformationen wichtiger geworden, da der Bedeutungsgewinn der Exekutive gegenüber der Legislative auch den Forscherblick verlagern muss.

2 Das leise Verschwinden der Untersuchungsobjekte

Nun ist es nicht nur schwieriger geworden, diese Untersuchungsobjekte wissenschaftlich zu durchdringen. Vielmehr verschwindet das Untersuchungsobjekt leise, aber wirkungsvoll für den Regierungsforscher. Das hängt maßgeblich – und geradezu kumulierend – mit folgenden Veränderungen der letzten Jahre zusammen (vgl. auch Grasselt/Korte 2007; Korte 1998; Rüb 2009):

- Wachsender Komplexität: Immer mehr Akteure in immer stärker globalisierten Verhandlungsformaten ohne hierarchische Formen der Handlungskoordination arbeiten an Problemlösungen. Dabei sind immer häufiger private und öffentliche Akteure in Netzwerken zusammen zu bringen. Hier wächst Governance im Schatten von Formalität. Das Politische wandert aus.
- Erlernen von Risikokompetenz: Unter dem Druck der Ereignisdichte ändert sich die Natur der Politik. Der neue Rhythmus der Politik setzt Spontaneität und Risikokompetenz bei den Akteuren voraus, wenn Gewissheitsschwund zur Regel wird. Das Überraschende zu erwarten, kann zur politischen Überlebensformel mutieren. Professionelle Politik folgt dieser Lernstrategie. Doch Muster des Ent-

scheidens daraus systematisch abzuleiten, wird zur Herkulesaufgabe für Wissenschaftler.
- Einer Zeitkrise des Politischen (Korte 2011b): Die enorme Beschleunigung des notwendigen politischen Entscheidungsmanagements erschwert die Dokumentation der Abläufe und Vorgänge. Die Ressource Zeit schwindet. Immer mehr Entscheidungen müssen mit immer größerer Tragweite in immer kürzeren Abständen von der Politik gefällt werden. Diese gelebte „Gegenwartsschrumpfung" (Lübbe) problematisiert jede authentische Rekonstruktion von Entscheidungen. Regieren im Minutentakt unter Echtzeit-Bedingungen ist die Maxime im digitalen Zeitalter.
- Sperrfristen-Nostalgie für Verschluss-Sachen: Die Politik entzieht sich seit Jahren den berechtigten Forderungen der Wissenschaft, das Archivgut des Bundes vorzeitig – also vor der 30 Jahres-Sperrfrist – zugänglich zu machen. Das Bundesarchivgesetz lässt zwar Ausnahmeregelungen zu, doch breitet sich eher eine restriktive Handhabung aus (Blasius 2010).
- Neue Spielregeln politischer Öffentlichkeit: Online-Kommunikation im Intranet der politischen Institutionen erschwert im Vergleich zur Aktenführung die Analyse von Vorgängen. Problematischer sind allerdings die unter dem „Leaks"-Diskurs (Münkler 2010) offenbar entstandenen neuen Spielregeln der strukturlosen Online-Öffentlichkeit. Hier erwächst der Eindruck, dass durch eine potentielle Tyrannei der Transparenz jede Form der politischen Vereinbarung erschwert wird. Ohne Vertraulichkeit können keine Verhandlungen geführt werden. Wenn sich die Spielregeln von Öffentlichkeit ändern, kompensiert dies die Politik mit Auswegen, die eine Analyse von Informalitätskulturen vermutlich nur noch mit Mitteln des Geheimdienstes zulassen, nicht jedoch mit wissenschaftlichen Methoden. Das demokratisch notwendige Transparenzgebot für Verhandlungen mutiert unter den Leaks-Optionen zur Farce. Auch für den Regierungsforscher stellen sich die grundsätzlichen Fragen: Ist die Gewinnung der Informationen legitim? Ist die Verwendung nicht legitim gewonnener Informationen legitim (Gauck 2011)?

Die Spurensuche für die Regierungsforschung wird unter diesen Bedingungen extrem schwer. Das ist paradox: Je mehr neue Kommunikationsmittel auch politisch genutzt werden, desto höher steigt der Grad an Informalität und die Dichte des Kommunikationsflusses (vgl. auch King 2011). Zeitgleich – und darin liegt die Paradoxie – verstummen die politischen Akteure immer mehr.

Die Qualität der Demokratie ist von der Ressource Vertrauen abhängig. Die Politikverdrossenheit der Bürger hat auch immer mit Misstrauen gegenüber der Problemlösungskompetenz der Politiker zu tun. Die Unterhöhlung der Demokratie durch Entscheidungen, die vielen Wählern „bürgerfern" vorkommen, potenziert das fehlende Vertrauen. Aber auch umgekehrt bleibt die Ressource Vertrauen signifikant für den Arbeitsalltag der Politik und der Regierungsforscher.

Denn die Vertrauenskrise geht einher mit dem wachsenden Ruf nach Transparenz. „Vertrauen ist der Zustand zwischen Wissen und Nichtwissen" (Han 2011: 47). Wo das

Vertrauen schwindet, wird automatisch der Ruf nach mehr Transparenz laut, was in der Regel mehr Kontrolle bedeutet. Sosehr Demokratie von Offenheit lebt und auch Regierungsforschung auf Offenheit für Recherchen angewiesen ist, führt übersteigerte Transparenz in die totale Kontrollgesellschaft. Ein bestimmtes Maß an Vertraulichkeit politischer Entscheidungsvorbereitung ist ein „strukturell notwendiges Korrelat zum umfassenden und permanenten Öffentlichkeitspostulat der Demokratie" (Depenheuer 2000: 16-17; auch Sarcinelli 2011: 78). Vertrauen ist immer an die Möglichkeit des Geheimnisses gebunden (Münkler 2010; Knobloch 2011). Der Arkanbereich des Politischen lebt von der Aura der Intransparenz. Hier ist der Ort legitimer Geheimhaltung (geheimes Herrschaftswissen). Die Demokratie braucht Orte, wo Akteure ungestört planen und Handlungsoptionen prüfen können. Das Ausmaß und die angemessene Dosierung an Vertraulichkeit sind mit unterschiedlichen Erwartungen konfrontiert. Ein Dilemma breitet sich aus: Das Öffentlichkeitspostulat der Demokratie markiert die Freiheit der Demokratie. Gleichzeitig bedarf der „Kernbereich exekutiver Eigenverantwortung" (Bverf-Ge 67, 100) des Schutzes vor direkter Einsichtnahme. So wird die „Leaks"-Option perspektivisch zur Verlagerung von Entscheidungsorten, die für die Forschung schwer zu vermessen sind, führen. Vermutlich nimmt die Entscheidungsfindung im Stil des Retro-Government zu: Vier-Augen-Absprachen ohne Spuren zu hinterlassen. Informalität wird aus der Informationskonkurrenz in all seinen Facetten – bis zur strikten Geheimhaltung - deshalb zunehmen Damit verschiebt sich die Intensität von Informalität in der Regierungspraxis. Das wird auf dem Kontinuum „Formalität-Informalität" in Richtung mehr Informalität ablesbar werden.

Schwieriger wird die Spurensuche als Regierungsforscher konkret im Hinblick auf folgende fünf Untersuchungsgegenstände, illustriert am Beispiel einer Regierungszentrale (Korte 1998):

- Telefongespräche zur Vorbereitung von Entscheidungen und zur Sondierung der Lage waren schon immer wichtig und gleichermaßen schwer nachzuweisen. Smart-Phones gehören mittlerweile zu den Instrumenten des Regierens, wobei hierbei eben keine Telefongespräche über Sekretariate vermittelt werden, sondern in Eigenregie rund um die Uhr von den Akteuren selbst geführt werden.
- Formelle Verhandlungen und Koordinationsleistungen jeglicher Art kennzeichnen den Arbeitsalltag in einer Regierungszentrale. Die Intensität der Koordinationsnotwendigkeit hat policy-bezogen zugenommen. Damit erhöht sich zugleich der Anteil an Informalität und Vier-Augen-Absprachen. Das komplementäre Verhältnis von Informalität, die ohne Formalität gegenstandlos ist sowie von Formalität, die ohne Informalität defizitär bleibt (Pannes 2011: 39), erschwert die wissenschaftlichen Zugänge.
- Online-Kommunikation jeglicher Art wirft Grundsatzfragen auch für den Regierungsforscher auf: Wem gehören die Daten? Immer klarer wird auch auf diesem Feld, dass in einer Netzwerk-Gesellschaft der Zugang zu Informationen und der Besitz von Informationen zu zentralen Machtquellen geworden sind.

- Die schriftlichen Aufzeichnungen im Sinne von Weisungen oder generellen Aktenvermerken verschwinden nicht, aber die persönliche Handschrift des Dienstvorgesetzten im Umgang mit Akten wird immer weniger sichtbar. Früher wurde Tipp Ex eingesetzt, heute intensiv mit sogenannten „Post-its" gearbeitet, die vor Eingang in den amtlichen Geschäftsgang der Behörde leicht zu entfernen sind.
- Kleinteiliges Regieren führt unter Komplexitäts- und Globalisierungsbedingungen automatisch zur Verlagerung von Entscheidungsorten. Überall kann ortloses Regieren erfolgen, was die Spurensuche im Politikmanagement verkompliziert.

3 Schlussfolgerungen: mögliche Wege der Regierungsforschung

Welche Auswege bieten sich für die Regierungsforschung an, wenn sie weiterhin an Erkenntniszuwachs trotz dieser Hürden interessiert ist? Wie können Innenansichten der Macht und Handlungskorridore des Regierens weiterhin erforscht werden? Zunächst kann an einer Intensivierung und Qualitätssteigerung vor allem der qualitativen Analysemethoden gearbeitet werden. Das betrifft Interviewtechniken ebenso wie beispielsweise hermeneutische Verfahren. Auch eine politikwissenschaftliche Öffnung gegenüber sozialwissenschaftlichen wie ethnographischen Herangehensweisen ist ratsam. Denn wenn das Untersuchungsfeld komplexer und unsichtbarer wird, brauchen wir Verfahren, um mehr, um Anderes, um perspektiv-variant zu sehen.

Auch teilnehmende Beobachtung von Wissenschaftlern in Begleitung von politischen Spitzenakteuren – als bewährte Methode der sozialwissenschaftlichen Feldarbeit (Nullmeier 2003; Schöne 2005) – sollte verstärkt eingesetzt werden. Die Politikwissenschaft sollte es zudem nicht nur den Historikern überlassen, sich für eine schnellere Öffnung der Archive einzusetzen und eine neue Verschlusssachen-Gesetzgebung zu fordern. Wissenschaftlich sollte auch der Kampf um den Zugang zu Online-Quellen aufgenommen werden, deren Besitz für Wissenschaftler immer wichtiger wird. Jeder hinterlässt Spuren im virtuellen Raum. Nichts von dem verschwindet, sondern speist Datenbanken. Doch wer hat das Recht damit zu arbeiten?

Leise verschwindet seit Jahren der Gegenstand der Untersuchung für die angewandte Regierungsforschung. Die Spurensuche bleibt aber wichtig, weil in konsolidierten Demokratien jede Politik rechenschafts- und begründungspflichtig ist. Regierungsforscher leisten in diesem Bereich einen signifikanten Beitrag zur Qualität der Demokratie.

Literatur

Benz, Arthur, 2004: Governance, in: Benz, Arthur (Hrsg.), Governance. Regieren in komplexen Regelsystemen, Wiesbaden, 22-28.
Best, Heinrich/Jahr, Stefan/Vogel, Lars, 2011: Karrieremuster und Karrierekalküle deutscher Parlamentarier, in: Edinger, Michael/Patzelt, Werner, J. (Hrsg.), Politik als Beruf, 168-191.
Blasius, Rainer, 2010: Das streng geheime Dokument, in: Frankfurter Allgemeine Zeitung, Nr. 206, 06.10.10, 1.
Büger, Christian/Gadinger, Frank, 2011: Die Formalisierung der Informalität. Ein theoretischer Klärungsversuch eines vagen Begriffs, Papier DVPW Jahrestagung Informelles Regieren in Duisburg 2./3.2.2011.
Depenheuer, Otto, 2000: Öffentlichkeit und Vertraulichkeit, in: Ders. (Hrsg.), Öffentlichkeit und Vertraulichkeit. Theorie und Praxis politischer Kommunikation, Wiesbaden, 7-20.
Florack, Martin/Grunden, Timo (Hrsg.) 2011: Regierungszentralen. Organisation, Steuerung und Politikformulierung zwischen Formalität und Informalität, Wiesbaden.
Florack, Martin/Grunden, Timo/Korte, Karl-Rudolf 2011: Kein Governance ohne Government, in: Bröchler, Stephan/von Blumenthal, Julia (Hrsg.), Regierungskanzleien im politischen Prozess, Wiesbaden, 181-202.
Fuchs, Dieter/Roller, Edeltraud, 2008. Die Konzeptualisierung der Qualität von Demokratie, in: Brodocz, André/Llanque, Marcus/Schaal, Gary S. (Hrsg.), Bedrohungen der Demokratie, Wiesbaden, 77-96.
Gauck, Joachim, 2011: Transparenz allein ist ein Wert. Ein Gespräch mit Gauck, in: Die Zeit, Nr. 4, 20.01.2011, 12.
Gigerenzer, Gerd, 2009: Das Einmaleins der Skepsis. Über den richtigen Umgang mit Zahlen und Risiken, 6. Aufl, Berlin.
Grasselt, Nico/Korte, Karl-Rudolf, 2007: Führung in Politik und Wirtschaft. Instrumente, Stile, Techniken, Wiesbaden
Grunden, Timo, 2009: Politikberatung im Innenhof der Macht. Zu Einfluss und Funktion der persönlichen Berater deutscher Ministerpräsidenten, Wiesbaden.
Grunden, Timo, 2011: Das informelle Politikmanagement der Regierungszentrale. Vom Sekretariat der Regierung zum Machtzentrum der Regierungsformation, in: Florack/Grunden (Hrsg.), Regierungszentralen, Wiesbaden, 249-284.
Han, Byung-Chul, 2011: Nur eine Maschine ist transparent, in: Brand Eins, Nr. 07, 46-49.
King, Gary, 2011: Ensuring the Data-Rich Future of the Social Science, in: Science, Vol. 331, 11.02.2011, 719-721.
Knobloch, Jörn, 2011: Politiknetzwerke und das Geheimnis, in: Zeitschrift für Politikwissenschaft, 21 (1), 5-32.
Korte, Karl-Rudolf, 1998: Deutschlandpolitik in Helmut Kohls Kanzlerschaft. Regierungsstil und Entscheidungen 1982-1989, Stuttgart.
Korte, Karl-Rudolf, 2003: Machtmakler. Der personelle Faktor im Entscheidungsprozeß von Spitzenakteuren, in: Hirscher, Gerhard/Korte, Karl-Rudolf (Hrsg.), Information und Entscheidung. Das Kommunikationsmanagement der politischen Führung, Opladen, 15-28.
Korte, Karl-Rudolf, 2011a: Spurensuche nach Informalität: vom leisen Verschwinden der Untersuchungsobjekte, in: Zeitschrift für Politikberatung, 4 (3), 119-122.
Korte, Karl-Rudolf, 2012: Beschleunigte Demokratie: Entscheidungsstress als Regelfall, in: Aus Politik und Zeitgeschichte, 7, 21-27.
Korte, Karl-Rudolf/Fröhlich, Manuel, 2009: Politik und Regieren in Deutschland, 3. Aufl., Paderborn.
Luhmann, Niklas, 1964: Funktionen und Folgen formaler Organisation, Berlin.
Münkler, Herfried, 2010: Vom Nutzen des Geheimnisses, in: Der Spiegel, Nr. 49, 160f.

Nullmeier, Frank/Pritzlaff, Tanja/Wieser, Achim, 2003: Mikro-Policy-Analyse. Ethnographische Politikforschung am Beispiel der Hochschulpolitik, Frankfurt a. M.

Pannes, Tina, 2011: Dimensionen informellen Regierens, in: Florack/Grunden (Hrsg.), Regierungszentralen, Wiesbaden, 35-92.

Priddat, Birger P., 2009: Politik unter Einfluss, Wiesbaden.

Rüb, Friedbert W., 2009: Über das Organisieren der Regierungsorganisation und über Regierungsstile. In: Österreichische Zeitschrift für Politikwissenschaft, 1, 43-60.

Sarcinelli, Ulrich, 2011: Politische Kommunikation in Deutschland. Medien und Politikvermittlung im demokratischen System, 3. Aufl. Wiesbaden.

Schimank, Uwe, 2005: Die Entscheidungsgesellschaft. Komplexität und Rationalität der Moderne, Wiesbaden.

Schimank, Uwe, 2007: Organisationstheorien, in: Benz, Arthur u. a. (Hrsg.), Handbuch Governance, Wiesbaden, 200-211.

Schmid, Josef, 2011: Mikropolitik – Pluarismus mit harten Bandagen?: in: Bandelow, Nils C./Hegelich, Simon (Hrsg.), Pluralismus, Strategien, Entscheidungen, Wiesbaden, 324-344.

Schöne, Helmar, 2005: Die teilnehmende Beobachtung als Datenerhebungsmethode in der Politikwissenschaft, in: Historical Social Research, Vol. 30, 168-199.

Internetquellen:

Korte, Karl-Rudolf, 2011b: Eine Zeitkrise des Politischen, http://www.regierungsforschung.de/dx/public/article.html?id=142 (Stand: 10.03.12).

2. Strukturen, Akteure, Ressourcen und Gegenstände

Josef Janning/Jürgen Turek

Das Centrum für angewandte Politikforschung (C·A·P) – Brückenbauer zwischen Wissenschaft, Politik und Gesellschaft

1 Einleitung

Als eigener Bereich der Sozialwissenschaft existiert „angewandte Politikforschung" in Deutschland bis heute nicht. Dennoch findet Beratung von Politik durch wissenschaftliche Experten in vielfältiger Form statt, vor allem in den empirisch ausgerichteten Bereichen der Einstellungs- und Meinungsforschung, der wirtschaftswissenschaftlichen Expertisen oder der soziographischen Analysen. Beratung im Sinne konkreter Entscheidungshilfe dagegen ist im universitären Raum nicht systematisch verankert. Sie wird von einzelnen Akteuren betrieben und erfolgt überwiegend auf Nachfrage, bleibt weitgehend vertraulich und an die jeweiligen politischen Akteure gebunden. Eine systematisch entscheidungsorientierte Politikforschung in Deutschland findet sich daneben hauptsächlich in außeruniversitären Forschungsinstituten, die für diesen Zweck geschaffen wurden und von der Politik unterhalten werden. Lange Zeit blieb die Wirkung dieser Politikforschung auf den engeren Kreis der Adressaten beschränkt – wissenschaftspolitisch haben diese Institutionen kaum Einfluss auf Forschung und Lehre ausgeübt.

Die praktische Relevanz sozialwissenschaftlicher Forschung wurde und wird überwiegend mit dem allgemein aufklärerischen Diktum der „Aufklärung der Gesellschaft über sich selbst" umrissen. Im politischen Kontext überzeugt dieser Anspruch nicht. Auch hermeneutische Ansätze oder die klassische realpolitische Analyse bleiben in ihrer Aussagekraft begrenzt, da sie den entgrenzten politischen Raum und dessen Akteure nicht hinreichend erfassen. Eine allgemeine Theorie des politischen Entscheidens fehlt; existierte sie, scheiterte ihre Anwendung womöglich an Über-Komplexität. Angewandte Politikforschung als Handlungsfeld universitärer Forschung hat sich vor diesem Hintergrund eher pragmatisch und experimentell entwickelt, sie versucht, Erklärungsansätze, Methoden und Ergebnisse sozialwissenschaftlicher Arbeit zu integrieren und mit Beobachtungen und systematisierenden Ableitungen zum politischen Entscheidungsprozess zu verknüpfen. Unter Bezug auf ihre Erfahrungen mit diesem Ansatz umreißen Werner Weidenfeld und Josef Janning (2003: 196f) Konzept und Vorgehensweise angewandter Politikforschung folgendermaßen:

„Angewandte Politikforschung in Deutschland braucht eine Wissenschaft von der Politikberatung, die [...] Problemidentifikation und Frühwarnfunktion, der Interessen- und Konfliktvermittlungsfunktion, der Informations- und Ideengewinnung, der Informations- und Ideenverbreitung, der Allokations- und Netzwerkfunktion, der Elitentransferfunktion und der Evaluierungs- und Legitimationsfunktion systematisiert. Es ist die Aufgabe dieser Wissenschaft, die Umsetzung theoretischer, empirischer und methodischer Erkenntnisse der Politikwissenschaft in praxisorientierte Analysen und Empfehlungen plausibel zu begründen.

In einer pluralen Gesellschaft [...] können Think Tanks in und außerhalb der Universitäten beträchtlichen Einfluss auf Akteure und Öffentlichkeit erlangen. Angewandte Politikforschung muss sich deshalb einen Ethik-Kodex zur Absicherung ihrer Redlichkeit geben.

Politikberatung, die den Zeitrahmen und den Verwertungskontext der Politik vernachlässigt, bleibt irrelevant für die politische Entscheidung. Angewandte Politikforschung muss deshalb den eigenen Zeitbedarf und Entstehungskontext darauf abstimmen, Entscheidungslagen antizipieren und Ergebnisse kurzfristig verfügbar machen können. Politikberatung, die die Rezeptionsmuster politischer Akteure und der politischen Administration verkennt, verfehlt ihre Wirkung. Für die Adressaten der Politikberatung sind prinzipiell immer Aktualität, Praxisnähe und Durchsetzbarkeit der Information relevanter als die theoretische Fundierung oder methodologische Reinheit ihrer Gewinnung.

Der Kern erfolgreicher Politikberatung ist dabei die Empathie, also die Fähigkeit, sich jeweils sensibel in die Lage des anderen versetzen zu können. Wesentlich dafür ist die Beachtung des dialogischen Prinzips. Beiden Partnern muss im Kontext von Angebot und Nachfrage der Politikberatung Mentalität und Sorgehorizont des Gegenübers präsent sein [...]. Um gegenseitiges Verständnis zu entwickeln und den politikberatenden Prozess zu optimieren, lässt sich deshalb eine Brücke zwischen beiden Formen der Selbst-Wahrnehmung nur dialogisch schlagen [...].

Angewandte Politikforschung muss deshalb die Vermittlung ihrer Ergebnisse an die Politik strategisch planen und als Teil des Arbeitsprozesses verstehen. Dazu gehört zentral die Nutzung des Dreiecks von Wissenschaft, Politik und Öffentlichkeit: Analysen und Empfehlungen müssen den Akteuren in knapper, für sie verständlicher und weiterverwendbarer Form vorliegen. Zugleich sollten sie in geeigneter Form über die Medien öffentlich gemacht werden, weil die Präsenz in der öffentlichen Meinung ein zentrales Relevanzkriterium der Politik darstellt. Darüber hinaus müssen sie in einer wissenschaftlich nachprüfbaren Form vorgelegt werden, da dies als entscheidendes Qualitätskriterium in Politik und Öffentlichkeit bzw. den Medien gilt."

Dieses an einer Universität zu leisten, sachgerechte politische Entscheidungen mitzugestalten und damit zugleich auch in die politische Wissenschaft zu wirken, war Werner Weidenfelds Gründungsidee. So hat sich das C·A·P nicht allein auf politikberatende Projekte beschränkt, sondern stets auch den Beitrag zur Wissenschaft angestrebt – am C·A·P entstanden nicht nur Konzepte zur Gestaltung des ungeteilten Europas und deren Vermittlung in die politische Bildung, sondern auch große wissenschaftliche Arbeiten zur Analyse des Prozesses der deutschen Einheit oder Konzepte für die Gesellschaft der Zukunft in Deutschland.

Diese Ausrichtung des C·A·P entsprach den sozio-ökonomischen Entwicklungen seit Ende des Ost-West-Konflikts. Praxisorientierte politische Analysen erlebten eine Aufwertung ihrer Bedeutung für Gesellschaften, deren Kernproblem die Unübersichtlichkeit und Ungewissheit globaler, regionaler oder auch persönlicher Risiken geworden war. Die Orientierungssicherheit politischer Institutionen, großer Parteien und Verbände und sogar der Kirchen war spürbar geschwunden. Die Experten profitierten von dieser Krise der traditionellen Institutionen, weil sie Politik und Gesellschaft mit verlässlichen und eindeutigen Antworten auf komplexe Sachverhalte versorgten (Nackmayr/Mindel 1999). Die Umbrüche begründeten eine neuartige Nachfrage nach Politikberatung, die einerseits wissenschaftliche Erkenntnisse in die politische Praxis transferieren sollte, andererseits Orientierung vermitteln und politische Handlungsperspektiven verständlich aufzeigen musste (Falk u. a. 2006). Angewandte Politikforschung stand für eine Politikberatung als spezifischer Begegnungsform von Wissenschaft und Politik. Sie schuf einen Raum der Auseinandersetzung zwischen politischen Akteuren und solchen Vertretern der Wissenschaft, die wissenschaftliche Methoden und Denkweisen anwenden und wissenschaftliche Erkenntnisse an die politischen Akteure weitergeben (Meissler/Staege/Schreiber 1999: 4). In dieser Hinsicht bildete das C·A·P eine Innovation in der Beratungslandschaft, die angewandte Politikforschung und Politikberatung als Synthese von wissenschaftlicher Interdisziplinarität, Internationalität und angemessener Kommunikation verstand. Das Centrum verstand sich als Brückenbauer zwischen Wissenschaft, Politik und Gesellschaft, der dezidiert offene Beratungsformen anwenden und die wissenschaftliche Untiefe mancher Beratungsformen durch den systematischen Ansatz der angewandten Politikforschung überwinden wollte.

2 Die Initialzündung angewandter Politikforschung am C·A·P

In den beiden Jahrzehnten zwischen 1960 und 1980 folgte die Kommunikation zwischen den Entscheidern der Politik in Regierungen, Administrationen und Parlamenten und wissenschaftlich arbeitenden Personen oder Institutionen keinem spezifischen Konzept von Politikberatung. Bis Mitte der 1960er Jahre dominierten geschlossene Beratungsformen in einzelnen Ressorts wie etwa der Verteidigungs- oder Verkehrspolitik. Dies änderte sich zum Ende des Jahrzehnts, als mit der erstmaligen Regierungsübernahme der Sozialdemokraten eine institutionalisierte wissenschaftliche Beratung der Bundesregierung im Planungsstab des Bundeskanzleramts geschaffen wurde. Politische Prozesse wurden nun als systematisch plan- und gestaltbar betrachtet. Bereits 1962 war die Stiftung Wissenschaft und Politik in Ebenhausen bei München als Think Tank der Bundesregierung insbesondere mit Blick auf außenpolitische Kontexte geschaffen worden. In den 1970er Jahren kam es durch die verstärkte Nutzung öffentlicher Beratungsformen mit der *kleinen* Parlamentsreform und der Errichtung der Enquete-Kommissionen zu einer Öffnung in der Beratungslandschaft, die vor allem wissenschaftlichem Sachverstand breiteren Raum eröffnete. In den 1980er Jahren entwickelte sich eine stärkere Orientierung an der Öffentlichkeit durch den wissenschaftlich-technischen Wandel. Mit dem Ende des Ost-West-Konflikts Anfang der 1990er Jahre brach sich mit der Globalisierung erneut eine Verdichtung der Komplexität und Geschwindigkeit politischer Entscheidungsprozesse Bahn (Weidenfeld/Turek 2002; Sozialwissenschaftliches Institut der Bundeswehr 2002). Informationsbewertung, Orientierung und Politikberatung brauchten ein neues wissenschaftliches Fundament. Die Praxis bestimmten eine teilweise wissenschaftlich unterfütterte Informationsbeschaffung und Politikberatung auf Anfrage, Routinekommunikation, Networking oder die vertrauliche Zusammenführung von Personen. Man unterschied Politiker- oder Regierungsberatung und Politikberatung und ersteres war oftmals dominant. Es war eine Form der Politikberatung, die von dem wissenschaftlichen Dienst des Deutschen Bundestages, der Stiftung Wissenschaft und Politik (SWP), der Deutschen Gesellschaft für Auswärtige Politik (DGAP), den wirtschaftswissenschaftlichen Instituten in der Bundesrepublik wie das Münchner ifo-Institut für Wirtschaftsforschung oder das damalige Hamburgische Welt-Wirtschafts-Archiv (HWWA) in Hamburg, den parteipolitischen Stiftungen oder dem statistischen Bundesamt in Wiesbaden in der Bundesrepublik Deutschland geleistet wurde. Hinzu kam der Informationsfluss aus den Geheimdiensten, also dem Verfassungsschutz, dem Bundesnachrichtendienst (BND), dem Militärischen Abschirmdienst (MAD) und den Kriminalämtern des Bundes und der Länder. Die privat oder bürgerschaftlich getragene Beratungslandschaft war damals unter anderem aus steuerlichen Gründen und der geringen Berührungsdichte zwischen *amtlichem*, wirtschaftlichem und öffentlichem Raum rudimentär; eine selbstverständliche interdisziplinäre Kooperation zwischen den Akteuren aus unterschiedlichen gesellschaftlichen Gestaltungskonstellationen schien irgendwie tabu. Neue Herausforderungen forderten die Problemlösungsfähigkeiten von Wirtschaft, Staat und Gesellschaft allerdings zunehmend heraus. „Der Komplexitätszuwachs der Probleme stellte Anforderungen an die politischen Entscheider und ihre traditionellen Helfer in Administrationen und Verwaltung, mit denen sie ohne Hilfe von außen scheinbar kaum zurechtkommen" (Falk u. a. 2006: 11). Dies führte zu einer Verbreitung des Spektrums von Beratungsunternehmern und Beratungsgebern sowie zu einer Diversifizierung der Beratungsformen und zu veränderten Formen der Produktion und Verbreitung politisch relevanten Wissens. Gleichzeitig veränderte sich das Planungsverständnis in Politik und Politikberatung. Das prognostische Denken wich einem Szenario-Denken und fundierter Wahrscheinlichkeitsvermutung. Der herkömmliche Begriff der Politikberatung verblasste bei all dem mit Blick auf seine mangelnde wissenschaftliche Zuverlässigkeit.

3 Der intellektuelle Ansatz des Centrums für angewandte Politikforschung (C·A·P) an der Ludwig-Maximilians-Universität München (LMU)

Vor diesem Hintergrund wurde zum Ende der 1980er und Anfang der 1990er Jahre klar: Wer Politik gut beraten wollte, der musste ganzheitlich denken und in der Forschung sowie der Beratung agieren. Es ging darum, die Merkmale des politischen Systems holistisch und in ihrem eigentümlichen Spannungsverhältnis zu betrachten, um eine solide Politikberatung unter dem Schirm der angewandten Politikforschung anbieten zu können. Dies betraf in besonderem Maße die Eigenart des politischen Systems in Deutschland, das, wie im übrigen westlichen System auch, im Rahmen feststehender Legislaturperioden und nach den Regeln der Legitimation demokratischen Handelns die Schwierigkeit von kurzfristigem Krisenmanagement und nachhaltiger Zukunftsgestaltung auszuhalten und zu managen hatte.

Abbildung 1: Zentrale Merkmale politischer Praxis

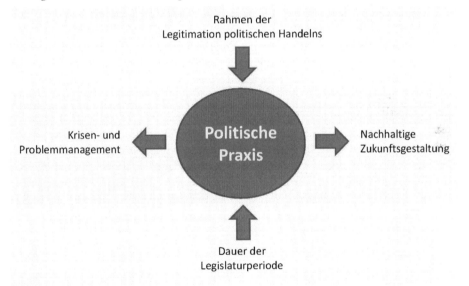

Darstellung: Turek Consulting

Lange galten die Problemidentifikation und Frühwarnfunktion, Sensibilisierungsfunktion sowie Evaluations- und Legitimationsfunktion als die Bausteine einer wissenschaftlich grundierten Politikberatung. Es kamen im geforderten Leistungspaket zusätzlich in immer stärkerem Maße die Entwicklung politischer Optionen und Strategien sowie die Vermittlungsfunktion zwischen Politik und Öffentlichkeit hinzu. Die Legitimation des politischen Systems und seiner Entscheidungen ist in einer komplexer werdenden Welt ein kostbares Gut. Sie schließt eine hohe Transparenz politischer Entscheidungen, die Effizienz gefundener Lösungen und die Einhaltung demokratischer

Verfahrensweisen ein. Diese Leistung nachhaltig zu erbringen, das war zunehmend von problematischer Natur. Denn die Legitimation des politischen Systems in Deutschland erodierte: Traditionelle Partei- und Institutionenbindungen lösten sich auf, Arbeitsmärkte wurden volatil, nationale und föderale Handlungsspielräume schwanden. Gleichzeitig kam auch die Außenpolitik ohne wissenschaftliche Beratung immer weniger aus (Janning 1996). Die internationale Vernetzung schritt mit atemberaubendem Tempo voran, Beziehungen komplexer Interdependenz wuchsen stetig. Hier schlug die Stunde der angewandten Politikforschung, die sich seit den 1990er Jahren als Beratungszweig auch in Deutschland stärker positionierte. In der politischen Beratungspraxis spielten lange Zeit die Problemdeutung und die Sensibilisierung die entscheidende Rolle. Veränderungen in der Angebots- und Nachfragestruktur jedoch zeigten auf: Dieser Ansatz griff zunehmend zu kurz. Wurde die Entwicklung von politischen Optionen und Strategien sowie eine entsprechende Kommunikation bislang allzu oft der Politik dann selbst überlassen, forderte die Situation solche Dienstleistungen im Beratungsprozess nun zusätzlich ein. Jenseits der vertraulichen Politikerberatung zeigten sich Staat, Wirtschaft und Gesellschaft in zunehmender Weise mehr an "schlüsselfertigen" und konzeptionellen Beratungsdienstleistungen denn an einzelnen Problemdeutungen und punktuellen Bewertungen aktueller Politik interessiert. Angewandte Politikforschung avancierte so zur differenzierten Orientierungsleistung und bot zunehmend als Ideenagentur Lotsendienste für die Politik. Ihre Dienstleistung konnte sich nicht mehr nur auf die reine Vermittlung von Fakten zurückziehen, sondern sie musste Möglichkeiten und Pfade systemischer Gestaltung ausloten und aufzeigen. Dies erforderte einen mehrstufigen Prozess, der die Problemerkennung und -analyse im Sinne der Frühwarnfunktion, die Erkenntnis der damit verbundenen Sensibilitäten, die Formulierung von politischen Optionen und ihre Aggregation zu politischen Strategien sowie die anschließende Implementierung und Bewertung der Ergebnisse umfasst. Hier galt es, frühere Defizite der Beratung zu beachten, die vielerorts zu „Beratungsresistenz" oder gegenseitigen Empfindlichkeiten führten. Die knappste Politikressource war und ist in immer stärkerem Maße die zur Verfügung stehende Zeit. Aktualität, Praxisnähe und Durchsetzbarkeit wurden deshalb zur Messlatte einer wirklich verwertbaren Kommunikation. Angewandte Politikforschung, die den zeitlichen Rahmen und den Verwertungskontext der Politik vernachlässigt, bleibt letztlich irrelevant für die politische Entscheidung. Sie muss deshalb den eigenen Zeitbedarf und Entstehungskontext ihrer Arbeit darauf abstimmen, Entscheidungslagen in der operativen Politik antizipieren und ihre Ergebnisse kurzfristig verfügbar machen können. Politikberatung, die ihre eigene wissenschaftliche Rationalität überschätzt, der Versuchung der besserwisserischen Arroganz erliegt oder die Rezeptionsmuster der politischen Akteure und der politischen Administration verkennt, verfehlt ihre Wirkung. Dies hat Auswirkungen auf die Auswahl des wissenschaftlichen Ansatzes, der methodischen Instrumente und den Stil der Kommunikation. Hierbei gilt – egal ob Positionspapiere, Gutachten, Workshops, Konferenzen, Simulationen oder gut organisierte Netzwerke zum Einsatz kommen – dass die Auswahl der Instrumente sensibel und dem Beratungsbedarf maßgeschneidert angepasst erfolgen muss. Die Politikberatung hat den Hang der Sozialwissenschaften zur sprachlichen Abschottung und Praxisferne dabei strikt zu meiden. Oft genug scheitert eine erfolgreiche Beratungsleistung am gegenseitigen Unverständnis der kurzfristigen alltäglichen Kommunikations- und Entscheidungslagen in der Politik einerseits und der an Begrifflichkeiten und Modellbildung langfristig orientierten Denk- und Arbeitsweise der Wissenschaft andererseits. Die Vermittlungsfunktion zwischen Politik und Öffentlichkeit ist heute ganz besonders wichtig. Die angewandte Politikforschung muss deshalb die Vermittlung ihrer Ergebnisse an die Politik strategisch planen. Das heißt: Die Empfehlungen an die Politik müssen den Akteuren in einer knappen, für sie verwertbaren und verständlichen Form vorgelegt werden; zugleich müssen sie, sofern keine Vertraulichkeit vereinbart worden ist, massenmedial aufbereitet an eine breite Öffentlichkeit kommuniziert werden, weil die Öffentlichkeit der Politikberatung dem Selbstverständnis der demokratischen Entscheidungsfindung entspricht; und schließlich müssen sie in nachprüfbarer Form präsentiert werden, da dies als entscheidendes Qualitätskriterium einer seriösen Politikberatung gilt. Seriosität und Glaubwürdigkeit politikberatender Institutionen und Personen sind von einer herausragenden Bedeutung. Politikberatung arbeitet an der empfindlichen Schnittstelle von Wissen und Macht. Sie braucht deshalb wissenschaftliche Distanz, gleichzeitig aber eine wirksame kommunikative Nähe zur Politik. In einer pluralen Gesellschaft haben Think Tanks heute einen beträchtlichen Einfluss auf Akteure und Öffentlichkeit. Angewandte Politikforschung muss sich deshalb stetig darauf besinnen, ihre Redlichkeit durch eine berufsspezifische ethische Haltung abzusichern.[1]

4 Angewandte Politikforschung in der Arbeit des C·A·P

Vor diesem konzeptionellen Hintergrund widmete sich das Centrum bereits seit Mitte der 1980er Jahre der Politikforschung. Offiziell erst 1995 von seinem Direktor Werner Weidenfeld an der Ludwig-Maximilians-Universität (LMU) in München gegründet[2], führte das C·A·P die am Institut für Politikwissenschaft der Johannes-Gutenberg-Universität Mainz initiierten Forschungsarbeiten, die bis an den Anfang der 1980er Jahre zurückreichten, zusammen. Dies betraf insbesondere Fragen der Deutschlandpolitik sowie Bereiche der europäischen Integration sowie der politischen Bildung und brachte anfänglich die Forschungsgruppen Deutschland[3], die Forschungsgruppe Europa bzw. Bertelsmann Forschungsgruppe Politik[4] sowie die Forschungsgruppe Jugend

---

[1] Weidenfeld, Werner/Turek, Jürgen, Schlüsselfertige Beratung. Eine Frage der Kommunikation, in: politik&kommunikation 03.03.2003 und http://www.cap-lmu.de/aktuell/pressespiegel/2003/ww_beratung.php
[2] Stellvertretende Direktoren waren Josef Janning und dann Jürgen Turek.
[3] Unter der Leitung von Karl-Rudolf Korte, anschließend von Manuela Glaab.
[4] Unter der Leitung von Josef Janning und Jürgen Turek (stellvertretend), anschließend von Franco Algieri und dann Matthias Chardon.

und Europa[5] unter ein Dach. Ende der 1990er Jahre kamen die Forschungsgruppe Zukunftsfragen[6] sowie die Akademie Führung und Kompetenz[7] hinzu. Im strategischen Ansatz des C·A·P ging es stets darum, Problemanalysen mit Optionen und Strategien der Problemlösung zu verbinden. Die konzentrierte Kommunikation der Ergebnisse in die betroffene wie interessierte Öffentlichkeit der angewandten Politikforschung bildete immer den abschließenden Schritt der offenen Arbeitsprozesse ab.

4.1 Deutschlandforschung – von Folgefragen der deutschen Einheit bis zur Bewältigung der Probleme modernen Regierens im 21. Jahrhundert

Standen in den 1980er Jahren erstens die „Deutsche Frage" sowie zweitens Fragen der deutschen Identität und Anfang der 1990er Jahre die Folgenabschätzung der deutschen Einheit im Vordergrund der Arbeit, verlagerte sich der Fokus der Arbeit im Kontext der weiteren Integration Deutschlands in Europa und der Globalisierung im Zeitverlauf folgerichtig auf Fragen modernen Regierens im 21. Jahrhundert. Die Deutschlandforschung am C·A·P hat seit drei Jahrzehnten Tradition und in diesem Zeitraum bemerkenswerte Ergebnisse erzielt. Dazu gehörte die in einem mehrjährigen Prozess erarbeitete Geschichte der deutschen Einheit, die erstmals vorfristig auf Akten aus dem Bundeskanzleramt und dem Auswärtigen Amt offiziell zugreifen durfte und ein umfängliches Bild der Prozesse darstellen konnte, welche die Vereinigung Deutschlands schließlich ermöglichte (unter anderem Korte 1998, Weidenfeld 1998). Das Projekt bildete Realitäten des Vereinigungsprozesses ab und konnte so Legendenbildungen sowie Fehlurteilen vorbeugen, was intendiert und den weiteren strategischen Entwicklungsschritten der Bundesrepublik dienlich war. Dazu gehörte auch die seit der deutschen Einheit ständig aktualisierten Bestandsaufnahmen des Vereinigungsprozesses, die über Grundlagenwerke und die Schriftenreihe der Forschungsgruppe Deutschland bzw. den Münchner Beiträgen zur politischen Systemforschung den politischen Akteuren in Deutschland über zwei Jahrzehnte lang ein prägnantes Bild der deutschen Entwicklungsfortschritte geben konnte (unter anderem Weidenfeld/Korte 1992; Weidenfeld/Korte 1999; Korte/Weidenfeld 2001 und Glaab/Weidenfeld/Weigl 2010).

Die Forschungsgruppe Deutschland am Centrum für angewandte Politikforschung befasst sich heute kontinuierlich mit politik- und sozialwissenschaftlichen wie auch zeitgeschichtlichen Aspekten deutschlandpolitischer Grundsatzfragen. Hinzu kommt die Beschäftigung mit dem europäischen Kontext der Deutschlandforschung, etwa mit der außenpolitischen Standortsuche und der deutschen Rolle in Europa. Dazu zählen Fragen der europäischen und grenzregionalen Identität, die u.a mit Projektpart-

---

[5] Unter der Leitung von Thomas Henschel, anschließend von Stephan Rappenglück und dann anschließend von Eva Feldmann-Wojtachnia und Barbara Tham.
[6] Unter der Leitung von Jürgen Turek und Olaf Hillenbrand (stellvertretend).
[7] Unter der Leitung von Susanne Ulrich.

Das Centrum für angewandte Politikforschung

nern in der Tschechischen Republik erforscht und deren praktischen Implikationen mit lokalen Verantwortlichen der Grenzregion intensiv diskutiert wurden. Gefördert werden Projekte wie diese von Bundesministerien, verschiedenen Stiftungen oder auch der Deutschen Forschungsgemeinschaft (DFG). Forschungsschwerpunkte der Mitarbeiter kreisen gegenwärtig insbesondere um das Regierungshandeln und die Entwicklungen des Parteiensystems in Bund und Ländern. Die Projekte behandeln Dimensionen des modernen Regierens wie Strategie und politische Führung, das Verhältnis von Politik und Massenmedien oder Formen der Bürgerbeteiligung und partizipativen Politikberatung. Wahlen und Wahlkampagnen werden regelmäßig analysiert, was seinen Niederschlag nicht nur in der aktuellen Medienberichterstattung, sondern auch in Expertenrunden mit Akteuren findet. Neben zahlreichen Einzelveranstaltungen führt die Forschungsgruppe Deutschland etablierte Veranstaltungsreihen durch, in denen sich die thematische Vielfalt ihrer Arbeit widerspiegelt. Dazu gehören unter anderem:

- Mit dem Deutschland-Dialog hat die Forschungsgruppe einen Gesprächskreis junger Experten ins Leben gerufen, der sich regelmäßig mit Zukunftsfragen der Demokratie in Deutschland befasst.
- In Kooperation mit der Akademie für Politik und Zeitgeschehen der Hanns-Seidel-Stiftung und der Forschungsgruppe Regieren von der Universität Duisburg-Essen veranstaltet die Forschungsgruppe Deutschland seit 1999 eine Veranstaltungsreihe zum Thema Regieren, die sich durch ihren intensiven Austausch zwischen Wissenschaftlern und gesellschaftlichen sowie politischen Akteuren auszeichnet.
- Autorenkonferenzen und Studientage der Forschungsgruppe Deutschland dienen dazu, Projektergebnisse zeitnah der wissenschaftlichen Öffentlichkeit zu präsentieren und zur Diskussion zu stellen.

4.2 Europaforschung – Perspektiven und Strategien der europäischen Integration

Die Forschungsgruppe Europa – später dann Bertelsmann Forschungsgruppe Politik – bearbeitete seit Ende der 1980er Jahre grundsätzlich alle Felder der europäischen *Innen- und Außenpolitik*. Im Mittelpunkt stand die Erarbeitung von strategischen Konzepten für die Zukunft Europas, für die Reformen von Strukturen, Prozessen und Politiken der Europäischen Union sowie die Transformationsforschung. Die Basis dieser Arbeit bildete die kontinuierliche Analyse der aktuellen europapolitischen Entwicklungen sowie das kontinuierliche Monitoring von Transformationsprozessen der Entwicklungs- und Schwellenländer mit dem Bertelsmann Transformationsindex (BTI) zu Demokratie und Marktwirtschaft. Dieser wurde später durch ein Instrumentarium ergänzt, das die Qualität des Regierens in der OECD-Welt bewertete (Sustainable Governance Indicators SGI).

Auf dem Höhepunkt der „Eurosklerose" begannen 1986 die ersten Analysen unter dem Reihentitel „Strategien und Optionen für die Zukunft Europas", aus der später die

„Strategien für Europa" wurden. Reinhard Mohn, Stifter der Bertelsmann Stiftung, hatte Werner Weidenfeld und sein Institut als konzeptionsstark und praxisorientiert genug identifiziert, um den Anspruch umzusetzen, den er für die künftige internationale Arbeit seiner Stiftung formuliert hatte: Wege aus der Krise und Stagnation zu finden, Probleme nicht nur zu beschreiben, sondern Lösungsbeiträge zu erarbeiten. Diese Maßgabe prägte den ersten Band der Reihe „Europäische Defizite, europäische Perspektiven – eine Bestandsaufnahme für morgen", der 1988 erschien. Dort wurden die großen Zukunftsfelder der Integrationspolitik behandelt, die die weitere EU-Entwicklung über die kommenden 20 Jahre bestimmen sollten: die Währung, der Binnenmarkt, die Umwelt, die soziale Frage, die Außenpolitik und die Sicherheit. Mit dem Binnenmarktprogramm und dem folgenden Vertragswerk von Maastricht gewann die europapolitische Europaforschung an Fahrt. Mit der dort rechtlich verbindlich niedergelegten Wirtschafts- und Währungsunion erfuhr die Europapolitik einen entscheidenden Schub. In allen weiteren Vertragswerken von Amsterdam, Nizza, mit dem (gescheiterten) Verfassungsentwurf und den Vertrag vom Lissabon wurde die EU vertragsrechtlich, institutionell und innerhalb ihrer Politikfelder entscheidend weiterentwickelt. Hinzu kam die sozio-ökonomisch und politisch schwierige Integration der ostmitteleuropäischen Staaten und später des Balkans, dann die Frage der neuen Partnerschaft mit Russland und der Ukraine. Diese Prozesse wurden vom C·A·P in den einzelnen politischen Schritte analysiert, im Blick auf Gestaltungsoptionen bewertet, die zu Strategien gebündelt in der Politikberatung vermittelt wurden. In verschiedenen Entscheidungen der Europapolitik sind diese Impulse nachweisbar.

Die europapolitische Politikforschung des C·A·P war ein idealtypisches Beispiel der Arbeit des Hauses. In kleineren Gruppen von Fachleuten wurden Problemdefinitionen und Aufgabenstellungen definiert. Diese wurden in einem größeren und interdisziplinär besetzten Kreis debattiert, wie etwa der *Strategiegruppe Europa*, in der europaweit anerkannte Experten und Praktiker des politischen Betriebs zusammen kamen. Hier erarbeitete Strategien und Optionen für die Einigung Europas wurden dann in mehrstufigen Schritten und Verfahren der Öffentlichkeit präsentiert und in den relevanten Ebenen der Politik eingebracht. Auf höchster Ebene war dies etwa das International Bertelsmann Forum, das Staatschefs und Minister sowie Wissenschaftler oder Journalisten auf höchster Entscheidungsebene zusammen brachte oder die Kronberger Gespräche, die mit Blick auf die Konflikte im Nahen Osten im Zeitverlauf zu einem der wenigen funktionierenden Ort politischer Reflektion zur Lösung des Nah-Ost-Konflikts wurden. Dieses Arbeitsprinzip – die Entfaltung der angewandten Politikforschung im Sinne konzentrischer Kreise und die Vermittlung ihrer Ergebnisse in eine breite Öffentlichkeit – war wesentlicher Bestandteil des Erfolgs des C·A·P. Begleitet wurde die Arbeit des Centrums durch zielgruppengerechte Publikationen. Der Einsatz kurzer pointierter Impulspapiere wurde durch umfangreiche Strategiepapiere, Analysen und Reader fachlicher Disputationen im Rahmen von rund 50 eigenen Titeln der „Strategien für Europa" sowie annähernd 2000 Fachbeiträgen in der Presse und der Fachliteratur ergänzt . Mitte der 1990er Jahre trat das Internet als Medium der Wissensvermittlung

Das Centrum für angewandte Politikforschung

und als Diskussionsplattform hinzu. Die Wissenschaftler dieses Bereichs waren angehalten, Ergebnisse ihrer Arbeit in Eigenregie medial zu vermarkten und die Reaktionen dazu im eigenen Hause und bei den Projektpartnern rückzukoppeln. Eine kontinuierliche Analyse des europäischen Integrationsprozesses bieten das *Jahrbuch der Europäischen Integration*, das seit 25 Jahren kontinuierlich und zuverlässig Basisinformationen zur europäischen Integration publiziert, und das *Lexikon Europa von A-Z – Taschenbuch der europäischen Integration* herausgegeben von Werner Weidenfeld und Wolfgang Wessels (Universität Köln), dem Institut für Europäische Politik und dem Europa Union Verlag, später dann dem Nomos Verlag. Zudem wurde die Reihe *Münchner Beiträge zur europäischen Einigung* im Nomos Verlag ins Leben gerufen.

4.3 Zukunftsforschung – entfesselte sozio-ökonomische Entwicklungsdynamik und politische Handlungsmöglichkeiten der Zukunftsgesellschaft

Die Implementierung einer gesamtgesellschaftlich ausgerichteten Zukunftsforschung war für das C·A·P Ende der 1990er Jahre im Gegensatz zu bisherigen Ansätzen der Zukunftsforschung in den Bereichen Marktforschung, Trendanalyse oder Technikfolgenabschätzung aufgrund einer starken Zunahme der gesellschaftlichen Entwicklungsdynamik evident. Mit dem Ende des Ost-West-Konflikts prägten in zunehmender Weise Fragen der Globalisierung, der technologischen Innovationen sowie des demographischen Wandels die politische Agenda. Hinzu kam mit der Implosion des großen Antagonisten UdSSR der entbrennende Kampf um die Machtarchitektur im internationalen System, in den die USA, die BRIC-Staaten (Brasilien, Russland, China, Indien) sowie die Europäischen Union zunehmend involviert gewesen waren und sind. Neuartige Frage- und Problemstellungen forderten die Wissenschaftler des C·A·P und die Akteure in seinem internationalen Netzwerk heraus. Es entstanden etwa folgende Fragestellungen:

- Welche Wucht entfaltet der sozio-technologische Wandel, wer sind Gewinner und Verlierer dieser Dynamik?
- Welche Auswirkungen haben wachsende asymmetrische soziale Verhältnisse auf die Generationen- und Gesellschaftsverträge?
- Was bedeuten wachsende Abhängigkeiten und Störanfälligkeiten in einer vernetzten Gesellschaftswelt?
- Und welche Auswirkungen hat der Fall des Eisernen Vorhangs auf alte und neue Konflikte, insbesondere mit Blick auf *Failed States* oder den internationalen Terrorismus?
- Welche institutionellen/staatlichen und operativen Konsequenzen haben nationale, europäische und internationale Akteure zu ziehen?

Zusammen mit der Hoechst Stiftung und später Aventis Foundation griff die 1998 neu gegründete „Forschungsgruppe Zukunftsfragen" diese Frage in einem interdisziplinären und trilateralen Projekt „Wie wir morgen leben wollen" auf, das die Entwicklungsperspektiven von Akteuren aus Europa, den USA und Asien zusammen brachte.[8] Im Rahmen einer faszinierenden und bis dato unbekannten trilateralen Dialog- und Streitkultur brachten die Teilnehmer des Projekts ihre Erwartungen, Wünsche, Sorgen oder Befürchtungen in dieses Projekt ein und entwickelten dabei entsprechend des Ansatzes des C·A·P Optionen und Strategien einer nachhaltigen Zukunftspolitik. Die Ergebnisse des Projekts wurden 2002 (Weidenfeld/Turek 2002) veröffentlicht und in der folgenden Projektarbeit insbesondere mit Blick auf Fragen des demographischen Wandels und des technologischen Fortschritts weiterentwickelt. Die auf diesem Grundlagenwerk beruhenden Überlegungen führte die Zukunftsforschung des C·A·P im Rahmen konkreter Projekte zu interessanten Teilbereichen, die sie unter anderem mit der Alfred Herrhausen Gesellschaft der Deutschen Bank, TRIAD Berlin oder dem Unternehmen SHL Telemedicine Ltd, Tel Aviv, im Zeitverlauf der 2000er Jahre aufgriff. Diese umfassen:

- Die sozio-ökonomische Spreizung der Globalisierung in den entwickelten Industrieländern wie in den Schwellen- und Entwicklungsländern,
- sozial- und gesundheitspolitische Fragen des demographischen Wandels,
- die weitere Ausformung der digitalen Gesellschaft,
- technologische Aspekte der Biotechnologie oder Gesundheitstelematik für die nachhaltige Versorgungsstruktur einer alternden Gesellschaft,
- die spirituellen und mentalen Dispositionen der Menschen in der zukünftigen Gesellschaft.

Eine aktuelle Fragestellung zielt darauf ab, Entwicklungsperspektiven einer alternden und schrumpfenden Gesellschaft aufzuzeigen, welche die Zukunftsfähigkeit Deutschlands im Kontext dieser Entwicklung zeigt. Innovationen in Technik, im Denken und in der Gesellschaftspolitik erzeugen hier Handlungsspielraum.[9]

4.4 Politische Bildung im Bereich der Europapolitik, Demokratie- und Toleranzerziehung – Demokratie als politisches Leitbild und Lebensform fördern

Das C·A·P hat seit über 25 Jahren mit der Forschungsgruppe Jugend & Europa sowie der Akademie Führung & Kompetenz eine anerkannte Kompetenz im Bereich der politischen Bildung in der Europaforschung, des Demokratielernens und der Toleranzerziehung entwickelt.

---

[8] Vgl. http://www.cap-info.de/triangle/triangle1999/index.html (Stand: 01.04.12).
[9] http://www.cap-lmu.de/projekte/fgz/index.php (Stand: 01.04.12).

Das Centrum für angewandte Politikforschung

4.4.1 Forschungsgruppe Jugend und Europa

Die Forschungsgruppe Jugend und Europa hat langjährige Projekte zum Beispiel mit dem Bundesministerium für Familie, Senioren, Frauen und Jugend, der Europäischen Kommission oder dem Bayerischen Landtag erfolgreich umgesetzt.[10] Sie verfolgt in ihrer Arbeit drei wesentliche Schwerpunkte, die eng miteinander verbunden sind:

- europabezogene Jugend- und Bildungsarbeit,
- interkulturelle Kompetenz- und Demokratieerziehung,
- Förderung der Partizipation Jugendlicher in Europa.

Relevante aktuelle Themen werden aufgegriffen und mit innovativen Methoden für die politische Bildung verknüpft. Dies sind Jugendparlamente, Plan- und Rollenspiele, Szenarien, Erkundungen und Exkursionen oder Zukunftswerkstätten. Europäische Bildung bedeutet dabei nicht die kritiklose Vermittlung von aktuellen Entwicklungen. Sie soll es vielmehr ermöglichen, einen eigenen, differenzierten Standpunkt über nationale, europäische und internationale Zusammenhänge, über deren Ursachen und Auswirkungen sowie über Probleme und Chancen der Zusammenarbeit herauszubilden. Mit unterschiedlichen Methoden und Materialien wird der ganze Mensch angesprochen. Erfahrungs- und erlebnisorientierte Ansätze bestimmen die Arbeit. Neben der Vermittlung von Sachkenntnissen stehen die Orientierung an der Lebenswelt der Adressaten sowie prozess- und erfahrungsgeleitetes Lernen im Mittelpunkt. Die Orientierung an der Lebenswelt der Jugendlichen und die Berücksichtigung ihrer Interessen sind unabdingbar. Europapolitische Bildungsarbeit muss direkt an der Situation Jugendlicher und ihren Chancen und Risiken im europäischen Integrationsprozess ansetzen. Dies soll gewährleistet werden durch Erhebung und Analyse der Einstellungen und Wünsche, Befürchtungen und Hoffnungen der Jugendlichen, Untersuchung der Jugend- und Bildungspolitik sowie der sozio-ökonomischen Situation Jugendlicher in Südosteuropa, Herausarbeitung jugendrelevanter Themen der europäischen Politik oder Entwicklung von innovativen, zielgruppenorientierten Methoden, Materialien und Veranstaltungskonzepten zum Themenfeld Europa. Auf der Grundlage der Erfahrungen der Forschungsgruppe Jugend und Europa werden Verantwortliche und Träger der Jugend- und Bildungsarbeit in folgenden Bereichen beraten:

- nationale und europäische Bildungs- und Jugendpolitik,
- Veranstaltungskonzeptionen zu unterschiedlichen Themen,
- jugendgerechte Bearbeitung von Themen der politischen Bildung,
- Vermittlung von Referentinnen und Referenten,

---

[10] http://www.cap-lmu.de/fgje/profil/index.php und http://www.cap-lmu.de/akademie/leitbild.php (Stand: 01.04.12).

- didaktisch-methodische Umsetzung für die zielgruppengerechte Vermittlung des gewählten Themas.

4.4.2 Akademie Führung & Kompetenz

Die Akademie Führung & Kompetenz am Centrum für angewandte Politikforschung (C·A·P) versteht sich als Anbieterin von praxisnahen Konzepten, Ausbildungen und Beratungen im Bereich der schulischen und außerschulischen politischen Bildung. Der Fokus ihrer Arbeit liegt darauf, Demokratie als Lebensform zu fördern. Seit ihrer Gründung hat die Akademie konsequent nach Best-Practices gesucht und Modelle der Konfliktprävention und Toleranzerziehung des „Adam Institute for Democracy and Peace" in Jerusalems oder des „A World of Difference Institute" in New York für deutsche Verhältnisse adaptiert. Dabei kam es zu einer nachhaltigen Netzwerkbildung mit vielen Institutionen in Deutschland, so der Bertelsmann Stiftung, dem Bundesministerium für Arbeit und Wirtschaft, der Stiftung Demokratie an der Universität Köln, der Europäischen Jugendbildungs- und Jugendbegegnungsstätte Weimar, der Bundeszentrale für politische Bildung oder der Bayerischen Landeszentrale für politische Bildung, Bayern.[11] An der Schnittstelle von Wissenschaft und Praxis entwickelt, evaluiert und implementiert sie im Rahmen ihrer Projekte innovative Konzepte zum demokratischen Umgang mit notwendigen Entscheidungen und daraus erwachsenden Konflikten, zum verantwortungsvollen Umgang mit Heterogenität in der Einwanderungsgesellschaft sowie zur partizipativen Steuerung von Projekten und Gruppenprozessen. Speziell entwickelte Modelle und Methoden bieten Orientierung, jedoch keine Rezepte, sondern wollen vielmehr die Autonomie der Menschen durch professionelle Begleitung und Fortbildung fördern. Das Angebot der Akademie richtet sich an Menschen die ihre demokratische Entscheidungs- und Konfliktlösungskompetenz stärken möchten. Daher sind in ihren Konzepten der Alltagsbezug und die Relevanz für das persönliche (berufliche wie private) Umfeld entscheidend. Ihre Zielgruppen sind insbesondere

- Multiplikatoren und Projektverantwortliche in politischen und interkulturellen Bildungseinrichtungen,
- Führungskräfte und Verantwortliche an Schnittstellen der Politik, Verwaltung, Polizei, Wirtschaft und Verbandsarbeit,
- Trainerinnen und Trainer des schulischen und außerschulischen Demokratie-Lernens.

---

[11] Alle Kooperationspartner oder Förderer finden sich unter http://www.cap-lmu.de/akademie/partner-referenzen.php (Stand: 01.04.12).

5 Strategische Ausblicke für die angewandte Politikforschung

Das C·A·P verwirklicht die Idee, wissenschaftliche Ergebnisse in politische Willensbildungsprozesse einfließen zu lassen. Hintergrund war die Absicht, wissenschaftliche Rationalität ein Stück weit mehr für Politik sachwalten zu lassen. Im Verlauf der letzten 20 Jahre wurde dieser Ansatz von Politik, Wissenschaft und Öffentlichkeit angenommen. In diesem Rahmen konnten Forschungs- und Beratungsprojekte verwirklicht werden, die eine einzigartige Wirkung entfalten, da sie den schwierigen Entwicklungs- und Vollzugsprozess politischer Entscheidungen wissenschaftlich breiter unterfüttert haben. Es steht außer Frage, dass diese Form der angewandten Politikforschung für politikberatende und im Rückkoppelungseffekt wiederum auch für politikwissenschaftliche Ansätze eine enorme Entwicklungsdynamik haben aufzeigen können.

Der Ansatz hat sich bewährt. Die Projektorientierung als Organisationsprinzip wurde inzwischen von vielen der etablierten Politikberatungsinstitutionen ebenso übernommen wie die gezielte Integration der Mediendimension – wo früher mit Bundesmitteln finanzierte Policy-Forschung den Sperrvermerk „Nachweis in öffentlich zugänglichen Datenbanken nicht gestattet" trug, wird heute die mediale Präsenz von Köpfen und Ergebnissen gezielt betrieben. Dass angewandte Politikforschung dennoch nicht als voll etabliert gelten kann, resultiert aus der Ressourcenausstattung ihrer Institutionen. Die aus öffentlichen Mitteln institutionalisierte Policy-Forschung in Deutschland wurde in den letzten Jahren erheblich gestrafft; die Zahl der Akteure und damit potentiell der Wettbewerb unter ihnen geschwächt. Bundesfinanzierten Institutionen fällt es zudem strukturell schwer, Alternativen zur aktuellen Politik zu durchdenken und weiterzuentwickeln – sie leben unter der Instrumentalisierung der Administration als deren „verlängerte Werkbank". Unabhängige Einrichtungen, auch solche an Universitäten, die ihre Ressourcen weitestgehend aus Projektmitteln schöpfen, leiden unter den bürokratischen und restriktiven Förderbedingungen öffentlicher wie privater Hände. Events und Ergebnisse finden leichter Zugang zu Ressourcen als der Prozess dorthin, die Analysen, Szenarien. Nur wenige Projektgeber sind bereit, in die intellektuelle Infrastruktur zu investieren, von der sie gleichwohl profitieren möchten.

Die Leistung privater Stiftungen schließlich leidet vielfach unter einer wenig strategischen Ausrichtung, unzureichender Kenntnis des politischen Prozesses und mangelnder Stetigkeit. Dabei besitzen sie den Schlüssel zur Entwicklung einer vitalen, im ständigen Wettbewerb um die besten Ideen stehenden Landschaft angewandter Politikforschung, wie sie nahezu idealtypisch in Washington D.C. anzutreffen ist. In Deutschland weist die Entwicklung nicht in diese Richtung, obgleich Lage und politische Kultur solches verlangen.

Literatur

Falk, Svenja/Römmele, Andera/Rehfeld, Dieter/Thunert, Martin (Hrsg.) 2006: Handbuch Politikberatung, Wiesbaden.
Glaab, Manuela/Weidenfeld, Werner/Weigl, Michael (Hrsg.) 2010: Deutsche Kontraste 1990 – 2010, Frankfurt am Main/New York.
Janning, Josef, 1996: Politikberatung auf dem Prüfstand. Neun Thesen zu Anforderungen und Perspektiven angewandter Politikforschung, in: Internationale Politik 5/1996.
Korte, Karl-Rudolf, 1998: Deutschlandpolitik in Helmut Kohls Kanzlerschaft. Regierungsstil und Entscheidungen 1982 – 1989, Stuttgart.
Korte, Karl-Rudolf/Weidenfeld, Werner, (Hrsg.) 1999: Handbuch zur deutschen Einheit 1949 – 1989 – 1999, Frankfurt am Main/New York.
Korte, Karl-Rudolf/Weidenfeld, Werner (Hrsg.) 2001: Deutschland-Trendbuch. Fakten und Orientierungen, Opladen.
Meissler, Christine/Staege, Christian/Schreider, Gudrun, 1999: Die deutsche Beratungslandschaft nach 1945, in: Segbers, Klaus (Hrsg.), Außenpolitikberatung in Deutschland. Arbeitspapiere des Osteuropa-Instituts der FU Berlin.
Nackmayr, Tanja/Mindel, Jürgen 1999: Exkurs: Die amerikanische Beratungslandschaft, in: Segbers, Klaus (Hrsg.), Außenpolitikberatung in Deutschland. Arbeitspapiere des Osteuropa-Instituts der FU Berlin.
Perthes, Volker, 2009: Kein Sprachrohr der Politik, in: politik&kommunikation 03/ 2009, 18.
Sozialwissenschaftliches Institut der Bundeswehr, 2002: Wissenschaft, Politik und Politikberatung – Erkundungen zu einem schwierigen Verhältnis, Straussberg.
Weidenfeld, Werner, 1998: Außenpolitik für die deutsche Einheit: die Entscheidungsjahre 1989/90, Stuttgart.
Weidenfeld, Werner/Korte Karl-Rudolf (Hrsg.) 1992: Handwörterbuch zur deutschen Einheit, Frankfurt am Main/New York.
Weidenfeld, Werner/Turek, Jürgen, 2002: Wie Zukunft entsteht. Größere Risiken – weniger Sicherheit – neue Chancen, München.
Weidenfeld, Werner/Janning, Josef, 2003: Stiftung und Politikberatung, in: Bertelsmann Stiftung (Hrsg.), Handbuch Stiftungen: Ziele, Projekte, Management, rechtliche Gestaltung, Wiesbaden.

Markus Hoffmann/Marion Steinkamp

Die NRW School of Governance – Angewandte Politikforschung im Spannungsfeld von Forschung und Lehre

1 Angewandte Politikforschung im Ruhrgebiet

Welche Möglichkeiten und Potenziale kann ein Standort der dort stattfindenden Politikforschung bieten? Diese Frage stellt sich nach dem Lesen des Titels. Das Ruhrgebiet ist ein großes *Labor* – hier, in einem der größten europäischen Ballungsräume, finden neue soziale Megatrends und politische Prozesse früher und exemplarischer statt, als es an anderen Orten in Deutschland der Fall ist. Sowohl neue gesellschaftliche Konfliktlinien als auch ihre Lösungsansätze lassen sich hier geradezu avantgardistisch für Politik, Wirtschaft und Zivilgesellschaft beobachten. Wer im Ruhrgebiet, in Nordrhein-Westfalen lernt, lehrt und forscht, ist befähigt, dies auch auf die bundesdeutsche und europäische Ebene zu übertragen. Eine Professional School für Public Policy in diesem Umfeld zu etablieren, beweist Spürgefühl für gesellschaftliche Entwicklungen. Sie drittmittelfinanziert unter öffentlicher Trägerschaft an einer Hochschule mit gesellschaftlichem Bildungsauftrag einzurichten, ist ein logischer Schluss in einer Region mit langer Unternehmens- und Stiftertradition, in der die Akteure eng mit dem Kultur- und Wirtschaftsraum Rhein-Ruhr, wie auch der Politik, verbunden sind.

Als Konsequenz auf die Umstellungen im Zuge der Bologna-Reform auf Bachelor- und Master-Programme am Institut für Politikwissenschaft der Universität Duisburg-Essen und zur aktiven Gestaltung dieses Prozesses angedacht, besteht die NRW School of Governance mittlerweile im sechsten Jahr. Duisburg-Essen war mit dieser Initiative eine der ersten Hochschulen in der Bundesrepublik Deutschland – im Fach Politikwissenschaft – die diese Umstellung konsequent und zeitgleich im Bachelor- und Masterbereich in Angriff nahm. Dies sollte nicht nur als Umtitulierung der Diplomstudiengänge als B.A./M.A.-Studiengänge erfolgen. Ziel war es vielmehr, im Wettstreit der herausragenden sozial- und politikwissenschaftlichen Institute eine führende Position einzunehmen. Für die Umsetzung war es wichtig, neben einem theoretisch fundierten Studiengang auch ein hohes Maß an praktischer Relevanz für die Ausbildung der Studierenden gewährleisten zu können. Um dieses Ziel zu realisieren, wurde die Idee geboren, am Institut für Politikwissenschaft der Universität Duisburg-Essen eine Governance Schule zu etablieren, die für den Master-Studiengang „Politikmanagement, Public Policy und öffentliche Verwaltung" sowohl den organisatorischen Rahmen, als auch hochwertige wissenschaftliche Unterstützung in Lehre und Forschung bereitstellen sollte:

Die NRW School of Governance ist somit eine Initiative zur Exzellenzförderung im Bereich Politikwissenschaft an der Universität Duisburg-Essen. Sie ist angegliedert an das Institut für Politikwissenschaft der Universität Duisburg-Essen. Die Tätigkeiten lassen sich in drei Teilbereiche, der Ausbildungs-Trias der NRW School of Governance, untergliedern:

- Der Master-Studiengang „Politikmanagement, Public Policy und öffentliche Verwaltung", Sicherstellung der Anwendungsorientierung im Studienangebot,
- Promotionskolleg und Postgraduierten-Programme,
- Qualifizierungsbereich und Weiterbildungskomponenten.

Die Universität Duisburg-Essen (UDE) stellt dabei den idealen Rahmen: Als Bildungsinitiative für das Ruhrgebiet in den 1970er Jahren unter Johannes Rau gegründet, spiegelt sie historisch den Aufbruch in den Strukturwandel der industriell geprägten Region idealtypisch wider. Und heute zeugt sie mit einem eindeutigen *Ja* zu profilbildenden Schwerpunktsetzungen wie der NRW School of Governance von frischer visionärer Kraft.

Das Institut für Politikwissenschaft an der UDE ist eines der größten in der deutschen Hochschullandschaft. Eine bedeutende thematische Bandbreite und vielfältige Forschungsexpertisen der vierzehn Professuren am Institut verbinden sich mit scharf akzentuierter Profilbildung in den Bereichen „Global, Regional and Modern Democratic Governance".

Die NRW School of Governance repräsentiert mit ihren Lehr- und Forschungsaktivitäten den Bereich des Modern Democratic Governance: Forschend lehren und lernen im Cluster von Politikmanagement, Public Policy und öffentlicher Verwaltung. Sie finanziert sich ohne jährlichen Sockelbetrag nahezu ausschließlich aus Kooperationspartnerschaften mit Akteuren der Region: Unternehmen und Stiftungen erkennen den Mehrwert der Bildungsinitiative durch langfristige Förderkooperationen an: *Matching Funds* werden als Struktur sicherndes Prinzip einer breiten Aufstellung verstanden. Darüber hinaus dienen sie der Netzwerkbildung und Zusammenführung von Entscheidungsträgern durch gemeinsame Veranstaltungsformate. Mit der thematischen Ausrichtung gehört die NRW School of Governance zu den ersten Public Policy- und Governance-Schulen in der deutschen Hochschullandschaft und sie ist in der dargestellten Aufstellung einzigartig. Die Professional School ist organisatorisch regional verankert – Ausbildung und Forschung orientieren sich jedoch am Mehrebenensystem von der kommunalen bis zur europäischen Ebene.

Etwas mehr als fünf Jahre nach der Gründung der NRW School of Governance sind nun bereits vier Jahrgänge als Absolventen des Master of Arts in „Politikmanagement, Public Policy und öffentliche Verwaltung" in vielfältige Berufskontexte hinein gewechselt. Es wurden zwei Stiftungsprofessuren eingerichtet, Absolventen des Promotionskollegs der NRW School of Governance mit erfolgreichen Promotionen verabschiedet und im Bereich der Qualifizierung das Angebot weiter ausgebaut. Die Rückschau auf fünf Jahre Forschen und Lehren ermöglicht einen geschärften Blick auf die für diesen Beitrag relevanten Fragen: Welches Wissenschaftsverständnis möchte die NRW School of Governance akzentuieren, welche Inhalte vermitteln und welche Kriterien legt sie hier an? Wie ist die Einrichtung für die kommenden Jahre aufgestellt?

2 Anwendungsorientierung in Forschung und Lehre

Wer anwendungsorientiert forschen und lehren möchte, muss sich fragen: Welche Kriterien existieren für den Bereich angewandter Politikwissenschaft? Ein gemeinsamer Standard verbindet weltweit die meisten Governance-Schulen: Die Erkenntnis, wie wichtig die Verbindung von Theorie und Praxis, das Zusammenwirken von wissenschaftlicher Expertise und praxisorientierten Elementen sind. Die NRW School of Governance sieht sich diesem Verständnis verbunden – sie entsagt sich nicht politikwissenschaftlichen Theorien, sondern erweitert dieses Fundament um anwendungsorientierte Lehr- und Forschungsansätze:

Die Kriterien für fachübergreifende wissenschaftliche Exzellenz (z. B. DFG Standards) sind dabei eindeutig: Sie spiegeln Standards einer globalisierten Wissenschaftlichkeit wider. Doch ihnen fehlt eine zeitgemäße Ergänzung als Antwort auf die Herausforderungen einer modernen Wissensgesellschaft. Es fehlen mithin Kriterien, die im Bereich der angewandten Forschung differenziert Exzellenz dokumentieren. Die Politikwissenschaft scheint zur Entwicklung solcher Kriterien geradezu aufgerufen, weil sie sich in Zeiten neuer ökonomischer, mithin auch sozialer und politischer Problemlagen, mehr denn je gesellschaftlich zu rechtfertigen hat. Aus Sicht der NRW School of Governance sollten Wissenschaftler im Bereich angewandter Politikforschung deshalb eigene Kriterien entwickeln, um qualitative und quantitative Messbarkeit von wissenschaftlicher Exzellenz innerhalb dieses Verständnisses von angewandter Politikforschung zu ermöglichen – als Ergänzung, nicht als Ersatz für andere Kriterien von wissenschaftlicher Exzellenz. Für Aufbau und Arbeit der NRW School of Governance wurde – in Anlehnung an bestehende Kriterien – ein Set an Orientierungspunkten formuliert.

Anwendungsbezogene Drittmittel: Wer anwendungsbezogen forscht, braucht Drittmittel aus Unternehmen, Unternehmens-Stiftungen, Ministerien und weiteren Förderpartnern. Exzellenz orientiert sich an der Breite und Exklusivität der eingeworbenen Mittel in Bezug auf den konkreten Verwertungskontext, kurzfristige Effizienz sowie praxisrelevanter Funktionalität.

High Level Politikberatung: Politikberatung gehört seit rund zehn Jahren zu einem ausgewiesenen und einschlägigen Teilgebiet der Politikwissenschaft. Alle neuen Einführungen in das Fach thematisieren Politikberatung genauso funktional wie etwa das Politische System, Internationale Beziehungen, Vergleichende Regierungslehre und andere Fachbereiche. Forschungen zur Politikberatung setzen einen Anwendungsbezug und Berufsbezogenheit elementar voraus. Exzellenzkriterien wären hier Anzahl, Umfang und Nachfrager von Beratungsleistungen.

Anwendungsbezogene Vernetzung und Berufsbezogenheit: Exzellenz lässt sich nachweisen, wenn vielfältige institutionelle und nichtinstitutionelle Vernetzungen mit anwendungsorientierten Kooperationspartnern vorliegen. Akademische Exzellenz und professionelle Orientierung bedürfen im Verständnis von anwendungsorientierter Forschung immer eines konkreten Anwendungsbezugs. Wenn der Zweck ein Wissenstransfer und die Verbesserung von Public Policy sein sollen, sollte über die Vernetzungsintensität und Vernetzungsqualität auch ein Wirken in die politische Gemeinschaft ablesbar sein.

Wissenstransfer: Öffentlich wahrgenommene Ergebnispräsentation und öffentliche Reputation: Wer anwendungsbezogen forscht, hat als Zielgruppe auch die außeruniversitäre Öffentlichkeit im Blickfeld. Insofern bedeutet Exzellenz auch Veröffentlichung in Reihen und Bereichen von hoher öffentlicher Wahrnehmung und Wirksamkeit. Lehrbücher sind z. B. extrem verdichtete Kondensate von anwendungsbezogener Forschung. Die Vermittlung forschungsbasierter Informationen an Nichtfachleute, nicht forschende Organisationen und die Öffentlichkeit ist hierbei zu bewerten. Die Teilnahme am öffentlichen Diskurs wird damit als akademische Leistung anerkannt.

Nachwuchsförderung/Ausbildungsexzellenz: Die neuartige Verbindung von Anwendungsbezug und Wissenschaftlichkeit drückt sich exemplarisch in der NRW School of Governance aus. Es ist ein anwendungsbezogenes Kompetenzzentrum auf hohem wissenschaftlichem Niveau und mit klarem inhaltlichem Profil. Die School ist am Wissens- und Anwendungsbedarf im Bereich von Governance orientiert. Sie ist eine Antwort auf die Veränderung von Staatlichkeit. Eine explizite Forschungsorientierung (gerade auch durch ein strukturiertes Promotionskolleg) gehört zu den prägenden Merkmalen einer solchen School – neben internationaler Netzwerkbildung sowie einem breit gefächertem Tätigkeitsprofil der Absolventen.

Die School nimmt in ihrer Struktur das Spannungsverhältnis von Theorie und Praxis auf: Die gleichzeitige Einbindung von Praktikern und Wissenschaftlern in gemeinsame Forschungs- und Lehrprojekte sowie akademisch hochwertige Vermittlung. Diese Verbindung kann durch strukturierte Promovendenprogramme, Lehrforschungsprojekte und durch die Einwerbung von Gastdozenten dokumentiert werden. Ein weiteres Qualitätskriterium ist der Erfolg der Absolventen auf dem Arbeitsmarkt. Die School verfolgt typischerweise keine grundlagentheoretische, sondern eine sachproblemorientierte Fragestellung. In der forschungsgeleiteten Bearbeitung dieser Fragestellungen sind höchste wissenschaftliche Standards einzuhalten (vgl. dazu auch Bertram/Walter/Zürn 2006: 539-563).

Exemplarisch für diese Kriterien lassen sich an der NRW School of Governance der Haniel Master Course, die Gastprofessur für Politikmanagement der Stiftung Mercator, die Juniorprofessur der WestLB-Stiftung Zukunft NRW und die Welker-Stiftungsprofessur für Ethik in Politikmanagement und Gesellschaft anführen: Im Haniel Master Course erhalten die Teilnehmer durch einen personalisierten Gedankenaustausch mit Praktikern aus Politik, Wirtschaft und Zivilgesellschaft Einblick in verschiedene Berufsfelder und reflektieren diese wissenschaftlich. Die NRW School of Governance organisiert die Interaktion zwischen Studierenden und Promovenden aus den Bereichen „Politikmanagement, Public Policy und öffentliche Verwaltung" sowie Experten und Führungskräften innerhalb dieser thematischen Ausrichtung. Die Gastprofessur für Politikmanagement verstetigt diesen Gedanken durch Vorlesungs- und Seminarreihen von Praktikern in den studienrelevanten Gebieten – das Lehrportfolio kann so jeweils für einen begrenzten Zeitraum flexibel ergänzt werden. Das Promotionskolleg bündelt die Aktivitäten der NRW School of Governance zur Promovierendenförderung und bietet die Möglichkeit zum strukturierten Promovieren in verschiedenen Promotionsprogrammen. In zwei eingeworbenen Stiftungsprofessuren spiegelt sich das Wissenschaftsverständnis der NRW School of Governance in besonderem Maße wider: Drittmittelfinanziert konnten einerseits eine zusätzliche Professur mit tenure-track und dem Schwerpunkt Regieren in Nordrhein-Westfalen für die Lehre an der NRW School of Governance sowie andererseits eine Stiftungsprofessur für Ethik in Politikmanagement und Gesellschaft geschaffen werden. Innerhalb dieser Professuren liegt das Hauptaugenmerk auf praxisorientierten Forschungsleistungen zur Erarbeitung von Lösungsvorschlägen und auf einem Lehrverständnis, das die Kompetenz zur Erarbeitung ebensolcher Lösungen fördert.

Berufsfeld ‚Politikmanager'

Die Studierenden an der NRW School of Governance werden zu Nachwuchsführungskräften ausgebildet. Viele Studierende sammeln schon während ihres Studiums praktische Berufserfahrungen durch studentische Tätigkeiten an den Schnittstellen von Politik und Öffentlichkeit. Die NRW School of Governance verbindet akademische Exzellenz und professionelle Orientierung im Verständnis von anwendungsorientierter Forschung. Dies impliziert einen konkreten Bezug zu Praktikern und potentiellen Berufsfeldern. Die Einbindung von Experten und Praktikern aus Politik, Wirtschaft, Gesellschaft und Medien in zahlreiche Lehr- und Veranstaltungsformate – auch innerhalb des zentralen Curriculums – führt zu einem stetigen Austausch mit den relevanten Themen und spezifischen Anforderungen an unsere Lehre und Forschung. Der Markenkern, die Verbindung aus den Innenansichten der Macht mit den Handlungskorridoren des Regierens, um Führungskräfte möglichst praxisnah auszubilden, bleibt dabei jedoch erhalten und wird durch neue praxisnahe Formate und Vermittlungsformen verstetigt.

Beispielhaft ist hier der Einsatz von Praktikern in der Lehre, wie sie in der Gastprofessur für Politikmanagement umgesetzt wird. Des Weiteren bietet die NRW School of Governance verschiedene praxisorientierte Themen im Workshop-Format für Studierende und Stipendiaten an. Wünschenswerte Erweiterungen des Studienangebotes werden dabei in eigenen Gesprächen mit Praktikern eruiert und zusätzlich von der Seite der Studierenden herangetragen. Die Realisierung solcher Formate konnte in die bestehende Lehre integriert werden.

Zugleich bietet sich durch die enge Verzahnung der Bereiche „Lehre" und „Forschung" an der NRW School of Governance auch immer die Möglichkeit, Nachwuchsforscher wie Promotionsstipendiaten und wissenschaftliche Mitarbeiter von vielen Praxis-Angeboten profitieren zu lassen – eine Übersetzung in die Forschungsleistung kann somit aus erster Hand erfolgen.

Die Erfahrungen der ersten Jahrgänge zeigen, dass insbesondere drei Berufsfelder für die Absolventen von zentraler Relevanz sind: Ein Teil der Absolventen blieb der Wissenschaft oder der Forschung erhalten und wechselte an andere Universitäten bzw. in Promotionsprogramme. Ein großer Teil ging in den Politikbetrieb: zum Beispiel als wissenschaftliche Mitarbeiter für Parlamentarier, in Fraktionen und Parteien, andere sind selbst kommunalpolitisch aktiv. Eine weitere Gruppe hat sich für eine Karriere in der Wirtschaft, in Verbänden oder im PR-Sektor entschieden.

3 Forschungsfelder

Das Themenprofil der NRW School of Governance orientiert sich an aktuellen Fragestellungen des Politikmanagements, der Politikvermittlung, der vergleichenden sowie der Policy und Governance Forschung. Der Fokus auf Politik und Regieren in Nordrhein-Westfalen bildet zudem einen regionalen Schwerpunkt. Darüber hinaus wird eine Vielzahl von Fragestellungen auf überregionaler, europäischer und auch international vergleichender Perspektive adressiert. Dabei finden eine ganze Reihe von unterschiedlichen theorie- und methodengeleiteten Ansätzen Anwendung, die zudem das vielfältige Spektrum der politikwissenschaftlichen Forschung der NRW School of Governance widerspiegelt.

Das Forschungsprofil der NRW School of Governance umfasst folgende Schwerpunkte: Regierungsforschung, Parteienforschung, Wahlforschung, Kommunikationsforschung und wissenschaftliche Politikberatung. Die Einwerbung der zwei Stiftungsprofessuren (Landespolitik NRW; Ethik in Politikmanagement und Gesellschaft) erweitern und verstetigen zudem das Forschungsprofil der NRW School of Governance, so dass hier zukünftig verstärkt Impulse auch im Bereich der Governance-Forschung als Steuerungstheorie zu erwarten sind. Die zum Sommersemester 2009 eingerichtete Juniorprofessur für Landespolitik NRW hat die Lehre und Forschung in Bezug auf politische Prozesse in Nordrhein-Westfalen intensiviert. Mit einer Ausrichtung auf die Themenfelder Strukturwandel und Landespolitik in Nordrhein-Westfalen sowie Governance und politische Steuerung auf Landesebene hat diese Juniorprofessur ein in Deutschland einzigartiges Profil.

Gleiches gilt für die im April 2011 gestartete – ebenso durch eine Stiftung finanzierte – Professur "Ethik in Politikmanagement und Gesellschaft". Im Vordergrund stehen ethische Fragen im politischen Entscheidungsprozess, weitere Schwerpunkte sind Verantwortung, Vertrauen, Glaubwürdigkeit und Transparenz in Politik, Öffentlichkeit und Gesellschaft. Die Erschließung weiterer Themenfelder für die Politikfor-

Die NRW School of Governance

schung ist durch sie zu erwarten. Auch international ist die NRW School of Governance mittlerweile tätig, so dass ein Austausch von Forschern aus Nordrhein-Westfalen in die Vereinigten Staaten von Amerika etabliert werden konnte.

Stets ist dabei eine hohe Durchlässigkeit zwischen Studium und Lehre auf der einen Seite, sowie Forschung und Anwendung auf der anderen das Ziel. Die Angebots-Trias der NRW School of Governance – Master-Studiengang, Promotionskolleg und Qualifizierungsangebote – verbildlicht dies in ihrer Struktur und steht für das Prinzip des lebenslangen Lernens.

4 Ausblick

In den letzten fünf Jahren hat sich die Duisburger Governance Schule verändert und erweitert. Mit dem Einzug in neue Lehr- und Forschungsräumlichkeiten am Duisburger Campus im Frühsommer 2009 konnten die wissenschaftliche Ausbildung sowie die Lehrbedingungen weiter verbessert werden.

Bei ihrer Rede zum Festakt des fünfjährigen Bestehens der Professional School im Dezember 2011 bestätigte Ministerpräsidentin Hannelore Kraft, dass man in der Politik „Problemlöser mit strategischem Weitblick definitiv noch mehr gebrauchen" könne. Sie fasst damit die Expertise zusammen, welche sich die NRW School of Governance, als sorgfältig vorbereitetes Experiment im „Versuchslabor Ruhrgebiet" gestartet, in dieser Zeit angeeignet hat. Ziel war die Exzellenzbildung im Ruhrgebiet im Bereich Politikwissenschaft und der Weg dahin wurde in den letzten fünf Jahren konsequent verfolgt. Der Erfolg des Master-Studiengangs, vielfältige Forschungsschwerpunkte, die Einrichtung eines drittmittelfinanzierten Promotionskollegs, die Einwerbung von mittlerweile zwei Stiftungsprofessuren und die Nachfrage nach Qualifizierungsangeboten für Berufstätige sind dafür Indikatoren. Dabei ist ein Alleinstellungsmerkmal die Verbindung von Wissenschaft und Anwendungsorientierung mit dem Ziel „forschend lehren und lernen". In Verbindung mit zwei weiteren Merkmalen erklärt sich die Philosophie der NRW School of Governance. Zum einen das Vertrauen auf mehrere Projektförderer, mit denen sich vielfältige Thematiken und Erkenntnisinteressen verbinden, sich somit auch zahlreiche Forschungs- und Lehrperspektiven praxisnah realisieren lassen. Durch das komplementäre Förderungsmodell der Matching Funds konnten und können somit innovative Projektideen realisiert werden. Dabei ist gerade – und dies ist das dritte Merkmal der NRW School of Governance – die institutionelle Verankerung an einer öffentlichen Hochschule hervorzuheben. Die Anbindung der NRW School of Governance an das Institut für Politikwissenschaft und die Einbindung der Professorinnen und Professoren in die Entwicklung des Curriculums garantiert nicht nur eine wissenschaftlich fundierte Ausbildung. Das Institut vereint Wissenschaftler und Praktiker unter seinen Lehrstuhlinhabern: Mehrere Professoren sind beruflich aktiv in Ministerien des Landes Nordrhein-Westfalen und anderen wissenschaftlichen Instituten engagiert. Ihre Rückkoppelung findet Eingang in der Entwicklung von Forschung und Lehre der NRW School of Governance.

Die Duisburger Governance Schule gehört zu den zentralen Entwicklungszielen der Universität Duisburg-Essen und verbindet hervorragende akademische Ausbildung mit professioneller Orientierung. Auch die Exzellenzbildung konnte weiter ausgebaut werden. So sind in den vergangenen Jahren nicht nur neue Themenschwerpunkte und eine Juniorprofessur entstanden, sondern auch die Qualifizierungs- und Stipendienprogramme konnten durch neue Kooperationspartner wie das American Institute for Contemporary German Studies (AICGS) weiter ausgebaut und erweitert werden. Das Master-Programm, in dem derzeit bereits der sechste Jahrgang betreut wird, wird von Studierenden als außergewöhnlich praxisorientiert wahrgenommen und ist eine attraktive Chance zur Weiterbildung für zahlreiche Absolventen – Problemlöser mit strategischem Weitblick eben.

Die Ziele für die kommenden Jahre sind weiterhin ambitioniert und sollen einen aktiven Beitrag zu einem außergewöhnlichen Lehr- und Förderangebot für Studierende und Nachwuchswissenschaftler der Fakultät für Gesellschaftswissenschaften und der NRW School of Governance leisten. Der im Jahr 2011 eingerichtete und von der School eingeworbene Stiftungs-Lehrstuhl „Ethik in Politikmanagement und Gesellschaft" an der Fakultät für Gesellschaftswissenschaften wird das Themenspektrum und die Ausbildung der Studierenden künftig um das Verständnis einer kritischen Urteilsfindung erweitern. Im Master-Programm „Politikmanagement, Public Policy und öffentliche Verwaltung", in dem die Führungskräfte von Morgen ausgebildet werden, soll so die Vermittlung und Diskussion ethischer Maßstäbe gewährleistet werden. Zwar existieren in den Wirtschaftswissenschaften Lehrstühle für Wirtschaftsethik und in der Politikwissenschaft wird Politische Ethik als Teil der politischen Philosophie und Theorie studiert und erforscht, es fehlt aber die Verbindung der beiden Welten. Der Themenschwerpunkt „Ethik in Politikmanagement und Gesellschaft" kann in dieser Kombination klassische ethische Fragestellungen unter einem neuen Blickwinkel der politikwissenschaftlichen Forschung zugänglich machen.

Durch die Vergabe der Gastprofessur für Politikmanagement wird sich das Institut für Politikwissenschaft an der Universität Duisburg-Essen im Bereich der Lehre auch in Zukunft um ein außergewöhnlich vielseitiges und hochwertiges Portfolio aktiv lehrender Universitätsprofessuren bemühen. Die Gastprofessur ist fester Bestandteil des Master-Programms, nachdem Stefan Aust, Antje Vollmer, Wolfgang Clement und im Jahr 2011 Peer Steinbrück den Studierenden interessante und vielseitige Einblicke in die Praxis des Vermittlungsdreiecks aus Politik, Medien und Öffentlichkeit bieten konnten, soll dieses erfolgreiche Format auch in der Zukunft Personen aus Politik, Medien und Wirtschaft in die aktive Lehre einbinden.

Die erreichten Meilensteine in der Entwicklung der NRW School of Governance in den letzten Jahren eröffnen aber auch den Blick auf die Weiterentwicklung und den Ausbau der erfolgreichen Konzepte. Ein Bereich der seit Beginn der NRW School of Governance und der Einrichtung des Master-Programms „Politikmanagement, Public

Policy und öffentliche Verwaltung" auf große Nachfrage stößt, bisher aber nicht verwirklicht wurde, betrifft das verstärkte Engagement in der berufsbegleitenden Qualifizierung. Der Bedarf an Weiterbildung ist groß, lebenslanges Lernen eine Notwendigkeit für den Erfolg im Beruf, denn immer neue Herausforderungen auf dem Arbeitsmarkt verlangen nach ständiger berufsbegleitender Qualifizierung. Seit dem Start der NRW School of Governance kann eine gleich bleibend hohe Zahl Anfragen von Berufstätigen nach akademischer Weiterbildung verzeichnet werden.

Die NRW School of Governance will ihr Angebot in dieser Richtung zielgerichtet ausbauen: Ein berufsbegleitender Master mit dem Schwerpunkt Politikmanagement, der Kernkompetenz der NRW School of Governance, befindet sich in der Entwicklungsphase. Die Universität Duisburg-Essen unterstützt grundlegend die Einrichtung und den Ausbau berufsbegleitender Studiengänge. Hier setzt die Konzeptionierung einer berufsbegleitenden Weiterbildung im Bereich Politikmanagement an. Eine Öffnung der Hochschulen erscheint in diesem Feld besonders sinnvoll, da die vorhandene berufliche Erfahrung durch einen zielgruppenspezifischen Master in den Bereichen Governance, Komplexität, Kommunikation und Verhandlungstechniken optimal ergänzt werden kann. Das berufsbegleitende Masterprogramm soll jungen Führungskräften und beruflich Qualifizierten die optimale Möglichkeit bieten sich zielgerichtet weiterzubilden und so ihr vorhandenes Praxiswissen auf akademischem Niveau zu ergänzen und zu vertiefen. Der Anspruch der NRW School of Governance ein berufsbegleitendes Studium anwendungsorientiert und zudem in wissenschaftlich höchster Qualität zu ermöglichen, welches zudem dem Einzelnen relevante Schlüsselkompetenzen vermittelt, erfordert ein besonderes Engagement in der Entwicklung des Curriculums.

Die vorhandene fachliche Orientierung kombiniert mit den neuen infrastrukturellen Möglichkeiten und dem weiteren Ausbau der Angebote der NRW School of Governance leistet damit auch in Zukunft einen wichtigen Beitrag zur Verbesserung der wissenschaftlichen Ausbildung und beruflichen Qualifikationsmöglichkeiten im Bereich Politikwissenschaft in Deutschland. So verstetigt, kann die NRW School of Governance den Studierenden und Promovenden optimale Bedingungen zum Experimentieren bieten.

Literatur

Zürn, Michael/Bertram, Christoph/Walter, Gregor, 2006: Schulen der Macht? – Governance Schools in Deutschland, in: Bogumil, Jörg/ Jann, Werner/Nullmeier, Frank (Hrsg.), Politik und Verwaltung, Politische Vierteljahresschrift, Sonderheft 37, Wiesbaden, 539-563.

Josef Janning

Auswärtiges Amt – Eine Betrachtung zum Wandel von Außenpolitik und Politikberatung in Deutschland

1 Einleitung

Auch wenn die Fülle der möglichen Themen und geographischen Kontexte anderes nahelegen könnte, zählte der politikerberatende Dialog zwischen Akteuren im Auswärtigen Amt (AA) und Experten in Wissenschaft und Think Tanks über viele Jahre eher zu den Ausnahmen im diplomatischen Prozess als zur Regel. Insofern unterschied sich das Außenministerium nicht von anderen Ressorts der Bundesregierung. Weder bestanden feste Strukturen noch entsprechende Budgets für Beratungs- und Dialogprozesse; auch ließ die administrative Kultur wenig Bedarf für intellektuelle Zuarbeit erkennen.

Aufstellung und Ausstattung des Amtes deuteten vielmehr in die entgegengesetzte Richtung. Gestützt auf ein dichtes Netz eigener Ressourcen, im Wesentlichen gespeist durch die Tätigkeit der diplomatischen Vertretungen in aller Welt, eine differenzierte Personalplanung mit entsprechenden Rotationszyklen sowie den Zugang zu nachrichtendienstlichen Erkenntnissen verfügte das AA in der eigenen Wahrnehmung über eine überlegene Informationsbasis, die von externer Expertise in Deutschland weder erreicht noch bereichert werden konnte.

Diplomatie galt zudem als eine Kunst, die im Grunde nur jene beherrschen, die sie praktizieren. Im Vergleich zum heutigen Niveau an Verflechtung und transnationaler Interaktion besaßen die außenpolitischen Akteure früherer Jahrzehnte spürbare Kompetenzvorteile, in der Lagebeurteilung wie in der Kommunikation oder der Interaktion; Kompetenzen, die sie allenfalls mit wenigen Akteuren teilten, etwa den großen, weltweit tätigen Unternehmen oder frühen globalen NGO' s wie etwa der katholischen Kirche.

Dazu passt die Einrichtung einer eigenen Ausbildungsstätte mit mehrjährigem Curriculum zur Heranführung der Anwärter des höheren Dienstes an die Aufgaben des Ressorts. Obgleich externe Expertise in diese Ausbildung einbezogen ist, spielt sie jedoch keine herausragende Rolle.

Der vertrauliche, zum Teil geheime Charakter diplomatischer Verhandlungen begünstigte die Randrolle politikberatender Expertise in Planung und Umsetzung deutscher Außenpolitik. Die Lage tat ihr Übriges: Ihre wesentlichen Konfliktstrukturen und die Interessenlagen der Hauptakteure blieben über die ersten Jahrzehnte der Bundesrepublik Deutschland relativ stabil – zugespitzt formuliert lag die Hauptaufgabe deutscher Außenpolitik in der Optimierung des Status quo, bestenfalls in seiner vorsichtigen Verschiebung über tastende Sondierungen.

Vor diesem Hintergrund blieb die Rolle politikberatender Expertise über viele Jahre beschränkt (vgl. Büger 2006). Sie bestand in der Hauptsache aus länder- und regionsspezifischem Wissen und dort vor allem in der Beobachtung der jeweiligen wissenschaftlichen Debatten sowie der ergänzenden Deutung politischer Prozesse und Entscheidungen. Aus der Struktur der Nachfrage ergibt sich die Stellung der hauptsächlich aus Bundesmitteln finanzierten außeruniversitären außenpolitischen Forschung, vor allem der Stiftung Wissenschaft und Politik (SWP) oder des früheren Bundesinstituts für ostwissenschaftliche und internationale Studien (BIOst), die hier stellvertretend für eine kleine Reihe von Institutionen stehen, deren Expertise den Hauptkonfliktlinien des Kalten Krieges folgte. Sie sollten Regierung und Parlament zuarbeiten; die Ergebnisse blieben zumeist intern oder halböffentlich. Eine weitere Ebene der Aufnahme wissenschaftlicher Expertise bildete daneben die rechtswissenschaftliche, vor allem völkerrechtliche Begleitung der deutschen Außenpolitik, mit erkennbaren Schwerpunkten auf der Deutschlandpolitik, der VN-Politik und der Europapolitik. In den spezifischen Rechtsfragen dieser außenpolitischen Handlungsfelder verfügten die zentralen bundesfinanzierten Think Tanks über keine herausragende eigene Expertise – diese wurden über Arbeitsgremien, Gutachten und Studien renommierter Völkerrechtler an Universitäten oder Forschungsinstituten einbezogen.

Diese Skizze verdeutlicht die Randrolle von Politikberatung in der Arbeit des Auswärtigen Amts der alten Bundesrepublik Deutschland. Ihre Darstellung ist sicherlich zugespitzt und mag etliche Aspekte oder Einzelfragen vernachlässigen – dies geschieht vor allem zur Markierung der Differenz zwischen der Rolle externer Politikberatung für das AA auf der einen und der grundsätzlich verschiedenen, für die wissenschaftliche Debatte außerordentlich bedeutsamen Verflechtung von Außenpolitik und Politikberatung in den Vereinigten Staaten von Amerika auf der anderen Seite.

Im Regierungssystem der USA ist der politische Wechsel konstitutionell wie politisch-kulturell fest verankert. Mit den zentralen Akteuren wechselt zugleich ihr personelles Umfeld. Die Praxis der „revolving doors" steht für den regelmäßigen Austausch der politischen Führungsebenen der Administration, die vielfach aus dem Amt in Think Tanks bzw. von dort ins Amt wechseln. Die durch Personalrotation entstehende Verflechtung prägt die Arbeitsweise beider Seiten, vor allem in der Außen-, Sicherheits- und Verteidigungspolitik der USA. Deren Entscheidungen fallen zentral in Washington DC, an den institutionellen Schlüsselstellen Weißes Haus, State Department und Pentagon, während zugleich die wichtigsten Think Tanks zu diesen Themen fast ausnahmslos ebenfalls in Washington ansässig sind. Nur sehr wenige wissenschaftliche oder politikberatende Institutionen außerhalb der US-Bundeshauptstadt spielen in dieser engen Verflechtung eine prägende Rolle; vor allem die Harvard University mit ihrer Kennedy School of Government oder das Council on Foreign Relations in New York City.

Sicherlich befördert durch die Konzentration von Entscheidungsmacht und weltpolitischem Gewicht in der Person des US-Präsidenten, dürfte der Einfluss politikberatender Ideen und Köpfe auf das außenpolitische Denken und Handeln der Regierung nirgendwo weiter reichen als in Washington DC (siehe Gellner 1995 und Braml 2006). Gleichzeitig dürften Themen, Prozesse und Erfahrungen außenpolitischen Regierungshandelns nirgends mehr Wirkung für die wissenschaftliche Debatte, für die theoretische wie forschungspraktische Entwicklung der Lehre von den Internationalen Beziehungen entfaltet haben als in den USA, und damit – infolge der Dominanz amerikanischer Sozialwissenschaft gerade in diesem Bereich – auch die internationale Debatte zumindest der „westlichen" Welt entscheidend geprägt haben. Nahezu alle der großen Policy-Debatten zur Lage der Welt, zur Rolle der USA und anderer weltpolitischer Akteure sowie zu den Paradigmen der internationalen Politik der vergangenen Jahrzehnte sind vor diesem Hintergrund entstanden und ausgetragen worden. Sie haben damit auch das Verständnis von dem geprägt, was Politikberatung in der internationalen Politik ausmachen und bewirken kann – und dies nicht allein in der amerikanischen Landschaft der Hochschulen und Think Tanks, sondern auch in Europa und Deutschland.

2 Die Zäsur des Jahres 1989

Im Rückblick markiert das Ende der ideologischen Spaltung Europas zugleich auch einen Paradigmenwechsel in der Rolle von Politikberatung für die Außenpolitik, sowohl in Bezug auf die Nachfrage seitens der politischen Akteure und ihrer Apparate als auch im Hinblick auf die Angebotsseite der politikberatenden Akteure.

Der Fall der Berliner Mauer, die friedlichen Revolutionen in Ostmittel- und Südosteuropa, das Zerbrechen der Sowjetunion und die Erweiterung von EU und NATO lösten in einer Kette von Entwicklungen und Entscheidungen die Nachkriegsordnung Europas und der Weltpolitik nahezu komplett auf. An die Stelle des Agierens im Status quo war eine offene Lage getreten, deren außenpolitische Gestaltung sich kaum auf bisherige Erfahrungen und Praxis stützen konnte. Der politischen Apparaten eigene Hang zum Positivismus bot keinen verlässlichen Kompass mehr, welcher das Handeln der Akteure leiten konnte. Die Lage selbst erschien unübersichtlich. Hypothesen und Szenarien mussten den Verlust an Gewissheiten kompensieren, Orientierungs- oder Deutungswissen war neu zu gewinnen. Entscheidungen mussten unter beträchtlichem Zeitdruck vorbereitet und getroffen werden (vgl. Schmillen 2004). Vieles konnte sich in der weiteren Entwicklung als falsch, nicht schlüssig oder politisch nicht tragfähig erweisen und damit Ansehen oder Handlungsspielraum der politischen Repräsentanten deutscher Außenpolitik schwächen. Bei aller Euphorie in Gesellschaft und Politik enthielt die Situation beträchtliche politische und persönliche Risiken für Akteure und ihr institutionelles Umfeld.

Vor diesem Hintergrund konnte die Gestaltung der Folgen aus 1989 zum Katalysator einer gründlichen Veränderung des Stellenwerts von Politikberatung in der deutschen Außenpolitik werden. In den zentralen außenpolitischen Institutionen, Bundeskanzleramt, Auswärtiges Amt und Bundesministerium der Verteidigung, verschob sich die Nachfrage von der analytischen Begleitung operativer Politik hin zur strategischen Ebene; an die Stelle des Abtastens von Entwicklungslinien und Gestaltungsmöglichkeiten trat ein Bedarf an grundlegender Vorausschau, an der Entwicklung von Handlungsoptionen und Strategien der politischen Gestaltung. Wesentliche Parameter deutscher Europa-, Außen- und Sicherheitspolitik waren neu zu denken, insbesondere da zwei Hauptachsen deutscher Interessenvertretung bereits vor 1989 in Bewegung geraten waren: In der europäischen Integration war mit dem Binnenmarktprogramm und der Initiative zur Vertiefung zur Wirtschafts- und Währungsunion neue politische und institutionelle Dynamik entstanden, während in der Außen- und Sicherheitspolitik gleichzeitig neue Initiativen zur Europäisierung die Debatte bestimmten.

Dieser Wandel der Nachfrage erforderte neue Angebote auf Seiten der politikberatenden Akteure und Institutionen, die über das hinausgehen mussten, was zum traditionellen Leistungsspektrum außenpolitischer Beratung in Deutschland gehört hatte. Die etablierten bundesfinanzierten Institute taten sich schwer, die Herausforderung rasch umzusetzen. Trotz ihres politikberatenden Auftrags waren sie eher politikfern tätig, in inhaltlicher wie räumlicher Hinsicht. In kurzer Zeit hatte der Umbruch im Osten ihre Kernkompetenzen drastisch entwertet; die „Kreml-Astrologie" oder die genaue Kenntnis interner Machtstrukturen in den Führungen von RGW- und Warschauer Pakt-Staaten war in weiten Teilen obsolet geworden; ähnliches galt für das komplexe Gebäude des militärischen Gleichgewichts und der nuklearen Abschreckung zwischen West und Ost im Bereich von Sicherheit und Verteidigung – nach wie vor bedeutsam, doch kurzfristig nicht länger handlungsleitend. Die Veränderungen bewirkten eine Nivellierung des Kompetenzgefälles im Angebot an Politikberatung; die Lage eröffnete kleineren, jüngeren und weniger sichtbaren Akteuren bzw. Institutionen ungeahnte und nicht gekannte Wirkungschancen.

Im letzten Jahrzehnt des alten Jahrhunderts nahm der politikberatende Dialog zur deutschen Außenpolitik geradezu sprunghaft zu. Keines der drei Kernressorts verfügte über etablierte Strukturen und Budgets zur Integration externer Expertise jenseits der grundfinanzierten Institutionen. Je weniger diese die neue und akute Nachfrage bedienen konnten, desto stärker wurde der Impuls zur Öffnung gegenüber Dritten. Im Bundeskanzleramt engagierte sich der außenpolitische Berater des Bundeskanzlers, Horst Teltschik, mit seinem Team intensiver in Expertendebatten und Strategierunden – eine Praxis, die sein Nachfolger Joachim Bitterlich aktiv übernahm. Im Auswärtigen Amt suchte vor allem der Planungsstab unter Konrad Seitz, Frank Elbe und insbesondere Wolfgang Ischinger den Austausch mit außen- und europapolitischen Experten, in den auch Vertreter der Fachabteilungen eingebunden wurden. Ischinger setzte die gezielte Zusammenarbeit mit politikberatender Expertise in seiner späteren Funktion als Politischer Direktor des Auswärtigen Amts bewusst fort und pflegte gerade in den Stationen der Krisendiplomatie auf dem Balkan gezielt die Zusammenarbeit mit Think Tanks zur Unterstützung der diplomatischen Aktivitäten. 1993 schuf das Auswärtige Amt eine eigene Abteilung für den Gesamtbereich der europapolitischen Aufgaben. Auch hier wurde unter der Leitung von Hans-Friedrich von Ploetz und Wilhelm Schönfelder der regelmäßige Austausch mit Think Tanks und Forschungsinstituten etabliert, in denen Grundsatzfragen der EU-Entwicklung diskutiert sowie Optionen für die Strategie der deutschen Europapolitik in der Kette der auf den Vertrag von Maastricht folgenden Verhandlungen entwickelt wurden.

Im Bereich des Bundesministers der Verteidigung übernahm ebenfalls der Planungsstab unter Leitung von Jörg Schönbohm und später unter Ulrich Weisser die Zusammenarbeit mit externem Sachverstand in der Bewertung der neuen sicherheitspolitischen Lage und ihren Konsequenzen für die deutsche und europäische Sicherheits- und Verteidigungspolitik.

Der gemeinsame Nenner dieser verschiedenen Formen politikberatender Einbeziehung externer Expertise lag in der strategischen Ausrichtung der behandelten Fragestellungen. Die Entscheidungsdichte der neunziger Jahre schuf beständig neue Fakten und Abwägungssituationen, die bewertet, reflektiert und in ihrer Gestaltungsdimension durchgespielt werden sollten. Zu den zentralen Fragen gehörten unter anderem die Bedingungen und Voraussetzungen der Erweiterung der europäisch-atlantischen Institutionen, die Frage nach der Erweiterungsstrategie, die politischen wie institutionellen Folgen der EU-Erweiterung wie der Ausdehnung der NATO-Mitgliedschaft, die Zukunft europäischer Sicherheitspolitik zwischen GASP, WEU und NATO, die Einbindung Russlands sowie die künftige Rolle der Vereinigten Staaten von Amerika oder die weitere Reform der europäischen Integration, ihres Entscheidungssystems und ihrer Politiken.

Die neue Dichte des strategischen Dialogs zwischen Politik und Politikberatung fand ihren Niederschlag auch in der übrigen Tätigkeit der beteiligten Think Tanks. Zwar waren die Beratungsformate in der Regel vertraulich angelegt, doch wurden die wesentlichen Themen, Fragestellungen und den Beratungen zugrunde liegenden Analysen selbst zum Gegenstand der Policy-Debatte deutscher Think Tanks. Unter den zahlreichen Publikationen, die in dieser Phase erschienen, stehen drei Großprojekte als stellvertretend für die neue Intensität der außen- und sicherheitspolitischen Strategiediskussion in den neunziger Jahren: Die vierbändige Reihe der Deutschen Gesellschaft für Auswärtige Politik unter dem Titel „Deutschlands neue Außenpolitik" (Kaiser/Maull 1995a, 1995b; Kaiser/Krause 1997; Eberwein/Kaiser 1998), die von Werner Weidenfeld initiierte und über mehr als 40 Publikationen umfassende Reihe „Strategien und Optionen für die Zukunft Europas" (später: „Strategien für Europa") der Bertelsmann Stiftung in Zusammenarbeit mit dem Centrum für angewandte Politikforschung (vgl. u. a. Weidenfeld/Janning 1993), sowie die auf einen Auftrag des Verteidigungsminister zurückgehende vielbändige Studie „Internationales Umfeld, Sicherheitsinteressen und nationale Planung der Bundesrepublik", deren Zusammenfassung allein über 800 Druckseiten erreichte (Nötzold 1995).

Die in diesen Jahren entwickelten Formen politikberatender Tätigkeit und des Austauschs zwischen außenpolitischen Institutionen und außenpolitischer Expertise haben Präsenz und Wirkung der außenpolitischen Beratung in Deutschland nachhaltig verändert. Wenn auch nicht in der gleichen Dichte, so wird die unter den besonderen Bedingungen des weltpolitischen Umbruchs begonnene Kooperation bis heute fortgesetzt; sie hat sich über die Jahre verbreitet und zugleich differenziert. Längst ist die Beratung über den enger gefassten Kreis der Planungsstäbe hinausgewachsen und – wie das Beispiel des Auswärtigen Amts zeigt – in den Fachabteilungen verankert. Sie hat den Deutschen Bundestag und seine Fraktionen ebenso erreicht wie das Bundespräsidialamt. Parallel dazu hat die Präsenz außenpolitischer Expertise in den Medien zugenommen und wirkt über den Zenit des neuen außenpolitischen Interesses in Deutschland fort.

Aus der Sicht des Jahres 2012 sind dieser Paradigmenwechsel im Verhältnis von Außenpolitik und Politikberatung und seine Folgen selbst bereits Geschichte - oder besser: Vorgeschichte der anhaltenden Umwälzung des außenpolitischen Handelns durch globalen Wandel. In ihrem Licht erscheint Außenpolitik in den neunziger Jahren des letzten Jahrhunderts noch weit stärker von staatlichen Akteuren geprägt und deutlich klarer thematisch strukturiert als heute.

3 Außenpolitik und Auswärtiges Amt in einer globalisierten Welt

Die immer tiefere Interdependenz von Wirtschaft, Gesellschaft und Politik in einer globalisierten Welt zeitigt eine paradoxe Konsequenz: Während einerseits die Störanfälligkeit der System international zunimmt und die Verletzlichkeit von Wirtschafts- und Gesellschaftsräumen steigt, nimmt die Bedeutung der institutionell verfassten Außenpolitik stetig ab. Dies beruht nicht nur auf dem erheblich größeren Einfluss wirtschaftlicher Akteure und der Dynamik der Marktentwicklung in den Bereichen von Industrie und (Finanz-)Dienstleistungen, sondern auch auf den gesellschaftlichen Konsequenzen wachsender Mobilität und der radikalen Verkürzung der Kommunikationswege. Staatliche Außenpolitik ist heute Teil eines komplexen transnationalen Interaktionssystems, in der sie selbst nur in Segmenten handlungsleitend, in vielen anderen dagegen handlungsbegleitend agiert.

Globale Interdependenz bedeutet, dass sich konstruktive wie disruptive Impulse im System schneller verbreiten, weiter reichen und tiefere externe Wirkungen erzeugen als je zuvor. Vielfach reichen Reaktionskompetenz und -geschwindigkeit staatlicher Außenpolitik zur Systemstabilisierung und Systementwicklung nicht aus. Klassischer Multilateralismus, verstanden als kooperative Steuerung durch das Zusammenwirken vieler außenpolitischer Akteure, wirkt aus sich heraus nicht mehr effektiv, sondern bedarf zum einen des Zusammenspiels mit nicht-staatlichen Akteuren in Wirtschaft und Gesellschaft, zum anderen der Integration anderer politischer Institutionen und deren Kompetenzen wie Interessen. Die Grenzen zwischen Innen- und Außenpolitik verschwimmen zusehends und mit ihnen schwindet die Prärogative der außenpolitischen Akteure in der Interessenvertretung nach außen.

In der Europapolitik hat das Auswärtige Amt die Implikationen dieses Prozesses seit geraumer Zeit vorfühlen können. Seit den Römischen Verträgen bestand die Konkurrenz mit dem Wirtschaftsministerium um die Koordination der deutschen Europapolitik. Über die Zeit hatten sich die Gewichte zulasten des Wirtschaftsministeriums verschoben, insbesondere seit die zentrale ordnungspolitische Steuerung mit dem Programm zur Vollendung des Binnenmarktes von den Wirtschaftsministerien der Mitgliedstaaten auf die Europäische Kommission überging. Mit den Entscheidungen zur Wirtschafts- und Währungsunion (WWU) stiegen jedoch die Finanzminister in eine Schlüsselrolle auf – in Deutschland hatte das Auswärtige Amt den Weg dazu eröffnet, dessen Minister wie kein anderer die konzeptionelle Entwicklung der WWU vorangetrieben hatte (vgl. Müller-Brandeck-Bocquet 2010). In der gegenwärtigen Schuldenkrise des Euro-Raums sind die Finanzminister die wesentlichen Akteure neben den Staats- und Regierungschefs, nicht die Außenminister. An den Beratungen der Staats- und Regierungschefs im Europäischen Rat nehmen die Außenminister nicht mehr teil; ihre Steuerungsleistung wurde dem Präsidenten des Gremiums übertragen. Der Gipfel-Rhythmus hat sich verdichtet und die Bundeskanzlerin eindeutig ins Zentrum deutscher Europapolitik gerückt. Diese Entwicklung korrespondiert mit der Marginalisierung der Außenämter in den Prozessen der G-8 und G-20. In der ihnen verbliebenen ureigenen Domäne im Brüsseler Regierungssystem, der Außen- und Sicherheitspolitik, führt seit Inkrafttreten des Vertrags von Lissabon die Hohe Repräsentantin den Vorsitz, nicht mehr die rotierende Präsidentschaft, vertreten durch ihren Außenminister. Das seit den neunziger Jahren erheblich gewachsene militärische Engagement Deutschlands im Gefolge westlicher und europäischer Krisenreaktion hat zudem das außenpolitische Gewicht des Verteidigungsministers gestärkt, welches zuvor primär an die strategischen und militärischen Kalküle der Ost-West-Konfrontation gebunden war.

Auch in den übrigen Feldern der Europapolitik hat das Auswärtige Amt nach innen in dem Maße an Gewicht verloren, in dem EU-Politik zu einer weiteren Ebene der innenpolitischen Agenda wurde. Bundestag und Bundesrat verfügen heute über erhebliche größere Mitspracherechte in der Europapolitik, die mit der Ratifikation jedes europäischen Vertrages seit Maastricht erweitert wurden und in der Konsequenz den Verhandlungsspielraum der Bundesregierung im Ministerrat beschränken. In der EU-bezogenen Koordinierung der Ressortpolitik nimmt das AA zwar noch immer eine Schlüsselrolle ein, doch das machtpolitische Zentrum der Koordinierung liegt nicht im Auswärtigen Amt, sondern im Bundeskanzleramt. Vor diesem Hintergrund scheint es nur noch eine Frage der Zeit, wann die innenpolitische Steuerung und deren europapolitische Interessenvertretung institutionell in einer Hand gebündelt werden. Vom privilegierten Akteur der Außenpolitik ist das Auswärtige Amt zum Mitspieler und Dienstleister staatlicher wie nicht-staatlicher Anliegen und deren Eigentümer geworden.

Das Auswärtige Amt hat auf diese Entwicklungen frühzeitig reagiert, ist jedoch von ihrer Reichweite überholt worden (vgl. von Ploetz 1998). Die Struktur des Amtes wurde angepasst und gestrafft, neue Fragestellungen wurden aufgegriffen und institutionell verankert. Das Lagezentrum wurde zum Krisenreaktionszentrum ausgebaut. Die VN-Abteilung befasst sich nun explizit mit dem Querschnittsbereich der globalen Fragen, während die Wirtschaftsabteilung verschiedene, für das Ziel der Nachhaltigkeit relevante Politikfelder integriert. Eine durch Ressourcen des früheren Bundespresseamtes erheblich aufgestockte Abteilung für Kultur und Kommunikation soll die Ausstrahlung der „public diplomacy" stärken.

Die Ebene der Unterabteilungsleiter wurde im Zuge einer ersten großen Reform des AA bereits abgeschafft und durch ein System der Beauftragten ersetzt, das zumindest im Grundsatz eine stärkere Vernetzung der Kompetenzen im Amt und die Themenfokussierung verbessern soll. Projektgruppen beziehen Personal in den deutschen Außenvertretungen ein und erlauben so im Prinzip einen ununterbrochenen Workflow. Die Botschaften selbst sind dienstleistungsorientierter aufgestellt und sollen sowohl den Multi-Stakeholder Ansatz heutiger Außenpolitik als auch die Schnittstelle zur jeweiligen Öffentlichkeit gezielter bedienen.

Im Inland wie international hat sich das Auswärtige Amt für den Dialog mit nichtstaatlichen Akteuren geöffnet, belegt nicht zuletzt durch die stetig wachsende Zahl von Kooperationsinitiativen und Veranstaltungen. Dabei fällt auf, dass Nichtregierungsorganisationen aus dem Bereich der sogenannten „advocacy institutions" heute deutlich stärker einbezogen sind als die klassischen außenpolitischen Think Tanks.

Andere Anpassungen des Auswärtigen Dienstes stehen noch aus, wie etwa die Zusammenführung von Außenpolitik, Außenwirtschaftspolitik und Entwicklungszusammenarbeit oder die Bündelung administrativer wie operativer Aufgaben im europäischen Rahmen parallel zum Aufbau des Europäischen Auswärtigen Dienstes, etwa im Bereich des Konsularwesens.

4 Folgerungen für die außenpolitische Politikberatung

Gemessen an der selektiven und im westlichen Vergleich eher nachrangigen Mitwirkung politikberatender Institutionen an der außenpolitischen Reflexion und Entscheidungsvorbereitung im Auswärtigen Amt der „Bonner Republik" haben sich – wie hier skizziert – Form, Inhalt und Dichte des beratenden Austauschs der Diplomaten mit Experten über die letzten zwei Jahrzehnte enorm verbreitet. Die Umbrüche der internationalen Politik und die neuen Entscheidungslagen deutscher Außenpolitik lösten einen grundlegenden Wandel im Verhältnis von politischer Administration und außenpolitischer Expertise aus, die vor allem die policy-orientierten Think Tanks mit ihren Netzwerken in Forschungsinstituten, Think Tanks und Medien für sich zu nutzen wussten. In der Analyse, Interpretation und Strategiebildung der Europa-, Allianz- und Sicherheitspolitik, aber auch in anderen Feldern wie der Entwicklungspolitik oder der internationalen Umweltpolitik haben sie maßgeblich zur Neuorientierung und Positionierung der deutschen Außenpolitik beigetragen. Als eine der wesentlichen Voraussetzungen des Erfolgs politikberatender Akteure erwies sich ihre relative materielle Unabhängigkeit. Politik tut sich schwer, in einer offenen Gesellschaft in die Entwicklung von Alternativen zu ihren aktuellen Präferenzen zu investieren. So haben AA wie die anderen außenpolitischen Ressorts zwar Mittel für die Analyse von Entwicklungslinien, Szenarien und Handlungsoptionen für kommende Herausforderungen bereitgestellt, doch führten die Ergebnisse dieser Arbeit kaum zu einem sichtbaren Veränderungsimpuls. Größere Wirkung konnten diejenigen Prozesse entfalten, die auch eine öffentliche Resonanz zu schaffen vermochten, sei es über Publikationen, über Dialogformate mit Experten, Akteuren und Meinungsführern oder über breiter sichtbare hochrangige Konferenzen. In dieser Fähigkeit zum Agenda-Setting dürfte der entscheidende Unterschied zur traditionellen Politikberatung durch bundesfinanzierte, zumeist außeruniversitäre Außenpolitikforschung liegen. Die öffentliche Finanzausstattung und Mittelverwendung ließ dazu wenig Raum; ohne die in den neunziger Jahren spürbar wachsende Policy-Orientierung von Stiftungen hätte politikberatende Expertise diese Rolle und diese Wirkung wohl nicht erreichen können.

Im Nachgang dieser Entwicklung und in Reaktion auf den sich wandelnden Stellenwert auswärtiger Politik im Feld des Regierungshandelns hat sich das Auswärtige Amt in den letzten Jahren weiter geöffnet. Im Rahmen eines breiten Verständnisses von Public Diplomacy kooperiert das AA nahezu ständig mit Stiftungen, Nichtregierungsorganisationen und Verbänden, um internationale Themen und außenpolitische Anliegen deutscher Politik öffentlichkeitswirksam aufzunehmen, zu behandeln und zu vermitteln. Mit Politikberatung im engeren Sinn haben diese Partnerschaften eher weniger zu tun, geht es bei ihnen doch nicht um strategische und operative Entscheidungsvorbereitung. Andererseits ist ihre Rolle für das Agenda Setting nach innen nicht zu unterschätzen – insbesondere wenn sie die öffentliche Darstellung von Politik und ihrer Hauptakteure begünstigt, den Eindruck der Partizipation gesellschaftlicher Gruppen am politischen Prozess stützt und wenn sie, nicht zuletzt, der Politik kreative und materielle Ressourcen zuführt. Die Außenpolitik Deutschlands in der Gesellschaft zu vermitteln und zu verankern ist zu einer wesentlichen Aufgabe der Kooperation zwischen politischer Administration und zivilgesellschaftlichen Akteuren geworden. Hinter ihr steht die vergleichsweise elitäre Expertenberatung von Politik zurück. Es gibt sie noch. Allerdings hat der Bedarf der politischen Akteure an strategischer Politikberatung in dem Maße nachgelassen, in dem sich deutsche Außenpolitik von ambitionierten Gestaltungsprojekten im europäischen und internationalen Rahmen entfernt und auf die Sicherung von Interessen, Positionen und Besitzständen fokussiert hat.

Literatur

Braml, Josef, 2006: Politikberatung amerikanischer Think Tanks, in: Falk, Svenja/Rehfeld, Dirk/Römmele, Andrea/ Thunert, Martin (Hrsg.), Handbuch Politikberatung, Wiesbaden, 563-576.

Büger, Christian, 2006: Das Auswärtige Amt auf dem Weg zu einer neuen Beratungskultur? Der Dialog zwischen externem Fachwissen und Politik im Feld der Außenpolitik, in: Falk, Svenja/Rehfeld, Dirk/Römmele, Andrea/Thunert, Andrea (Hrsg.), Handbuch Politikberatung, Wiesbaden, 509-522.

Eberwein, Wolf-Dieter/Kaiser, Karl (Hrsg.) 1998: Deutschlands neue Außenpolitik. Band 4: Institutionen und Ressourcen, München.

Gellner, Wienand, 1995: Ideenagenturen für Politik und Öffentlichkeit. Think Tanks in den USA und in Deutschland, Opladen.

Kaiser, Karl/Maull, Hanns W. (Hrsg.) 1995a: Deutschlands neue Außenpolitik. Band 1: Grundlagen, München.

Kaiser, Karl/Maull, Hanns W. (Hrsg.) 1995b: Deutschlands neue Außenpolitik. Band 2: Herausforderungen, München.

Kaiser, Karl/Krause, Joachim (Hrsg.) 1997: Deutschlands neue Außenpolitik. Band 3: Interessen und Strategien, München.

Müller-Brandeck-Bocquet, Gisela/Schukraft, Corina/Leuchtweis, Nicole/Keßler, Ulrike, 2010: Deutsche Europapolitik: Von Adenauer bis Merkel, 2. erw. Aufl., Wiesbaden.

Nötzold, Jürgen (Hrsg.) 1995: Wohin steuert Europa? Erwartungen zu Beginn der 90er Jahre, Baden-Baden.

Von Ploetz, Hans-Friedrich, 1998: Der Auswärtige Dienst vor neuen Herausforderungen, in: Eberwein, Wolf-Dieter/Kaiser, Karl (Hrsg.), Deutschlands neue Außenpolitik – Institutionen und Ressourcen, Band 4, München, 59-74.

Schmillen, Achim, 2004: Politikberatung in der Außenpolitik, in: Kümmel, Gerhard (Hrsg.), Wissenschaft, Politik und Politikberatung, Frankfurt a. M./New York, 113-128.

Weidenfeld, Werner/Janning, Josef (Hrsg.), 1993: Europe in Global Change, Gütersloh.

Tassilo Wanner/Daniel von Hoyer

Angebot trifft Nachfrage? Politikberatung im Umfeld deutscher Parlamente

1 Einleitung

Parlamentarische Politikgestaltung wäre sowohl hinsichtlich ihrer Vielfalt als auch ihres Tempos in der aktuell zu beobachtenden Form ohne die Beratung der handelnden Akteure durch Dritte nur schwer vorstellbar. Alleine im Fall des Deutschen Bundestags sind etliche tausend Mitarbeiter, Verwaltungsbeamte, Wissenschaftler und Politikberater darauf ausgerichtet, seine Mitglieder bei der Entscheidungsfindung zu unterstützen; Gleiches gilt – freilich in teilweise deutlich geringerem quantitativen Maß – auch hinsichtlich der sechzehn Landtage. Der vorliegende Beitrag versucht, einen umfassenden Überblick über die Beratungspraxis im Umfeld der deutschen Parlamente zu gewähren. Im zweiten Teil des Beitrags wird schließlich thesenartig beleuchtet, an welchen Stellen strukturelle Hindernisse einem optimalen Zusammentreffen von Beratungsangebot und -nachfrage im Wege stehen. Vor diesem Hintergrund soll auch zur Sprache kommen, welche Eigenarten und Restriktionen des Politikbetriebs im Interesse einer Stärkung des Austauschs zwischen der Politik und insbesondere der wissenschaftlichen Politikberatung künftig intensiver berücksichtigt werden könnten.

2 Spezialisten werden geboren: Innerparlamentarische Beratung auf drei Ebenen

Abgeordnete von arbeitenden Redeparlamenten müssen „einerseits die Rolle des Generalisten (Anforderung des Redeparlamentes) und andererseits die des Spezialisten (Anforderung des Arbeitsparlamentes) erfüllen" (Püschner 2009: 33). Dies gilt insbesondere für den Deutschen Bundestag und die Landtage der deutschen Bundesländer, deren Mitglieder einerseits nur ihrem Gewissen unterworfen sind, deren Funktionsweise andererseits gleichzeitig auf einer starken Arbeitsteilung basiert. Nicht in jedem Fall verfügen Abgeordnete zum Zeitpunkt ihrer Wahl in ausreichendem Maße über Vorwissen hinsichtlich der von ihnen im Parlament zu behandelnden Politikfelder, um als Spezialisten in den jeweiligen Bereichen gelten zu können. Um die Rolle des Spezialisten ausfüllen zu können, sind viele Abgeordnete also – insbesondere in den ersten Jahren ihrer Tätigkeit – auf Beratung angewiesen. Hierbei können sie aus einer Vielfalt von Beratungsressourcen wählen. Hinsichtlich der Inanspruchnahme von Leistungen angewandter Politikforschung durch Parlamentarier ist zunächst grundsätzlich zwischen dem parlamentsintern bereitgestellten Beratungsangebot und parlamentsexternen, von außen einzuholenden Beratungsleistungen zu unterscheiden.

Die parlamentsinternen Beratungsressourcen sind auf drei Ebenen organisiert: Fraktionsübergreifend auf gesamtparlamentarischer Ebene, auf Fraktionsebene und auf der Ebene der einzelnen Mandatsträgerinnen und Mandatsträger, also in den Abgeordnetenbüros.

2.1 Von Saarbrücken bis Brüssel: Beratung durch die Parlamentsverwaltungen

Auf gesamtparlamentarischer Ebene sind neben den Ausschusssekretariaten, die die Sitzungen der Fachpolitiker eher verfahrenstechnisch begleiten, in diesem Zusammenhang vor allem die wissenschaftlichen Dienste der Parlamente, sofern diese vorhanden sind, als relevant zu nennen. Bei der Unterabteilung „Wissenschaftliche Dienste" der Verwaltung des Deutschen Bundestags handelt es sich ohne Zweifel um die mit Abstand bedeutendste Einrichtung dieser Art in Deutschland. Sie umfasst rund 100 Mitarbeiter, von denen etwas mehr als die Hälfte dem höheren Dienst angehören. Einzelne Referate spiegeln die Breite der fachlichen Zuständigkeiten des Bundestags oder widmen sich historischen und Querschnittfragen. Jeder Bundestagsabgeordnete hat das Recht, sich mit fachlichen Fragen an die Wissenschaftlichen Dienste zu wenden. Die Angehörigen der Dienste erledigen pro Jahr mehr als 2000 Aufträge; dazu zählt die Erstellung von mehr als 500 ausführlichen Gutachten (vgl. Bomhoff 2006).

Die deutschen Landtage sind hinsichtlich parlamentsinterner Beratungsinstitutionen nicht in gleichem Umfang ausgestattet wie der Bundestag. So verfügt die Mehrzahl der Landesparlamente beispielsweise über keinen wissenschaftlichen, sondern lediglich über einen juristischen Dienst. Diese Einrichtungen erstellen ausschließlich Gutachten zu originären Rechtsfragen, insbesondere aus den Bereichen des Parlaments- und Geschäftsordnungsrechts sowie des Verfassungsrechts. Anlässe zu Prüfungen dieser Art waren in der jüngeren Zeit beispielsweise die Frage, ob die frühere Mitgliedschaft von Abgeordneten im Beirat der HSH Nordbank der Mitgliedschaft im entsprechenden Parlamentarischen Untersuchungsausschuss des Schleswig-Holsteinischen Landtags entgegenstehe, Unklarheiten hinsichtlich des rückwirkenden Inkrafttretens von Änderungen des Ministergesetzes in Thüringen sowie der Verdacht auf Verstoß gegen das niedersächsische Ministergesetz durch den ehemaligen dortigen Ministerpräsidenten Christian Wulff.

Zu den Beratungsangeboten auf gesamtparlamentarischer Ebene zählen auch die Kontakt- beziehungsweise Informationsstellen einiger weniger Volksvertretungen bei der Europäischen Union in Brüssel, die als europapolitische Anlaufstellen für Parlamente, Fraktionen und Abgeordnete fungieren. Auch in diesem Zusammenhang ist eine deutlich breitere Ausstattung des Bundestags festzustellen, in dessen Verbindungsbüro in Brüssel nicht nur Mitarbeiter der Parlamentsverwaltung, sondern auch der einzelnen Fraktionen für den Informationsaustausch mit Berlin sorgen.

Keine Mitarbeiterinnen und Mitarbeiter der Fraktionen, sondern ausschließlich Mitarbeiterinnen und Mitarbeiter der Landtagsverwaltung sind in der Kontakt- und Informationsstelle des Bayerischen Landtags in Brüssel tätig. Die Dienste der Stelle können von allen Abgeordneten, Gremien und Fraktionen des Bayerischen Landtags in Anspruch genommen werden. Zu den Aufgaben des Büros zählen die Information des Landtags und insbesondere des Ausschusses für Bundes- und Europaangelegenheiten über relevante Vorhaben und Entwicklungen auf europäischer Ebene, die Zuarbeit für die Mitglieder des Landtags im Ausschuss der Regionen der Europäischen Union sowie die organisatorische Unterstützung in Bezug auf Termine und Gespräche der Gremien und Abgeordneten des Landtags in Brüssel.

2.2 Herzkammer der Opposition: Fraktionen gestalten ihre Geschäftsstellen in eigener Regie

Im Rahmen ihrer Autonomie strukturieren die Fraktionen ihre internen Beratungspools in Eigenregie, indem sie auf Grundlage einer entsprechenden Gestaltung von Stellenplänen Referentinnen und Referenten beschäftigen. Die dafür verwendeten Mittel stammen aus dem jeweiligen Bundes- oder Landeshaushalt; sie setzen sich aus einem Grundbetrag und einem zusätzlichen Beitrag pro Fraktionsmitglied zusammen. Darüber hinaus erhalten Fraktionen, die nicht die jeweilige vom Parlament abhängige Regierung tragen, einen sogenannten „Oppositionszuschlag". Auf Bundesebene existiert dieser Zuschlag seit 1977 (vgl. Gesetz über die Rechtsverhältnisse der Mitglieder des Deutschen Bundestags § 50). Er beträgt 15 Prozent auf den Grundbetrag und 10 Prozent auf den Betrag pro Fraktionsmitglied. In 2010 erhielten die Fraktionen im Deutschen Bundestag eine Grundzuweisung in Höhe von jeweils 4,1 Millionen Euro, die um rund 86.000 Euro pro Abgeordnetem ergänzt wurde. Grundbetrag und Oppositionszuschlag fallen so stark ins Gewicht, dass sich etwa der Haushalt der FDP-Bundestagsfraktion – obwohl sie durch die Wahl 2009 von 61 auf 93 Mitglieder und mithin um mehr als 50 Prozent anwuchs – zwischen 2009 und 2010 nur von rund 10,6 Millionen Euro auf 12,2 Millionen Euro, also um etwa 14 Prozent, erhöhte (ohne den zwischen 2009 und 2010 erfolgten Anstieg der Zuwendungssätze hätte die Summe 2010 sogar weniger als zwölf Millionen Euro betragen). Somit klaffen die Größen der jeweiligen Referentenstäbe nicht allzu weit auseinander. So verfügen etwa im Bayerischen Landtag die größte Regierungsfraktion (CSU; 92 Abgeordnete) und die kleinste Oppositionsfraktion (Grüne; 19 Abgeordnete) über je zwischen 20 und 30 wissenschaftliche Mitarbeiter. Im Vergleich zu den hinsichtlich der Zahl ihrer Mitglieder größeren Bundestagsfraktionen, die außerdem deutlich häufiger zusammentreten, verfügen die Landtagsfraktionen somit über verhältnismäßig große Mitarbeiterstäbe. Im Bayerischen Landtag, der nur über einen juristischen Dienst verfügt, muss allerdings auch das Fehlen eines Wissenschaftlichen Dienstes kompensiert werden; wie in den anderen betroffenen Landtagen geschieht dies vor allem auf der Ebene der Fraktionen. Neben der Stärkung der eigenen Geschäftsstellen eignet sich teilweise auch die Intensivierung der Nutzung externen Sachverstands als Mittel zu dieser Kompensation (siehe unten).

2.3 Das direkte Umfeld: Unterschiedliche Ausstattungen von Abgeordnetenbüros

Auf der Ebene der einzelnen Abgeordneten schließlich arbeiten die persönlichen Mitarbeiterinnen und Mitarbeiter unmittelbar und ausschließlich den Parlamentariern zu. Diese direkte Zuteilung stellt die wichtigste praktische Ressource zur Stärkung der Unabhängigkeit des Abgeordnetenmandats dar. Bundestagsmitgliedern stand 2010 zu diesem Zweck jeweils eine Pauschale zur Gewährung von Bruttogehältern bis zu einer Gesamtsumme von 14.712 Euro zur Verfügung. Die Definition der Zahl und der Profile der damit finanzierten Stellen obliegt alleine dem jeweiligen Parlamentarier; in der Praxis ergeben sich somit eine hohe Zahl von Kombinationen verschiedenster Qualifikationsniveaus und Arbeitszeitmodelle. Gemeinsam ist den meisten Zuschnitten von Abgeordnetenbüros, dass es in den Berliner Büros häufig einen wissenschaftlichen Mitarbeiter gibt, der in Vollzeit beschäftigt ist.

Auch wenn sich die deutschen Landesparlamente hinsichtlich ihrer Struktur und Funktionsweise im Detail deutlich unterscheiden, lässt ein exemplarischer Blick auf den Bayerischen Landtag Unterschiede zur Ausstattung der Mitglieder des Deutschen Bundestags erkennen: So gesteht das Bayerische Abgeordnetengesetz jedem Volksvertreter zur Unterstützung seiner parlamentarischen Arbeit die Erstattung von Personalkosten von monatlich 7.330 Euro zu, während dieser Betrag in anderen Flächenstaaten noch niedriger liegt (Baden-Württemberg: unter 5.000 Euro; Nordrhein-Westfalen: unter 4.000 Euro). In Bayern können daraus außerdem – abweichend von der Regelung im Bundestag – neben klassischen Arbeitsverträgen auch Dienst- und Werkverträge finanziert werden, wodurch sich die Bandbreite möglicher Zuarbeiten erweitert. Nicht erstattet werden allerdings Kosten für Beraterverträge, die keine konkreten Leistungen zum Inhalt haben.

Mit den Unterschieden in den Personalbudgets, der vergleichsweise ausgeprägten Rolle der Fraktionsgeschäftsstellen sowie der räumlichen Nähe der Parlamentsbüros zu den Stimmkreisbüros sind die Rahmenbedingungen für die personelle Besetzung der Büros von Landtagsabgeordneten skizziert, die wiederum andere Auswirkungen auf Arbeitszeitmodelle und Qualifikationsniveaus haben als in den Büros der Abgeordneten des Deutschen Bundestags.

3 Sachverstand von außen: Formen externer Politikberatung im Parlament

In Parlamenten stützt man sich jedoch nicht allein auf die verschiedenen Formen parlamentsinterner Beratung. Parlamente, Fraktionen und Abgeordnete nutzen bei der Wahrnehmung ihrer Aufgaben zusätzlich gezielt die Expertise externer Fachleute; die-

Angebot trifft Nachfrage? Politikberatung im Umfeld deutscher Parlamente

se Art der Beratung ist teilweise sogar elementarer Bestandteil legislativer Politikgestaltung: Wissenschaftler oder Praktiker geben ihre Expertise in thematisch auf aktuelle Gesetzgebungsprozesse ausgerichteten Anhörungen der Fachausschüsse weiter; auf diese Weise oder als externe Mitglieder parlamentarischer Kommissionen wirken sie an der Politikgestaltung mit. Im Rahmen von öffentlichen oder nicht-öffentlichen Fachveranstaltungen einzelner Fraktionen liefern Experten fachliche Impulse und stehen dort als Diskussionspartner für die jeweiligen Fachpolitiker der betreffenden Fraktion zur Verfügung. Strategie- und Kommunikationsberater unterstützen die Parlamentarier bei der konzeptionellen Ausrichtung ihrer politischen Arbeit.

3.1 Auf Augenhöhe mit den Volksvertretern: Enquete-Kommissionen und Runde Tische

Auch hinsichtlich der externen Beratung richtet sich der Blick zuerst auf die gesamtparlamentarische Ebene. Dort bilden Enquete-Kommissionen, die sowohl vom Deutschen Bundestag als auch von den Landtagen eingesetzt werden können, eine der klassischen Schnittstellen zwischen Wissenschaft und Politik. Auch wenn ihre Bezeichnung einen untersuchenden Charakter dieser Gremien impliziert, unterscheiden sie sich doch in zentralen Punkten von parlamentarischen Untersuchungsausschüssen: Letztere arbeiten ausschließlich in Hinblick auf die Beantwortung eines vorab festgelegten detaillierten Fragenkatalogs in Bezug auf zurückliegende Ereignisse oder Sachverhalte; ihre Mitglieder sind allein Abgeordnete. Enquete-Kommissionen hingegen arbeiten zukunftsorientiert und dienen der „Vorbereitung von Entscheidungen über umfangreiche und bedeutsame Angelegenheiten" (vgl. Bayerischer Landtag: Geschäftsordnung § 31) oder „Sachkomplexe" (vgl. Deutscher Bundestag: Geschäftsordnung § 56). Sie bestehen jeweils zur Hälfte aus Abgeordneten und externen Sachverständigen; diese Tatsache und der langfristige Charakter ihrer Arbeit, die in der Regel bis zum Ende der jeweiligen Legislaturperiode angelegt ist, und mithin ihrer Perspektive lässt Enquete-Kommissionen zu einem Gegengewicht zu den vielfältigen Beratungsgremien – etwa Sachverständigenräten – und anderen Informationsmöglichkeiten der jeweiligen Regierungszentralen und Ministerien werden (vgl. Hoffmann-Riem/Ramcke 1989: 1261). Die Vielfalt der Beratungsgegenstände von Enquete-Kommissionen zeigt sich anhand der 27 seit 1971 vom Deutschen Bundestag eingesetzten Gremien dieser Art: Unter anderem wurde und wird dort zu den Themen Verfassungsreform, Gentechnologie, AIDS, Schutz der Erdatmosphäre, demographischer Wandel, SED-Diktatur, Globalisierung, Wohlstand und digitale Gesellschaft gearbeitet. Auch wenn Enquete-Kommissionen auf Landesebene eine teilweise kürzere Tradition als auf Bundesebene haben, ist ihr thematisches Portfolio doch ebenfalls breit angelegt: Im Bayerischen Landtag tagten beispielsweise bislang die Enquete-Kommissionen „Reform des Föderalismus – Zukunft der Landesparlamente", „Mit neuer Energie in das neue Jahrtausend" und „Jungsein in Bayern – Zukunftsperspektiven für die kommenden Generationen".

Daneben existieren in zahlreichen Parlamenten weitere, teilweise sogar ausschließlich mit externen Fachleuten besetzte Kommissionen, denen ebenfalls keine Kontroll- oder Entscheidungsbefugnisse zukommen. Vielmehr folgen sie einem gezielten Beratungsauftrag: Diätenkommissionen erarbeiten Empfehlungen zur Abgeordnetenentschädigung, Datenschutzkommissionen beraten in datenschutzrechtlichen Fragen, das Büro für Technikfolgenabschätzung beim Deutschen Bundestag spricht Empfehlungen hinsichtlich des Umgangs mit komplexen Errungenschaften der Forschung aus.

Weniger formalisiert sowie mit einem variierenden Grad ihrer öffentlichen Wahrnehmung und ihrer Kontinuität arbeiten von Parlamenten und Fraktionen initiierte themenbezogene Runde Tische. Der Teilnehmerkreis kann sich dabei aus Abgeordneten, betroffenen Bürgerinnen und Bürgern sowie Vertreterinnen und Vertretern der Regierungen, der Wissenschaft sowie der betroffenen Verbände und Interessengruppen zusammensetzen. So hat beispielsweise der Ausschuss für Soziales, Familie und Arbeit des Bayerischen Landtages Ende 2011 einen Runden Tisch zur Begleitung der Erarbeitung eines Bayerischen Aktionsplans zur Umsetzung der UN-Behindertenrechtskonvention eingerichtet. Im Frühjahr des selben Jahres wurde dagegen die Arbeit des Runden Tisches „Heimerziehung in den 50er und 60er Jahren" beendet, dessen Einrichtung vom Deutschen Bundestag beschlossen worden war.

Stärker situativ und punktuell als in den umfassender angelegten Enquete-Kommissionen, Sondergremien und Runden Tischen wird externer Sachverstand im Rahmen von Anhörungen der parlamentarischen Fachausschüsse abgefragt. Solche Anhörungen dienen der vertieften Information über einen Gegenstand der aktuellen Ausschussberatung; sie stehen also in der Regel in einem unmittelbaren Zusammenhang zu einem oder sind sogar Teil eines spezifischen Gesetzgebungsverfahrens. Auch wenn der Aktionsraum für die Beratenden hier sowohl zeitlich als auch inhaltlich, beispielsweise durch vorgegebene Fragenkataloge, stark beschränkt ist, kommt den Anhörungen nicht selten eine hohe politische Bedeutung zu; häufig berichten die Medien ausführlich über den Verlauf der entsprechenden Sitzungen. In Folge dessen handelt es sich bereits bei der Auswahl der jeweils vortragenden Experten – das Vorschlagsrecht liegt in der Regel bei den Fraktionen – um einen höchst politischen Akt.

3.2 Mittel der politischen Schwerpunktsetzung: Fraktionsveranstaltungen und -papiere

Abseits klar definierter Fragenkataloge kommt externen Fachleuten im Rahmen sogenannter Fraktionskongresse ein noch größerer Spielraum zu. Diese Kongresse stellen eines der wesentlichen Formate externer parlamentarischer Beratung auf der Ebene der Fraktionen dar. Hier werden in der Regel mehrere Wissenschaftler oder Praktiker gebeten, im Wechsel mit Experten der betreffenden Fraktion je einen Impuls zum Thema des Tages zu geben, und im Anschluss für eine offene Aussprache – häufig auch unter Beteiligung eines geladenen Fachpublikums – zur Verfügung zu stehen. Derartige Fachgespräche spielen im parlamentarischen Alltag eine bedeutende Rolle, da sie in der Regel ein besonders positives Verhältnis zwischen organisatorischem und finanziellem Aufwand sowie ihrem Nutzen mit sich bringen und darüber hinaus relativ kurzfristig durchgeführt werden können; sie eignen sich somit etwa auch zur Vertiefung neu auf der politischen Agenda erscheinender Themen. Vor dem Hintergrund dieser Tatsache sowie der nicht selten gegebenen Prominenz der eingebundenen Vertreter aus Wissenschaft und Praxis können solche Fraktionsveranstaltungen auf ein beachtliches Echo in Medien und Öffentlichkeit stoßen.

Unter einer noch deutlich höheren medialen Aufmerksamkeit stehen die regelmäßigen Klausurtagungen der Fraktionen. Damit stellen auch sie eine von den Fraktionen gezielt genutzte Gelegenheit dar, externe Experten zu den jeweiligen inhaltlichen Schwerpunkten einzuladen und sich von ihnen hinsichtlich der Ausrichtung ihrer parlamentarischen Arbeit beraten zu lassen.

Im Falle eines Bedarfs an ausführlicher und schriftlich fixierter Expertise zu einem für ihre Arbeit relevanten Gegenstand haben Fraktionen wie Ausschüsse die Möglichkeit, Gutachten oder Studien in Auftrag zu geben, deren Untersuchungsgegenstand sie selbst mehr oder weniger präzise definieren können. Der Auftrag an die Verfasser kann dabei sowohl die Prüfung von Rechtsnormen als auch die Ableitung von Empfehlungen für die politisch-parlamentarische Arbeit auf Grundlage der zu erzielenden Untersuchungsergebnisse beinhalten. Zur Veranschaulichung der thematischen Bandbreite seien hier eine rechtsgutachterliche Stellungnahme im Auftrag der SPD-Bundestagsfraktion zur Neuregelung des Wahlrechts, eine von der Bundestagsfraktion Bündnis 90/Die Grünen in Auftrag gegebene Ausarbeitung zu „Berechnungen der finanziellen Wirkungen verschiedener Varianten einer Pflegebürgerversicherung" sowie ein Gutachten im Auftrag der CDU-Fraktion im Landtag von Sachsen-Anhalt zur Finanzsituation der dortigen Kommunen genannt. Die Tatsache, dass dieses Instrument der Politikberatung im Vergleich zu anderen Instrumenten im Parlament verhältnismäßig selten genutzt wird, geht vor allem auf zwei Faktoren zurück: Erstens erfordert die Erarbeitung – wie auch die darauf folgende Auswertung – eines umfassenden Gutachtens ein ausreichendes Maß an Zeit. Zweitens bringen der hohe Zeitaufwand bei der Erstellung sowie das – im Bedarfsfall nicht selten explizit erwünschte – Renommee der Verfasser relativ hohe Kosten mit sich.

Je stärker der Bedarf nach schriftlicher Expertise auf die Absicht zurückgeht, die entsprechenden Ausarbeitungen – gemäß der legislativen Hauptfunktion von Parlamenten – in Gesetzentwürfe münden zu lassen, werden Juristen entweder mit dem Entwurf von Gesetzestexten oder damit beauftragt, in den Fraktionen erarbeitete Positionen in Bezug auf die Möglichkeiten ihrer rechtlichen Realisierung zu überprüfen.

Grundsätzlich tendieren sowohl Fraktionen in Landtagen, die über keinen wissenschaftlichen Dienst verfügen, als auch Oppositionsfraktionen eher dazu, externe Fachleute mit der Ausarbeitung von Gutachten oder konkreten Gesetzestexten zu beauftragen. Steht nämlich ein ausreichend starker wissenschaftlicher Dienst zur Verfügung, können dort hinsichtlich ihrer Qualität und des Tempos ihrer Erstellung beachtliche Gutachten zu besseren formalen Konditionen angefordert werden. Dabei ist nicht nur die Tatsache zu nennen, dass die dortige Erstellung der Ausarbeitungen keine Kosten mit sich bringt; vielmehr profitieren die Auftraggeber auch davon, dass die Wahl der Wissenschaftlichen Dienste als Auftragnehmer in der Regel keine politischen Verfänglichkeiten mit sich bringt, während das Engagement von Wissenschaftlern sowie privaten Beratungsfirmen oder Kanzleien stets die Frage nach der inhaltlichen Unabhängigkeit der betreffenden Institution, persönlichen Verbindungen zwischen ihr und dem Auftraggeber sowie der Angemessenheit des vereinbarten Honorars nach sich ziehen kann; gleichzeitig profitiert der Auftraggeber – auch hinsichtlich einer möglicherweise gewünschten medialen Nutzung der entsprechenden Schlussfolgerungen des in Auftrag gegebenen Gutachtens – vom Renommee etwa der Wissenschaftlichen Dienste des Deutschen Bundestags.

Die die Regierung tragenden Fraktionen haben darüber hinaus die Option, in geeigneter Form von den Ressourcen der Regierungszentralen und Ministerien – in diesem Zusammenhang sei auch die häufig genutzte Möglichkeit der Exekutive, selbst Gutachten und Studien in Auftrag zu geben, genannt – zu profitieren. So ist es etwa nicht unüblich, dass Kabinette sogenannte „Formulierungshilfen" verabschieden, die den ihr nahe stehenden Fraktionen im entsprechenden Parlament bei der Einbringung entsprechender Gesetzgebungsvorhaben als Grundlage dienen. Das Fehlen der Möglichkeit des Rückgriffs auf solche Formulierungshilfen gilt übrigens als einer der Gründe für die Berechtigung des oben erwähnten Oppositionszuschlags im System der Fraktionsfinanzierung.

Im Sinne der Vollständigkeit muss auch die Beratungsleistung durch die Rechnungshöfe des Bundes und der Länder in Bezug auf die staatliche Haushalts- und Wirtschaftsführung betreffende Fragen erwähnt werden. Die Rechnungshöfe, die ihre Prüftätigkeit selbst als Beratungsleistung verstanden wissen wollen, werden hier einerseits von sich aus aktiv, fertigen andererseits aber auch Gutachten und Stellungnahmen im Auftrag der Parlamente und Fraktionen an.

3.3 Der Ton macht die Musik: Kommunikationsberatung für Abgeordnete

Hinsichtlich der externen Beratung einzelner Abgeordneter ist festzuhalten, dass die Grenzen zwischen strategisch-inhaltlichen und kommunikativen Belangen nicht selten fließend verlaufen. Politische Akteure haben das Ziel, unter den gegebenen Umständen – die meisten der zu bearbeitenden Fragen können nicht frei gewählt werden; eine Vielzahl von Akteuren konkurriert um das knappe Gut der Aufmerksamkeit der Zielgruppen – eigene und wahrnehmbare Akzente zu setzen und das Bild einer kohärenten und authentischen Gesamtstrategie zu vermitteln. Bei der Entwicklung und Umsetzung solcher Strategien können Fraktionen intensiv auf eigene Ressourcen zurückgreifen, bestehen doch etwa ihre Stabsstellen für Presse- und Öffentlichkeitsarbeit in der Regel aus Fachleuten aus den jeweiligen Bereichen. Im parlamentarischen Alltag sind für gewöhnlich sie es, die die Vertreter der Fraktionen in Bezug auf die geeigneten

Formen, Inhalte und zeitlichen Abläufe der Kommunikation gegenüber Presse und Öffentlichkeit beraten. Den einzelnen Abgeordneten stehen in ihren Büros dagegen nicht in jedem Fall Mitarbeiter mit einem ähnlichen Erfahrungshintergrund zur Seite. Sie greifen daher im Bedarfsfall zum Teil auf externe Strategie- und Kommunikationsberater zurück; hierbei ist zu beachten, dass der innere Zusammenhang zwischen Strategie und Kommunikation auf der Ebene der einzelnen Parlamentarier besonders eng ist, nachdem die kampagnenfreie Zeit der Abgeordneten noch kürzer ausfällt als die der Fraktionen: Mehr als ein Jahr, bevor der tatsächliche Wahlkampf aufgenommen wird, beginnt an der Parteibasis der Wettlauf um die Gunst der Wahlkreis-Delegiertenversammlungen, die die jeweiligen Direktkandidaten nominieren, beziehungsweise um die Gunst der Parteitagsdelegierten, die die Plätze auf den Wahllisten vergeben.

3.4 Beratung to go: Informeller Austausch im ungeplanten Zwiegespräch

Neben den Formen der gezielten Nutzung von externer Expertise ist die Bedeutung der informell-situativen Beratung nicht zu unterschätzen, die auf allen Ebenen und regelmäßig stattfindet. Parlamentarier und parlamentarische Mitarbeiter nehmen häufig Termine wahr, in deren Rahmen sie – ohne dies bewusst angestrebt oder gar vereinbart zu haben – mit Experten zusammentreffen. Gerade Veranstaltungen, die gezielt Gesprächsräume außerhalb fixierter Abläufe schaffen, bieten die Möglichkeit, sich im informellen Austausch mit Experten aktuellen und auf den eigenen Bedarf zugeschnittenen Rat einzuholen, ohne dass organisatorischer oder Kostenaufwand entstehen würde. Im direkten und vertraulichen Austausch – insbesondere im Rahmen eines Gesprächs unter vier Augen – kann die fachliche Expertise außerdem um persönliche Einschätzungen und Empfehlungen ergänzt werden, die im Rahmen einer Beratung auf dem formalen Weg – etwa aufgrund des Fehlens der Möglichkeit zu direkten und informellen Rückfragen – außerhalb der gedanklichen Reichweite liegen, sich also gar nicht ergeben würden, oder deren schriftliche Formulierung sich auf Grundlage der Gepflogenheiten des politischen Betriebs verbieten würde. In dieser Form findet etwa auch ein großer Teil des – nicht selten folgenreichen – Austauschs zwischen Politikern auf der einen Seite und Journalisten beziehungsweise Publizisten auf der anderen Seite statt.

Eine Gelegenheit dazu bieten insbesondere Abendveranstaltungen, zu denen Verbände, Interessengruppen und Firmen im Umfeld von Parlamenten regelmäßig bitten. Das bewährte und häufige Format des Parlamentarischen Abends erlaubt es dabei, den parlamentarischen Akteuren gleichzeitig die eigene Position vorzustellen und zu versuchen, diese für die eigenen Belange zu gewinnen. Die Hauptmotivation für den Besuch solcher Veranstaltungen liegt aber in der Regel in der Tatsache, dass dort Gesprächsräume im oben genannten Sinn und mithin direkte Gespräche mit Abgeordneten aller Fraktionen zu erwarten sind.

4 Angebot trifft Nachfrage? Angewandte Politikforschung und die Marktbedingungen des politisch-parlamentarischen Raums

Freilich kann nicht in Abrede gestellt werden, dass auch von wissenschaftlichen Forschungsinstituten angebotene Begegnungsmöglichkeiten – neben den von ihnen zur Verfügung gestellten Analysen – Ausgangspunkt solcher vertraulicher Dialoge mit politischen Akteuren sein oder dass Vertreter solcher wissenschaftlicher Institutionen etwa in Anhörungen oder Enquete-Kommissionen vertreten sein können. Dennoch ist zu konstatieren, dass Praktiker in diesen Gremien wie auch in den Terminkalendern und der Wahrnehmung vieler Volksvertreter eine deutlich stärkere Rolle spielen als auf die Politikberatung spezialisierte (Politik-)Wissenschaftler. Ein gewisses Steigerungspotenzial hinsichtlich der Nutzung der Angebote der angewandten wissenschaftlichen Politikforschung durch die politischen Akteure lässt sich jedenfalls nicht leugnen. Von diesbezüglichen Veränderungen könnten im Übrigen beide Seiten gleichermaßen profitieren: Parlamentarische Akteure, die stärker auf die Leistungen der angewandten Politikforschung zurückgriffen, könnten die dort häufig ohnehin vorhandenen Ergebnisse gründlicher Recherchen und Abwägungsprozesse nutzen, die darüber hinaus in der Regel unter Bedingungen zustande kamen, die im Vergleich zum Umfeld politischen Arbeitens eher geeignet sind, Kreativität sowie die uneingeschränkte Orientierung an der bestmöglichen Lösung zu fördern. Im Gegenzug könnte die angewandte Politikforschung Erfahrungen sammeln, die es ihr erlaubten, ihre Forschung, die Aufbereitung der dabei erzielten Ergebnisse und die Ansprache der Politik genauer auf den Bedarf im politisch-parlamentarischen Raum abzustimmen. Eine in der Folge vertiefte Berücksichtigung der Eigenarten des Politikbetriebs könnte das Zusammenspiel mit den zu beratenden Akteuren weiter intensivieren. Als Anregung für die angewandte Politikforschung, die in diesem Sinne zu einer Steigerung der Perzeption ihrer Arbeit im politischen Umfeld beitragen könnte, sind folgende Beobachtungen zu den Marktbedingungen im politisch-parlamentarischen Raum geeignet.

Erstens – monetäre Restriktionen: Budgetäre Restriktionen bestimmen den Umfang der Inanspruchnahme von Beratungsressourcen: Die finanzielle Ausstattung von Parlamenten, Fraktionen und Abgeordneten ist in Deutschland sehr unterschiedlich. Dies hat zur Folge, dass sich nicht alle parlamentarischen Akteure Beratung in allen verfügbaren Varianten, Kombinationen und in vollem Umfang leisten können.

Zweitens – rechtliche Restriktionen: Gesetzliche Rahmenbedingungen begrenzen den Spielraum, innerhalb dessen parlamentarische Akteure Beratung in Anspruch nehmen können. So bleibt es ihnen in der Regel verwehrt, im selben Umfang auf Leistungen der Strategie- und Kommunikationsberatung zurückzugreifen, wie es im Fall von Parteien möglich ist; beispielsweise ist die Nutzung der in Deutschland am weitesten professionalisierten Bereiche der externen Politikberatung, der Demoskopie und Wahlforschung (vgl. Glaab 2008), so etwa in Form der Ermittlung von Wahlabsichten oder von Sympathiewerten für einzelne Politikerinnen und Politiker, durch die Regelungen zur Verwendung parlamentarischer Finanzmittel, insbesondere der Fraktionsfinanzen, untersagt. Auch der Haushaltsgrundsatz der Wirtschaftlichkeit und Sparsamkeit bei der Verwendung von Steuermitteln erlaubt es den Fraktionen nicht, Beratungsleistungen in jedwedem Umfang und beliebiger Höhe einzukaufen.

Drittens – zeitliche Restriktionen: Je entscheidungsnäher eine Politikerin oder ein Politiker agiert, desto knapper ist sein Zeitbudget. Selbst Abgeordnete, die innerhalb ihrer Fraktionen keine zusätzliche Verantwortung tragen müssen, sind aufgrund einer Vielzahl von Verpflichtungen hinsichtlich ihres Zeitmanagements nur bedingt frei. Vor diesem Hintergrund verbleiben den parlamentarischen Akteuren in der Regel nur wenige Gelegenheiten dafür, sich beraten zu lassen. Darüber hinaus entstehen einzelne politische Debatten (und oft sind dies die, hinsichtlich derer Beratung am meisten notwendig wäre) häufig so kurzfristig und müssen aufgrund äußerer Umstände so zeitnah zum Abschluss gebracht werden, dass – so stellt sich das damit verbundene Bild zumindest in den Köpfen mancher politisch Tätiger dar – die Kontaktaufnahme zu und Vertrauensbildung mit dem passenden Berater aus der Wissenschaft in etwa gerade abgeschlossen und der Auftrag für ein Gutachten erteilt sein könnte, wenn die betreffende Entscheidung bereits gefällt werden muss.

Viertens – Restriktionen aufgrund der Notwendigkeit der Trennung von politischer Verantwortung und Beratung: Externe Beratung kann den politischen Handlungsspielraum einschränken, wenn sie durch die zeitliche Permanenz und einen hohen Grad der Institutionalisierung die Berater selbst zu politisch relevanten Akteuren werden lässt, die somit gewissermaßen in eine Konkurrenz zu den parlamentarischen Akteuren treten. Zur Minimierung dieses Risikos wird Beratung von der Politik eher punktuell-situativ nachgefragt (vgl. Busch 2011: 87).

Fünftens – Restriktionen aus Mangel an Vertrauen: Vertrauen zwischen den Akteuren ist die Basis für Beratungskooperationen, aber nicht kurzfristig verfügbar. Die Hemmschwelle, sich extern beraten zu lassen, ist dabei umso höher, je weniger der betreffende Politiker die Beratenden kennt und je weniger er ihnen angesichts dessen vertraut. Der Beratungserfolg basiert auf dem Vertrauen zwischen Beratenen und Beratern. Dieses Vertrauen kann jedoch nur auf einer dauerhaft etablierten Beziehung zwischen den beiden Beteiligten basieren. Dabei sollte es im Übrigen zu den Zielen des Beraters zählen, das Vertrauen des politischen Akteurs zunehmend auf die gesamte Institution zu richten, in deren Namen er mit dem Politiker verkehrt, so dass der Beratungsanbieter als Ganzes auf Grundlage dieses einzelnen Austauschs leichter Zugang zu politischen Auftraggebern erhält (vgl. Müller 2007). Institutionen mit lediglich gering ausgeprägten Eigeninteressen oder mit Eigeninteressen, die mit denen des zu beratenden Akteurs weitestgehend übereinstimmen, können das notwendige Vertrauen dabei besonders schnell sowie besonders ausgiebig erwerben. Als Beispiel sei hier das Institut der Stiftung Wissenschaft und Politik genannt, das seit Jahrzehnten den überwiegenden Teil seiner Finanzierung aus dem Bundeshaushalt erhält und ansonsten nur Gelder von Forschungsförderungseinrichtungen empfängt. Eine besondere Rolle spielen in diesem Kontext naturgemäß vor allem die so genannten „parteinahen Stiftungen". Im Optimalfall denken sie „im Umfeld ihrer jeweiligen Partei vor, mit und nach"

(Hildmann 2011: 125) und schaffen „familiäre Vertrauensräume für ihre jeweilige Mutterpartei" (Hildmann 2011: 126).

Sechstens – Restriktionen aufgrund kultureller Verschiedenheit: Die Politik folgt eigenen Gesetzen. Wer ihr eine Beratungsleistung zur Verfügung stellen will, sollte daher die politisch-parlamentarische Denkweise sowie die Komplexität politischer Entscheidungsprozesse möglichst gut kennen und verstehen, um Fehleinschätzungen zu vermeiden. Im Rahmen einer Analyse der Enquete-Kommission zur Föderalismusreform im Bayerischen Landtag wurde die Tatsache negativ beurteilt, dass weder Politiker mit wissenschaftlicher Erfahrung, noch Wissenschaftler mit politischer Erfahrung in der Kommission mitarbeiteten (Vgl. Lang 2010: 78). So spielen sich Entscheidungsprozesse etwa nur zum Teil innerhalb des Parlaments und innerhalb der anhand der Verfassung und der Geschäftsordnungen nachvollziehbaren Bahnen ab. Parlamentarier müssen in ihrer Kalkulation darüber hinaus stets auch die verschiedenen Parteigremien und -gliederungen sowie eine stattliche Zahl anderer relevanter Akteure berücksichtigen.

Siebtens – Restriktionen aufgrund komplexer Hierarchiegefüge im politischen Raum: Die etwa von vergleichbaren Strukturen in der Wirtschaft stark abweichende Form von Hierarchien zwischen den einzelnen Abgeordneten einer Fraktion sorgt dafür, dass sich die Implementierung einer jeden Strategie als vergleichsweise schwierig erweisen wird; dies gilt insbesondere für extern entwickelte Strategien. So würden selbst innerhalb kleiner Fraktionen einzelne Abgeordnete Widerspruch gegen die sich aus einer vom Vorstand beauftragten Studie ergebenden Schlussfolgerungen erheben und mit ihrem Veto ein gemeinsames Vorgehen verhindern können. Vor dem Hintergrund der Tatsachen, dass Abgeordnete nur ihrem Gewissen unterworfen sind und dass Verhaltensweisen, die gegen das gemeinsame Interesse der Fraktion verstoßen, im Gegensatz zur Wirtschaft in der Regel nicht direkt sanktioniert werden können, gewinnt die Feststellung, dass ein einziger Querschuss aus den eigenen Reihen eine komplette Strategie unterminieren kann, an besonderer Brisanz.

Achtens – Restriktionen aufgrund des persönlichen Moments der Politik: Nicht zuletzt müssen die Ergebnisse externer Beratung in Übereinstimmung mit der Persönlichkeit und dem Charakter des je zu beratenden Politikers oder der je zu beratenden Entität zu bringen sein. Selbst eine sachlich in Gänze durchdachte, zutreffende und zielführende Analyse hat im politischen Bereich kaum einen Wert, wirkt ihr Ergebnis im Zusammenhang mit dem Akteur, der dieses vertreten müsste, nicht authentisch; und selbst im Fall des anscheinend perfekt auf den jeweiligen Akteur zugeschnittenen Beratungsergebnisses muss es der Politikberater ertragen können, dass es der betreffende Politiker als letztendlich Entscheidender spontan, ohne Rücksprache oder aus scheinbar irrationalen Gründen verwirft beziehungsweise eigenmächtig abändert.

5 Potenziale parlamentarischer Politikberatung

Die Unterschiede in Strukturen, Arbeitsweisen und Rahmenbedingungen parlamentarischen Arbeitens in Bund und Ländern erlauben keine Standardmodelle und Standardlösungen für die Politikberatung in deutschen Parlamenten. Vielmehr haben sie bereits zu einer bunten Vielfalt an etablierten Formen der parlamentsinternen und -externen Beratung von Volksvertretern geführt. Vor dem Hintergrund der angespannten Situation der staatlichen Haushalte stehen öffentliche Mittel momentan stark im Fokus medialer Aufmerksamkeit. In dieser Gemengelage wäre es besonders reizvoll, Wege zu finden, mögliche Synergien zwischen dem politischen Betrieb sowie oftmals bereits vorhandenen externen Expertisen zu relevanten Fragestellungen besser zu nutzen. Hier wären etwa auch kreative Ansätze von Vorteil, die die genannten parlamentsinternen Beratungsressourcen mit den externen verknüpfen und die Leistungen von Praktikern, Wissenschaftseinrichtungen und der parlamentarische Apparate in funktionierenden Netzwerken in ein fruchtbringendes gegenseitiges Verhältnis setzen.

Literatur

Bayerischer Landtag: Geschäftsordnung: § 31 Sachkomplexe.
Bomhoff, Marc, 2006: Aufgaben, Organisation und Ausstattung der Unterabteilungen Wissenschaftliche Dienste und Petitionen und Eingaben in der Verwaltung des Deutschen Bundestages, Berlin.
Busch, Andreas, 2011: Politikwissenschaft und politische Praxis. Konturen eines schwierigen Verhältnisses, in: Kraul, Margret/Stoll, Peter-Tobias (Hrsg.), Wissenschaftliche Politikberatung, Göttingen, 69-92.
Deutscher Bundestag: Geschäftsordnung: § 56 Enquete-Kommission.
Gesetz über die Rechtsverhältnisse der Mitglieder des Deutschen Bundestags: § 50 Geld- und Sachleistungen.
Glaab, Manuela, 2008: Leistungen und Grenzen politischer Strategieberatung, in: Zeitschrift für Politikberatung 1 (2), 280-288.
Hildmann, Philipp W., 2011: Aufgefordert, das Undenkbare zu denken, in: Zeitschrift für Politikberatung 4 (3), 123-129.
Hoffmann-Riem, Wolfgang/Ramcke, Udo, 1989: Enquete-Kommissionen, in: Schneider, Hans-Peter/Zeh, Wolfgang (Hrsg.), Parlamentsrecht und Parlamentspraxis in der Bundesrepublik Deutschland. Ein Handbuch, Berlin/New York, 1261-1292.
Lang, Tobias, 2010: Politikberatung auf parlamentarischer Ebene: Eine Analyse der Enquete-Kommission zur Föderalismusreform im Bayrischen Landtag, Passau.
Püschner, Michael, 2009: Der Fraktionsreferent – ein politischer Akteur?, in: Aus Politik und Zeitgeschichte, 38/2009, 33-38.

Otto Schmuck

Landesregierungen und Mehrebenenpolitik

1   Die Bedeutung der regionalen Ebene im EU-System

Im Verlauf der zurückliegenden drei Jahrzehnte hat sich im europäischen Rahmen ein Mehrebenensystem herausgebildet, in dem neben der EU und den Mitgliedstaaten auch die Länder und Regionen Mitgestaltungsansprüche anmelden (Conzelmann/ Knodt 2002; Lambertz/Große Hüttmann 2009). Dies war nicht immer so: Eine regionale Mitwirkung in der EU war in den 1950er Jahren abgeschlossenen Gründungsverträgen der Vorläuferorganisationen der EU nicht vorgesehen. Häufiger wurde im Gegenteil darauf hingewiesen, dass diese eine „Regionen- bzw. Länderblindheit" aufwiesen, denn sie enthielten kaum Bezüge zur regionalen Ebene (Schick 2003: 55).

Ursächlich hierfür war es sicherlich, dass damals – wie auch heute – alleine die Mitgliedstaaten Vertragspartner der Verträge zur Gründung der Europäischen Gemeinschaften und nachfolgend der Europäischen Union waren und sind. Diese hatten aufgrund ihrer innerstaatlichen Dominanz sowie ihres zumeist in der Verfassung abgesicherten alleinigen Außenvertretungsanspruchs, aber auch im Hinblick auf die Unterschiedlichkeit in Größe und Kompetenzausstattung der Regionen im jeweiligen innerstaatlichen System kein Interesse an einer starken Stellung der subnationalen Ebenen im europäischen Entscheidungsprozess. Zudem waren die Tätigkeitsbereiche und die Zuständigkeiten in der Frühphase der damaligen „Europäischen Gemeinschaften" auf einige wenige, genau definierte Felder vor allem im wirtschaftlichen Bereich begrenzt.

2   Rollenwandel der Regionen vom Objekt zum Mitgestalter europäischer Politik

In der Präambel des Vertrags zur Gründung der Europäischen Wirtschaftsgemeinschaft war der Hinweis enthalten, dass dieser in dem Bestreben der Mitglieder abgeschlossen wurde, „[....] ihre Volkswirtschaften zu einigen und deren harmonische Entwicklung zu fördern, indem sie den Abstand zwischen einzelnen Gebieten und den Rückstand weniger begünstigter Gebiete verringern". Länder und Regionen, die hier als „Gebiete" umschrieben wurden, waren somit im Bedarfsfalle *Objekte europäischer Politik*. Dieser ursprüngliche Text der Präambel des EWG-Vertrages wurde unverändert in den aktuell gültigen Lissabonner Vertrag über die Arbeitsweise der Europäischen Union übernommen. Direkte Folge dieser vertraglichen Bestimmungen war die Einführung der europäischen Regionalpolitik, und sie sind bis heute deren Grundlage.

Dabei ist umstritten, wie weit das hier begründete Solidaritätsgebot reicht: Die Skala geht von „Almosen für die Ärmsten" bis hin zur Begründung einer – derzeit heftig umstrittenen – Transferunion.

Seit der Mitte der 1980er Jahre hat sich im Hinblick auf das Verhältnis der Regionen zur damaligen EG eine Änderung ergeben. Mit der im Juli 1987 in Kraft getretenen Einheitlichen Europäischen Akte und dem darin enthaltenen Ziel der Vollendung des europäischen Binnenmarktes bis zum Jahr 1992 wurden zunehmend mehr Zuständigkeitsbereiche auch der regionalen Ebene von europäischen Entscheidungen beeinflusst. Betroffen hiervon waren u. a. Fragen der regionalen Strukturförderung, der Sozialpolitik, der Umweltpolitik und auch der Bildungs- und Kulturpolitik sowie der polizeilichen Zusammenarbeit – gerade die letztgenannten Bereiche zählen zu den Kernkompetenzen von Ländern und Regionen. Deshalb haben sich Ende der 1980er/Anfang der 1990er Jahre die Regionen und Länder in der EU auf eine Reihe von Forderungen zur Mitsprache in Europaangelegenheiten verständigt (Hrbek/Weyand 1994: 112-117). Sie erhoben damit den Anspruch, zumindest im Hinblick auf die Materien, die der regionalen Kompetenz zuzurechnen waren, zu *Mitgestaltern europäischer Politik* zu werden. In diesem Zusammenhang wurden in zahlreichen Beschlüssen verschiedener Konferenzen und Tagungen neben anderem eine Regionenkammer zur Einflussnahme auf die politischen Entscheidungen sowie das Klagerecht der Regionen vor dem Europäischen Gerichtshof gefordert (Bauer 1991).

Seit jener Zeit wurde und wird auch die Formel „Europa der Regionen" häufig von Vertretern der regionalen Ebene in der politischen Debatte verwendet. Das damit verbundene politische Konzept ist wenig konkret, in der Regel aber durchaus positiv besetzt, da es Bürgernähe und Überschaubarkeit signalisiert. Der damalige Ministerpräsident Johannes Rau beispielsweise wies darauf hin, dass Europäisierung und Regionalisierung zwei Seiten einer Medaille seien (Rau 1990: 13). Die Argumente überzeugen auch heute noch: Art und Umfang vieler der zentralen politischen und sozialen Probleme unserer Zeit sind in der Tat zu groß, um sie im nationalen Rahmen zu lösen. Bei anderen Fragen bietet sich wegen des notwendigen Bezugs zu den Gegebenheiten vor Ort hingegen die subnationale Ebene zur Problemlösung an. Aus Sicht der Bürgerinnen und Bürger bleibt so die Machtbalance gewahrt. Denn durch die Einbindung und Mitwirkung der Regionen wird die Tendenz zur Zentralisierung von Macht in Brüssel gebremst.

3 Der Maastrichter Vertrag als Ausgangspunkt für die regionale Mitwirkung

Mit dem Maastrichter Vertrag von 1992 gelang es Ländern und Regionen dann tatsächlich, wesentliche ihrer Forderungen durchzusetzen (ausführlich: Borkenhagen 1992; Hrbek 1994: 138-141). Mit diesem Vertrag wurden aus ihrer Sicht drei wesentliche Neuerungen vereinbart:

Landesregierungen und Mehrebenenpolitik

- Über den beratenden Ausschusses der Regionen (AdR) können seither Vertreter der regionalen und lokalen Gebietskörperschaften beratend am EU-Entscheidungsprozess mitwirken.
- Minister der regionalen Ebene können nunmehr ihren Mitgliedstaat im Ministerrat vertreten.
- Als Erfolg für die regionale Ebene wurde auch die Verankerung des Subsidiaritätsprinzips in den europäischen Verträgen angesehen. Nach regionaler Auffassung ist dieses Prinzip ein durchgängiges, anwendbar von der regionalen über die nationale und europäische bis hin zur kommunalen und lokalen Ebene.

Für die deutschen Länder war zudem innerstaatlich die Begleitgesetzgebung zur Ratifizierung des Vertrages von Maastricht von zentraler Bedeutung. Dieser Vertrag konnte nur mit einer verfassungsändernden Zweidrittelmehrheit des Bundesrates in Kraft treten. Dadurch hatten die Länder eine sehr starke Verhandlungsposition, die sie auch zur Durchsetzung ihrer Forderungen nutzten. In dem damals neu gefassten „Europaartikel 23" des Grundgesetzes wurden wesentliche Mitspracheöglichkeiten der Länder in Europaangelegenheiten verankert. Zudem wurde auf dieser Grundlage ein Gesetz über die Zusammenarbeit von Bund und Ländern in Angelegenheiten der Europäischen Union (EUZBLG) sowie eine ergänzende Vereinbarung beschlossen. In den Bereichen, in denen die Länder innerstaatlich zuständig sind, ist die Bundesregierung seither verpflichtet, die Positionen des Bundesrates maßgeblich in den Verhandlungen zu berücksichtigen.

4 Ziele und Instrumente der regionalen Mitwirkung in der Europapolitik

Seither sind Länder und Regionen in der EU im Entscheidungssystem zu einer festen Größe geworden. Die deutschen Länder verfolgen dabei eine *Doppelstrategie*:

- Auf der einen Seite wirken sie beratend auf der EU-Ebene in Brüssel mit.
- Andererseits nutzen sie ihre Mitentscheidungsrechte in der innerstaatlichen Entscheidungsfindung über den Bundesrat.

Die deutschen Länder entsenden 21 der 24 deutschen Mitglieder des Ausschusses der Regionen und nutzen die Mitarbeit im AdR vor allem zur frühzeitigen Informationsgewinnung und zur Kontaktaufnahme mit anderen europäischen Regionen und zur Netzwerkbildung. Wichtig sind in diesem Zusammenhang u. a. die „Open Days" des AdR, die in Kooperation mit der Generaldirektion Regionalpolitik der Kommission bereits seit 2002 jeweils Anfang Oktober mit großem Erfolg in Brüssel und auch dezentral in den Städten und Regionen Europas durchgeführt werden. Insgesamt besuchten beispielsweise bei den „Open Days" 2011 über 7000 Personen die rund 130 Konferenzen, Workshops und Seminare und knüpften im „Meeting Place" im AdR-Gebäude und auch in den verschiedenen Empfängen Kontakte und suchten so den Meinungs- und Erfahrungsaustausch.

Alle 16 Länder haben inzwischen in Brüssel Vertretungen errichtet. Die Personalausstattung reicht dabei von über 20 Referentinnen und Referenten der größeren Länder bis zu kleineren Büros mit vier bis sechs Mitarbeiterinnen und Mitarbeitern. Die Vertretungen organisieren den Informationsaustausch, organisieren Kontakte zwischen Interessenten aus ihren Ländern und Vertretern der Brüsseler Institutionen, sind Anlaufstation für Mitglieder der Landesregierungen und andere an Europafragen Interessierten aus dem Land und dienen zugleich als Lobby-Agenturen für spezifische Interessen ihrer Länder.

Eine Quelle zur Informationsbeschaffung ist zudem der „Länderbeobachter", der bereits seit Ende der fünfziger Jahre aus den Sitzungen des Rates berichtet.

Insofern verfügen die Länder in Brüssel über ein dichtes Informationsnetz und vielfältige Instrumente der Einflussnahme. Die zu Beginn der Länderaktivitäten in Brüssel erhobene Vorwurf der „Nebenaußenpolitik" der Länder ist zwar verstummt, doch wird es von der Bundesregierung häufiger darauf hingewiesen, dass die Länder in Brüssel mehr Personal beschäftigen als die Ständige Vertretung des Bundes.

5 Die Landesregierungen als Akteure der Europapolitik

In den 1980er und zu Beginn der 1990er Jahren waren es im Zusammenspiel der europäischen Regionen vor allem die Regierungen der deutschen Länder, die auf eine stärkere Mitwirkung im europäischen Entscheidungsprozess drängten. Damals verfügten auch sie kaum über Mitsprachemöglichkeiten in Europafragen. Erst die Aushandlung des Vertrages von Maastricht und der damit verbundenen innerstaatlichen Begleitgesetze brachte eine Positionsverbesserung, die bis heute Grundlage der Mitwirkung der deutschen Länder in Europaangelegenheiten ist.

Dabei kommt den Landesregierungen eine zentrale Stellung zu. Dies wird traditionell damit begründet, dass der Ministerpräsident/die Ministerpräsidentin auf der Grundlage entsprechender Festlegungen der Landesverfassungen das Land nach außen vertritt. Wegen der vielfältigen Verpflichtungen, die sich aus den europapolitischen Anforderungen an die Länder ergeben, haben die Ministerpräsidenten die Zuständigkeit für die Europapolitik jedoch in den meisten Fällen an andere Kabinettsmitglieder oder Staatssekretäre bzw. an die auch für Bundesangelegenheiten zuständigen Bevollmächtigten übergeben. Die Regelungen in den einzelnen Ländern sind dabei sehr unterschiedlich.

Von Bedeutung für die Handlungsmöglichkeiten der Regierungen der Länder sind u. a. auch die Bestimmungen von Art. 16 Abs. 2 EUV. Die Länder haben auf dieser Rechtsgrundlage nämlich unter bestimmten Voraussetzungen die Möglichkeit, den Mitgliedstaat Deutschland im Rat mit einem Landesminister zu vertreten. Diese Übernahme der Verhandlungsführung ist nach den 2006 abgeschlossenen Reformen der

Föderalismuskommission nach Art. 23 Abs. 6 GG auf die Bereiche Kultur, schulische Bildung und Rundfunk begrenzt worden. Doch muss die Verhandlungsführung in diesen Politikfeldern immer dann einem Ländervertreter übertragen werden, wenn im Schwerpunkt eines betreffenden EU-Vorhabens ausschließliche Zuständigkeiten der Länder berührt sind. Die Benennung der betreffenden Minister erfolgt ebenso wie die Festlegung der Verhandlungspositionen über den Bundesrat.

In diesem Zusammenhang ist auch darauf hinzuweisen, dass von den Landtagen häufiger die Klage geführt wird, sie seien die eigentlichen Verlierer des europäischen Einigungsprozesses.[1] In der Praxis haben die Landtage jedoch in unterschiedlich ausgestalteten Vereinbarungen Mitwirkungs- und Kontrollrechte gegenüber ihren Landesregierungen in Europaangelegenheiten durchsetzen können. Dies betrifft vor allem ihre Mitwirkung beim Subsidiaritäts-Frühwarnsystem. Gleichzeitig haben es die Landesregierungen jedoch unter Verweis auf die Bestimmungen des Grundgesetzes unisono abgelehnt, ihr Stimmverhalten im Bundesrat in dieser Frage von einem Landtagsvotum abhängig zu machen. Eine politische Bindungswirkung ist jedoch zweifellos vorhanden.

6 Der Bundesrat als zentrales innerstaatliches Handlungsinstrument

Im Zusammenhang mit der Mitwirkung der deutschen Länder in Europaangelegenheiten ist es von besonderer Bedeutung, dass das Grundgesetz in Artikel 23 Absatz 2 festlegt, dass die Länder in Angelegenheiten der Europäischen Union über den Bundesrat, dem im föderalen deutschen System eine zentrale Stellung zukommt, mitwirken. Diese Festlegung ist wichtig und zweckmäßig. Sie bietet den Vorteil, dass die effizienten Bundesratsverfahren zur Beschlussfassung genutzt werden können. Denn in vielen Fällen ist gerade in Europaangelegenheiten eine rasche und effiziente Willensbildung zur Durchsetzung von Länderanliegen erforderlich. Diesem Erfordernis wäre die mögliche Alternative einer Nutzung der Verfahren der Ministerpräsidentenkonferenz oder einer Fachministerkonferenz wie der EMK nicht gerecht geworden, da dort im Gegensatz zum Bundesrat in der Regel mit Einstimmigkeit abgestimmt wird und die Verfahren dadurch oftmals schwerfällig und langwierig sind.

Die im Zusammenhang mit der Ratifizierung des Vertrags von Maastricht eingerichtete Europakammer des Bundesrats, die in Eilfällen in kleinerer Besetzung Beschlüsse für das Plenum fassen kann, hat in der Praxis kaum Bedeutung erlangt. Der übliche Dreiwochenturnus der Plenarsitzung reicht in aller Regel für eine fristgemäße Beschlussfassung aus.

---

[1] Siehe z. B. die Stuttgarter Erklärung der Präsidenten der deutschen Landtage vom 21./22. Juni 2010, besonders Ziffer 5 und 6, verfügbar im Internet unter: http://starweb.hessen.de/cache/laender/LPK_Stuttgart_2010_Demokratische_Willensbildung.pdf (Stand: 01.04.12).

Die europapolitischen Entscheidungen des Bundesratsplenums werden im Ausschuss für Europafragen vorbereitet. Bereits 1957 hat der Bundesrat einen Ausschuss eingerichtet, der sich intensiv mit Europaangelegenheiten befasst. Regelmäßig gehen bei Plenarsitzungen des Bundesrates zwischen einem Drittel und der Hälfte aller Tagesordnungspunkte der Plenarsitzungen auf EU-Vorlagen zurück. Von 1949 bis November 2011 wurden dem Bundesrat 9033 Vorlagen der Europäischen Gemeinschaft bzw. der Europäischen Union zugeleitet und von diesem beraten.[2] Allein im Zeitraum von November 2009 bis November 2011 waren dies 95 Verordnungsvorschläge der EU sowie 207 sonstige EU-Vorlagen.[3]

Auf der Grundlage des Gesetzes zur Zusammenarbeit zwischen Bund und Ländern und der nachfolgenden Vereinbarung mit der Bundesregierung wirken heute rund 300 Bundesratsbeauftragte als Vertreterinnen und Vertreter der Länder in zahlreichen EU-Gremien mit und sind Teil der deutschen Delegation. Die Benennung derartiger Bundesratsbeauftragter ist laut § 6 Abs. 1 EUZBLG in den Fällen möglich, bei denen der Bundesrat an einer entsprechenden innerstaatlichen Maßnahme mitzuwirken hätte, oder bei denen die Länder innerstaatlich zuständig sind oder sonst wesentliche Länderinteressen berührt werden. Allerdings bleibt die Verhandlungsführung in den meisten dieser Fälle bei der Bundesregierung, während die Ländervertreter lediglich beratende Funktion haben und dem Bundesrat über den Gesetzgebungsprozess Bericht erstatten. Grundlage für das Handeln der Bundesratsbeauftragten sind die zu den entsprechenden EU-Vorhaben gefassten Bundesratsbeschlüsse.

In diesem Zusammenhang ist auch darauf zu verweisen, dass im Konfliktfalle die Durchsetzungsmöglichkeiten des Bunderates gegenüber der Bundesregierung durchaus begrenzt sind, da diese im EU-Entscheidungsprozess vorrangig agiert. Häufiger forderte der Bundesrat in seiner Beschlussfassung die maßgebliche Berücksichtigung seines Standpunktes oder auch die Verhandlungsführung. Mehrfach gab es in dieser Frage bereits Auffassungsunterschiede zur Bundesregierung. Problematisch war es in derartigen Fällen immer dann, wenn in den betroffenen EU-Vorlagen sowohl Bundes- als auch Länderkompetenzen tangiert waren. In derartigen Fällen widersetzte sich die Bundesregierung zumeist dem Ansinnen der Länder. Bislang wurden derartige Konflikte jedoch noch nicht vor dem Bundesverfassungsgericht ausgetragen.

7 Die Europaministerkonferenz: Befassung mit übergreifenden Europathemen

Übergreifende und längerfristig zu bearbeitende Europathemen der Länder werden zumeist in der *Europaministerkonferenz* (EMK) behandelt (Schmuck 2009; Gerster 1993;

---

[2] http://www.bundesrat.de/cln_235/nn_8700/SharedDocs/Downloads/DE/statistik/gesamtstatistik, templateId=raw,property=publicationFile.pdf/gesamtstatistik.pdf (Stand: 16.12.2011).
[3] http://www.bundesrat.de/cln_235/nn_8700/SharedDocs/Downloads/DE/statistik/gesamtstatistik, templateId=raw,property=publicationFile.pdf/gesamtstatistik.pdf (Stand: 16.12.2011).

Pahl 2004: 252-262). Diese wurde am 01./02.10.1992 in Wildbad Kreuth als eigene Fachministerkonferenz der Länder konstituiert. Zum ersten Vorsitzland wurde Rheinland-Pfalz bestimmt. Zu den Aufgaben der EMK gehören die Teilhabe an der Interessenvertretung der Länder in Europaangelegenheiten gegenüber den Organen des Bundes und der Europäischen Union, die Abstimmung der europapolitischen Aktivitäten der Länder und die Koordinierung der Informationspolitik der Länder zur Förderung des europäischen Gedankens.

Die Mitgliedschaft in der Europaministerkonferenz ist sehr unterschiedlich geregelt. In Mecklenburg-Vorpommern und Niedersachsen beispielsweise liegt die Europazuständigkeit beim Ministerpräsidenten selbst, der sie aber in der Praxis zumeist an seinen Bevollmächtigten beim Bund abgibt. In neun weiteren Fällen ist der oder die Bevollmächtigte beim Bund – zum Teil im Ministerrang – offiziell auch für Europa zuständig. In Hessen und Sachsen nimmt der jeweilige Justizminister, im Saarland der Minister für Inneres und Kultur und in Sachsen-Anhalt der Chef der Staatskanzlei zugleich auch die Zuständigkeit für Europa wahr (siehe die nachfolgende Tabelle „Mitglieder der Europaministerkonferenz").

Die EMK ist eine von 18 Fachministerkonferenzen neben der Ministerpräsidentenkonferenz (MPK). Sie wurde 1992 – im Jahr der Aushandlung des Maastrichter Vertrags – gegründet. Seither treffen sich die Europaministerinnen und -minister regelmäßig drei bis vier Mal pro Jahr zur Beratung der anstehenden Fragen. Dabei hat es sich eingebürgert, dass jährlich eines dieser Treffen in Brüssel stattfindet. Dies bietet Gelegenheit zum Meinungsaustausch mit Vertreterinnen und Vertretern der EU-Institutionen, insbesondere mit Mitgliedern der Kommission. Wesentliche Themen sind darüber hinaus traditionell die institutionellen Fragen, wie die Weiterentwicklung der Verträge, EU-Erweiterungen, europapolitische Öffentlichkeitsarbeit sowie die Verwendung der deutschen Sprache in der EU. Aus aktuellem Anlass steht zudem seit mehreren Jahren die Überwindung der Finanz- und Wirtschaftskrise in der EU ganz oben auf der Tagesordnung.

Bei den Zusammenkünften der Regierungschefs der Länder im Rahmen der *Ministerpräsidentenkonferenz* stehen ebenfalls regelmäßig Europathemen auf der Tagesordnung. Besonders wichtige Anliegen werden bei den zweimal jährlich im Juni und Dezember stattfindenden Treffen der Ministerpräsidentinnen und Ministerpräsidenten mit dem Bundeskanzler bzw. der Bundeskanzlerin vorgetragen. Auf der Tagesordnung stehen dabei regelmäßig die Tagungen des Europäischen Rates sowie übergreifende Themen, wie die Ausrichtung der Strukturpolitik oder der Agrarpolitik der EU oder die Schwerpunktsetzungen im Hinblick auf die Aushandlung des mehrjährigen Finanzrahmens der EU. Bei diesen Treffen ist es häufiger gelungen, lange schwelende Meinungsverschiedenheiten über kontroverse Europathemen auszuräumen.

Tabelle 1: Die Mitglieder der Europaministerkonferenz

Baden-Württemberg:	Minister für Bundesrat, Europa und internationale Angelegenheiten im Staatsministerium
Bayern:	Staatsministerin für Bundes- und Europaangelegenheiten in der Bayerischen Staatskanzlei
Berlin:	Bevollmächtigte des Landes Berlin beim Bund, Europabeauftragte, Beauftragte für das bürgerschaftliche Engagement in der Senatskanzlei
Brandenburg:	Minister für Wirtschaft und Europaangelegenheiten
Bremen:	Bevollmächtigte der Freien Hansestadt Bremen beim Bund und für Europa
Hamburg:	Bevollmächtigter beim Bund, bei der Europäischen Union und für auswärtige Angelegenheiten
Hessen:	Hessische Minister der Justiz, für Integration und Europa
Mecklenburg-Vorpommern:	Ministerpräsident (in der Regel vertreten durch die Bevollmächtigte)
Niedersachsen:	Ministerpräsident (in der Regel vertreten durch die Bevollmächtigte)
Nordrhein-Westfalen:	Ministerin für Bundesangelegenheiten, Europa und Medien in der Staatskanzlei
Rheinland-Pfalz:	Bevollmächtigte beim Bund und für Europa
Saarland:	Minister für Inneres, Kultur und Europa
Sachsen:	Staatsminister der Justiz und für Europa
Sachsen-Anhalt:	Staatsminister und Chef der Staatskanzlei
Schleswig-Holstein:	Staatssekretär für Europa, Bundesangelegenheiten und Bevollmächtigter beim Bund
Thüringen:	Ministerin für Bundes- und Europaangelegenheiten

Quelle: Eigene Darstellung

Der große europapolitische Konsens der Länder über die parteipolitische Ausrichtung der jeweiligen Landesregierungen hinweg hat in der Vergangenheit zu einer sehr fruchtbaren Zusammenarbeit sowohl in der EMK als auch im Bundesrat geführt und hat das Gewicht der Länder gegenüber der Bundesregierung erkennbar gestärkt. Die Zusammenarbeit mit dem Bundeskanzleramt, dem Auswärtigen Amt, dem Bundeswirtschafts- und dem Bundesfinanzministerium als Ansprechpartner der EMK innerhalb der Bundesregierung gestaltet sich überaus kollegial.

Landesregierungen und Mehrebenenpolitik

8 Länder und Regionen als Gegenstand und als Auftraggeber politikwissenschaftlicher Analyse

Die Literatur zur Stellung von Ländern und Regionen in der Europapolitik ist nach wie vor überschaubar. Nur wenige Wissenschaftler haben hier ihren Arbeitsschwerpunkt gesetzt. Hervorzuheben ist neben dem Mannheimer Zentrum für Europäische Sozialforschung mit einem Forschungsgebiet zur Mehrebenenpolitik in Europa (u. a. Conzelmann/Knodt 2002) das Europäische Zentrum für Föderalismusforschung in Tübingen. Letzteres gibt bereits seit 1999 das „Jahrbuch des Föderalismus" heraus, das unter dem Motto „Föderalismus, Subsidiarität und Regionen in Europa" mit Unterstützung des Landes Baden-Württemberg einen detaillierten Einblick in die Facetten der verschiedenen Ebenen der Europapolitik bietet und auch außereuropäische Länderberichte berücksichtigt. Auch in den anderen EU-Staaten gibt es nur vereinzelt Institute oder Wissenschaftler, die bei der regionalen Mitwirkung in Europa einen Arbeitsschwerpunkt setzen.[4] Die Bundeszentrale für politische Bildung und verschiedene Landeszentralen haben einige wenige, z. T. veraltete Publikationen zur Mitwirkung der Länder in ihrem Angebot (Münch/Meerwaldt/Fischer o. J.; Münch 2008).

Die Regierungen der Länder bedienen sich hinsichtlich der Ausgestaltung ihrer Europapolitik nur selten des Fachverstandes externer Gutachter und entsprechend ausgewiesener Forschungseinrichtungen. In der Regel haben sie in ihren Staatskanzleien Referate bzw. Grundsatzabteilungen eingerichtet, die sich mit Fragen der Regierungsplanung befassen. Diesen Arbeitseinheiten fällt häufig auch die Aufgabe zu, grundsätzliche Konzepte zur Europapolitik zu erarbeiten. Nur in wenigen Fällen wurden und werden hierzu externe Gutachten vergeben. In der Praxis hat es sich auch als außerordentlich schwierig erwiesen, die Ländergesamtheit zu einem entsprechenden Engagement zu bewegen. Die Anwendung des sogenannten „Königsteiner Schlüssels", der einen gewichteten Anteil der zu tragenden Kosten entsprechend der Wirtschaftskraft und der Einwohnerzahl der 16 deutschen Länder vorsieht, ist regelmäßig mit erheblichen Hürden verbunden.

Die Zurückhaltung der Landesregierungen bei der Vergabe von Gutachten zu Europafragen hat ihre Begründung sicherlich auch in der allgemeinen Finanzknappheit. Auch die Finanzmittel in den mit Europafragen befassten Ministerien bzw. den vergleichbaren Dienststellen der Länder für derartige Zwecke sind in der Regel sehr begrenzt und werden von der politischen Opposition zudem u. a. in parlamentarischen Anfragen kritisch begleitet.

Wie die vorliegenden Anfragen von Landtagen an die Landesregierung bzgl. der Vergabe von Gutachten und Aufträgen an Forschungseinrichtungen belegen, befassen

---

[4] Traditionell wird beispielsweise seit vielen Jahren am Europa Institute der Edinburgh Law School zur Europapolitik der deutschen Länder geforscht, siehe u. a. Jeffery 2002. Es ist sicherlich kein Zufall, dass man sich gerade in dem nach stärkerer Autonomie strebenden Schottland in besonderer Weise für die Mitwirkungsmöglichkeiten der deutschen Länder in Europaangelegenheiten interessiert.

sich diese häufiger mit eher „technischen" Fragen der Wirtschafts- und Infrastrukturpolitik sowie mit als besonders sensibel eingestuften Untersuchungen zu politischen Mehrheitsverhältnissen. Im EU-Bereich geht es zumeist um Materien eher technischer Art, beispielsweise um die Auswirkungen der Verwendung von EU-Mitteln oder um absehbare Problemen bei der Umsetzung von EU-Vorhaben (z. B. ein von der Landesregierung NRW in Auftrag gegebenes Gutachten zur Beeinträchtigung kommunaler öffentlicher Dienstleistungen durch das EU-Beihilferecht oder entsprechende Gutachten zur Umsetzung der REACH-Verordnung bzw. der Antidiskriminierungs-Richtlinie).

In Einzelfällen wurden und werden zudem von Landesregierungen bzw. auch vom Sekretariat des Bundesrats Tagungen und auch Publikationen zu Europafragen finanziell und/oder organisatorisch unterstützt (siehe u. a. von Alemann 2005). Zumeist sind es finanzstarke große Länder wie NRW, Baden-Württemberg oder Bayern, die hierfür Mittel bereitstellen. Doch entwickeln auch die kleineren Bundesländer aus besonderem Anlass besonderes Engagement. Beispielsweise hat nach Abschluss der ersten Stufe der Föderalismusreform Sachsen-Anhalt als Vorsitz der Europaministerkonferenz der Länder gemeinsam mit dem Europäischen Zentrum für Föderalismus-Forschung Tübingen und dem Institut für Politikwissenschaft der Otto-von-Guericke-Universität Magdeburg im Januar 2007 eine größere Konferenz „Föderalismusreform und Europa" durchgeführt, deren Ergebnisse publiziert wurden (Robra 2008).

Auch wurde im Oktober 2010 im Bundesratsgebäude in Berlin eine Konferenz der Deutschen Hochschule für Verwaltungswissenschaften Speyer zur Subsidiaritätskontrolle durchgeführt. Diese befasst sich mit der integrationspolitischen Bedeutung des Subsidiaritätsprinzips und vor allem auch mit der Möglichkeit seiner Durchsetzung vor dem Hintergrund der Stärkung der Beteiligungsrechte der nationalen Parlamente auch der subnationalen Ebene durch den Vertrag von Lissabon. Dabei wurden die Verfahrensregeln zur Wahrnehmung der "Integrationsverantwortung" durch Bundestag und Bundesrat sowie durch die Landesparlamente ebenso in den Blick genommen wie die Nutzung der Kontrollmechanismen durch die nationalen Parlamente und subnationalen Akteure anderer Mitgliedstaaten.

In einigen Fällen wurden und werden entsprechende Gutachten auch von den Landtagen vergeben. Gerade bei ihnen fehlte und fehlt es häufig an den administrativen und wissenschaftlichen Kapazitäten, um komplizierte europapolitische Fragestellungen im Detail analysieren und bewerten zu können. Auch hier setzte das Interesse an Europafragen zu Beginn der 1990er Jahre im Zusammenhang mit den neuen Ländermitwirkungsrechten in Europaangelegenheiten durch den Maastrichter Vertrag ein. Der Landtag von NRW gab beispielsweise 1992 ein grundlegendes Gutachten zur Rolle der Landtage im europäischen Integrationsprozess nach Maastricht beim Institut für Europäische Politik in Auftrag (Algieri/Schmuck/Wessels 1992).

Zwei Jahrzehnte später eröffnete der Vertrag von Lissabon den Landtagen durch die fakultative Einbeziehung in das Subsidiaritäts-Frühwarnsystem erstmals Mitwirkungsmöglichkeiten in EU-Angelegenheiten, die es zu erproben galt. Dies führte u. a.

dazu, dass beispielsweise die Landtage von Baden-Württemberg und Sachsen Anhalt im März 2010 Anhörungen von Sachverständigen zu aktuellen Europafragen organisierten. Dabei ging es vorrangig um das damals aktuelle Lissabon-Urteil des Bundesverfassungsgerichts und die darin postulierte verstärkte Integrationsverantwortung der Parlamente.[5]

Als Zwischenfazit bleibt festzuhalten, dass Länder und Regionen nur in sehr geringem Ausmaß Auftraggebern angewandter Politikforschung sind. Eine Ausnahme stellt hierbei jedoch bis zu einem gewissen Grad der Ausschuss der Regionen dar, der häufiger auch Gutachten an Dritte vergibt.[6] In der Regel geht es dabei um vergleichende Untersuchungen zur Bedeutung von Regionen und Kommunen und zu ihren spezifischen Problemen und Handlungsmöglichkeiten bei der Umsetzung von EU-Vorgaben. Zudem vergibt der AdR regelmäßig auch Preise für herausragende Doktorarbeiten mit regionalem und lokalem Bezug.[7]

Abschließend ist im vorliegenden Kontext noch darauf hinzuweisen, dass von den Ländern in der Europapolitik im Gegensatz zu anderen Politikfeldern gerade in der Phase des Aufbaus der europapolitischen Arbeitseinheiten häufiger nicht Juristen, sondern Politikwissenschaftler eingestellt wurden. Dies mag seine Ursache darin haben, dass es vor allem zu Beginn der 1990er Jahre, als der Europapolitik aus Ländersicht eine zunehmend größere Bedeutung zukam, es damals aber nur wenige auf Europafragen spezialisierte Juristen gab. Gerade in diesen Jahren war in der Europapolitik vieles in Bewegung, und Politikwissenschaftler wurden von ihrer Ausbildung her vielfach als besonders geeignet angesehen, sich auf die sich verändernde Situation in der Europapolitik und der Rolle und der Handlungsmöglichkeiten der Länder darin einzustellen und erfolgversprechende Handlungsstrategien zu entwickeln.

9 Fazit und Zukunftsperspektiven

Seit Mitte der 1980er Jahre hat es in der politischen Architektur Europas weitreichende Veränderungen gegeben. Die damaligen „Europäischen Gemeinschaften" umfassten seit dem 1986 erfolgten Beitritt von Spanien und Portugal 12 Mitgliedstaaten. Mit der am 1. Juli 1987 beschlossenen „Einheitlichen Europäischen Akte" hatte sich die EG in der Perspektive „Binnenmarkt 1992" ein Modernisierungsprogramm gegeben, das

---

[5] Anhörung der Europaausschuss des Landtags Baden-Württemberg am 3. März 2010 zu den Konsequenzen des Lissabon-Urteils des Bundesverfassungsgerichts, Anhörung des Ausschusses für Bundes- und Europaangelegenheiten sowie Medien des Landtags Sachsen-Anhalt am 5. März 2010 jeweils mit mehreren Sachverständigen – zumeist Juristen.
[6] Siehe eine Liste der aktuellen Studien: http://www.cor.europa.eu/pages/DocumentTemplate.aspx?view=folder&id=5a988cbb-f36a-45e7-b0ec-6c03884f6f97&sm=5a988cbb-f36a-45e7-b0ec-6c03884f6f97 (Stand: 15.1.12).
[7] Siehe zuletzt die Ausschreibung für 2011: https://www.uni-koblenz-landau.de/ipz/aktuelles/ausschuss-der-regionen-2011 (Stand: 15.1.12).

weitreichende Auswirkungen auch auf Politikfelder hatte, die zuvor noch als alleinige Handlungsfelder der Mitgliedstaaten und ihrer Regionen und Kommunen angesehen worden waren.

Länder und Regionen mussten sich auf diese Veränderungen einstellen. Sie suchten verstärkt nach Einflussmöglichkeiten und nach Mitsprache in der Europapolitik. Dadurch erhielt dieses Handlungsfeld für die Landespolitiker und auch für die sie unterstützende Verwaltung Aufmerksamkeit und Bedeutung. In allen Ländern wurden schlagkräftige Arbeitseinheiten in den Staatskanzleien bzw. in eigenen Europaministerien eingerichtet. Das damalige Engagement war durchaus erfolgreich.

Mit dem Vertrag von Maastricht konnten Länder und Regionen durch die Errichtung des AdR, die Möglichkeit der Entsendung regionaler Minister in den Rat und durch die Verankerung des Subsidiaritätsprinzips die bis heute bedeutsamsten Instrumente der Einflussnahme durchsetzen. In den nachfolgenden Verträgen von Amsterdam, Nizza und Lissabon wurden diese Rechte in Nuancen verbessert und ausdifferenziert. Das neuartige Subsidiaritätsfrühwarnsystem im Vertrag von Lissabon gibt den nationalen Parlamenten – in Deutschland Bundestag, Bundesrat und mittelbar auch den Landtagen – erstmals auf der europäischen Ebene die Möglichkeit einer direkten Mitwirkung an EU-Entscheidungen. Hinzuweisen ist dabei auf die Instrumente der Subsidiaritätsrüge sowie auf das Klagerecht des Bundesrats sowie des AdR beim Europäischen Gerichtshof.

Auf innerstaatlicher Ebene ist es den Ländern Anfang der 1990er Jahre gelungen, ihren Machtverlust durch die Europäisierung der Politik auf der Grundlage der Begleitgesetzgebung zum Vertrag von Maastricht weitgehend zu kompensieren. Artikel 23 Absatz 2 des Grundgesetzes und das hierzu ausgehandelte Zusammenarbeitsgesetzes mit der Bundesregierung gibt ihnen seither die Möglichkeit, über den Bundesrat die innerstaatliche Politikentscheidung in Europafragen wirksam zu beeinflussen.

Allerdings ist auch festzustellen, dass sich in der politischen Praxis die Art der Zusammenarbeit und auch die Themen, mit denen sich die Länder in der Europapolitik befassen, über die Jahre hinweg deutlich gewandelt haben. In der größer gewordenen EU der 27 fällt es den Ländern und auch den Regionen in anderen Mitgliedstaaten im Vergleich zur früheren 12er-EG erkennbar schwerer, direkt in den Verhandlungen des Rates oder auch bei der Kommission in Brüssel Einfluss zu nehmen.

Das hat damit zu tun, dass sich gegenüber der Situation vor 20 Jahren heute die Verhandlungssituation in Rat und Kommission durch die erheblich größere Zahl der Beteiligten erkennbar verändert hat. Ein äußeres Indiz hierfür ist es, dass bei den Verhandlungen des Rates die nationalen Delegationen verkleinert werden mussten. Ländervertreter, die früher noch direkt im Ratssaal an den Verhandlungen teilnehmen konnten, werden immer häufiger in des „salle d'ecoute" verbannt. Zudem sind im Rat notwendigerweise Mehrheitsabstimmungen zur Regel geworden, mit der Konsequenz, dass auf „Sondervoten" oder als erforderlich angesehene längere Abstimmungsprozesse zunehmend weniger Rücksicht genommen werden kann. Die Kommission muss bei ihren internen Sondierungen und Abstimmungsprozessen die Situation in allen 27

Landesregierungen und Mehrebenenpolitik 163

Mitgliedstaaten berücksichtigen. Ausnahme- und Sonderregelungen, etwa im Hinblick auf föderal strukturierte Staaten wie Deutschland, Belgien, Spanien oder auch das Vereinigte Königreich, fallen dadurch zunehmend schwerer. An die Stelle direkter Einwirkungsmöglichkeiten in Rat und Kommission tritt verstärkt die institutionalisierte Interessenvertretung der regionalen und lokalen Ebene über den AdR. Hier gilt es zunehmend mehr, die Interessen auch der deutschen Länder wirkungsvoll zum Ausdruck zu bringen.

In der Europapolitik der Länder spielen heute die „großen Europathemen", wie Vertiefung und Erweiterung von EG/EU, immer seltener eine Rolle. Im praktischen Europageschäft geht es stattdessen vorrangig um die zahlreichen von der EU beeinflussten Alltagsentscheidungen in der praktischen Politik. Der große Anteil von EU-Vorlagen auf der Tagesordnung des Bundestags belegt dies eindrucksvoll. Somit haben sich die Erwartungen der 1970er und 1980er Jahre bewahrheitet, wonach Europapolitik zunehmend zur Innenpolitik wird, die alle Lebensbereiche betrifft. Die „Europa-Generalisten" haben heute erkennbar an Bedeutung verloren, von einigen – nicht unwichtigen – Ausnahmen abgesehen. Hierzu gehört sicherlich der Anfang 2012 in Brüssel verhandelte „Fiskalpakt". Doch sind die Länder aufgrund der primären Bundeszuständigkeit für die europäische Währungspolitik hierbei nur indirekt beteiligt.

Literatur

Alemann, Ulrich von/Münch, Claudia (Hrsg.) 2005: Landespolitik im europäischen Haus. NRW und das dynamische Mehrebenensystem, Wiesbaden.
Algieri, Franco/Schmuck, Otto/Wessels, Wolfgang, 1992: Die Landtage im europäischen Integrationsprozess nach Maastricht. Gutachten für den Landtag von Nordrhein-Westfalen, Düsseldorf.
Bauer, Joachim, 1991: Europa der Regionen. Aktuelle Dokumente zur Rolle und Zukunft der deutschen Länder im europäischen Einigungsprozess, Berlin.
Beyme, Klaus von, 2007: Föderalismus und regionales Bewusstsein. Ein internationaler Vergleich, München.
Borkenhagen, Franz u. a. (Hrsg.) 1992: Die deutschen Länder in Europa. Politische Union und Wirtschafts- und Währungsunion, Baden-Baden.
Conzelmann, Thomas/Knodt Michèle (Hrsg.) 2002: Regionales Europa – Europäisierte Regionen, Frankfurt am Main.
Europäisches Zentrum für Föderalismus-Forschung Tübingen (Hrsg.), seit 1999 fortlaufend: Jahrbuch des Föderalismus, Baden-Baden.
Hrbek, Rudolf/Weyand, Sabine, 1994: betrifft: Das Europa der Regionen, München.
Hrbek, Rudolf, 1994: Die Regionen in der Europäischen Union, in: Schneider, Heinrich/ Wessels, Wolfgang (Hrsg.), Föderales Union – Europas Zukunft?, München, 123-144.
Lambertz, Karl-Heinz/Große Hüttmann, Martin (Hrsg.) 2009: Europapolitik und Europafähigkeit von Regionen. Schriftenreihe des Europäischen Zentrums für Föderalismus-Forschung Tübingen, Band 34. Nomos Verlagsgesellschaft, Baden-Baden.
Münch, Ursula, 2008: Die Europafähigkeit der deutschen Länder nach der Föderalismusreform, in: Bundeszentrale für politische Bildung (Hrsg.), Föderalismus in Deutschland, Informationen zur politischen Bildung (Heft 298), Bonn, 42-47.

Pahl, Marc-Oliver, 2004: Regionen mit Gesetzgebungskompetenzen in der Europäischen Union. Eine rechtsvergleichende Analyse ihrer Mitwirkung an der EU-Rechtsprechung, Baden-Baden, 252-262.
Rau, Johannes, 1990: Geleitwort, in: Alemann, Ulrich von/Heinze, Rolf G./Bodo, Hombch, Die Kraft der Region: Nordrhein-Westfalen in Europa. Bonn, 13.
Robra, Rainer (Hrsg.) 2008: Föderalismusreform und Europapolitik, Baden-Baden.
Schick, Gerhard, 2003: Doppelter Föderalismus in Europa, Frankfurt am Main.
Schmuck, Otto, 2009: Die Europaministerkonferenz der deutschen Länder - Strukturen, Aufgaben, Themenschwerpunkte, in: Jahrbuch des Föderalismus 2009, Baden-Baden 2009, 489-502.
Sturm, Roland/Pehle, Heinrich, 2006: Das neue deutsche Regierungssystem. Die Europäisierung von Institutionen, Entscheidungsprozessen und Politikfeldern in der Bundesrepublik Deutschland, 2. Aufl., Wiesbaden.

Internetquellen

Jeffery, Charlie, 2002: Regionen und die Zukunft Europas, Reform-Spotlight 02/2003 der Bertelsmann Stiftung, 1-10, http://www.bertelsmann-stiftung.de/cps/rde/xbcr/SID-63FFD305-0ED81379/bst/Reformspotlight_02-03_d_pdf.pdf (Stand:12.01.2012).
Münch, Ursula/Meerwaldt, Kerstin/Fischer, Thomas o. J.: Deutsche Länder in der Europäischen Union, http://www.bpb.de/die_bpb/7SC3Q1.html (Stand: 10.03.12).

Melanie Piepenschneider

Stiftungen – Politikforschung und Politikberatung auf christlich-demokratischer Grundlage

1   Politische und gesellschaftliche Rahmenbedingungen für Politikforschung und -beratung

Die Bedingungen für Politikforschung und Politikberatung unterliegen einem Wandel (Borchard/Piepenschneider 2008). Dies ist nicht nur durch den Wechsel des politischen Machtzentrums von Bonn nach Berlin begründet, sondern jede Zeit hat ihre spezifischen Herausforderungen. Will der Forscher und Berater als Dienstleister up to date bleiben und sollen seine Erkenntnisse vom Politiker weiterhin nachgefragt werden, muss er sich stets aufs Neue auf veränderte Umfeldbedingungen einstellen. In den letzten Jahren sehen sich politische Entscheider mit einer ganzen Reihe von Anforderungen konfrontiert, die an dieser Stelle nur angedeutet und ausschnitthaft skizziert werden können, die Politikforschung und -beratung in den letzten Jahren allerdings beeinflusst und verändert haben:

- 360-Grad-Sicht auf die Politik:
  Nationale Entwicklungen sind ohne Einbeziehung der europäischen oder internationalen Dimension nicht mehr gestalt- und erklärbar; Innen- und Außenpolitik verwischen. Spätestens seit der Finanzkrise ist deutlich geworden, wie stark Politik und Wirtschaft sich gegenseitig bedingen. Interdisziplinarität wurde in der Wissenschaft lange eingefordert und hat längst auch die Politik erreicht. Politikgestaltung erfordert heute eine Art 360-Grad-Sicht, alle Perspektiven, der Blick aus möglichst vielen Winkeln ist notwendig.[1] Darüber hinaus ist die Kommunikation über ein politisches Ereignis fast so wichtig geworden wie die Gestaltung des Ereignisses an sich.
- Ausdifferenzierte Gesellschaft:
  Lebenswelten sind plural, die Gesellschaft und damit ihre Bedürfnisse segmentieren sich, gesellschaftliche Bruchlinien werden vielfältiger, die Frage danach wie gesellschaftlicher Zusammenhalt trotzdem erreicht werden kann, stellt sich und

---

[1] So spielen z. B. bei energiepolitischen Entscheidungen wirtschaftliche Fragen und der wissenschaftliche Fortschritt genauso eine Rolle, wie die Folgenabschätzung für den Betrieb von Atomkraftwerken oder die Auswirkungen umwelt- und klimapolitischer Ziele bei der CO2-Reduzierung.

greift in viele politische Themenbereiche ein.[2] Die Menschen leben heute in einer Multi-Optionsgesellschaft und erwarten von der Politik das Festlegen von Rahmenbedingungen, die die Freiheit der individuellen Wahl ermöglicht. Solidarität in der segmentierten Gesellschaft bildet sich vor allem über diffuse wie konkrete Ängste, der Politik Sicherheit und Gewissheiten entgegensetzen soll. Dabei reicht die Nutzenerwartung an die Politik bis zur persönlichen Lebensberatung – der Politiker gerät zunehmend in die Rolle des Kümmerers.

- Stimmungsdemokratie und Bürgerbeteiligung:
Durch die Zunahme der Artikulationsmöglichkeiten in den Medien – vor allem über Internet – wird das Phänomen der Stimmungsdemokratie verstärkt: Betroffenheit und gefühlte Realität spiegeln unter Umständen ein ziemlich verzerrtes Bild. Der Politiker muss auf der einen Seite sensibel für Stimmungen und Strömungen in der Bevölkerung sein, auf der anderen Seite darf er seine Entscheidungen nicht ohne Einbeziehung gesicherten Faktenwissens treffen. Beidem gerecht zu werden, erfordert Kompetenzen im Wissensmanagement und eine neue Dimension kommunikativer Fähigkeiten. Die Möglichkeiten der direkten Einflussnahme von Bürgern auf das politische Geschehen haben durch das Web 2.0 zugenommen – zumindest steigert die Eröffnung der Option das Anspruchsdenken der Bevölkerung auf Mitentscheidung. Die Bürger wollen nicht mehr nur alle 4 oder 5 Jahre wählen, sondern sich darüber hinaus einbringen.[3] Vertrauensräume der Politiker gehen durch Öffnung und Herstellen von Transparenz über das Netz verloren – Aushandlungsprozesse verlagern sich in neue Räume. Die Zersplitterung der Meinungsvielfalt im Netz steht im Gegensatz zum Gemeinwohlinteresse, welches wohl doch eher Großorganisationen wie (Volks-)Parteien organisieren und garantieren können.[4] Dies alles konfrontiert den Entscheider mit neuen Fragen der Politikprozessgestaltung. Zwischen dem Ermöglichen von mehr Bürgerbeteiligung und dem Erhalt unserer bewährten repräsentativen Demokratie sind viele Spielarten denkbar. So stellt sich die Frage, ob Parteien in Zukunft noch ein Alleinstellungsmerkmal bei der Willensbildung haben werden oder ob andere Formen der Mobilisierung und Organisation von Bürgerwille hinzutreten.[5]

---

[2] Die Trennlinien laufen nicht nur zwischen arm und reich, jung und alt, Deutscher und Migrant, sondern auch zwischen den Digital Natives und Medien-Traditionalisten, der Stadt- und Landbevölkerung, selbst die Senioren sind heute keine homogene Gruppe mehr, sondern differenziert nach ihren Bedürfnissen und Möglichkeiten in der sogenannten Dritten Lebensphase zu betrachten.

[3] Zu den Möglichkeiten und Grenzen von Bürgerbeteiligung siehe eine Umfrage von infratest dimap: Was Bürger können – Ergebnisse einer Repräsentativstudie, Januar 2012.

[4] Siehe hierzu: Knut Bergmann/Tobias Pohl: Ortsverbandsstammtisch versus virtuelle Mitgliedschaft, in: Die Politische Meinung, Nr. 503/Oktober 2011, 43-48; Ralf Güldenzopf: Die Volkspartei als Plattform: "Down for the Count?. Der Aufsatz erscheint in Kürze in einer Publikation der Konrad-Adenauer-Stiftung.

[5] Siehe zum Beispiel Liquid Feedback, Bürgerhaushalte, virtuelle Landesverbände von FDP (seit 2000) und CSU, aber auch Projekte wie Unite Europe und eine zunehmende Anzahl von Bürgerdialogen, wie

- Informationsflut:
Informationen sind immer und überall schier unbegrenzt verfügbar. Sie entstehen und vermehren sich durch Teilen, Mitteilen, Weitersagen, Kommentieren und Bewerten.[6] Sender und Empfänger von Informationen agieren auf „Augenhöhe", Konsumenten werden zu Produzenten und umgekehrt, es besteht zwischen ihnen keine Einbahnstraße mehr, sondern man bewegt sich wie auf einer Datenautobahn. Dank der Möglichkeiten wie Twitter und Co. befindet sich der Politiker in einer permanenten Bürgersprechstunde. Themen haben in der Öffentlichkeit eine immer kürzere Halbwertszeit. Minderheitsmeinungen werden via Internet schnell zu gefühltem Mainstream. Vom Politiker wird erwartet, dass er diese Informationsfülle für seine Entscheidungen nutzbar macht, dass er die Meinung der von der Entscheidung Betroffenen genauso berücksichtigt wie das Expertenwissen.

Alles scheint mit allem zusammenzuhängen und verwoben zu sein – und Aufgabe der (angewandten) Politikforschung und der Politikberatung ist es, Strukturen zu erkennen, die Ebenen der Diskussion zu sortieren, die argumentativen Abstraktionshöhen zu klären, Komplexität zu reduzieren, Zusammenhänge herzustellen, historisches Erfahrungswissen für Problemlösungsansätze und politische Gestaltungsspielräume von heute zu nutzen. Das Aufarbeiten von Themen, die Kenntnisse über Politikprozesse bis hin zur Entwicklung von Szenarien zur Krisenkommunikation sowie Optionen für Lösungen gehört genauso zum Arbeitsfeld der Politikberater wie Rhetorik-, Talk-Show- und Redenschreiber-Trainings und die Einschätzung des Mobilisierungspotentials über das Web 2.0.[7] Die Informationsfülle gilt es zu sortieren und in gesichertes Wissen zu transformieren; Orientierung im Informationsdschungel ist herzustellen. Der Politikberater ist Lotse, um Ordnung in die „neue Unübersichtlichkeit" (Habermas) zu bringen, (Lebens-)Berater und Trainer, um die persönliche Performance (Personal Branding) von Politikern zu steigern.

2 Multi-Kompetenz des Politikers

Wer sich heute entscheidet politisch aktiv zu werden, sieht sich mit einer hohen Erwartung an seine Professionalität konfrontiert. Die Medien erwarten diese, ebenso die Bürger und die politischen Mitakteure. Die Bandbreite der notwendigen Kompetenzen hat sich in den letzten Jahren immer mehr ausgeweitet.

---

die mehrstufigen bundesweiten Bürgerbeteiligungsprojekte von Bundespräsident Christian Wulff („Bürgerforum 2011") und Bundeskanzlerin Angela Merkel („Bürgerdialog 2012").

[6] Kritisch hierzu: Martin Andree: Liebling, das Netz schrumpft, in: Die Welt, 03.02.12. Der Autor weist auf die Monopolbildung des Internets und die Mechanismen hin, die eher zu einer Konzentration der Informationen, denn zu mehr Vielfalt führen.

[7] Trotzdem gilt es festzustellen, dass Revolutionen bisher zwar im Netz vorbereitet werden können und dafür mobilisiert wird, politisches Gewicht erhalten sie aber erst durch z. B. „reale" Versammlungen.

Themenwissen ist zentral für einen Entscheider. Aber: Absolute Wahrheiten gibt es immer weniger; zu jeder These wird sich eine Gegenthese finden lassen; zu jeder Tatsachenbehauptung eine Gegendarstellung, zu jeder Information eine weiterführende – das Internet macht es möglich und dies alles in Jetztzeit. Um so zielführender ist es, für die vorhandenen Fakten, Tatsachen, wissenschaftlichen Erkenntnisse „Leitplanken" zu haben, an denen entlang diese zu bewerten und einzuordnen sind. Die daraus entstehende Konsistenz der Argumentation, das Herleiten aus einer gefestigten Werthaltung und das Offenlegen des zu Grunde liegenden Ordnungsrahmens stützt die Glaubwürdigkeit (und natürliche Autorität) des Politikers, welche ein essentielles, allerdings fragiles, Gut ist.

Die Herausforderung ist, den Spagat zu schaffen, Politik auf der Grundlage von politischen Grundüberzeugungen zu gestalten, aber trotzdem Aufgeschlossenheit gegenüber Entwicklungen zu zeigen. George Bernhard Shaw fasste diese Fähigkeit zur Festigkeit bei argumentativer Dialogbereitschaft in folgendes Bild: „Der einzige Mensch, der sich vernünftig benimmt, ist mein Schneider. Er nimmt jedes Mal neu Maß, wenn ich ihn aufsuche. Alle Anderen legen immer die alten Maßstäbe an, weil sie meinen, die passten auch heute noch". Maßstäbe muss es geben, sie müssen allerdings von Zeit zu Zeit den Realitäten angepasst werden.

Die Bürger erwarten sofort sicht- und spürbare Handlungen und Ergebnisse vom Politiker – vor allem, wenn besondere Ereignisse die Gemüter erschüttern. Der Politik immanente Intransparenz und Vielschichtigkeit stößt auf die Erwartung von einfachen, schnellen (auch schnell wirkenden) Politikentscheidungen. Dabei ist Politik heute primär damit beschäftigt, Prozesse in Gang zu setzen und zu organisieren. Konkrete Lösungen für konkrete Probleme sind nur in Aushandlungsprozessen mit vielen unterschiedlichen Akteuren zu bewerkstelligen und dies benötigt Zeit. Zudem wird das Ergebnis nicht eindeutig einem Politiker zuzuordnen sein.

Politiker müssen heute neben ihrem Fachgebiet, in welchem sie für die Öffentlichkeit (und damit auch der Medien) wahrnehmbar Expertise haben, auch Generalisten sein. Von ihnen erwarten die Bürger, dass sie komplexe und komplizierte politische Sachverhalte „beherrschen", zumindest verständlich erklären können.[8] Paul-Henri Spaak hielt dagegen ein gewisses Maß an Inkompetenz für erforderlich, um in schwierigen politischen Fragen Lösungen zu finden.[9] Es ist nicht ganz von der Hand zu weisen, dass oft zu großes Detailwissen die Sicht auf die wesentlichen Dinge verstellen kann. Komplexitätsreduzierung bei gleichzeitiger thematischer Authentizität ist erforderlich – und dies bei Themen, die nicht die eigentlichen Kompetenzfelder abdecken.

---

[8] Die SPD-Bundestagsfraktion hat exemplarisch einen Antrag in sogenannte Leichte Sprache übersetzen lassen, um die sprachlichen Barrieren bei komplexen politischen Inhalten abzubauen, siehe: Drucksache 17/8485 vom 24.01.2012. Auch in der Wissenschaft gibt es Bemühungen, Forschungsergebnisse für ein breiteres, fachwissenschaftlich nicht geschultes Publikum aufzubereiten. Seit Herbst 2011 gibt es eine Fachzeitschrift, die sich dies zur Aufgabe macht: INDES. Zeitschrift für Politik und Gesellschaft.
[9] So äußerte er die Absicht, ein Buch mit dem Titel „Von der nötigen Inkompetenz des politischen Menschen" zu schreiben, was er allerdings nie tat, vgl. Küsters (1982: 125).

Die zunehmende Internationalisierung von Themen, aber auch der wachsende Anteil an Bürgerinnen und Bürgern in Deutschland mit Migrationshintergrund fordert die Fähigkeit, verschiedenen Kulturen Rechnung zu tragen und bei der Positionsformulierung und beim Politikhandeln zu reflektieren.

In der politischen Auseinandersetzung genügt es längst nicht mehr, die besseren Konzepte zu haben. In der schnelllebigen Medienwelt kommt es immer stärker auch auf die „Verpackung" an. Nur, wer die Regeln der Mediendemokratie kennt und damit umgehen kann, wird im Meinungsstreit bestehen und Mehrheiten gewinnen. Wer nicht versteht, wie das Web 2.0 funktioniert und deren Nutzer „ticken", vergibt die Chance auf Deutungshoheit. Kommunikative Fähigkeiten gehören genauso dazu wie technisches Know-How.

Das Internet oder Web 2.0 verändert nicht nur das Management von Informationen, sondern auch von Identität und Beziehungen. Medienkompetenz heißt hier nicht nur den Umgang und die adäquate Nutzung der Medien zu beherrschen, sondern die Medien für die Meinungsbildung, den Transport von Informationen und für die eigene Selbstdarstellung und Vermarktung aktiv und gezielt zu nutzen. Das Persönliche Branding spielt neben der Themenkompetenz eine immer größere Rolle.

In den letzten Jahren sind die Erwartungen des Bürgers an das Handeln und Verhalten von Politikern gewachsen und dies nicht nur in Fragen der Moral und Ethik. Sicher ist es nicht so, dass Politiker heute grundsätzlich weniger integer sind als früher. Vielmehr ist heute die Wahrscheinlichkeit größer, dass eine noch so kleine Jugendsünde oder -verfehlung durch die Medien an den Tag gebracht wird. Die Medien und das Internet wirken hier als Beschleuniger, vor Leserreportern ist niemand sicher und das Internet vergisst nichts. Und dann setzt sich eine Spirale in Gang, die nur mit einem höchst professionellen Krisen- und Medienmanagement noch in den Griff zu bekommen ist – wenn überhaupt.

Es ist unbestritten, dass die Medien einen immer größeren Einfluss auf Politik und Gesellschaft gewinnen – Offline- wie Online-Medien. Wer heute als Politiker zum Wähler durchdringen und Interesse wecken will, muss sich der Medien bedienen, muss bisweilen aus Mücken Elefanten machen und aus nachrangigen Details nicht selten vordergründige Skandälchen und Skandale produzieren. Über Randgruppenthemen ist so ebenfalls eine Profilierung möglich. Die Medien brauchen die Politik nicht, aber die Politik die Medien (Tissy Bruns).

Als Politiker muss man heute eine ganze Reihe von Fähigkeiten beherrschen (und dies gilt für alle politischen Ebenen von der kommunalen, über die bundes- bis zur internationalen), um längerfristig erfolgreich, gestaltend politisch wirken zu können. Wobei die Beratungsoffenheit eine der Grundvoraussetzungen ist, denn nicht jeder kann in allen Feldern gleichermaßen gut oder sogar exzellent sein. Politikberatung findet heute ein viel breiteres Tätigkeitsfeld vor als noch vor Jahren, was mit dem Anstieg der Anzahl der Agenturen, die auf diesem Gebiet tätig sind, korrespondiert. Die wichtigsten Kompetenzen seien kurz genannt:

- Themenkompetenz
- Strategische Kompetenz
- Medienkompetenz
- Soziale Kompetenz
- Interkulturelle Kompetenz
- Branding
- Beratungsoffenheit
- Wissensmanagement

In der Politikberatung (und die ihr zu Grunde liegende Politikforschung) geht es nicht mehr nur um das fachliche Wissen (Themenkompetenz) und Prozessberatung, sondern um weitaus mehr (Soft Skills).

3 Der Auftrag der Konrad-Adenauer-Stiftung

Politische Stiftungen – wie die Konrad-Adenauer-Stiftung – folgen einem öffentlichen Auftrag, sind zum überwiegenden Teil durch öffentliche Mittel finanziert (und nicht von den Parteien wie hin und wieder angeführt wird), sie sind (bestärkt durch die Erfahrungen mit der nationalsozialistischen Diktatur) Ausdruck von politischem Pluralismus in Deutschland und stehen jede für sich auf einem spezifischem Wertefundament.

Paragraph 2 der Satzung der Konrad-Adenauer-Stiftung regelt ihre Aufgaben:

> „Die Konrad-Adenauer-Stiftung e.V. verfolgt auf christlich-demokratischer Grundlage ausschließlich und unmittelbar gemeinnützige Zwecke. Sie wird insbesondere
>
> - politische Bildung vermitteln,
> - die geschichtliche Entwicklung der christlich-demokratischen Bewegung erforschen und dokumentieren,
> - durch Forschung und Beratung Grundlagen politischen Wirkens erarbeiten,
> - die europäische Einigung unterstützen, die internationale Verständigung durch Informationen und Begegnungen pflegen sowie mit entwicklungspolitischen Projekten und Programmen Hilfe leisten,
> - politisch verfolgten Demokraten ideelle und materielle Hilfe gewähren,
> - die wissenschaftliche Aus- und Fortbildung begabter und charakterlich geeigneter junger Menschen fördern,
> - Kunst und Kultur durch Veranstaltungen und Stipendien fördern,
> - der Öffentlichkeit die Ergebnisse ihrer Arbeit zugänglich machen.
>
> Zur Wahrnehmung dieser Aufgaben setzt die Konrad-Adenauer-Stiftung e.V. ihre ideellen, personellen und materiellen Möglichkeiten im In- und Ausland ein."

Was die Konrad-Adenauer-Stiftung unverwechselbar macht ist die ungewöhnliche Breite ihres Instrumentariums: Sie kann begabten Nachwuchs fördern und verfügt damit über ein Netz von einigen tausenden aktiven und ehemaligen Stipendiaten im In- und Ausland, die nach Abschluss ihres Studiums zumeist Schlüsselpositionen in Politik, Gesellschaft und Wirtschaft einnehmen. An nicht wenigen Kabinettstischen der Welt – die deutschen eingeschlossen – sitzen die sogenannten Altstipendiaten. Die Konrad-Adenauer-Stiftung verfügt über jahrzehntelange Erfahrung auf den Gebieten der Demokratieförderung und Entwicklungspolitik. Sie verfügt über eigene Forschungskapazitäten und zugleich über ein umfangreiches politisches Archiv.

Für die Politikforschung und -beratung kann die Konrad-Adenauer-Stiftung auf ein breites Netz an Kontakten in Wissenschaft und politische Kreise sowohl auf Bundes-, Landes- und kommunaler Ebene sowie im Ausland zurückgreifen. Die dezentrale Struktur mit knapp 90 Auslands- und 13 Landeshauptstadtbüros, drei regionalen Bildungswerken sowie zwei Bildungszentren in Deutschland sichert den Zugang zu gesellschaftspolitisch wichtigen Gruppen, in die Wirtschaft, in die Wissenschaft, in kirchliche Kreise und natürlich in die Politik.

Aus dem Auftrag der Konrad-Adenauer-Stiftung abgeleitet bedeutet Politikforschung die Analyse politischer Themen[10], von Prozessen (z. B. Politikgestaltungs- und Meinungsbildungsprozesse) und von Akteuren (insbesondere der Parteien). Die Ergebnisse dienen neben dem allgemeinen, auch dem eigenen Erkenntnisgewinn und -fortschritt, sowie der Beratung: nach außen in Richtung von Akteuren, die diese nachfragen; nach innen für Arbeitseinheiten der Stiftung, die die Ergebnisse für ihre Arbeit verwerten. Beratung heißt darüber hinaus über Bildungsmaßnahmen Trainings und Schulungen zu den Kompetenzfeldern[11] anzubieten, die heute ein Entscheider oder (ehrenamtlicher) Mandats- und Funktionsträger für die professionelle politische oder verbandliche Arbeit benötigt.

3.1 Wertegebundenheit und Kompetenz

Politische Stiftungen verfolgen ihren Auftrag vor ihrem jeweiligen spezifischen Wertehintergrund. „Ausgangs- und Orientierungspunkt für die Konrad-Adenauer-Stiftung ist das christliche Verständnis vom Menschen als Geschöpf Gottes in seiner Gleichwertigkeit, Verschiedenartigkeit und Unvollkommenheit" – so die Leitlinien der Konrad-Adenauer-Stiftung. Dieser klare Wertehintergrund bindet die Stiftung in ihrer gesamten Arbeit und damit auch in der Politikforschung- und beratung. Eine solchermaßen

---

[10] V. a. Themen, die der Christlichen Demokratie immanent sind wie z. B. europäische Integration, Soziale Marktwirtschaft, das Transatlantische Verhältnis, Bürgerschaftliches Engagement und Partizipationsformen, aber auch Familien- und Bildungspolitik bis hin zu Grundfragen wie der Entwicklung des Rechtsstaats, der Menschenrechte und der Demokratie.
[11] Siehe 2. Multi-Kompetenz des Politikers.

klare weltanschauliche Richtung ist durchaus ein Vorteil für eine unverwechselbare Stimme im Konzert der Politikforscher und -berater. Die Konrad-Adenauer-Stiftung steht wie andere Institutionen in einem Wettbewerb auf dem sich ausweitenden Markt. Die ihr von der Grundüberzeugung her nahestehenden Institutionen ihrerseits stehen unter Druck, Transparenz über Herkunft und Solidität der zur Beratung und Entscheidungsfindung herangezogenen Analysen herzustellen. Nichts ist fataler als wenn sich eine Institution die Ergebnisse einer Studie zu Eigen macht, die aus formalen, methodischen oder inhaltlichen Gründen von Wissenschaft, Medien oder Öffentlichkeit in Zweifel gezogen werden. Insbesondere bei den „advokatischen" Beratungsinstitutionen, zu denen die politischen Stiftungen gehören, muss die vorhandene klare weltanschauliche Orientierung seriös vertreten werden. Mit Gefälligkeitsforschung oder -beratung wäre keinem Entscheider gedient. Im Gegenteil: Politiker verlangen gerade von solchen Beratern, die ihrer Ausrichtung nahe stehen, eine besonders umfassende und vor allem glaubwürdige Beratung.

Der Anspruch der Adenauer-Stiftung ist, dass ihre Mitarbeiter in ihrem Themenfeld auf dem aktuellen Stand der Wissenschaft sind und dies stetig nachhalten. Anspruch ist auch, in der Wissenschafts-Community ernst genommen und anerkannt zu werden. Würden sie sich zu Gefälligkeitsanalysen hinreißen lassen, dann wäre ihre Reputation bald erschüttert. Die Wissenschaft würde die Experten und ihre Analysen ignorieren, sie nicht zu Konferenzen und Kongressen einladen sowie auffordern, Beiträge in wissenschaftlichen Werken zu veröffentlichen.

Der besondere Vorteil der Stiftungen liegt allerdings nicht alleine in der Nähe, sondern paradoxerweise zugleich in einer gewissen Distanz zu der ihr nahestehenden Partei. Es gehört – freilich in unterschiedlichem Ausmaß – zum Selbstverständnis der politischen Stiftungen, „dass sie von den Parteien rechtlich und tatsächlich unabhängig sind und ihre Aufgaben selbstständig, eigenverantwortlich und in geistiger Offenheit" (Gemeinsame Erklärung 1998) wahrnehmen. Wären die Stiftungen lediglich erweiterte „Parteizentralen", dann hätten sie kaum eine reelle Chance auf politische Relevanz.

3.2 Glaubwürdigkeit und Transparenz

Zu den Grundvoraussetzungen jeglichen Forschens gehört wissenschaftliche Unabhängigkeit. Transparenz z. B. über Auftrag- und Geldgeber ist daher oberstes Gebot. Die Politikforschungs- und -beratungsarbeit der Konrad-Adenauer-Stiftung wird zum allergrößten Teil aus öffentlichen Mitteln finanziert, dabei ist die Finanzierung zu einem wesentlichen Teil nicht projektbezogen. Das sichert ein großes Maß an Unabhängigkeit, denn die Inhalte und Ausrichtungen der Vorhaben legt die Stiftung im Rahmen eines längerfristigen Strategie- und jährlichen Arbeitsplanungsprozesses selbst fest. Die Qualitätssicherung wird durch eine stetige, standardisierte wie freie Evaluation gewährleistet.

Die Experten der Stiftung verfügen naturgemäß über intensive Kontakte zu der ihr nahestehenden Partei. Dies führt auf der einen Seite dazu, dass politische Beratung besonders realitätsnah sein kann. Denn sie kennen die Akteure und deren Positionen genau, wissen wo Widerstände zu erwarten und welche Positionen mehrheitsfähig sind. Auf der anderen Seite könnte die in der Wissenschaft geforderte Objektivität unter der Nähe leiden, die Arbeit der Stiftung als selbstreferentiell eingestuft werden: Denn jede Analyse basiert auf bestimmten Forschungsfragen, Auswahl an Untersuchungskriterien und Theorien sowie bestimmten Annahmen.[12] Auch hier gilt: alles offenlegen und transparent machen. Die Konrad-Adenauer-Stiftung arbeitet auf der Grundlage eines christlich-demokratischen Werteverständnisses. Das ist Auftrag und so vom Staat gewollt. Dies macht die Arbeit zum einen leichter, denn jeder weiß, von welchem Grundverständnis kommend, die Stiftung agiert. Dabei gehört die intensive Auseinandersetzung mit Positionen der politischen Konkurrenz genauso zum Aufgabengebiet der Experten in der Stiftung wie die Beobachtung der wissenschaftlichen Forschungsergebnisse anderer Institutionen wie eigene wissenschaftliche Projekte. Vertrauen der Nutzer in die Solidität der Forschungs- und Beratungsarbeit ist eine wesentliche Voraussetzung auch für die Arbeit der Konrad-Adenauer-Stiftung.

Zur Glaubwürdigkeit gehört Transparenz des Handelns. Es gehört zum Selbstverständnis der politischen Stiftungen, ihre Ressourcen mit größtmöglichem Nutzen einzusetzen und darüber öffentlich Rechenschaft abzulegen. Alle Untersuchungen, die die Stiftungen erarbeiten, müssen veröffentlicht, alle Maßnahmen ob Kongresse, Seminare oder Vortragsveranstaltungen öffentlich zugänglich gemacht werden.[13] Diese Rechenschaftspflicht und der Anspruch der Stiftungen, durch ihre Arbeit in die Öffentlichkeit hineinzuwirken, nehmen sie vor dem Vorwurf der Kungelei und der Undurchsichtigkeit in Schutz, der nicht selten an politikberatende Agenturen und Institutionen gerichtet wird. Zur Transparenz gehören auch die Offenlegung der Methoden des Arbeitens und ihre Problematisierung. Die Tätigkeit der Stiftung ist der Kritik der Öffentlichkeit und anderer Forschungseinrichtungen zugänglich.

3.3 Praxisorientierung und Zukunftsperspektive

Die Debatte über das Verhältnis von Grundlagen- zu angewandter Forschung ist so alt wie es Wissenschaften gibt. Forschung als Selbstzweck hat genauso eine Berechtigung wie die praxisorientierte Forschung. Beides bedingt sich vielmehr, denn das eine ist

---

[12] Siehe auch: Bert Rürup: Politikberatung – Jenseits von falsch und richtig. Wenn Wissenschaftler Politiker beraten, kann es nicht um objektive Wahrheit gehen, in: Handelsblatt vom 3. Februar 2012.
[13] Unter www.kas.de steht die ganze Palette der Tätigkeiten der Öffentlichkeit zur Verfügung. Darüber hinaus gibt es einen Jahresbericht, Internet-Portale zu bestimmten Themen, verschiedene Newsletter und Jahresprogramme der Politischen Bildung und der Begabtenförderung – sowie viele Instrumente mehr informieren über die Arbeit der Stiftung.

ohne das andere nicht denkbar. Grundlagenforschung ist unverzichtbar für eine Gesellschaft, die ihren Anspruch an Modernität nicht verlieren will; die Anwendungsrelevanz ist notwendig, damit ein Realitätsabgleich stattfindet. Auch die politischen Stiftungen stehen vor dem klassischen Problem, Politik und Wissenschaft in einen verwertbaren Einklang zu bringen. Sicher ist die Politikforschung der Konrad-Adenauer-Stiftung ein Stück mehr anwender- und praxisorientierter und weniger theorielastig als die reine universitäre Forschung – wobei auch dort in den letzten Jahren die angewandte Forschung ausgebaut wurde.

Anders als Partei und Fraktion stehen die politischen Stiftungen nicht unter dem permanenten Druck der Tagesaktualität. Daraus erwächst die Chance strategischen Denkens, die Chance, wie es in der Satzung der Konrad-Adenauer-Stiftung heißt, „Grundlagen politischen Wirkens" zu erarbeiten. Für die politischen Stiftungen gilt demnach, was verschiedentlich als Defizit vieler kommerzieller Beratungsinstitutionen und Think Tanks ausgemacht worden ist: Eine Grundregel für einflussreiche und erfolgreiche Politikberatung ist das „Denken auf Vorrat". Sie muss der Tagesordnung der Politik ein Stück voraus sein. Zugleich darf sie von der Agenda aber nicht völlig distanziert und entrückt sein. Beide – tagesaktuelle Maßnahmen und grundsätzliche Arbeit – müssen in einem vernünftigen Verhältnis zueinander stehen und miteinander verbunden sein. Sonst besteht entweder die Gefahr, in orientierungslosen Aktionismus abzugleiten oder Grundsatzdebatten zu führen, die theoretisch und damit politisch wirkungslos bleiben.

Die Chance, dass wissenschaftlich fundierte Erkenntnisse und Empfehlungen im politischen Betrieb Gehör finden, ist dann größer, wenn die Lösungsvorschläge mit dem Kalender der Politik und mit herausragenden Ereignissen – wie Wahlen, Legislaturperioden, Gipfeltreffen, Parteitagen – eng verknüpft werden. Deshalb dürfen die politischen Stiftungen nicht allein in der passiven Rolle des „Informationsdienstleisters" verharren. Sie müssen ein Gespür für Themen, für den Zeitpunkt und für die Präsentation ihrer Ergebnisse in der Öffentlichkeit haben. Gerade weil sie nicht auftragsabhängig sind, haben die politischen Stiftungen hier besondere Chancen, aber auch eine besondere Verantwortung. Denn letztlich treten sie damit nicht nur als politisch beratende Institution, sondern zugleich als Akteur, ein Akteur der Agenda-Setting betreibt, hervor. Dazu gehört bisweilen auch, dass die Stiftungen mit aller Sensibilität den Mut aufbringen müssen, Fehlentwicklungen und Versäumnisse auch bei den Parteien offen anzusprechen, denen sie nahe stehen.

Die politischen Stiftungen arbeiten nachhaltig, langfristig, substanzreich und vernetzt mit anderen Institutionen – so sind sie in der Lage, als Seismograf zu dienen, der politisch bedeutsame Entwicklungen und Zukunftsfragen identifiziert und artikuliert, als eine Art „Frühwarnsystem" für politische Entscheidungsträger. Als so beschriebener Akteur, der im Umfeld der jeweiligen Partei an der Willensbildung des Volkes mitarbeitet, verfügen die politischen Stiftungen über interessante Potentiale bei der Zukunftsgestaltung und schöpfen gleichzeitig daraus das Fundament für Trainings- und Bildungsmaßnahmen.

4 Politikberatung an der „Basis": Politische Bildung

„Das aktive politische Engagement muss wie jede andere Kompetenz erlernt werden. Die Bürgerinnen und Bürger erwarten zu Recht eine professionelle Mandatsausübung und eine hohe Fähigkeit der gewählten Repräsentanten, zur Lösung politischer Probleme beizutragen. Die Bildungsarbeit der politischen Stiftungen professionalisiert das soziale und politische Engagement der Bürgerinnen und Bürger und fördert die Aktivität derjenigen, die in Staat und Gesellschaft Verantwortung wahrnehmen wollen." (Friedrich Ebert Stiftung u. a. 2011: 5)

Dieses Zitat aus der Gemeinsamen Erklärung zur politischen Bildungsarbeit beschreibt das Selbstverständnis und den Auftrag der politischen Stiftungen. Die Konrad-Adenauer-Stiftung hat schon vor Jahren in einem Strategiepapier für sich das Ziel präzisiert, in dem sie sich nicht nur mit dem *Wie* von Demokratie und Politik, sondern auch mit dem *Was* und *Warum* befasst. Sie will nicht nur Wissen vermitteln, sondern auch Voraussetzungen und Zielrichtungen für grundwerteorientiertes politisches Handeln. Weil sie das aus christlich-demokratischer Verantwortung tut, unterscheidet sie das von anderen Trägern politischer Bildung in Deutschland (Konrad-Adenauer-Stiftung 2006: 4).

Von der (beratenden) politischen Bildungsarbeit der Konrad-Adenauer-Stiftung wird eine bestimmte wertgebundene Grundhaltung bei Themen und Fragestellungen erwartet (sonst würde man das Angebot einer der anderen politischen Stiftungen in Anspruch nehmen), bei gleichzeitiger geistiger Offenheit, was sich in der Referentenauswahl und Diskursfähigkeit niederschlägt. Das geforderte inhaltliche Niveau muss sich den Zielgruppen anpassen, deren Repräsentanten nicht selten in den Themen selbst Experten sind.

Politische Bildung muss in der Lage sein, auf aktuelle Ereignisse schnell zu reagieren, sie muss politische Entscheidungen erklären und Politik in Zusammenhänge stellen können. Hierzu kann die Politische Bildung der Konrad-Adenauer-Stiftung im eigenen Haus auf die Expertise der Abteilung „Politik und Beratung", der Abteilung „Europäische und Internationale Zusammenarbeit" und des Archivs zurückgreifen. Darüber hinaus verfügt sie durch ihre Landesbeauftragten in den Bundesländern über regionale Netzwerke in Politik und Wirtschaft, in gesellschaftliche Gruppen, Kirchen und Verbände. Über die dezentrale Struktur von Bildungswerken und -zentren vor Ort verfügt sie auch über Chancen, regional gestreut zum Bewusstseinswandel beizutragen. Vermittlung von Inhalten und interkulturelles Lernen ist dabei genauso Auftrag der Politischen Bildung wie das Vermitteln von Kompetenzen.

So will die Abteilung Politische Kommunikation der Politischen Bildung der Konrad-Adenauer-Stiftung Bürger sowie Mandats- und Funktionsträger befähigen, ihre Argumente überzeugend darzustellen und dafür Unterstützung zu gewinnen sowie für gesellschaftspolitisches Engagement zu motivieren. (Grünewald/Güldenzopf/Piepenschneider 2011) Das Angebot umfasst Trainings und Workshops zu Pressearbeit und

Public Relations, zum Umgang mit Kamera und Mikrofon sowie zum Vortragen und Verfassen von Reden. Neueste Erkenntnisse des politischen Marketings werden vermittelt und diskutiert. Eine immer wichtigere Rolle spielt die Online-Kommunikation: Kurse zur Gestaltung politischer Webseiten gehören ebenso dazu wie vertiefende Seminare, in welchen die Darstellung von Politik in den Massenmedien z. B. in Talkshows und TV-Duellen untersucht wird. Medienkompetenz und hier insbesondere der Umgang mit dem Internet wird immer wichtiger. Das Einordnen von Ereignissen, das Erkennen der Mechanismen des Agenda-Settings, das Beurteilen und Bewerten von Nachrichten und Schlagzeilen wie die Sensibilisierung für Netikette sind zentrale Inhalte.

Wenn es um die politische Urteilsbildung, die Verstehensprozesse politischer Zusammenhänge und das Begreifen ihrer Einbettung in das Kommunikationssystem mit seinen unterschiedlichen Konditionierungen geht, tritt neben die Medien- die Kommunikationskompetenz. Die Veränderungsprozesse der politischen Kommunikation sind nicht nur genau zu diagnostizieren, sondern auch ihre Adressaten mit dem notwendigen Wissen auszustatten und sie damit selbst in die Lage zu versetzen, auf diese Veränderungen adäquat zu reagieren. Es geht bei der politischen Kommunikation in der politischen Bildungsarbeit darum, einen wichtigen Beitrag zur Wissensvermittlung und wissensbasierten Optimierung strategischer Positionierung ihrer Adressaten zu leisten, auch und gerade derjenigen im politischen Raum. Neben der reinen Wissensvermittlung gehört daher zum Angebot der politischen Kommunikation der Erwerb spezifischer Kommunikationstechniken, ohne die in einer von Medien und Kommunikation geprägten Welt das politische Engagement des Bürgers notwendigerweise ins Leere läuft. Partizipation und politisches Engagement des Bürgers bedeuten zunächst vor allem, dass dieser im Kommunikationsprozess nicht im Empfängerstatus verharrt, sondern seinerseits zum Sender wird.

5 Ganzheitliche Politikforschung und -beratung

Wer heute Politikforschung und -beratung betreibt, muss einen ganzheitlichen Blick entwickeln. Die Konzentration auf die Steigerung der Themen- oder Medienkompetenz oder die Unterstützungsleistung beim Politik- und Aushandlungsprozess greift heute zu kurz. Politikforschung und -beratung erfüllt eine Scharnierfunktion zwischen Politik und der sich stetig ausdifferenzierenden Lebenswirklichkeit. Neben der Entwicklung von Strategien und Lösungsoptionen tritt durch die fortschreitende Personalisierung in der Politik der Politiker als Individuum in das Zentrum. Die Konrad-Adenauer-Stiftung hat aufgrund ihrer christlich-demokratischen fundierten Werthaltung den Menschen in seiner gesamten Persönlichkeit im Blick – sowohl bei der Politikforschung wie Politikberatung.

Literatur

Beaugrand, Günter, 2003: Die Konrad-Adenauer-Stiftung. Eine Chronik in Berichten und Interviews mit Zeitzeugen, Sankt Augustin.
Borchard, Michael/Piepenschneider, Melanie, 2008: Für die Zukunft gut beraten. Die Arbeit der politischen Stiftungen, in: Außerschulische Bildung 4/08, 348-389.
Grünewald, Robert/Güldenzopf, Ralf/Piepenschneider, Melanie (Hrsg.) 2011: Politische Kommunikation. Beiträge zur Politischen Bildung. Schriftenreihe Politische Bildung der Konrad-Adenauer-Stiftung Band 1, Münster.
Kuhne, Clemens, 2008: Politikberatung für Parteien. Akteure, Formen, Bedarfsfaktoren, Wiesbaden.
Küsters, Hanns Jürgen, 1982: Die Gründung der Europäischen Wirtschaftsgemeinschaft, Baden-Baden.
Piepenschneider, Melanie, 2011: Politik und Komplexitätsbewältigung. Kompetenzprofil von Politikern in der Spannbreite von Stratege bis Kummerkasten, in: Ifo-Schnelldienst, Band 64, 1/2011, 23-28.
Politische Bildung der Konrad-Adenauer-Stiftung. Standortbestimmung und Perspektiven für die Zukunft, 2006.

Internetquellen

Friedrich-Ebert-Stiftung/Konrad-Adenauer-Stiftung/Heinrich-Böll-Stiftung/Hanns-Seidel-Stiftung/Rosa-Luxemburg-Stiftung 2011: Die Bildungsarbeit der Politischen Stiftungen in Deutschland, Juni 2011, http://library.fes.de/pdf-files/fes/08263.pdf (Stand: 10.12.11).
Gemeinsame Erklärung zur staatlichen Finanzierung der Politischen Stiftungen November 1998, http://www.kas.de/wf/de/71.5035/ (Stand: 10.03.12).
Konrad-Adenauer-Stiftung 2012: Politische Bildung, http://kas.de/wf/de/42.5 (Stand: 10.03.12).

Thomas Leif

Souveränitätsverzicht der Politik und Bedeutungsverlust der Parlamente – Lobbyismus als Schatten-Management widerspricht dem Prinzip des Pluralismus

1 Einleitung – Legitimationsprobleme der parlamentarischen Demokratie

Kaum jemand hatte es bemerkt: Der ehemalige erste Mann im Staat, Christian Wulff, wollte seine Amtszeit dem Thema „Zukunft der Demokratie" widmen. Er sorgte sich vor allem um das „mangelnde Interesse vieler Bürger, sich in den Kommunen zu engagieren." Auch das schlechte Image der Politiker motivierte ihn zu seiner ungewöhnlichen programmatischen Schwerpunktsetzung: „Heute begleitet die Politiker viel Häme, viel Spott und viel Misstrauen – mehr als früher." Ungewöhnlich klar analysierte der ehemalige Bundespräsident: „Der Graben zwischen Wählern und Gewählten wird größer." Vertrauensverlust und Wahlverweigerung gegenüber Politik und Parlament einerseits, Passivität, Beteiligungs-Abstinenz, Desinteresse und Anspruchsdenken der Bürger andererseits.

Die Kerze der Demokratie brennt also von zwei Seiten und offenbar können weder (etablierte) Institutionen noch (charismatische) Leitfiguren eine überzeugende Perspektive zur Stabilisierung und Revitalisierung gelebter Demokratie in funktionierenden Strukturen bieten. Das Sozialkapital der Politik scheint aufgezehrt, anonyme „Finanzmärkte" bestimmen den Takt. Zum nüchternen Lagebild gehört auch, dass Wulffs Entscheidung, die Bedrohung der Demokratie in Deutschland zu ˋseinemˋ Thema machen zu wollen, kaum öffentliche Resonanz fand.

Dieses Aufmerksamkeitsdefizit sollte im März 2011 behoben werden. Unter dem Dach der Bertelsmann-Stiftung und der Schirmherrschaft des damaligen Bundespräsidenten tagte das größte „Ersatz-Parlament" aller Zeiten mit mehreren 1000 Beteiligten. Ein gigantischer PR-Coup – und auch ein Zeichen, dass das Zustimmungs-Fundament der parlamentarischen Demokratie immer poröser und der orientierungslose Souverän mit einem großen Demokratie-Spektakel abgelenkt wird. Selbst die Verantwortlichen in der Bertelsmann-Stiftung waren vom Ergebnis dieses Großprojektes enttäuscht. Der damalige Bundespräsident flüchtete sich – entgegen der in systematischer Vorbereitung vereinbarter Absprachen – in wolkige Absichtserklärungen und enttäuschte das ambitionierte „Bürger-Parlament" mit unverbindlichen Beruhigungsfloskeln. Das Ende eines anspruchsvollen, am Ende aber gescheiterten Projekts.

Einen zentralen Grund für den parlamentarischen Bedeutungsverlust könnte gerade ein Bundespräsident in einer seiner „Berliner Reden" aufgreifen und damit eine längst überfällige öffentliche Debatte auslösen: der zunehmende Einfluss des Lobbyismus auf Parlament und Regierung. Zwar werden gefährliche Tendenzen der „Stillen Macht" vom Bundestagspräsidenten, früheren Verfassungsrichtern und immer mehr Spitzenpolitikern zunehmend kritisiert, aber besonders der Einfluss der Finanzlobby im Schatten der Banken- und Schuldenkrise findet bei interessierten Bürgern immer mehr Aufmerksamkeit. Das lautlose Mitregieren, die stille Beteiligung an wichtigen politischen Entscheidungen und die beachtliche Gestaltungs- und Verhinderungsmacht der „Fünften Gewalt" kann offenbar – allen Widerständen zum Trotz – nicht mehr von der politischen Agenda ausgeblendet werden. Die Vertrauens- und Handlungskrise von Parlament und Regierung ist eng verbunden mit den nicht legitimierten Einflusszonen des wachsenden Lobby-Marktes. Deshalb stellt sich sowohl aus der Perspektive der Lobbyisten als auch der Politiker in jüngster Zeit verstärkt die Frage nach der sinnvollen Regulierung (Kolbe/Hönigsberger/Osterberg 2011).

2 Die Infrastruktur des Berliner Lobbyismus

Lobbyismus – ist die zielgerechte Beeinflussung von Entscheidungsträgern und die organisierte Interessenvertretung gegenüber Regierung, Parlament, politischen Akteuren und Medien. Ziel des Lobbyismus ist die möglichst lautlose Durchsetzung wirtschaftlicher und politischer Interessen vorwiegend jenseits der öffentlichen Beobachtung in informellen Verhandlungen mit Politikern in Regierung, Ministerialbürokratie und Parlament. Im Kern geht es um die Beeinflussung von Gesetzen und Regeln oder die Verhinderung beziehungsweise Abschwächung von politischen Vorhaben. Das Spektrum der eingesetzten Mittel und Instrumente zur Durchsetzung dieser Ziele – von legitimen Anhörungen bis zu negativem campaigning oder direkten Absprachen in Grauzonen – ist schier unbegrenzt (Leif/Speth 2003/2006)[1].

Die 2010 (Stand: 28.4.2011) in Berlin beim Bundestag eingetragenen Lobbyorganisationen mit mehr als 4.500 Ausweisen, die ihnen den freien Zugang im Bundestag ermöglichen, haben sich in den vergangenen Jahren weiter professionalisiert. Im Zuge

---

[1] Besonders im Politikfeld „Landwirtschaft und Verbraucher" wird selbst in den zuständigen Parlamentsausschüssen eine besonders hohe Lobbydichte festgestellt.
Patrick Ahlers, FDP und Lobbyist der Lebensmittelbranche steht für eine besondere Synergie:
Er nahm selbst an nicht-öffentlichen Sitzungen des Ausschusses für Ernährung, Landwirtschaft und Verbraucher teil. Offenbar kein Einzelfall.
Auch der Vorgang, dass ein Lobbyist der Futtermittelindustrie ausgerechnet in der Hochphase der Futtermittelskandale zum Staatssekretär im zuständigen Fachministerium avancierte, illustriert den Lobbyeinfluss. Das gleiche gilt für den zuständigen Fachausschuses im Deutschen Bundestag, in dem eine große Zahl von Akteuren mitwirkt, die nachweislich auch nebenberuflich Lobbyinteressen vertreten.

der Banken- und Finanzkrise ist zudem eine radikalisierte Arbeitsweise und Forderungsdichte öffentlich erkennbarer. Hintergrundgespräche mit zentralen Akteuren und die Auswertung interner Strategiepapiere – dies ist fast die einzige belastbare Informationsquelle – bestätigten die These, dass die Berliner Top-Lobbyisten in der Regel über eine bessere Ressourcen-Ausstattung als etwa Parlamentarier, Fraktionen und Ministerbüros verfügen. Ein besonderes Kennzeichen der Branche ist die hochkarätige Repräsentanz aller parlamentarischer Farben – von Schwarz, Rot, Gelb bis zu Grün – die den Mitarbeitern der potenten Lobby-Büros in Berlin und Brüssel den Zugang zu ihren Adressaten erleichtern soll.

Erfahrene Lobbyisten aus dem einflussreichen Kreis des Collegiums, in dem sich 39 Vertreter vor allem der DAX-Unternehmen jenseits öffentlicher Beobachtung koordinieren, sehen folgenden Trend: „Es gibt einen Generationswechsel. Jüngere Lobbyisten verfolgen mit einem punktgenauen, eher technokratischen Stil ihren jeweiligen Business Case."[2]

Business Case – so die heutige Praxis-Definition von Lobbyisten – ist die gezielte Einflussnahme auf Parteien, Parlament und Regierung mit dem Ziel, die eigene Gestaltungs- und Verhinderungsmacht im Gesetzgebungsprozess mit allen Mitteln auszuspielen. Zentrales Anliegen der Lobbyisten ist es, alle Faktoren, Rahmenbedingungen und Akteurskonstellationen eines Entscheidungsfindungsprozesses frühzeitig zu identifizieren und entsprechend zu steuern. Bilanziert man die Einschätzungen führender Lobbyisten, so kann man festhalten, dass die Beschaffung von Exklusiv-Informationen, der Aufbau von Kontakten zu Spitzenakteuren und Meinungsführern in der Politik mit dem Ziel der Verhinderung oder Mitgestaltung von Initiativen und Gesetzen die Arbeit bestimmt. Lobbyisten verstehen sich als Vetospieler mit beachtlicher „Feuerkraft", die zudem die Klaviatur der Medienkooperation und Beeinflussung beherrschen.

Die traditionell eingespielte Kooperation und selbstverständliche Dienstleistungserwartung vieler Politiker sowie der meist überhöhte Respekt von Ministerialbürokratie, Regierungsvertretern und Abgeordneten haben in den vergangenen Jahren den Blockade- und (Gestaltungs-) spielraum der Lobbyisten weit ausgedehnt. Diese reibungslose, oft symbiotische Zusammenarbeit wurde auch durch eine schleichende Veränderung des „Geschäftsmodells Politik" unter der rot-grünen Bundesregierung forciert (Kaspari/Schröder 2008; Siefken 2007). Wer in den Fraktionen Top-Kontakte zu Lobbyisten pflegte und über einen Direktzugang verfügte, stieg in der Fraktionshierarchie auf. Zielkonflikte sollten nicht gegen die Industrie, sondern von Anfang an möglichst im Konsens mit ihr geregelt werden.

Die zunehmende Komplexität von Politikfeldern, die oft verwirrende Rechtslage, die wachsende Expertokratie und die internationale Verflechtung förderte zudem die selbstverständliche Akzeptanz von Lobbyvertretern. Deren Votum wurde und wird

---

[2] Manche Zitate in diesem Text sind nicht direkt gekennzeichnet. Dies liegt daran, dass die Informationen aus Interviews und internen Hintergrundgesprächen mit dem Autor stammen und die entsprechenden Quellen geschützt werden sollten.

von Entscheidungsträgern auch als „Kläranlage der Vielstimmigkeit" und als „Frühwarnsystem" wahrgenommen, um vorab das zu erwartende Protest- und Klagepotential der betroffenen Wirtschaftssektoren auszuloten.

Sieben typische Handlungs- und Argumentationsmuster prägen die Einflusspraxis des Lobbyismus. Lobbyisten arbeiten stets mit einem ähnlichen Instrumentarium und einem überschaubaren Set an grundsätzlichen Argumenten. Dazu gehören:

- Die frühzeitige Beschaffung aller vertraulichen und „geheimen" Informationen und Referentenentwürfe zum jeweiligen Fachgebiet sowie die Präsentation direkter Reaktionen von Einzelkorrekturen bis hin zur Neufassung von Gesetzen und Initiativen; die Auslotung juristischer Gegenwehr für die jeweilige Argumentation nach dem Prinzip „Zuckerbrot und Peitsche".
- Die Instrumentalisierung von vertrauten Kontaktpersonen auf allen politischen Ebenen und die Schaffung von Bündnissen in einem Interessen-Konglomerat.
- Der Aufbau eines dichten Kontaktsystems zum Umfeld der handelnden Spitzenakteure, der Verbände, der Fachleute in Wissenschaft und Medien.
- Engste Tuchfühlung und intensive Kontaktdichte mit allen politischen Akteuren, um jederzeit interventions- und kontaktfähig zu sein; Aufbau und Pflege von Interventionspersonen in Parteien, Fraktionen und Regierung, die in akuten Konfliktsituationen unbürokratisch und „zeitnah" den Zugang zum jeweiligen politisch verantwortlichen Spitzenpersonal herstellen können. Versuch die Themen- und Zeitagenda zu bestimmen und so den Entscheidungsproßeß zu prägen.
- Betonung des TINA-Prinzips (there is no alternative) als Grundachse der gesamten Kommunikation in Konfliktfragen um vermeintliche oder tatsächliche Belastungen für die Wirtschaft und den Wirtschaftsstandort Deutschland.
- Die Drohung mit Arbeitsplatzverlusten oder Verlagerung von Jobs ins Ausland – begründet mit der Gefährdung der wirtschaftlichen Wettbewerbsfähigkeit. Abgeordnete aus den Wahlkreisen großer Industriefirmen sind hier die erste Adresse.
- Die Drohung, Forschung und Entwicklung zu reduzieren und ins Ausland zu verlagern.
- Die Drohung mit öffentlichen Kampagnen, besonders vor wichtigen (Wahl) Terminen die Regierung anzugreifen sowie mit rigiden Medienangriffen oder den schonungslosen Mitteln des *negative campaignings* – also der gezielten Reputationsschädigung etwa über flächendeckende Anzeigenschaltungen – zu reagieren.
- Die Fähigkeit und Bereitschaft, Konfliktdiskurse in der Öffentlichkeit über den besonderen Zugang und die sogenannte „orchestrierte Kommunikation" zu initiieren. Lobbyismus ist ohne die intensive Kooperation mit den Medien undenkbar.

Der Forschungsstand ist notleidend und überwiegend empiriefrei. Die überwiegende meist empiriefreie, dafür aber normativ aufgeladene Fachliteratur zum Thema Lobbyismus folgt bis heute dem Klischee der unbelasteten Normalität, der sinnvollen Kooperation und der tradierten Routine des Parlamentsbetriebs. Das sorgfältig komponierte

Souveränitätsverzicht der Politik und Bedeutungsverlust der Parlamente 183

Bild der an das „Pluralismus-Prinzip" gekoppelten Partnerschaft in Harmonie, der pragmatischen Zweckgemeinschaft und konfliktfreien Zusammenarbeit wurde jahrzehntelang von beiden Seiten – von Politikern und Lobbyisten – gepflegt. Die Literaturlage ist in der von der seit Jahren akzeptierten „Omerta-Kultur" geprägt. Die sehr überschaubare wissenschaftliche Literatur ist im Kern von der These der Notwendigkeit und Selbstverständlichkeit von Lobbyismus im parlamentarischen System geprägt. Die Literatur aus der Sicht der Akteure im Umfeld der Dienstleister konzentriert sich auf die oberflächliche *best practise* im Umgang mit Politikern bei gleichzeitiger Ausklammerung aller heiklen Grenzfragen. Sehr wenige, empirisch gesättigte Diplomarbeiten oder Dissertationen haben einzelne Sektoren des Lobbyismus ausgeleuchtet, aber kaum öffentliche Beachtung gefunden. Der Grund für diese schwache analytische Durchdringung eines relevanten Faktors im politischen Prozess hat zwei schlichte Gründe. Lobbyisten geben (in der Regel) keine substantiellen Auskünfte und Sozialwissenschaftlern fehlen die Rechercheinstrumente und die Hartnäckigkeit, an substantielle Informationen und Dokumente heranzukommen, die nicht öffentlich zugänglich sind. Eine für die Durchdringung des Lobby-Komplexes notwendige offensive und konsequente Informationsbeschaffung gehört in der Breite nicht zu den selbstverständlich praktizierten Arbeitstechniken sozialwissenschaftlicher Untersuchungen. Die Folge: das Themenfeld bleibt in seiner Brisanz und Reichweite weitgehend unbeachtet und in der notwenigen Analysetiefe vernachlässigt.

3 Lobbyismus in der Demokratie – die Legitimationsquellen der organisierten Interessenvertretung

Demokratie – verstanden als „Herrschaft des Volkes" – ist in Deutschland wesentlich durch die Bestimmungen des Grundgesetzes geprägt. In Artikel 20 des Grundgesetzes heißt es einfach und klar: „Die Bundesrepublik ist ein demokratischer und sozialer Rechtsstaat." Volkssouveränität, Repräsentativsystem, Mehrheitsprinzip und natürlich das Pluralismusprinzip sind hier verankert. Artikel 9 des Grundgesetzes sagt: „Alle Deutschen haben das Recht, Vereine und Gesellschaften zu bilden." Aus diesem Artikel können Interessenverbände und Lobbygruppen ihre Beteiligungsrechte ableiten, sofern ihre „Zwecke und Tätigkeiten" nicht den Strafgesetzen zuwiderlaufen. Die Geschäftsordnungen des Bundestages und der Bundesregierung sehen die Mitwirkung von Interessenverbänden ebenfalls vor.

Mit Stellungnahmen in Anhörungen oder Enquete-Kommissionen können sie ihre Positionen formal einbringen. Die sehr unterentwickelten demokratietheoretischen Debatten rund um die Anatomie und Wirkkraft des Lobbyismus sind meist vom jeweiligen normativen Standort geprägt.

Folgende Merkposten – sozusagen die Summe hinter der Klammer der Praxiserfahrungen – illustrieren die wesentlichen Konfliktdimensionen:

- Die Mehrheitsmeinung vor allem in der Parlamentarismusforschung betrachtet Lobbyismus – unausgesprochen – als notwendiges Gegengewicht zur ausufernden Macht des Parteienstaates. Über die Aktivitäten der Lobby würden die sonst unterrepräsentierten Argumente vor allem der Wirtschaft als Kontrollfilter im politischen Entscheidungsprozess wirken. Diese normativen Aussagen stehen im direkten Kontrast zum zunehmend kritischeren Meinungsbild der Bürger.[3]
- Die Tatsache, dass Interessengruppen in der Praxis keineswegs gleichgewichtig vertreten sind, findet bei den Lobbyismusbefürwortern kaum Beachtung. Jene Gruppen, die sich nicht oder nur marginal organisieren lassen, etwa von Initiativen, Vertretern der Zivilgesellschaft und sozialen Bewegungen, sind gegenüber finanz- und ressourcenstarken Lobbyorganisationen strukturell benachteiligt. Das Grundproblem der Asymmetrie der Organisationsressourcen und Zugänge zu den „Entscheidern" blenden die Befürworter eines unbegrenzten Lobbyismus meist aus. Diese Asymmetrie verstärkt jedoch die ohnehin gravierenden Ungleichgewichte: Starke Interessen werden in diesem Prozess stärker, schwächere Interessen dadurch noch schwächer.
- Für die theoretische Annahme, die miteinander konkurrierenden Interessen glichen sich – sozusagen in naturwüchsiger Balance – aus und das Gemeinwohl werde nicht beeinträchtigt, sondern ausbalanciert, gibt es keine empirisch belastbaren Belege; die Durchsetzung oder Beachtung von (meist wirtschaftlichen) Partikularinteressen – wie im Fall der seit mehr als drei Jahren verhinderten Bankenregulierung – dient zudem nicht automatisch dem Gemeinwohl.[4]
- Die innere Ordnung der Lobby-Organisationen müsste ebenfalls demokratischen Ansprüchen und Standards – etwa bezogen auf Transparenz und internes Controlling, etc. – genügen, um sich überhaupt auf das Pluralismusprinzip stützen zu können. Von Parteien und ihren Mandatsträgern werden – quasi als Voraussetzung zur Mitwirkung an demokratischen Prozessen – Finanzberichte, Nebentätigkeitserklärungen und öffentliche Parteitage sowie umfassende Öffentlichkeit als selbstverständlich vorausgesetzt.
- Die häufig vorgetragene Hypothese, der Einfluss der Lobby entziehe sich auf Grund der systemimmanenten Notwendigkeit von Diskretion und Vertraulichkeit der öffentlichen Kontrolle, ist fragwürdig. Denn Pluralismus funktioniert nur auf Grundlage von Kontrolle, Transparenz, Öffentlichkeit und Beteiligung. Diese zentralen Leitbilder werden jedoch von mächtigen Lobbygruppen explizit – quasi als

---

[3] Bereits im August 2002 antworteten bei einer Umfrage von infratest dimap „Wie groß ist der Einfluß der Lobby auf Entscheidungen der Politik?" zwei Drittel der Bürger mit „sehr groß" (31 %) und groß (41%); nur 18% sahen den Einfluss als gering an, 4% sahen keinen Einfluss. Vergleichbare Umfragen hatten auch in den folgenden Jahren eine ähnliche Tendenz.

[4] Vertreter des Bundesverbandes deutscher Banken räumen intern ein, dass sie im Zuge der Finanzmarktkrise und den blockierten Regulierungen „überlobbyiert" haben und dies langfristig zu ungünstigen Ergebnissen für die Banken führen wird. Eine breit angelegte „Entschuldigungskampagne" der Banken wurde im Zuge dieser „Erfolge" in letzter Minute wieder gestoppt.

identitätsstiftendes Merkmal – ausgeblendet. Organisierte Interessen verlangen also demokratisches Gehör und prägenden Einfluss auf die Gesetzgebung, obgleich sie die demokratischen Mindeststandards, nämlich Transparenz, Öffentlichkeit und Beteiligung, für sich selbst explizit ausschließen.

Aus diesem Spannungsverhältnis wächst ein massives Legitimationsdefizit der Gestaltungsansprüche des Lobbyismus. Sehen wir uns die pluralistische Landkarte im Idealzustand an: Pluralismus als zentrales Leitbild moderner Demokratien kennzeichnet demnach ein System, in dem die Zentrierung politischer und staatlicher Macht durch die Schaffung eines Gestaltungsraums für Gegenmacht eingehegt und „gezähmt" werden soll. Im Idealfall ist staatliches Handeln ein Resultat des öffentlich ausgetragenen Meinungskampfes, des politischen Ideenwettbewerbs und der transparenten Beteiligung von Lobbygruppen an Entscheidungen von Parlament und Regierungen. Eine offene, argumentative Auseinandersetzung zwischen den Interessengruppen ist zudem wesentlicher Teil der politischen Willensbildung, die vom Pluralismus der Interessen getragen wird. Soweit die Theorie.

In dieser Grundierung des Lobbyismus wird jedoch ein wesentlicher Kritikpunkt vernachlässigt: Wie ist der selbstgesteckte Anspruch des gelungenen, für die Bürger nachvollziehbaren Interessenausgleichs zu bewerten, wenn Lobbygruppen diese Grundannahmen nicht erfüllen? Wenn sie im Stillen wirken, anonym agieren, beträchtliche geheim gehaltene Ressourcen zur (medialen) Flankierung ihrer Einflusszonen nutzen und sogar Lobbyinteressen verpflichtete Vertreter *in* Regierung und Parlament platzieren? Wenn sie jede Rückfrage mit Hinweis auf die Vertraulichkeit ihrer Geschäftspolitik abwehren? Was viele Abgeordnete gelegentlich hinter vorgehaltener Hand zugeben, verschweigt die zunehmend mächtigere und selbstbewusster auftretende Lobby. „Unsere Arbeit ist prinzipiell nicht öffentlichkeitsfähig.", bekennt ein führender Lobbyist des Chemieriesen Altana. Ein anderer Lobbyismusprofi, Peter Köppl sagt frank und frei: „Lobbying ist vom Grundgedanken her *non-public*" (Köppl 2003: 107).

Weil Lobbyisten grundsätzlich nicht und nur in sehr seltenen Ausnahmen über ihre Arbeit sprechen (Leif/Speth 2003, 2006) und auch Politiker einen realistischen Einblick in den parlamentarischen Maschinenraum verweigern, entsteht in der Öffentlichkeit eine merkwürdige Melange aus gleichzeitig festzustellender Übertreibung und Untertreibung des Lobbyeinflusses.

Zentraler Vorwurf: Öffentlichkeit ist für die Demokratie schlichtweg konstituierend. Es gehört aber zur DNA des Lobbyismus quasi klandestin und in wichtigen Fragen de facto konspirativ zu arbeiten – also wie ein Geheimdienst. Offiziell wird das mit der gebotenen Vertraulichkeit begründet, tatsächlich geht es um die Wahrung des Grundsatzes: Macht ist die Schaffung von Ungewissheitszonen. Die Nicht-Öffentlichkeit sichert die Handlungsspielräume und Entscheidungsoptionen aller Beteiligten.

Indem sich die Lobbyisten als *Vetospieler* im parlamentarischen Prozess von der Öffentlichkeit und damit von der öffentlichen Kontrolle absetzen, verstoßen sie gegen ein grundlegendes demokratisches Prinzip. Mit diesem Arbeitsprinzip verwirken sie dann aber das Recht, sich auf pluralistische Beteiligungsrechte zu beziehen, deren Grundprinzipien sie ja explizit ablehnen. Denn Pluralismus *kann* nur funktionieren, wenn deren Akteure öffentlich agieren und die Bürger im Zweifelsfall nachvollziehen können, wer was und wie politisch durchsetzt. Hier hätte die Politik die Verantwortung, den Einfluss des ungezügelten Lobbyismus zu thematisieren und mit eindeutigen, wirksamen Regeln einzugrenzen und zu kontrollieren.

4 Lobbyisten missachten Grundprinzipien des Pluralismus

Zur Beantwortung der zentralen Spannungsfrage zwischen legitimer Mitwirkung im Meinungs- und Entscheidungsmarkt und illegitimer Einflussnahme sind folgende Argumente zu berücksichtigen: Die „etablierte" Pluralismus-Literatur geht von einer naiv- folkloristischen Betrachtung aus, ohne den konkreten Lobby-Einfluss in den einzelnen Politikfeldern auszuloten. Tatsächlich haben sich Ausmaß, Intensität, Ressourcenausstattung und Professionalität des Lobbyismus in den vergangenen Jahren so stark verändert, dass sich die im Rahmen der pluralistischen Aushandlungsdemokratie unterstellten Vorteile *für* das politische System längst zu einem demokratischen Malus entwickelt haben.

Die indirekten Effekte eines einflussreichen, unregulierten Lobbyismus, nämlich die gezielte Schwächung und Imageverletzung von (geschwächten) Parteien, (ausgezehrtem) Parlament und (überforderter) Regierung, wird im Zuge der Banken- und Finanzkrise intensiver öffentlich wahrgenommen. Die eingeführten Argumentationsmuster der Lobby gegenüber Politik und Parlament verlieren zunehmend ihre „Feuerkraft." Auf die wiederholten Klischees „Die unfähigen, überforderten Politiker, die langwierigen Entscheidungen, die überbordende Bürokratie, die hohen Diäten etc." folgen immer häufiger gezielte Rückfragen zu den Ursachen und Wirkungen dieser Tendenzen.

Die genauen Gründe für die programmatische und personelle Auszehrung der politischen Klasse, den weitgehenden Verlust der Artikulationsfunktion des Parlaments, die reduzierte Integrationsfunktion und die freiwillige Abhängigkeit von den Vorgaben der Regierung und der Administration werden in der öffentlichen Debatte nicht mehr ausgeblendet (Knobloch 2011).

Selbst die Summe aller vorliegenden Untersuchungen zur Demokratiezufriedenheit[5] führen bis heute zwar noch nicht zu einem nennenswerten Analyse- und Reflexi-

---

[5] Gut ein Drittel der Bevölkerung fühlt sich von demokratischer Beteiligung abgekoppelt und hat kein Vertrauen in die Demokratie. Drei Viertel haben nur ein (sehr) niedriges Vertrauen in die Problemlösungsfähigkeit der Parteien (Embacher 2009); im November 2010 sahen 79% der Bürger ihre Interessen

onsdruck der Politiker. Auch die Medienkritik verschärft sich. Zur Unterdrückung der Wahrheit in der Öffentlichkeit – eine Analyse von Prof. Paul Kirchhof – kommt ein weiteres Phänomen: Politik und Gesellschaft leiden nicht nur an einem Wahrnehmungsdefizit, sondern auch an Analyse-Abstinenz und Reflexionsschwäche. Demokratische Systeme lernen langsam; aber – so scheint es – wächst die Skepsis bezogen auf die eingefahrenen demokratischen Rituale und die skizzierten Fehlentwicklungen. Wirksame Beteiligungsrechte der Bürger, bessere Kontrollen der parlamentarischen Prozesse und des Regierungshandelns sind nicht mehr für politische Akademien reservierte Themen (Leif 2009).

5 Lobbyismus wirkt als Schattenmanagement der Politik

Lobbyismus ist kein neues Phänomen. Industrie, Unternehmen und Verbände erkannten schon früh die strategischen Vorteile der geschickten Platzierung ihres Personals in Spitzenfunktionen der Ministerien. Was heute unter dem Begriff „Lobbyismus" verhandelt wird, wurde seit den fünfziger Jahren im Feld der „Verbändeforschung" diskutiert. Der praktische Lobbyismus kann am Fallbeispiel der Deutschen Bahn anschaulich illustriert werden. Gut ein Dutzend ehemalige Spitzenpolitiker von CDU und SPD haben über Jahre die Lobbyarbeit für die Bahn betrieben. Ihr Profil: Sie waren führende, meist Wirtschafts- und Verkehrspolitiker auf Bundes- und Landesebene und sie setzten anschließend ihr *know-how* als Spitzen-Lobbyisten bei der Deutschen Bahn ein. Ihre zentrale Aufgabe: die lange Zeit politisch favorisierte Privatisierung der Bahn als Leitidee *in* die Parteien, den Verkehrsausschuss und die Regierung zu tragen. Mit dieser Privatisierungspolitik beschäftigte sich – im Sinne dieser Strategie – zudem der zuständige Verkehrsausschuss über Jahre. Dieses „Projekt" des Bahnmanagements wurde unter der Regie einer Unternehmensberatung professionell orchestriert. Ein Lehrstück des Lobbyismus und am Ende ein Fallbeispiel für eine umgekehrte Rotation: Noch am Tag seiner „Entlassung" heuerte DB-Vorstandschef Hartmut Mehdorn bei der Unternehmensberatung Roland Berger an.

Das über Jahrzehnte zementierte Bild des mit dem Parlament quasi naturwüchsig verwobenen Lobbyismus bekommt nun zunehmend Risse. Der Grund: die Macht der Lobbyisten wird immer mehr Bürgern, aber auch Politikern und Verfassungsrichtern im Schatten der Finanz- und Wirtschaftskrise unheimlich. Der Einfluss der Lobbyisten über zahlreiche Kanäle und auf vielen parlamentarischen Spielflächen wirft für interessierte Bürgerinnen und Bürger die Frage auf, in welchem Maße die etablierte Politik freiwillig ihre Autonomie aufgibt und damit klassische parlamentarische Aufgaben, nicht nur der Gesetzgebung, ohne Not schwächt oder gar aushebelt. Diese Entwicklung wird schon seit längerem auch vom Bundesverfassungsgericht registriert.

---

durch die Politik nicht ausreichend berücksichtigt. Ähnliche – zum Teil noch gravierendere Ergebnisse – finden sich auch in den monatlichen Analysen der etablierten Institute.

„Verfassungsrichter Papier warnt vor Lobbyismus" titelte ausgerechnet die Börsenzeitung Anfang März 2010. Diese brisante politische Bilanz des Ex-Präsidenten des Bundesverfassungsgerichts (BVG) mit der Kernthese „Lobbyismus ist eine latente Gefahr für den Rechtsstaat" (Börsenzeitung 2010) hätte die politische Klasse in Berlin eigentlich alarmieren müssen. Aber das Interview des konservativen, mit hoher Reputation ausgestatteten Verfassungsrichters schaffte es nicht einmal in die Agenturen oder die Pressespiegel der Parteien. Die Politik könne sich natürlich den Lobbyisten zu „Informationszwecken" bedienen, räumt Papier ein. „Übertreibungen sollte man allerdings Einhalt gebieten und insbesondere die inhaltliche Formulierung der Gesetze in der Hand der Politik und vor allem des Parlaments und der Regierung belassen. Bürger wählen ja ein Parlament, damit dieses Gemeinwohlinteressen und nicht Partikularinteressen vertritt." Papiers Kollegin, die frühere Verfassungsrichterin Christine Hohmann-Dennhardt spricht in diesem Zusammenhang von einer „schleichenden Unterwanderung der demokratischen Entscheidungsfindung". Sie richtet den Focus ganz besonders auf die zahlreichen externen Kommissionen der Regierung, die jüngst – nach einer Phase der Eindämmung – nach Einschätzung politischer Beobachter wieder florieren.

Wenn man berücksichtigt, dass Verfassungsrichter in der Regel vorsichtig argumentieren, zumal öffentlich, gewinnen diese Einschätzungen an Relevanz.

6   Der Methoden-Mix der Lobbyisten zur Ausdehnung ihrer Einflusssphären

Der Eindruck der Dominanz von lobbyistisch geprägten Partikularinteressen hat sich nicht nur unter Verfassungsrichtern verdichtet. Sechs grundlegende, sich wechselseitig verstärkende Tendenzen, haben in den vergangenen Jahren das weitgehend unkontrollierte Macht- und Gefahrenpotential des Lobbyismus öffentlich sichtbarer gemacht und eine spürbare, irritierende Nervosität in Teilen der politischen Klasse ausgelöst. Die dokumentierte Tätigkeit von EU-Abgeordneten als Lobbyisten und die intensive Lobbytätigkeit im Umfeld der Banken- und Finanzkrise hat die Sensibilität der Öffentlichkeit noch einmal erhöht (WDR 2011).

Zwar ist derzeit noch keine politische Leitfigur erkennbar, die die gebündelte Kritik öffentlich wirksam artikuliert, aber im Zuge der selbst von selbstkritischen Lobbyisten aus dem Bankensektor diagnostizierten „Überlobbyierung" wird es nur noch eine Frage der Zeit sein, bis dieser Themenkomplex von der Latenzphase in die Sichtbarkeitsphase übergeht. Dabei werden folgende Aspekte bedenklicher Lobbyaktivitäten eine wesentliche Rolle spielen:

- Die Formulierung von Gesetzen, Verordnungen oder Textbausteinen für Gesetze durch externe Anwaltskanzleien stellen die Gesetzgebungskompetenz des Parlaments in Frage. Teilweise wurden Kanzleien beauftragt, die gleichzeitig von diesen Gesetzen direkt betroffene Mandanten – etwa aus dem Banken- oder Energiesektor – vertreten. In der vergangenen Legislaturperiode waren Großkanzleien an mindestens 17 Gesetzes- und Verordnungsentwürfen beteiligt; ein Rettungsschirm zur Wahrung der Interessen der Finanzindustrie. Das Gesetz zum Geschäftsmodell von Hedgefonds wurde von Vertretern des Bankenverbandes im Finanzministerium selbst formuliert.

- Die Platzierung von sogenannten „Leihbeamten" in den Ministerien. Dieser vom früheren Personalvorstand der Deutschen Bank und dem damaligen Innenminister Otto Schily eingefädelte „Seitenwechsel" wurde im April 2008 in einem Bericht des Bundesrechungshofs akribisch dokumentiert und das entsprechende „Risikopotential" für die Unabhängigkeit der staatlichen Verwaltung taxiert. Über den Haushaltsausschuss wurden die Ministerien *nach* einer langwierigen öffentlichen Diskussion gezwungen, diese zweifelhaften Lobbyreferenten aus der Industrie wieder auszumustern. Scheinbar ging danach alles seinen parlamentarischen Gang: Das zuständige Innenministerium muss dem Haushaltsausschuss regelmäßig berichten, welche Lobbyisten noch in den Ministerien arbeiten. Doch selbst diese „amtlichen" Berichte sind lückenhaft und unvollständig.
- Der direkte Wechsel von mehreren Spitzenlobbyisten aus der Atomindustrie, der Privaten Krankenversicherungen und der Finanzwirtschaft in Leitungsebenen verschiedener Ministerien der christlich-liberalen Koalition wurde zum Normalfall erklärt. Die bruchlose Platzierung von Toplobbyisten in Toppositionen etwa als Abteilungsleiter an der Spitze von Ministerien nährte den Verdacht der offenen Klientelpolitik und der Verlagerung von Lobbymacht *in* die politische Administration. Ein dichter empirischer Beleg für die Verschmelzungsthese zwischen Politik und Lobbyismus.
- Fragwürdige Praktiken der Politikfinanzierung über Sponsoring, Spenden, bezahlte Reden – verbunden mit tatsächlichen oder unterstellten direkten Gegenleistungen – führte zum weit verbreiteten Eindruck, dass Lobbyisten sich den Zugang zur Politik über eine „gezielte Landschaftspflege" kaufen können. Die Ausdehnung dieser Grauzone in Verbindung mit der Praxis der Politikfinanzierung katalysiert die auf anderen Feldern wahrgenommene Ausdehnung des Lobby-Einflusses. Entsprechende Angebote seien „zweifellos unmoralisch." Der Fall „Mövenpick" und die gleichzeitige Reduzierung der Hotelsteuer bleiben sozusagen – exemplarisch – in Erinnerung. Nach dem öffentlich verkündeten Verzicht der Deutschen Bahn AG auf Politik-Sponsoring gehen Fachleute davon aus, dass der Markt kollabieren wird.
- Der direkte Wechsel von Ministerpräsidenten, Ministern, Staatssekretären und Spitzenpolitikern als Lobbyisten und Berater – ohne Abkühlungsphase – in Lobbypositionen der Industrie hat in den vergangenen Jahren massiv zugenommen. In Einzelfällen – wie etwa bei Volker Hoff, dem hessischen Ex-Minister für den Bundesrat und Europa – wollte der Politiker als Cheflobbyist zu Opel wechseln und trotzdem sein Landtagsmandat behalten. Die hohe Zahl von Lobbyisten aus den früheren rot-grünen Regierungen irritierte nicht nur die Altvorderen, für die

sich dieser Wechsel nicht mit der parlamentarischen Ehre verträgt. Durch diesen Verschmelzungsprozess – immerhin von etwa einem Drittel der einstigen Spitzenpolitiker – wird zumindest der Eindruck erweckt, dass sich die unterschiedlichen Rollen zwischen Parlamentariern bzw. Regierungsvertretern und Lobbyisten zunehmend auflösen.[6]

- Die offensiv von den Banken geforderten und von der Politik in einem atemberaubenden Tempo realisierten hunderte milliardenschweren „Rettungsaktivitäten" im Zuge der Finanzkrise oder die verstärkte Finanzierung des „notleidenden Gesundheitssystems" aus Steuermitteln u.v.m. haben tiefe Zweifel hinterlassen. Die Ergebnisse dieser Politik vermitteln zunehmend den Eindruck, dass die „Lobby als Fünfte Gewalt" Spitzenpolitiker und Parlamentarier in der Wirtschaftskrise massiv unter Druck gesetzt, attackiert und so zu günstigen Entscheidungen für einzelne Interessengruppen bewegt hat.

7 Der wechselseitige politische Nutzen von Seitenwechseln für die Lobby-Organisationen und Politiker

Warum wechseln so viele Politiker in das *andere Lager der Lobby*? Dies hat im Wesentlichen fünf Gründe, die die Praxis des Lobbyismus und den Nutzen für ehemalige Parlamentarier und Regierungsvertreter[7] anschaulich erklären:

- Das wichtigste Kapital für Lobbyisten sind ihre beachtlichen Ressourcen, Netzwerke, Kontakte in die Administration und die Spitzenpolitik. Darüber verfügen nicht nur Staatssekretäre und Fachsprecher der Fraktionen (Zugang).
- Besonders wichtig ist zudem die Kenntnis des realen politischen Prozesses. Wie funktioniert Politik tatsächlich, wie laufen Entscheidungsverfahren jenseits der Sozialkunde-Prosa, wie sortiert sich eine Koalition? Das wissen langjährige Politiker aus erster Hand (Entscheidungswege/Strategien).
- Die zentrale Tugend wirksamer Politiker ist die „Beharrlichkeit". Parlamentarisch erworbene Belastungsfähigkeit in endlosen Nachtsitzungen bildet diese Qualität aus. Beharrlichkeit ist eine Primärtugend und ein zentrales Profilmerkmal von Lobbyisten (Arbeitsstil).

---

[6] Vgl. dazu aktuelle Seitenwechsel: Georg Brunnhuber, früher Sprecher der CDU-Landesgruppen im Bundestag wechselte als Cheflobbyist zur Deutschen Bahn, der finanzpolitischer Sprecher der CDU-Fraktion, Leo Dautzenberg ging als Lobbyist zu evonik; Ex-Regierungssprecher Thomas Steg zu VW, der langjährige Staatssekretär Bernd Pfaffenbach zu JP Morgan, Werner Schnappauf zur Investmentbank Bank of America.

[7] Laut einer Studie der Organisation „Lobby Control" arbeiten 15 von 63 Ministern und Staatssekretären aus der früheren rot-grünen Koalition heute in Positionen mit „starkem Lobbybezug (www.lobbycontrol.de). Hier werden zusätzlich die aktuellen Fälle von Seitenwechslern dokumentiert.

- In dem seriöse Politiker „eingekauft" werden, mildern die Auftraggeber die latent spürbare Skepsis oder gar Aggression gegen einen überbordenden Lobbyismus. In ihren Parteien zivilisieren die Seitenwechsler dieses Distanzklima und verbreiten Normalität. Sie wirken als Konfliktdämpfer, weil sie mit alten Freunden und Kollegen bereits viele Konfliktsituationen „bestanden" und bewältigt haben (Zugang).
- Zudem symbolisieren die Seitenwechsler für andere „Parlamentskollegen" potentielle Exit-Strategien (nach dem Motto: „Der hat es geschafft.") aus dem nicht selten trostlosen Parlamentsgeschäft, das selbst für ambitionierte Kandidaten nur wenige Karrierechancen bereithält (Aufstiegschancen).

Aber nicht nur die Bequemlichkeit der Parlamentarier stützt den Lobbyeinfluss. Nicht wenige Politiker, Minister und Spitzenbeamte fühlen sich durch die Aufmerksamkeit der Lobbyisten in ihrer Rolle aufgewertet. Ihre oft persönlich empfundene Einflusslosigkeit im streng hierarchischen parlamentarischen Betrieb wird durch den engen Austausch mit Lobbyisten etwas gedämpft. Lobbyisten werden heute von den Parlamentariern oft als Partner und zuverlässige Dienstleister wahrgenommen und regieren in Berlin meist lautlos, aber effizient mit. Nicht selten sind es frühere Fraktionskollegen, die den Kontakt zu ihren Ex-Kollegen in ihrer „neuen" Rolle suchen.

Das hier gepflegte Klima der Kooperation hat sich bis heute weiter stabilisiert. Im Gegensatz zur häufig vorgetragenen These des *Gegensatzes von Lobbyisten und Politikern* ist die Praxis eher von einem *konstruktiven Einvernehmen von Lobbyisten und Politikern* geprägt. Dies ist der Befund nach ausführlichen (informellen) Gesprächen mit zahlreichen Lobbyvertretern, Ministern und Staatssekretären aus der ersten Reihe.

Lobbyisten, Berater, Abgeordnete, Ministerialbürokratie, Minister und zahlreiche Medienvertreter sehen sich in einem geschlossenen Informations- und Beratungskreislauf integriert. Sie bilden eine Community. Neu ist, dass Politiker proaktiv und routiniert die engen Kooperationsbeziehungen zur Politik intensiv pflegen und die jeweilige juristische und politische „Expertise" offensiv nutzen. In einmaliger Offenheit hat Peter Friedrich, Ex-Bundestagsabgeordneter und Ex-SPD-Generalsekretär aus Baden-Württemberg, diesen Verschmelzungsprozess analysiert: „Der Lobbyist wird zum scheinbaren Helfer des Abgeordneten oder Beamten, er unterstützt ihn mit Argumenten, Formulierungshilfen, Studien. Alles hilfreiche Dinge, um selbst im politischen Wettbewerb zu bestehen. Die eigenen Interessen und Ziele verschmelzen mit denen der Lobby" (Financial Times Deutschland 2010).

Solche nüchternen Selbstreflexionen gestandener Parlamentarier veranlassen nicht nur Richter des Bundesverfassungsgerichts zu eindeutigen Mahnungen. Auch im Parlament sind diese Signale angekommen. Mehrere Initiativen, etwa die Einführung eines verbindlichen Lobby-Registers, das auf die Stärkung der parlamentarischen Autonomie und die Abwehr bzw. Kontrolle nicht legitimierter Einflussfaktoren abzielte, blieb bislang jedoch auf der ganzen Linie erfolglos.

Bundestagspräsident Norbert Lammert (CDU) kritisierte im Zuge der Verhandlungen zu den EU-Rettungsschirmen massiv die Aushebelung der üblichen parlamentarischen Entscheidungswege und mahnte mehr Beratungs- und Diskussionszeit an. Intern verweist er übrigens regelmäßig auf den Lobbyeinfluss gegenüber der Regierung. Umweltminister Norbert Röttgen (CDU) sieht durch diese Entwicklungen sogar die „Legitimation der Politik" gefährdet. Auf europäischer Ebene hat sich zudem ein fraktionsübergreifendes Bündnis organisiert, das den Einfluss der Finanzlobby begrenzen will.

Die skizzierte Praxis kann mittlerweile nicht mehr einen Ausnahmestatus oder Einzelfallcharakter für sich reklamieren. Weitere Fallbeispiele haben Öffentlichkeit und Medien in den vergangenen Jahren für die Gefahren eines weitgehend unkontrollierten Lobbyismus sensibilisiert. Auffallend ist jedoch, dass die parlamentarische Auseinandersetzung mit den skizzierten Tendenzen noch sehr schwach ausgeprägt ist. In den öffentlichen Debatten zum wachsenden Einfluss von Lobbygruppen treten führende Politiker *in eigener Sache* eher defensiv auf, verweisen auf den permanenten Einzelfallcharakter der dokumentierten Fälle und setzen – wie der Parlamentarische Geschäftsführer der CDU-Fraktion, Peter Altmaier, Ende 2011 – weiter auf den Nutzen des Lobbyismus zur Optimierung der parlamentarischen Arbeit. Für die FDP bleiben Lobbyisten Verbündete und Partner. Die SPD changiert zwischen Einzelinitiativen versprengter Abgeordneter aus der zweiten Reihe und gelegentlicher, rhetorisch aufgeladener Kritik. Die Grünen haben zwar eine Anhörung zum Lobbyeinfluss durchgeführt, aber das Thema rangiert eher am Ende der Bedeutungsskala politischer Themen. Die Fraktion der Linken stellt zwar regelmäßig Kleine Anfragen, springt aber ebenfalls von Einzelfall zu Einzelfall, ohne das Thema in den parlamentarischen Kontext zu stellen. Ein besonderer Tatendrang zur Stärkung des Parlaments gegenüber Lobbygruppen aus den Fraktionen im deutschen Bundestag ist also nicht festzustellen.

Gleichwohl bleiben diese zaghaften Versuche der öffentlichen Thematisierung nicht ohne Wirkung. Die Verlagerung der Gesetzesarbeit in externe Anwaltskanzleien hatte bislang zwar kein nachhaltiges Nachspiel im Parlament, mehrere Parlamentarische Geschäftsführer unterschiedlicher Fraktionen gehen aber davon aus, dass dieses höchst umstrittene Instrument „künftig nicht mehr – oder nur in sehr geringem Maße genutzt werden wird." Anders als im Fall der Leihbeamten wird in diesem Konfliktfeld offenbar die „informelle Lösung" bevorzugt.

8   Harte Rhetorik in der Öffentlichkeit – duldsame Politik gegenüber dem Lobbyismus in der Praxis

Zwar gibt es immer wieder rhetorisch scharf formulierte Warnzeichen, wie von Ex-SPD-Chef Kurt Beck auf dem Arbeitgebertag 2008 in Berlin. „Wir werden vor dem Lobbyismus in Deutschland nicht einknicken", formulierte er in ungewöhnlicher Klarheit. Doch spürbare Konsequenzen nach der entlastenden Empörung gegenüber dem Druck der Lobbyisten in der Grauzone der Macht, sind kaum erkennbar. Auch die scharfe Abgrenzung gegenüber den offensiv vorgetragenen Lobbyinteressen der Banken von Becks' Nachfolger im SPD-Vorsitz, Sigmar Gabriel, klingen ungewöhnlich: „Wir müssen das Kasino schließen und aufhören, Klientelpolitik zu machen und den Lobbyinteressen nachzugeben" (Gabriel/Schmidt/Rasmussen 2010). In solchen und vergleichbaren Formulierungen zeigt sich wohl eine Entlastungsrhetorik: Konkrete Aktivitäten, die der höchst erfolgreichen Lobbypolitik etwa der Banken, eindämmen könnten, sind in der parlamentarischen Praxis jedoch nicht zu registrieren.

Immer wieder sind kleine Strohfeuer der Erregung festzustellen, wenn Extremfälle – wie der geplante Wechsel des CDU-Politikers und früheren parlamentarischen Geschäftsführers Norbert Röttgen in die Geschäftsführung des Bundesverbandes der deutschen Industrie (BDI) – bekannt wurden.

Der parlamentarische Geschäftsführer der SPD-Fraktion, Thomas Oppermann, verglich im Juli 2009 in einer Talkshow den Einfluss der Medizinlobby sogar mit dem der italienischen Mafia. Eine empörte Reaktion seiner Mitdiskutanten war nicht zu vernehmen.

Diese Mischung aus resignativen Trotz, politischer Kapitulation und eingespielter Routine prägt die immer noch passive Haltung gegenüber übermächtigen und offensiv auftretenden Lobbyisten. Überforderung und die Gewöhnung aus Angst vor medialer Gegenwehr – wie mit der Kampagne nach dem plötzlichen Ausstieg der Bundesregierung aus der Atomenergie – ist an die Stelle der Empörung getreten.

Der Drehtür-Effekt von der Politik zur Wirtschaft schadet dem Ansehen der Politik, weil so sichtbar belegt wird, dass persönliche Interessen offenbar verbindliche Grundwerte überlagern. Auch diese Haltung fördert das Misstrauen in die Integrität und Unabhängigkeit der Politik. Ohne eine gesetzlich geregelte „Abkühlungsphase" nach dem Ausscheiden aus der Politik wird man solche Wechsel nicht reduzieren können. Entsprechende Initiativen versandeten bislang.

Eine Initiative des Parlamentarischen Geschäftsführers der SPD-Fraktion, Christian Lange, mit dem Ziel einen „Verhaltenskodex für ehemalige Mitglieder der Bundesregierung" einzuführen, blieb erfolglos. Zwar lud der Innenausschuss am 15. Juni 2009 zu einer Sachverständigenanhörung ein, ein entsprechender Antrag zur Formulierung eines Verhaltenskodex wurde am 02. Juli 2009 mit den Stimmen der SPD-Fraktion abgelehnt. Einen Brief des SPD-Politikers an die Bundeskanzlerin beantwortete der Parlamentarische Staatssekretär im Innenministerium Dr. Christoph Bergner im Januar 2010. Der „Beauftragte für Aussiedlerfragen und nationale Minderheiten" gibt in seiner Antwort zu erkennen, dass die Bundesregierung auch mit Blick auf die im Grundgesetz geschützte Freiheit der Berufsausübung (Art.12 GG) einem „Verhaltenskodex" keine Chance gibt. „Ein Verhaltenskodex wäre zudem rechtlich unverbindlich und könnte in praktisch wichtigen Fällen keine hinreichenden Sanktionsmöglichkeiten bieten."

Diese Antwort der Bundesregierung illustriert einen Grundkonflikt. Regelungen, die den Lobbyeinfluss begrenzen oder einhegen könnten, werden strikt abgelehnt, ihre praktische Umsetzung bezweifelt.

9 Die Revitalisierung des Parlaments als Gegenstrategie zum ausufernden Lobbyismus – Zehn Lösungsansätze

Die vorgetragenen Fallbeispiele zum weitgehend unbedenklich wahrgenommenen Einfluss von Lobbyisten haben gezeigt, dass in Deutschland erhebliche Transparenz- und Informationsdefizite in diesem Feld festzustellen sind. Auch scheint die Sensibilität der politischen Klasse bezogen auf den Einfluss nicht legitimierter Interessengruppen auf den Gesetzgebungsprozess insgesamt noch unterentwickelt zu sein. Die unter anderem von Verfassungsrichtern diagnostizierten Gefahren für die Demokratie durch einen ungezügelten Lobbyismus werden von vielen politischen Akteuren nicht wahrgenommen.

Deshalb wären folgende praktische Vorschläge möglicherweise geeignet, um die „Privatisierung der Demokratie" und das weitere Aufweichen des Primats der Politik zu verhindern. Adressaten für notwendige Regelungen sind nicht nur Parlament und Regierung, sondern auch die führenden Lobby-Akteure selbst und nicht zuletzt die Bürger. Fünf Vorschläge könnten die parlamentarische Autonomie und damit die Legitimation der politischen Akteure stärken:

Erstens: Der Bundestag sollte einen „Lobby-Beauftragten" bestellen, der – analog zu den Rechten des Wehrbeauftragten – alle hier skizzierten für den parlamentarischen Prozess gefährlichen Tendenzen beobachtet, sichtet, analysiert und in einem Jahresbericht bewertet. Diese Funktion könnte beispielsweise ein erfahrener Parlamentarier übernehmen, der zudem wirksame Transparenzregeln vorantreibt und als Ombudsmann seiner Kollegen hohe Reputation genießt. Die Etablierung eines mit genauen und umfangreichen Daten gespeisten „Lobbyregisters" mit detaillierten Selbstauskünften wäre ein zentrales Aufgabenfeld für diese unabhängige „Kläranlage des Parlaments." Transparenz ist kein Selbstzweck, nur ein anspruchsvolles Informationsprofil lobbyistischer Arbeit verspricht präventive Wirkung. Hier wäre eine praktische Umsetzung denkbar: 15 von 30 befragten DAX-Konzernen unterstützen – laut einer Welt-Umfrage vom 24.06.2010 ein Lobbyregister und sind demnach bereit, Details zu Budgets und Themen der Lobbyarbeit – offen zu legen. Den Auftakt für diesen Reformprozess könnte eine „Enquete-Kommission – Legitime und nicht legitime Einflussnahme von Lobby-Organisationen auf Parlament und Regierung" bilden. Hilfsweise – sozusagen als kleine Lösung – wäre ein „Tag des Parlaments" sinnvoll, an dem sich alle Parlamentarier in Rede und Gegenrede mit den Herausforderungen des Lobbyismus beschäftigen sollten und den Bürgern nachvollziehbare Reformideen zur Selbstbehauptung des Parlaments präsentieren könnten.

Zweitens: Gesetze aus der Mitte der Bundestagsfraktionen müssten künftig ausschließlich von den Parlamentariern geschrieben und verantwortet werden. Das gleiche gilt für die Bundesregierung und deren Referenten. Gesammelter „Sachverstand von außen" und „Expertise" der Fachkreise müssen Abgeordnete und Mitglieder der Bundesregierung selbst fachlich prüfen und gewichten. Die Ressourcen dafür stehen ihnen über die Fachausschüsse und den wissenschaftlichen Dienst zur Verfügung. Ergänzend sollten die Mittel für ein grundlegend verbessertes parlamentarisches Wissensmanagementsystem bereitgestellt werden, damit zumindest Fachpolitiker ihre ureigensten Aufgaben sachgerechter erfüllen können. Regelungen – analog der gültigen Verordnungen zur Eindämmung externer Lobbymitarbeiter in den Ministerien – könnten die pragmatische Richtschnur sein. Allen Gesetzen sollte ein Deckblatt beigefügt werden, das die „legislativen Fußspuren" dokumentiert, die Lobbyisten mit ihren Gesetzesformulierungen hinterlassen haben. Dieser wirksame Selbstschutz wird selbst von führenden Lobbyorganisationen wie dem Verband der forschenden Arzneimittelhersteller unterstützt. Die Regelung des sogenannten „Drehtür-Mechanismus" – dem bruchlosen Wechsel von Regierungsfunktionen in den Lobbyismus – kann ebenfalls nicht unreguliert bleiben, da sonst das Vertrauen in die Integrität des Regierungshandelns schwindet. Nicht umsonst wurde für Mitglieder in Parlament und Regierung das System der sogenannten „Übergangsgelder" sowie auskömmliche Pensionsregelungen beschlossen. Schließlich muss auch der Umgang der Ministerialbürokratie mit Lobbyisten normiert werden. Da einige Ministerien – wie etwa das Verteidigungsministerium – hier bereits sinnvolle Regelungen vorgenommen haben, ist kein Grund ersichtlich, warum diese wichtige Klärung von anderen Ministerien weiter ignoriert werden kann.

Drittens: Die Lobbyisten müssten ihre geheime Hinterzimmerpolitik und ihre tradierte Kultur der Intransparenz aufgeben. Sie müssen selbst die Grenzen ihrer Arbeit in einem eigenen Kodex oder einer Charta – quasi einer Handwerksordnung – definieren. Sie sollten darin verbindlich auf illegale Einflussnahme, auf politischen Druck gegen Abgeordnete und politische Akteure, auf frisierte Studien oder gar die Gewährung von Privilegien und Spenden an potentielle Partner in der Politik verzichten. Über ihre Arbeit und ihre Spuren im Politikbeeinflussungs-Prozess sollten sie öffentlich berichten, damit die Macht der „Fünften Gewalt" wenigstens in Ansätzen überprüfbar und transparenter wird. Die Entwicklung selbst weicher Regelungen ist intern in den Berliner Lobbykreisen – von einschlägigen Vereinigungen wie dem „Collegium" über den „Adler-Kreis" bis zur „Jungen Lobby" – höchst umstritten. Die Tendenz bezogen auf wirksame Selbstregulierung – so eine Umfrage – ist derzeit noch überwiegend negativ. Denn die gesamte Branche lebt bislang von gezielter Intransparenz. Selbst für Handwerker gelten die Regeln der Handwerksrolle; Ärzte schwören einen Eid; Journalisten müssen Sanktionen des Deutschen Presserates hinnehmen. Selbst die Werbung hat sich einen Ethikkodex verordnet; die PR Industrie folgt formal dem „Code of Lissabon." Die Reichweite solcher Kodices ist sicher begrenzt, aber die Debatten um solche Regelungen im Vorfeld fördern die Schärfung des Selbstverständnisses und dienen als Kontrollinstrument in Krisenzeiten und Warnschilder vor Grenzüberschreitungen.[8]

---

[8] Michael Wedell propagiert als Lobbyist für den Metro-Konzern das Konzept des „responsible lobbying", das vor allem die Prinzipien der Offenheit gegenüber den Partnern in der Politik und der Nachhaltigkeit postuliert.

Viertens: Bürger und Bürgerinnen müssten auf allen denkbaren Diskursforen den Einflussverlust des Parlaments bei gleichzeitigem Machtzuwachs der Lobby gegenüber „ihren" Abgeordneten konkret ansprechen, etwa im Wahlkreis oder auf öffentlichen Veranstaltungen. Parteien könnten gezwungen werden, sich etwa in einem großen Leitantrag auf Parteitagen mit dem Lobbythema zu beschäftigen. Allen Verantwortlichen muss klar werden: Der Beruf des Abgeordneten ist eine Ehre in der Demokratie und keine Plattform zur Durchsetzung wirtschaftlicher Interessen. Die Demokratie lebt vom Mitmachen und Einmischen. Die von Demoskopen und Wahlforschern hinreichend dokumentierte Politikdistanz und Politikverachtung und Kritik am eingespielten Politikprozess muss die Abgeordnetenbüros und Parteizentralen erreichen und zu wirksamen Gegenmaßnahmen und Beteiligungsformen führen.[9]

Fünftens: Um die Asymmetrie zwischen den Möglichkeiten der „Wirtschaft" und der „Zivilgesellschaft" auszugleichen, müssen Fonds zur Verfügung stehen, die die Finanzierung von externem Sachverstand garantieren. Die Bedeutung der unabhängigen Gegenexpertise und des wissenschaftlichen Faktenchecks wird künftig immer wichtiger, um Verhandlungsprozesse und den Austausch von Argumenten rational zu unterlegen. Im Zusammenhang mit den Anhörungen zu „Stuttgart 21" wurde dieses Modell in Ansätzen bereits praktiziert.

Dies sind nur fünf pragmatische, gleichwohl aber praktisch schwer durchsetzbare Schritte. Sinnvolle Korrekturen sind möglich, wie die Kontrollaktivitäten des Bundesrechnungshofs im Fall der sogenannten Leihbeamten in Ministerien bewiesen haben. Reformen würden vertrauensbildend wirken, den Parlamentarismus vitalisieren, das Primat der Politik wieder zu einer Renaissance führen und so die Demokratie mit Sauerstoff versorgen.

Ein Fazit in zehn Thesen:

- Die fehlende Transparenz als identitätsstiftendes Merkmal des Lobbyismus widerspricht demokratischen Grundprinzipien. Damit steht die Demokratiefähigkeit in Frage. Die von Lobbyisten reklamierten Beteiligungsrechte im Rahmen der pluralistischen Aushandlungsdemokratie stehen im Widerspruch zu ihrer prinzipiellen Abschottung gegenüber der Öffentlichkeit. Öffentlichkeit – und die damit verbundene Kontrollmöglichkeit ist *im* demokratischen Prozess schlichtweg konstituierend und unverzichtbar als Zugangsberechtigung zur Beteiligung u. a. am Gesetzgebungsprozess.

---

[9] Im Dezember 2011 beschloss die SPD auf ihrem Berliner Parteitag einen Katalog mit mehr Mitwirkungsrechten der Parteibasis und von Nichtmitgliedern. Der vorangegangene Diskussionsprozess zeigte jedoch, dass substantielle innerparteiliche Beteiligungsrechte nur sehr langsam und gegen erheblichen Widerstand vieler Funktionäre und Amtsträger durchsetzbar sind.

Souveränitätsverzicht der Politik und Bedeutungsverlust der Parlamente 197

- Das größte Problem ist die Machtasymmetrie zwischen Lobbyismus und Politik. Finanzielle und personelle Ressourcen, professionelle Organisationsmacht, Erfahrungswissen, Strategiekompetenz und exklusive Zugangsmöglichkeiten zu Entscheidungsträgern etc. verschärfen die ohnehin vorhandenen Machtasymmetrien.
- Lobbyisten und Politiker sind de facto Partner in einer symbiotischen Beziehung. Zwar grenzen sich selbst Spitzenpolitiker scharf von der lobbyistischen Übermacht ab; jenseits dieser Entlastungsrhetorik schauen sie aber zu Lobbyisten auf und pflegen im parlamentarischen und administrativen Alltag eine zunehmende Verschmelzung.
- Die Bedeutung der Medien für die Entfaltung des Lobbyismus wächst. Lobbyisten gelingt es zunehmend über „gekaufte Kommunikation" ein geschicktes Aufmerksamkeitsmanagement und ein wirksames Agenda-Setting *und* Agenda-Cutting zu betreiben. Die größte Korruptionsgefahr im Journalismus erfolgt durch effektive Informanten. Lobbyisten gehören zu diesem Kreis.
- *Alle* Initiativen zur Kontrolle, Begrenzung oder Einhegung des Lobbyismus wurden bislang von Politik und Parlament torpediert. Wirksame Transparenzregeln, interne Verhaltenskodices und die Wahrung des „Primats der Politik" sind allein mit parlamentarischen Initiativen nicht durchsetzbar.
- Die Sozialwissenschaften und die Medien haben den Wirkungswandel des Lobbyismus weder begleitet noch analysiert. Es fehlen offenbar die Instrumente und eine Kultur der nachhaltigen Informationsbeschaffung. Sie vermittelt immer noch überwiegend „Parlamentsfolklore". Die Langzeitwirkung kritischer, wissenschaftlicher Diskurse begrenzt notwendige Debatten und konstruktive Lösungen.
- Lobbyismus ist ein attraktives Auffangbecken und Arbeitsfeld für Politiker. Weil alle Parteien von diesem lukrativen Arbeitsmarkt profitieren und sich Informationsvorteile von diesen „Leiharbeitern" versprechen, funktioniert dieses System bislang ohne Abkühlungszeit.
- Lobbyismus lebt von Mythen – gestützt auf erhebliche Wissenslücken. Das konstruierte Image von Lobbyisten als vermeintlich „interessenfreie" Informanten, als rationale Experten und intelligente Politikvermittler, ist auch eine Reaktion auf die wahrgenommene Schwäche von Regierungspolitikern und Parlamentariern. Es gibt eine weit verbreitete, (unreflektierte) Haltung zum tatsächlichen Einfluss und Wirkungskreis der Lobby. Dieser „blinde Fleck" führt langfristig zu Funktionsstörungen des „politischen Herz-Kreislaufsystems."
- Es besteht zunehmend die Tendenz der „Über-Lobbyierung" und damit die Gefahr, dass der Primat der durch Wahlen legitimierten Politik noch weiter in den Hintergrund tritt. Die so forcierte Krise des Politischen ist gleichzeitig eine Krise der gesellschaftlichen Politikfähigkeit, weil die Frage der Legitimation von politischen Akteuren immer massiver in Frage gestellt wird.

Das heißt: Lobbyismus in der Realität – nicht im Lehrbuch der Lobbyisten – bedeutet eine zunehmende Gefährdung demokratischer Prozesse. Auch wenn die Fakten, Belege und Tendenzen für diesen Befund derzeit nur von ehemaligen Verfassungsrichtern und Ex-Politikern analysiert werden.

Aber auch für sie gilt: Politik zu betreiben ist das Bohren dicker Bretter. Der einzige Unterschied: beim Lobbyismus hat man es nicht mit Holz, sondern mit Stahlbeton zu tun.

Literatur

Die Börsenzeitung 2010: Interview mit Hans-Jürgen Papier, Bundesverfassungsgericht: Lobbyismus ist eine latente Gefahr für den Rechtsstaat, 02.03.2010.
Embacher, Serge, 2009: Demokratie! Nein Danke? Demokratieverdruss in Deutschland, in: FES-Studie, Bonn.
Financial Times Deutschland 2010, 24.02.2010.
Gabriel, Sigmar/Schulz, Martin/Rasmussen, Poul Nyrup 2010: Nur zuschauen ist nicht genug, in: Süddeutsche Zeitung, 15.03.2010, 18.
Kaspari, Nicole/Schröder, Gerhard, 2008: Political Leadership im Spannungsfeld zwischen Machtprozessen und politischer Verantwortung, Frankfurt am Main.
Kolbe, Andreas/Hönigsberger, Herbert/Osterberg, Sven, 2011: Marktordnung für Lobbyisten – Wie Politik den Lobbyeinfluss regulieren kann, Frankfurt am Main.
Leif, Thomas/Rudolf Speth (Hrsg.) 2003: Die stille Macht. Lobbyismus in Deutschland, Wiesbaden.
Leif, Thomas/Rudolf Speth (Hrsg.) 2006: Die fünfte Gewalt. Lobbyismus in Deutschland, Wiesbaden.
Leif, Thomas, 2009: angepasst und ausgebrannt, Politik in der Nachwuchsfalle, München.
Siefken, Sven T., 2007: Expertenkommissionen im politischen Prozess: Eine Bilanz zur rot-grünen Bundesregierung 1998-2005, Wiesbaden.

Internetquellen

Knobloch, Peter, 2011: Angriff auf die Demokratie, in: Der Freitag, http://www.freitag.de/kultur/1150-angriff-auf-die-demokratie (Stand: 10.03.12).
Leif, Thomas, 2010: Bestellte Wahrheiten, in: netzwerk recherche e.V., 76/2010, http://www.netzwerkrecherche.de/Projekte/PR-Einfluss-Zurueckdraengen/Bestellte-Wahrheiten/ (Stand: 10.03.12).
WDR 2011: ARD Magazin Monitor, Dossier Lobbyismus, http://www.wdr.de/tv/monitor//dossiers/lobbyismus.php5 (Stand 10.03.12).

Jürgen Gros

Kommunikation in Genossenschaftsverbänden

1 Themenaufriss und Fragestellungen

Kommunikation in Genossenschaftsverbänden ist vielschichtig – sowohl was ihre Akteure, Adressaten, Formen als auch Inhalte angeht. Im folgenden Beitrag werden die Dimensionen der genossenschaftlichen Kommunikation am Beispiel und aus der Perspektive des Genossenschaftsverbands Bayern (GVB) skizziert.

Der GVB ist erster Ansprechpartner für 1.162 genossenschaftliche Unternehmen in Bayern. Darunter sind 300 Volksbanken und Raiffeisenbanken, 566 Raiffeisen Waren- und Dienstleistungsgenossenschaften sowie genossenschaftliche Unternehmen, 242 gewerbliche Waren- und Dienstleistungsgenossenschaften sowie 54 weitere Unternehmen und Zentralen.[1] Gemeinsam haben die bayerischen Genossenschaften rund 2,7 Millionen Mitglieder, was etwa einem Viertel der Einwohner des Freistaats entspricht.

Für seine Mitgliedsgenossenschaften ist der GVB Wirtschaftsprüfer, Dienstleister und Sprachrohr zugleich. Das heißt: Ihm obliegt die Prüfung seiner Mitglieder nach Maßgabe des Genossenschaftsgesetzes und sonstiger gesetzlicher Vorschriften sowie unter Beachtung des Berufsrechts für Wirtschaftsprüfer. Zudem betreut und berät der Verband die Mitglieder in allen genossenschaftlichen, rechtlichen, steuerlichen, wirtschaftlichen, technischen, personellen und organisatorischen Angelegenheiten. Er pflegt den Austausch von Erfahrungen unter den Mitgliedern und fördert ihre wirtschaftlichen Belange. Dazu zählen zum einen Aus-, Fort- und Weiterbildung der Organmitglieder sowie Mitarbeiter der Mitgliedsunternehmen und die Unterhaltung entsprechender Bildungseinrichtungen. Zum anderen umfasst der Förderauftrag die Wahrnehmung und Vertretung der gemeinsamen wirtschaftlichen sowie ideellen Interessen der Verbandsmitglieder gegenüber Behörden, den genossenschaftlichen Verbundunternehmen und Verbänden sowie Politik, Medien und Öffentlichkeit.

In diesem Sinne ist Kommunikation als ein Teilbereich der Interessenvertretung zu verstehen, die der GVB für seine Mitglieder leistet. Wenngleich diese Leistung grundsätzlich für alle Verbandsmitglieder erbracht wird, so fokussiert sich die kommunikative Tagesarbeit dennoch oftmals auf die Belange der kreditgenossenschaftlichen Mitglieder, der Volksbanken und Raiffeisenbanken im Freistaat. Sie stellen aufgrund ihrer Anzahl, regionalen Verankerung und wirtschaftlichen Relevanz einen bedeutenden Faktor in der bayerischen Bankenlandschaft und Volkswirtschaft dar. Sie sind als klas-

---
[1] Sämtliche Angaben mit Stand 1.1.2011.

sische Regionalbanken ein wesentliches Schwungrad im mittelständischen Wirtschaftsgefüge (vgl. Götzl/Gros 2009; Götzl/Gros/Jahn 2007). Entsprechend ihrem Anteil an der Kommunikationsarbeit des GVB prägen die Kreditgenossenschaften sowie ihre Interessen und Themen auch diese Abhandlung in Teilen.

Ziel der Darstellung ist es, Rahmenbedingungen, Selbstverständnis, Strukturen, Instrumente, Zielgruppen und Themen der Kommunikation des Genossenschaftsverbands Bayern überblicksorientiert aufzuarbeiten. Um einen analytischen Zugang zur Themenstellung zu eröffnen, sollen nachstehende Fragen die Ausarbeitung implizit leiten:

- Was ist kennzeichnend für die genossenschaftliche Kommunikation?
- Was sind Erfolgsfaktoren der genossenschaftlichen Kommunikation?
- Welche Ziele verfolgt die genossenschaftliche Kommunikation?
- Wie werden diese Ziele erreicht?

2 Rahmenbedingungen

Die genossenschaftliche Verbändelandschaft ist komplex. Ein kursorischer Überblick unterstreicht das. So finden sich alleine auf nationaler Ebene mit DGRV (Deutscher Genossenschafts- und Raiffeisenverband), BVR (Bundesverband der Deutschen Volksbanken und Raiffeisenbanken), DRV (Deutscher Raiffeisenverband), ZGV (Der Mittelstandsverbund Zentralverband Gewerblicher Verbundgruppen) sowie dem Zentralverband deutscher Konsumgenossenschaften fünf genossenschaftliche Sachwalter der bundesweit über 5.400 Genossenschaften. Ergänzt wird diese Bundesstruktur durch sechs Regionalverbände. Neben dem GVB sind dies der Genossenschaftsverband Weser-Ems (GVWE), der Baden-Württembergische Genossenschaftsverband (BWGV), der Rheinisch-Westfälische Genossenschaftsverband (RWGV), der Mitteldeutsche Genossenschaftsverband sowie der sogenannte Genossenschaftsverband mit Sitz in Frankfurt und Hannover. Nicht zuletzt finden sich in der genossenschaftlichen Verbandslandschaft sechs Fachprüfungsverbände – Edeka Verband kaufmännischer Genossenschaften, Fachprüfungsverband von Produktivgenossenschaften in Mitteldeutschland, Verband der PSD Banken, Prüfungsverband der Deutschen Verkehrs- und Dienstleistungs- und Konsumgenossenschaften, REWE-genossenschaftlicher Förderverband, Verband der Sparda-Banken (vgl. DGRV 2011). In Summe repräsentieren die genossenschaftlichen Verbände in Deutschland über 5.400 Genossenschaften mit rund 18,1 Millionen Mitgliedern. Das macht die Genossenschaftsorganisation bundesweit zur mitgliederstärksten Wirtschaftsorganisation. Rechnet man zudem die hier nicht erfassten Mitglieder von Wohnungsgenossenschaften hinzu, dann ist in etwa jeder vierte Einwohner der Bundesrepublik Deutschland Mitglied einer Genossenschaft.

Die beschriebene Verbandsvielfalt erfordert eine Vielzahl von Abstimmungs- und Koordinierungsmechanismen innerhalb der genossenschaftlichen Welt. Dies gilt mithin auch für den kommunikativen Auftritt nach innen und außen, das Themenmanagement und grundsätzlich für das Agenda-Setting, wenn es um genossenschaftliche Interessen geht. Darin gilt es nicht zuletzt auch die Belange einer Reihe von Unternehmen zu integrieren, die Bestandteil des genossenschaftlichen Verbunds sind, ohne die Rechtsform der eingetragenen Genossenschaft (eG) zu besitzen. Hierzu zählen beispielsweise Unternehmen der genossenschaftlichen Finanzgruppe.[2]

Kommunikation aus Sicht des GVB hat vor diesem Hintergrund grundsätzlich fünf Dimensionen[3] und zielt auf:

- Kommunikation mit den eigenen Mitgliedern bzw. Förderung der Kommunikation zwischen den Mitgliedern,
- Kommunikation mit den genossenschaftlichen Regionalverbänden,
- Kommunikation mit den genossenschaftlichen Bundesverbänden,
- Kommunikation mit genossenschaftlichen Verbundunternehmen,
- Kommunikation mit Medien, Gesellschaft und Politik, für deren Erfolg die Koordination der vorgenannten Aspekte wesentlich ist.

Bewusst ausgeklammert ist in diesem Profil die produkt- und leistungsorientierte Kommunikation mit den Kunden der Mitgliedsunternehmen. Diese bleibt den Mitgliedsgenossenschaften im Rahmen ihrer geschäftspolitischen Eigenständigkeit überlassen. Gleichwohl können sie dabei auf Angebote des Verbands zur Vertriebs- und Marketingunterstützung insbesondere für Kreditgenossenschaften zurückgreifen. Unter Berücksichtigung all dieser Aspekte hat die Kommunikationsarbeit des GVB sechs grundsätzliche Aufgaben:

- Identifizierung und Bündelung von Interessen der bayerischen Verbandsmitglieder sowie ihre Artikulation innerhalb und außerhalb des genossenschaftlichen Verbunds,
- Schaffung von Transparenz der genossenschaftlichen Verbandspositionen innerhalb der Mitgliederschaft,
- Unterstützung der Mitglieder bei deren Öffentlichkeits- und Medienarbeit,
- Imageförderung der Unternehmensform Genossenschaft im Allgemeinen und Imageförderung der Kreditgenossenschaften im Speziellen,
- Berücksichtigung der gemeinsamen Interessen der genossenschaftlichen Gruppe im eigenen kommunikativen Auftritt,

---

[2] Dazu zählen: DZ Bank, WGZ Bank, Bausparkasse Schwäbisch Hall, R+V Versicherung, WL Bank, Teambank, DGHyp, Union Investment, VR Leasing, Münchener Hypothekenbank.
[3] Eine sechste Dimension, die interne Kommunikation, soll bei diesen Betrachtungen außen vor bleiben, da für sie in verschiedener Hinsicht andere Rahmenbedingungen gelten.

- Vermeidung von Mehrfachansprache relevanter Kommunikationspartner in Medien, Gesellschaft und Politik.

Allerdings stehen diese sechs Aufgaben nicht konfliktfrei nebenander. Zu Störungen kann es aus vielerlei Gründen kommen. Schon die Definition der Interessen der eigenen Verbandsmitglieder kann mitunter schwierig sein. Sind die Belange einzelner Mitglieder bereits Anlass genug, für einen kommunikativen Breitenauftritt des Verbands? Was ist ein grundsätzliches Anliegen, welches ausschließlich den Interessen weniger Verbandsmitglieder geschuldet ist? Bestehen Zielkonflikte zwischen den Interessen kleiner und großer Genossenschaften beziehungsweise gibt es Interessendivergenzen zwischen den Genossenschaften unterschiedlicher Branchen? Werden Mitgliederinteressen womöglich zielsicherer durch einen Bundesverband verfolgt? Liegt die maximale Wirkung im Handlungsbereich des GVB oder doch im kommunikativen Zusammenwirken von Regionalverbänden und Bundesverbänden? Inwieweit stört aktives Agenda-Setting zu einem spezifischen Themenkreis im Interesse der bayerischen Verbandsmitglieder womöglich Belange anderen Ortes im genossenschaftlichen Verbund? Diese und weitere Fragen gilt es in der genossenschaftlichen Kommunikationsarbeit latent abzuwägen.

3 Selbstverständnis

Die Kommunikation des GVB ist maßgeblich von seinem dreidimensionalen Selbstverständnis als Prüfungsverband, Regionalverband und Dienstleistungsverband geprägt.

Der GVB ist Prüfungsverband im Sinne des Gesetzes betreffend die Erwerbs- und Wirtschaftsgenossenschaften vom 1. Mai 1889. Dieses Prüfungsrecht wird staatlich verliehen und bezieht sich auf sämtliche Genossenschaften, die sich dem jeweiligen Verband angeschlossen haben. Mithin obliegt dem GVB, die wirtschaftlichen Verhältnisse und Ordnungsgemäßheit der Geschäftsführung seiner Mitglieder zu prüfen.

Was heißt das nun für den Alltagsbetrieb der Kommunikation? Zunächst bedeutet dies, dass sich formal die Existenz des GVB aus seinem gesetzlichen Zweck, nämlich der Prüfung von Genossenschaften, ableitet. Erst an zweiter Stelle nennt das Genossenschaftsgesetz in § 63b Abs. 4 GenG als Zweck auch die gemeinsame Wahrnehmung der Mitgliederinteressen. Zudem ergeben sich aus der Funktion des Prüfungsverbands Restriktionen für die Interessenvertretung – insbesondere im Bereich der Medien- und Öffentlichkeitsarbeit. Diese resultieren im Wesentlichen aus § 62 Abs. 1 GenG und § 34 Abs. 3 der Satzung des GVB. Grundsätzlich haben beide Normen zum Inhalt, dass die Mitarbeiter des Verbands zur Verschwiegenheit verpflichtet sind, was geschäftspolitische Erkenntnisse mit Blick auf die Verbandsmitglieder angeht. Beide Normen haben zudem zur Folge, dass es auch eine verbandsinterne Geheimhaltungsverpflichtung zu geschäftspolitischen Informationen über Verbandsmitglieder gibt. Dies kann die Kommunikationsverantwortlichen von Prüfungsverbänden mitunter in die missliche und gegenüber Journalisten nur schwer vermittelbare Position bringen, zu angefragten Themen nichts sagen zu können und dürfen, wenn es um Erkenntnisse geht, die in irgendeiner Form Geschäfts- und Betriebsgeheimnisse von Mitgliedsgenossenschaften betreffen.

Wesentlich für die Marke GVB ist zudem seine Definition als Regionalverband. Ihm gehören mit wenigen Ausnahmen ausschließlich Mitglieder an, deren Geschäftssitz im Freistaat Bayern liegt.[4] Bewusst tritt der GVB für den Erhalt dezentraler, föderativer Strukturen der genossenschaftlichen Organisation ein, die sich in mehr als 150 Jahren bewährt haben. Denn Verbandsarbeit braucht Nähe zu den Mitgliedern. Nähe erhöht zudem die Durchsetzungskraft als Interessenvertreter gegenüber Gesellschaft, Medien und Politik. Und gerade darauf legt der GVB seit 2005 intensiven Wert. Damals hat man sich in einem mehrmonatigen Strategieprozess dafür entschieden, Interessenvertretung und damit Kommunikationsarbeit substanziell, d.h. personell, strukturell und inhaltlich, zu stärken und in dieser Hinsicht den Anspruch formuliert, erster Dienstleister für die Mitglieder zu sein. Ein Anspruch, der zugleich einer gewachsenen Erwartungshaltung seitens der bayerischen Genossenschaften entspricht. Nicht zuletzt deshalb finden die bereits erwähnten Aufgaben der Kommunikationsarbeit vollumfänglich die Unterstützung der Mitglieder, was auch regelmäßig durchgeführte Mitgliederbefragungen zeigen.

Der GVB ist zwar rechtlich und formal an erster Stelle ein Prüfungsverband mit klarer regionaler Ausrichtung. Er hat aber zugleich seit geraumer Zeit die Entwicklung zu einem modernen Dienstleistungsverband vollzogen. Dieser bezieht seine innere Mitgliederlegitimation längst nicht mehr ausschließlich aus einer gesetzlichen Formerfordernis, nach der eine Genossenschaft zwingend einem Prüfungsverband angehören muss. Vielmehr erfolgt seine wachsende faktische Legitimation zwischenzeitlich durch eine von den Mitgliedern anerkannte, umfassende, nachhaltige und effektive Dienstleistungsversorgung. Hierbei nimmt die Interessenvertretung mit dem Nukleus Kommunikation einen besonderen Stellenwert in der Wahrnehmung der Mitglieder ein.

4 Strukturen, Instrumente, Zielgruppen

Erfolgreiche Kommunikation braucht verlässliche Strukturen. Im Falle der genossenschaftlichen Kommunikation können dabei die GVB-internen Strukturen einerseits und die innerhalb der genossenschaftlichen Verbundwelt andererseits unterschieden werden.

Mit der Schärfung des Verbandsprofils 2005 wurden auch die Kommunikationsstrukturen im GVB neu geordnet. Zentral war dabei die Einrichtung des Bereichs Vor-

---

[4] Als Folge der deutschen Wiedervereinigung gehören dem GVB auch eine thüringische und zwei sächsische Kreditgenossenschaften an, die seinerzeit für eine Mitgliedschaft im bayerischen Verband optierten.

standsstab und Kommunikation. Eine Einheit, die heute über 30 Mitarbeiter verfügt und alle Maßnahmen der genossenschaftlichen Verbandskommunikation in Bayern bündelt. Aufgabe des Bereichs ist es, in sich stimmige und doch auf unterschiedliche Akteursgruppen abgestimmte Botschaften zu entwickeln – entweder als Reaktion auf extern vorgegebene Themen oder in Form von eigenem Agenda-Setting. Von Vorteil in der Bereichsstruktur erweisen sich neben dem stets offenen und unmittelbaren Zugang zum Vorstand die bereichsinterne Vernetzung von Monitoring-, Analyse- und Kommunikationskompetenzen sowie -ressourcen. Vereinfacht formuliert fallen dem Bereich zwei zentrale Funktionen zu: Zum einen gilt es, das „Gras wachsen" zu hören. Dazu gehört, Themen mit genossenschaftlichem Bezug in Gesellschaft, Medien, Politik und Verwaltung frühzeitig zu identifizieren, überschlägig zur Folgenabschätzung zu analysieren und gegebenenfalls zur intensiveren Aufbereitung in die Fachabteilungen abzugeben. Zum anderen zählt es zu den Aufgaben, Analysen und Positionen des Verbands in eine extern verständliche und einfache Sprache mit klaren Botschaften zu gießen und damit eine wesentliche Grundlage für die thematische Führungsleistung des Verbands zu schaffen. Dies geschieht mittels Redenentwürfen für den Verbandsvorstand und ehrenamtliche Funktionsträger, Briefings für Presse- und Politikgespräche, in Form von zielgruppenorientierten verbandsinternen und externen Newslettern, Pressemitteilungen, Medienbeiträgen wie Namensartikel oder Interviews des Verbandspräsidenten, Präsenz im Internet und den sozialen Medien. Besonderes Augenmerk liegt bei alledem darauf, das Themenradar und die Multiplikationswirkung der Mitglieder für die Kommunikationsarbeit des Verbands zu nutzen. Insofern sind das umfangreiche elektronische Mitgliedernetz mit seinen Arbeits- und Hintergrundmaterialien und dem wöchentlich aufbereiteten Newsletter, den exklusiven Informationsbriefen für die Vorstände der Mitgliedsgenossenschaften, das monatlich erscheinende Verbandsmagazin sowie regelmäßig erstellte Zusammenfassungen relevanter politischer Themen von besonderer Bedeutung. Sie richten sich in erster Linie an die Vorstände der Mitgliedsgenossenschaften und hier wiederum besonders an die Geschäftsleiter der Volksbanken und Raiffeisenbanken. Die über die genannten Kanäle weitergegebenen Informationen sind eine wichtige Arbeitsgrundlage für einen kohärenten Kommunikationsauftritt des Verbands in lokalen Netzwerken und zur Ansprache der Medien und örtlichen Landtags-, Bundestags- und Europaabgeordneten. Insbesondere die rund 670 Vorstände der Genossenschaftsbanken sind hier mittlerweile zu wichtigen Kommunikationsmittlern mit hoher Breitenwirkung geworden. Ausgesprochen hilfreich ist dabei, dass es über die Zeit gelungen ist, Feedbackkanäle zu etablieren, über die Erkenntnisse, die in der regionalen und lokalen Medien- und Politikarbeit gewonnen werden, auch nach München zu den Kommunikationsverantwortlichen gespiegelt werden. Basis dieser Feedbackstrukturen ist ein über Jahre gewachsenes persönliches Netzwerk der Kommunikationsverantwortlichen.

Diese Verfahrensweisen haben insgesamt den Vorteil, dass die Kommunikation des genossenschaftlichen Auftritts in Gesellschaft, Medien und Politik bayernweit zwar zentral koordiniert wird, aber zugleich die Stärken der dezentralen Netzwerke intensiv genutzt werden. In Verschränkung mit den von München aus selbst gepflegten Kontakten in Politik, Administration und Medien formt sich so ein kommunikationsstarker GVB.

Die Kommunikationsstärke zu fördern und damit den Aufmerksamkeitswert für genossenschaftliche Themen zu erhöhen ist auch ein zentraler Aspekt der seit 2010 engen Zusammenarbeit der Regionalverbände GVB, BWGV, RWGV und GVWE. „Kräfte bündeln, Regionales bewahren" – das ist das bestimmende Leitprinzip in der Kooperation der vier genossenschaftlichen Regionalverbände. Themen werden für die mediale und politische Kommunikation eng abgestimmt sowie Zeitpunkte der Veröffentlichung koordiniert. Als Steuerungsinstrument des Agenda-Settings dient eine wöchentliche Schaltkonferenz der vier Pressesprecher, die mit einer Ausnahme zugleich die Verantwortung für die politische Kommunikation in ihren Verbänden tragen. Ergänzt wird diese Telefonkonferenz durch Ad-hoc-Telefonate, wenn es kurzfristig eintretende Entwicklungen notwendig machen. Aufgrund dieser engen Zusammenarbeit wird es möglich, nicht nur insgesamt 60 Regionalzeitungen[5] und andere Medien in den Verbandsgebieten mit gleicher Intonierung zu erreichen, sondern auch eine Grundaufmerksamkeit bei überregionalen Tageszeitungen zu schaffen. Durch die Verknüpfung der Netzwerke der vier Verbände erhöht sich zugleich die Multiplikation der Verbandsanliegen bei strategischen Ansprechpartnern wie Verbänden, Kammern und politischen Akteuren in Parlamenten und Verwaltung.

Kaum formalisiert und lediglich anlassbezogen ist die Abstimmung der operativen Kommunikationsarbeit zwischen den Regionalverbänden und den Bundesverbänden einerseits sowie den genossenschaftlichen Verbundunternehmen andererseits. Sie ist zwischen den einzelnen Akteuren unterschiedlich stark ausgeprägt und von zumeist informellen Strukturen gekennzeichnet. Diese sind, je nach persönlicher Beziehung, fester oder weniger fest verankert. Unbestritten sorgen das und ein mitunter nicht zu leugnendes Konkurrenzverhältnis zwischen den Kommunikationszentralen der einzelnen Verbände für Effizienzverluste in der genossenschaftlichen Kommunikation.

Als zielführend und über die beschriebenen Strukturen hinausgehend hat sich für den GVB der Aufbau eines informellen Kommunikationsnetzes erwiesen, das weit in Landes- und Bundesadministration, die Parlamente auf Länder-, Bundes- und Europaebene und in Verbandsstrukturen anderer Branchen hineinreicht. Das sichert nicht nur Informationsvorsprünge und die genaue Adressierung von Themen an Akteure, sondern im einen oder anderen Fall auch die inhaltliche multiplikative Kommunikationsunterstützung durch strategische Partner. Fruchtbar ist in diesem Zusammenhang aus Sicht des GVB eine intensive kommunikative Zusammenarbeit mit Industrie- und Handelskammern, Handwerkskammern oder auch den Organisationen der Kommunen und Landkreise – um nur einige Partner mit hoher Interessennähe zu nennen.

---

[5] Davon ein Drittel in Bayern.

5 Themen

Reduziert man die Kommunikation der Genossenschaftsverbände der letzten Jahre auf ihren Kern, dann zeigt sich unweigerlich, dass sie in weiten Teilen zunächst ein Reflex auf internationale Entwicklungen war. Damit wird deutlich, dass selbst regional ausgerichtete Genossenschaften und ihre Interessenvertreter abhängig von globalen Entwicklungen sind. Zugleich wird aber auch erkennbar, dass es selbst im Rahmen eines externen Meta-Agenda-Settings möglich ist, aktiv zu kommunizieren und aus der Rolle des vermeintlich Getriebenen in eine kommunikative Gestalterfunktion zu wechseln. Zwei Beispiele – die Finanzmarktkrise und die Reaktorkatastrophe im japanischen Fukushima – sollen das verdeutlichen.

5.1 Finanzmarktkrise

Die genossenschaftliche Verbandskommunikation der zurückliegenden Jahre wurde stark von den Folgewirkungen der weltweiten Finanzkrise beeinflusst. Dabei hat sie mehrere Stadien durchlaufen. Was zunächst in weiten Teilen Krisenkommunikation war, wurde relativ zügig durch Imagekommunikation abgelöst, der dann ein Kommunikationsansatz folgte, welcher sich kritisch mit überbordender und pauschaler Bankenregulierung zum Nachteil von Regionalbanken auseinandersetzte.

In der unmittelbaren Folge der Lehman-Pleite war es das Ziel genossenschaftlicher Verbandskommunikation, klarzumachen, dass das Geld der Anleger bei Genossenschaftsbanken sicher ist. Es galt deshalb, der medialen und politischen Öffentlichkeit zu verdeutlichen, dass die Bankenkrise eine Krise der systemrelevanten und kapitalmarktfinanzierten Banken ist. Ziel war es, die Kernbotschaft zu vermitteln, dass die Bankenkrise keine Krise der Genossenschaftsbanken ist. Das war auch deshalb notwendig, weil repräsentative Umfragen im Auftrag des GVB signalisierten, dass die Bevölkerung zunächst alle Banken unter Generalverdacht stellte. Zügig wurde deshalb auf eine Imagekommunikation umgestellt, die zum Ziel hatte, die Stabilität der Genossenschaftsbanken und die Grundlagen dieser Stabilität zu kommunizieren. Zudem wurden mit hoher Frequenz die rasante Entwicklung der Einlagen der Volksbanken und Raiffeisenbanken ebenso dargestellt, wie die Entwicklung der Ausleihungen. Warum? Mit Ersterem sollte verdeutlicht werden, dass entgegen der Grundvermutung, alle Banken seien unsicher, viele Bankkunden die Genossenschaftsbanken für sich als sicheren Hafen entdeckten. Mit Zweitem sollte in Öffentlichkeit und Politik faktenorientiert signalisiert werden: Die Genossenschaftsbanken stehen zur deutschen Wirtschaft und werden ihren Beitrag leisten, damit es zu keiner Kreditklemme kommt.

Bereits zu Beginn des Jahres 2009 wurde deshalb ganz gezielt der Begriff der Regionalbank für die Genossenschaftsbanken reklamiert und immer wieder in die Kommunikation eingebracht. Ziel war die bewusste Abgrenzung und Differenzierung gegenüber international tätigen Banken. Ziel war aber auch, in Richtung Politik frühzeitig zu verdeutlichen, dass ein pauschal verschärftes Aufsichtsregime keineswegs die Ursachen der Krise lösen würde. Vielmehr sollte, so die GVB-Position, eine Regulierungsdifferenzierung nach Banktypen und ihrem Risikopotenzial erreicht werden.

Diese Kommunikationsstrategie wurde dann auch Basis der Aktionen im dritten Kommunikationsstadium, als es um den Widerstand gegen eine Pauschalregulierung des Bankenmarktes ging. Auf dieser Basis konnten zum Beispiel durch die enge Verzahnung von politischer Kommunikation und Pressearbeit des GVB erreicht werden, dass Regionalbanken weitgehend von der Bankenabgabe in Deutschland befreit wurden. Das war nicht zuletzt der Tatsache geschuldet, dass die politischen Akteure in Deutschland nach einem mehr als einjährigen Verhandlungsprozess am Ende anerkannt haben, dass zum einen die Genossenschaftsbanken (und Sparkassen) nicht ursächlich für die Finanzkrise waren und zum anderen gerade diese Regionalbanken die deutsche Wirtschaft in der Rezession stabilisierten. Mit Blick auf die Umsetzung von Basel III wurde dieser Kommunikationsansatz weiter ausgebaut. Aufsetzend auf die Regionalbankenargumentation wurde das Konzept „Volksbanken und Raiffeisenbanken – Banken sui generis" geprägt. Es ist die Grundlage für einen Kommunikationsauftritt, der darauf zielt, regionale Banken nicht als Ausnahme in regulatorischen Vorhaben wie Basel III zu behandeln, sondern als Regelfall, dem daher ein eigener regulatorischer Rahmen zugestanden werden muss. Ein Rahmen also, der sich nicht grundsätzlich an den Regulierungserfordernissen für international verflochtene und systemrelevante Großbanken orientiert.

5.2 Fukushima-Katastrophe

Die Bilder aus dem japanischen Fukushima haben im März 2011 die Welt erschüttert. Die politischen Folgen reichten bis nach Deutschland. Regierung und Parlament haben mit breitem politischem Konsens den Atomausstieg beschlossen. Klar ist gleichwohl, dass eine flächendeckende Nutzung regenerativer Energiequellen nur über eine dezentrale Energieerzeugung und -versorgung möglich ist, also über die Abkehr von großen zentralen Anlagen hin zu kleineren dezentralen Erzeugungseinheiten. Denn nur eine regionale Stromerzeugung bietet die Möglichkeit einer dezentralen Energieversorgung und somit einer unmittelbaren Verteilung an die Verbraucher. Ressourcen aus der Region können so für die regionale Energieproduktion und damit für eine nachhaltige Regionalentwicklung genutzt werden. Diese dezentrale Gestaltung der Energieversorgung bietet zudem den Vorteil, dass die Wirtschaftskraft in der Region bleibt. Gleichzeitig wird die Akzeptanz der Bevölkerung bei möglichen steigenden Energiekosten durch dezentrale Beteiligungsmodelle gefördert.

All diese Punkte wurden im Frühjahr 2011 zur Grundlage der politischen und medialen Kommunikation, aber auch der internen Kommunikation des GVB. Ziel war es zu transportieren, dass die Genossenschaft der ideale Organisationsrahmen ist, um die Potenziale dezentraler Energieerzeugung zu nutzen. Die Botschaft: Die Genossenschaft kann entscheidend dazu beitragen, dass die Energiewende gelingt. Sie ermöglicht es, durch Bürgerbeteiligung Kräfte zu bündeln, Identifikation zu schaffen und Hemmnisse abzubauen. Diese Faktoren spielen insbesondere bei der Umsetzung von größeren Projekten, wie Windanlagen oder Windparks, eine bedeutende Rolle, da hier die Bürgerakzeptanz entscheidend ist. Dabei wurde immer wieder akzentuiert, dass die Energiewende gleichwohl nur gelingen kann, wenn die Politik die regenerative und dezentrale Energieerzeugung durch geeignete Rahmenbedingungen stärkt.

Unterstützt wurde diese Vorgehensweise durch gezielte Verbreitung von genossenschaftlichen best-practice-Beispielen. Denn Energiegenossenschaften sind für Bayern nichts Neues. Seit Jahren gibt es eine überdurchschnittliche Gründungsaktivität im Bereich Umwelt und Energie. So existierten Mitte 2011 im Freistaat 100 Energiegenossenschaften, von denen 68 in den letzten fünf Jahren gegründet wurden. Allein 2010 wurden in diesem Sektor 30 Genossenschaften ins Leben gerufen. Die Kommunikation folgte hier ganz der Linie: Nichts ist überzeugender als das funktionierende Praxisbeispiel.

6 Schlussfolgerungen

Eingedenk der zu Beginn formulierten Leitfragen können mit Blick auf die Kommunikation in Genossenschaftsverbänden folgende Punkte festgehalten werden:

- Genossenschaftliche Kommunikation ist von einer Vielzahl an Kommunikationsakteuren geprägt. Sie gilt es zu orchestrieren, um Kakophonie und kommunikative Reizüberflutung bei den Zielgruppen zu vermeiden.
- Genossenschaftliche Kommunikation ist Mehrebenenkommunikation. Das gilt für die Akteure der Kommunikation, ihre Instrumente, Themen und Adressaten. Das erfordert eine komplexe Kommunikationsstrategie, die nicht zuletzt dem Phänomen Rechnung tragen muss, dass zwar ein Viertel der Deutschen Mitglied einer Genossenschaft ist, gleichzeitig diese Rechts- und Unternehmensform in Funktionsweisen und Vorzügen für einen Großteil der Bevölkerung aber völlig unbekannt ist.
- Innerhalb der genossenschaftlichen Kommunikationswelt haben sich mannigfaltige Abstimmungsstrukturen herausgebildet. Sie umfassen zum einen klar organisierte formale Koordinierungsprozesse. Zum anderen werden sie durch ein dichtes Netz informeller Strukturen ergänzt. Diese sind stark von den handelnden Akteuren geprägt und haben somit eine deutliche personale Komponente. Im reibungslosen Zusammenwirken beider Ebenen liegt ein Erfolgsmoment der genossenschaftlichen Kommunikation.
- Kommunikation in Genossenschaftsverbänden ist eine spezifische Form der Interessenvertretung. Entsprechend braucht sie eine klare Zielorientierung und darf sich nicht im tagesgetriebenen Themenhopping erschöpfen.

- Genossenschaftliche Verbändekommunikation muss einem vielschichtigen Adressatenkreis Rechnung tragen. Verbandsintern umfasst er die eigenen Mitglieder, verbundintern die eigene Gruppierung und extern Akteure aus den Bereichen Gesellschaft, Medien und Politik sowie Verwaltung. Entsprechend braucht genossenschaftliche Kommunikation zwar eine eindeutige Grundintonierung, muss zugleich aber auch immer differenzieren und auf die Wahrnehmungsfilter der Adressaten abgestimmt werden, um diese zielsicher zu erreichen.
- Genossenschaftliche Kommunikation kann auf Dauer nur erfolgreich sein, wenn sie ihre regionale und lokale Ausrichtung nicht vernachlässigt. Das ist dem Wesen der Genossenschaft geschuldet. Sie ist von jeher auf regionale Wirkung angelegt. Ihre Themen sind mehrheitlich regionaler und lokaler Natur. Entsprechend ist ganz wesentlich für den Erfolg von genossenschaftlichem Agenda-Setting, dass es gelingt, übergeordnete Themen in ihrer regionalen oder lokalen Auswirkung darzustellen.
- Wenn auch regionale Medien aus Sicht des GVB erster Ansprechpartner der Pressearbeit sind, so kommt genossenschaftliche Kommunikation keineswegs umhin, überregionale Medien sowie Akteure und damit meinungsprägende Führungseliten als Zielgruppen zu definieren.
- Genossenschaftliche Kommunikation braucht Führung. Hier fällt den Genossenschaftsverbänden eine zentrale Rolle zu. Sowohl was die Themenerkennung und inhaltliche -aufbereitung, das Agenda-Setting als auch die Themenvermittlung angeht.
- Genossenschaftliche Verbandskommunikation ist umso erfolgreicher, je intensiver eine mediale und politische Multiplikationswirkung durch die einzelnen Mitgliedsgenossenschaften erreicht wird. Zumal nichts so authentisch ist, wie die Erklärung von Themen durch die Betroffenen selbst. Denn die Erfahrung zeigt, dass unmittelbar Betroffenen insbesondere von Medien und Politik höhere Glaubwürdigkeit unterstellt wird als Verbandsfunktionären. Insofern ist Verbandskommunikation immer auch Motivationsarbeit und Aktivierungsleistung zur medialen und politischen Vor-Ort-Arbeit der Mitglieder.
- Genossenschaftliche Kommunikation muss darauf ausgerichtet sein, strategische Partner zu gewinnen. Partner, die sich die Interessen der Genossenschaften zu eigen machen und in den jeweilgen Kommunikationsauftritt integrieren.

Literatur

DGRV Deutscher Genossenschafts- und Raiffeisenverband e.V. (Hrsg.), 2011: Zahlen und Fakten der genossenschaftlichen Banken, Waren- und Dienstleistungsgenossenschaften, Wiesbaden.

Götzl, Stephan/Gros, Jürgen/Jahn, Steffen, 2007: Die Bedeutung der Kreditgenossenschaften für die wirtschaftliche, gesellschaftliche und kulturelle Entwicklung Bayerns, Wiesbaden.

Götzl, Stephan/Gros, Jürgen, 2009: Regionalbanken seit 160 Jahren. Die Volksbanken und Raiffeisenbanken. Merkmale, Strukturen, Leistungen, Wiesbaden.

Andreas Kießling

Politische Unternehmenskommunikation und angewandte Politikforschung – Potentiale und Limitationen am Beispiel der Erneuerbaren Energien-Politik im Wendejahr 2011[1]

1   Fukushima und die deutsche Energiepolitik

2011 war für die deutsche Energiepolitik ein schicksalhaftes Jahr. Zwar war der Umbau der Energielandschaft schon beschlossene Sache – das Energiekonzept der Bundesregierung vom Herbst 2010 legte bereits einen Fahrplan ins Zeitalter der Erneuerbaren Energien fest. Doch war damals die oberste Prämisse der Klimaschutz. Das Erreichen der ehrgeizigen CO_2-Ziele Deutschlands sollte vor allem über den Stromsektor erreicht werden. Das war sowohl in den Energieszenarien der Wissenschaftler zur Vorbereitung des Energiekonzepts (Schlesinger/Lindenberger/Lutz 2010) als auch im Energiekonzept selbst die zentrale Begründung für die Verlängerung der Laufzeiten der deutschen Kernkraftwerke. Entsprechend war auch vorgesehen, mindestens die Hälfte der sogenannten Zusatzgewinne aus der Atomenergie für den Klimaschutz abzuschöpfen (Bundesregierung 2010).

Doch dann kam der 11. März 2011. Das durch den Tsunami nach dem Erdbeben ausgelöste Reaktorunglück in Fukushima veränderte die Energiewelt – jedenfalls in Deutschland. Hatte die Laufzeitverlängerung die über Jahre polarisierte Einstellung der Deutschen zur Kernenergie deutlich gemacht, so kristallisierte sich nach dem Unglück sehr schnell ein breiter gesellschaftlicher und politischer Konsens heraus, die Kernkraftwerke erheblich früher vom Netz zu nehmen. Das am 15. März 2011 verhängte dreimonatige Moratorium, durch das die sieben ältesten Reaktoren und das Kraftwerk Krümmel abgeschaltet wurden, schaffte nicht nur Fakten, es diktierte auch den Zeitplan. Dass die Reaktorsicherheitskommission technisch den deutschen Kernkraftwerken die höchsten Sicherheitsstandards nachwies, änderte daran nichts mehr. Die Entscheidungen fielen in die Richtung, die die eingesetzte Ethikkommission am 28. Mai 2011 vorgab. Die sogenannte „Energiewende" sollte aber nicht nur ein beschleunigter „Ausstieg" sein, sondern auch – wie Bundeskanzlerin Merkel mehrfach betonte – ein „Einstieg" in eine Ära erneuerbarer Energieversorgung (vgl. Spiegel Online 2011). Deshalb kam der sowieso geplanten, turnusmäßigen Novelle des Erneuerbare Energien-Gesetzes (EEG) im Rahmen des Energiewende-Gesetzespakets eine zentrale Rolle zu.

---

[1] Der Beitrag gibt in keinem angesprochenen Aspekt die Haltung der E.ON AG wieder, sondern ausschließlich die persönliche Meinung und Analyse des Autors.

Das in der Festschrift interessierende Thema der Rolle der angewandten Politikforschung wird im Folgenden vor dem Hintergrund des Ausbaus der Erneuerbaren Energien in Deutschland und des Gesetzgebungsprozesses zum „EEG 2012" problematisiert. Dabei steht die Perspektive der politischen Unternehmenskommunikation im Mittelpunkt, d. h. also insgesamt die Frage, welche Leistungen die angewandte Politikforschung hierfür bringt bzw. bringen kann und welchen Limitationen sie in einem konkreten legislativen Verfahren von besonderer Brisanz ausgesetzt ist. Dazu wird erst der politische Rahmen für den Ausbau der „Renewables" und der Gesetzgebungsprozess vom Sommer 2011 dargestellt. Anschließend soll das Verhältnis von angewandter Politikforschung und Interessenvertretung diskutiert werden. Bevor abschließend die ableitbaren Learnings vorgestellt werden, sollen noch am Fallbeispiel der Einführung der „Marktprämie" Erfolgsfaktoren für wissenschaftliche Politikberatung herausgearbeitet werden.

2 Erneuerbare Energien in Deutschland: Politischer Rahmen und EEG-Novelle 2012

2.1 Ausbau Erneuerbarer Energien in Deutschland

Erneuerbare Energien sind keine ganz neue Erfindung – im Gegenteil. Die Geschichte der Elektrifizierung beginnt sogar in vielen Ländern mit einer erneuerbaren Energiequelle: der Wasserkraft. Sie ist die „große alte Dame der Erneuerbaren" (Kästner/Kießling 2009: 18). Ab Ende der 1970er Jahre begann jedoch die Forschung an den „neuen Erneuerbaren". In Deutschland wurde in den 1980er Jahren der „GROWIAN" realisiert, ein Testmodell einer „großen Windanlage", an dem die RWE AG und Vorläufer-Gesellschaften der E.ON AG und von Vattenfall Europe beteiligt waren. Mit einer Leistung von 3 Megawatt (MW) würde es heute noch zur Klasse der großen Windmühlen zählen.

Der Anstoß zur gesetzlichen Förderung der Erneuerbaren Energien kam dann – auch in einem Wendejahr – nämlich 1990 von der wohl ersten informellen schwarzgrünen Koalition im Bundestag. Der CSU-Abgeordnete Matthias Engelsberger und der Grüne Wolfgang Daniels starteten die Initiative zum „Stromeinspeisegesetz", das ab dem 01. Januar 1991 feste Mindestpreise für erneuerbaren Strom festlegte (Berchem 2006).

Die rot-grüne Koalition entwickelte dieses Modell dann im Jahr 2000 zum EEG weiter. Die wichtigsten Prinzipien sind dabei bis heute im Kern unverändert:

- die Anschlusspflicht, d. h. die Netzbetreiber sind verpflichtet, Erneuerbare Energien-Anlagen an ihr Netz anzuschließen und dieses entsprechend auszubauen,

- der Einspeisevorrang für Erneuerbare Energien, d.h. die Netzbetreiber sind verpflichtet, Strom aus erneuerbaren Quellen vorrangig vor dem aus anderen Erzeugungsarten abzunehmen,
- die Festvergütung, d. h. die Anlagenbetreiber erhalten je nach Technologie und Inbetriebnahmezeitpunkt einen fixen Betrag pro erzeugter Kilowattstunde für einen Zeitraum von in der Regel 20 Jahren und
- die Umlagefähigkeit, d. h. die sogenannten Letztverbraucher, also die Kunden, bezahlen die Differenz zwischen der Festvergütung und dem Marktwert des erneuerbaren Stroms über die EEG-Umlage.

Im Blick auf den zahlenmäßigen Ausbau der Erneuerbaren Energien ist das EEG eine Erfolgsstory. 1990 trugen Erneuerbare nur zu 3,8% zur Stromerzeugung in Deutschland bei und das ausschließlich durch die Wasserkraft. Im Jahr des Inkrafttretens des EEG lag die Quote bei 6,6 Prozent, was vor allem auf den ersten Ausbau der Windenergie zurückzuführen war. Im Jahr 2010 dagegen wurden fast 16,4 Prozent des Stroms erneuerbar erzeugt. Den Hauptanteil hatte der Wind mit 6 Prozent vor der Biomasse mit 4,4 Prozent und der Wasserkraft mit 3,3 Prozent. Neu hinzugekommen ist außerdem die Sonnenergie – in Deutschland in der Form der Photovoltaik (PV) –, die 2010 zu 1,9 Prozent zur Stromerzeugung beitrug. Im Jahr 2011 werden voraussichtlich etwa 20 Prozent Ökostrom im Netz gewesen sein (Arbeitsgemeinschaft Energiebilanzen 2011).

Energie- und volkswirtschaftlich wirft der Ausbau der Erneuerbaren entlang der genannten Prinzipien allerdings durchaus Probleme auf. Dies gilt nicht nur im Blick auf den Klimaschutz und den zum Teil sehr hohen CO_2-Vermeidungskosten durch einzelne Technologien, allen voran der PV (Sinn 2008; Weimann 2009). Vielmehr stellt sich auch die Frage, wie ein Erzeugungsmarkt noch funktionieren kann, wenn ein immer größerer Teil nicht mehr Marktprinzipien folgt, sondern seine Produktion ohne Rücksicht auf die tatsächliche Nachfrage- und Preissituation absetzen kann. Diese Frage ist eng verknüpft mit den volkswirtschaftlichen Kosten des Ausbaus. Im ersten Jahr des Stromeinspeisegesetzes betrug die Förderung 50 Millionen D-Mark, im Jahr 2010 mussten die deutschen Verbraucher bereits über 8 Milliarden Euro netto mehr bezahlen, als der erneuerbare Strom an der Börse wert war. 2011 sollen es laut Prognose der Übertragungsnetzbetreiber über 13 Milliarden Euro sein – Tendenz weiter steigend.

Gesellschaftspolitisch führte der Erneuerbaren-Ausbau zu einer Facettenergänzung der politischen Kultur in der Bundesrepublik Deutschland (Weidenfeld/Korte 1991; Glaab/Kießling 2001). Zum einen entstanden durch den sehr ausgefeilten und detaillierten Fördermechanismus zahlreiche neue Einzelinteressen, die in den politischen Prozess eingebracht werden. Hierdurch erhöht sich nicht nur die Komplexität, sondern auch die die politische Brisanz des Themas. Zum anderen verstärkte das EEG die „Ökologisierung des bürgerlichen Lagers". Denn wirtschaftlich gesehen sind die Hauptprofiteure der EEG-Umlage Eigenheimbesitzer, Landwirte und Handwerksbetriebe, vor allem auch im Süden der Republik – also klassisches christlich-liberales Wählerpotential (Kießling 2004). Allein in Bayern wurden bis Ende 2011 etwa 400.000

PV-Anlagen installiert. Dieser Technologie kommt insgesamt über 50 Prozent der Vergütung zu Gute. Damit wird die Dimension deutlich. Insofern verwundert es auch nicht, dass die Befürwortung des EEG und seiner Kernprinzipien sich seit Langem über den Kreis der Erfinder in SPD und bei den Grünen ausgedehnt hat.

2.2 Die EEG-Novelle 2012

Vor diesem Hintergrund wurde im Jahr 2011 turnusgemäß eine „große" Revision des EEG angegangen, die am 1. Januar 2012 in Kraft trat. Kleinere Anpassungen vor allem der Förderhöhen für PV hatte es schon in den Jahren davor gegeben und auch im Frühjahr 2011 wurde der Mechanismus zur Festlegung der Degression der Fixvergütung von PV-Anlagen (sogenannter „atmender Deckel") weiterentwickelt. Die große EEG-Novelle sollte jedoch die oben geschilderten Problemlagen systematisch aufgreifen. Von Seiten der Regierung und der Koalitionsfraktionen stand vor allem die Frage der Kostenbegrenzung im Mittelpunkt – die Umlagenhöhe im Jahr 2011 von 3,5 Cent pro Kilowattstunde (2010 betrug sie noch 2,047 Cent, war also um rund 75 Prozent gestiegen) als Obergrenze für die Förderung der Erneuerbaren wurde gleichsam zum Glaubenssatz. Neben der Vielzahl der Einzelinteressen ist diese „politische Deckelung" der EEG-Umlage der zentrale Erklärungsschlüssel für das Ergebnis der Novellierung.

Im Mittelpunkt der inhaltlichen Diskussion stand das Thema „Marktintegration" der Erneuerbaren Energien, also die Frage, wie die Erneuerbaren dazu gebracht werden können auf Marktsignale zu reagieren und damit ihre Produktion dem Bedarf anzupassen. In der Wissenschaft und in den Verbänden wurde bereits seit 2005 über diesen Punkt nachgedacht und entsprechende Konzepte entwickelt (siehe hierzu auch Fallbeispiel im 4. Kapitel). In der politischen Debatte Ende des Jahres 2010 und Anfang des Jahres 2011 herrschte zunächst Einigkeit darüber, dass die Revision des EEG so komplex sei und einen so tief greifenden Einfluss auf das Energiesystem an sich haben könnte, dass der ursprüngliche Zeitplan, die Novelle Ende 2011 zu verabschieden schon als ambitioniert galt. Gerüchteweise wurde von einer Verzögerung um mindestens einem halben Jahr berichtet – zumal sich die Vorlage des gesetzlich vorgeschriebenen wissenschaftlichen „Erfahrungsberichts" als Grundlage für die Novelle immer weiter verspätete.

Doch dann kam Fukushima und das Moratorium – und alles änderte sich. Plötzlich sollte binnen weniger Wochen nicht nur der Atomausstieg vollzogen werden, sondern ein ganzes Paket energiewirtschaftlicher Vorschriften mit verändert werden. Das „Energiewende-Gesetzespaket" umfasste acht Gesetze mit insgesamt über 700 Seiten. Das Atomgesetz war dabei mit 18 Seiten das kürzeste, das EEG mit über 200 Seiten das längste.

Der Begriff „ambitionierter Zeitplan" bekam nun eine völlig neue Bedeutung: Nachdem in der ersten Maiwoche der Entwurf für einen Erfahrungsbericht vorlag, entstand am 17. Mai 2011 ein erster Referentenentwurf zum EEG. Die Information zur

Beteiligung der Verbände erging am Donnerstagabend, den 19. Mai 2011 – mit Rückmeldefrist bis Montag 23. Mai 2011, was z. B. dazu führte, dass der Bundesverband Erneuerbare Energien ausdrücklich auf eine Stellungnahme in dieser Phase angesichts der kurzen Frist verzichtete. Am 30. Mai 2011 beschlossen die Koalitionsfraktionen, die Energiewendegesetze auf den Weg zu bringen und gleichzeitig wurde auch mit dem finalen Referentenentwurf des EEG die Ressortabstimmung eingeleitet. Am 6. Juni 2011 beschloss das Kabinett die Gesetze und übermittelte sie dem Bundesrat zur Stellungnahme. Normalerweise erfolgt erst nach Vorliegen der Stellungnahme und der Gegenäußerung der Bundesregierung dazu die Befassung des Bundestages, bei der Energiewende jedoch wurden die Entwürfe schon am 9. Juni 2011 ins Parlament eingebracht. Beim EEG hatte der Bundesrat am 17. Juni 2011 seine Stellungnahme fertig gestellt, die Gegenäußerung der Bundesregierung erfolgte am 22. Juni 2011. Zwei Tage später erstellte das BMU eine Formulierungshilfe für sich daraus ergebende Änderungsanträge, die die Koalitionsfraktionen ins parlamentarische Verfahren einbrachten. Am 27. Juni 2011 beschlossen die Koalitionsfraktionen das Gesetzespaket und damit auch die EEG-Novelle, tags darauf beriet abschließend der Umweltausschuss, am 30. Juni 2011 stimmte der Bundestag ab, eine Woche später am 8. Juli 2011 der Bundesrat.

Damit war binnen sechs Wochen, wobei die heiße Phase vier bis fünf Wochen dauerte, nicht nur das ganze EEG novelliert, sondern auch die anderen Energiewendegesetze beschlossen. Dass sich dabei Fehler einschlichen, war praktisch unvermeidlich. Schwerwiegend war vor allem, dass im Gegensatz zur ursprünglichen Absicht Stromspeicher schwer belastet wurden. Die Bundesregierung gab zwar zu Protokoll, dies ändern zu wollen, es dauerte aber bis zum April 2012, bis eine sachgerechte Lösung gefunden und gesetzlich normiert wurde – mit all den Unsicherheiten, die für die Investoren in die Energiewende damit verbunden waren.

Zeitgleich zu diesen Prozessen auf Bundesebene fanden auf Länderebene zahlreiche Aktivitäten statt. Hessen veranstaltete z. B. einen Energiegipfel. In Bayern, das am schwersten vom Kernenergieausstieg betroffen ist, wurde gar ein eigenes Energiekonzept erstellt (Bayerische Staatsregierung 2011).

3 Politische Unternehmenskommunikation und angewandte Politikforschung

Die Frage nach dem Verhältnis zwischen der politischen Unternehmenskommunikation und der angewandten Politikforschung in einem solchen Gesetzgebungsverfahren kann von zwei Seiten aus betrachtet werden: zum einen die Dimension der Rolle der angewandten Politikforschung im konkreten Lobbyprozess, zum anderen die Dimension des Grundverständnisses von unternehmerischer Interessensvertretung in einem durch die angewandte Politikforschung angeleiteten Verständnis.

3.1 Angewandte Politikforschung im Gesetzgebungsprozess für die politische Unternehmenskommunikation

Konnte in einem solchen Prozess die angewandte Politikforschung überhaupt eine Rolle spielen? Schon angesichts des Zeitplans wird deutlich, dass dies im Sinne einer inhaltlichen Einflussnahme im konkreten Verfahren sicher nicht möglich gewesen wäre. Mit dem Faktor Zeit ist auch die zentrale Limitation des Einflusses der (politik-)wissenschaftlichen Beratung genannt. Selbst in zeitlich stärker entzerrten Projekten dürfte die Anfertigung wissenschaftlicher Expertise länger dauern, als die entsprechenden politischen Reaktionszeiten sein müssen. Aus Sicht einer unternehmerischen Interessensvertretung heraus muss deshalb auf bestehendes Wissen in Wissenschaft, aber vor allem auch in Praxis zurückgegriffen werden: Wissenschaftliches Know-how muss dabei aber so aufgearbeitet sein, dass das Wesentliche schnell zu erfassen ist.

Politikwissenschaftliche Think Tanks – seien es Stiftungen, universitäre oder außeruniversitäre Einrichtungen – befassten sich leider nicht intensiv mit der (nationalen) Energiepolitik, so dass hier kaum Expertise vorliegt. In der Politikwissenschaft allgemein scheint das Thema noch unterbeleuchtet zu sein. Erste Ansätze entwickeln sich erst. Abzulesen ist das z. B. daran, dass sich der DVPW-Kongress 2009 mit dem Klimawandel beschäftigte, wobei aber deutlich wurde, dass die Politikwissenschaft noch auf der Suche nach ihrem Beitrag zu Debatte war (Schüttemeyer 2011). Auch das Centrum für angewandte Politikforschung (C·A·P) und die Uni Tübingen beschäftigen sich mit der nationalen und europäischen Energiepolitik (z. B. Baumann 2008, 2011; Jenner/Chan/Frankenberger/Gabel 2012). Allerdings ist der Konkretisierungsstand der Arbeiten häufig auf einem zu abstrakten Niveau, um für konkrete Lobbyprozesse unmittelbar eine Rolle zu spielen. Inhaltlich dominiert wird die wissenschaftliche Beratung in der Energiepolitik von den einschlägigen energiewirtschaftlichen Einrichtungen, wie z. B. den Fraunhofer-Instituten, dem IER in Stuttgart, dem EWI in Köln und der RWTH Aachen. Hinzu kommen einflussreiche Beratungsagenturen wie Prognos, Consentec, das Wuppertal Institut für Klima und Energie oder das Öko-Institut.

Von der insofern eher weniger bedeutsamen Rolle der angewandten Politikforschung in der inhaltlichen Dimension der Energiepolitik ist allerdings deren „Handwerkszeug" deutlich zu unterscheiden. Seine inhaltliche Stärke entwickelte die angewandte Politikforschung in der Analyse und Einordnung der Energiewende in das breitere politische Umfeld. Weidenfeld (2011) wies schon bald nach der Reaktor-Havarie auf die Konsequenzen der „Atom-Wende" für die Unionsparteien hin. In der Tat sind wie prognostiziert bis heute Spannungen zwischen dem Wirtschaftsflügel der Fraktion und den Haupttreibern der Energiewende zu konstatieren[2], die weniger auf

---

[2] Ablesbar ist dies z. B. an einer Pressemitteilung der CDU/CSU-Fraktion vom 16. November 2011, in der die Bundesregierung aufgefordert wird, Maßnahmen zur Kostenbegrenzung des EEG vorzulegen, worauf das Bundesumweltministerium mit einer Pressemitteilung am 17. November 2011 reagiert, in der postuliert wurde, dass bereits das EEG 2012 Kosten senkend wirke.

den inhaltlichen Kurs in der Atompolitik zurückzuführen sind als auf prozessuale Gründe. Auch Karl-Rudolf Korte betonte, dass es die Christdemokraten nicht geschafft hätten, ihre Wende in der Energiepolitik strategisch zu begründen. Sie seien deshalb "in die Glaubwürdigkeitsfalle getappt" (Energie.de 2011). Gleichzeitig wies Weidenfeld aber darauf hin, dass alsbald neue Themenkonjunkturen andere Probleme in den Vordergrund stellen würden, was sich mit der Finanzkrise dramatisch bewahrheitete. Schon in der Vergangenheit hat die Energiepolitik keine große Rolle bei den Bundestagswahlen gespielt. 2005 kam ihr weder in der Wahlkampfstrategie der Parteien, in der Berichterstattung der Medien noch in der Sicht der Wähler eine hohe Bedeutung zu (Korte 2008). Für den Wahlkampf des Jahres 2009 dürfte Ähnliches gelten, obwohl Bündnis90/Die Grünen versuchten, die von Union und FDP angekündigte Laufzeitverlängerung von Kernkraftwerken zu thematisieren. Mit dem Energiekonsens vom Sommer 2011 gelang es Merkel – jenseits von akuten Glaubwürdigkeitsproblemen – strategisch klug, die Energiepolitik auch für die kommende Bundestagswahl von der Tagesordnung zu nehmen. Sie entledigte sich damit eines Themas, von dem allenfalls die Grünen profitieren. Offen ist allerdings, ob je nach wirtschaftlicher Entwicklung nicht doch Fragen nach den Kosten der Energiewende – der Verband der bayerischen Wirtschaft veranschlagt z. B. 335 Mrd. Euro bis 2030 (vbw 2011) – wahlkampfrelevant werden könnten.

Neben der gesellschaftspolitischen Analysestärke der angewandten Politikforschung profitiert die politische Unternehmenskommunikation von ihren Methoden und Ausbildungsinhalten sowie dem damit verbundenen praxisnahen Verständnis des politischen Prozesses. Die Anschlussfähigkeit zur praktischen Politikarbeit in einem Unternehmen ist vor allem dadurch gegeben, dass der Akteur im Mittelpunkt des Analyserahmens steht. Die Ableitung bzw. Rekonstruktion von Intentionen, Positionen und Strategien von Akteuren aus den relevanten institutionellen, medialen und gesellschaftspolitische Konstellationen erlaubt es, die spezifische Rationalität politischer Prozesse zu durchschauen (grundlegend für die Führungsanalyse angewandter Politikforschung z. B. Korte 1998; Glaab 2007). Wesentlich ist auch die Betonung der Bedeutung von politischer Sprache, Begriffen und Symbolen, die politisches Handeln oftmals erst verständlich macht. Typisch für ein solches Symbol in der Erneuerbaren Energien-Politik ist die oben beschriebene politisch angestrebte Deckelung der EEG-Kosten auf 3,5 Cent pro Kilowattstunde, die weder energiewirtschaftlich begründbar noch prognostisch zu halten ist. Aber genau die von der angewandten Politikforschung verlangte „Reziprozität der Perspektive" (Werner Weidenfeld) kann so einen wesentlichen Beitrag auch für die Verständigung zwischen Politik und Wirtschaft leisten. Denn oftmals erscheint politisches Handeln aus wirtschaftlicher Perspektive irrational, was es jedoch nicht ist. Die kühl-analytische, sachliche Berücksichtigung dieser unterschiedlichen Rationalitäten ist gerade für Unternehmen von entscheidender Bedeutung, die auf gesellschaftspolitisch besonders sensiblen Bereichen aktiv sind, wie das für die Energiepolitik sicher gilt.

Für Unternehmen auf derartigen Geschäftsfeldern relevant ist zudem der Blick auf politisch-kulturelle Entwicklungen, wie z. B. dass die „Bewahrung der Schöpfung" schon immer zu einem Kernbestandteil christlicher Politik gehörte (Weidenfeld 2011). Zudem ist gerade in der Energiepolitik der Trend zur Individualität und Autarkie und dem ausgeprägten gesellschaftlichen Misstrauen gegenüber Großorganisationen, zu denen auch große Energieversorger gehören, von entscheidender Bedeutung (z. B. schon Glaab/Korte 1999). Auch das gilt es in der Strategie und der politischen Kommunikation entsprechend aufzunehmen.

3.2 Ein durch angewandte Politikforschung angeleitetes Verständnis unternehmerischer Interessenvertretung

Für die unternehmerische Interessenvertretung bietet die angewandte Politikforschung aber nicht nur Analysevariablen für ihren Gegenstand, sondern hält auch Ansatzpunkte für das Selbstverständnis politischer Unternehmenskommunikation bereit. Zentral werden dabei die Kategorien „Vertrauen" und „Transparenz". Die Lobbyarbeit versteht sich in diesem Sinn als interessengeleitete Politikberatung, die einem aufgeklärten Eigeninteresse folgt. Bei der Definition von politischen Positionen werden Gemeinwohlaspekte mit reflektiert. Ziel ist es, zur Lösung energiepolitischer Herausforderungen einen wesentlichen und konstruktiven Beitrag zu leisten. Dazu gehört grundlegend die Unterstützung der politischen Ziele, wie z. B. den Ausbau Erneuerbarer Energien in Deutschland auf mindestens 35 Prozent im Jahre 2020 oder die Reduktion der Treibhausgasemissionen um mindestens 80 Prozent bis 2050, und die Akzeptanz gesellschaftlich und politisch konsensualer Entscheidungen wie die der Rücknahme der Laufzeitverlängerung.

In diesem Rahmen kann dann die unternehmerische Politikberatung agieren und ihren Mehrwert für den demokratischen Entscheidungsprozess bringen. Der liegt vor allem darin, den politischen Entscheidungsträgern die Auswirkungen ihrer Maßnahmen für die wirtschaftliche Praxis deutlich zu machen. Gleichzeitig – und darin liegt die zentrale Transmissionsriemen-Funktion einer Politikabteilung in der Wirtschaft – kann sie zur Wertsteigerung und -erhalt des Unternehmens beitragen, in dem sie nicht nur Informationen in die Politik trägt, sondern auch als Seismograph politische und gesellschaftspolitische Trends analysiert und diese in das Unternehmen kommuniziert.

Zwischen den genannten Kategorien „Vertrauen" und „Transparenz" in der Beziehung zu den Akteuren könnte zwar einerseits ein gewisses Spannungsverhältnis bestehen, andererseits sind sie aber auch eng aufeinander bezogen. Denn nur wenn der beratene Politiker Vertrauen in die Informationen haben kann, die ihm gegeben werden, wird er wieder auf die Expertise der Unternehmensvertreter zurückgreifen. Vertrauenswürdige Informationen sind aber nur solche, deren Quellen transparent sind. Einseitige Beratung würde nicht lange erfolgreich sein, denn auf dem Markt der Meinungen sind heutzutage prinzipiell alle Perspektiven verfügbar. Deshalb muss sich politische Unternehmenskommunikation fundamental von Marketingmethoden unterscheiden. Deswegen spielt wissenschaftliche Erkenntnis auch eine wesentliche Rolle – unternehmerische Interessenvertretung muss insofern stark evidenzbasiert sein. Die Evidenz ist dabei nicht nur aus der Praxis, sondern auch aus der Wissenschaft zu ziehen.

4 Erfolgsfaktoren wissenschaftlicher Politikberatung am Beispiel der Marktprämie

Diese Anforderung ist schon angesichts der genannten unterschiedlichen Zeithorizonte von politischen Prozess und wissenschaftlicher Erkenntnis sehr schwierig darzustellen. Dennoch gibt es Beispiele für sehr erfolgreiche wissenschaftliche Politikberatung. Welche Erfolgskriterien sind dabei auszumachen? Ein sehr gutes Beispiel dafür ist die Einführung einer „gleitenden Marktprämie" in der EEG-Novelle 2012, die im Folgenden kurz nachvollzogen werden soll.

Schon im Jahr 2005 begann beim Fraunhofer Institut für System und Innovationsforschung ein Forschungsprojekt zur Fortentwicklung des EEG, in dessen Mittelpunkt die Entwicklung eines Marktmodells stand. Mit dem Vorhaben verbunden war auch ein Folgeauftrag, im Gesetzgebungsprozess beratend zur Seite zu stehen. Ragwitz und Sensfuß entwickelten im Endbericht von 2008 das Modell der „gleitenden Marktprämie", das im Gegensatz zur bisherigen festen Vergütung von Ökostrom eine Aufteilung der Erlöse für die Anlagenbetreiber in einen Marktpreis und einen zusätzlichen Bonus vorsieht. In der vorigen EEG-Novelle während des Jahres 2008 konnte sich das Modell aber zunächst nicht durchsetzen. Grund war, dass in der Großen Koalition im Vorwahljahr keine Einigung mehr stattfinden konnte. Die Union hatte sich zwar den Fraunhofer-Vorschlag zu Eigen gemacht, die SPD verfolgte aber den sogenannten Kombi-Kraftwerksbonus als Konkurrenzmodell.

Mit der christlich-liberalen Bundesregierung verbesserten sich die Vorzeichen für die Marktprämie deutlich. Vor allem auch die Arbeitsebene im für das EEG zuständigen Bundesministerium für Umwelt konnte vom Fraunhofer-Modell überzeugt werden. Nicht unerheblich war zudem, dass im Branchenverband der Energie, dem Bundesverband der Energie- und Wasserwirtschaft (BDEW), sich nach der Bundestagswahl 2009 die Meinung durchsetzte, dass früher oder später mit der Einführung der Marktprämie zu rechnen sei. Da dies aber erheblichen Einfluss auf die Energieunternehmen haben würde, entschloss man sich im BDEW auf Fachebene prophylaktisch ein detailliertes Umsetzungsmodell zu erarbeiten. Auf dieses verwies der Verband auch in den Diskussionen immer wieder, so dass der Eindruck entstand, auch die Branche stünde hinter dem Vorschlag.

Politisch machte die Fraunhofer-Prämie aus mehreren Gründen Karriere: Zum einen ist die Begriffsbildung sehr gelungen, kombiniert sie doch mehrere positiv besetzte Assoziationen. Zwar ist „Markt" im Allgemeinen zurzeit nicht en vogue – im Zusammenhang mit Ökostrom jedoch schon, da offensichtlich wird, dass das „planwirtschaftliche" System der fixen Vergütung an seine Grenzen stößt. Das Wort „Prämie" assoziiert eine hohe Wertigkeit. Und, dass es keine „einfache", sondern eine „gleitende" Marktprämie werden sollte, klingt unglaublich dynamisch.

Zum anderen versprach das Marktprämien-Modell, nachdem es noch einmal angepasst wurde, dem politischen Ziel, die EEG-Umlage nicht weiter zu belasten, zumindest nicht allzu sehr zu widersprechen – im Gegensatz zum sogenannten „Grünstromprivileg", das als Vermarktungsmodell im EEG bereits enthalten war, aber erst im Jahr 2011 eine substantielle Wirkung entfaltete. Durch die spezifische Funktionsweise führt das Grünstromprivileg zwar zu einer Reduktion der absoluten Gesamt-EEG-Kosten, jedoch aber zu einer Erhöhung der (relativen, d.h. auf die Kilowattstunde bezogenen) EEG-Umlage. Die Marktprämie hingegen führt zu Mehrkosten im EEG-System, die zwar auch über die Umlage finanziert werden müssen, die aber angesichts der Milliardenbeträge, die dort verteilt werden, von nicht vordergründiger Bedeutung zu seien schien. Dieser Umstand und die politische Fokussierung auf die EEG-Umlage und nicht die EEG-Gesamtkosten wurden von den Protagonisten politisch und öffentlich massiv ausgenutzt, um die missliebige Konkurrenz für das Markprämienmodell zu diskreditieren. Höhepunkt hierfür war der Aufruf „Rettet das EEG", das von einer Allianz verschiedener Wissenschaftler unterzeichnet wurde.[3]

So wurde das Marktprämienmodell letztlich in die EEG-Novelle aufgenommen und von Seiten der Regierung und der Koalition als die entscheidende Innovation hervorgehoben. In der Realität zeigt sich nun, dass zwar einerseits aufgrund der Mehrverdienstmöglichkeiten der Andrang der Anlagenbetreiber auf die Marktprämie enorm ist. Andererseits geht aber damit eine Marktintegration im Sinne einer bedarfsgerechteren Produktion nicht einher, weil den Anlagenbetreibern von den Vermarktern mindestens der Fixvergütungssatz garantiert wird, sodass kein Anreiz für eine Verhaltensänderung besteht. Entsprechend werden auch die Mehrkosten der Prämie doch deutlich höher ausfallen als ursprünglich erwartet. Schätzungen gehen von bis zu 500 Mio. Euro im Jahr aus. Ein solcher Betrag würde sich schon in der EEG-Umlage bemerkbar machen, so dass es nicht verwunderlich ist, dass es bereits jetzt wieder Ansätze zu einer Reform der gerade erst eingeführten Marktprämie gibt.

5 Learnings: Stärken der angewandten Politikforschung stärken

Alles in allem betrachtet, sollte für eine Optimierung der angewandten Politikforschung – im Sinne eines größeren Einflusses auf die Politikgestaltung – nicht die Strategie verfolgt werden, die Schwächen wissenschaftlicher Beratung zu eliminieren. Vor allem die unterschiedlichen Zeitlogiken werden unüberwindbar bleiben. Vielmehr

---

[3] Siehe den „Dringenden Appell zur Rettung des Erneuerbare-Energien- Gesetzes seitens deutscher Energiewissenschaftler" vom 14.12.10, der in zahlreichen Medien aufgegriffen wurde.

sollten die Stärken gestärkt werden. Gerade für die Energiepolitik gilt, dass neue wissenschaftliche Akteure durchaus einen Mehrwert bringen könnten. Der Bedarf „das Undenkbare zu denken" (Hildmann 2011: 97) ist angesichts der enormen Herausforderungen, die mit der Energiewende einhergehen, umso größer geworden.

Als Erfolgsfaktoren für wissenschaftliche Politikberatung in Deutschland lassen sich aus dem Beispiel der Marktprämie folgende Gesichtspunkte destillieren:

- Lange Vorlaufzeiten: Themen müssen perspektivisch gefunden und bearbeitet werden und mit entsprechender Hartnäckigkeit auch verfolgt werden.
- Gestaffelte Netzwerke: Wichtig ist der Zugang zu politischen Entscheidungsträgern auf allen Hierarchiestufen. In konkreten Gesetzgebungsprojekten ist oftmals die Referentenebene von großer Bedeutung: Wer schreibt, der bleibt.
- Marketing: Die Begrifflichkeit und Sprache muss sich in die auf dem jeweiligen Politikfeld positiv besetzten Ziele beziehen. Die Vorschläge müssen gut klingen – und: zumindest in den Grundzügen müssen sie in einem Satz einfach zu erklären sein.
- Koalitionsbildung und „Feindbilder": Von entscheidender Bedeutung ist, eine Koalition von gleichgerichteten Interessen zu bilden. Ein Gegner ist ebenfalls von Vorteil – noch dazu, wenn seine Botschaft deutlich komplizierter ist.

Vieles davon wurde in der angewandten Politikforschung auf zahlreichen Politikfeldern bereits mehrfach praktiziert – gerade auf europäischer Ebene. Bei innerstaatlichen Reformprozessen kommt hinzu, dass sie die Perspektive des Regierungsmanagements und dessen gesellschaftspolitischen Resonanzboden in den Blick nehmen sollte. Die Herausforderung wäre allerdings die Konsequenzen aus der Forschung für die praktische Anwendung z. B. in der politischen Unternehmenskommunikation auf leicht zu handhabende, intuitiv einleuchtende Management-Tools herunterzubrechen (ansatzweise, aber für den praktischen Gebrauch noch zu vielschichtig Fischer/Kießling/Novy 2008), z. B. durch die Schärfung der Stakeholder-Analyse. Für die angewandte Politikforschung bleibt also viel zu tun: inhaltlich und methodisch.

Literatur

Baumann, Florian, 2008: Teure Energie? Die gegenwärtigen Energiepreise und die Debatte um verschiedene Lösungsansätze, C·A·P Aktuell, 2/2008, 1-5.
Baumann, Florian, 2010: Die Energiepolitik der EU. Wie sicher ist die Versorgung in Europa?, Der Bürger im Staat – Themenheft Europa konkret 3/2010, 327-335.
Bayerische Staatsregierung, 2011: Das bayerische Energiekonzept. „Energie innovativ", München.
Bundesregierung, 2010: Energiekonzept für eine umweltschonende, zuverlässige und bezahlbare Energieversorgung – Beschluss des Bundeskabinetts vom 28. September 2010, Berlin.
Fischer, Thomas/Kießling, Andreas/Novy, Leonard (Hrsg.) 2008: Politische Reformprozesse in der Analyse. Untersuchungssystematik und Fallbeispiele, Gütersloh.

Glaab, Manuela, 2007: Strategie und Politik: das Fallbeispiel Deutschland, in: Fischer, Thomas (Hrsg.), Die Strategie der Politik. Ergebnisse einer vergleichenden Studie, Gütersloh, 67-115.
Glaab, Manuela/Kießling, Andreas, 2001: Legitimation und Partizipation, in: Weidenfeld, Werner/Korte, Karl-Rudolf (Hrsg.), Deutschland-Trendbuch, Bonn, 571-611.
Glaab, Manuela/Korte, Karl-Rudolf, 1999: Politische Kultur, in: Weidenfeld, Werner/Korte, Karl-Rudolf (Hrsg.), Handbuch zur deutschen Einheit 1949 - 1989 - 1999, Frankfurt am Main/New York, 642-650.
Hildmann, Philipp W., 2011: Aufgefordert, das Undenkbare zu denken, in: Zeitschrift für Politikberatung, 4 (3), 97-144.
Jenner, Steffen/Chan, Gabriel/Frankenberger, Rolf/Gabel, Mathias, 2012: What Drives States to Support Renewable Energy?, in: The Quarterly Journal of the IAEE's Energy Economics Education Foundation 33 (2), 1-12.
Kästner, Thomas/Kießling, Andreas, 2009: Energie in 60 Minuten. Ein Reiseführer durch die Stromwirtschaft, Wiesbaden.
Kästner, Thomas/Kießling, Andreas/Riemer, Gerrit (Hrsg.) 2011: Energie in 60 Minuten. Ein Reiseführer durch die Gaswirtschaft, Wiesbaden.
Kießling, Andreas, 2004: Die CSU. Machterhalt und Machterneuerung, Wiesbaden.
Korte, Karl-Rudolf, 1998: Deutschlandpolitik in Helmut Kohls Kanzlerschaft. Regierungsstil und Entscheidungen 1982-1989, Stuttgart.
Schlesinger, Michael/Lindenberger, Dietmar/Lutz, Christian, 2010: Studie: Energieszenarien für ein Energiekonzept der Bundesregierung. Projekt 12/10, Basel/Köln/Osnabrück.
Schüttemeyer, Suzanne S. (Hrsg.) 2011: Politik im Klimawandel. Keine Macht für gerechte Lösungen?, Baden-Baden.
Sinn, Hans Werner, 2008: Das grüne Paradoxon. Plädoyer für eine illusionsfreie Klimapolitik, Berlin.
Weidenfeld, Werner/Korte, Karl-Rudolf, 1991: Die Deutschen. Profil einer Nation, Stuttgart.
Weimann, Joachim, 2009: Die Klimapolitik-Katastrophe. Deutschland im Dunkel der Energiesparlampe, Marburg.

Internetquellen:

Arbeitsgemeinschaft Energiebilanzen: Bruttostromerzeugung in Deutschland von 1990 bis 2010 nach Energieträgern, http://www.ag-energiebilanzen.de/viewpage.php?idpage=65 (Stand: 20.12.11).
Berchem, Andreas 2006: Das unterschätzte Gesetz, http://www.zeit.de/online/2006/39/EEG/komplettansicht (Stand: 20.12.11).
Energie.de: Wählervotum: Wahlen: Grüne profitieren stark von Atom-Debatte, http://www.energie.de/news/politik/wahlen-gruene-profitieren-stark-von-atom-debatte_30173.html (Stand: 21.12.11).
Spiegel Online, http://www.spiegel.de/politik/deutschland/0,1518,764960,00.html (Stand: 20.12.11).
Weidenfeld, Werner: Der Union fehlt eine programmatische Ausstrahlung, http://www.dradio.de/dlf/sendungen/interview_dlf/1441296/ (Stand: 21.12.11).

Peter Frey

Medien und Politik – Arbeiten an der Schnittstelle[1]

1 Die vierte und die fünfte Gewalt

Sie gehören zum Klischee-Personal der Berliner „Republik der Wichtigtuer" (Tissy Bruns). Im Café Einstein bevölkern sie die Tische und tänzeln auf den wichtigen Partys. Im Zentrum der „nervösen Zone" (Lutz Hachmeister) nippen sie am Champagner und knabbern an Häppchen, immer ganz nah an den Mächtigen. Sie schwelgen im „Höhenrausch" (Jürgen Leinemann), flüstern hier etwas ein, schnappen dort etwas auf. Die Berliner Medien- und Politprominenz ist ein beliebtes Sujet der Polemik – und der Hauptstadtjournalist und der Spin-Doktor sind immer mitten drin.

Selbstverständlich wird jeder, der den Berliner Betrieb kennt, sagen, dass die Praxis wesentlich weniger glamourös ist. Politik ist eben noch immer das Bohren dicker Bretter. Wichtige Entscheidungen fallen häufiger in Sitzungszimmern als am Partytisch und der tatsächliche Einfluss und Informationsstand von Journalisten und Politikberatern bemisst sich nicht daran, wie viele Nächte sie mit wichtigen Entscheidungsträgern durchzechen.

Man könnte das negative Bild von denjenigen, die die Politik umgeben, einfach auf tradierte Bilder zurückführen. So sagte Max Weber in seiner Rede „Politik als Beruf" schon 1919, der Journalist gehöre in den Augen der Öffentlichkeit „zu einer Art von Pariakaste, die in der Gesellschaft stets nach ihren ethisch tiefststehenden Repräsentanten sozial eingeschätzt wird. Die seltsamsten Vorstellungen über die Journalisten und ihre Arbeit sind daher landläufig" (Weber 1988: 525). Auch Berater kämpfen mit dem Ruf des „Einflüsterers" und dem Urbild einer machiavellistischen Skrupellosigkeit.

Doch entstehen solche Klischees auch nicht ohne Grund. Journalismus und Politikberatung stehen unter Beobachtung, weil sich ihre Rolle verändert hat. So sprechen manche von einer „Vierten Gewalt" des Journalismus und einer „Fünften Gewalt" des Lobbyismus (Leif/Speth 2003). Wissenschaftliche Politikberater und Journalisten sind nah dran an den wichtigen Entscheidungen. Ihre Rollen ähneln sich, denn beide arbeiten an Schnittstellen. Die Journalisten stehen dabei zwischen den Politikern und den Wählern. Sie vermitteln Entscheidungen aus dem politischen Raum in die Gesellschaft hinein und gesellschaftliche Stimmungslagen in die Politik zurück. Wissenschaftliche Politikberater sind das Bindeglied zwischen der Welt des Fachwissens und der der

---

[1] Der Text ist unter Mitarbeit von Sophie Burkhardt entstanden.

Politik. Sie machen theoretisches Wissen anwendbar. Dazu kommt die Interaktion zwischen den beiden Bereichen. Politikberatung richtet sich auch an die Medien als Zielgruppe und die Medien sind auf wissenschaftliche Expertise angewiesen. So entsteht ein dichtes Netz aus Politikern, Beratern und Journalisten.

Dieses Netz ist nicht per se eine Fehlentwicklung, wie es manche darstellen. Es hat seine Vorteile in einem System mit komplexen Rahmenbedingungen, wenn Journalisten und Berater ihre Ziele klar definieren und die ethischen Herausforderungen reflektieren.

2 Rahmenbedingungen

Das, was so plakativ unter dem Begriff „Berliner Republik" beschrieben wird, ist im Wesentlichen ein Zusammenwirken von drei Entwicklungen: (1) Politische Entscheidungsfindung wird zunehmend komplexer; (2) Der politische Betrieb beschleunigt sich; (3) Das Kräfteverhältnis im Bezugssystem Politik, Berater, Öffentlichkeit verschiebt sich.

„Die Notwendigkeit zu entscheiden reicht weiter als die Fähigkeit zu erkennen", dieser Satz von Immanuel Kant trifft heute mehr zu denn je. Denn die moderne Gesellschaft ist eine „Entscheidungsgesellschaft" (Schimank 2005). Die Zahl der zu treffenden Entscheidungen nimmt ständig zu. Das betrifft auch die Politik, die zusätzlich die wachsende Komplexität von Entscheidungen bewältigen muss. Ein gutes Beispiel dafür ist die Euro- und Finanzkrise. Es handelt sich dabei nicht nur um eine inhaltlich komplexe Materie, bei der politische und wirtschaftliche Dimensionen ineinander greifen. Die Probleme spielen sich gleichzeitig auf mehreren Organisationsebenen – von der Bundesrepublik über die Europäische Union bis zum IWF ab. Sämtliche Fragen haben eine nationale und eine internationale Dimension mit verschiedenen Logiken. Doch die Wirtschafts- und Währungspolitik ist kein außergewöhnlich komplexer Sonderfall. Ähnliche Konstellationen ergeben sich zum Beispiel in der Energiepolitik, beim Klimaschutz oder in der Migrationspolitik. Peter Strohschneider, Vorsitzender des Wissenschaftsrats von 2006 bis 2011, beschreibt die Situation so: „In wachsendem Maße ist Politik angewiesen auf wissenschaftliches Wissen über zunehmend komplexe, oft globale Zusammenhänge in Zeithorizonten, welche immer weiter in die Zukunft expandieren. Dies eröffnet der Wissenschaft Freiräume und im Verbund mit den Massenmedien ungekannte Erfolgsaussichten" (Strohschneider 2011).

Die moderne Gesellschaft ist aber auch eine „beschleunigte Gesellschaft" (Glotz 2001). Eine wichtige Ursache – wenn auch durchaus nicht die einzige – ist die Beschleunigung, die mit der Digitalisierung einhergeht. Nachrichten werden in Zeiten von Online-Medien und Sozialen Netzwerken einfach schneller übermittelt. Der Druck der ständigen Erreichbarkeit und Reaktionsfähigkeit nimmt zu. Diese Beschleunigung wirkt sich auch ganz entschieden auf den Politikbetrieb aus. Politiker müssen immer mehr Informationen verarbeiten, schnell auf Anfragen reagieren. Gleichzeitig ist ihnen auch bewusst, wie rasch sich Stimmungen drehen können. Der Blick in die Bundestagsreihen zeigt die Politiker als Info-Junkies, immer das iPad vor sich, immer den Ticker und die Mails im Blick. Wer zu langsam ist, verliert.

Hinzu kommen beschleunigte gesellschaftliche Dynamiken. Werte wandeln sich, tradierte gesellschaftliche Muster brechen auf. Auch mit diesen Entwicklungen muss die Politik Schritt halten, etwa wenn nach der AKW-Katastrophe von Fukushima der Rückhalt für Atomenergie so völlig sinkt, dass ein kompletter Politikwechsel nötig wird.

In diesen inhaltlichen und zeitlichen Strukturen agieren nun die Akteure aus Politik, Beratung und Journalismus. Dabei hat sich dieses Bezugsgeflecht in den vergangenen Jahren tiefgreifend verändert. Auch wenn diese Veränderungen zum Teil mit dem Umzug von Bonn nach Berlin Hand in Hand gegangen sind, kann man den Tapetenwechsel nicht allein für die neuen Strukturen verantwortlich machen – so plausibel es auch klingen mag, die neuen Machtverhältnisse mit dem Wechsel von der Provinz in die Metropole in Bezug zu bringen. Die Wurzel der Veränderungen sind auch die neuen Strukturen. Lange Zeit war die deutsche Politik von Großorganisationen wie Parteien, Gewerkschaften und Kirchen geprägt. Sie hatten Einfluss auf die Agenda der Politik und brachten ihre Expertise zu verschiedenen Themen ein. Auch in der Kommunikation zwischen Politik und Bürgern vermittelten solche Organisationen. Nun verlieren die Großorganisationen in den vergangenen Jahrzehnten kontinuierlich Mitglieder. Es kommt zu einer „Autonomisierung des politisch-administrativen Systems gegenüber Verbänden und Interessengruppen" (Speth 2010). Berater bekommen dadurch eine andere Bedeutung bei der Vorbereitung von Entscheidungen. Ein Zeichen dafür sind die Kommissionen, die seit der Jahrtausendwende verstärkt eingesetzt werden. Aber auch die Medien wandeln ihre Rolle. Unterstützung von und Legitimation für politische Entscheidungen wird über die Massenmedien organisiert. Auch bei der Themensetzung sind die Medien zentral (Speth 2010).

3 Aufgaben für Politikberatung und Journalismus

Die Bedeutung derer, die an den Schnittstellen arbeiten, steigt. Doch mit der gestärkten Position sind auch Gefahren der Grenzüberschreitung verbunden. Dann setzt eben jener vielgescholtene Höhenrausch ein und Berater und Journalisten machen sich anfällig für Kritik.

Im Gegensatz zu den Gewalten Exekutive, Legislative und Judikative sind die Aufgaben und Kompetenzen der sogenannten vierten und der fünften Gewalt eben nicht klar definiert. Gerade deshalb lohnt der Blick auf die Kompetenzbereiche der staatlichen Gewalten. Denn so lässt sich ableiten, was nicht zu den Aufgaben von Journalisten und Beratern gehört. Sie entscheiden nicht, das tut die Legislative. Sie führen die Gesetze nicht aus, denn das tut die Exekutive und sie sprechen auch kein Recht, das ist die Aufgabe der Judikative.

So einfach diese Abgrenzung auf den ersten Blick klingt, so verschwommen sind die Grenzen häufig in der Praxis. Wenn sich Journalisten „in die Pose der eigentlichen Vertreter des Volkes" (Gaschke 2009) werfen, die bestmögliche Entscheidung genau kennen und Bewertungen mit Vorverurteilungen verwechseln, dann kommen sie eben nicht mehr ihrer Aufgabe nach. Die Journalisten sind nicht gewählt und so ist es auch nicht an ihnen, Entscheidungen zu treffen – und seien sie noch so kompetent und gut informiert. In einer Demokratie sind es immer noch die Wähler und die von ihnen gewählten Vertreter, die entscheiden, wer an der Macht ist und wer nicht. Oder wie es der Journalist Heribert Prantl Anfang 2012 ausdrückte, als die Bundesrepublik heftig über die Notwendigkeit eines Rücktritts des damaligen Bundespräsidenten Christian Wulff diskutierte: „Ein Rücktritt ist nicht die den Medien zustehende Bestätigung und Belohnung für die Aufdeckung einer Affäre. Und das Ausbleiben des heftig geforderten Rücktritts ist nicht etwa ein Angriff auf die Pressefreiheit" (Prantl 2012).

Dabei ist die Aufgabe der Journalisten in dieser Hinsicht noch weniger komplex als die der Politikberater. Denn hier ist die Grenze zwischen Beratung und Entscheidung noch fließender. Wissenschaftliche Berater bereiten mit ihrer Expertise Entscheidungen vor. Ihre Ergebnisse bilden die Grundlage für Entscheidungen und zum Teil werden sie sogar von Politikern zur Begründung herangezogen. Auch Gerichte ziehen wissenschaftliche Gutachter heran, um ihre Entscheidungen mit Wissen zu unterfüttern. Doch ist die Grenze klar: Die Wissenschaft entscheidet nicht, oder wie es der damalige Bundespräsident Johannes Rau einmal gegenüber dem Wissenschaftsrat formuliert hat: „Die Politik – nicht die Wissenschaft – muss entscheiden, was richtig und was falsch ist, was verantwortbar und was unverantwortlich ist" (Rau 2004).

Doch wenn Journalisten und Berater die Grenzen ihrer Kompetenzen kennen, können sie zum Funktionieren der demokratischen Ordnung beitragen. Dabei sind ihre Grundaufgaben gar nicht so unterschiedlich. Es geht um Verständigung zwischen den Sphären mit dem Ziel, Verständlichkeit herzustellen.

Information ist eine harte Währung im komplexen politischen Betrieb. Gerade unter den Bedingungen großer Entscheidungsgeschwindigkeit geht es auch für die Entscheider darum, sich möglichst schnell über aktuelle Positionen und Ereignisse zu informieren. Journalisten müssen per se schnell sein und sie sind geübt darin, komplexe Sachverhalte in kurze Formen zusammenzufassen. So erleichtern sie den Weg durch die Komplexität. Doch geht es ja nicht nur um die Kommunikation innerhalb der politischen Sphäre.

Öffentlichkeit als politische Forderung ist eine Errungenschaft der Aufklärung. Sie gilt als Ziel der politischen Kommunikation (Schulz 2011: 114). Die Kommunikation verläuft dabei in beide Richtungen: Bürger tragen ihre Forderungen an die Politik heran, die Politik vermittelt ihre Entscheidungen an die Bürger. In modernen Massengesellschaften kommt dabei den Massenmedien eine zentrale Funktion zu. Ein guter Journalist erforscht den fremden Kontinent des politischen Betriebs. Er versucht, Politik verstehbar zu machen, zu erklären und damit die Basis zu schaffen für gut informierte

Wahlentscheidungen. Journalisten haben das Privileg an Stelle der Bürger die Fragen an die Politik zu stellen, die diese selbst gern stellen würden.

Andererseits stellen sie aber auch die Perspektive der Bürger zu wichtigen politischen Themen dar. Sie gehen bei ihren Recherchen dahin, wo sich die Auswirkungen politischer Entscheidungen zeigen. Sie sprechen mit Betroffenen, gehen Hinweisen nach Missständen nach und eruieren Forderungen. Diese vermitteln sie an die Politik zurück.

Ein wichtiges Kriterium ist dabei die Verständlichkeit. Der Journalist muss die Sprache der Politik und die des Alltags sprechen. Er muss komplexe politische Entscheidungen und unterschiedliche Positionen verständlich machen. Im journalistischen Jargon gibt es dabei den Begriff des „Herunterbrechens". Konkret bedeutet das, eine komplexe politische Aussage wird erklärt, in einfachere Worte gefasst, auf konkrete Situationen bezogen – und das, ohne sie über Gebühr zu vereinfachen.

Die Rolle der wissenschaftlichen Politikberatung und hier im Besonderen der angewandten Politikforschung weist dazu viele Parallelen auf. Allerdings spielt sich die Vermittlung in der Beratung zwischen anderen Sphären ab. Der moderne Rechtsstaat beansprucht für sich, rational zu handeln (Voßkuhle 2008). Im Idealfall soll wissenschaftliche Politikberatung gewählten Politikern ermöglichen, rational zu handeln und zu entscheiden. Dazu braucht die Politik Wissen. Wissenschaftliche Politberatung wird deshalb von vielen Stellen nachgefragt, von politischen Parteien, der Legislative – zum Beispiel durch Enquete-Kommissionen oder Expertenanhörungen des Bundestags – oder von der Exekutive in Bund und Ländern (Hustedt/Veit/Fleischer 2010).

Die Problematik besteht hier darin, dass der reiche Schatz an politischer Expertise im politischen Alltag häufig nicht zugänglich ist. Der wissenschaftliche Berater muss komplizierte, in einem eigenen Sprachduktus verfasste Expertentexte für den politischen Alltag brauchbar machen. Dabei muss der wissenschaftliche Politikberater vorhandenes Wissen so aufbereiten, dass es für die Politik schnell verfügbar ist. Auch hierbei geht es also um Verständlichkeit, um das „Herunterbrechen" wenn auch mit einer anderen Zielgruppe.

Politikberatung spielt sich aber nicht nur zwischen Experten und Politikern ab. Auch bei der Ermittlung und Vermittlung von Auswirkungen politischer Entscheidungen in die Politik kommt der wissenschaftlichen Politikberatung eine Schlüsselrolle zu. Dabei kann sie aufgrund der ihr zur Verfügung stehenden Methoden sehr viel präzisere Aussagen machen als der Journalismus. Wissenschaftler können in ihren Studien Folgen abschätzen, Stimmungen mit demoskopischen Instrumenten genau messen. Auf diese Form von Expertise greift dann wiederum der Journalismus zurück, macht sie zur Grundlage der eigenen Berichterstattung. So entsteht ein komplexes System aus Information, Expertise und Analyse, das den politischen Prozess am Laufen hält und im besten Falle auch korrigiert.

4 Herausforderungen

„Dem sanften Versuch der Bestechung durch Nähe kann kein Korrespondent aus dem Weg gehen", so beschreibt die Journalistin Tissy Bruns das Verhältnis von Hauptstadtjournalisten und Spitzenpolitikern (Bruns 2007: 41) und umschreibt damit eines der Grundprobleme der Schnittstellenarbeiter. Wer Vermittler sein will, der muss zu allen Parteien die gleiche Distanz halten.

Journalisten und Wissenschaftler leben nach dem Credo der Unabhängigkeit. Unabhängige Berichterstattung und unabhängige Forschung sind die Grundlagen der täglichen Arbeit. Doch lässt sich nicht leugnen, dass es gerade im Umfeld der Spitzenpolitik ein Nähe-Distanz-Problem gibt.

Die Grenzen sind im Alltagsgeschäft häufig gar nicht leicht zu ziehen. „Nah dran sein" ist gerade im Journalismus auch ein Ziel. Gute Kontakte sind im Hauptstadtjournalismus unabdingbar. In der beschleunigten Medienwelt steigt das Bedürfnis nach Exklusivität und für exklusive Informationen sind Kontakte nötig. Das wichtigste Zahlungsmittel in Berlin heißt Vertrauen. Ohne Vertrauen erfährt man nichts. Vertrauen muss man sich erwerben. Es setzt aber eine gewisse Nähe voraus. Oder sie entsteht, weil Vertrauen funktioniert hat. Und natürlich entwickeln Journalisten Sympathien – und das Gegenteil, übrigens nicht notwendigerweise entlang von persönlichen politischen Vorlieben.

Doch bei all dem muss immer klar bleiben, wo Journalisten ihre Loyalitäten haben; nämlich bei ihren Lesern, Hörern und Zuschauern. Sonst steigt die Gefahr der Instrumentalisierung. Was Journalisten als exklusive Information verkauft wird, ist eben oft auch ein Mittel zum Zweck. Politiker erzählen das, was sie erzählen, ja nicht aus purer Sympathie, sondern weil sie Interesse daran haben, dass bestimmte Informationen die Öffentlichkeit erreichen. Wenn Journalisten Informationen aus den berüchtigten „Kreisen" weiterverbreiten, dann müssen sie sich auch immer bewusst sein, dass sie sich zum Instrument bestimmter Kräfte machen. Hier gilt es abzuwägen, ob die Informationen an sich relevant und interessant sind oder ob nur zum allgemeinen Gebrodel neue Ingredienzien hinzugefügt werden.

Politiker wissen auch nur zu genau, dass die Medien ihr Weg zur öffentlichen Darstellung sind. Das hat sich auch im Zeitalter der direkten Internetkommunikation noch nicht grundlegend geändert. Zum politischen Campaigning gehören eben auch Strategien, die sich gezielt an die Medien richten. Politiker sind ziemlich geübt darin, Sympathien der Medienleute zu gewinnen. In gewisser Weise müssen sie nur von sich auf andere schließen. Denn, so schreibt die Fotografin und Dokumentarfilmerin Herlinde Koelbl, die den Berliner Politikbetrieb schon lange genau beobachtet: „Eitelkeit ist sicherlich eine Eigenschaft, die Politiker und Journalisten verbindet" (Koelbl 2001: 5). Journalisten müssen sich deshalb immer vor Augen halten: Die Erklärung ist wichtiger als derjenige, der sie gibt.

Die Eitelkeitsfalle schnappt auch bei so manchem politischen Berater zu. Die Nähe zu den Entscheidern gibt der eigenen Person mehr Gewicht. Aus der doch relativ auf sich selbst bezogenen, akademischen Sphäre in die Zone der politischen Macht zu gelangen, bringt Prestige und nicht nur das: „Öffentliche, zumal massenmedial gesteigerte Sichtbarkeit, wie Nähe zur Politik sie mit sich bringt, dürfte [...] nicht zuletzt deswegen verlockend sein, weil sich solche Prominenz wiederum als Waffe in innerwissenschaftlichen Verteilungskämpfen benützen lässt" (Strohschneider 2011). Doch ist ähnlich wie beim Journalisten auch beim wissenschaftlichen Berater schnell die Linie überschritten. Ein zuviel an Nähe führt dann dazu, dass die eigene Aufgabe nicht mehr richtig wahrgenommen werden kann. Denn auch wenn die offizielle Begründung für den Einsatz von politischen Beratern die gewünschte größere Rationalität politischer Entscheidungen ist, kann der tatsächliche Grund häufig ein ganz anderer sein: „Manchmal wird inoffiziell die politische Absicherung bzw. nachträgliche Rechtfertigung schon feststehender Entscheidungen gesucht, Zeit soll gewonnen oder der Eindruck erzeugt werden, man befasse sich ernsthaft mit einem Problem" (Mayntz 2009: 11). Ein solcher Fokus auf die „politische Brauchbarkeit" wissenschaftlicher Forschung steht im diametralen Gegensatz zum Weberschen Grundsatz von der Wertfreiheit von Wissenschaft.

Bei allem scheinbaren Gewinn, den die große Nähe zur Politik den Journalisten und Wissenschaftlern bringt, haben diese auch ein Eigeninteresse an Distanz. Denn ihr Kapital ist Glaubwürdigkeit.

Wie sehr der Eindruck zu großer Nähe zwischen Politik und Medien die Glaubwürdigkeit beschädigen kann, hat die Affäre um Bundespräsident Christian Wulff zum Jahreswechsel 2011/12 gezeigt. Die wütende Nachricht des Bundespräsidenten auf der Mailbox des Bild-Chefredakteurs hat nicht nur dem Staatsoberhaupt in der öffentlichen Wahrnehmung geschadet. Auch die Medien sind durch die Affäre in die Krise geraten. Wie viel Nähe zwischen Politikern und Medien ist üblich? Wie stark versuchen Medien Politik zu machen? Welche Interessen verfolgen Journalisten bei ihrer Berichterstattung über Politiker? Diese Fragen beschäftigten die deutsche Öffentlichkeit.

Journalisten haben keine tadellose Reputation. Der Verdacht des Verlautbarungsjournalismus, der Kungelei mit den Mächtigen, der Eitelkeit und Selbstgerechtigkeit steht häufig im Raum, ohne dass sich der Einzelne etwas zu Schulden hätte kommen lassen. Es geht also häufig nicht darum, seinen guten Ruf nicht zu verspielen, sondern darum, Vertrauen erst einmal aufzubauen. Glaubwürdigkeit ist aber auch ein wichtiges Pfund bei jeder Recherche. Es hilft keinem Journalisten, wenn er in Berlin als zu stark politisch gefärbt gilt. Recherche muss in alle Richtungen möglich sein. Nur wer nach rechts und links austeilt, wird von allen geachtet.

Ganz ähnlich sieht übrigens die Situation für beratende Wissenschaftler aus. Auch ihnen schadet zu große Nähe. Es hilft nichts, sich der herrschenden politischen Meinung anzupassen. Politische Verhältnisse ändern sich, Regierungen wechseln. Experten mit zu großer politischer Bindung sind vielleicht nur für eine Legislatur gefragt. Sehr viel schwerer wiegt aber wohl die Beschädigung der wissenschaftlichen Reputation. Dies betrifft die wissenschaftliche Gemeinschaft selbst, in der der „Auftragsforscher" schnell an Prestige verliert. Die Medien haben übrigens häufig nicht geringen Anteil an einer solchen Entwicklung. Denn so wichtig mediale Aufmerksamkeit für Wissenschaftler sein kann, sie wird eben nicht von jedem Kollegen goutiert. Schaden nehmen kann aber auch ganz allgemein das Ansehen der Wissenschaft. Nämlich dann, wenn der Eindruck entsteht, zu jedem Experten könne ganz einfach ein „Gegen-Experte" gefunden werden. Auch wenn einige von der „Demokratisierung der Expertise" sprechen, kann da leicht der Verdacht der Instrumentalisierung der Wissenschaft entstehen (Hustedt/Veit/Fleischer 2010). Hinzu kommt das sogenannten „Experten-Dilemma", das in der Öffentlichkeit entsteht. Es ist dieses diffuse Gefühl, dass doch eigentlich auch die Experten nicht genau Bescheid wissen, nur kluge Reden schwingen und sich doch irren. Diese Erfahrung haben im Rahmen der Finanz- und Wirtschaftskrise vor allem Politik beratende Wirtschaftswissenschaftler gemacht.

5 Die Kontrolle der Kontrolleure

Politische Journalisten und wissenschaftliche Politikberater arbeiten im gleichen Kosmos. Ihre Wege kreuzen sich, und das nicht nur an den vielbeschriebenen Häppchen-Buffets des politischen Berlins. Sie brauchen sich auch gegenseitig. Journalisten verlassen sich auf Expertenmeinungen, ihre schnellen Einschätzungen können sie häufig auch nur deshalb abgeben, weil sie wissen, wo sie ausgeruhte Expertise finden. Die wissenschaftlichen Berater brauchen hingegen für ihre Arbeit die Publizität. Sie wenden sich mit ihren Vorschlägen auch an eine interessierte Öffentlichkeit.

Trotz dieser Interaktionen gibt es noch genug Abstand zwischen den beiden Gruppen und davon kann das gesamte System Politik-Medien-Berater profitieren. Denn der Abstand ermöglicht die gegenseitige Kontrolle. Journalisten und Berater beobachten sich. Die Berater verfolgen die Berichterstattung der Medien, die Medienvertreter haben einen genauen Blick auf die Arbeit der Berater. So können sie angesichts des dauernden Nähe-Distanz-Dilemmas des Berliner Betriebes für sich gegenseitig ein wichtiges Korrektiv sein. Die Wissenschaft wertet die journalistische Berichterstattung in Studien und Berichten aus, sie kann aber auch gegenüber der Politik Gegenpositionen vertreten, korrigieren, wenn Journalisten in ihrer Berichterstattung über das Ziel hinausgeschossen sind.

Umgekehrt haben Journalisten einen genauen Blick darauf, wer die Politiker umgibt, wer versucht Einfluss zu nehmen. Sie können eine effektive Lobby-Kontrolle sein. Gegenüber der Öffentlichkeit sorgen Journalisten für die nötige Transparenz. Dazu gehört auch, dass sie deutlich machen, welche Interessen hinter welchen Beratern stehen.

Doch Journalisten und Berater können in noch ganz anderer Weise voneinander profitieren. In ihrem Buch „Die Meinungsmacher" zeichnen die Autoren Leif Kramp und Stephan Weichert (2010) ein ziemlich düsteres Bild des „verwahrlosten Hauptstadtjournalismus". Doch es ist dort nicht nur von Austern und Alphajournalisten die Rede, sondern es gibt am Ende zehn Thesen zum Hauptstadtjournalismus, mit denen die Auseinandersetzung lohnt. Eine von ihnen lautet: „Ohne Rückzugsräume wird Selbstkorrektur in den Redaktionen ein Fremdwort bleiben – und das ist schlecht". Solche Rückzugsräume kann man auch in einem größeren Rahmen sehen. Dort könnte das politische Geschehen reflektiert werden, aber auch so manches Reflexhafte im politischen Betrieb. Es dürfte dann nicht allein um das Aufbauen der vielbeschworenen Netzwerke gehen, sondern darum, auch einmal auf diese Netzwerke zu schauen und darauf, wann sie funktionieren und wann nicht. Solche gemeinsamen Räume zu finden und zu füllen, wäre eine lohnende gemeinsame Aufgabe für Journalisten und wissenschaftliche Berater.

Literatur

Bruns, Tissy, 2007: Republik der Wichtigtuer. Ein Bericht aus Berlin, Freiburg.
Gaschke, Susanne, 2009: Das Volk sind wir, in: Die Zeit, 24.09.2009.
Glotz, Peter, 2001: Die beschleunigte Gesellschaft. Kulturkämpfe im digitalen Kapitalismus, Berlin.
Hachmeister, Lutz, 2007: Nervöse Zone. Politik und Journalismus in der Berliner Republik, München.
Hustedt, Thurid/Veit, Sylvia/Fleischer, Julia, 2010: Wissen ist Macht? Wissenschaftliche Politikberatung der Bundesregierung, in: Aus Politik und Zeitgeschichte, Heft 19, 15-21.
Kramp, Leif/Weichert, Stephan, 2010: Die Meinungsmacher. Über die Verwahrlosung des Hauptstadtjournalismus, Hamburg.
Koelbl, Herlinde, 2001: Die Meute. Macht und Ohnmacht der Medien, München.
Leinemann, Jürgen, 2006: Höhenrausch. Die wirklichkeitsleere Welt der Politiker, München.
Leif, Thomas/Speth, Rudolf (Hrsg.) 2003: Die stille Macht. Lobbyismus in Deutschland, Wiesbaden.
Mayntz, Renate, 2009: Speaking Truth to Power: Leitlinien für die Regelungen wissenschaftlicher Politikberatung, in: der moderne Staat – Zeitschrift für Public Policy, Recht und Management 1, 5-16.
Prantl, Heribert, 2012: Verteidigung des Wulffs gegen die Lämmer, in: Süddeutsche Zeitung, 09.01.2012, 4.
Schimank, Uwe, 2005: Die Entscheidungsgesellschaft. Komplexität und Rationalität der Moderne, Wiesbaden.
Schulz, Winfried, 2011: Politische Kommunikation: Theoretische Ansätze und Ergebnisse empirischer Forschung, Wiesbaden.
Speth, Rudolf, 2010: Das Bezugssystem Politik – Lobby – Öffentlichkeit, in: Aus Politik und Zeitgeschichte, Heft 19, 9-15.
Strohschneider, Peter, 2011: Zur Grenze zwischen Politik und Wissenschaft, in: Frankfurter Allgemeine Zeitung, 17.03.2011.
Voßkuhle, Andreas, 2008: Das Konzept des rationalen Staats, in: Schuppert, Gunnar Folke/Voßkuhle, Andreas (Hrsg.), Governance von und durch Wissen, Baden-Baden, 13-32.
Weber, Max, 1988: Politik als Beruf, in ders: Gesammelte Aufsätze, Tübingen, 505-560.

Internetquellen

Rau, Johannes (2004): Tischrede beim Abendessen für den Wissenschaftsrat. http://www.bundespraesident.de/SharedDocs/Reden/DE/Johannes-Rau/Reden/2004/01/20040129_Rede2.html (Stand: 01.04.12).

Michael Garthe

Medien und Politik – Die Zeitung

1   Zeitung im multimedialen Zeitalter

In der multimedialen Welt zu Beginn des 21. Jahrhunderts ist die Zeitung zwar der Oldtimer und dennoch ein Bestseller. In Deutschland werden täglich über 23 Millionen Zeitungen verkauft und von fast 51 Millionen Menschen gelesen. In keinem anderen Land Europas spielt die Gattung der regionalen Abonnementszeitung eine so große Rolle wie hier.

Am Beispiel der in Ludwigshafen am Rhein herausgegebenen und in der ganzen Pfalz verkauften „Rheinpfalz" lässt sich die Reichweite regionaler Tageszeitungen dokumentieren: Mit einer verkauften Auflage von 240.630 Exemplaren ist die „Rheinpfalz" die siebtgrößte Regionalzeitung in Deutschland. Im Jahr 2011 erreichte sie Tag für Tag knapp 700.000 Menschen. Das ist mehr als die Hälfte aller im Verbreitungsgebiet der „Rheinpfalz" lebenden Menschen. Damit rangiert sie in der Reichweitenstatistik weit vor den Sendern der öffentlich-rechtlichen und der privaten Fernseh- und Rundfunkanbieter. Selbst bei den Menschen unter 30 Jahren ist sie das Medium mit der höchsten Frequenz.

Das Medium Zeitung wurde schon oft totgesagt. Tatsächlich sinkt auch in Deutschland die Anzahl der unabhängigen Zeitungstitel und deren Auflage. Im Internet-Zeitalter hat sich dieser Prozess beschleunigt. Dennoch behauptet die Zeitung noch ihren führenden Platz unter den Medien. Der „Rheinpfalz" gelingt das in ihrer Gattung am besten. Laut der IVW-Statistik für 2011 haben sämtliche 58 deutschen Regionalzeitungen mit einer verkauften Auflage von über 100.000 Exemplaren Käufer gegenüber dem Vorjahr verloren. Aber: „Kein einziger Titel gewann etwas hinzu, das geringste Minus erreichten „Rheinpfalz" und „Straubinger Tagblatt/Landshuter Zeitung" mit jeweils 0,7 Prozent" (Media Topstory, 23.01.2012, http://meedia.de).

Die gedruckte Zeitung kann und wird auch im Internet-Zeitalter überleben und ein einträgliches Geschäft sein. Ihre spezifischen Vorteile werden von anderen Medien nicht erreicht:

Die regionale Zeitung ist das kompletteste Medium. Sie bietet aus allen Lebensbereichen das Bedeutsamste: Politik, Wirtschaft, Kultur, Sport, Zeitgeschehen, Unterhaltung; und das jeweils lokal, regional, national, europäisch, weltweit und in allen journalistischen Stilformen: Nachricht, Hintergrund, Interview, Kommentar und Rezension, Reportage, Feature und Service. Das alles wird ergänzt um Werbung, also produktorientierte Information.

Fernsehen und Radio sind, wenn man sie nicht rund um die Uhr nutzt, Medien des Ausschnitts und der Momentaufnahme. Das Internet ist ein Suchmedium. Nur regionale Zeitungen verschaffen den umfassenden Überblick. Sie stiften Kommunikation unter Nachbarn, zwischen Lesern und gesellschaftlichen Akteuren, am Arbeitsplatz, in der Schule und in der Freizeit.

2 Zeitungsqualität

Regionale Tageszeitungen werden vor allem, oft zu über 90 Prozent, im Abonnement verkauft und viel weniger im Einzelverkauf. Deshalb ist für ihren Erfolg die Zuverlässigkeit ihrer Verteilung so wichtig. Und die Produktqualität ist ausschlaggebend dafür, ob Leser sich für den Abo-Bezug entscheiden oder nur für den sporadischen Einzelkauf.

Die sinkende Auflage der Zeitungen ist nicht nur eine Folge des immer härter werdenden Wettbewerbs unter immer mehr Mediengattungen und eines daraus folgenden veränderten Verhaltens in der Mediennutzung. Sie ist auch ein Ergebnis nachlassender Produktqualität von Zeitungen. Die meisten Zeitungsverlage sind selbst multimedial aktiv. Konzentrierten sie sich früher auf Herstellung und Vertrieb von gedruckten Medien, sind sie heute Anbieter von Rundfunk-, teilweise auch von Fernsehprogrammen. Sie sind Akteure im Internet und in den sozialen Netzwerken. Die Redakteure dieser Verlage produzieren häufig für unterschiedliche Medien in Wort, Bild und Bewegtbild. Galt früher in allen Medienhäusern das Prinzip „Print first", so ist dies fast überall durch „Online first" verdrängt worden. Doch das multimedial verbreiterte Angebot und die veränderte Priorität führen zu einer Verflachung der Inhalte.

Für Zeitungsqualität sind im wesentlichen fünf Kriterien ausschlaggebend, denen die Inhalte gerecht werden müssen: Bedeutsamkeit, Richtigkeit, Verständlichkeit, Aktualität und Attraktivität. Nur mit gutem journalistischen Handwerk sind diese Kriterien zu erfüllen. Der crossmedial arbeitende Journalist kann diesen Maßstäben nicht hinreichend gerecht werden. Die Newsdesks, die mittlerweile in den Redaktionen fast aller Verlagshäuser Einzug gehalten haben, machen das Sammeln von Informationen und ihr Verteilen in verschiedene Medien einfacher und schneller. Sie helfen aber wenig bei der Auswertung, Erklärung und Einordnung der Informationen. Newsdesks steigern Effizienz, aber sie verflachen Inhalte. Sie beschleunigen den diversifizierten Nachrichtenfluss, aber sie verringern Fachkompetenz. An solchen Nachrichtentischen hat niemand hinreichend Zeit, Expertenwissen und angewandte Wissenschaften nutzbar zu machen.

3 Distanz zwischen Zeitung und Politik

Verflachende Medieninhalte und oberflächliche Mediennutzung gehen einher mit einem latenten Ansehens- und Glaubwürdigkeitsverlust von Politik. Beides trägt zur fortschreitenden Entpolitisierung der Gesellschaft bei. Die Demokratie ist zwar noch nicht grundsätzlich in Gefahr, aber immer mehr Indikatoren weisen darauf hin, dass sich ihre feste Verankerung in der Gesellschaft lockert. Es lassen sich fünf Ursachen dafür festmachen, an denen Medien und Politik mit schuldig sind:

3.1 Partikularinteressen statt Allgemeinwohl

Das Volk hat zu wenig Identität, um sich noch als Nation zu begreifen. Die sich selbst nicht begreifende Nation kann den Sinn und Zweck des Staates nicht verstehen. Ein Volk ohne nationale Identität erkennt den Staat nicht als den Ausdruck seines kollektiven Willens an, sondern betrachtet ihn distanziert als ein bürgerfernes Regiment, als einen bürokratischen Moloch. Partikularinteressen haben das Denken ans Gemeinwohl verdrängt.

Politik und Medien haben zu sehr Klientelen bedient, ihr Angebot zu stark an der Nachfrage von Interessengruppen ausgerichtet. Sie haben das große Ganze aus dem Blick verloren. Ihre ursprüngliche und nach wie vor richtige Aufgabe ist jedoch genau umgekehrt.

3.2 Erregung verdrängt Information

Der Philosoph Peter Sloterdijk spricht von der Segmentierung der westlichen Nationen in Erregungsgesellschaften. Er meint damit Gesellschaften, die nur noch dadurch zusammengehalten werden, dass ihre Mitglieder sich über ein Thema, ein Ereignis gemeinsam freuen oder aufregen (z. B. eine Fußball-WM, die Höhe von Manager-Gehältern, ein Sexualdelikt usw.).

Politik und Medien bedienen zu sehr diese Erregungsgesellschaften. Indem sie dies tun, sind sie populistisch, sensationsheischend, unstet. Daraus resultiert ihr Verlust an Glaubwürdigkeit. Ihre ursprüngliche und nach wie vor richtige Aufgabe ist jedoch zu informieren, statt zu erregen.

3.3 Komplexität wächst schneller als Erklärung

Die Welt wird immer schneller, immer komplizierter. Die Globalisierung der Wirtschaft, der Finanzen, des Nachrichtenwesens und der Migration sowie all deren Folgen zu begreifen, das überfordert die Mehrzahl der Menschen. Daraus resultiert deren tiefe

Skepsis gegenüber Welthandel, supranationaler Politik und internationalen Institutionen.

Politik und Medien erklären viel zu wenig diese Veränderungen in der Welt, warum sie geschehen, welche Folgen sie haben, was an ihnen zwangsläufig ist, was beeinflussbar. Politik und Medien müssen wieder mehr erklären, mehr aufklären. Wer, wenn nicht sie, macht sonst nach der Erziehungs-, Schul- und Ausbildungszeit die Menschen zu kritischen Staats- und Weltbürgern?

3.4 Politik und Medien sind Werte-los

Unsere Gesellschaft hat immer weniger allgemein gültige Vorstellungen davon, was ihre Ziele sind, welche Werte ihr wichtig sind, woran sie sich orientiert. Politik und Medien haben Teil an diesem Werteverfall, weil sie selbst oft nicht mehr klaren Zielen und Orientierungen folgen.

Es muss wieder Politik und Journalismus geben, die sich stärker zu Werten bekennen und sich an jenen orientieren.

3.5 Politik und Medien vermischen ihre Aufgaben

Politik und Medien haben nur eine gemeinsame Aufgabe: Meinungsbildung zu befördern. Sie tun das mit unterschiedlichen Mitteln. Politik bedient sich dazu wesentlich der Parteien. Medien bedienen sich der journalistischen Methoden. Sie sammeln und wählen Nachrichten aus, erklären und kommentieren sie. Die Politik akzeptiert diese Aufgabe der Medien zu wenig. Sie versucht, Medien für ihre Zwecke zu instrumentalisieren, mit ihrer Hilfe Meinungsbildung zu manipulieren.

Zu viele Medien agieren politisch. Sie lassen sich von Politikern und Parteien instrumentalisieren. Sie missbrauchen die journalistischen Methoden zu parteiischen Zwecken. Sie manipulieren Informationen, z. B. durch einseitige Nachrichtenauswahl, falsche Gewichtung und Sensationalismus. Weil Politik und Medien ihre Aufgaben vermischen, haben beide an Glaubwürdigkeit verloren und die Kluft zwischen Regierenden und Regierten vergrößert.

Politik und Medien müssen sich in ihren unterschiedlichen Aufgaben respektieren. Sie brauchen eine professionelle Distanz zueinander.

4 Zeitung und angewandte Wissenschaft

Sowohl die Medien wie auch die Politik haben für sich die Erkenntnisse aus der Wissenschaft nicht hinreichend angewandt. Journalisten und Politiker mögen zu selbstsicher sein, um sich wissenschaftliche Erkenntnis anzueignen. Zeitungsredakteure vertrauen heute manchmal geradezu blind auf die Recherchemöglichkeiten des Internets, lassen sich verführen von seiner Schnelligkeit. Da fehlt es ihnen dann an der Skepsis, die eigentlich zu ihren wichtigsten journalistischen Methoden zählt. Redakteure müssen allerdings auch immer häufiger die Erfahrung machen, dass wissenschaftliche Expertise mehr zur Verwirrung als zum Verstehen beitragen kann. Die sich seit 2009 verstärkende Krise des Euro und der Staatsfinanzen ist gekennzeichnet durch ein bisher nicht gekanntes Ausmaß an Meinungsvielfalt und Meinungsstreit zwischen den Währungs- und Finanzwissenschaftlern.

Dennoch kommt die gute, erfolgreiche Zeitung nicht ohne wissenschaftliche Expertise aus. Im verlegerischen Geschäft sind dabei von immer größerer Bedeutung die Erkenntnisse aus der Medienwirkungsforschung, der Kommunikationswissenschaft, der Demoskopie, der Soziodemographie, ja sogar der Neurobiologie, die zum Beispiel Aufschluss über die Bedeutung des Lesens für die Gehirnbildung gibt. Im Alltag einer Zeitungsredaktion spielen Erkenntnisse aus der Geschichtswissenschaft und der Wirtschaftswissenschaft schon lange eine große Rolle. In den vergangenen Jahrzehnten haben aber vor allem Rechtswissenschaften, Biologie, Medizin, Technologie und Umweltwissenschaften als Recherchequellen mehr Gewicht gewonnen. Die Politikwissenschaft spielte bei Journalisten lange ein Mauerblümchen-Dasein. Das hat sich mit der Europäisierung und später der Globalisierung der Politik sowie ihrer unaufhörlich wachsenden Komplexität grundlegend verändert.

Wissenschaftliche Erkenntnis richtig abzufragen, setzt allerdings die geeignete Nachfragestruktur voraus. Sie ist gegeben, wo Redaktionen selbst nach Expertentum organisiert sind, wo es also – geht es zum Beispiel um politische Berichterstattung – Fachleute für innere Sicherheit, für Außen- und Sicherheitspolitik, für den Nahen Osten und für die Europäische Union, für Bildungspolitik und Sozialpolitik usw. gibt. Die Mehrzahl der regionalen Zeitungsverlage hat ihre Redaktionsorganisation nach dem Ressort- und Kompetenzprinzip aufgegeben und damit auch die redaktionelle Nachfrage nach wissenschaftlich gewonnenem Wissen erschwert.

Die „Rheinpfalz" hält am Ressort- und Kompetenzprinzip fest. Sie nutzt intensiv die angewandten Wissenschaften. Das Ressort Politik- und Zeitgeschehen ist regelmäßiger Konsument angewandter Politikforschung. Die Länderberichte der Bertelsmann-Stiftung, die Forschungsberichte des Centrums für angewandte Politikforschung in München, die Nahost-Expertisen der Robert-Bosch-Stiftung, das Jahrbuch der Europäischen Integration des Instituts für Europäische Politik u.ä. sind ständige Arbeitsmittel der Redaktion. Interviews mit Wissenschaftlern, wie jenes mit Professor Dr. Werner Weidenfeld in der „Rheinpfalz am Sonntag" vom 11. Dezember 2011 („Europa zum Mitreden. Europa-Experte Werner Weidenfeld über Rating-Agenturen, die Webfehler der Europäische Union und die Stärken und Schwächen der Kanzlerin") tragen dazu bei, den Wunsch der Zeitungsleser nach Expertenmeinungen zu erfüllen.

Angewandte Politikforschung hilft einer Zeitungsredaktion dabei, das Allgemeinwohl über Partikularinteressen zu stellen, Leser zu informieren, statt sie zu erregen, die wachsende Komplexität der Welt besser zu erklären, gesellschaftliche Werte zu vermitteln, und sie trägt dazu dabei, die journalistische Aufgabe nicht mit Politik zu vermischen. Deshalb ist angewandte Politikforschung unverzichtbar für erfolgreichen Journalismus.

Literatur

Rheinpfalz am Sonntag, 11. Dezember 2011, 3, http://www.cap.lmu.de/download/2011/Rheinpfalz.pdf (05.03.12).

Christian Jung

Öffentliche Meinung als Analyse- und Zielobjekt der angewandten Politikforschung

1 Vorbemerkung

„Öffentliche Meinung" ist als Begriff, Konzept und Phänomen vielschichtig und hinreichend diffus. „Angewandte Politikforschung" steht dem kaum nach. Wenn zwei Begrifflichkeiten solcher Art aufeinander bezogen werden sollen, gleicht das der Aufgabe, von schwankendem Boden aus ein zudem noch bewegliches Ziel zu treffen. Der Versuch, beide Konzepte systematisch auseinanderzulegen und nach wissenschaftlichen Kategorien zu analysieren, soll hier erst gar nicht unternommen werden. Die Herausgeber werden dies angesichts des knapp bemessenen Raums, und zudem von jemandem, der dem Wissenschaftsbetrieb vor mehr als 15 Jahren den Rücken gekehrt hat, wohl auch nicht erwarten. Ausgangspunkt der folgenden Ausführungen ist vielmehr ein persönlicher Zugang zum Thema, in den die beruflichen Erfahrungen des Autors aus seiner Zeit als wissenschaftlicher Mitarbeiter am Centrum für angewandte Politikforschung sowie der danach aufgenommenen Tätigkeit im Bereich der Öffentlichkeitsarbeit eines kreditwirtschaftlichen Verbandes einfließen.[1] Und selbstverständlich geht es dem Anlass der Publikation entsprechend um die Würdigung des Jubilars, akademischen Lehrers und politischen Praktikers Werner Weidenfeld.

2 Angewandte Politikforschung als Brücke zwischen Theorie und Praxis – Der Name ist Programm

Als ich 1984 an der Universität Mainz mein Studium der Politikwissenschaft, Publizistik und Philosophie aufnahm, lernte ich zeitgleich drei Professoren kennen, die für mein späteres Wissenschaftsverständnis – jedenfalls für meine Auffassung darüber, was Wissenschaft leisten kann und soll – prägend sein sollten: Hans Buchheim, Hans-Mathias Kepplinger und Werner Weidenfeld.

Buchheim und Kepplinger waren leicht jenen beiden „Schulen" der wissenschaftlichen Methodologie zuzuordnen, die Politikstudenten bereits im Grundstudium kennenlernen: der normativ-ontologischen sowie der empirisch-analytisch orientierten Sozialforschung. Beide Professoren waren auf ihre Weise fast schon als Prototypen

---

[1] Der Autor gibt hier ausschließlich seine persönliche Meinung wieder.

dieser unterschiedlichen Ausprägungen zu charakterisieren. Zur Arbeitsweise Buchheims schreibt sein Schüler Thomas Simon 2002: „Diese Art analytische Politikwissenschaft in Reinform zu betreiben, das Erfasste nach den Regeln der rechenschaftsfähigen Darstellung entsprechend der Logik in definierten Begriffen und dem Stand aktueller wissenschaftlicher Diskussion zu erörtern, sind das unverwechselbare Kennzeichen seines politikwissenschaftlichen Stils […]" (Simon 2002: 3). Buchheim hat selbst einmal die Art seines Forschens in einem Beitrag im Forschungsmagazin der Johannes Gutenberg-Universität in ähnlicher Weise beschrieben (Buchheim 1987). Hätte Buchheim nicht selbst in frühen Jahren an politisch verantwortlicher Stelle gewirkt, hätte man meinen können, er verstehe Politikwissenschaft getreu der Maxime „Alles Handeln ist Sünde in den Augen des Geistes"[2].

Mathias Kepplinger hingegen war – und ist es gewiss noch immer – ein großer Anhänger und Verfechter des Experiments, mit dessen Hilfe er in der Medienwirkungsforschung oft interessante, nicht selten aber auch etwas skurrile Zusammenhänge aufzudecken glaubte. Zu seinem bevorzugten methodischen Instrumentarium zählten darüber hinaus Medieninhaltsanalysen, die in nichts anderem bestanden, als der akribischen Dokumentation, welche Wörter von welchen Medien in welcher Häufigkeit gebraucht wurden, um daraus mehr oder weniger weitreichende (politische) Schlussfolgerungen zu ziehen. Wer in Mainz als Publizistik-Student je Codebücher erstellt, Wörter ausgezählt oder Kamerawinkel gemessen hat – letzteres, um daraus auf die positive oder negative fotografische Darstellung von Politikern zu schließen –, der weiß, von welcher Art empirischer Forschung hier die Rede ist.

Doch welcher wissenschaftlichen Schule war nun eigentlich Werner Weidenfeld zuzuordnen, der stets zwar mit analytisch scharfen Schlüssen aufwartete, aber hinsichtlich der Wahl und Benennung der methodologischen Grundlagen seiner Arbeit mehr als vage blieb? Die Unterschiede zu den beiden genannten Kollegen waren jedenfalls augenfällig. Jenem Ort der geistigen Abgeschiedenheit, den Buchheim als Stätte tiefer Erkenntnis so sehr schätzte, das Studierzimmer, konnte Weidenfeld allem Anschein nach nicht allzu viel abgewinnen. Eher hatte man den Eindruck, dieser Ort sei für ihn ein Synonym des akademischen Elfenbeinturms, den er gerade zu überwinden und keinesfalls zu besteigen gedachte.

Und was den anderen methodischen Pol, die empirische „Erbsenzählerei" angeht, so überließ das Weidenfeld ebenfalls gerne anderen, verachtete allerdings keineswegs deren Ergebnisse, wenn sie sich in die eigene Argumentation einfügten. Selbst „empirisch" zu arbeiten, hieß für Weidenfeld vor allem, sowohl die ihn umgegebene, als auch die den Forschungsgegenstand betreffende Realität möglichst präzise zu erfassen, um – daraus abgeleitet – für relevante Probleme adäquate Lösungen zu formulieren.

Diese Herangehensweise wurde vielfach und zu Recht als Kern der angewandten Politikforschung beschrieben. Inwieweit man in ihr einen stringenten methodischen Ansatz oder ein vornehmlich auf Intuition und Begabung des Forschers angewiesenes

---

[2] So die Hauptfigur „Tonio Kröger" in Thomas Manns gleichnamiger Erzählung von 1903.

Verfahren sehen möchte, sei dahingestellt. Entscheidend ist: Der angewandten Politikforschung – und damit ihrem Wegbereiter und Förderer Werner Weidenfeld – ist es gelungen, eine tragfähige Brücke zwischen Theorie und Praxis zu schlagen, die sich vielfach als sehr erfolgreich erwiesen hat.

Mit politikwissenschaftlichen Analysen – zudem mit Erfolg – auf Entscheidungsprozesse einzuwirken, ruft bisweilen kritische Neider, aber auch um die reine Lehre Besorgte auf den Plan. Nicht alle ihre Einwände sind von vorn herein unbegründet. Gerade die Gefahr einer zu großen Nähe und ungesunden Vertrautheit gegenüber der Politik muss die angewandte Politikforschung stets im Blick haben, um der Versuchung, selbst dem Faszinosum der Macht zu erliegen, zu widerstehen. Doch die Kritiker müssen sich umgekehrt fragen lassen: Was nützt theoriegeladene Erkenntnis, die nicht praktisch angewendet werden kann? Wohin führt die der „klassischen" Wissenschaft innewohnende Neigung zur Ausbildung selbstreferentieller Sondersprachwelten? Wenn, was oft genug geschieht, eine für Außenstehende unverständliche Sprachverschlüsselung quasi als konstitutives Element von Wissenschaft aufgefasst oder gar selbst für Wissenschaft gehalten wird, und dies zu nicht enden wollenden tautologischen Schlussfolgerungen führt, begibt sich „Wissenschaft" jeglicher Praxisrelevanz.

Das Wesen der angewandten Politikforschung liegt gerade in ihrer Anwendungsorientierung. Ihr Name ist insofern Programm; es geht ihr im Wesentlichen um die Vermittlung zwischen der Dominanz der Strategie im Politischen und der Dominanz der Sachlogik in der Wissenschaft. Die Doktrin, dass „reine" politikwissenschaftliche Erkenntnis dabei stets deutliche Distanz zur Tagespolitik zu halten habe, lässt sich unter dieser Prämisse nicht aufrechterhalten. Angewandte Politikforschung braucht – ohne damit die wissenschaftliche Autorität aufzugeben – eine wirksame kommunikative Nähe zur Politik (Weidenfeld/Turek 2003: 7).

3 Öffentliche Meinung und angewandte Politikforschung

Wie Weidenfeld niemals müde wurde, seinen Studenten in Vorlesungen, Seminaren und Kolloquien nahezubringen, unterliegen Politik und Wissenschaft sehr unterschiedlichen Handlungslogiken. Nicht zuletzt ist politisches Handeln im Gegensatz zu allen theoretischen Überlegungen stets und elementar auf die Berücksichtigung und den angemessenen Umgang mit der öffentlichen Meinung angewiesen. Ulrich Sarcinelli weist zu Recht darauf hin, dass Politik in der Demokratie gegen die öffentliche Meinung auf Dauer nicht ungestraft möglich ist (2003: 8). Oder wie Noelle-Neumann es noch zugespitzter formulierte: „Ignorieren der öffentlichen Meinung über einen längeren Zeitraum hinweg führt zum Sturz der Regierung" (1989: 259).

Mit der Entwicklung politischer Optionen, Strategien und Lösungsansätze schlägt die angewandte Politikforschung zwar den Bogen zur Praxis. Sie kann dabei aber auf Dauer nur erfolgreich sein, wenn sie die Vermittlung zwischen Politik und Öffentlichkeit als Aufgabe ernst nimmt. Problemlösungen sollten vor diesem Hintergrund nicht nur sachgerecht, sondern auch „politiktauglich" sein. Das heißt, sie müssen sowohl die subjektiven Dispositionen der handelnden Akteure als auch die Stimmungslage in der Bevölkerung bzw. in den von geplanten Maßnahmen betroffenen Bezugsgruppen im Blick behalten. Nur wenn Handlungsstrategien so formuliert und kommuniziert werden können, dass sie in der Gesellschaft – nicht zuletzt bei den Wählern! – auf Akzeptanz stoßen, werden die Entscheidungsträger überhaupt geneigt sein, sich auf sie einzulassen. Politikberatung gewinnt auf diese Weise einen umfassenden Servicecharakter, insbesondere wenn sie noch eine Umsetzungsstrategie oder wesentliche Kommunikationsbausteine für die Vermittlung umfasst.

Solche – aus Sicht der politischen Entscheider – „Rundum-Wohlfühl-Pakete" hatten Weidenfeld und Turek wohl im Sinn, als sie 2003 in einem Zeitschriftenbeitrag davon sprachen, dass sich Staat, Wirtschaft und Gesellschaft jenseits der vertraulichen Politikberatung zunehmend an „schlüsselfertigen" und konzeptionellen Beratungsdienstleistungen interessiert zeigten. Angewandte Politikforschung, so schrieben sie, avanciere zu einer differenzierten Orientierungsleistung und biete als Ideenagentur wichtige Lotsendienste für die Politik (Weidenfeld/Turek 2003: 7).

3.1 Öffentliche Meinung – Was ist das?

Ein Lotse muss die Untiefen kennen, in diesem Fall vor allem die öffentliche Meinung richtig einschätzen. Doch schon die Frage, was diese eigentlich ausmacht, ist keineswegs trivial. Zwar ist auch hierzulande oft von öffentlicher Meinung die Rede, dennoch gibt es von ihr keine allgemein akzeptierte Definition. Am treffendsten ist es wohl, unter dem Begriff das zu verstehen, was in der Öffentlichkeit als herrschende Mehrheitsmeinung wahr- bzw. angenommen wird (Neidhardt 1994). Das umfasst demnach sowohl den tatsächlichen als auch – diese Differenzierung ist wichtig – den vermeintlichen Bestand gemeinsamer Ansichten und Überzeugungen in einer Gesellschaft.

In der modernen Mediengesellschaft wird die so verstandene *öffentliche Meinung* naturgemäß sehr stark von der *veröffentlichten Meinung* beeinflusst, und zwar sowohl durch die klassischen als auch heute insbesondere die Online-Medien und die internetbasierte Kommunikation insgesamt. Je häufiger, prominenter und eindringlicher bestimmte Auffassungen in den Medienkanälen präsent sind, umso größer ist die Neigung der Rezipienten, diese als wichtig und in der Gesellschaft verbreitet anzusehen. Das ist der Kern einer nicht unerheblichen Medienmacht, angesichts derer kaum verwundert, dass die beiden Begrifflichkeiten öffentliche und veröffentlichte Meinung bisweilen verwechselt oder fälschlicherweise synonym gebraucht werden. Oft gesellt sich ein weiteres Missverständnis hinzu. So halten nicht wenige Ergebnisse repräsentativer Umfragen per se und unmittelbar für ein Abbild der öffentlichen Meinung selbst. Diese ergibt sich aber nicht einfach aus einer Addition von individuellen Meinungen (Sarcinelli 2003: 1). Für das Stimmungsbild im öffentlichen Raum ist die „gefühlte"

Meinungsverteilung weitaus relevanter als die quantitativ messbare. Nicht wahrgenommene, weil schweigende Mehrheiten können das Meinungsklima kaum beeinflussen, laute Minderheiten schaffen das eher. Gerade das Internet und seine Möglichkeiten bieten reichlich Anschauungsmaterial, wie eine zahlenmäßig oft kleine, aber kommunikationsstarke Schar von Online-Aktiven Themen besetzen und manchmal sogar eine Art gesellschaftlichen Mainstream simulieren kann.

Seriös erhobene Umfragen, die die tatsächlichen Mehrheitsverhältnisse aufzeigen, können einen, auch von lautstarken Minderheiten erzeugten öffentlichen Meinungsdruck abmildern, indem sie die individuelle Wahrnehmung der Bürger quasi mit der Realität synchronisieren. Das Wirkungsmuster erklärt zugleich, warum Meinungsumfragen auch über diesen Anwendungsfall hinaus ein beliebtes Instrument der politischen Auseinandersetzung sind und sich an ihrer Deutung mitunter erheblicher Streit entzündet. Umfragen liefern „Konsensinformationen", wie andere über ein Thema denken (Thoben/Erb 2010). Und wer glaubhaft machen kann, die Mehrheit hinter seiner Auffassung zu versammeln, dem werden nicht nur bessere Durchsetzungschancen zugerechnet, sondern dessen Position wird zudem eine höhere Glaubwürdigkeit zugesprochen.

Insbesondere letztere Schlussfolgerung entbehrt einer rationalen Rechtfertigung. Denn wer wollte behaupten, dass – gerade wenn es um politisch oder wirtschaftlich komplizierte Sachverhalte geht – stets oder auch nur überwiegend die Mehrheit Recht behalten sollte. Trotzdem entfaltet das Mehrheitsargument regelmäßig eine beachtliche Überzeugungswirkung, wurzelt es doch tief in der sozialen Natur des Menschen. Auf eindrückliche Weise hat dies Elisabeth Noelle-Neumann in ihrer Theorie der öffentlichen Meinung und dem daraus abgeleiteten Konzept der „Schweigespirale" aufgezeigt (1989). Danach werden eigene Auffassungen, wenn sie dem vermeintlichen Meinungsklima in einem sozialen Verbund nicht entsprechen, häufig aus Isolationsfurcht verschwiegen. Umgekehrt neigen Menschen viel stärker zum öffentlichen Bekenntnis ihrer Auffassung, wenn sie sich mit der (vermeintlichen) Mehrheitsmeinung ihrer sozialen Umgebung in Übereinstimmung wähnen.

Dass Menschen eine hohe Neigung haben, sich tatsächlichen oder vermeintlichen Mehrheitsurteilen anzuschließen, ist schon seit den so genannten Konformitätsexperimenten von Solomon Ash und Stanley Milgram in den 1950er und 1960er Jahren bekannt (Asch 1951; Milgram 1961). Sie haben gezeigt, dass dieses Verhaltensmuster selbst dann auftritt, wenn sich die Versuchspersonen mit eigenen Augen oder Ohren überzeugen können, dass die Urteile, zu denen sie sich verleiten lassen, objektiv falsch sind. Es spricht demnach viel dafür, den Einfluss des durch Isolationsfurcht ausgelösten Konformitätsdrucks noch höher einzustufen, wenn es um politische Urteile geht, deren Richtigkeit auf den ersten Blick gar nicht zu überprüfen ist.

Öffentliche Meinung muss vor diesem Hintergrund als ein durchaus ambivalentes Phänomen angesehen werden. Einerseits – das ist die positive Botschaft – trägt sie maßgeblich zur Identitäts- und Konsensbildung in einer Gesellschaft bei. Gerade für ein auf Zustimmung und Akzeptanz angewiesenes demokratisches System ist sie, wie politische Öffentlichkeit überhaupt, unabdingbar. Andererseits bleibt ein Unbehagen. Der soziale Druck, der von der öffentlichen Meinung ausgehen kann, begünstigt eher ein gesellschaftliches, unter Umständen auch irrationales Herdenverhalten als eine auf rationaler Basis beruhende Meinungsbildung.

3.2 Öffentliche Meinung als Gegenstand der angewandten Politikforschung

Was bedeutet das alles für die angewandte Politikforschung? Zunächst einmal, dass der politikberatende Forscher mit den Mechanismen der öffentlichen Meinung vertraut sein sollte. Sie sind damit prinzipiell Gegenstand der Analyse, die einer Politikberatung vorausgeht. Für die Aufgabe, denkbare Lösungsansätze auf ihre gesellschaftliche Kompatibilität und Durchsetzbarkeit hin zu überprüfen, ist dabei die Kenntnis einschlägiger Umfragen nützlich und notwendig, aber nicht unbedingt hinreichend. Denn auch methodisch einwandfreie Umfragen können die Meinungslage in der Bevölkerung nur annäherungsweise abbilden bzw. sind stets von einer Vielzahl nur schwer zu kontrollierender Faktoren beeinflusst.

Vor allem der durch die konkrete Formulierung und die Wahl der Begrifflichkeiten in einer Frage gesetzte Stimulus, ist ein wichtiger Aspekt. So macht es – um ein extremes Beispiel zu nennen – einen großen Unterschied, ob die Systemakzeptanz der Befragten anhand der Befürwortung der „(Sozialen) Marktwirtschaft" oder aber des „Kapitalismus" gemessen wird. Ergebnisse einzelner Fragen können deshalb nie als absolut angesehen werden. Ein hinreichend differenziertes Meinungsbild ergibt sich in aller Regel nur durch mehrere Fragen, die sich dem untersuchten Thema von verschiedenen Seiten nähern. Darüber hinaus sind in gewissen Zeitabständen wiederholten Messungen, die Aussagen über den Meinungstrend zulassen, für das Verständnis der öffentlichen Meinung hilfreich und in ihrer Aussagekraft höher einzustufen als ein lediglich punktueller Befund. Zeitreihenuntersuchungen erfordern allerdings die Verwendung jeweils gleichlautender Fragen sowie bei allen Befragungen die Beibehaltung eines möglichst unveränderten methodischen Settings.

Das größte „Problem" der Demoskopie besteht aber möglicherweise darin, dass es sich bei den Befragten stets um Menschen handelt. Das bringt nämlich mit sich, dass ihr Antwortverhalten nicht automatisch ihre tatsächliche Auffassung widerspiegelt, sondern je nach Art und Thema der Umfrage mehr oder weniger von einem psychologischen Faktor namens „soziale Erwünschtheit" beeinflusst ist. Dabei passt der Befragte seine Aussagen an die vermeintliche Erwartung seiner Umwelt, oft auch schon an die des Interviewers, an. Als Social Desirability Bias (SDB) wird dieses Phänomen in der Umfrageforschung vornehmlich als Quelle von Messfehlern erörtert. Es fällt aber sofort ins Auge, dass es sich hierbei um nichts anderes handelt als den durch öffentliche Meinung ausgelösten sozialen Druck, seine Äußerungen in Richtung der als „herrschend" vermuteten (Mehrheits-)Meinung anzupassen. Umfragestudien, die eigentlich zum Ziel haben, der öffentlichen Meinung nachzuspüren, können also mitunter von eben dieser selbst verfälscht sein.

Es bedarf einiger Erfahrung und größerem methodischen Aufwand – etwa durch gezielte Fragen(batterien), gegabelte Befragungen (split ballots) oder andere experimentelle Umfragedesigns –, um das Ausmaß solcher Verzerrungen einigermaßen abschätzen zu können. Besonderes Augenmerk verdient in diesem Zusammenhang die Unterscheidung zwischen der Eigen- und der Fremdwahrnehmung der Befragten. Aus der Abweichung zwischen dem, was sie selbst über einen bestimmten Sachverhalt denken und dem, was sie glauben, dass die meisten anderen darüber denken, lassen sich interessante Rückschlüsse auf die Wirkungsweise der öffentlichen Meinung gewinnen. Ganz aufklären wird man diese angesichts des fluiden Charakters von persönlichen Einstellungen und des gesellschaftlichen Meinungsklimas insgesamt aber wohl nie.

3.3 Öffentliche Meinung als Zielobjekt der angewandten Politikforschung

Die öffentliche Meinung zu beobachten und mit denkbaren Lösungsvorschlägen abzugleichen, bedeutet selbstverständlich nicht, dass angewandte Politikforschung gegenüber möglichen Auftraggebern oder der Allgemeinheit opportunistisch auftreten und nur solche Maßnahmen vorschlagen sollte, die in der Gesellschaft auf hinreichendes Wohlgefallen stoßen. Oberste Maxime der angewandten Politikforschung muss die sachgerechte, angemessene Strategie zur Bewältigung des zuvor definierten Problems sein.

Alles andere wäre ohnehin nicht klug. Denn auch für die handelnden Politiker empfiehlt es sich keineswegs, ihre Entscheidungen nur nach populistischen Erwägungen zu treffen. Das mag zwar in der politischen Praxis immer wieder eine Versuchung darstellen; es ist aber mehr als zu bezweifeln, dass eine Regierung etwa, die sich einem imperativen Mandat gleich, stets am demoskopisch ermittelten Bürgerwillen ausrichten wollte, auf diesem Wege „gute" Politikergebnisse erzielen würde. Zukunftsfähige Lösungen – und damit dauerhafter Regierungserfolg – entstehen nicht durch lediglich reaktive Orientierung an Umfrageergebnissen, sondern durch aktive Meinungsbildung und politische Überzeugungsleistung. Aufgabe einer ernsthaften angewandten Politikforschung ist es, Politik durch fundierte Beratung sowie gegebenenfalls begleitende Öffentlichkeitsarbeit darin zu unterstützen und dieses Feld nicht vielfach „inhaltsfrei" arbeitenden Agenturen aus den Bereichen Public Relation oder Public Affairs zu überlassen.

Im Gegensatz zur bloßen Analyse der öffentlichen Meinung, hat der Versuch sie in eine bestimmte Richtung zu lenken, immer auch eine politische und moralische Komponente. Schon die Formulierung „Beeinflussung der öffentlichen Meinung" klingt in den Ohren vieler Bürger nach einer ungebührlichen, letztlich undemokratischen Manipulation ihrer selbst. Umschreibt man den gleichen Vorgang als Beitrag, „andere von notwendigen Entscheidungen zu überzeugen", wird das allgemeine Urteil schon deutlich milder ausfallen. Und gelingt es gar, sich als Kämpfer gegen Missstände und für eine gerechte Sache darzustellen, dürfte der Applaus des Publikums garantiert sein.

Der Relativismus zeigt: Eine moralische Bewertung von Politikberatung kann – ebenso wenig wie die des politischen Handelns selbst – nicht von den verfolgten Zielen und angewandten Methoden abstrahieren. Es kommt schlicht immer darauf an, was erreicht und wie es erreicht werden soll. Ein legitimer, positiver Beitrag der angewandten Politikforschung zur politischen Willensbildung ist an klare Bedingungen geknüpft: Erstens, jede wie auch immer geartete Inanspruchnahme der angewandten Politikforschung durch politische Akteure muss transparent, das heißt öffentlich nachvollziehbar sein. Sie darf, zweitens, die Entscheidungsautonomie der Politik nicht gefährden, was auch einen gewissen Beratungspluralismus, jedenfalls keine Verengung auf einzelne Berater, voraussetzt. Und drittens, müssen die einem Entscheidungsvorschlag zugrundeliegenden Kriterien dargelegt sowie Ziele und Auswirkungen der präferierten Maßnahmen klar benannt werden. Letzteres sollte allerdings grundsätzlich, d.h. auch für alle nicht von externer Beratung begleiteten politischen Entscheidungen gelten.

4 Öffentliche Meinung: Schnittstelle zwischen Politik, Politikberatung und Lobbyismus

Im Wettbewerb um (Medien-)Aufmerksamkeit und Einfluss auf die öffentliche Meinung spielen in einer lebendigen Demokratie Interessengruppen der verschiedensten Art eine wichtige – und entgegen eines leider verbreiteten Eindrucks auch überwiegend positive – Rolle. Es ist kaum vorstellbar, wie die politische Willensbildung und der öffentliche Diskurs in Deutschland ohne die zahllosen Verbände, Gewerkschaften, NGOs, Bürgerinitiativen usw. aussehen würden. Dass „Lobbyismus" in unserer Gesellschaft dennoch keinen guten Ruf genießt, liegt nicht zuletzt daran, dass der Begriff meist auf unlautere Methoden der politischen Beeinflussung bezogen wird. Dass es solches Fehlverhalten wie in nahezu allen Bereichen der Gesellschaft gibt, rechtfertigt aber gewiss nicht, Interessenvertretung insgesamt und pauschal zu verurteilen.

Politikberatung und Lobbyismus haben insofern Berührungspunkte, als ihr gemeinsames Merkmal „ihre enge Interaktion mit politisch-administrativen Entscheidungsträgern und die Anbindung an politische Prozesse" ist (Hustedt/Veit/Fleischer 2010: 16). Gemeinhin wird Lobbying dabei als „interessenbasierte Beeinflussung politischer Entscheidungen" (16) wahrgenommen, während insbesondere der wissenschaftlichen Politikberatung ein höherer Grad an Objektivität und Gemeinwohlorientierung zugemessen wird.

Diese Qualifizierung geht sicher auch aus Sicht eines „Lobbyisten" in Ordnung, selbst wenn sich die Realität meist nicht mit einfachen Schwarz-Weiß-Mustern zutreffend beschreiben lässt. Auch die Grenzen zwischen wissenschaftlicher und kommerzieller Politikberatung können fließend und die Beratung damit nicht so selbstlos sein, wie es manchmal den Anschein hat. Und auch Politikforscher haben eigene politische Präferenzen, institutionelle oder materielle Interessen, die die Objektivität ihrer Arbeit beeinträchtigen können. Einmal ganz davon abgesehen, dass auch wissenschaftlich fundierter Rat alles andere als unfehlbar ist und sich als falsch erweisen kann. Umgekehrt sind Lobbyinteressen nicht per se mit dem Gemeinwohl unverträglich. Ihre Formulierung ist, wie schon angedeutet, in der pluralistischen Gesellschaft sogar Voraussetzung dafür, dass sich in einem öffentlichen Diskurs ein Gemeinwohlkonsens herausbilden kann. Die eigenen Interessen offen zu kommunizieren, ist zudem ein wichtiger Bestandteil von Transparenz, insofern damit die Ziele und Absichten der betreffenden Akteure erkennbar werden.

Unter der Bedingung, dass jene Transparenz gewährleistet ist und sich die Beteiligten an die durch Gesetze und ggf. Codizes definierten Spielregeln halten, stellt die Interessenvertretung auch keineswegs das Primat der demokratisch legitimierten Politik in Frage. Es ist schließlich die Politik, die nahezu uneingeschränkt die Gesetzgebungsmacht auf ihrer Seite hat, während Lobbyisten – Gewerkschaften und ihr Streikrecht einmal ausgenommen – in der Regel lediglich über das Argument und ihre Überzeugungskraft verfügen. Die Behauptung, bestimmte Lobbygruppen seien so mächtig, dass Parlament und Regierung nicht das beschließen könnten, was eigentlich richtig und notwendig wäre, ist allenfalls als Versuch von politischen Akteuren einleuchtend, sich für Versäumnisse und Fehlentwicklungen aus der Verantwortung zu nehmen. Selbst unter der Annahme, es gäbe tatsächlich einen für die Demokratie schädlichen, weil übermäßigen Einfluss von Lobbyinteressen, wäre nur eine einzige Sphäre aufgerufen und in der Lage, das zu ändern: die Politik.

Natürlich hat die Finanzmarktkrise, gefolgt von einer tiefen Wirtschafts- und einer weiterhin schwelenden Staatsschuldenkrise, die öffentliche Meinung insbesondere gegen die Kreditwirtschaft und ihre Interessenvertreter massiv aufgebracht. Was die Finanzkrise konkret ausgelöst hat, ist nicht leicht zu verstehen und noch um einiges schwieriger zu vermitteln[3]. Nicht vorsätzliches, aber in Teilen doch leichtfertiges Fehlverhalten, nicht aller, aber doch einer Reihe von Banken, die größtenteils nicht, aber teilweise doch in Deutschland ansässig sind, hatte zu einer Situation geführt, in der der Staat – und mit ihm die Steuerzahler – zur Rettung einzelner Banken und zur Stabilisierung des gesamten Finanzsystems gezwungen war. Der Hinweis, dass neben der mangelhaften Risikosteuerung der betroffenen Banken auch Notenbanken durch eine laxe Geldpolitik, Regierungen durch unzureichende Regulierung, Finanzaufsichtsbehörden durch nachlässige Kontrollen und Rating-Agenturen durch ungerechtfertigte Wertpapierbeurteilungen ebenfalls zum Ausbruch der Krise beigetragen haben, ändert nichts an der Tatsache, dass sich Misstrauen als Grundmuster der öffentlichen Meinung seitdem vor allem gegenüber Finanzmärkten und Finanzakteuren verfestigt hat.

---

[3] Als eine gelungene und gut verständliche Darstellung der tieferen Ursachen sei hier der Beitrag „Wenn Geiselnahme Vertrauen ersetzt. Ein Rückblick auf die Finanzmarktkrise" von Paul Windolf (2012) empfohlen (s. Literaturverzeichnis).

Niklas Luhmann (1968) hat vor mehr als 40 Jahren darauf aufmerksam gemacht, dass eine wichtige Funktion von Vertrauen darin besteht, die gesellschaftliche Komplexität auf ein für das Individuum erträgliches Maß zu reduzieren. Interessanterweise erfüllt Misstrauen im Falle ungünstiger Rahmenbedingungen die gleiche Funktion. Wenn Sachverhalte so komplex sind, dass sie sich einfachen Erklärungsmustern entziehen, kann das intuitive, systemische Grundvertrauen der Bürger in ein ebenso intuitives, pauschales Misstrauen umschlagen. Genau dies war auf dem Höhepunkt der Finanzmarktkrise im Herbst 2008 zu beobachten und hat gewissermaßen zu einer Umkehrung der Beweislast geführt: die Banken mussten und müssen sich weiterhin neues Vertrauen erarbeiten.

Mit der Finanzkrise und ihren weiteren Folgerungen ist auch das von der Öffentlichkeit stets beäugte Beziehungsgeflecht zwischen Politik und Wirtschaft, hier insbesondere wiederum der Kreditwirtschaft, in ein Dilemma geraten. Die sachlichen Notwendigkeiten erfordern zwischen diesen Bereichen eine engere Zusammenarbeit denn je, gleichzeitig sieht sich aber die Politik angesichts einer kritisch gestimmten Wählerschaft vielfach genötigt, jeden Anschein von Nähe zur Finanzwirtschaft zu vermeiden. Mehr noch: Öffentliches *Banken-Bashing* gehört mittlerweile quer durch alle Parteien fast zur Tagesordnung.

Viele Medien greifen dies allzu gerne auf oder befeuern die Diskussion selbst noch einmal zusätzlich. Sie nehmen ihre „Gatekeeper-Rolle" in vollem Umfang wahr, was nicht zu kritisieren wäre, wenn die Nachrichtenauswahl nicht in den allermeisten Fällen der alten journalistischen Maxime „bad news are good news" folgen würde (zu Gatekeeper-Forschung und Negativismus in der Nachrichtenauswahl: Kunczik/Zipfel 2005, 241-265). Die Erfahrung lehrt denn auch, dass Journalisten selbst in einem viele Seiten umfassenden, ausschließlich mit positiven Botschaften gespickten Positionspapier leicht jene beiden Halbsätze aufspüren, die sich mit professioneller Routine doch noch zu einer Negativnachricht ummünzen lassen.

Die strukturelle Neigung der Medien zu negativer, mitunter auch dramatisierender Berichterstattung hat wesentlichen Einfluss auf die öffentliche Meinung. Es ist kein Zufall, sondern deutliches Indiz einer Medienwirkung, dass die Einschätzungen der Bürger zu gesellschaftlichen Zuständen aller Art fast ausnahmslos kritischer und pessimistischer ausfallen, wenn die Befragten über keine eigenen Erfahrungen oder persönliche Informationen zu dem betreffenden Thema verfügen, ihr Urteil also im Wesentlichen auf Medienberichten oder Hörensagen beruht. So hat etwa in einer repräsentativen Umfrage im Oktober 2011 (Bundesverband 2011) knapp die Hälfte der Deutschen (47%) angegeben, durch die Finanzmarktkrise sei ihr Vertrauen in *die Banken insgesamt* „stark beeinträchtigt" worden; 42% meinten „nicht so stark", 8% „gar nicht". In Bezug auf ihre *eigene Bank* ergab sich aber ein völlig anderes Bild. Lediglich 10% bestätigten hier größere Vertrauenseinbußen, 40% nicht so große und 48% sogar überhaupt keine. Wo der Befragte als Bankkunde den persönlichen Kontakt und die eigene Erfahrungen mit seiner Bank beurteilt, ist das Meinungsbild und das den Banken je entgegengebrachte Vertrauen demnach wesentlich größer und stabiler, als dies das medienbestimmte gesellschaftliche Meinungsklima jemals hätte vermuten lassen.

Das Beispiel zeigt, wie viele ähnliche demoskopische Befunde, dass sich Teilaspekte der öffentlichen Meinung unter Umständen verselbständigen können, jedenfalls nicht immer eine hinreichend objektive Basis für die individuelle wie auch politische Willensbildung abgeben. In diesem Kontext kann die angewandte Politikforschung – und hier schließt sich der Kreis – einen wichtigen Beitrag leisten, indem sie durch unvoreingenommene Analysen gesellschaftliche Fehlwahrnehmungen, die auf Vorurteilen oder unzutreffenden Verallgemeinerungen beruhen, aufspürt und zu korrigieren hilft. Aufgrund ihrer Kenntnis der Entscheidungsmechanismen der Politik ebenso wie der Aufgaben und Strukturen der Interessenvertretung, kann sie zudem zur Auflösung von Kommunikationsblockaden zwischen beiden Sphären beitragen.

Es geht dabei nicht um Vereinnahmung der angewandten Politikforschung durch irgendjemanden oder für irgendetwas, sondern um eine mögliche und notwendige Versachlichung der Diskussion auf einem für Wirtschaft und Gesellschaft überaus zentralen Gebiet. In vielen Bereichen hat angewandte Politikforschung, auch und besonders jene des Münchner Centrums für angewandte Politikforschung, in der Vergangenheit einen positiven Einfluss auf die Qualität der öffentlichen Meinungsbildung nehmen können. In diesem Sinne ist Warnfried Dettling nur zuzustimmen, der in einer Entgegnung anlässlich seiner Ernennung zum C·A·P-Fellow im Dezember 2004 ausführte: „Es geschieht viel im Lande, um die öffentliche Meinung zu messen. Regierungen und Parteien sind ständig an den neuesten Umfragen interessiert. Was aber geschieht in Staat und Gesellschaft, um die öffentliche Urteilsfähigkeit der Menschen zu verbessern (…)? Eine entscheidende Rolle spielen in diesem Zusammenhang unabhängige und öffentlich wirksame Denk-Stätten wie das Centrum für angewandte Politikforschung, und zwar als aufklärende Instanzen der zivilgesellschaftlichen Öffentlichkeit ebenso wie in den Medien selbst" (2004: 3). Den institutionellen Rahmen sowie die inhaltlichen Grundlagen dafür geschaffen und über mehr als zwei Jahrzehnte hinweg gepflegt und ausgebaut zu haben, ist ein wesentlicher Teil der Lebensleistung von Werner Weidenfeld.

Literatur

Asch, Solomon E., 1951: Effects of Group Pressure upon the Modification and Distortion of Judgment, in: Guetzkow, Harold (Hrsg.), Groups, Leadership and Men, Pittsburgh, 177-190.
Buchheim, Hans, 1987: Forschung am Schreibtisch, in: Johannes Gutenberg-Universität (Hrsg.), Forschungsmagazin der Johannes Gutenberg-Universität, 31-34.
Hustedt, Thurid/Veit, Sylvia/Fleischer, Julia, 2010: Wissen ist Macht? Wissenschaftliche Politikberatung, in: Aus Politik und Zeitgeschichte 19/2010, 15-21.
Kunczik, Michael/Zipfel, Astrid, 2005: Publizistik, 2. Auflage, Köln, 241-265.
Luhmann, Niklas, 1968: Vertrauen – ein Mechanismus der Reduktion sozialer Komplexität, Stuttgart.
Milgram, Stanley, 1961: Nationality and Conformity, in: Scientific American 205, 45-51.

Neidhardt, Friedhelm, 1994: Öffentlichkeit, öffentliche Meinung, soziale Bewegungen, in: Kölner Zeitschrift für Soziologie und Sozialpsychologie, Sonderheft 34, 234-260.
Noelle-Neumann, Elisabeth, 1989: Öffentliche Meinung, in: Noelle-Neumann, Elisabeth/Schulz, Winfried/Wilke, Jürgen (Hrsg.), Fischer Lexikon Publizistik, Massenkommunikation, 255-266.
Weidenfeld, Werner/Turek, Jürgen, 2003: Schlüsselfertige Beratung: eine Frage der Kommunikation, in: Politik & Kommunikation, 3/2003, 6-7.
Windolf, Paul, 2012: Wenn Geiselnahme Vertrauen ersetzt. Ein Rückblick auf die Finanzmarktkrise, in: Wissenschaftszentrum Berlin (Hrsg.), WZB-Mitteilungen 135, 34-37.

Internetquellen

Bundesverband deutscher Banken, 2011: Vertrauen in Banken und Zufriedenheit von Bankkunden, Repräsentative Meinungsumfrage vom Oktober 2011 im Auftrag des Bankenverbandes, http://www.bankenverband.de/downloads/112011/20111125-zufriedenheit-bankkunden.pdf (Stand: 27.02.2012).
Dettling, Warnfried, 2004: Rede, gehalten am Centrum für angewandte Politikforschung (C·A·P) München, 08.12.2004, http://www.cap.lmu.de/download/2004/2004_dettling_cap.pdf (Stand: 23.02.2012).
Sarcinelli, Ulrich, 2003: Öffentliche Meinung, in: Andersen, Uwe/Woyke, Wichard (Hrsg.), Handwörterbuch des politischen Systems der Bundesrepublik Deutschland, http://www.bpb.de/wissen/ 04128560687471568786516181652519.htlm (Stand: 01.02.2012).
Simon, Thomas, 2002: Forscher am Schreibtisch und originärer Denker: Hans Buchheim zum 80. Geburtstag, http://www.buchheim-stammtisch.de/images/stories/buchheim/forscher_am_schreibtisch.pdf (Stand: 10.02.2012)
Thoben, Deborah Felicitas/Erb, Hans-Peter, 2010: Wie es euch gefällt: Sozialer Einfluss durch Mehrheiten und Minderheiten, in: In-Mind Magazin, http://de.in-mind.org/ausgaben/2010/2 (Stand: 23.02.2012).

Matthias Belafi

Die elementare Wucht einfacher Zeichen – Zum Verhältnis von Liturgie und Politik

1 Religion als politischer Faktor

Dass die Rolle von Religion in der Politik in den vergangenen Jahren wieder deutlicher wahrgenommen wird, ist mehr als offensichtlich: Schlagworte wie die „Rückkehr der Religionen", „Die Wiederkehr der Götter" und „Die Rückkehr des Religiösen" (Riesebrodt 2000; Graf 2004; Pollack 2009) zeugen von der breiten Diskussion des Phänomens in Wissenschaft und Gesellschaft. Zwischenzeitlich ist sogar eine Gegenbewegung der Religionskritiker und der Atheisten in Gang gekommen, die *Der Spiegel* als „Kreuzzug der Gottlosen" (!) bezeichnet hat (Smoltczyk 2007).

Doch bei der Rückkehr der Religion handelt es sich in Wirklichkeit nur um eine Rückkehr ins öffentliche Bewusstsein: ihre prägende Rolle hatte Religion nie verloren, auch wenn sie über lange Zeit in der Öffentlichkeit und in der Wissenschaft kaum Beachtung fand. Trotz der Säkularisierungsthese und dem tatsächlichen Rückgang der Kirchlichkeit in der Bundesrepublik (und in anderen hochentwickelten Staaten Westeuropas) ist Religion stets ein bedeutender Faktor in Staat und Gesellschaft geblieben. Werner Weidenfeld hat diese gesellschaftliche und politische Bedeutung der Religion in seiner Arbeit stets im Blick:[1] Seit vielen Jahren beschäftigt er sich mit einem speziellen Schnittpunkt im Verhältnis von Politik und Religion. Denn er ist nicht nur Direktor des politikwissenschaftlichen Forschungs- und Beratungsinstituts C·A·P, sondern auch Vorsitzender eines liturgiewissenschaftlichen Instituts, nämlich des – nach Ildefons Herwegen, einem Onkel Weidenfelds, benannten – Abt-Herwegen-Instituts im Benediktinerkloster Maria Laach.[2] Einer breiteren Öffentlichkeit wurde die Beziehung Wer-

---

[1] Sei es in der christlichen Fundierung des Europabildes Konrad Adenauers (Weidenfeld 1976), in der prägenden Kraft des Christentums für Europa (1984: 4-5), sei es in der Rolle der Religion für das Profil einer Nation (Weidenfeld/Korte 1991: 61-68) oder in der Bedeutung der Religion bei der Modernisierung der arabischen Welt (1997).

[2] Ildefons Herwegen (1874-1946) ist nicht nur durch die politische und historische Rolle seiner Person und seiner Abtei, vor allem in den 1930er Jahren, bekannt. Herwegen stand damals in der Hoffnung auf eine Wiedererrichtung der Monarchie dem Nationalsozialismus zunächst offen gegenüber, wandte sich aber bald vom Nationalsozialismus ab. Er gewährte dem von den Nationalsozialisten abgesetzten Kölner Oberbürgermeister Konrad Adenauer fast ein Jahr lang Unterschlupf in Maria Laach und musste sich 1935 selbst vorübergehend im Ausland in Sicherheit bringen. Später stand er im Kontakt zu Widerstandskreisen (zu Herwegen siehe Häußling 2011; Albert 2004a; 2004b). Darüber hinaus hat Herwegen aber vor allem auch wegen der Bedeutung seiner Person und seiner Abtei für die Liturgische

ner Weidenfelds zur Liturgie im April 2005 durch die Fernsehkommentierung des Begräbnisses Papst Johannes Pauls II. und der Amtseinführung Papst Benedikts XVI. bewusst, bei der er immer wieder auch auf die Bedeutung der Liturgie hinwies: „Wahl und Inthronisation von Papst Benedikt XVI. erfassen mit ihrer elementaren Symbolik die Sehnsucht der Menschen: Die Liturgie entwickelt eine elementare Wucht. Es sind einfache Zeichen [...] die eine magnetische Kraft entfalten. Sie sind als Deutungen unseres Daseins über Jahrtausende gewachsen, verdichtet, geformt. Es sind Bilder, die keiner Erklärung bedürfen, um uns mystisch zu erfassen" (Weidenfeld 2005b). Vor diesem Hintergrund beschäftigt sich dieser Beitrag mit dem Verhältnis von Politik und Liturgie.

2 „Politische Liturgie": Schnittstellen von Politik und Liturgie

Das griechische Wort „λειτουργία" meint zunächst die „Wahrnehmung öffentlicher Aufgaben" (Häußling 1997: Sp. 969) bzw. die „Leistungen der Bürger für staatliche und soziale Zwecke" (Gerhards/Kranemann 2006: 16). Erst durch die christliche Überlieferung wurde aus der Liturgie der Ablauf des christlichen Gottesdienstes. Heute bezeichnet Liturgie „eine Fülle von Feierformen, die auf ganz verschiedene Weise mit dem Leben der Kirche, der Gesellschaft und des Einzelnen verbunden sind" (13f.). Eine inhaltliche Schnittstelle von Liturgie und Politik zeigt sich also schon in der Etymologie des Wortes. Vor diesem Hintergrund ist es nicht verwunderlich, dass einerseits das Politische Eingang in die Liturgie gefunden hat und andererseits sowohl Liturgie als auch der Begriff der Liturgie im politischen Bereich zu finden sind, politisch genutzt werden, ja sogar politisch sind. In vielen Zusammenhängen wird deshalb von „Politischer Liturgie" gesprochen; doch dieser Begriff der „Politischen Liturgie" ist mehr als schillernd. Fünf Schnittfelder von Politik und Liturgie sollen im Folgenden erörtert werden.

2.1 Politische Liturgie als Liturgie einer politisch geschaffenen Religion

Sucht man in der Neueren Geschichte nach Politischer Liturgie, so wird man vor allem bei der Französischen Revolution fündig. Die Revolution richtete sich auch gegen die Kirche, so dass es immer wieder zu antiklerikalen Protestaktionen und später in den

---

Bewegung der ersten Jahrzehnte des 20. Jahrhunderts (vgl. Maas-Ewerd/Richter 2002) Bedeutung erlangt. Maria Laach war seinerzeit unter der Führung des 1913 zum Abt gewählten Herwegen zu einer der Keimzellen der Erneuerung der Kirche durch eine Rückbesinnung und verstärkte Praktizierung der Liturgie geworden. Herwegen förderte intensiv die liturgiewissenschaftliche Forschung in Maria Laach und gründete 1931 die Benediktinerakademie für liturgische und monastische Studien. Seit 1948 wird diese Arbeit in dem nach Herwegen benannten Institut der Abtei Maria Laach fortgeführt.

Jahren 1793/94 zu einer massiven „Entchristianisierung" kam (vgl. Cousin/ Cubells/Moulinas 1989: 171-210; Langlois 1988; Vovelle 1976; 1988). Massen sagten sich von der Kirche und vom Christentum los. Notre Dame in Paris wurde zu einem Tempel der Vernunft umgewidmet; der neue Kult zog schließlich in alle Pariser Kirchen ein. Damit einher ging die Pflege des Märtyrerkults, einer Verehrung der gefallenen Revolutionäre.

Gegenüber den radikal antikirchlichen Protagonisten der Entchristianisierung war Robespierre deistisch geprägt und vom gesellschaftlichen Nutzen der Religion überzeugt. Auf seine Initiative hin setzte der Konvent am 7. Mai 1794 den „Kult des Höchsten Wesens" ein, nach dem sich das französische Volk „zur Existenz des Höchsten Wesens und zur Unsterblichkeit der Seele" bekannte. Diese Religion wurde also erfunden; ihre Existenz war aus politischen Gründen gewollt und verordnet, um den gesellschaftlichen Nutzen von Religion für das revolutionäre Gemeinwesen fruchtbar zu machen. Die Republik sollte auf eine metaphysische Grundlage und eine daraus resultierende allgemeine, religiös gespeiste republikanische Moral gestellt werden: „Die Moral beruft sich auf religiöse Grundlagen, die Einrichtung des Kultes des Höchsten Wesens aber ist eine *politische* Entscheidung und eine *Machthandlung*" (Baczko 2000: 32).

Der neue Kult wurde am 8. Juni 1794 im Rahmen eines Festes zu Ehren des Höchsten Wesens eingeführt, für das der bedeutende Künstler der Revolution Jaques Louis David eine eigene Liturgie entworfen hatte. Im ersten Teil der Feierlichkeiten in den Tuilerien setzte Robespierre eine allegorische Figur des Atheismus in Brand, aus deren Inneren das Bild der Weisheit sichtbar wurde (zur Interpretation als politisches Opferritual: Bizeul 2009: 195). Im zweiten Teil des Festes auf dem Marsfeld wurden symbolische Gaben, Blumensträuße und Ähren getragen, Mütter beteten zum Höchsten Wesen um Fruchtbarkeit und Jungfrauen gelobten, nur gute Republikaner zu heiraten. Damit war nicht nur eine rein politisch verordnete Religion geschaffen worden, sondern auch eine dazugehörige Liturgie (vgl. Deprun 1977; Ozouf 1988: 106-110; Maier 2006: 271-292). Weitere regelmäßige Feste waren vorgesehen, und jeder zehnte Tag, der in der zehntägigen Woche des republikanischen Kalenders als Ersatz für den christlichen Sonntag diente, wurde der Feier einer staatsbürgerlichen oder sozialen Tugend gewidmet.

Diese politisch geschaffenen Liturgien zu Ehren des Höchsten Wesens sollten der gesellschaftlichen Moral, dem Zusammenhalt und dem Erfolg des revolutionären Staats dienen: „Als Bürgerfest versammeln sie das Volk, als religiöses Fest verherrlichen sie das Höchste Wesen; als politisches Fest sind sie die Bestätigung und die endgültige Legitimierung der diktatorialen Herrschaft und ihres großen Organisators" (Baczko 2000: 32). Insofern wirkte Robespierre bei der Leitung des Festes wie der Papst des neuen Kultes (vgl. Deprun 1977). Der Kult des Höchsten Wesens überlebte seinen Erfinder jedoch nicht und nahm nach dessen Entmachtung und Hinrichtung einen Monat später einen raschen Abschwung.

2.2 Politische Liturgie als Liturgie einer religiös aufgeladenen Politik

Die Karriere des Begriffs der „Politischen Liturgie" begann aber erst im zeitlichen Umfeld der totalitären Systeme in den 1930er Jahren. Für deren politische Ideologien, die selbst religiöse Züge hatten, wurde der Begriff der „Politischen Religionen" geprägt. Auch wenn es begrifflich und inhaltlich viele Quellen für das Konzept der „Politischen Religion" gibt (vgl. Seitschek 2003), so wird es doch vor allem mit den Namen von Eric Voegelin (Voegelin 2007; vgl. Opitz 2006) und Raymond Aron (vgl. Seitschek 2009) verbunden, die sich Ende der 30er Jahre des 20. Jahrhunderts mit dem religiösen Charakter der totalitären Systeme befassten (vgl. Pfahl-Traughber 2011; Völkel 2009; Bohmann 2009). Dabei ging es zunächst darum, die neuen politischen Massenbewegungen Faschismus, Nationalsozialismus und Kommunismus zu erklären und zu charakterisieren. In diesem Sinne wird Politische Religion also nicht als eine politisch gegründete Religion verstanden, sondern als eine Politik, die selbst politische Heilsbotschaften verkündet und damit religiösen Charakter hat (vgl. Maier 1996; ders./Schäfer 1997; Maier 2000; 2003; 2007; Ley/Neisser/Weiss 2003; Hildebrand 2003; Bärsch 2002; Burleigh 2008: 628-723).

Politische Religionen definieren sich unter anderem gerade darüber, dass sie eine eigene „Politische Liturgie" zur „Anbetung der sakralisierten kollektiven Einheit" (Gentile 2000: 169) ausprägen. Auch wenn verschiedenen politischen Strömungen „die Sakralisierung der Nation nicht fremd war, so waren es doch allein die Faschisten, die die politische Liturgie so methodisch entwickelten […] und ihr […] eine Massendimension verliehen" (Reichardt 2009: 608). „[D]ie Liturgie der Reichsparteitage und Hitler-Auftritte folgte unverhüllt religiösen Vorbildern" (Wehler 2002: 212). Mit der Schaffung neuer Feste und der Besetzung und Umwidmung bestehender Feiertage versuchte der Nationalsozialismus, auch die öffentliche Zeit in seinem Sinn zu prägen (vgl. Becker 1997). Seine Politische Liturgie baute der Nationalsozialismus jedoch schon vor 1933 aus, Vorbild war dabei der italienische Faschismus. Im Mittelpunkt der faschistischen Liturgie stand wiederum der Kult um die Märtyrer der faschistischen Bewegung: „In den Begräbniszeremonien kam ein mit christlichen Metaphern durchsetzter Opferglaube des Faschismus zum Ausdruck, mit dem man die Vision einer sakralisierten […] Nation beschwor. Schon Mitte des Jahres 1921 waren die faschistische Liturgie und ihr Stil voll entwickelt" (Reichardt 2009: 541f.; vgl. auch Vollmer 2007: 490-524). Der Gefallenenkult spielte in der NS-Liturgie gleichermaßen eine wichtige Rolle: Jährlich am 9. November wurde pompös der „Blutzeugen der Bewegung" des Hitlerputschs von 1923 gedacht. „An keinem anderen Feiertag treten die Züge einer ‚politischen Religion' so deutlich hervor. Der 9. November wurde zum Angelpunkt einer Auferstehungs- und Erlösungsdramaturgie, deren Stoff die deutsche Geschichte war" (Maier 2007: 110f.).

Politische Liturgien entwickelten indes auch andere totalitäre Bewegungen (vgl. Wirsching 1999: 331-360) und die kommunistischen Systeme, die den „Einfluß der Kirche vor allem in der moralisch-ethischen Kontrolle über den Alltag der Menschen" brechen wollten. Dazu wurden insbesondere eigene Zeremonien als Alternative und

Gegensatz zu kirchlich-religiösen Übergangsriten wie Taufe, Hochzeit und Begräbnis aufgebaut (Hildermeier 2003: 99-101).

2.3 Politische Liturgie als christliche Liturgie mit politischem Inhalt

Seit den 1960er Jahren wurde innerhalb der Kirche die Forderung nach einer stärkeren Politisierung der Kirche und damit auch der Liturgie laut. Im Zuge von Befreiungstheologie und feministischer Theologie, später auch von Friedens- und Ökologiebewegung (vgl. Döring 1997) entstand die Vorstellung, dass auch die kirchliche Liturgie den gesellschaftlichen Verhältnissen auf der Welt nicht gleichgültig gegenüberstehen könne, sondern eine gesellschaftsverändernde, mithin eine politische Ausrichtung haben müsse. Vor diesem Hintergrund hat sich in den 1960er und 1970er Jahren auch die Liturgiewissenschaft stärker mit der politischen Dimension der Liturgie befasst (vgl. Meyer 1970; Concilium 1974; weitere Literaturhinweise bei Meyer 1971; Waibel 1978; Erharter/Rauter 1991).

Die Bestrebungen zur Politisierung erhielten zwar vehementen Widerspruch (vgl. Maier 2007: 15-73) und konnten sich von lokalen Initiativen abgesehen in der Kirche auch nicht durchsetzen. Immerhin wurde durch diese Vorstellung einer Politischen Liturgie das Verständnis dafür geschärft, dass der kirchlichen Liturgie auch ohne dezidiert politische Ausrichtung eine gesellschaftlich relevante Dimension innewohnt. Als Beispiel für die gesellschaftsverändernde Kraft des Gebets und der kirchlichen Liturgie wird zwar immer wieder auf die Leipziger Friedensgebete 1989 hingewiesen, doch zeigt sich an diesem Beispiel auch die Gratwanderung zwischen Gottesdienst und politischer Aktion (vgl. Tiefensee 1999; Geyer 2011).

Heute ist die enge Verbindung der kirchlichen Grundakte Liturgie und Diakonie weniger stark im Bewusstsein verankert und muss immer wieder herausgestellt werden (vgl. Kranemann 1998: 218; Kranemann/Sternberg/Zahner 2006). Bei der Erarbeitung des gemeinsamen Wortes der Kirchen zur gesellschaftlichen und sozialen Lage in Deutschland im Jahr 1997 wurde erst im Zuge des Konsultationsprozesses der Gedanke eingebracht, dass die Liturgie den Ausgangspunkt des gesellschaftlichen Wirkens der Kirche bildet (vgl. Kranemann 1997). Das soziale Handeln der Christen ist jedoch im Wesen der Liturgie angelegt, es ist eine Konsequenz der Feier der Liturgie (vgl. Gerhards/Kranemann 2006: 152-155). „[D]ie Liturgie ist Aufruf zu sozialem Engagement, also zu einem Beitrag der Christen für ein sozial gerechtes Zusammenleben und eine ebensolche Gesellschaft" (Kranemann 1998: 206). Liturgie verlangt also nach Konsequenzen in der Lebenspraxis des gläubigen Christen. Andererseits braucht aber auch die Diakonie die „Rückkopplung" an die Liturgie, da sie ansonsten das spezifische Fundament des christlichen Handelns verliert (Gerhards/Kranemann 2006: 154).

2.4 Politische Liturgie als Liturgie im Dienst an der Gesellschaft

„Zwar leben wir nicht in einer katholischen Gesellschaft, in der mit Selbstverständlichkeit die gottesdienstliche Feier integrales Element bestimmter politischer Feste ist. Aber es fällt doch auf, dass immer wieder [...] Anlässe existieren, bei denen ein Gottesdienst dazu gehört oder manchmal auch das Einzige ist, was gemeinsam getan werden kann" (Haunerland 2002: 148). Deshalb werden liturgische Handlungen auch oft eingesetzt, um öffentliche Ereignisse zu begleiten. Diese Liturgien aus gesellschaftlichem Anlass können eine Reaktion auf Unglücke oder Katastrophen sein (vgl. Post u. a. 2003; Vögele 2007), wie z. B. auf den Amoklauf in einem Erfurter Gymnasium 2002, den Amoklauf in Winnenden 2009 (vgl. Eulenberger 2011) oder die Massenpanik bei der Duisburger Love-Parade im Juli 2010 (vgl. Fechtner/Klie 2011b: 7f.). Selbst in einer säkularen Gesellschaft nehmen solche Gottesdienste und Feiern durch den zunehmenden Trend zu öffentlicher Trauer und durch „ein neues Interesse an Ritualen im zivilreligiösen Umfeld" (Kranemann 2009: 12) sogar zu. Die Anlässe sind vielfältig, wie die Beispiele der Eröffnung des Berliner Hauptbahnhofs (vgl. Grevel 2011) oder die Trauerfeier im Fußballstadion nach dem Selbstmord von Robert Enke (vgl. Beckmayer 2011) zeigen. Mit Blick auf solche Anlässe ist die Bezeichnung dieser Feiern als „riskante Liturgien" (Fechtner/Klie 2011a) aber wenig verwunderlich.

Die Anlässe für gesellschaftlich veranlasste Liturgien können aber durchaus auch politischer bzw. staatspolitischer Natur sein: zum Beginn der Legislaturperiode, im Vorfeld eines Parteitags oder am Nationalfeiertag. Über die Zulässigkeit bzw. Angemessenheit von Gottesdiensten zu diesen Anlässen wird durchaus diskutiert (vgl. zur Debatte über eine kirchliche Begleitung des Tags der Deutschen Einheit am 3. Oktober 1990: Dutzmann 1993). In den vergangenen Jahren sind jedoch Anlässe hinzugekommen, die möglicherweise eine noch heiklere Verquickung von Liturgie und Politik mit sich bringen: Die Trauerfeiern für Soldaten der Bundeswehr, die bei Auslandseinsätzen ums Leben gekommen sind, sorgen mittlerweile für kontroverse Diskussionen über die Nähe von Kirchen und Staat und über eine mögliche politische Instrumentalisierung von liturgischen Feiern (vgl. Weitz 2012; Schäfer 2011).

Schließlich ist die Verwobenheit kirchlicher Liturgien mit politischen Interessen in der Geschichte zu offensichtlich, oftmals auch die politische Instrumentalisierung kirchlicher Liturgien. Dies gilt insbesondere für Zeiten des Krieges. In diesem Zusammenhang mag man an Waffensegnungen oder an den Einsatz der Liturgie im Felde zur Legitimierung des Kriegs denken (vgl. Kranemann 2004; 2006a). Von einer solchen Nähe kann in der heutigen Bundesrepublik selbstverständlich keine Rede sein, doch die Debatte um die Abgrenzung, wann eine Liturgie religiösen Charakter hat, wann sie dem öffentlichen Interesse an (zivil)religiöser Begleitung dient und wann sie für ein politisches Ziel eingesetzt wird, ist in vollem Gange. Natürlich ist auch die Abgleitung in ein rein zivilreligiöses Zeremoniell eine Gefahr für den Einsatz kirchlicher Liturgien. Schließlich geht es den Kirchen um einen tatsächlichen religiösen Inhalt, nicht nur um die gesellschaftliche Funktion einer Zivilreligion (vgl. Pfahl-Traughber 2011;

Kleger/Müller 2004; Schieder 2001; Vögele 1994). Allgemein wird man jedoch die Verwendung kirchlicher Liturgien aus gesellschaftlichen Anlässen positiv bewerten können (vgl. Schieder 2011; Gerhards/Kranemann 2006: 14). Nicht zuletzt sind sie ein Schritt hin zur ursprünglichen Bedeutung des Wortes „Liturgie", zur Übernahme einer öffentlichen Aufgabe der Kirchen im säkularen Staat.

2.5 Politische Liturgie als Metapher für politische Inszenierung

Der Begriff der „Politischen Liturgie" wird heute nicht mehr nur für „Politische Religionen", also totalitäre Ideologien, benutzt. Vor allem die Politikwissenschaftlerin, Kunsthistorikerin und Kommunikationswissenschaftlerin Marion G. Müller hat mit ihren Forschungen den Terminus auch für demokratische politische Zeremonien etabliert. Für die symbolische Kommunikation politischer Institutionen, die sie in ihrer Habilitation untersuchte, benutze sie den Begriff der „Politischen Liturgie" (vgl. Vowe 2004: 85). In Anknüpfung an Claude Rivière (1999) greift sie dabei auf die griechische Urbedeutung des Wortes Liturgie als Wahrnehmung eines öffentlichen Dienstes zurück und grenzt den Terminus „Politische Liturgie" von der negativen Konnotation mit Blick auf totalitäre Systeme ab. Auch in Demokratien gebe es Politische Liturgien, diese hätten jedoch andere Funktionen als in totalitären Systemen und seien eher versteckt (Müller 2001b: 80). So definiert sie Politische Liturgien als „Versuche der zeremoniellen Strukturierung ursprünglich spontaner, aus dem politisch-kulturellen Kontext sich entwickelnder, nicht entgeltlicher Handlungen […], die im und für den öffentlichen Raum stattfinden und die den Gemeinsinn einer politischen Gesellschaft, einer politischen Institution oder des politischen Systems zum Ausdruck bringen" (64). In diesem Sinn ist unentgeltliches Handeln für sie insbesondere symbolisches Handeln (62). Im Mittelpunkt der Arbeiten Müllers steht vor allem die zeremonielle Kommunikation der Parlamente in pluralistischen Demokratien (vgl. 2001a; 2006). Dass ihre Vorstellung Politischer Liturgien auch mit dem Konzept der Zivilreligion zusammenhängt, wird jedoch an der Darstellung der Inaugurationszeremonie des amerikanischen Präsidenten als Politischer Liturgie deutlich (1998).

Aber auch in anderen, weniger zivilreligiös behafteten Bereichen der politischen Kommunikation findet die liturgisch-theologische Sprache Eingang. So schreibt Ulrich Sarcinelli in seinem Standardwerk zur politischen Kommunikation: „In kommunikativer Hinsicht kann man Wahlkämpfe […] als ‚Hochämter' in der politischen Alltagsliturgie bezeichnen" (2011: 225). Analog zur katholischen Bußliturgie wird für die Politik sogar von einer „politischen Versöhnungsliturgie" gesprochen, die sich gleichermaßen an der Gewissenserforschung, am Schuldbekenntnis, an der Bitte um Vergebung und an einer sichtbaren Geste der Vergebung oder Lossprechung orientieren soll (vgl. Kneifel 2004: 4; zu politischen Bußritualen siehe Maciejewski 2004; Bizeul 2009: 203-208). Wie sehr die Liturgie als Metapher im politischen Bereich herhalten muß, beweist auch die Berichterstattung über den Rückzug Karl-Theodor zu Guttenbergs aus der

Politik. Die öffentliche Bekanntgabe seines Verzichts auf eine erneute Kandidatur für den Deutschen Bundestag im Januar 2012 wurde von der Frankfurter Allgemeinen Zeitung als „politisches Requiem" beschrieben (Schäffer 2012).

Insofern scheint der Begriff der Politischen Liturgie heute beinahe inflationär benutzt zu werden, um Prozesse der politischen Inszenierung (vgl. Meyer/Ontrup/ Schicha 2000; Siller 2000; Arnold/Fuhrmeister/Schiller 1998) und der politischen Kommunikation (vgl. Sarcinelli 2011; Jarren/Donges 2011; Schulz 2011) zu beschreiben. Innerhalb der Liturgiewissenschaft wird ein solcher Liturgiebegriff freilich als „ausufernd" verstanden (Haunerland 2005: 68). Gleichwohl lässt sich eine deutliche Zunahme politischer Inszenierung beobachten, gerade auch bei der Amerikanisierung und Modernisierung von Wahlkämpfen (vgl. Sarcinelli 2011: 217-238). Dass hierfür die christliche Metapher der Liturgie herangezogen wird, verrät natürlich auch etwas über das mangelnde religiöse Verständnis der säkularen Gesellschaft. Andererseits gibt es im politischen Umfeld aber eben durchaus Vorgänge der symbolischen Kommunikation, die tatsächlich Bezug nehmen auf die Liturgie. Selbst die „Liturgie der Reichstagsverhüllung" durch Christo und Jeanne-Claude weist durchaus Parallelen zur Tradition der Kirche auf (Meiering 2006: 169).

3   Formsprache der Liturgie und Symbolwelt der Politik

3.1   *Rituale als Kern symbolischer öffentlicher Kommunikation*

Liturgie und Politik haben in der Geschichte eine lange Wechselwirkung entfaltet. Ein bedeutender Anknüpfungspunkt ist dabei der Einsatz von Ritualen. Rituale sind symbolische, inszenierte, öffentliche Handlungen, die bei bestimmten Anlässen zum Tragen kommen und sich vom Alltagshandeln absetzen. Damit sind Rituale ein Element symbolischer, öffentlicher Kommunikation und erfüllen wichtige gesellschaftliche Funktionen: „Sie erzeugen und vergegenwärtigen Sinn, Bedeutung und Normen. Sie schaffen durch ihren formalisierten, wiederholbaren Ablauf Stabilität und Wertegewissheit […]. Sie schreiben vorgeformte Inhalte fort und tragen somit zur Stabilisierung sozialer Gruppen bei" (Lersch 2008: 75).

Deshalb kann Politik zur Darstellung von Macht und zur Festigung von Strukturen auf Rituale zurückgreifen. Für Gerd Althoff haben Rituale „herrschaftsstabilisierende Funktionen" (Althoff 2003: 200f.; vgl. Rivière 1999: 26), sie sind „Spektakel der Macht" (Stollberg-Rilinger u. a. 2008; vgl. Michaels 2007; Althoff 2004; Wulf/Zirfas 2004; Harth/Schenk 2004) und werden politisch entsprechend eingesetzt. Das gesamte politische Zeremoniell baut darauf auf: Autorität und Souveränität werden durch Rituale und Symbolik visualisiert und inszeniert. Die verschiedenen Dimensionen des Zeremoniells „als Erinnerung (commemoratio, anamnese), Gegenwärtigsetzung (repraesentatio) und Vorwegnahme (anticipatio) kennzeichnen auch – für den Gläubigen in unvergleichbar höherem und folgereicherem Maße – die christliche sakramentale Liturgie" (Mösenender 1983: 79). Insofern konnte und kann die Formsprache der Liturgie als eine „durch die Jahrhunderte erfahrungsgesättigte [...] Welt der Symbole und Zeichen" (Weidenfeld 2005a) der Politik als Vorbild dienen oder auch gleich in der Form der kirchlichen Liturgie für politische Zwecke eingesetzt werden.

Denn Liturgie stellt ein zentrales Ritual dar (vgl. Gerhards/Kranemann 2006: 19-22; Odenthal 2002), deren Symbolik über Jahrhunderte hinweg und durchaus bis in die heutige Zeit in der Gesellschaft verwurzelt ist und über die man sich nicht erst verständigen muss. Liturgie ist ein „Kommunikationsgeschehen" (Gerhards/Kranemann 2006: 18), für das sie sich unterschiedlicher Kommunikationsmittel bedient: verbale Texte, Musik und Gesang, Gestik, Mimik und Bewegung, Raum, Farbe, Licht usw. (53). Und nicht zuletzt bildet auch die Liturgie hierarchische Struktur ab (114).

Die enge Verzahnung von Liturgie und Politik führte dazu, dass im Mittelalter weltliche und geistliche Elemente eines Rituals nicht voneinander zu trennen waren. Bei Königskrönungen sind in den Krönungsordines „verfassungsrechtliche und liturgische Elemente in geradezu idealtypischer Weise miteinander verbunden" (Anton 1994: 102). Zeremoniell und Liturgie dienten als Visualisierung der Welt- und Gottesherrschaft.

3.2 Gesellschaftlicher Ritualbedarf und Liturgie

Von einer Instrumentalisierung von Ritualen und Liturgien ist aber nicht nur im Rückblick auf vergangene Zeiten höfischer Kulturen zu sprechen, sondern auch und gerade für das 20. Jahrhundert (vgl. Kranemann 2009: 29). Insbesondere die totalitären Systeme versuchten, mit der Schaffung bzw. der Verbreitung neuer Rituale, auch im persönlichen Leben der Menschen, religiöse Rituale zu verdrängen und sich eine eigene Legitimität zu schaffen (vgl. Bizeul 2009: 194). Die Jugendweihe als nichtreligiöse Alternative zu Firmung und Konfirmation ist ein solches Beispiel (vgl. Döhnert 2001; Pinhard 2004).

Insgesamt ist in den vergangenen Jahren ein erhöhtes individuelles und gesellschaftliches Bedürfnis nach Ritualen zu verzeichnen (vgl. Kranemann/Post 2009; Post 2003). Bedingt durch die gesellschaftliche Säkularisierung und Pluralisierung stehen die Rituale der Kirche aber nicht mehr zwingend im gesellschaftlichen Mittelpunkt, sondern in Konkurrenz zu anderen Ritualen. „[N]icht-religiöse Institutionen des sozialen und politischen Lebens versuchen ihrerseits den Bedarf an Symbolik und Ritual zu befriedigen. Die politische Sprache, die politischen Organisationsformen weisen in modernen Gesellschaften eine Fülle kultischer Elemente auf, sei es unbewußt einen solchen Bedarf verspürend, sei es gezielt ein symbolisches Vakuum ausfüllend oder sei es aus manipulativen Gründen" (Weidenfeld 1993: 575). Insofern kann man mit Werner Weidenfeld fragen, „ob man nicht [...] von einer Auswanderung eines rituellen Bedürfnisses aus der Welt des Glaubens sprechen kann" (576).

Wenn die Liturgie symbolhaftes Handeln ist, so bedarf es aber auch einer tiefgreifenden Symbolkompetenz. Die Liturgie konnte ja nur deshalb über Jahrhunderte als gesellschaftlich wirksames Ritual eingesetzt werden, weil die Menschen die Symbole zu deuten wussten und verstanden haben. Vor diesem Hintergrund braucht die Liturgie Antworten auf den neuen Ritualbedarf in der Gesellschaft. Kirchliche Rituale müssen sich wandeln und fortentwickeln (vgl. Kranemann 2006b; Kochanek 2002).

Dennoch kann die die kirchliche Liturgie auch heute noch eine wichtige gesellschaftliche Rolle übernehmen und als (zivil)religiöse Feier dort Sinn vermitteln, wo der Staat keine Antworten mehr geben kann. Auch wenn sich die Liturgie in die Gefahr begibt, politisches Handeln zu legitimieren, ist sie hier um der einzelnen Menschen und um der Gesellschaft willen gefordert. Ritualisierte und symbolische Kommunikation kann bei der Vermittlung helfen, wenn Sprache an ihre Grenzen stößt. Die Kirche stellt mit ihrer Liturgie einen Deutungshorizont zur Verfügung, der nicht diskursiv, sondern repräsentativ ist, also zeichenhaft und bildhaft präsentiert wird.

3.3 Symbolische Kommunikation in Liturgie und Politik als Reduzierung von Komplexität ohne Substanzverlust

In der Liturgie sind die feierlichen Inszenierungen der Rituale, die Zeichen und Symbole aber kein Selbstzweck, denn der Liturgie kommt eine wesentliche gemeinschaftsstiftende Funktion zu: Liturgie ist Gemeinschaftsgeschehen (vgl. Gerhards/Kranemann 2006: 148). Die politischen Rituale, die entweder auf kirchliche Liturgien zurückgreifen oder sich an sie anlehnen, haben das gleiche Ziel. Emile Durkheim konstatierte schon 1912 in seinem Werk über „Die elementare Formen des religiösen Lebens": „Es gibt keine Gesellschaft, die nicht das Bedürfnis fühlte, die Kollektivgefühle und die Kollektivideen in regelmäßigen Abständen zum Leben zu erwecken und zu festigen. [...] Daher die Zeremonien, die sich durch ihren Zweck, durch die Ergebnisse, die sie erzielen, durch die Verfahren, die dort angewendet werden, ihrer Natur nach nicht von den eigentlichen religiösen Zeremonien unterscheiden" (Durkheim 1981: 571). Deshalb sind auch heute politische Rituale „weit davon entfernt [...], frei von einem sakralen Hintergrund zu sein" (Bizeul 2009: 188).

Vielmehr knüpft die Politik auch und gerade in unserer Zeit inhaltlich und begrifflich an die Liturgie an, um über Symbole zu kommunizieren und Orientierung zu bieten. Die säkulare Gesellschaft versteht zwar die Zeichen und Symbole der kirchlichen Liturgie nicht mehr selbstverständlich; trotzdem findet der Begriff der Liturgie verstärkt Eingang in die Interpretation symbolisch-kommunikativen Handelns der Politik. Die Politik ist „zur kurzatmigen Situationsbewältigung" geworden. „Der Versuch, den politischen Entscheidungen unter diesen Umständen Nachhaltigkeit zu verleihen, muß scheitern. [...] Der öffentliche Raum wird zur symbolfreien Zone – und löst damit eine bisher ungeahnte Sehnsucht nach lange gültiger Symbolik aus" (Weidenfeld 2005b).

Deshalb kann und muss die Politik verstärkt dazu übergehen, Inhalte symbolisch zu vermitteln. In einer immer komplexeren Welt muss politisches Handeln in Symbolsprache übersetzt werden, um Akzeptanz zu finden. Das ist seit jeher eines der zentralen Anliegen Werner Weidenfelds. Mit Blick auf die Ereignisse rund um den Pontifikatswechsel 2005 formulierte er: „Reduzierung von Komplexität ohne Wirklichkeitsverlust – so könnte der rettende Ausweg lauten. Dies ist aber nur in der Welt der Symbole möglich. Einfache Zeichen als wirkmächtige Deutungsmuster lassen selbst die Komplexität der Moderne begreifbar werden. Keine Symbolik ist so von Generation zu Generation gereift wie die Symbolik der Religion. Deshalb sind es ja nicht die gelehrten Traktate der Theologen, die das Massenphänomen begründen, sondern es ist das heilige Spiel der Liturgie" (2005b).

Literatur

Albert, Marcel, 2004a: Die Benediktinerabtei Maria Laach und der Nationalsozialismus, Paderborn/München/Wien/Zürich.
Albert, Marcel, 2004b: Ildefons Herwegen, in: Cüppers, Sebastian (Hrsg.), Kölner Theologen, Köln, 356-387.
Althoff, Gerd, 2003: Die Macht der Rituale, Darmstadt.
Althoff, Gerd (Hrsg.) 2004: Zeichen – Rituale – Werte, Münster.
Anton, Hans Hubert, 1994: Verfassungspolitik und Liturgie, in: Nikolay-Panter, Marlene/Janssen, Wilhelm/Herborn, Wolfgang (Hrsg.), Geschichtliche Landeskunde der Rheinlande, Köln/Weimar/Wien, 65-103.
Arnold, Sabine R./Fuhrmeister, Christian/Schiller, Dietmar (Hrsg.) 1998: Politische Inszenierung im 20. Jahrhundert, Wien/Köln/Weimar.
Baczko, Bronislaw, 2000: Hat die Französische Revolution den Totalitarismus hervorgebracht?, in: Maier, Hans (Hrsg.), Wege in die Gewalt, Frankfurt a. M., 11-36.
Bärsch, Claus-Ekkehard, 2002: Die politische Religion des Nationalsozialismus, 2. Aufl., München.
Becker, Hansjakob, 1997: Liturgie im Dienst der Macht, in: Maier, Hans/ Schäfer, Michael (Hrsg.), Totalitarismus und Politische Religionen, Band II, Paderborn/München/Wien/Zürich, 37-65.
Beckmayer, Sonja, 2011: „You'll never walk alone". Trauerfeier für Nationaltorhüter Robert Enke (2009), in: Fechtner, Kristian/Klie, Thomas (Hrsg.), Riskante Liturgien, Stuttgart, 107-125.
Bizeul, Yves, 2009: Glaube und Politik, Wiesbaden.
Bohmann, Gerda, 2009: „Politische Religionen" (Eric Voegelin und Raymond Aron) – ein Begriff zur Differenzierung von Fundamentalismen?, in: Österreichische Zeitschrift für Soziologie 34 (1), 3-22.
Burleigh, Michael, 2008: Irdische Mächte, göttliches Heil, München.
Concilium, 1974: Politik und Liturgie, in: Concilium. Internationale Zeitschrift für Theologie 2 (10), 85-158.
Cousin, Bernard/Cubells, Monique/Moulinas, René, 1989: La pique et la croix, Paris.
Deprun, Jean, 1977: Robespierre, pontife de l'Etre suprême, in: Ehrard, Jean/Viallaneix, Paul (Hrsg.), Les Fêtes de la Révolution, Paris, 485-491.
Döhnert, Albrecht, 2001: Die Jugendweihe, in: François, Etienne/Schulze, Hagen (Hrsg.), Deutsche Erinnerungsorte, Bd. 3, München, 347-360.
Döring, Alois, 1997: Franziskus in Wackersdorf, in: Brednich, Rolf Wilhelm/Schmitt, Heinz (Hrsg.), Symbole, Münster/New York/München/Berlin, 435-449.
Durkheim, Emile, 1981: Die elementaren Formen des religiösen Lebens, Frankfurt a. M.

Dutzmann, Martin, 1993: Gottesdienst am Nationalfeiertag?, in: Cornehl, Peter/Dutzmann, Martin/Strauch, Andreas (Hrsg.), In der Schar derer, die da feiern. Feste als Gegenstand praktisch-theologischer Reflexion, Göttingen, 200-211.
Erharter, Helmut/Rauter, Horst-Michael (Hrsg.) 1991: Liturgie zwischen Mystik und Politik, Wien.
Eulenberger, Klaus, 2011: „Der Boden unserer Herzen ist aufgebrochen". Trauerfeier nach den Amokläufen in Erfurt (2002) und Winnenden (2009), in: Fechtner, Kristian/Klie, Thomas (Hrsg.), Riskante Liturgien, Stuttgart, 33-42.
Fechtner, Kristian/Klie, Thomas (Hrsg.) 2011a: Riskante Liturgien – Gottesdienste in der gesellschaftlichen Öffentlichkeit, Stuttgart.
Fechtner, Kristian/Klie, Thomas, 2011b: Riskante Liturgien, in: dies. (Hrsg.): Riskante Liturgien, Stuttgart, 7-19.
Gentile, Emilio, 2000: Die Sakralisierung der Politik, in: Maier, Hans (Hrsg.), Wege in die Gewalt, Frankfurt a. M., 166-182.
Gerhards, Albert/Kranemann, Benedikt, 2006: Einführung in die Liturgiewissenschaft, Darmstadt.
Geyer, Hermann, 2011: „Keine Gewalt". Die Leipziger Friedensgebete im „Herbst '89", in: Fechtner, Kristian/Klie, Thomas (Hrsg.), Riskante Liturgien, Stuttgart, 155-169.
Graf, Friedrich Wilhelm, 2004: Die Wiederkehr der Götter, München.
Grevel, Jan Peter, 2011: „Bitteschön, Gentlemen!". Der liturgische Akt zur Eröffnung des Berliner Hauptbahnhofs inmitten von Politik und Produktpräsentation (2006), in: Fechtner, Kristian/Klie, Thomas (Hrsg.), Riskante Liturgien, Stuttgart, 127-143.
Häußling, Angelus Albert, 1997: Liturgie. I. Begriff, in: Lexikon für Theologie und Kirche, Bd. 6, Freiburg, Sp. 969-970.
Häußling, Angelus Albert, 2011: Ildefons Herwegen OSB (1874-1946), in: Kranemann, Benedikt/Raschzok, Klaus (Hrsg.), Gottesdienst als Feld theologischer Wissenschaft im 20. Jahrhundert, Bd. 1, Münster, 499-502.
Harth, Dietrich/Schenk, Gerrit Jasper (Hrsg.) 2004: Ritualdynamik, Heidelberg.
Haunerland, Winfried, 2002: Authentische Liturgie, in: Liturgisches Jahrbuch 52, 135-157.
Haunerland, Winfried, 2005: Gottesdienst als „Kulturleistung", in: Liturgisches Jahrbuch 55, 67-81.
Hildebrand, Klaus (Hrsg.) 2003: Zwischen Politik und Religion, München.
Hildermeier, Manfred, 2003: Kommunismus und Stalinismus: „Säkularisierte Religion" oder totalitäre Ideologie?, in: Hildebrand, Klaus (Hrsg.), Zwischen Politik und Religion, München, 91-111.
Jarren, Otfried/Donges, Patrick, 2011: Politische Kommunikation in der Mediengesellschaft, 3. Aufl., Wiesbaden.
Kleger, Heinz/Müller, Alois (Hrsg.) 2004: Religion des Bürgers. Zivilreligion in Amerika und Europa, 2. Aufl., Münster.
Kochanek, Hermann, 2002: Postmoderne Rituale und Liturgie, in: Liturgisches Jahrbuch 52, 210-233.
Kranemann, Benedikt, 1997: Gottesdienst und Weltdienst, in: Gottesdienst 31 (9), 68-69.
Kranemann, Benedikt, 1998: Feier des Glaubens und soziales Handeln, in: Liturgisches Jahrbuch 48, 203-221.
Kranemann, Benedikt, 2004: Liturgie zwischen Schwertweihe und Friedensgebet, in: Bultmann, Christoph/Kranemann, Benedikt/Rüpke, Jörg (Hrsg.), Religion – Gewalt – Gewaltlosigkeit, Münster, 17-34.
Kranemann, Benedikt, 2006a: „Baue auch du ... deiner Seele Unterstand bei ihm". Kriegsdeutung durch Liturgie am Beispiel von Feldpredigten des Ersten Weltkriegs, in: Bärsch, Jürgen/Schneider, Bernhard (Hrsg.), Liturgie und Lebenswelt, Münster, 105-119.
Kranemann, Benedikt, 2006b: Rituale im Bedeutungswandel, in: Herder Korrespondenz 60 (4), 204-208.
Kranemann, Benedikt, 2009: Einführung, in: Kranemann, Benedikt/Post, Paul (Hrsg.), Die modernen Ritual Studies als Herausforderung für die Liturgiewissenschaft, Leuven, 9-31.

Kranemann, Benedikt/Post, Paul (Hrsg.) 2009: Die modernen Ritual Studies als Herausforderung für die Liturgiewissenschaft, Leuven.
Kranemann, Benedikt/Sternberg, Thomas/Zahner, Walter (Hrsg.) 2006: Die diakonale Dimension der Liturgie, Freiburg.
Langlois, Claude, 1988: L'inqualifiable et l'inévitable. La déchristianisation révolutionnaire, in: Archives des Sciences sociales des Religions 66 (1), 25-42.
Lersch, Edgar, 2008: Historische Ritualforschung in ihrem Verhältnis zu Medienritualen – eine kulturhistorische (Selbst-)Vergewisserung, in: Fahlenbrach, Kathrin/Brück, Ingrid/Bartsch, Anne (Hrsg.), Medienrituale, Wiesbaden, 71-81.
Ley, Michael/Neisser, Heinrich/Weiss, Gilbert (Hrsg.) 2003: Politische Religion?, München.
Maas-Ewerd, Theodor/Richter, Klemens, 2002: Die Liturgische Bewegung in Deutschland, in: Klöckener, Martin/Kranemann, Benedikt (Hrsg.), Liturgiereformen, Teil II: Liturgiereformen seit der Mitte des 19. Jahrhunderts bis zur Gegenwart, Münster, 629-648.
Maciejewski, Franz, 2004: Der Kotau der Mächtigen, in: Harth, Dietrich/Schenk, Gerrit Jasper (Hrsg.), Ritualdynamik, Heidelberg, 179-195.
Maier, Hans (Hrsg.) 1996: Totalitarismus und Politische Religionen, Paderborn/München/Wien/Zürich.
Maier, Hans (Hrsg.) 2000: Wege in die Gewalt, Frankfurt a. M.
Maier, Hans (Hrsg.) 2003: Totalitarismus und Politische Religionen, Band III, Paderborn/München/Wien/Zürich.
Maier, Hans, 2006: Revolution und Kirche, München.
Maier, Hans, 2007: Politische Religionen, München.
Maier, Hans/Schäfer, Michael (Hrsg.) 1997: Totalitarismus und Politische Religionen, Band II, Paderborn/München/Wien/Zürich.
Meiering, Dominik M., 2006: Verhüllen und Offenbaren. Der Verhüllte Reichstag von Christo und Jeanne-Claude und seine Parallelen in der Tradition der Kirche, Regensburg.
Meyer, Hans Bernhard (Hrsg.) 1970: Liturgie und Gesellschaft, Innsbruck/Wien/München.
Meyer, Hans Bernhard, 1971: Politik im Gottesdienst?, Innsbruck/München/Würzburg.
Meyer, Thomas/Ontrup, Rüdiger/Schicha, Christian, 2000: Die Inszenierung des Politischen, Opladen/Wiesbaden.
Michaels, Axel (Hrsg.) 2007: Die neue Kraft der Rituale, Heidelberg.
Mösenender, Karl, 1983: Zeremoniell und monumentale Poesie, Berlin.
Müller, Marion G., 1998: Die zwei Körper des Präsidenten, in: Arnold, Sabine R./Fuhrmeister, Christian/Schiller, Dietmar (Hrsg.), Politische Inszenierung im 20. Jahrhundert, Wien/Köln/Weimar, 185-201.
Müller, Marion G., 2001a: Parlament und politische Liturgie, in: Schieder, Rolf (Hrsg.), Religionspolitik und Zivilreligion, Baden-Baden, 172-183.
Müller, Marion G., 2001b: Politische Liturgie, in: Kremp, Wolfgang/Meyer, Berthold (Hrsg.), Religion und Zivilreligion im Atlantischen Bündnis, Trier, 58-87.
Müller, Marion G., 2006: Parliaments and their Liturgies, in: Crewe, Emma/Müller, Marion G. (Hrsg.), Rituals in Parliaments, Frankfurt a. M., 183-205.
Odenthal, Andreas, 2002: Liturgie als Ritual, Stuttgart.
Opitz, Peter J., 2006: Eric Voegelins Politische Religionen, 2. Aufl., München.
Ozouf, Mona, 1988: Festivals and the French Revolution, Cambridge/Mass.
Pfahl-Traughber, Armin, 2011: „Politische Religion" und „Zivilreligion", in: Liedhegener, Antonius/Tunger-Zanetti, Andreas/Wirz, Stephan (Hrsg.), Religion – Wirtschaft – Politik, Zürich/Baden-Baden, 223-240.
Pinhard, Inga, 2004: Jugendweihe – Funktion und Perspektiven eines Übergangsrituals im Prozeß des Aufwachsens, in: Harth, Dietrich/Schenk, Gerrit Jasper (Hrsg.), Ritualdynamik, Heidelberg, 197-217.

Pollack, Detlef, 2009: Rückkehr des Religiösen?, Tübingen.
Post, Paul, 2003: Ritual Studies, in: Archiv für Liturgiewissenschaft 45 (1), 21-45.
Post, Paul/Grimes, Ronald L./Nugteren, Albertina/Pettersson, P./Zondag, Hessel, 2003: Disaster Ritual, Leuven.
Reichardt, Sven, 2009: Faschistische Kampfbünde, 2. Aufl., Köln/Weimar/Wien.
Riesebrodt, Martin, 2000: Die Rückkehr der Religionen, München.
Rivière, Claude, 1999: Politische Liturgien, in: Pribersky, Andreas/Unfried, Berthold (Hrsg.), Symbole und Rituale des Politischen, Frankfurt a. M., 25-37.
Sarcinelli, Ulrich, 2011: Politische Kommunikation in Deutschland, 3. Aufl., Wiesbaden.
Schäfer, Gertrud, 2011: Sie haben ihr Leben riskiert. Zentrale Trauerfeiern für in Afghanistan getötete deutsche Soldaten (2007/2010), in: Fechtner, Kristian/Klie, Thomas (Hrsg.), Riskante Liturgien, Stuttgart, 43-58.
Schäffer, Albert, 2012: Die CSU schließt das Kapitel Guttenberg, in: Frankfurter Allgemeine Zeitung, 21.01., 4.
Schieder, Rolf (Hrsg.) 2001: Religionspolitik und Zivilreligion, Baden-Baden.
Schieder, Rolf, 2011: Braucht der neutrale Staat eigene zivilreligiöse Rituale?, in: Neue Gesellschaft/Frankfurter Hefte 58 (4), 18-20.
Schulz, Winfried, 2011: Politische Kommunikation, 3. Aufl., Wiesbaden.
Seitschek, Hans Otto, 2003: Frühe Verwendungen des Begriffs „Politische Religion", in: Maier, Hans (Hrsg.), Totalitarismus und Politische Religionen, Band III, Paderborn/München/Wien/Zürich, 109-120.
Seitschek, Hans Otto, 2009: Raymond Arons Konzept der „politischen Religionen", München.
Siller, Peter (Hrsg.) 2000: Politik als Inszenierung, Baden-Baden.
Smoltczyk, Alexander, 2007: Der Kreuzzug der Gottlosen, in: Der Spiegel, Nr. 22, 26.05., 56-69.
Stollberg-Rilinger, Barbara/Puhle, Matthias/Götzmann, Jutta/Althoff, Gerd (Hrsg.) 2008: Spektakel der Macht, Darmstadt.
Tiefensee, Eberhard, 1999: Die Friedensgebete in Leipzig und die Wende 1989, in: Liturgisches Jahrbuch 49, 145-170.
Vögele, Wolfgang, 1994: Zivilreligion in der Bundesrepublik Deutschland, Gütersloh.
Vögele, Wolfgang, 2007: Zivilreligion, Katastrophen und Kirchen, Berlin.
Voegelin, Eric, 2007: Die politischen Religionen, 3. Aufl., München.
Völkel, Evelyn, 2009: Der totalitäre Staat – das Produkt einer säkularen Religion?, Baden-Baden.
Vollmer, Frank, 2007: Die politische Kultur des Faschismus, Köln/Weimar/Wien.
Vovelle, Michel, 1976: Religion et Révolution, Paris.
Vovelle, Michel, 1988: 1793, La Révolution contre l'Eglise, Bruxelles.
Vowe, Gerhard, 2004: Marion G. Müller, in: Publizistik 49 (1), 85-86.
Waibel, Artur, 1978: Liturgie und Politik, in: Liturgisches Jahrbuch 28, 249-255.
Wehler, Hans-Ulrich, 2002: Radikalnationalismus und Nationalsozialismus, in: Echternkamp, Jörn/Müller, Sven Oliver (Hrsg.), Die Politik der Nation, München, 203-217.
Weidenfeld, Werner, 1976: Konrad Adenauer und Europa, Bonn.
Weidenfeld, Werner, 1984: Was ist die Idee Europas?, in: Aus Politik und Zeitgeschichte 34 (23-24), 3-11.
Weidenfeld, Werner, 1993: Kloster und moderne Gesellschaft, in: Severus, Emmanuel von (Hrsg.), Ecclesia Lacensis, Münster, 573-580.
Weidenfeld, Werner, 1997: Über die Religion in die Moderne?, in: Internationale Politik 52 (8), 1-2.
Weidenfeld, Werner, 2005a: Die Macht des neuen Papstes kommt aus dem Geist der Liturgie, in: Die Welt, 22.07.
Weidenfeld, Werner, 2005b: Die elementare Kraft religiöser Zeichen, in: Die Welt, 20.12.
Weidenfeld, Werner/Korte, Karl-Rudolf, 1991: Die Deutschen, Stuttgart.

Wirsching, Andreas, 1999: Vom Weltkrieg zum Bürgerkrieg?, München.
Wulf, Christoph/Zirfas, Jörg (Hrsg.) 2004: Die Kultur des Rituals, München.

Internetquellen

Kneifel, Theo, 2004: Von der Last des Erinnerns und dem Recht auf Entschädigung, Heidelberg, http://www.woek.de/web/cms/upload/pdf/kasa/publikationen/kneifel_2004_von_last_des_erinnerns_und_dem_recht_auf_entschaedigung.pdf (Stand: 03.02.2012).

Weitz, Burkhard, 2012: Wie vertragen sich Krieg und Segen?, http://www.evangelisch.de/themen/religion/wie-vertragen-sich-krieg-und-segen57379 (Stand: 03.02.2012).

3. Anwendung in Politikfeldern

Franco Algieri/Janis A. Emmanouilidis

What else is new? Zur Relevanz klassischer und neuer Themen der europäischen Integration für die angewandte Politikforschung

1 Einleitung

Einmal wieder prägt der Begriff ‚Krise' die Analysen und Kommentare zum Zustand der Europäischen Union (EU). Seit dem Jahr 2010 wird damit primär die ‚Eurokrise' bzw. die ‚Schuldenkrise' assoziiert. Darüber hinaus ist aber auch der europäische Integrationsprozess insgesamt zum Objekt der Krisendiskussion geworden. Krisen und die Auseinandersetzung mit ihnen sind jedoch kein neues Phänomen auf dem Entwicklungspfad der europäischen Integration. Im Gegenteil: Krisen haben die Geschichte der europäischen Integration in den letzten 60 Jahren maßgeblich bestimmt. Dennoch stellt sich die Frage, ob die aktuelle Schuldenkrise und ihre Folgen eine neue Qualität aufweisen, die nicht nur in politischen Debatten, sondern auch in der Integrationsforschung intensiver reflektiert werden sollte.

Es ist noch nicht lange her, dass in Folge der gescheiterten Ratifikation des „Vertrags über eine Verfassung für Europa" (2005) eine tiefe Krise der EU und des Integrationsprozesses konstatiert wurde. Nach einer Phase der ‚Reflexion' und der europapolitischen Stagnation wurde die ‚Verfassungskrise' mit dem Inkrafttreten des Vertrags von Lissabon am 01. Dezember 2009 – zumindest oberflächlich – überwunden. Doch die aktuelle Schuldenkrise ist von neuer Qualität. Sie trifft das europäische Integrationsprojekt in seinen Grundfesten und dabei lassen sich ihre langfristigen und weitreichenden Auswirkungen aus heutiger Perspektive noch nicht abschließend bestimmen (Emmanouilidis/Janning 2011).

Grundsätzlich bedarf es der Unterscheidung, in welchem Zusammenhang der Begriff Krise benutzt wird: Bezieht er sich auf einen Politikbereich der EU oder auf den europäischen Integrationsprozess insgesamt? Mit Blick auf einzelne Politikbereiche sei nur daran erinnert, dass bereits zu Zeiten der Europäischen Politischen Zusammenarbeit (EPZ) und anschließend der Gemeinsamen Außen- und Sicherheitspolitik (GASP) wiederholt eine Krise der Handlungsfähigkeit Europas konstatiert wurde (weiterführend Algieri 2010). Und immer wieder finden sich dann vermeintlich neue Erkenntnisse, wie bspw. jene, dass Interdependenz der zentrale Trend der globalisierten Welt wie eines neuen Europas sei und folglich die Entwicklung einer durch Interdependenz bedingten Außenpolitik das traditionelle Verständnis von Sicherheit beeinflusse (Krastev/Leonard 2010: 62). Doch auch in den vergangen Jahrzehnten waren die internationalen Beziehungen, die Außenpolitik der EU und zuvor die außenpolitische Koordination der EG-Mitgliedstaaten im Rahmen der EPZ durch Interdependenz geprägt. Die Erkenntnis über die wechselseitige Abhängigkeit von Systemen und Gesellschaften ist nicht neu (grundlegend Keohane/Nye 1977). Was sich hingegen erhöht hat, ist die Komplexität der Interdependenz (Keohane/Nye 1998).

Mit Blick auf den europäischen Integrationsprozess insgesamt hat die Eurokrise tiefgreifende Auswirkungen, die nicht nur die Wirtschafts- und Währungsunion (WWU), sondern die EU insgesamt in Frage stellen. Die globale Wirtschafts- und Finanzkrise nach dem Fall von Lehman Brothers im September 2008 und vor allem die Schuldenkrise seit 2010 haben fundamentale Auswirkungen auf das europäische Integrationsprojekt. Das vermeintlich Undenkbare wurde denkbar: Der Austritt eines Landes aus der Eurozone, das Ende des europäischen Währungsraums (zumindest in seiner gegenwärtigen Form) oder die Auseinandersetzung mit einer möglichen Desintegration der EU sind nicht mehr länger Tabuthemen.

Anfang 2010 war deutlich geworden, dass die institutionellen Strukturen, Prozesse, Regeln und Instrumente der WWU unzureichend waren, um der Schuldenkrise effektiv entgegenzuwirken. Zeitweise erschien die Situation außer Kontrolle zu geraten. Die EU sowie die Mitgliedstaaten waren nicht in der Lage, anhaltend negative Marktentwicklungen (insbesondere steigende Refinanzierungskosten und -engpässe), vor allem in der Peripherie Europas, zu durchbrechen, so dass sich die Krise schrittweise von Griechenland auf andere EU-Staaten ausbreitete. Im Frühjahr 2011 hatte sie Irland und Portugal voll erfasst, die nun, im Gegenzug für drastische Sparmaßnahmen und umfangreiche nationale Reformprogramme, auch finanzielle Unterstützung benötigten.

Im Sommer 2011 zeigte sich, dass selbst der Kern des Euroraums nicht immun war, als Spanien und Italien in den Sog der Krise gerieten. Spätestens zu diesem Zeitpunkt war nicht länger zu leugnen, dass die Eurokrise systemische Herausforderungen mit sich brachte, die den gemeinsamen Währungsraum gefährden könnten. Seit Dezember 2011 haben massive Marktinterventionen der Europäischen Zentralbank (EZB) die Situation zwar beruhigt, aber ein Ende der Krise scheint (noch) nicht in Sicht – auch wenn sich die Anzeichen mehren, dass sie sich zumindest zeitweise beruhigen könnte (Emmanouilidis 2012).

Doch selbst wenn die Schuldenkrise zu einer immensen Herausforderung für die EU und ihre Mitgliedstaaten geworden ist, muss die wissenschaftliche Auseinandersetzung mit dem europäischen Integrationsprozess nicht neu erfunden werden. Vielmehr bleiben zahlreiche Grundfragen, die bereits seit mehreren Jahrzehnten zu einzelnen Politikbereichen und der Integration insgesamt gestellt werden, weiterhin relevant.

Gleichwohl müssen im Lichte der Krise und der zunehmenden Komplexität von Europapolitik neue und weiterführende Fragen aufgeworfen und Ansätze diskutiert werden. Vor dem Hintergrund des irischen ‚Nein' zum Vertrag von Lissabon hatte Heinrich Schneider bereits 2008 darauf hingewiesen, dass die „kritischen Begleiter der Union im akademischen und publizistischen Feld sich als Vordenker einer Politik versuchen (*sollten*), die zwar darauf verzichtet, alles neu zu erfinden, die aber dennoch nicht in den gewohnten Bahnen gefangen bleibt. Ohne die Erschließung neuer Perspektiven wird Europa aus der Krise kaum wirklich herausfinden" (Schneider 2008: 325).

Die im Folgenden beschriebenen Themenkomplexe könnten für die politischen und wissenschaftlichen Debatten der kommenden Jahre von zentraler Bedeutung sein. Sie münden darin, dass die EU und ihre Mitgliedstaaten nicht umhin kommen werden, sich mit dem Thema ‚Macht' in seiner Vielschichtigkeit nach innen wie nach außen auseinanderzusetzen.

2 Ein neues Leitmotiv: Suche und Umsetzung

Mehr denn je stellt sich in der gegenwärtigen Lage die Frage nach dem ‚Mehrwert Europas'. Die zentralen Ziele der Vergangenheit – Frieden, Prosperität, Solidarität und Stabilität – bleiben bestehen. Doch die Erfolge früherer Jahrzehnte erscheinen konsumiert und haben ihre Strahlkraft verloren. Europäer wertschätzen die vier Freiheiten des Binnenmarkts (Waren, Personen, Dienstleistungen und Kapital), die praktischen Vorzüge einer gemeinsamen Währung, die Abschaffung der Grenzkontrollen sowie den Umstand, dass Krieg zwischen den Mitgliedstaaten der EU undenkbar erscheint. Dies wird als gegeben und selbstverständlich für die Gestaltung des Lebens in Europa vorausgesetzt. Was jedoch verloren gegangen zu sein scheint, ist die Auseinandersetzung mit makropolitischen Szenarien für die Zukunft des europäischen Integrationsprozesses (Algieri/Emmanouilidis/Maruhn 2003) auf der Suche nach einem attraktiven *raison d'être* für die EU des 21. Jahrhunderts. Wenn beklagt wird, die EU sei ein „hilfloser Koloss" (Weidenfeld 2011), kein Agendasetter und das politische Narrativ fehle (Merrit 2010), dann erscheint es lohnenswert, zu fragen, welche Themen durch die EU besetzt werden könnten und sollten, um diesem Trend entgegenzuwirken.

Die EU verfügt über einen geringeren Vertrauensvorschuss und ist daher – mehr als die gefestigten Nationalstaaten – gefragt, zur Sicherung ihrer Daseinslegitimation eine eigenständige Orientierungsleistung zu erbringen. Doch die Entfaltung einer neuen, fundamentalen Integrationsdynamik erfordert keine gemeinsame Festlegung auf die Finalität des europäischen Integrationsprozesses. Eine Debatte über den Endzustand des europäischen Einigungsprojekts wäre zum gegenwärtigen Zeitpunkt angesichts des konzeptionellen Schismas zwischen sowie innerhalb der EU-Staaten wenig Erfolg versprechend und letztlich sogar kontraproduktiv. Das gegenseitige Misstrauen würde weiter geschürt. Lähmung statt Aufbruch wäre die Folge.

Anstatt sich erneut auf eine gegenwärtig wenig Erfolg versprechende Finalitätsdebatte einzulassen, sollten nationale Regierungen und EU-Institutionen Lehren aus der Vergangenheit ziehen: Die Erfahrungen der letzten 60 Jahre haben gezeigt, dass das ‚Projekt Europa' vor allem dann weiterentwickelt werden konnte, wenn Integrationsbemühungen einem funktionalen Ansatz auf der Grundlage einer überzeugenden Vermittlung der Notwendigkeit europäischer Zusammenarbeit gefolgt sind. Die EU benötigt ein den Zeitumständen des 21.Jahrhunderts angepasstes Narrativ, das eine

Antwort auf die folgende Frage bietet: Worin liegt der gegenwärtige und künftige Mehrwert europäischer Integration jenseits der Bewahrung vergangener Erfolge?

Die Formulierung einer adäquaten Antwort setzt Einverständnis darüber voraus, dass *erstens* die EU und ihre Mitgliedstaaten nicht als Akteure verstanden werden, die in einem Vakuum operieren, und dass *zweitens* die Wechselwirkungen zwischen einer Revitalisierung des europäischen Integrationsprojekts einerseits und der europäischen Gestaltungsfähigkeit globaler Entwicklungen im 21.Jahrhundert andererseits nicht ignoriert werden können.

Das normative Leitmotiv für die kommenden Jahrzehnte kann wie folgt formuliert werden: Die EU sollte ihre Mitglieder kollektiv in die Lage versetzen, globale und regionale Entwicklungen in einem äußerst dynamischen internationalen Umfeld auf der Grundlage gemeinsamer Werte, historischer Erfahrungen und gemeinsam definierter Interessen mitzugestalten (Emmanouilidis 2011a; 2012).

Dieses Leitmotiv kann aber nur dann erfolgreich umgesetzt werden, wenn sich die Mitgliedstaaten auf ambitionierte und zugleich realistische strategische Projekte sowohl für die innere Entwicklung der EU als auch für ihre globale Handlungsmacht einigen. Eine wesentliche Voraussetzung hierfür ist, einen von allen EU-Staaten gemeinsam beschlossenen Interessenkatalog zu erstellen, der den Zusammenhang von innerer und äußerer Dimension europäischer Politik widerspiegelt. Mit unverbindlichen Absichtserklärungen und rhetorischen Pirouetten verliert die EU nicht nur gegenüber anderen Akteuren der internationalen Politik an Glaubwürdigkeit, auch für ihre Wahrnehmung durch die Menschen in der Union ist dies abträglich. Output-Legitimation und die Wiederannäherung der Bürger an die europäische Integration stehen in einem direkten Zusammenhang (Scharpf 1999).

Der Rückblick in die europäische Integrationsgeschichte verdeutlicht, welch dynamisierende Wirkung gemeinsame Großprojekte (wie bspw. die Vollendung des europäischen Binnenmarktes – „Europa '92") entfalten können. Die Identifikation und Implementierung geeigneter Projekte wird damit zur zentralen Aufgabe der kommenden Jahre. Vor diesem Hintergrund wird klar, dass die europäische Schuldenkrise eines der zentralen strategischen Ziele der Zukunft offenbart: die Weiterentwicklung der WWU. Doch deren Vollendung wird über kurz oder lang eine fundamentale Erneuerung der europäischen Verträge erfordern. Diese benötigt jedoch die Zustimmung aller EU-Staaten, einschließlich jener, die dem gemeinsamen Währungsraum nicht angehören bzw. nicht angehören wollen – das Vereinigte Königreich ist hierbei am prominentesten zu nennen. Letztlich wird eine Reform des Vertrags von Lissabon nur dann gelingen, wenn die Zustimmung der britischen Regierung (und ggf. auch anderer EU-Mitgliedstaaten) von den vertiefungswilligen Staaten durch entsprechende Kompensationen begleitet wird. Hierzu könnte die Einigung über eine Vollendung des Binnenmarkts (im Dienstleistungs-, Energie- oder digitalen Sektor) oder eine ausgewogenere europäische Lastenverteilung in den Bereichen Sicherheit und Verteidigung die politische Grundlage für einen neuen Integrationskompromiss bieten.

3 Differenzierung zur Überwindung der Komplexitätsfalle

Die EU befindet sich in einer Komplexitätsfalle: Mit zunehmender Mitgliederzahl, neuen und erweiterten Politikfeldern sowie vielschichtigen Formen der Außenbeziehungen (von der Handels- bis zur Sicherheits- und Verteidigungspolitik) ist die Ausgestaltung europäischer Politik in den beiden letzten Jahrzehnten wesentlich komplexer geworden. Immer wieder wird offensichtlich, dass diese Komplexität zur (temporären) Handlungsunfähigkeit der EU führt. Der Union und ihren Mitgliedstaaten fällt es schwer, die divergierenden politischen, sozio-ökonomischen und finanziellen Interessen sowie die unterschiedlichen nationalen Stärken und Schwächen in Einklang zu bringen. Darüber hinaus prallen widersprechende Zielvorstellungen und Erwartungen hinsichtlich der Fortentwicklung des Integrationsprozesses aufeinander. Hinzu kommt, dass der Grad der Zusammenarbeit ein Maß erreicht hat, bei dem die Zustimmung Aller zu weiteren Integrationsschritten schwer zu erwirken ist, da eine Kooperationsvertiefung in die letzten verbleibenden Kernbereiche nationaler Souveränität eindringt.

In dieser Situation steht die EU-27+ vor einer systemischen Herausforderung: Wie kann sich Europa auch in Zukunft nach innen und außen weiter entwickeln und die Komplexitätsfalle überwinden? Um dies zu erreichen, benötigt die EU ein höheres Maß an innerer und äußerer Differenzierung (Emmanouilidis 2008; 2010).

Differenzierte Integration wird damit zu einem der Kernthemen für die künftige Verfasstheit Europas (vgl. den Beitrag von *Florian Baumann* in diesem Band). Doch die Möglichkeit, mit unterschiedlichen Geschwindigkeiten voranzuschreiten, ist weder ein Allheilmittel noch ein eigenständiges Ziel. Differenzierung ist als ein Mittel zum Zweck zu verstehen, welches die EU-27+ nach innen und nach außen handlungsfähiger machen kann. In der Außen-, Sicherheits- und Verteidigungspolitik, aber auch in der Innen- und Justizpolitik sowie der Wirtschafts- und Fiskalpolitik, auf all diesen Feldern scheint die EU zusehends gefordert, staatsähnliche Leistungen zu erbringen. Doch nicht sämtliche Mitgliedsländer wollen oder können zum selben Zeitpunkt und mit ähnlicher Intensität hierzu ihre Zustimmung geben.

Wie bereits in der Vergangenheit im Falle der gemeinsamen Währung, beim Schengener Abkommen, in der Sozialpolitik oder beim Vertrag von Prüm kann eine engere Zusammenarbeit in einem kleineren Kreis von Ländern zur Überwindung von Blockaden und zur Verbesserung der Leistungsfähigkeit der EU beitragen. Darüber hinaus kann ein höheres Maß an differenzierter Integration bewirken, die Spannungen zwischen den Mitgliedern einer heterogeneren EU zu entschärfen. Diejenigen Staaten, die ihre Zusammenarbeit weiter vertiefen wollen, können dies tun. Und diejenigen, die dazu (noch) nicht bereit oder in der Lage sind, geraten unter weniger Druck von den integrationswilligen Ländern.

Die EU war und wird von einem unterschiedlichen Kooperationsniveau ihrer Mitgliedstaaten gekennzeichnet. Konsequenterweise ist nicht danach zu fragen, ob es ein ‚differenziertes Europa' geben kann und wird, sondern vielmehr, welche Form es in einer Union der Ungleichen annehmen soll. Es geht also nicht darum, ob ein Europa der verschiedenen Geschwindigkeiten befürwortet oder abgelehnt wird. Interessanter erscheint hingegen die Frage, ob es den Gruppen, die sich mit unterschiedlichen Geschwindigkeiten bewegen, künftig möglich ist, sich mittelfristig wieder einander anzunähern oder ob der Weg der differenzierten Integration stattdessen zu einer dauerhaften Spaltung innerhalb der Union führen wird. Letzteres könnte vor allem dann der Fall sein, wenn eine höhere Integrationsdichte innerhalb der Eurozone den Weg weiterer Mitgliedstaaten in den gemeinsamen Währungsraum erschwert oder gar verhindert.

4 Suche nach Leadership

Die Diskussion über Leadership in der EU ist nicht neu, doch im Kontext der aktuellen Krise wird die Führungsfrage wesentlich akzentuierter gestellt als in der Vergangenheit. Deutschland und Frankreich waren trotz unterschiedlicher Positionen im Verlauf der Schuldenkrise gezwungen, gemeinsame Positionen festzulegen, um Entscheidungen im Kreis der 27 bzw. der Euro-17 herbeiführen zu können. Einmal mehr hat sich gezeigt, welche Bedeutung die deutsch-französische Zusammenarbeit für die Überwindung integrationspolitischer Stagnation haben kann. Ob dies die Rückkehr des *couple franco-allemand* bedeutet oder ob es sich lediglich um eine temporäre und auf die spezifische Situation bezogene Annäherung handelt, wird sich erst in der weiteren Entwicklung erweisen.

Doch eines zeichnet sich immer deutlicher ab: Die EU und ihre Mitgliedstaaten sowie Deutschland selbst müssen sich auf eine veränderte und stärkere Rolle Berlins einstellen (Guérot/Leonard 2011; Möller/Emmanouilidis 2011). Im Verlauf der Krise hat sich gezeigt, dass die Interessen und Verhandlungspositionen Deutschlands mehr denn je ausschlaggebend sind für den Fortgang des europäischen Integrationsprozesses. Auch wenn dessen neue Rolle sehr unterschiedliche Reaktionen hervorruft, so kann nicht negiert werden, dass die Forderung nach Leadership innerhalb der EU in direkter Verbindung zur Position Deutschlands steht. Ob dies der Bundesregierung in Berlin und der Befindlichkeit der deutschen Öffentlichkeit zusagt oder nicht, wird im bundesrepublikanischen Diskurs zu klären sein. Von einer Außenperspektive betrachtet, befindet sich Deutschland in einer Führungsrolle, mit aller dazugehörenden Verantwortung.

Bei den Partnern Deutschlands in der EU führt dies zu unterschiedlichen Reaktionen. Die einen fordern eine starke Rolle Deutschlands, andere dagegen fürchten eine Vormachtstellung Berlins. Der polnische Außenminister Radek Sikorski hatte in diesem Zusammenhang in einer Rede während seines Berlin-Besuchs im November 2011 treffend formuliert: „I fear German power less than I am beginning to fear German inactivity." Innerhalb und außerhalb Deutschlands mehren sich aber auch jene Stimmen, die vor einem „deutschen Diktat" warnen. Die beharrliche Haltung Berlins sowohl hinsichtlich einer Änderung des Vertrags von Lissabon (Artikel 136 AEUV) als auch die Insistenz bezüglich der Einführung einer Schuldenbremse (vgl. den Beitrag von *Uwe Wagschal* in diesem Band) wurde im Kontext des so genannten Fiskalpakts von vielen Seiten vehement kritisiert.

In Deutschland selbst tun sich die politischen Eliten sowie die breite Öffentlichkeit schwer mit der neuen deutschen Rolle (vgl. den Beitrag von *Lars C. Colschen* in diesem Band). Das Bekenntnis und der selbstverständliche Umgang mit ökonomischer wie politischer Macht bzw. der daraus resultierenden Führungsrolle erscheinen ungewohnt und erwecken Unbehagen. Viele widersetzen sich einer deutschen Führungsrolle, weil sie fürchten, Leadership könnte letztlich bedeuten, dass Deutschland einen Großteil der finanziellen Lasten der Krise wird tragen müssen. Andere wiederum fühlen sich an die tragische Geschichte des 20.Jahrhunderts erinnert und lehnen schon allein deshalb eine Vormachtstellung Berlins ab.

Die Auseinandersetzung mit der Rolle und Macht Deutschlands findet jedoch nicht mehr vor dem historischen Hintergrund der 1950er Jahre und der Folgezeit statt. Die aktuelle Debatte hierzu hat sich vor allem daraus ergeben, dass Deutschlands ökonomisches Potential in besonderer Weise gerade in einer Wirtschafts- und Finanzkrise zum Tragen kommt und berücksichtigt werden muss. Unter der Annahme, die europäische Finanzkrise ebbe zu einem Zeitpunkt X ab oder könnte gar vollständig überwunden werden, wäre jedoch zu prüfen, ob sich die deutsche Führungsrolle in diesem Fall abschwächen oder sich, im Gegenteil, (noch) fest(er) etablieren würde. Des Weiteren muss gefragt werden, welche Position Deutschland bspw. angesichts einer gravierenden außen- und sicherheitspolitischen Krise einnehmen und wie dies die Machtstellung Berlins beeinflussen könnte. So wäre es denkbar, dass anderen Staaten, insbesondere Frankreich und Großbritannien, eine Führungsrolle zukommen könnte.

In die Zukunft blickend bedeutet dies, dass die Beschäftigung mit Leadership in der EU wesentlich verstärkt werden muss, um hier proaktiv und konzeptionell Weichenstellungen vorzunehmen, anstatt reaktiv und ad hoc nach Führung zu verlangen. Ob es sich hierbei um Führungsrollen handelt, die sich auf ein spezifisches oder auf mehrere Politikfelder beziehen, ob Leadership von einer Staatengruppe – wie groß auch immer diese sein mag – wahrgenommen wird, ob sich derartige Führungskonstellationen als vorübergehende oder permanente Phänomene etablieren, und welche Mitgliedstaaten und/oder EU-Institutionen eine herausragende Rolle übernehmen könnten und sollten – dies sind einige der politischen wie auch wissenschaftlichen Fragen, die künftig weitaus mehr als in der Vergangenheit thematisiert werden müssen.

5 Vertrauensverlust innerhalb und außerhalb Europas

Die EU leidet unter den Folgen eines zunehmenden Vertrauensverlusts unter den Mitgliedstaaten. Das Verhältnis zwischen den europäischen Hauptstädten und den nationalen Gesellschaften hat sich seit 2010 erheblich verschlechtert. Die Schuldenkrise und die Reaktionen darauf haben das Verhältnis zwischen den EU-Ländern zerrüttet. Alte

Stereotypen und Ressentiments sowie unangebrachte historische Vergleiche sind offen zu Tage getreten und gegenseitige Anschuldigungen bezüglich mangelnder Solidarität haben zentrifugale Kräfte in der EU freigesetzt.

Überall in der EU steigt der Unmut über die Herangehensweise an die Krise und gegenüber den Rezepten zu ihrer Bewältigung. In den Mitgliedstaaten, die besonders unter den wirtschaftlichen und sozioökonomischen Folgen der Krise leiden, wird der EU, allen voran den stärkeren Ländern in ihr (sowie dem Internationalen Währungsfonds), vorgeworfen, dass den schwächeren innerhalb der Eurozone zu schnell zu viel abverlangt wird. Die ökonomisch gewichtigeren Mitgliedsländer fühlen sich dagegen finanziell und politisch überfordert. Befürchtungen bestehen, dass der Kern der Eurozone für die selbstverschuldeten Probleme in der Peripherie Europas zahlen müsse und sich die EU in Richtung einer Transferunion entwickeln könnte. In beiden Lagern wird der mediale und politische Fokus stärker auf das Nationale gerichtet und populistische Tendenzen, getragen von einer stärker werdenden Skepsis gegenüber der EU, nehmen zu.

Es wäre jedoch fatal, bei vereinfachenden Erklärungsversuchen stehen zu bleiben, denn die reale Situation ist wesentlich komplexer. Zuspitzende Simplifizierungen und unterschiedliche Wahrnehmungsmuster lassen jedoch eine kritische Gemengelage entstehen, die nicht nur zu sozialen und politischen Turbulenzen innerhalb einiger Mitgliedstaaten, sondern auch zu mehr politischen Spannungen innerhalb der Union sowie zwischen nationalen Hauptstädten führen können.

Aber nicht nur im Inneren der EU mangelt es an Vertrauen, auch Drittstaaten zweifeln verstärkt an der Handlungs- und Gestaltungsfähigkeit der EU. Indizien hierfür finden sich unter anderem in den transatlantischen Beziehungen oder im Verhältnis der EU zu so genannten strategischen Partnern wie bspw. China. Unstimmigkeiten zwischen europäischen Staaten haben die Möglichkeit eines koordinierten Handelns der EU auch in Bereichen wie der GASP geschwächt. Obwohl sich die EU-Mitgliedsländer in diesem Politikfeld zu solidarischem Handeln verpflichtet haben, scheint das Vertrauen zwischen ihnen nicht hinreichend ausgeprägt zu sein, um gemeinsame Positionen und konsequentes Handeln zu gewährleisten. Diese Schwäche wird außerhalb Europas kritisch wahrgenommen. Der Modellcharakter der europäischen Integration hat an Attraktivität verloren und die Diskussion um eine Marginalisierung des Akteurs EU im globalen Kontext wird immer intensiver.

6 Fazit und Ausblick: Vom schwierigen Umgang mit Macht

Mehr als zwei Jahre nach ihrem Ausbruch lassen sich die Auswirkungen der Schuldenkrise auf den Fortgang des europäischen Integrationsprozesses nicht eindeutig bestimmen. Es ist unklar, ob es den EU-Mitgliedstaaten am Ende des Tages gelingen wird, diese Krise erneut als Chance zu nutzen. Innere Krisen, z. B. die Eurosklerose oder die Verfassungskrise, und externer Handlungsdruck, wie durch den Zerfall des ehemaligen Jugoslawiens oder den letzten Irakkrieg, haben in der Vergangenheit immer wieder dynamische Schritte hin zu einer Vertiefung der europäischen Integration ermöglicht. Doch die vielfältigen (potentiellen) Kollateralschäden der Eurokrise – Populismus, Euro-Skeptizismus, nationale und protektionistische Tendenzen, der zunehmende Vertrauensverlust von Mitgliedstaaten untereinander, Zerwürfnisse zwischen nationalen Gesellschaften, ebenso Gefährdungen für die Demokratie auf nationaler und europäischer Ebene – könnten das Projekt Europa nach innen wie nach außen nachhaltig schwächen oder gar lähmen.

Darüber hinaus bedarf es eines neuen Verständnisses von Macht und des Umgangs damit: Will die EU ein machtpolitischer Akteur sein, der in der Lage ist, seine politischen und ökonomischen Möglichkeiten im Sinne der Durchsetzung eigener Interessen konsequent auszuüben? Oder verharrt sie weiterhin in der Rolle einer gebremsten Macht? Die EU und ihre Mitgliedstaaten werden von den eigenen Bürgern wie auch von externen Akteuren daran gemessen werden, wie konsequent sie Macht im Sinne eines Mehrwerts für die Positionierung Europas in der globalisierten Welt des 21.Jahrhunderts zur Geltung bringen.

Die EU-Institutionen und die überwiegende Mehrheit der Mitgliedstaaten sind darauf bedacht, eine negative Konnotation des Begriffs Macht zu vermeiden. Begriffe wie „Soft Power" und „Smart Power" (Nye 2004), zivile oder normative Macht (weiterführend Diez 2005) werden gerne genutzt, um die vermeintliche Andersartigkeit Europas zu unterstreichen. Der Umgang mit dem Begriff „Hard Power" ist hingegen deutlich zurückhaltender. Doch gerade letztere Form der Macht wird von der EU bspw. über die Handelspolitik schon seit langem ausgeübt. Was der EU offensichtlich fehlt, ist die adäquate Verbindung und der kohärente Einsatz von Machtressourcen aus unterschiedlichen Politikbereichen. In Anlehnung an die erwähnte Aussage des polnischen Außenministers Sikorski stellt sich mit Blick auf die Zukunft Europas folgende zentrale Frage: Ist eine starke EU nicht besser als ein schwaches Europa – sowohl aus europäischer Perspektive und Interessenlage betrachtet als auch hinsichtlich der Stabilität einer neuen globalen Ordnung?

Literatur

Algieri, Franco, 2010: Die Gemeinsame Außen- und Sicherheitspolitik der EU, Wien 2010.
Algieri, Franco/Emmanouilidis, Janis/Maruhn, Roman, 2003: Europas Zukunft – Fünf EU-Szenarien, C·A·P Arbeitspapier, München.
Diez, Thomas, 2005: Constructing the self and changing others: Reconsidering 'Normative Power Europe', in: Millennium – Journal of International Studies 3/33, 613-636.
Emmanouilidis, Janis A., 2008: Conceptualizing a Differentiated Europe, ELIAMEP Policy Paper, 10, Athen.
Emmanouilidis, Janis A., 2010: Die Differenzierung Europas – Fluch oder Segen?, in: Algieri, Franco/Kammel, Arnold (Hrsg.), Strukturen globaler Akteure. Eine Analyse ausgewählter Staaten und Regionen, AIES Beiträge zur Europa- und Sicherheitspolitik, Baden-Baden.

Emmanouilidis, Janis A., 2011a: The Leitmotiv of a Global Europe, in: Tsoukalis, Loukas/ Emmanouilidis, Janis A. (Hrsg.), The Delphic Oracle on Europe: Is There a Future for the European Union?, Oxford.
Emmanouilidis, Janis A./Janning, Josef u. a., 2011b: Stronger after the crisis – Strategic choices for Europe's way ahead, EPC Strategy Paper, Juni.
Emmanouilidis, Janis A., 2012: Europe's Role in the 21st Centrury, in: Renard, Thomas/Biscop, Sven (Hrsg.), The European Union and Emerging Powers in the 21st Century, Aldershot (im Erscheinen).
Emmanouilidis, Janis, 2012: The perils of complacency – the results of an unspectacular summit, EPC Post-summit Analysis, Brüssel, März.
Guérot, Ulrike/Leonard, Mark, 2011: Die neue Deutsche Frage: Welches Deutschland braucht Europa?, ECFR Policy Brief, April.
Keohane, Robert O./Nye, Joseph S. Jr., 1977: Power and interdependence. World politics in transition, Boston.
Keohane, Robert O./Nye, Jospeh S. Jr., 1998: Power and interdependence in the information age, in: Foreign Affairs, September/Oktober 1998, 81-94.
Krastev, Ivan/Leonard, Mark, 2010: The spectre of a multipolar Europe, European Council on Foreign Relations, London.
Möller, Almut/Emmanouilidis, Janis A., 2010: General Perception of EU Integration: Accomodating a 'New Germany', in: Where is Germany Heading?, Studie unter der Leitung von Renaud Dehousse und Elvire Fabry, Notre Europe, Juli 2010, 3-11.
Nye, Joseph S. Jr., 2004: Soft power. The means to success in world politics, New York.
Scharpf, Fritz, 1999: Governing in Europe: effective and democratic?, Oxford.
Schneider, Heinrich, 2008: Weiter so oder ganz anders? Die Europapolitik nach dem irischen ‚Nein', in: Integration 3/31, 319–325.
Weidenfeld, Werner, 2011: Europa – Ein hilfloser Koloss, in: Cicero, 9/2011, 50-53.

Internetquellen

Merrit, Giles, 2010: Shaping Europe's global role I: Why the EU badly needs a new political narrative, in: Europe's World, Herbst, http://www.europesworld.org/NewEnglish/Home_old/Article/tabid/191/ArticleType/ArticleView/ArticleID/21718/ShapingEuropesglobalroleIWhytheEUbadlyneedsanewpoliticalnarrative.aspx (Stand: 19.11.10).
Sikorski, Radek, 2011: Rede des polnischen Außenministers, „Poland and the future of the European Union", Berlin, 28.11.11, https://dgap.org/sites/default/files/event_downloads/radoslaw_sikorski_poland_and_the_future_of_the_eu_0.pdf (Stand: 29.11.11).

Florian Baumann

Differenzierung als Strategie der europäischen Integration

1   Einleitung

Differenzierung, flexible oder abgestufte Integration und ähnliche Begriffe werden im Kontext der EU häufig synonym verwendet.[1] Gemeinsam ist ihnen jedoch, dass sie meist mit einer negativen Konnotation versehen sind. Die differenzierte Integration gilt daher in der Regel als ‚Betriebsunfall' der europäischen Einigung. Leo Tindemans' Überlegungen in den 1970ern zur „abgestuften Integration" wurden hingegen in der angewandten Politikforschung frühzeitig aufgegriffen und u. a. am C·A·P zu einem strategischen Ansatz der Differenzierung weiterentwickelt. Im Folgenden sollen daher zunächst unterschiedliche Modelle der Flexibilisierung vorgestellt werden, bevor auf einige Beispiele aus der Praxis eingegangen wird. Abschließend und zusammenfassend bleibt die Differenzierung als Strategie für die künftige Integration zu skizzieren.

2   Modelle der Differenzierung

Die Fülle an Schlagworten und unterschiedlichen Modellen der Flexibilisierung haben zu einer Reihe von Klassifizierungen geführt, wobei gleiche oder ähnliche Begriffe häufig unterschiedlich interpretiert werden. Die bestehenden Formen der flexiblen Integration lassen sich zunächst hinsichtlich mehrerer Dimensionen unterscheiden: Dauer, Verortung, Sachbereich und Teilnehmer. Das heißt, Differenzierung findet als Übergangsfrist oder als unbefristete Lösung, innerhalb oder außerhalb des *acquis communautaire* statt. Inhaltlich werden damit einzelne Policies oder ganze Politikfelder abgedeckt, an denen ein Teil der Mitgliedstaaten sowie unter Umständen auch Nicht-EU-Länder teilnehmen können. Je nachdem, welche Dimension oder Kombination betrachtet wird, lassen sich unterschiedliche Typen der Differenzierung konstruieren.

Eine relativ einfache Differenzierungstrias entwickelte Alexander Stubb (1996: 285), der drei korrespondierende Variablen – Zeit („Multi-Speed"), Raum („Variable

---

[1] In den Arbeiten des C·A·P wird „Flexibilisierung" als Oberbegriff verwendet, während gleichzeitig zwischen „abgestufter Integration", im Sinne einer zeitlichen Derogation, und „differenzierter Integration" bzw. „Differenzierung" als strategischem Ansatz der Flexibilisierung unterschieden wird (Janning/Weidenfeld 1996; Janning 1997).

Geometry") und Sachbereich („a la carte") – ausmacht.[2] Katrin Forgó (1998: 50-60) unterscheidet zunächst das „Europa der verschiedenen Geschwindigkeiten" von der „abgestuften Integration", wobei ersteres auf einer zeitlichen, letzteres auf einer konditionalen Differenzierung beruht. Im „Europa der variablen Geometrie" bilden sich um einen Integrationskern, an dem alle Mitgliedstaaten partizipieren, weitere funktionale Regime denen sich einzelne Länder fakultativ anschließen. Geographisch differenziert ist das Modell „Kerneuropa" mit einer „konstante[n] Gruppe von Mitgliedstaaten" (Forgó 1998: 57) – andere Länder nehmen hingegen nur an bestimmten Integrationsbereichen teil. Diese Wahlmöglichkeiten können bis ins Extrem einer „unumschränkten Flexibilität" gesteigert werden. Schließlich kann Flexibilisierung auch zu einem „Europa der konzentrischen Kreise" führen, bei dem die Staaten je nach Integrationstiefe ringförmig um einen Kern angeordnet sind. Am äußeren Rand dieses konzentrischen Modells werden die assoziierten Länder außerhalb der EU erfasst.

In einer stärker analytischen und strategischer ausgerichteten Systematik beschreibt Claus Giering (1997a: 214-217; 1997b: 1-35; 1997c) unterschiedliche Modelle der Differenzierung, beruhend auf drei Metakonzepten: Abstufung, Differenzierung und Europa „à la carte".[3] Unter Abstufung fällt primär das „Europa der verschiedenen Geschwindigkeiten", das von einer zeitlichen Differenzierung auf Grund ungleicher Integrationsfähigkeit charakterisiert ist. Auch das Modell „Kerneuropa" („Konzentrische Kreise") sieht Giering lediglich als Übergangslösung und erkennt es als mögliche „gesamteuropäische Ordnung" (1997c: 73) mit der EU als Zentrum und den angrenzenden Staaten als Peripherie. Unter dem Begriff Differenzierung werden die Flexibilisierungsmodelle subsumiert, die einem strategischen Ansatz zur Vertiefung folgen und nur einen Teil der Mitgliedstaaten, aber potenziell auch Drittstaaten umfassen. Im Unterschied zur „differenzierten Integration" wird das „Europa der variablen Geometrie" dabei innerhalb des *acquis communautaire* verortet. Auf die Mitgliedstaaten beschränkt, indes mit der Option zur Gründung neuer Institutionen, sind die Herausbildung einer ‚Avantgarde' innerhalb des gemeinsamen Besitzstandes oder das „Modell der offenen Partnerschaften" mit einer eigenständigen Vertragsgrundlage. „Europa à la carte" fällt insofern aus dem Raster, als die vollständige Beteiligungsfreiheit zwar ein Höchstmaß an Flexibilisierung bietet, aber den bereits erreichten Integrationsstand gefährdet und daher auch nicht zu einer Vertiefung führt.

Eine Anpassung und Neuausrichtung der Differenzierungssystematik entwickelte Janis Emmanouilidis (2007a). Als erste Option kann demzufolge die Neugründung einer stärker supranationalen Union mit einer eigenen institutionellen Architektur

---

[2] Vergleichbare Systematisierungen bieten etwa Janning 1994, Wessels/Jantz 1997, Becker 1998, Lynch 2000 und Warleigh 2002.
[3] Zusätzlich zu den eingangs genannten Dimensionen richtet Giering (1997b: 32) den Blick auch auf die Motive (fehlende Integrationsbereitschaft oder Integrationsunfähigkeit), Entscheidungsmodi (alle Mitgliedstaaten oder nur die beteiligten Staaten), sowie die Ziele (europäischer Bundesstaat, sektorale Regime etc.) der Differenzierung.

gelten, unter Beibehaltung der ‚alten' EU. Auf Grund der Integrationskonkurrenz verweist Emmanouilidis jedoch auf die Gefahr einer Spaltung Europas. Weniger radikal ist der Rückgriff auf kodifizierte Flexibilitätsmodelle, etwa durch verstärkte Zusammenarbeit oder eine Vertiefung innerhalb der Euro-Gruppe. Damit wäre das Risiko einer institutionellen Abspaltung gebannt, und der gemeinsame Besitzstand könnte konserviert werden. Möglich ist auch eine vertiefte intergouvernementale Zusammenarbeit außerhalb der EU-Verträge. Unter bestimmten Voraussetzungen können diese externen Regime zu einem späteren Zeitpunkt in den gemeinsamen Besitzstand implementiert werden, wobei jedoch bspw. die mangelnde demokratische Kontrolle und hohe Implementierungskosten zu bedenken sind (Emmanouilidis 2007a: 8-10). Eine weitere, bereits genutzte Form der Differenzierung, sind so genannte *opt-outs*: Obwohl diese sowohl gemeinschaftsschonend sind und eine flexible Vertiefung ermöglichen, besteht die Gefahr einer dauerhaften Kluft zwischen den „Ins" und den „Outs" im Sinne eines „Europa à la carte" (Emmanouilidis 2007a: 12). Als abgewandelte Form der Erweiterung mit Übergangsfristen kann, anders als bei der „abgestuften Integration", im Zuge der Beitrittsverhandlungen eine dauerhafte Nicht-Teilnahme *(limited EU membership)* an bestimmten Politiken vereinbart werden (Emmanouilidis 2007a: 13). Als letzte Form der „differenzierten Integration" ist der Austritt aus der EU aufgeführt, der den verbleibenden Mitgliedern eine ausgeprägtere Integrationsdynamik erlaubt.

3   Flexible Integration im Vertrag von Lissabon

Jenseits der abstrakten Typen der Differenzierung bietet das EU-Recht einen weiteren Zugang zu diesem Thema. Zur Vermeidung von ‚Wildwuchs' außervertraglicher Kooperationen, wurde nach Instrumenten gesucht, um den „politischen Integrationswillen einiger [...] mit der zögernden Haltung anderer Mitgliedstaaten in Einklang zu bringen" (Thym 2004: 43). So ist im Vertrag von Amsterdam die „verstärkte Zusammenarbeit" bzw. die „konstruktive Enthaltung" eingeführt worden (Thun-Hohenstein 1998). Bestehende Sonderregelungen und Übergangsfristen, bspw. in der Wirtschafts- und Währungsunion (Wessels 1998: 190f.), wurden beibehalten und weitestgehend in das Vertragsrecht inkorporiert. Der Vertrag von Lissabon (VvL) passt einige dieser Bestimmungen an, da bislang das erforderliche Maß an Flexibilität nicht erreicht werden konnte (Bieber/Epiny/Haag 2011: 113-115; Marchetti 2010; Bauer/Baumann 2008).

3.1 Verstärkte Zusammenarbeit

Die Bestimmungen zur verstärkten Zusammenarbeit (vZA) waren bislang sehr restriktiv. Mit dem VvL ist dieses Instrument nunmehr „im Rahmen der nicht ausschließlichen Zuständigkeiten" (Art. 20 Vertrag über die Europäische Union (EUV)) der Union möglich, was prinzipiell einer Öffnung gegenüber neuen Politikfeldern gleichkommt.

Das Mindestquantum an beteiligten EU-Ländern wurde von acht auf neun erhöht, was jedoch in Relation zur gestiegenen Mitgliederzahl eine Verbesserung darstellt. Grundsätzlich muss eine vZA allen Mitgliedstaaten offen stehen. Zudem fordert der VvL dazu auf, möglichst viele EU-Länder zur Zusammenarbeit zu ermuntern (Art. 328 AEUV). Die Einschränkung der vZA als ‚letztes Mittel' wurde dahingehend präzisiert, dass sie immer dann erfolgen kann, wenn bestimmte Ziele der EU „von der Union in ihrer Gesamtheit nicht innerhalb eines vertretbaren Zeitraums" (Art. 20 EUV) zu realisieren sind.

Die allgemeinen Bestimmungen zur vZA wurden im Primärrecht gebündelt und vereinheitlicht (Art. 10 EUV iVm Art. 326-334 AEUV). In den meisten Politikfeldern entscheidet der Rat mit qualifizierter Mehrheit über eine vZA, auf Vorschlag der Kommission und mit Zustimmung des Parlaments (Art. 329 Abs. 1 AEUV). Für die Zusammenarbeit in der Gemeinsamen Außen- und Sicherheitspolitik (GASP) erfolgt die Antragstellung direkt beim Rat. Die Kommission und der Hohe Vertreter der Union für die Außen- und Sicherheitspolitik können dazu Stellung nehmen, das Parlament wird lediglich unterrichtet (Art. 329 Abs. 2 AEUV). Die institutionelle Kontrolle und demokratische Legitimation fällt in der GASP somit merklich schwächer aus, als in anderen Politikfeldern.

Eine Neuerung stellt auch die Passerelle-Klausel dar, die einen flexibilisierten Übergang zur qualifizierten Mehrheit oder zum ordentlichen Gesetzgebungsverfahren im Rahmen einer vZA ermöglicht. Die beteiligten Mitgliedstaaten können dabei durch einstimmigen Beschluss die Entscheidungsregeln im Geltungsbereich der Zusammenarbeit verändern. Über „den Umweg der verstärkten Zusammenarbeit" (Emmanouilidis/Giering 2003: 460) können so die vereinfachten Verfahren durch die ‚Hintertür' eingeführt werden (Bauer/Baumann 2008: 201).

3.2 Ständige strukturierte Zusammenarbeit

Seit dem VvL können Mitgliedstaaten, „die anspruchsvollere Kriterien in Bezug auf die militärischen Fähigkeiten erfüllen und die im Hinblick auf Missionen mit höchsten Anforderungen untereinander weiter gehende Verpflichtungen eingegangen sind" (Art. 46 Abs. 6 EUV), zu diesem Zweck eine ständige strukturierte Zusammenarbeit (ssZ) begründen.[4] Interessierte Mitgliedstaaten richten dazu einen Antrag an den Rat, der nach Anhörung des Hohen Vertreters darüber mit qualifizierter Mehrheit abstimmt (Art. 46 EUV). Ein Novum ist auch die Möglichkeit, eine Gruppe von Mitgliedstaaten mit der Durchführung einer EU-Mission zu beauftragen. Die Teilnehmer müssen sich dazu bereit erklären und über die hierfür notwendigen Fähigkeiten im Sinne der Petersberg-Aufgaben verfügen.

---

[4] Ein Protokoll zum Vertrag von Lissabon führt diese Kriterien einzeln auf (Abl. C83/2010: 276-277).

Hauptunterschiede zwischen ssZ und vZA sind die fehlende *last resort*-Bedingung sowie die wegfallende Mindestteilnehmerzahl. Außerdem sind Kommission und Parlament an den Entscheidungen über eine ssZ nicht beteiligt. Auf Grund der Konditionalität bezüglich der militärischen Kapazitäten fordert der VvL auch nicht dazu auf, möglichst alle Mitgliedstaaten zu einer Teilnahme zu ermutigen, obschon hier implizit ebenfalls eine Vollintegration angestrebt wird. Hinzu kommt die Möglichkeit der Suspendierung, falls ein EU-Land die Kriterien für die Teilnahme nicht mehr erfüllt oder seinen Verpflichtungen nicht nachkommt. Beschlüsse über die Aufnahme zusätzlicher Staaten, bzw. die Aussetzung der Teilnahme eines solchen, treffen die an der ssZ beteiligten Mitgliedsländer im Rat mit qualifizierter Mehrheit (Art. 46 EUV). Da dieses Instrument aber nicht geeignet ist, die Souveränitätsvorbehalte vieler Staaten in jenem sensiblen Bereich zu beseitigen, sollte es nicht mit zu hohen Erwartungen an eine Dynamisierung der europäischen Verteidigungspolitik überfachtet werden.

3.3 Die Euro-Gruppe

In Ergänzung zu den beiden gerade vorgestellten Flexibilisierungsinstrumenten, die am ehesten den Modellen „Kerneuropa" oder einem „Europa der variablen Geometrie" entsprechen, gilt die Währungsunion als eine Form der *predefined flexibility* (Kurpas/Riecke 2007: 100) mit vertraglich fixierten Konvergenzkriterien (Art. 140 Abs 1. AEUV), weswegen die neu beigetretenen Staaten den Euro erst teilweise eingeführt haben. Als „zeitliches Übergangsphänomen" (Thym 2004: 132) folgt dieser Konditionalitätsansatz dem Tindemans-Bericht (1975: 261) in seiner Logik, dass „objektiv anerkannte Gründe" zu einer temporalen Abstufung führen können. Ebenso ist die Nicht-Teilnahme von Dänemark und dem Vereinigten Königreich vertraglich fixiert. Eine Form der praktizierten Differenzierung lässt sich im Fall Schwedens erkennen, das zwar mittlerweile die Kriterien erfüllt, auf Grund der vorhandenen Bedenken hinsichtlich des Euro wird jedoch das formale Konvergenz-Prüfungsverfahren nicht eingeleitet (Weidenfeld 2011a: 176; Bieber/Epiney/Haag 2011: 482).

Der VvL institutionalisiert die zuvor informelle Eurogruppe als offizielles Gremium. Auf den neu geschaffenen Posten eines gewählten Präsidenten dieser Sonderformation des Rates („Mr. Euro") wurde bereits vor dem Inkrafttreten des Lissabonner Vertrages der luxemburgische Premierminister Jean-Claude Juncker gewählt. Ergänzend zu den bisherigen Bestimmungen über die Euro-Zone, kann der Rat nunmehr Beschlüsse zu einer verbesserten, koordinierten Haushaltskonsolidierung fassen und spezifische Maßnahmen zur makroökonomischen Koordinierung erlassen. Die getroffenen Beschlüsse müssen mit den allgemeinen Grundzügen der EU-Wirtschaftspolitik vereinbar sein und gelten nur in den 17 Ländern mit dem Euro als Währung unmittelbar (Art. 136 EUV). Einen Autonomiezuwachs spiegelt auch das Selbstvertretungsrecht bei internationalen Institutionen und Konferenzen wider, wonach die Euro-Gruppe im Rat, nach Anhörung der Europäischen Zentralbank (EZB), gemeinsame Standpunkte zu Fragen mit einer besonderen Bedeutung für die WWU beschließen kann. Stimmberechtigt sind in diesen Fällen nur die Staaten, die den Euro bereits eingeführt haben (Art. 136 und 138 AEUV). Über die finanzpolitische Kohärenz hinaus, wird damit vor allem eine einheitliche Außenwahrnehmung der Euro-Gruppe erreicht. Beides führt letztlich zu einer Stärkung des Euro im globalen Finanzsystem.

Vor Lissabon nahm die Euro-Einführung im Primärrecht eine dominante Rolle ein, während die EU-Verträge heute mehr auf das Thema Economic Governance ausgerichtet sind. Prinzipiell bewirkt der VvL eine Aufwertung der Euro-Gruppe sowie die Ausweitung ihrer Handlungsfähigkeit und stärkt damit die Eurozone. Ein offensichtlicher Nachteil dieser verschärften Differenzierung ist allerdings die erhebliche Fragmentierung im Bereich der Wirtschafts- und Finanzpolitik. Die jüngsten Beschlüsse zur Fiskalunion zeigen jedoch, dass in diesem Sektor die Spaltung weniger von der Eurozone ausgeht, als vielmehr von den „Outs".

3.4 Der Schengen-Raum

Das Schengener Abkommen zur Abschaffung der Personenkontrollen an den Binnengrenzen, zugunsten der polizeilichen Zusammenarbeit sowie der Herstellung gemeinsamer Regeln für die Migration aus Drittstaaten stellt einen Präzedenzfall der intergouvernementalen Flexibilisierung dar. Da unter den Mitgliedstaaten keine Einigung erzielt werden konnte, schlossen die Benelux-Länder, Deutschland und Frankreich das Übereinkommen außerhalb des EG-Vertrages, dem sukzessive weitere Staaten beitraten (Dehousse/Coussens 2004: 5). Mit dem Vertrag von Amsterdam wurde das Schengen-Recht in den gemeinsamen Besitzstand aufgenommen und damit für alle Mitgliedstaaten verbindlich (Gehring 1998: 54-61; Bieber/Epiney/Haag 2011: 47-48). Die in das Abkommen inkorporierte „Integrationsklausel" (Monar 2006: 12) sowie die Übernahme in das Primärrecht zeigen deutlich, dass ‚Schengen' nicht auf Dauer als außervertragliche Lösung konzipiert war.

Eine Vollmitgliedschaft setzt die vollständige Übernahme des *acquis* voraus und wurde beispielsweise im Zuge der Osterweiterung in zeitlicher Abstufung implementiert (Müller-Graff/Kainer 2011: 75-80). Neben der temporalen weist die Differenzierung hier aber auch eine räumliche Dimension auf. Großbritannien sowie das damit in einer Passunion verbundene Irland sind nicht Teil des Schengen-Raums. Hingegen haben sich einige Staaten, die keine EU-Mitglieder sind – Island, Norwegen und die Schweiz –, dem Regime angeschlossen (Weidenfeld 2011a: 32, 102). Zusätzlich zur inneren Differenzierung lässt sich hier also auch eine externe Flexibilisierung erkennen.

Das Schengen-Recht war seit Amsterdam integraler Bestandteil der intergouvernementalen dritten Säule und wurde dort zum Raum der Freiheit, der Sicherheit und des Rechts (RFSR) weiterentwickelt. Mit dem VvL ist dieses Politikfeld nunmehr weitestgehend supranational geregelt, wobei die vertraglich zugesicherten Vorbehalte bestehen blieben (Abl. C83/2010: 290-303). Für Großbritannien und Irland gilt weiterhin

Differenzierung als Strategie der europäischen Integration 285

die Regelung, dass sie nicht an Beschlüsse im Bereich des RFSR gebunden sind. Allerdings können beide Staaten auf freiwilliger Basis daran teilnehmen. Anders stellt sich die Situation im Falle Dänemarks dar. Die Dänen können, je nach Belieben, mit einem Opt-in an bestimmten Beschlüssen zu diesem Politikbereich partizipieren. Dazu besteht zum einen die Möglichkeit, die vertraglich garantierten Ausnahmeregelungen vollständig oder teilweise auszusetzen, zum anderen kann eine Teilnahme durch eine Überführung in nationales Recht, auf der Grundlage des allgemeinen Völkerrechts, erfolgen (Abl. C83/2010: 300-301; Bieber/Epiney/Haag 2011: 443-444). Dieses Opt-in ist ebenso komplex wie bedenklich, da es nahe am Modell des „Europa à la carte" liegt und daher eine Ausnahme bleiben sollte.

Eine ähnliche Entwicklung wie das Schengener Abkommen nahm der Vertrag von Prüm (2005), der ebenfalls in Form einer außervertraglichen, zwischenstaatlichen Kooperation nur von einem Teil der Mitgliedstaaten zur Zusammenarbeit bei grenzüberschreitenden Problemen der inneren Sicherheit begründet wurde. Binnen weniger Monate konnten entscheidende Teile des Prümer Vertrages qua Ratsbeschluss in das Gemeinschaftsrecht überführt werden (Bieber/Epiney/Haag 2011: 443-444). Prüm führte daher ebenfalls nicht zur Herausbildung eines dauerhaften Kerns, sondern stellt nun vielmehr eine zeitlich verzögerte Vollintegration dar. Großbritannien verhinderte jedoch eine komplette Überführung der Vertragsinhalte in das EU-Recht.

Der VvL definiert die meisten Kompetenzen im Bereich des RFSR als „geteilte Zuständigkeit" (Art. 4 Abs. 2j AEUV) und schreibt das ordentliche Gesetzgebungs- als Regelverfahren vor. Das eröffnet der Kommission die Chance, eine Vertiefung dieses Sachbereichs innerhalb der Kontrakte voranzutreiben und damit die außervertragliche Differenzierung sukzessive einzugrenzen. Wahrscheinlich bleibt in diesem Falle jedoch eine Form der differenzierten Integration innerhalb der Verträge – trotz Mitentscheidung und qualifizierter Mehrheit – bestehen.

3.5 Weitere Bestimmungen zur Differenzierung

Darüber hinaus enthält der VvL etliche Bestimmungen, die eine Flexibilisierung der Integration ermöglichen. Bereits vor der Gründung der Europäischen Wirtschaftsgemeinschaft (EWG) 1957 begründeten Belgien und Luxemburg eine Wirtschaftsunion, der später noch die Niederlande beitraten. Artikel 350 AEUV ermächtigt die BeNeLux-Staaten, an ihrem regionalen Zusammenschluss festzuhalten, solange die Ziele dieses Bündnisses nicht durch die EU-Verträge verwirklicht werden können. Die immanente Schranke der Benelux-Klausel liegt dort, wo der Integrationsstand der EU den der kleineren Avantgarde erreicht hat (Thym 2004: 200). Da aber die politische Integration unter den Benelux-Ländern bislang tiefer geht als in der EU, ist diese Grenze noch nicht erreicht.

Die GASP wartet ebenfalls mit einigen Besonderheiten hinsichtlich angewandter Flexibilisierung auf. Zu nennen ist hier *erstens* das generelle Opt-out für Dänemark bei allen verteidigungspolitischen Maßnahmen und *zweitens* das Instrument der konstruktiven Enthaltung. Gemäß Art. 31 EUV ist in diesem Politikfeld grundsätzlich Einstimmigkeit im Rat erforderlich. Mitgliedstaaten, die sich enthalten, sind von der Teilnahme befreit, müssen aber alle Maßnahmen unterlassen, die eine Umsetzung behindern könnten. Zudem gilt für die konstruktive Enthaltung eine Sperrklausel. Sollten die Ratsmitglieder mit entsprechendem Abstimmungsverhalten sowohl ein Drittel der Mitgliedstaaten als auch ein Drittel der Unionsbevölkerung repräsentieren, gilt der Beschluss als nicht angenommen. Für die GASP besteht zudem eine modifizierte Form des Luxemburger Kompromisses (Thym 2004: 160-161), wonach wichtige nationale Bedenken eines Mitgliedstaates operative Beschlüsse, die mit qualifizierter Mehrheit getroffen werden, verhindern können.

Als Sonderform der Differenzierung ist die Offene Methode der Koordinierung (OMK) zu betrachten (Giering/Metz 2004: 7). Differenziert wird dabei aber nicht der Zeitpunkt der Integration oder die Zahl der Teilnehmer, sondern vielmehr die Umsetzung politischer Maßnahmen. Die OMK findet in Politikfeldern Anwendung, in denen die EU keine oder nur begrenzte Kompetenzen aufweist.[5] Auf der Grundlage gemeinsamer Ziele und Indikatoren entwickeln die Mitgliedstaaten eigenständige Maßnahmen, deren Outcome von der Kommission evaluiert wird. Die zentralen Funktionsmechanismen der OMK sind zwischenstaatliche Vergleiche und nachfolgende Lernprozesse *(best practice)*. Darüber hinaus wird durch die Berichte zur nationalen Zielerreichung eine Öffentlichkeit geschaffen *(naming, blaming, shaming)*, die trotz der rechtlichen Unverbindlichkeit die Chancen für eine effektive Umsetzung erhöht (Wessels 2008: 379-383; Weidenfeld 2011a: 166-167).

Im Kontext der europäischen Integration werden in Bezug auf die Flexibilisierung weiterhin unterschiedliche Modelle diskutiert, ohne dass es dabei immer zu einer hinreichenden begrifflichen Präzisierung kommt. Die hier vorgestellten Systematiken sollen dazu beitragen, diesen Missstand zu beheben. Mit dem kursorischen Blick auf Beispiele der Differenzierung wurde der Bezug zur Praxis der Flexibilisierung hergestellt. Damit wird deutlich, dass am Anfang jeder Auseinandersetzung mit der Differenzierung als Phänomen der europäischen Integration die eindeutige Konzeptionalisierung der verwendeten Modelle stehen muss. Ebenso wichtig ist jedoch eine systematische Einordnung existierender oder zumindest rechtlich kodifizierter Differenzierungsinstrumente. Für die angewandte Politikforschung kommt noch das Erfordernis einer politikpraktischen Synthese von Theorie, EU-Recht und der Anwendung differenzierter Integration hinzu.

---

[5] Für den Bereich Wirtschafts- und Beschäftigungspolitik ist die OMK im VvL verankert worden (Art. 2 Abs. 3 AEUV).

4 Strategisches Element der Differenzierung

Jenseits abstrakter und rechtlicher Vorüberlegungen ist die Flexibilisierung seit Beginn der europäischen Einigung fester Bestandteil des Integrationsprozesses und die Liste der Anwendungsfelder deutlich umfangreicher, als die hier genannten Beispiele suggerieren. Chancen und Risiken der differenzierten Integration – zwischen notwendiger Dynamisierung und möglichem ‚Spaltpilz' – wurden zumeist im Kontext der allgemeinen Debatte über die Zukunft der EU diskutiert. Auf Grund der Stagnation des Integrationsprozesses seit den 1960er Jahren war Europa auf der Suche nach neuen Strategien für eine weitere Vertiefung (Weidenfeld 2011a: 66-73; Scharrer 1984: 1-6). Leo Tindemans (1975: 261) sprach sich daher, aufbauend auf Vorüberlegungen von Willy Brandt, dafür aus, die „Durchführung [weiterer Integrationsschritte] zeitlich auseinandergezogen" und damit flexibler zu gestalten. Ausgangspunkt war eine gemeinsame Integrationsagenda, die von einigen Mitgliedstaaten rasch, von anderen erst zu einem späteren Zeitpunkt umgesetzt werden sollte. Die Ursache der damaligen „Ungleichzeitigkeit" (Thym 2004: 21) war deshalb weniger der integrationspolitische Dissens, als vielmehr die ökonomische Heterogenität der EG-Staaten.

Trotz der bekannten Risiken kam es zu zahlreichen Anwendungen dieser Konzepte. Dabei war bislang in nahezu allen Fällen von einer lediglich ungleichzeitigen Integration – also einem „Europa der unterschiedlichen Geschwindigkeiten" oder einem „Europa der konzentrischen Kreise" mit starken zentripetalen Kräften – ausgegangen worden. Das dauerhafte Ausscheren einiger Staaten in Bezug auf bestimmte Aspekte des RFSR oder den Euro, oder auch die Ende 2011 beschlossene Vertiefung der Eurozone zu einer Fiskalunion, legt jedoch eine längerfristige Trennung nahe. Zumindest in Teilbereichen entsteht eine ‚Avantgarde', auch wenn diese noch in der Mehrheit ist, die ggf. auch gemäß des Modells der „offenen Partnerschaften" eine Vertiefung der Integration außerhalb des *acquis* betreibt.

Die vertragliche Option zur Flexibilisierung blieb bislang weitestgehend ungenutzt, während andere Formen der Differenzierung zur Anwendung kamen. Die in Lissabon vorgenommene, erneute Anpassung der verstärkten Zusammenarbeit und anderer Instrumente vermag diese womöglich attraktiver zu gestalten. Daraus lassen sich zunächst zwei Schlüsse ziehen: *Erstens* hat die Praxis der Differenzierung bisher weder zur Spaltung der EU geführt, noch die von den Vertiefungsbefürwortern erhoffte Dynamik erzeugt. Gerade deswegen, ist *zweitens* der Bedarf an differenzierter Integration als strategischem Element mehr denn je gegeben. Entscheidend ist dabei, Formen der Differenzierung zu nutzen, die tatsächlich geeignet sind, die politische Union weiterzuentwickeln und gleichzeitig die Entstehung eines exklusiven Kerneuropa als separiertem Integrationsraum sowie einer „à la carte"-Peripherie zu verhindern.

Als strategische Option hielt die Differenzierung bereits frühzeitig Einzug in die europawissenschaftliche Debatte (Weidenfeld/Janning 1992: 142-143; Janning/Giering 1997; Algieri/Emmanouildis 2008: 259-267; Weidenfeld 2011a: 19), vor allem in der angewandten Politikforschung. Umstritten ist dabei bis heute, ob die Flexibilisierung der

Integration über das heutige Maß hinaus nur als letzter Ausweg dient, oder ob sich dadurch Dynamik ohne die grundsätzliche Gefahr einer Spaltung der EU generieren lässt (Andersen/Sitter 2005: 227-228). Die EU-Osterweiterung sowie die damit verbundenen schwierigen Reformprozesse zur Wahrung europäischer Handlungsfähigkeit – die „Spannung zwischen Vertiefung und Erweiterung" (Janning 1994: 529) – fachten die Debatte um die Differenzierung erneut an. Deshalb muss „Differenzierung als Strategie verstanden [werden], die es der EU insgesamt ermöglicht, den Erfordernissen der Zukunft möglichst zeitnah, aktiv und effektiv zu begegnen" (Weidenfeld/Janning 2004: 5). Dabei ist ein geschlossenes Kerneuropa zu vermeiden und die Differenzierung vielmehr als „offener Gravitationsraum" (Weidenfeld/Emmanouilidis/Metz 2006: 12) zu konzipieren. In einem Europa der Projekte, kann die differenzierte Integration gleichsam als ‚Versuchslabor' genutzt werden. Die Vorteile dieser strategischen Herangehensweise liegen auf der Hand: Auf diesem Wege wird eine Vertiefung ohne die gleichzeitige Beteiligung aller Mitgliedstaaten möglich. Zudem erhöht sich der Druck auf jene Länder bzw. deren Regierungen, die zunächst nicht willens oder fähig sind, entsprechende Schritte zu gehen. In diesem Sinne ist auch eine verstärkte Differenzierung nach außen hin denkbar. Gerade die EU-Nachbarstaaten, die mittelfristig keine Beitrittsperspektive haben, können so stärker an die Union gebunden werden, auch ohne direkte Aussicht auf eine Vollmitgliedschaft (Emmanouilidis 2007a: 13; Weidenfeld 2011a: 32-33). Die „Union für das Mittelmeer" und die „Energiegemeinschaft Südosteuropa" können exemplarisch für diese *limited membership* genannt werden.

Um die Differenzierung aber auch tatsächlich als „offenen Gravitationsraum" mit zentripetalen Mechanismen zu konzipieren, müssen einige Anforderungen erfüllt sein (Weidenfeld/Janning 2004: 5; Weidenfeld/Emmanouilidis/Metz 2006: 13; Emmanouilidis 2007b): So ist grundsätzlich eine Differenzierung innerhalb des gemeinsamen Besitzstandes gegenüber einer externen Lösung vorzuziehen. Die Vereinbarkeit einer vertieften Integration mit den Zielen der EU darf nicht auf rechtliche Aspekte beschränkt sein, sie muss auch den Geist der Solidarität und die Idee einer gesamteuropäischen Einigung respektieren. Das Kriterium der Offenheit gegenüber neuen Mitgliedern muss schließlich weit gefasst werden. Beitrittsmöglichkeiten sollten nicht nur hypothetisch, sondern realiter gegeben sein, so dass jeder EU-Mitgliedstaat, der a priori spezifizierte Voraussetzungen erfüllt und einen Beitritt wünscht, jenen auch realisieren kann. Werden diese Bedingungen erfüllt, dann spricht auch nichts gegen eine längerfristige Trennung zwischen einem zentralen Integrationskern, der von mehreren konzentrischen Kreisen mit unterschiedlichen Integrationstiefen umschlossen wird.

5 Menetekel oder Zukunft der europäischen Integration?

Die jüngeren Entwicklungen, vom Reformvertrag bis hin zur Staatsschuldenkrise, zeigen deutlich, dass eine Vertiefung des Integrationsstandes nicht mit allen 27 Mitgliedstaaten möglich ist (Weidenfeld 2011b: 57). Die geplante Fiskalunion ist dafür allerdings kaum ein geeignetes Beispiel, da sich bis auf einen dauerhaft integrationsskeptischen Staat, Großbritannien, sowie Tschechien alle EU-Mitgliedsländer daran beteiligen bzw. das Abkommen bald unterzeichnen wollen. Dafür sind in anderen Fällen Projekte, an denen nur ein Teil der Mitgliedstaaten partizipiert, durchaus vorstellbar. Dies gilt etwa für ein gemeinsames militärisches Hauptquartier, die innere Sicherheit oder bei einer verschärften Finanzmarktregulierung.

Dabei kann es durchaus zur Herausbildung unterschiedlicher Kerne kommen, die auch weniger territorial, als vielmehr sektoral unterschiedlich zusammengesetzt sein können. Allerdings ist bei derartigen Projekten der Differenzierung nicht nur eine geographische und politische Ausgewogenheit wesentlich, sondern aus Gründen der Legitimität auch die Beteiligung der für ein Politikfeld zentralen Mitgliedstaaten. Hier rücken Deutschland und Frankreich in den Fokus, wobei das Tandem seiner Führungsrolle nicht immer gerecht wird. Beide Staaten sind wichtig für den Erfolg der EU. Sie sollten daraus aber keine Machtposition ableiten. Vielmehr muss diese Zentralität als Verantwortung begriffen werden, den Integrationsprozess weiterhin zum Wohle Europas voranzutreiben.

Differenzierte Integration, richtig eingesetzt, kann einen wesentlichen Beitrag zur europäischen Einigung leisten – allen Warnungen zum Trotz. In einer wachsenden EU und angesichts einer fortschreitenden Denationalisierung ist es notwendig, dass Europa die „Gestaltungsspielräume" für seine eigene Handlungsfähigkeit auch nutzt (Janning/Weidenfeld 1996: 18-19). Die differenzierte Integration ist dafür bestens geeignet. Solche Ziele der EU, die derzeit nicht von allen Mitgliedstaaten getragen werden, lassen sich von einer Gruppe dadurch umsetzen, ohne dass die Integration als Ganzes von den Staaten, die sich daran nicht beteiligen können oder wollen, gelähmt wird. Auch die fallweise Einbindung von Drittstaaten kann dazu beitragen, Europa zu stärken. Differenzierung, verstanden als „abgestufte Integration" oder als „offener Gravitationsraum", ist daher nicht als Menetekel, sondern als Chance auf ein dynamisches und effektives Europa zu betrachten.

Literatur

Algieri, Franco/Emmanouildis, Janis, 2008: Marginalisierung oder Neubestimmung? Zur Handlungsfähigkeit einer immer größer werdenden EU, in: Große Hüttmann, Martin/Chardon, Matthias/Frech, Siegfried (Hrsg.), Das neue Europa, Schwalbach, 248-272.
Amtsblatt der Europäischen Union, 2010: Konsolidierte Fassungen des Vertrags über die Europäische Union und des Vertrags über die Arbeitsweise der Europäischen Union, Abl. C 53, 83.
Andersen, Svein S./Sitter, Nick, 2005: Differentiated Integration: How much can the EU accomodate?, World Congress of the International Institute of Sociology, Stockholm.
Bauer, Thomas/Baumann, Florian, 2008: Politische Führung und Differenzierung in Europa, in Weidenfeld, Werner (Hrsg.), Lissabon in der Analyse, Baden-Baden, 189-212.

Becker, Ulrich, 1998: Differenzierung der Rechtseinheit durch „abgestufte Integration", in: Schwarze, Jürgen/Müller-Graff, Peter-Christian (Hrsg.), Europäische Rechtseinheit durch einheitliche Rechtsdurchsetzung, Europarecht, Beiheft 1.

Bieber, Rolan/Epiney, Astrid/Haag, Marcel, 2011: Die Europäische Union. Europarecht und Politik, Baden-Baden.

Dehousse, Franklin/Coussens, Wouter, 2004: Flexible Integration: What could be the potential applications?, in: Dehousse, Franklin/Coussens, Wouter/Grevi, Giovanni: Integrating Europe. Multiple Speeds – One Direction?, EPC Working Paper.

Emmanouilidis, Janis, 2007a: Institutional Consequences of Differentiated Integration, C·A·P Discussion Paper.

Emmanouilidis, Janis, 2007b: A Differentiated Europe - 12 Theses, C·A·P Discussion Paper.

Emmanouilidis, Janis, 2008: Differentiated Europe – Forms, Consequences and Conclusions, ELIAMEP.

Emmanouilidis, Janis/Giering, Claus, 2003: In Vielfalt geeint – Elemente der Differenzierung im Verfassungsentwurf, in: Integration 4/26, 454-467.

EPC/EGMONT/CEPS, 2007: The Treaty of Lisbon: Implementing the Institutional Innovations, Joint Study.

Forgó, Katrin, 1998: Zwischen „Europa à la carte" und Einheit: Modelle differenzierter Integration, in: Breuss, Fritz/Griller, Stefan (Hrsg.), Flexible Integration. Einheit oder „Europa à la carte", Wien, 41-78.

Gehring, Thomas, 1998: Die Politik des koordinierten Alleingangs. Schengen und die Abschaffung der Personenkontrollen an den Binnengrenzen der Europäischen Union, in: Zeitschrift für Internationale Beziehungen 1/5, 43-78.

Giering, Claus, 1997a: Zwischen Zweckverband und Superstaat. Die Entwicklung der politikwissenschaftlichen Integrationstheorie im Prozeß der europäischen Integration, Bonn.

Giering, Claus, 1997b: Flexibilisierungskonzepte für Europa. Forschungsgruppe Europa, Centrum für angewandte Politikforschung, München.

Giering, Claus, 1997c: Vertiefung durch Differenzierung – Flexibilisierungskonzepte in der aktuellen Reformdebatte, in: Integration 2/20, 72-83.

Giering, Claus/Metz, Almut 2004: Versuchslabor der Integration. Chancen und Risiken der „offenen Methode der Koordinierung", Reform-Spotlight 2.

Hatje, Armin, 2001: Die institutionelle Reform der Europäischen Union – der Vertrag von Nizza auf dem Prüfstand, Europarecht 2/35, 143-184.

Janning, Josef, 1994: Europa braucht verschiedene Geschwindigkeiten, in: Europa-Archiv 18.

Janning, Josef, 1997: Dynamik in der Zwangsjacke – Flexibilität in der Europäischen Union nach Amsterdam, in: Integration 4/20, 285-291.

Janning, Josef/Weidenfeld, Werner, 1996: Das neue Europa. Strategien differenzierter Integration, Centrum für angewandte Politikforschung (C·A·P).

Janning, Josef/Giering, Claus, 1997: Differenzierung als Integrationskonzept der künftigen Europäischen Union, Forschungsgruppe Europa, Centrum für angewandte Politikforschung, München.

Kurpas, Sebastian/Riecke, Henning, 2007: Is Europe back on track? Impetus from the German EU Presidency, CEPS Working Documents, Brüssel.

Lynch, Philip, 2000: Flexibility and closer cooperation: evolution or entropy?, in: Lynch,Philip/Neuwahl, Nanette/Rees, G. Wyn (Hrsg.), Reforming the European Union from Maastricht to Amsterdam, Essex, 200-216.

Marchetti, Andreas, 2010: Die Verstärkte Zusammenarbeit, in: Marchetti, Andreas/Demesmay, Claire (Hrsg.), Der Vertrag von Lissabon. Analyse und Bewertung, Baden-Baden, 213-222.

Monar, Jörg, 2006: Möglichkeiten und Grenzen differenzierter Integration im Rahmen des „Raumes der Freiheit, der Sicherheit und des Rechts", Gütersloh, unveröffentlicht.

Müller-Graff, Peter-Christian/Kainer, Friedemann, 2011: Asyl-, Einwanderungs- und Visapolitik, in: Weidenfeld, Werner/Wessels, Wolfgang (Hrsg.), Europa von A bis Z, Baden-Baden, 75-80.

Scharrer, Hans-Eckart, 1984: Abgestufte Integration. Eine Einführung, in: Grabitz, Eberhard (Hrsg.), Abgestufte Integration. Eine Alternative zum herkömmlichen Integrationskonzept?, Kehl, 1-30.

Thun-Hohenstein, 1998: Die Möglichkeit einer „verstärkten Zusammenarbeit" zwischen EU-Mitgliedstaaten - Chancen und Gefahren der Flexibilität, in: Hummer, Waldemar (Hrsg.), Die Europäische Union nach dem Vertrag Amsterdam, Wien, 125-139.

Thym, Daniel, 2004: Ungleichzeitigkeit und europäisches Verfassungsrecht, Baden-Baden.

Tindemans, Leo, 1977: Die Europäische Union. Bericht an den Europäischen Rat, in: Schneider, Heinrich/Wessels, Wolfgang (Hrsg.), Auf dem Weg zur Europäischen Union? Diskussionsbeiträge zum Tindemans-Bericht, Bonn, 239-288.

Warleigh, Alex, 2002: Flexible Integration. Which Model for the European Union? Contemporary European Studies, 15, London/New York.

Wessels, Wolfgang, 1998: Verstärkte Zusammenarbeit: Eine neue Variante flexibler Integration, in: Jopp, Matthias/Maurer, Andreas/Schmuck, Otto (Hrsg.), Die Europäische Union nach Amsterdam. Analysen und Stellungnahmen zum neuen EU-Vertrag, Bonn, 187-218.

Wessels, Wolfgang, 2008: Das politische System der Europäischen Union, Wiesbaden.

Wessels, Wolfgang/Jantz, Birke, 1997: Flexibilisierung: Die Europäische Union vor einer neuen Grundsatzdebatte? Grundmodelle unter der Lupe, in: Hrbek, Rudolf (Hrsg.), Die Reform der Europäischen Union: Positionen und Perspektiven anlässlich der Regierungskonferenz, Baden-Baden, 345-367.

Weidenfeld, Werner, 2011a: Die Europäische Union, München.

Weidenfeld, Werner, 2011b: Europa in der Krise, in: Die Gazette 31, 55-57.

Weidenfeld, Werner/Janning, Josef, 1992: Vorlage für das IBF, in: International Bertelsmann Forum (Hrsg.), Die Zukunft Europas. Alternativen-Strategien-Optionen, Gütersloh, 125-159.

Weidenfeld, Werner/Janning, Josef, 2004: Europas Alternativen. Gestaltungsoptionen für die große EU, in: Internationale Politik 4, 1-10.

Weidenfeld, Werner/Emmanouilidis, Janis/Metz, Almut, 2006: Die strategischen Antworten Europas, C·A·P Analyse 4.

Reinhardt Rummel

Auswärtiges Handeln der EU als Entwicklungsaufgabe für angewandte Politikforschung

1 Einleitung

Ehe sich dieser Beitrag den Aufgaben, Strukturen und Leistungen angewandter Politikforschung widmet, sei ein kleines Beratungsbeispiel aus der Praxis akademischer Bemühungen im außenpolitischen Aktionsfeld der EU erwähnt: Im Herbst 2011 hielt das Centrum für angewandte Politikforschung (C·A·P) ein Blockseminar mit dem Titel „Angewandte Politikwissenschaft" für tunesische Studenten in Tunis ab. In politikorientierten, interdisziplinären, interaktiven Workshops wurden Probleme des tunesischen Transformationsprozesses nach dem Sturz des Diktators Ben Ali identifiziert und Lösungen für deren Überwindung erarbeitet.[1] Angewandte Politikforschung wurde als politikrelevant verstanden, praxisnahe Vermittlung einschließend. Zu den von den Studenten gelisteten Herausforderungen Tunesiens gehörte auch die künftige Gestaltung der Beziehungen zur Europäischen Union (EU).

Um realitätsnahe Antworten zu erhalten, verwandelte sich das Seminar mit 35 Teilnehmern spontan in einen Think Tank. Im Rahmen dieser Simulation einigte sich die Studentengruppe darauf, dass es in der gegenwärtigen politischen Umbruchsituation nicht reichen würde, Schwachstellen und Defizite in Staat und Gesellschaft Tunesiens aufzuzeigen. Vielmehr seien umsetzungsfähige Strategien und gangbare Schritte der Abhilfe gefragt. Indessen tat sich die improvisierte Denkfabrik schwer damit, den/die geeigneten Adressaten ihrer Analysen und insbesondere ihrer *Policy*-Vorschläge ausfindig zu machen.

Nahe liegend als Empfänger der Politikempfehlungen erschien die tunesische Regierung, aber diese war während der laufenden Verfassungsdiskussion lediglich provisorisch im Amt. Sollten also stattdessen die Mitglieder der verfassungsgebenden Versammlung mit Expertise bedient werden oder, besser noch, die politischen Parteien, deren Organisation und Funktion ohnehin Ziele politikwissenschaftlicher Erforschung sind? Wäre eventuell die gesamte tunesische Öffentlichkeit, wären die tunesischen Bürger geeignete Adressaten und müssten nicht die Medien, deren Reform ebenfalls ansteht, eingeschaltet werden, um der Denkfabrik Gehör zu verschaffen? Inwieweit müssten Beobachter und Akteure im Ausland in die Expertise über Tunesien einbezo-

---

[1] Für mehr Informationen über das Seminar in Tunis, siehe http://www.cap-lmu.de/aktuell/events/2011/tunis.php (Stand: 30.01.12).

gen werden? Lag es nicht auf der Hand – soweit es um die Transformationspartnerschaft zwischen der EU und Tunesien ging – Vordenkresultate primär in Brüssel zu präsentieren und erst in zweiter Linie in Tunis?

Wer aber sollte der beste Ansprechpartner in der EU sein? Präsident van Rompuy? Präsident Barroso? Präsident Buzek? Baronin Ashton? Die Abteilung Mittelost im Europäischen Auswärtigen Dienst? Der Sonderbeauftragte für Tunesien? Oder waren nicht doch einzelne EU-Mitgliedstaaten die mehr versprechenden Adressaten, allen voran Frankreich? Oder auch Großbritannien? Hatten nicht Paris und London bei der Befreiung Libyens bewiesen, dass auf sie Verlass ist? Sollte trotz allem nicht auch Berlin in die Beratungen einbezogen werden, schon wegen der wirtschaftlichen und finanziellen Stärke Deutschlands? Wäre es notwendig, politische Kräfte auf beiden Politikebenen anzusprechen, auf der nationalen wie auf der europäischen, und müssten nicht innerhalb dieser beiden Politikarenen sowohl die regierenden als auch die gesellschaftlichen Akteure bedacht werden? Wären dementsprechend nicht die inhaltliche Problemansprache sowie die Art der Handlungsempfehlung je nach Adressat ebenfalls zu differenzieren?

2 Aufgabenhorizont im Politikfeld Auswärtiges Handeln der EU

Diese Fragen des studentischen Think Tanks in Tunis führen exakt dorthin, wo sich professionelle Forscher heute in Europa befinden, wenn sie mit ihren Mitteln einen Beitrag zur Verbesserung des Auswärtigen Handelns der EU leisten wollen. Streng genommen ist dieses Politikfeld in seinen heutigen Ausmaßen und Eigenschaften erst mit dem Inkrafttreten des Lissabon-Vertrages entstanden, hat in seinen beiden Hauptbestandteilen, den außenwirtschaftlichen, handels- und entwicklungspolitischen Gemeinschaftspolitiken bzw. der Gemeinsamen Außen- und Sicherheitspolitik (GASP), jedoch bereits seit Jahrzehnten existiert. Die Zusammenfügung der beiden separat entwickelten Bestandteile im heutigen Auswärtigen Handeln muss als integrations- sowie außenpolitische Errungenschaft schonungslos gewürdigt und als politikwissenschaftliche Erklärungs-, Bewertungs- und Fortentwicklungsaufgabe angenommen werden.

Für die angewandte Politikforschung bedeutet das, den bisherigen fachlichen und methodischen Separatismus innerhalb der Außenpolitik der EU zu überwinden. Zwar wird auch in Zukunft das Fachwissen beider europapolitischer Integrationsschulen, zum einen basierend auf der Gemeinschafts-, zum anderen auf der zwischenstaatlichen Methode, gebraucht werden. Politiker wie Wissenschaftler werden aber zunehmend ein Tertium zu gestalten haben, was beide Komponenten im umfassenden Ansatz der Unionsmethode zusammenführt – auch jenseits der Außen- und Sicherheitspolitik (Missiroli 2011: 3, 11).

2.1 Fragen interner Ausstattung

Integrationsmethodisch werden eine Reihe von Aspekten zu beobachten und zu untersuchen sein: Wohin wird die Unionsmethode die EU hinsichtlich ihrer *finalité* führen? Trägt der Politikbereich Auswärtiges Handeln dazu bei, den künftigen Unionsaufbau stärker zu intergouvernementalisieren und was wären die Konsequenzen für die institutionelle Balance innerhalb der Union sowie für ihre Leistungsfähigkeit nach innen und nach außen? Wird Auswärtiges Handeln mit der hybriden gemeinschaftlich-zwischenstaatlichen Methode aktiver, kohärenter und wirksamer werden, so wie in vielen EU-Strategiedokumenten (u. a. der Europäischen Sicherheitsstrategie) anvisiert? Werden die politischen Entscheidungs- und Umsetzungsprozesse transparenter, für den internen wie den externen Beobachter? Werden EU-Außenaktivitäten, die auf dem reformierten Methodenmix fußen, eher von europaweiter Öffentlichkeit getragen und überzeugender von parlamentarischen Prozessen kontrolliert werden können als bisher?

Integrationspolitisch steht der Forscher erneut vor dem bekannten Wechselspiel von Erweiterung und Vertiefung der Union. Noch haben sich die zwölf neuen Mitgliedstaaten seit 2004 nicht voll integrieren können, schon steht mit Kroatien (zum 01. Juli 2013) und dann weiteren Staaten des Balkans eine nächste Runde an, von der Türkei gar nicht zu reden. Mit welchen Mechanismen und Lernprozessen lässt sich die mitgliedstaatliche Vielfalt der Lebensinteressen und Aktionskulturen auf einen Nenner bringen? Ohne Konsens kein Handeln, das war bisher die limitierende Grundformel der EU-Außen- und Sicherheitspolitik. Wenn der Zusammenschluss der Mitgliedstaaten aber eigens erfolgt, um mehr Gewicht in die internationale Waagschale legen zu können, dann kann ein Ergebnis, das zu Tatenlosigkeit zwingt, nicht zufrieden stellen. Wie kann die angewandte Politikforschung hier von Nutzen sein?

Was aber heißt Vertiefung der Union im Politikfeld Auswärtiges Handeln? Sind es Mechanismen der Stimmenthaltung, Versuche der abgestuften Integration oder die aus den GSVP-Missionen bekannten Ansätze (*Framework Nation; Lead Nation*)? Die Prozesse der „Sozialisation" (Schmidt 2010: 195-219) der Diplomaten, der „Brüsselisierung" (Duke/Vanhoonacker 2006: 163-182) von Entscheidungsprozessen und der „Europäisierung" (Wong/Hill 2011) nationaler Einstellungen haben mit der neuen Struktur des Auswärtigen Handelns Nahrung bekommen. Sie verlangen nach integrationspolitischer Bewertung. Konzepte, die die allzu starre Konsensregel relativieren sowie Koalitionsbildung, Arbeitsteilung, Spezialisierung und Meinungsführerschaft sind für das Integrationsfeld Auswärtiges Handeln insgesamt noch negativ besetzt, wenngleich in Einzelfällen (z. B. bei manchen militärischen Fähigkeiten) bereits als Ausweg anerkannt. Es ist die Aufgabe nationaler wie europäischer Forschungsinstitute, innovative Integrationswege zu eruieren, sie mitgliedstaatlichen Bevölkerungen und Politikern zur Diskussion zu stellen und von dort her Lösungsansätze zu formulieren.

Die mit dem Lissabon-Vertrag geänderten institutionellen Strukturen der EU sind politisch gewöhnungsbedürftig und (daher) wissenschaftlich relevant. Macht es Sinn, dass sich die Zahl der für außen- und sicherheitspolitische Fragen zuständigen Akteure zum einen erhöht, zum anderen reduziert hat? Welcher der vielen Akteure hat die Verantwortung: der Europäische Rat und sein Präsident, der Kommissionspräsident und sein Kollegium, die Regierung des Präsidentschaftslandes, der Hohe Vertreter für die Außen- und Sicherheitspolitik der Union/Vizepräsident der Europäischen Kommission (HV/VP) und sein Europäischer Auswärtiger Dienst (EAD)? Hier mitzuhelfen, Transparenz hinsichtlich der Abgrenzung von Kompetenzen sowie der kompetitiven und kooperativen Relationen der diversen Akteure zu schaffen, ist Aufgabe angewandter, teilweise investigativer Politikforschung.

Was wäre wem zu raten, wenn die Position des HV/VP nicht optimal besetzt werden kann oder wenn der europäische Bürger gegenüber dem Auswärtigen Handeln der EU auf längere Sicht entweder gleichgültig bleibt oder massiv rebelliert – etwa auf dem Weg der *Social Media*? Wie weit reicht die faktische Kontrollmöglichkeit des Europäischen Parlaments bei GSVP-Kriseninterventionen? Angewandte Politikforschung ist dort von Nöten, wo institutionelle Innovationen wie die Errichtung eines EU-weiten Geheimdienstes oder die Entstehung eines EU-Hauptquartiers empirisch verfolgt, analytisch aufbereitet und politisch bewertet werden müssen, wo konstruktive Lösungen für unionspolitisch schwierige Fragen wie die rasche Konsensfindung in Notstandssituationen fehlen.

EU-interne Feldforschung ist auch dort gefragt, wo sich die EU instrumentell weiter ausstattet, um der Intensivierung der außen- und sicherheitspolitischen Agenda besser entsprechen zu können. Die lange vermisste Zusammenführung der Mittel der Europäischen Kommission (wie beispielsweise der Stabilisierungsinitiative) mit denen der GASP (wie etwa der Konfliktmediation) erfordert eine Adjustierung sowohl beim Aufbau als auch beim koordinierten Einsatz der Instrumente. Forscher werden zu durchdenken haben, wie bei Auslandseinsätzen der EU eine halbwegs faire Lastenverteilung unter den Mitgliedstaaten zu erreichen ist: Mittelzuweisung aus dem Gemeinschaftshaushalt oder Eigenleistung des teilnehmenden Mitgliedstaates? Wie viel Eigenständigkeit gegenüber der NATO kann und soll die EU bei ihren Interventionen anstreben/erreichen? Das ist eine Frage nach dem optimalen Verhältnis von zivilem und militärischem Planziel (*Headline Goal*), aber auch nach dem Beitrag der Europäischen Verteidigungsagentur.

2.2 Fragen der externen Gestaltung

Am größten sind die inhaltlich-konzeptionellen Herausforderungen, die sich aus der Aufgabenzuordnung an den HV/VP im Lissabon-Vertrag ergeben, zumal damit ein Zugriff auf fast alle außen- und sicherheitspolitisch relevanten Kapazitäten der Union verbunden ist. Aus einer Hand können hochkomplexe und höchst anspruchsvolle Fragen der EU-Außenbeziehungen behandelt werden, darunter solche, die gleichzeitig humanitäre, wirtschaftliche und finanzielle Elemente sowie zusätzlich diplomatische und militärische Komponenten enthalten. Das ist eigentlich das Potenzial für weltpolitischen Einfluss, wenn es denn strategisch eingesetzt, also vom Europäischen Rat in der konkreten Entscheidungssituation gewollt wird.

Ein solcher Einsatz erfordert Denkkategorien, Verhaltensweisen und Risikobereitschaft in einer Art und in einem Ausmaß wie sie – von wenigen Ausnahmen abgesehen – den politischen Führungskräften und Brüsseler Beamten, die sich aus Klein- und Mittelmächten rekrutieren, noch weitgehend fremd sind, von der europaweiten Öffentlichkeit ganz zu schweigen. Angewandte Politikforschung ist hier aufgerufen, mit ihren Fähigkeiten dazu beizutragen, die Qualität der Brüsseler Initiativen und das Niveau der öffentlichen Debatten auf jene Ebene anzuheben, die von der Größenordnung der EU-Ressourcen vorgegeben wird. Ein erheblicher Teil dieser Aufgabe wird darin bestehen, die Einsicht zu fördern, dass die Union nicht in der relativ komfortablen Situation einer Supermacht ist, ihre Mittel und Fähigkeiten optional entweder einzubringen oder auch nicht, sondern sich *nolens volens* mit einer weltpolitischen Agenda beschäftigen muss, die von anderen gemacht und beherrscht wird. Auf dieser Agenda steht die Auseinandersetzung (Partner oder Wettbewerber) mit der alten Super- und Bündnismacht USA sowie den aufstrebenden Weltmächten China, Indien, Russland, Brasilien bis hin zu Südafrika. Das ist eine Machtfrage, aber auch eine Frage der von der EU so hoch geschätzten multilateralen Zusammenarbeit bei wachsenden globalen Querschnittsaufgaben: dem internationalen politischen Terrorismus, dem organisierten Verbrechen einschließlich der Cyber-Attacken, der Verbreitung von Massenvernichtungswaffen, der sicherheitspolitischen Folgen des Klimawandels oder der Energiesicherheit. Was an praktischer Hilfestellung leistet hier die *global governance*-Forschung? Weshalb bleibt das Problem der *Failed States* bestehen und verhindert eine funktionsfähige Weltgemeinschaft?

An ihren eigenen Grenzen hat es die EU mit einem Ring von instabilen Staaten zu tun, die für die Energiesicherheit, die Migrationsproblematik und die transnationale Kriminalität in der Union von essentieller Bedeutung sind und weder mit traditioneller Erweiterungspolitik noch mit formalisierter Europäischer Nachbarschaftspolitik hinreichend erfasst werden. Aufschlussreich sind in diesem Kontext die Erfahrungen mit dem Arabischen Frühling, dessen Dynamiken ganz offensichtlich eine flexiblere und reaktionsschnellere Antwort seitens der Union erfordert hätten. Das gilt für die außen- und sicherheitspolitische Praxis der EU ebenso wie für die Präsenz der sozialwissenschaftlichen Gilde: Wäre es nicht die ureigenste Aufgabe angewandter Politikforschung gewesen, Politik und Gesellschaft in Europa auf einen möglichen demokratischen Aufbruch in der MENA-Region vorzubereiten?

Zusammengenommen ergeben all diese Aufgaben ein vielschichtiges Programm für angewandte Politikforschung bezogen auf Auswärtiges Handeln der EU:

- Die politischen Führungen in Brüssel und in den Hauptstädten der Union brauchen wissenschaftliche Unterstützung bei der Entwicklung von Handlungsoptionen und der Bewertung ihrer Wirkungen.

- Die Gesellschaft benötigt eine informierte, europaweite Debatte und ihre Vermittlung hin zur Politik.
- Die politische und die akademische Welt müssen miteinander ins Gespräch gebracht sowie Lernprozesse auf beiden Seiten organisiert werden.

3 Markt der angewandten Politikforschung

Der obige, normative Appell an die Sparte der angewandten Politikforschung klingt befremdlich angesichts des reichhaltigen Reservoirs an Expertise in den EU-Mitgliedstaaten mit ihren jeweils eigenen Informationsdiensten, ihren unzähligen Diplomaten und der Fülle an lokaler akademischer Forschung. Braucht die außen- und sicherheitspolitisch interessierte europäische Öffentlichkeit, die bereits jetzt mit Berichten und Informationen aus den Universitäten und den Medien überhäuft wird, wirklich noch zusätzliche fachliche Beratung? Benötigt Baronin Ashton ernsthaft weitere Konstellationsanalysen und Innovationsanstöße von außen, obschon sie mit dem EAD doch die größte Denkfabrik besitzt? Solche Fragen müssen sich Beratungsinstitute in Brüssel und europaweit stellen, um Art und Umfang der Nachfrage nach externem Fachwissen auszuloten und sich auf der Angebotsseite erfolgreich zu positionieren. Umgekehrt werden sich politische Führungen und Administrationen in der EU anschauen, was seitens der akademischen Fachwelt an Leistungen angeboten wird, um bei Bedarf Ergänzungen zu den hauseigenen Kapazitäten zu erwägen.

3.1 Angebote seitens der Denkfabriken

In Europa soll es 1.750 Think Tanks geben, von denen der größte Teil national oder sektoral ausgerichtet ist.[2] Wie viele davon auf den Bereich Außen- und Sicherheitspolitik entfallen und welche von diesen wiederum eine spezifische EU-Perspektive einnehmen, ist nicht leicht zu bestimmen, da ein Großteil der Institute sich parallel oder hauptsächlich mit anderen Politikfeldern beschäftigt. Dennoch ist die Quantität der für das Auswärtige Handeln der EU relevanten Forschungsteams von Interesse, nämlich im Verhältnis zum wissenschaftlichen Unterstützungsbedarf, der seitens der offiziellen staatlichen bzw. der gesellschaftlichen Akteure gegeben ist. Wie oben dargelegt, hat sich das Politikfeld Auswärtiges Handeln der EU in manchen Teilen signifikant ausgeweitet, in anderen ist es qualitativ anspruchsvoller geworden, so dass entsprechende Forschungskapazitäten und Agenturen der Wissensvermittlung gebraucht werden

---

[2] In einer Zählung (Stand: 2005) entfallen auf Europa ca. 1.200 Think Tanks (siehe auch: Boucher/Royo 2006). Laut der von McGann geführten Statistik waren es 2009 ca. 1.700 europäische Think Tanks: http://www.ony.unu.edu/2009%20global%20go%20to%20think%20tank%20report.pdf und http://www.euractiv.com/de/print/pa/studie-denkfabriken-werden-global (jeweils Stand: 30.01.12).

könnten. Ist dafür genügend Potenzial an angewandter europäischer Politikforschung vorhanden?

In dieser Hinsicht ist bemerkenswert, dass eine im Jahr 2006 veröffentlichte Untersuchung zum Ergebnis kommt, dass die Anzahl an Think Tanks, die bei der Ausarbeitung europäischer Politiken (einschließlich der EU-Außen- und Sicherheitspolitik) mitwirken, signifikant gestiegen sei.[3] Demnach hätten die Denkfabriken sich in den letzten Jahren vervierfacht und würden sich immer stärker diversifizieren. Sie liefen mittlerweile Gefahr, zunehmend als Lobby-Agenturen zu fungieren, weil sie Finanzierungs- und Eigenständigkeitsproblemen gegenüberstünden. Dieser Befund ist für die EU-Außen- und Sicherheitspolitik nicht überraschend, denn er betrifft einen Zeitraum, in dem die GASP durch den Aufbau der Europäischen Sicherheits- und Verteidigungspolitik (ESVP) seit 1999 und den Beginn der zivilen und militärischen Operationen seit 2003 offenbar einen Boom der politikbezogenen Forschung erzeugt hat. Bereits vor der durch den Lissabon-Vertrag Ende 2009 begonnenen Entwicklungsphase des Auswärtigen Handelns der EU gab es demnach einen lebhaften Wettbewerb um das Marktsegment Politikberatung, was sich in kompetitiver Einflussnahme auf europäische Entscheidungen und in einem „Krieg der Ideen" (Boucher/Royo 2006) ausdrückte.

Heute, im Jahr 2012, können im Großraum Brüssel gut 50 Forschungseinrichtungen mit inhaltlichem EU-Bezug gelistet werden. Etwa die Hälfte davon besitzt eine explizit außen- und sicherheitspolitische Komponente.[4] Der Wettbewerb untereinander wird an mehreren Stellen sichtbar: in der Konkurrenz um Forschungsmittel, anlässlich der Präsentation von Studien und Policy-Papieren, bei der Terminierung von öffentlichen Diskussionsrunden, beim Wettrennen um die Mitwirkung des höchsten EU-Offiziellen bei Kolloquien, im Ringen um die eigene Teilnahme an vertraulichen Strategiesitzungen innerhalb der EU-Institutionen, angesichts des Gerangels um Bürofläche im Brüsseler Europa-Viertel und v. a. innerhalb des Résidence Palace, dem vom belgischen Staat zur Verfügung gestellten Gebäude in unmittelbarer Nachbarschaft zu Rat, Kommission und Europäischem Parlament.

Die klassischen Forschungsinstitute, die eigens gegründet worden sind, um mit praxisnaher EU-Perspektive und eigener Kapazität dem Dialog von Politik und Wissenschaft zu dienen, sind darin eher Mangelware. So repräsentiert das 1983 in Brüssel gegründete Centre for European Policy Studies (CEPS) zwar noch immer den Urtyp einer solchen Daten und Methoden gestützten Denkfabrik, hat aber kaum nennenswerte Nachahmer gefunden. Am ehesten sind in dieser Kategorie noch Einrichtungen zu nennen, die erklärtermaßen etabliert wurden, um ihre sektoral oder geographisch ausgewiesene Expertise auf die EU-Institutionen einwirken zu lassen. Dies betrifft beispielsweise das European Institute for Asian Studies (EIAS), wobei in diesem Fall ökonomische und außenpolitische Fragen zur Aufgabenbeschreibung zählen. Zu diesen

---

[3] www.euractiv.com/fr/affaires-publiques/rle-think-tanks-laboration-politiques-europennes/article-142910?display=normal (Stand: 30.01.12).
[4] www.eu.thinktankdirectory.org (Stand: 30.01.12).

Instituten mit einem wissenschaftlichen Auftrag gehört auch die International Crisis Group (ICG), die 1995 gegründet wurde, ihren Hauptsitz in Brüssel hat und Berichte über Krisenregionen durch Experten erarbeiten lässt, die in der Regel nicht in Brüssel, sondern vor Ort stationiert sind.

Umorientiert haben sich hingegen einige ortsansässige Forschungseinrichtungen, die bislang rein akademisch ausgerichtet waren und weder EU- noch sicherheitspolitische Expertise besaßen. Eine Reihe von Instituten der Universitäten in Brüssel und Umgebung sind hier zu nennen, die ihre bisher universitäre Forschung und Lehre um politikorientierte Komponenten erweitert haben und nun z. B. *Policy Papers* schreiben oder Dialoge mit Vertretern der EU-Institutionen organisieren. Universitätsunabhängige kleinere Einrichtungen in Belgien (z. B. Egmont) und den Niederlanden (z. B. Clingendael) haben die Konjunktur ebenfalls genutzt und sind in neue Aktionsfelder hineingewachsen. Eine neue Spezies von Beratungsinstituten hat sich mit dem European Policy Centre und den Friends of Europe herausgebildet, die zwar im weiteren Sinne zur Kategorie der angewandten Politikforschung gerechnet werden können, deren Aktivitäten sich aber eher mit Lobbyismus überschneiden als mit wissenschaftlichem Arbeiten.

Auch Lobbyverbände haben beachtenswerte außen- und sicherheitspolitische Forschungsabteilungen und sehen ihre Klientel nicht nur innerhalb der EU-Institutionen, sondern ebenso in der Brüsseler Öffentlichkeit. NGOs (z. B. Amnesty International, Human Rights Watch) und nationale Stiftungen (z. B. Bertelsmann, Robert-Schuman) gehören dazu. Vertreten ist ebenso eine Reihe von größeren Forschungsinstituten aus den Mitgliedstaaten (z. B. IFRI aus Paris, SWP aus Berlin). Diese Repräsentanzen haben in der Regel keine eigene Forschungskapazität vor Ort, eignen sich aber als Plattform für die Vermarktung von Forschungsergebnissen und für die Themenfindung. Andere nationale Forschungsinstitute haben keine Vertretung in Brüssel (z. B. SIPRI, IISS, IAI, Notre Europe), produzieren aber durchaus Forschungsergebnisse mit Relevanz für die EU-Institutionen sowie die europäische Öffentlichkeit. Die nationale Sicht macht sie für Abnehmer in Brüssel attraktiv, um die europaweite politische Akzeptanz der Bürger und die Konsensbereitschaft der nationalen politischen Führungen bei europäischem Außenhandeln einschätzen zu können. Da jeder Mitgliedstaat eine europäische Initiative – im Aufgabenfeld der GASP – blockieren kann, sind auch die *Policy*-Studien aus kleineren Mitgliedstaaten von Belang.

Neben der Perspektive aus dem Inneren der EU wächst seit dem Beginn der ESVP-Operationen im Jahr 2003 auch das Angebot an Expertise von außerhalb Europas. Es handelt sich überwiegend um Beiträge amerikanischer Think Tanks, die sich als Teil ihrer Diversifizierungsstrategie einen Ableger in Brüssel geschaffen haben (z. B. ISIS, GMF, Carnegie Endowment for International Peace). Dagegen hat das European Enterprise Institute bereits im Jahr 2010 wegen Geldmangels wieder geschlossen. Andere *Global Player* wie Russland, China, Indien oder Brasilien mischen sich bisher noch nicht in das politikwissenschaftliche Brüsseler Stimmengewirr.

3.2 Nachfrage seitens der EU

Die EU-Institutionen begnügen sich nicht mit dem beschriebenen Beratungsangebot, sondern unternehmen eine Reihe von Maßnahmen, um sich spezifisch benötigte Expertise ad hoc und längerfristig zu sichern. Zum einen greifen sie gezielt, von sich aus, auf Experten aus dem Kreis der praxisnahen Forschungseinrichtungen zurück und bitten sie im Rahmen (vertraulicher) interner Sitzungen um ergänzende Informationen bzw. Einschätzungen zu bereits öffentlich bekannt gemachten Analysen und Vorschlägen. Auch regen sie Diskurse zu ihnen wichtigen Themen an, indem sie Dialoge finanziell und personell unterstützen oder selbst Konferenzen, physische wie online, zu außen- und sicherheitspolitischen Fragen organisieren. Zu vermuten ist, dass die Politiker und Beamten in den EU-Institutionen eigenständige Möglichkeiten suchen, ihre Vorhaben und Entscheidungen an ein sachkundiges Publikum zu vermitteln, um auf diese Weise auf Kritik durch die externe Fachwelt einzugehen bzw. sich externe Unterstützung für oder gegen interne Urteile zu verschaffen.

Das Europäische Parlament (der Auswärtige Ausschuss und seine beiden Unterausschüsse) nutzen neben dem klassischen Instrument der Expertenbefragung (*Hearings*) auch den Weg der Einwerbung von Studien, wobei häufig Fachleute aus den Mitgliedsländern zum Zuge kommen und weniger jene aus dem Brüsseler Beratungskarussell, zumal deren Einsichten in der Regel bereits vor Ort bekannt sind. Darüber hinaus findet eine große Anzahl von wissenschaftlichen *Briefings* innerhalb der europäischen Parteifamilien und Parlamentsfraktionen statt. Ein erheblicher Teil der Expertise, die von den Mitgliedern des Europäischen Parlaments gebraucht wird, bringen Abgeordnete direkt ein oder lassen sie sich von ihren Assistenten referieren. Der Wissenschaftliche Dienst des Parlaments ist zwar mit Experten besetzt, aber zumeist auf sehr grundsätzliche Thematiken spezialisiert und für die aktuelle Agenda im Problemfeld Auswärtiges Handeln eher bedeutungslos. Dagegen holt sich das Parlament durch seine (natürliche) Nähe zur Zivilgesellschaft einen beachtlichen Teil des akut erforderlichen Fachwissens von NGOs und deren Forschungsabteilungen.

Die Europäische Kommission pflegt zwar ebenfalls Beziehungen zu den Vertretern der Zivilgesellschaft, aber eher für praktische Zwecke und aus politischer Korrektheit, denn auf der Suche nach Expertise oder politischer Unterstützung. Ihre externe Beratungswelt besteht hauptsächlich aus der oben beschriebenen Vielfalt an nationalen und in Brüssel tätigen Forschungseinrichtungen, wobei sie häufig zu deren Finanzierungsmix beiträgt. Gelegentlich hat sie sich auch eigene praxisnahe Forschungskapazitäten zugelegt, wie beispielsweise das externe Expertennetzwerk Conflict Prevention Network (1997-2002) oder den kommissionsinternen Expertenpool Bureau of European Policy Advisers. Längerfristiger ist das Engagement der Kommission bei Ausbildungs- und Forschungsstellen wie dem Collège d'Europe in Brügge/Natolin.[5] Dagegen finan-

---

[5] Ähnlich verhält es sich mit dem Hochschulinstitut in Florenz, wo allerdings der Schwerpunkt auf der Forschung liegt. Auch kommen die Zuwendungen in diesem Fall von den EU-Mitgliedstaaten.

ziert sich das European Institute of Public Administration in Maastricht mit Einnahmen aus seinen Kursen, wobei es sich zu einem Großteil um Fortbildungsseminare für Kommissionsbeamte handelt.

Am weitesten entfernt von der akademischen Welt, den Beratungspools und der europäischen Zivilgesellschaft sind der Europäische Rat und sein Präsident sowie bezeichnenderweise auch die HVin/VPin Ashton und ihr EAD, deren Beamte gelegentlich nur mühsam zu Diskussionen in die Brüsseler Think Tanks zu locken sind. Dieser Zustand der Beratungsferne ist zum Teil der Neuheit dieser Organe geschuldet, könnte sich aber auch aus einer Selbstgenügsamkeit heraus erklären. Hinzu kommt, dass die Exekutive der EU, insbesondere im Feld der intergouvernementalen GASP, traditionell eine gewisse Zurückhaltung gegenüber Kritik und Einfluss von Fachkreisen mitbringt. Offenbar sind die Sensibilität und der Abwehrreflex der außen- und sicherheitspolitischen Praktiker in der EU besonders hoch, weil schon der mehrschichtige interne Konsensbildungsprozess sehr facettenreich ist und durch die Komplexität der Außenwelt der Union nochmals gesteigert wird. Immerhin hat sich mit dem EU-Institute for Security Studies, dessen Ursprung in der alten Westeuropäischen Union (WEU) liegt, eine Forschungskapazität in Gestalt einer Agentur der EU-Exekutive erhalten, die einen genuinen ebenso europäischen wie sicherheitspolitischen Ansatz hat und versucht, eine möglichst praxisnahe Arbeit zu leisten.

Insgesamt zeigt sich der europäische Markt für Politikberatung zum Politikfeld Auswärtiges Handeln als sehr vielfältig, wobei der Anteil an wissenschaftlich fundierter Politikberatung eher klein, die Tendenz zu außenpolitischem Lobbyismus eher groß ist. Auffallend ist die starke Steuerung von Forschungsaktivitäten durch die EU-Institutionen, insbesondere seitens der Europäischen Kommission und des Europäischen Parlaments. Rückwirkungen auf die Unabhängigkeit der Forschungseinrichtungen sowie ihre Leistungsfähigkeit sind zu erwarten.

4   Leistungsanspruch an die Zunft der Politikberater

Wie leistungsfähig ist die oben beschriebene Struktur der Forschungseinrichtungen angesichts eines durch die Neuerungen des Lissabon-Vertrags gesteigerten Beratungsbedarfs und vor dem Hintergrund eines anspruchsvolleren internationalen Aufgabenhorizonts? Die bisherigen Kapazitäten und Fähigkeiten angewandter Politikforschung mögen für frühere Phasen europäischer Außen- und Sicherheitspolitik ausgereicht haben. Ob sie die nunmehr erweiterte und komplizierter gewordene Agenda angemessen bedienen können, muss bezweifelt werden und wäre jedenfalls näher zu untersuchen. Ohne eine solche vertiefte Recherche können hier lediglich einige Entwicklungsfelder benannt werden, in denen die Profession der Politikberater künftig in der praktischen Politik wie in der politischen Öffentlichkeit gefragt sein wird.

4.1 Politik und Gesellschaft gleichermaßen als Interessenten

Es sieht sehr danach aus, dass in Zukunft der praxisnahen Ausbildung im EU-Politikfeld Auswärtiges Handeln mehr Aufmerksamkeit zukommen wird, und zwar für Politik und Gesellschaft gleichermaßen. Dabei geht es für beide Interessentenkreise angewandter Politikforschung zunächst um das simple Verstehen der unionsinternen Strukturen und Prozesse. Soll die Entwicklung der EU im Außenbereich vorangebracht werden, sind die Schnittstellen zwischen Universität und Praxis zu stärken. Beispielsweise wären die für die Sozialwissenschaften reservierten Mittel des nächsten Forschungsrahmenprogramms der EU zu steigern, um Initiativen wie das Common Foreign and Security Policy (CFSP)-Forum angemessen ausgestalten zu können. Für aktive EU-Beamte wie für Diplomaten der Mitgliedsländer wird es mehr Bedarf an Schulung geben, wenn sie gegenüber ausländischen Partnern in der Lage sein wollen, die politischen Entscheidungs- und Umsetzungsvorgänge in der Union zu erklären. Grundlegende Publikationen und Handbücher (siehe die Veröffentlichungen von C·A·P und IEP) oder Schulungen für Medienleute, Wahlbeobachter und Krisenmanager (siehe die Arbeit des ZIF) werden bedeutender.

Die starke Fixierung auf integrationspolitische Aspekte von Außen- und Sicherheitspolitik ist nicht mehr funktionsgerecht. Objektiv betrachtet sind die inhaltlichen Problembereiche ungleich anspruchsvoller. Politik wie Gesellschaft müssen besser einschätzen können, an welchen internationalen Aufgaben sich die Union beteiligen muss, in welchem Umfang, mit welchem konzeptionellen Ansatz und mit welchen Partnern. Die EU ist dank ihres Handlungspotenzials, aber auch von ihren Ambitionen her, zur Kategorie der *Global Player* aufgerückt, wobei die Notwendigkeit der Machtausübung viel deutlicher geworden ist, als dies bisher der Fall war. Gleichzeitig gilt es, die spezifisch europäische Sicherheits- und Stabilitätspolitik zu vermitteln, die zwar als vorwiegend zurückhaltend deklariert wird, aber auch *Smart Sanctions* und robustes militärisches Eingreifen einbezieht. Dies betrifft Vorgehensweisen, Arsenale und Größenordnungen, die die europäischen Institutionen, ebenso wie die meisten ihrer Mitgliedstaaten und ihre politischen Öffentlichkeiten, begreifen bzw. auch annehmen müssen. Die politiknahe Forschung hat zwar auf das Missverhältnis von Anspruch und Handeln hingewiesen, bisher jedoch viel zu wenig realistische Abhilfeoptionen und konkrete Argumentationshilfe angeboten.

Entscheidungsträger, Öffentlichkeit und selbst Fachleute versinken immer mehr in Informationsfluten und aktuellen Bezügen. Sie erhoffen sich von der angewandten Politikforschung klärende Orientierung. Nur wenige Institute sind in der Lage, außen- und sicherheitspolitisches Denken strategisch zu fokussieren. In Deutschland gehören auf unterschiedliche Weise SWP und C·A·P dieser Richtung an. Die SWP versucht, auf der Basis ihrer wissenschaftlichen Vielfalt innovative Denkrichtungen vorzugeben (Mair/Paul/Schneckener 2008: 78-95). Das C·A·P strebt an, seine Forschungsergebnisse so zu vermitteln, dass politische und fachliche Kontroversen entstehen. Die EU- und Sicherheitsexperten des C·A·P haben über Jahre hinweg immer wieder anregende Zielbilder zur Debatte gestellt.[6] Beispiele sind die „Vereinigten Staaten von Europa", die „EU als Risikogemeinschaft", die „EU-Armee", „Raketen für Europa", „Strategien für Fragile Staaten", „das Syrische Dilemma", „BerlinPlus für Energie". Zur Förderung von politisch-wissenschaftlichen Auseinandersetzungen und Klärungsprozessen hat das C·A·P eigens einen „Leitfaden für eine sicherheitspolitische Debatte …" entwickelt. Der Institutsdirektor selbst hat sich um „Die strategischen Antworten Europas" gekümmert. Weite Kreise von Politik und Gesellschaft zählen auf diesen Service.

4.2 Inhalte und Methoden gleichermaßen als Aufgabe

Die angewandte Politikforschung wird mehr und mehr gefordert sein, inhaltliche Fragestellungen des Auswärtigen Handelns mit innovativen Methoden der internen Konsensbildung zu verbinden. Für das Problemfeld Auswärtiges Handeln ist es unzureichend, auf mitgliedstaatlicher Ebene lediglich den nationalen Standpunkt zu vertreten und auf jener der EU-Institutionen die europäische Perspektive. Vielmehr bedarf es einer beiderseits aufgeklärten Sichtweise, die berücksichtigt, dass dem Auswärtigen Handeln die Zweiebenenstruktur europäischer Außen- und Sicherheitspolitik inhärent ist. Aufgabe der angewandten Politikforschung wäre es insofern, die Doppelperspektive auf beiden Ebenen zu fördern und auf diese Weise zur Konsensfindung unter den Mitgliedstaaten wie den EU-Institutionen beizutragen. Konkret kann das heißen, national eine Kombination aus nationalen und europäischen Handlungsempfehlungen anzubieten, im Rahmen der EU in Brüssel entsprechend eine Verbindung von europäischer Perspektive und einer solchen für die Mitgliedstaaten.

Ein ernsthafter Leistungstest steht der angewandten Politikforschung hinsichtlich der neuen Komplexität außen- und sicherheitspolitischer Herausforderungen bevor. Auswärtiges Handeln ist inhaltlich so breit angelegt, dass ressortübergreifendes Agieren nicht nur unionspolitisch möglich, sondern sachlich zwingend wird. Diese Bandbreite lässt sich nicht ohne Weiteres durch Einzelexperten, nicht einmal in einem einzigen Forschungsinstitut mit Fachleuten auf mehreren Gebieten abbilden. Multidisziplinarität zu generieren, wird zu einer methodischen Entwicklungsaufgabe. Es reicht für eine Politikempfehlung an die EU im Fall einer Konfliktprävention nicht aus, beispielsweise ein hervorragender *Double Expert* bei der ICG zu sein, also Regional- und Krisenexperte, wenn das Fachwissen darüber fehlt, welches Instrumentarium in Brüssel und bei den Mitgliedstaaten vorhanden ist und wie es zu einem Erfolg versprechenden Handlungspaket geschnürt werden kann.

Ein ähnliches Maß an Innovation wird hinsichtlich der zeitlichen Staffelung von Forschungs- und Beratungsleistungen erforderlich sein. Die große Mehrzahl der heute in Brüssel agierenden Institute konzentriert sich auf die kurz- bis mittelfristige Perspek-

---

[6] Hinsichtlich der in der Folge zitierten Buchtitel siehe: http://www.cap-lmu.de/aktuell/papers.php (Stand: 13.03.12).

tive unter Vernachlässigung der langfristigen, strategischen Optionenbildung. Zu dieser Asymmetrie trägt das im Großraum Brüssel herrschende Wettbewerbskonzept bei, wonach derjenige die Nase vorn hat, der möglichst zeit- und operationsnahe Vorschläge machen kann. Zudem wird dieses Arbeiten an der Tagesagenda häufig von den Sponsoren der Beratungsinstitute besonders goutiert. Wegen jener Mechanismen fehlt der Angebotsstruktur eine für die konzeptionelle Ausgestaltung des Auswärtigen Handelns bedeutende Komponente: die Kunst der Szenarienbildung, der Themenschöpfung und des alternativen Denkens. Grundlagenforschung in diesem Sinne wird zumeist in die Universitäten verschoben und dort in der Regel nicht mehr an die Tagespolitik rückgekoppelt.

Die politikwissenschaftliche Tiefenstudie, das Diskussionspapier oder das *Policy Paper* sind zwar noch immer beliebte Instrumente der Beratung, bedeutender werden aber kontinuierliche Dialoge zwischen Berater und Politiker, also Beratung nicht als punktuelle Leistung, sondern als Prozess. In dieser Hinsicht sind die vielen Denkfabriken in Brüssel gut platziert, jedenfalls soweit es politische Entscheidungen betrifft. Bei deren praktischer Umsetzung hingegen haben sie erhebliche Defizite. Verlässliche Verfahren der Evaluierung, der *Good Practices* und der *Lessons Learnt* wären für Erfolgs- und Effizienzkontrollen von hoher Bedeutung. Sie waren Bestandteile des methodisch und inhaltlich zu entwickelnden neuen Aufgabenfeldes angewandter Politikforschung: Implementierung außenpolitischer Entscheidungen. Darauf ist die beratende Zunft in Brüssel jedoch wenig vorbereitet, fachlich nicht vorgebildet und bisher – trotz aller örtlichen Nähe zu den EU-Institutionen – zu weit weg von den dortigen außen- und sicherheitspolitischen Aktivitäten in internationalen Organisationen, bei bilateralen Verhandlungen oder bei der Umsetzung von Demokratisierungsprogrammen in Transformationsstaaten.

Diese Bemerkung bringt den Beitrag an seinen Anfang zurück, als seitens des beschriebenen studentischen Think Tanks gefragt wurde, an welche Adressaten politikwissenschaftliche Handlungsempfehlungen gerichtet sein müssten, um Einfluss auf den demokratischen Transformationsprozess in Tunesien zu nehmen. Da es in dem Land so gut wie keine Politikwissenschaft, geschweige denn angewandte Politikforschung gibt, wäre zu erwägen, die europäischen Beratungsaktivitäten umzulenken: nicht die Brüsseler Transformationspolitik ist zu beraten, sondern der Adressat dieser Politik in Tunesien.

Literatur

Boucher, Stephen/Royo, Martine, 2006: Les Think-tank: cerveaux de la guerre des idées, Paris.
Duke, Simon/Vanhoonacker, Sophie, 2006: Administrative Governance in the CFSP: Development and Practice, in: European Foreign Affairs Review, 11, Sommer 2006, 2.

Mair, Stefan/Paul, Michael/Schneckener, Ulrich, 2008: Wissenschaftliche Politikberatung am Beispiel der Stiftung Wissenschaft und Politik (SWP), in: Bröchler, Stephan/Schützeichel, Rainer (Hrsg.), Politikberatung – Ein Handbuch, Stuttgart.

Missiroli, Antonio, 2011: Eine kleine Abhandlung über Methoden und ihre Formen in der EU-Praxis, in: Integration 34, August 2011, 3/11.

Schmidt, Sigmar, 2010: Fortschritte und neue Herausforderungen in der Europäischen Außen- und Sicherheitspolitik, in: Leiße, Olaf (Hrsg.), Die Europäische Union nach dem Vertrag von Lissabon, Wiesbaden, 195-219.

Wong, Reuben/Hill, Christopher (Hrsg.), 2011: National and European Foreign Policies: Towards Europeanization, London.

Internetquellen

Centrum für angewandte Politikforschung (C·A·P), www.cap-lmu.de/aktuell/events/2011/tunis.php (Stand: 30.01.12).

EurActiv, www.euractiv.com/fr/affaires-publiques/rle-think-tanks-laboration-politiques-europennes/article-142910?display=normal (Stand: 30.01.12).

EurActiv, www.euractiv.com/de/print/pa/studie-denkfabriken-werden-global (Stand: 30.01.12).

Think Tank Directory, www.eu.thinktankdirectory.org (Stand: 30.01.12).

The Think Tanks and Civil Societies Program, www.ony.unu.edu/2009%20global%20go%20to%20think%20tank%20report.pdf (Stand: 30.01.12).

Michael Bauer/Almut Möller

Angewandte Politikforschung zur europäischen Nahostpolitik

1 Einleitung: Der Nahe Osten, eine Region im Umbruch

Was im Dezember 2010 mit der Selbstverbrennung von Mohamed Bouazizi, einem 26-jährigen Straßenhändler im tunesischen Sidi Bouzid, begann, entwickelte sich innerhalb weniger Monate zu einer Protestbewegung, die die politische Landkarte des ganzen Mittleren Ostens verändert(e). Die politische Dynamik des so genannten „Arabischen Frühlings" hat die gängigen Thesen von der politischen Lethargie der „arabischen Straße", insbesondere der bürgerlich-säkularen Teile der dortigen Gesellschaften, und der uneingeschränkten Herrschaft der regionalen Despoten in Frage gestellt. Wenngleich der Status Quo ante nicht mehr wiederherstellt werden kann, geht der „Arabische Frühling" in seinem zweiten Jahr dennoch einer ungewissen Zukunft entgegen.

Während in Syrien Bürgerkrieg herrscht, scheint in Tunesien ein neues politisches System zu entstehen. In Ägypten erweisen sich die Beharrungskräfte des alten Systems auch nach dem Sturz Hosni Mubaraks größer als erwartet. In Bahrain konnte das Königshaus die Proteste der schiitischen Bevölkerungsmehrheit zwar mit militärischer Hilfe aus Saudi-Arabien und den Vereinigten Arabischen Emiraten niederschlagen – ohne eine Aufarbeitung der Menschenrechtsverletzungen, die dabei geschehen sind, und ohne grundsätzliche politische Reformen ist eine positive Entwicklung dieses Staates und seiner Gesellschaft jedoch äußerst fraglich. Libyen und der Jemen suchen nach dem Sturz der langjährigen Machthaber ein neues inneres Gleichgewicht. In Marokko, Jordanien und dem Oman bemühen sich die Herrscherhäuser darum, die Proteste durch mehr oder minder umfangreiche politische Reformen einzudämmen. Neben den politischen Herausforderungen stehen die Staaten und Gesellschaften auch vor der Aufgabe, die sozioökonomischen Probleme anzugehen, die ein wesentlicher Faktor der Proteste waren und sind.

Die arabische Welt hat sich grundlegend und nachhaltig verändert. Diese historischen Umbrüche stellen die EU vor ein schwieriges Unterfangen: Anknüpfend an ihre strategische Weitsicht in den 1990er Jahren, die Politik der Osterweiterung zur Antwort auf den Fall des Eisernen Vorhang zu machen, stellt sich heute die Frage nach der gemeinsamen strategischen Antwort der EU und ihrer Mitglieder auf die Entwicklungen im südlichen Mittelmeerraum.

Damit soll weder suggeriert werden, dass die arabischen Revolutionen mit dem Fall des Eisernen Vorhangs gleichzusetzen sind, noch dass eine Erweiterung auch die

Antwort auf den „Arabischen Frühling" zu sein hat. Allerdings muss die EU eine Antwort von ähnlicher *strategischer Reichweite* finden, wie einst angesichts der Umwälzungen in ihrer östlichen Nachbarschaft.

2 Schlüsselkonflikte im Nahen Osten und in der arabischen Welt

Die politischen und gesellschaftlichen Veränderungen des „Arabischen Frühlings" spielen sich vor dem Hintergrund zweier regionaler Schlüsselkonflikte ab: der arabisch-israelischen Auseinandersetzung sowie der Konfrontation zwischen Saudi-Arabien und dem Iran. Beide Konflikte werden zunehmend von den Dynamiken des „Arabischen Frühlings" beeinflusst.

2.1 Die arabisch-israelische Auseinandersetzung

Die Unterstützung eines Friedens zwischen Israelis und Palästinensern durch die Umsetzung der Zwei-Staaten-Lösung ist einer jener Bereiche in Nahost, in dem sich die EU und ihre Mitglieder in den vergangenen Jahrzehnten mit einer im Grundsatz gemeinsamen Haltung aktiv und konstruktiv einbrachten. Dabei profilierte sich die EU als Mitglied im Nahost-Quartett. Allerdings konzentrierten sie und ihre Mitglieder sich im Wesentlichen auf Fragen des Aufbaus administrativer Einrichtungen und Sicherheitsstrukturen in den besetzten palästinensischen Gebieten und überließen die politische Führungsrolle bei den Verhandlungen den USA.

In den letzten Jahren hat sich die Konfliktkonstellation zwischen Israelis und Palästinensern mit der Teilung eines künftigen palästinensischen Staatsgebietes in das von der Fatah dominierte Westjordanland und den von der Hamas regierten Gazastreifen (2007), den militärischen Angriff Israels auf den Gazastreifen zum Jahreswechsel 2008/2009 und nun angesichts der arabischen Revolutionen gleich dreifach verändert. In einem Klima zunehmender politischer Instabilität im Nahen Osten, verbunden mit einer Verhärtung der Fronten zwischen den Konfliktparteien, stehen die Chancen auf einen verhandelten Friedensschluss für die Zwei-Staaten-Lösung inzwischen schlecht. Gleich zu Beginn der politischen Umwälzungen in der arabischen Welt unterstrich die EU-Außenbeauftragte Catherine Ashton auf der Tagung des Nahost-Quartetts im Rahmen der Münchner Sicherheitskonferenz im Februar 2011 deren essenziellen Zusammenhang zum Nahost-Friedensprozess. Fortschritte in den Verhandlungen zwischen den Konfliktparteien seien dringend notwendig, da die sich verändernde regionale Lage eine Lösung deutlich erschweren könnte (Nahost-Quartett 2011). In der Zwischenzeit gab es jedoch keine Fortschritte zwischen den widerstreitenden Akteuren.

Auf palästinensischer Seite ist mittlerweile die Einsicht gereift, dass ein Friedensschluss mit der Regierung Benjamin Netanjahus so wenig absehbar ist, dass über Alternativen nachgedacht werden muss. Auf den Schritt der palästinensischen Führung im Herbst 2011, die Vollmitgliedschaft bei den Vereinten Nationen (VN) zu beantragen, reagierten die EU-Staaten uneinheitlich. Nur wenige Monate nach der Spaltung in der Libyen-Frage stand die EU somit erneut als vielstimmiger außenpolitischer Akteur da. Und dies in einer Frage, bei der die EU-Mitglieder in den vergangenen Jahren sichtbar an einem Strang gezogen hatten. Gleichzeitig waren die Erwartungen an die EU, mit einem gemeinsamen Vorgehen im Rahmen der VN die Konfliktparteien positiv zu beeinflussen, angesichts schwindender Gestaltungsmöglichkeiten der Regierung von US-Präsident Barack Obama gewachsen. Zwar ist unwahrscheinlich, dass die Palästinenser die Anerkennung im Sicherheitsrat erreichen werden, ihre Aussichten in der Generalversammlung sind demgegenüber aber deutlich besser. Dennoch, selbst wenn durch die Anerkennung eines Palästinenserstaates in der Generalversammlung neue Fakten geschaffen würden und neue Dynamiken entstünden, wäre die Auseinandersetzung dennoch keineswegs beigelegt.

2.2 Der Konflikt zwischen Iran und Saudi-Arabien

Eine zentrale Konfliktlinie am *Persischen Golf* verläuft zwischen den beiden Regionalmächten Saudi-Arabien und Iran. Als Heimat der heiligen Stätten in Mekka und Medina hat Saudi-Arabien eine herausgehobene Position in der muslimischen Welt und beansprucht eine religiöse Führungsrolle für sich. Zudem verfügt das Land über enorme Erdölvorkommen und ist damit ein wichtiger Akteur auf dem globalen Energiemarkt. Auch innerhalb des Nahen Ostens hat Riad eine führende politische und wirtschaftliche Rolle inne. Diese Position wird vom Iran in verschiedenen Bereichen herausgefordert. So definiert er sich seit der Revolution von 1979 als „islamische Republik" und stellt den religiösen Führungsanspruch Saudi-Arabiens in Frage. Darüber hinaus hat der Iran seinen Einfluss in der arabischen Welt durch die Zusammenarbeit mit Syrien und die Unterstützung für Hisbollah und Hamas ausweiten können und kritisiert Saudi-Arabiens Kooperation mit den USA sowie seine moderate Position gegenüber Israel. Insbesondere der Sturz Saddam Husseins, einem Erzfeind des Iran, 2003 und der große Einfluss, den die schiitischen Parteien im „neuen" Irak besitzen, haben die Position des Iran gegenüber Saudi-Arabien und den anderen arabischen Golfmonarchien gestärkt. Das saudische Eingreifen zur Unterstützung des Königs gegen schiitische Proteste in Bahrain ist vor diesem Hintergrund auch als ein Signal Riads an Teheran zu sehen, in dem der saudische Führungsanspruch unterstrichen wird. Darüber hinaus ist die äußerst kritische Position Saudi-Arabiens gegenüber dem Assad-Regime und dessen Vorgehen gegen die syrische Bevölkerung nicht zuletzt auch auf die Allianz der syrischen Administration mit dem Iran zurückzuführen. Dessen Atomprogramm, das in Europa und den USA als zentrales Problem betrachtet wird, ist damit nur ein Aspekt dieses regionalen Wettstreits, in dem es um die Vormachtstellung in der Golfregion geht.

3 Die Rolle und die Interessen Europas

Abgesehen von zahlreichen politischen Deklarationen haben sich die EU und ihre Mitglieder meist auf indirekte bzw. strukturbildende Ansätze gegenüber dem Mittleren Osten konzentriert. Mit Blick auf die arabisch-israelische Auseinandersetzung (siehe Kap. 2.1) leistete die EU humanitäre Unterstützung, half beim Aufbau institutioneller Strukturen und palästinensischer Sicherheitseinrichtungen, finanzierte Projekte zur Vertrauensbildung zwischen Israelis und Palästinensern und stärkte deren bilaterale Beziehungen mit Israel. Auf der Grundlage des Oslo-Prozesses versuchte die EU seit den 1990er Jahren mit dem Barcelona-Prozess, auch Euro-Mediterrane Partnerschaft (EMP) genannt, einen regionalen Rahmen zur Zusammenarbeit mit Israelis, Arabern und Türken zu entwickeln. Die „Union für das Mittelmeer" war 2008 der gegenwärtig jüngste Versuch, diesen multilateralen Rahmen auf unterschiedlichen Ebenen weiterzuentwickeln. Jene Projekte stagnierten jedoch, sobald sich die israelisch-palästinensischen Beziehungen verschlechterten, ohne dass die EU in der Lage gewesen wäre, etwas dagegen zu tun. Obgleich dieses grundlegende Problem bereits aus dem Barcelona-Prozess bekannt war, fand die EU auch mit dem umgangssprachlich „Mittelmeerunion" genannten Neuanlauf keinen Weg, das Störpotential dieses Konflikts für die intraregionale Zusammenarbeit abzuschwächen oder gar zu überwinden. Im Laufe der 2000er Jahre wurden die politischen, sozialen und wirtschaftlichen Themen der EMP zudem immer mehr von Fragen der Zusammenarbeit in der Terrorismusbekämpfung sowie der Eindämmung von illegaler Migration und Flüchtlingsströmen im mediterranen Raum überlagert. Die politisch-normativen Grundlagen der EMP und der 2004 aufgelegten südlichen Dimension der Europäischen Nachbarschaftspolitik (ENP) spielten vor diesem Hintergrund nur mehr untergeordnete Rollen.

Im Zuge des „Arabischen Frühlings" wurde diese Praxis der Zusammenarbeit mit den Regimen im südlichen Mittelmeer für die EU-Staaten zum Glaubwürdigkeitsproblem: Während die EU und ihre Mitglieder die Demokratisierungsbestrebungen der Protestbewegungen mit offiziellen Erklärungen unterstützten, sahen sie sich dem Vorwurf ausgesetzt, mit den alten Mächten paktiert und deren Herrschaft zementiert zu haben. Als Reaktion auf diese Vorwürfe wurde daraufhin im europäischen Diskurs der Formel „Stabilität versus Demokratie" die umkehrende Zuspitzung „Stabilität durch Demokratie" entgegengesetzt. Dennoch bleibt der Handlungsspielraum der EU bis auf Weiteres eingeschränkt. An dieser Fehlentwicklung sollten die EU-Länder systematisch arbeiten, wenn sie in Zukunft nicht nur Einfluss auf die Entwicklungen in der Nachbarregion nehmen, sondern auch europäische Interessen erfolgreich verfolgen bzw. durchsetzen wollen. Diese reichen weit über die oben beschriebenen Themen innerer Sicherheit hinaus und erstrecken sich bspw. auf Wirtschaft und Handel, Energiekooperation und regionale Sicherheit. In dieser Hinsicht ist der Nahe Osten eine Chancenregion mit hohem Potential – und die EU sowie ihre Mitglieder können „ihre" Nachbarschaft keineswegs mehr für sich allein beanspruchen (Hanelt 2010). Andere Länder wie

China oder die Türkei vertreten inzwischen zunehmend selbstbewusst ebenfalls ihre Interessen im Nahen Osten.

Bei aller Kritik gewann die EU in den vergangenen Jahren jedoch durch ihre Beteiligung am Nahost-Quartett, die Unterstützung der UNIFIL II-Mission im Libanon oder die Führung der Verhandlungen mit dem Iran durch Deutschland, Großbritannien und Frankreich an Profil im Mittleren Osten. Dabei zeigte sich allerdings, dass die EU zwar einen prinzipiellen Konsens bei den grundsätzlichen Fragen erreicht hat, welche Rolle Europa dort spielen soll und welche Ziele die EU verfolgen will. Gleichzeitig herrscht jedoch bei vielen Fragen der praktischen Politik Uneinigkeit unter den Mitgliedstaaten. Besonders deutlich werden diese Unterschiede immer dann, wenn die EU schnell handeln und Krisen meistern muss. Der Vertrag von Lissabon und der neugegründete Europäische Auswärtige Dienst (EAD) leisten zwar einen Beitrag dazu, die institutionellen Defizite zu reduzieren, die politischen Differenzen hinsichtlich der Entwicklung einer Gemeinsamen Außen- und Sicherheitspolitik (GASP) werden damit jedoch nicht beseitigt. Der „Arabische Frühling" setzt die EU und ihre Mitglieder unter akuten Handlungsdruck und hat im Laufe des Jahres 2011 die beschriebenen Umsetzungsprobleme erneut verdeutlicht. Die Enthaltung Deutschlands bei der Abstimmung zur Einrichtung einer Flugverbotszone über Libyen im VN-Sicherheitsrat verhinderte im vergangenen Frühjahr ein einheitliches Auftreten des in den Verhandlungen mit dem Iran erfolgreich kooperierenden Dreiergespanns Frankreich, Großbritannien und Deutschland. Auch wenn die Kritik der Bundesregierung in der Sache nachvollziehbar war, erschien die GASP damit einmal mehr als Illusion. Zwar haben die EU und ihre Mitglieder noch in der ersten Jahreshälfte 2011 mit einer Reihe von Reformvorschlägen für die südliche Nachbarschaftspolitik auf den „Arabischen Frühling" reagiert (European Commission/High Representative 2011: 200ff.; 248ff.; 303), die Maßnahmen tragen den historischen Umbrüchen in der Nachbarregion jedoch bisher nicht ausreichend Rechnung und lassen strategische Tiefe vermissen (Möller 2011: 293-300).

4 Angewandte Politikforschung und Naher Osten

Angewandte Politikforschung unterscheidet sich einerseits vom akademischen Diskurs durch die Einflussnahme auf die praktische Politik mit Hilfe von Netzwerkarbeit und der Formulierung von konkreten Handlungsempfehlungen und andererseits von der traditionellen Politikberatung auf Grund ihrer breiten theoretisch-konzeptionellen Fundierung. Deshalb darf sich angewandte Politikforschung nicht nur mit der Analyse empirischer Daten zum jeweiligen Gegenstand bzw. zur entsprechenden Region, über die geforscht wird, beschränken. Sie muss darüber hinaus auch die theoretischen Annahmen aufgreifen, die die Wahrnehmung und das Denken der handelnden Akteure grundsätzlich formen.[1]

Insbesondere kritische bzw. konstruktivistische Theorien der internationalen Beziehungen sind geeignet, etablierte Überzeugungen und Praktiken zu hinterfragen und damit neue Perspektiven auf bekannte empirische Fakten zu eröffnen. Gerade in einer Region wie dem Nahen Osten mit seinen zahlreichen Konflikten ist es nötig, die bei den Akteuren vorherrschenden, oftmals nur implizit gefassten Denkansätze zu thematisieren. Dies kann sich sowohl auf die Struktur des internationalen Systems und die sich daraus ableitenden Handlungsimperative beziehen, als auch auf die etablierte Freund-Feind-Wahrnehmung sowie staatliche Rollenverständnisse.

In diesem Sinne scheinen Konfliktregionen wie etwa der Persische Golf die in der internationalen Sicherheitspolitik vorherrschenden Grundannahmen der Denkschule des Realismus zu bestätigen. Diese in der Tat adäquate Beschreibung der empirisch beobachtbaren politischen Praxis in der Region blendet jedoch aus, dass jene keineswegs als überhistorische Gegebenheit verabsolutiert werden darf. Die politikpraktische Dimension von konzeptionellen Fragestellungen wird in der von Alexander Wendt (1992) geprägten Formulierung „Anarchy is what states make of it" auf den Punkt gebracht: Eine kritische Auseinandersetzung mit der Region muss somit die herrschenden Spielregeln in den Blick nehmen und fragen, wie diese verändert werden können. Damit geht sie über die klassische Politikberatung hinaus, die sich in der Formulierung ihrer Strategieempfehlungen oft an genau diesen Spielregeln orientiert.

Mit Blick auf die Beziehungen zwischen der EU und dem Nahen Osten kann angewandte Politikforschung in der Praxis auf verschiedenen Ebenen wirken:

Durch eine fundierte und fortlaufende Analyse der dynamischen regionalen Entwicklungsprozesse unter Einbeziehung unterschiedlicher Forschungsfelder wie Regionalwissenschaften, Transformationsforschung, Postcolonial Studies, Sicherheitspolitische Forschung und European Studies kann angewandte Politikforschung *erstens* einen grundlegenden Beitrag zur *Analyse und Bewertung* des „neuen" Nahen Ostens leisten. Mittels der Herausarbeitung von Implikationen für die EU und ihre Mitglieder kann sie *zweitens strategische Handlungsoptionen* für die Reform der EU-Nahostpolitik entwickeln. So ist es ihr möglich, einen Beitrag zu einer echten „Regionalstrategie Nahost" zu leisten, in der die EU als Akteur in der Lage ist, die Veränderungen in und mit ihrer Nachbarschaft zu gestalten. *Drittens* sollte angewandte Politikforschung diese Erkenntnisse gezielt durch Beratung an politische Entscheidungsträger in der EU *vermitteln*. Über die nationalen Akteure in relevanten Regierungen und Parlamenten hinaus sollte sie dabei auch die europäischen Protagonisten in der Europäischen Kommission, im EAD und im Europäischen Parlament in den Blick nehmen. Im Idealfall leistet angewandte Politikforschung *viertens* einen Beitrag dazu, dass sich nationale und europäische Entscheidungsträger *in Nahostfragen stärker vernetzen*, um das Entstehen gemeinsamer europäi-

---

[1] Dies gilt im Übrigen ebenso für die Forschung und Beratung selbst – auch die eigenen konzeptionellen Überzeugungen müssen sich bewusst gemacht werden.

scher Diskursräume und Ansätze für eine europäische Nahostpolitik zu fördern. Dabei kann sie als wissenschaftlich fundierte Disziplin mit ihrem unabhängigen und nichtstaatlichen Status gezielt in akademische Diskurse mit Universitäten, Think Tanks und Netzwerken im Nahen Osten eintreten, aber auch Kommunikationskanäle zu Akteuren öffnen, die für Regierungen in der EU aus verschiedenen Gründen problematische Gesprächspartner sind, etwa Vertreter radikalislamischer Gruppierungen, die in einigen Ländern des Nahen Ostens zunehmend an politischem Einfluss gewinnen. So können Kommunikationsräume geschaffen werden, von denen auch die Politik profitiert, wie etwa die Kronberger Nahostgespräche, die die Bertelsmann Stiftung seit vielen Jahren organisiert.

Die Vernetzung zu Nahostthemen ist aber auch Aufgabe für die angewandte Politikforschung selbst. Trotz der geographischen Nähe zur Region gibt es bisher aus einer Vielzahl von Gründen, die politisch, sprachlich-kulturell und forschungssystemisch bedingt sind, nur einen geringen Austausch mit vergleichbaren Akteuren im Nahen Osten, der Europas Universitäten und Think Tanks jedoch nutzen würde. Die Vernetzung zu Nahostthemen kann dabei etwa im Rahmen europäischer Netzwerke wie dem European Policy Institutes Netzwork (EPIN), das inzwischen 34 Mitglieder in 25 Ländern umfasst und vom Centre for European Policy Studies (CEPS) in Brüssel koordiniert wird[2], erfolgen. Vor allem aber sollte angewandte Politikforschung ihre Kontakte in solchen Netzwerken ausbauen, die dem Austausch mit Einrichtungen im Nahen Osten dienen. Dies gilt bspw. für die Euro Mediterranean Study Commission (EuroMeSCo), zu deren Mitgliedern derzeit 61 Institute aus 33 Ländern der Mittelmeerunion sowie 26 Institutionen mit Beobachterstatus zählen.[3] Ebenso gehört hierzu das Al-Jisr-Projekt, das, mit Förderung der Europäischen Kommission, zwischen 2008 und 2010 unter Federführung des Gulf Research Center eine Vertiefung der Beziehungen zwischen der EU und den Ländern des Golfkooperationsrates etabliert hat.[4]

5 Herausforderung „Arabischer Frühling"

Die Umbrüche in der arabischen Welt haben eine Vielzahl neuer Fragen aufgeworfen. Der Informationsbedarf politischer Entscheidungsträger ist hoch. Seit Jahresbeginn 2011 haben diese intensiviert den gezielten Kontakt zu Institutionen angewandter Politikforschung und -beratung gesucht. Beispiele hierfür sind das Auswärtige Amt, das in verschiedenen Formaten auf die Expertise von Forschungseinrichtungen und die Erfahrung der deutschen politischen Stiftungen in der Region zurückgegriffen hat, aber auch die Europäische Kommission, die über das European Institute for Security Studies

---

[2] Siehe die Website des European Policy Institutes Network, http://www.epin.org/new/index.php (Stand: 15.02.12).
[3] Siehe die Projekt-Webseite: EuroMeSCo, http://www.euromesco.net/ (Stand: 12.01.12).
[4] Projekt-Webseite: Al-Jisr-Project, http://www.aljisr.ae/ (Stand: 12.01.12).

(EUISS) in Paris einen Austausch europäischer Think Tanks zum „Arabischen Frühling" initiierte.

Die Umbrüche werfen eine Reihe neuer strategisch-konzeptioneller Fragen auf, die die EU bis jetzt noch nicht systematisch beantwortet hat. Die angekündigte, erneute Überarbeitung der Europäischen Sicherheitsstrategie etwa, die sich die EU-Länder für 2012 vorgenommen haben, könnte einen Teil dieser Antworten formulieren. In jenem Prozess kann die angewandte Politikforschung einen wichtigen Beitrag leisten.

Die Schaffung und Weiterentwicklung von Netzwerken zwischen Forschungseinrichtungen und Think Tanks in der EU und im Nahen Osten ist eine Aufgabe, der in Zukunft noch mehr Ressourcen gewidmet werden sollten. Dies gilt generell für Kontakte in die Transformationsländer der Region in unterschiedlichsten Lebens- und Arbeitsbereichen. Angewandte Politikwissenschaft sollte neue Partner identifizieren – eine schwierige Funktion in Zeiten des Übergangs – um mit diesen Forschungsprojekte etwa zu konkreten Herausforderungen der politischen Transformation zu konzipieren bzw. umzusetzen. Auf diese Weise profitieren beide Seiten nicht nur inhaltlich voneinander, europäische Institute können so auch einen Beitrag zur Professionalisierung entsprechender Einrichtungen in der Region leisten.

Ebenso ist denkbar, dass angewandte Politikforschung etwa in Zusammenarbeit mit Stiftungen und Bildungsträgern an der Entwicklung von Konzepten der politischen Bildung mitwirkt (z. B. in Citizenship-Workshops oder Multiplikatoren-Trainings auf lokaler Ebene). Als exemplarisch hierfür kann etwa ein einwöchiges Trainingsprogramm betrachtet werden, das das Centrum für angewandte Politikforschung (C·A·P) im Dezember 2011 mit fünf Partnerinstitutionen in Tunis durchführte[5] und das mit weiteren Kooperationspartnern in anderen Transformationsstaaten fortgesetzt wird. Aus diesen Formaten können wertvolle Erkenntnisse für künftige Forschungsarbeiten geschöpft werden, die bisher vor allem aus einer europäischen Perspektive heraus gespeist sind.

6   Lösungsansätze für die Konflikte in der Region

Charakteristisch für den Konflikt zwischen Israel und den Palästinensern ist, dass er zwar grundsätzlich lösbar bleibt[6], bisher jedoch noch in keinem Verhandlungsrahmen die nötige Dynamik und Masse entwickelt werden konnte, um alle strittigen Fragen zu klären und die Zwei-Staaten-Lösung tatsächlich umzusetzen. Die EU hat bis jetzt dieses

---

[5] Siehe dazu auch: Centrum für angewandte Politikforschung, http://www.cap-lmu.de/aktuell/events/2011/tunis.php (Stand: 13.02.12).

[6] Eckpunkte einer Friedenslösung im israelisch-palästinensischen Konflikt sowie für eine Verbesserung der Lage zwischen Israel und weiten Teilen der arabischen Welt sind die Errichtung eines palästinensischen Staates in den Grenzen von 1967 (abzüglich des gegenseitig vereinbarten Landaustauschs), die Anerkennung des Existenzrechts Israels, Jerusalem als Hauptstadt beider Staaten und eine Regelung der Flüchtlingsfrage.

erklärte Ziel dennoch nicht aufgegeben. Sie und ihre Mitglieder versuchen weiterhin, auf verschiedenen Ebenen Einfluss auf die Akteure zu nehmen und sie wieder in einen ergebnisorientierten Verhandlungsprozess einzubinden. Es stellt sich jedoch die Frage, wie lange die EU und das Nahost-Quartett noch am Ziel der Zwei-Staaten Lösung festhalten können, ohne ein Scheitern eingestehen zu müssen. Während diese Erkenntnis an Boden gewinnt, ist sie gleichzeitig mit Risiken behaftet, denn die Konfliktparteien und Vermittler müssten einen völlig neuen Referenzrahmen aushandeln. Erneute Rückschritte sind dabei nicht ausgeschlossen. Es ist nachvollziehbar, dass die Politik daher mit der Anerkennung eines Scheiterns der Zwei-Staaten-Lösung sehr vorsichtig umgeht.

Hier ist es eine Aufgabe angewandter Politikforschung, in alternativen Szenarien und Modellen zu denken: Was passiert, wenn das, was die EU-Länder selbst als eine ihrer strategischen außenpolitischen Prioritäten beschreiben, nicht mehr umsetzbar ist? Welche Implikationen hätte die Fortsetzung des Status Quo? Welche rechtlichen und politischen Konsequenzen hingegen eine Anerkennung der Palästinenser in der Generalversammlung der VN? Wie lassen sich die Auswirkungen des „Arabischen Frühlings" auf den Konflikt und die Sicherheitslage Israels systematisch beschreiben bzw. bewerten, welche Konsequenzen ergeben sich daraus für einen Frieden zwischen Israelis und Palästinensern, in breiterer Perspektive zwischen Israel und seinen arabischen Nachbarn? Wie kann die EU zur ordnenden Macht in einer Zeit zunehmender regionaler Unsicherheiten werden, z. B. durch eine deutliche Intensivierung der Kooperation mit der Arabischen Liga, eine Verbesserung der Zusammenarbeit mit der Türkei, den Aufbau eines Forums zur Debatte regionaler Sicherheitsthemen? Der Nahostkonflikt kann bei solchen Gedankenspielen auch weiterhin nicht isoliert, sondern muss in seiner regionalen Verflechtung betrachtet werden, die sich nach dem „Arabischen Frühling" in neuem Licht darstellt.

Ebenfalls komplex ist die Ausgangslage am Persischen Golf. Durch die US-Invasion im Irak und den Sturz Saddam Husseins 2003 wurde die dreipolige Machtbalance dort zerstört, ohne eine grundsätzliche Neuordnung der sicherheitspolitischen Praktiken in der Region anzustreben, wie dies von vielen Seiten gefordert wurde (Koch/Neugart 2005). Der Iran war hierdurch in der Lage, seinen regionalen Einfluss auszubauen und schürte so die Ängste, insbesondere der arabischen Golfstaaten, der Europäer und der USA vor einer iranischen Hegemonie im Mittleren Osten. Gleichzeitig nimmt sich der Iran selbst als umzingelt von Feinden und international bedroht wahr.[7]

Die strategische und operative Herausforderung für die Europäer besteht somit darin, einerseits einen Beitrag zur Wiederherstellung einer Machtbalance in der Golfregion zu leisten und damit Irans regionale Hegemonieambitionen einzudämmen, ande-

---

[7] Im Sinne Glasers (1997: 171-201) hat man es im Falle des Iran also mit einem Staat zu tun, der sich einerseits unsicher („insecure") fühlt, andererseits mit dem Status Quo grundsätzlich unzufrieden („greedy") ist.

rerseits in diesem Zusammenhang jedoch keine Schritte einzuschlagen, die die Bedrohungswahrnehmung der iranischen Regierung weiter verstärken könnten.[8] Vor allem militärische Drohungen aus den USA und Israel sind hier kontraproduktiv. Für die Europäer, die USA und andere externe Akteure gilt darüber hinaus, den bestehenden Fokus auf Irans Nuklearprogramm insofern zu modifizieren, als der Konflikt zwischen der westlichen Staatengemeinschaft und dem Iran um dessen Atomprogramm nur einer von vielen in der Golfregion ist. Die Debatte wird derzeit überwiegend von sicherheitspolitischen und technischen Fragestellungen dominiert, die die historischen, politischen und kulturellen Besonderheiten der Region selbst, sowie die Rolle des Westens dort bisweilen zu wenig berücksichtigen.

7 Resümee

Während sich die EU seit den 1990er Jahren langsam als außen- und sicherheitspolitischer Akteur zu profilieren beginnt – ein Prozess, der keinesfalls linear, sondern graduell und immer wieder mit Rückschlägen verläuft – befindet sich ihre Nachbarregion im südlichen Mittelmeer im Umbruch. Die europäische Nahostpolitik, selbst noch im Stadium ihres Entstehens, ist dort mit einer dynamischen Entwicklung konfrontiert, deren Ausgang momentan noch nicht absehbar ist. Die EU und ihre Mitglieder sind damit vor eine doppelte Herausforderung gestellt: eine neue Form der Politik im Mehrebenensystem zu entwickeln, die zudem strategisch mit einer Vielzahl von Variablen umzugehen weiß. Es ist ihre direkte Nachbarschaft, in der sich das außen- und sicherheitspolitische Potenzial sowie der Gestaltungswille der EU besonders werden beweisen müssen. Dies galt zuletzt vor allem für die östliche Nachbarschaft der EU. Seit 2011 ist auch das Thema „südliche Nachbarschaftspolitik" mit Wucht zurück auf ihrer Agenda. Angewandter Politikforschung kommt angesichts der Fülle ihres Potentials in diesem großen, dynamischen Feld eine zentrale Rolle bei der Begleitung dieser Prozesse zu – vor allem innerhalb der EU-Länder, aber zunehmend auch im Austausch mit der Nachbarregion.

Literatur

Bauer, Michael/Hanelt, Christian-Peter/Koch, Christian, 2010: The EU-GCC Partnership: Security and Policy Challenges, Dubai.
European Commission/High Representative of the Union for Foreign Affairs and Security Policy: Joint Communication: A Partnership for Democracy and Shared Prosperity with the Southern Mediterranean, Brussels, 08.03.11, COM 2011, 200 final.

---

[8] Vgl. hierzu weitere Vorschläge (Bauer/Hanelt/Koch 2010).

Ebd.: A new response to a changing neighbourhood. A review of European Neighbourhood Policy, Brussels, 25.05.11, COM 2011, 303; European Commission: Communication on migration, Brussels, 04.05.11, COM 2011, 248 final.
Glaser, Charles, 1997: The Security Dilemma Revisited, in: World Politics 50, 171-201.
Hanelt, Christan-Peter, 2010: Europas Nachbarn im Süden – Chancenregion Nahost, in: Spotlight Europe.
Koch, Christian/Neugart, Felix (Hrsg.), 2005: Window of Opportunity: Europe, Gulf Security and the Aftermath of the Iraq War, Dubai.
Möller, Almut, 2011: Nahost- und Mittelmeerpolitik, in: Weidenfeld, Werner/Wessels, Wolfgang (Hrsg.), Jahrbuch der Europäischen Integration 2011, Baden-Baden, 293-300.
Nahost-Quartett, Stellungnahme, München, 05.02.11.
Wendt, Alexander, 1992: Anarchy is what States Make of it, in: International Organization 2/46, 391-425.

Internetquellen

Al-Jisr Project, http://www.aljisr.ae/ (Stand: 12.01.12).
European Policy Institutes Network, http://www.epin.org/new/index.php (Stand: 12.01.12).
EuroMeSCo, http://www.euromesco.net/ (Stand: 12.01.12).

Uwe Wagschal

Schuldengrenzen und Haushaltskonsolidierung in der Europäischen Union

1 Einleitung

Kein anderes Ereignis hat die europäische Integration seit der Einführung des Euro so beeinflusst wie die Schulden- und Finanzkrise. Diese Krise stellt gleichzeitig ein Versagen europäischer Institutionen, der europäischen Verträge und jener Kontrollmechanismen dar, die im Vorfeld bei der Einführung des Euro im Stabilitäts- und Wachstumspakt vereinbart wurden. Die Lehre, die die bundesdeutsche Politik aus diesem Versagen zieht, lautet „mehr Integration" sowie die Vereinbarung einer europäischen Fiskalunion. Allerdings unterscheidet sich die deutsche Position dabei von derjenigen anderer Mitgliedsländer der Europäischen Union (EU) bzw. der EU-Kommission, da die Bundesrepublik auf die Einführung strikter Schuldengrenzen drängt, die in der Verfassung verankert werden sollen.

Besonders die langfristigen Folgen dieser Krise werden die öffentlichen Haushalte schwer belasten: Der massive Rückgang der Wirtschaftskraft sowie die zu erwartende Reduktion des langfristigen Produktionspotentials weisen darauf hin, dass die Wirtschaftswachstumsraten, die sich durch die demographisch bedingten Herausforderungen in Zukunft ohnehin tendenziell abschwächen, womöglich auch auf Dauer niedriger werden (Lindh/Malmberg/Petersen 2009). Dies ist für die Entwicklung der öffentlichen Haushalte insofern von zentraler Bedeutung, als sowohl die Studien für die Erklärung des Anwachsens der Staatsverschuldung (Franzese 1996) als auch die Konsolidierungsliteratur (Wagschal/Wenzelburger 2008) das Wirtschaftswachstum als eine zentrale Determinante identifiziert haben, die den Anstieg der Verschuldung dämpft und Konsolidierungen unterstützt.
Der vorliegende Beitrag beschäftigt sich mit drei Fragen:

- Sind konstitutionelle und gesetzliche Verschuldungsgrenzen wirklich erfolgreich, um einen Verschuldungsanstieg zu begrenzen?
- Welche Befunde liefert der internationale Vergleich für erfolgreiche Haushaltskonsolidierungen?
- Wie wahrscheinlich ist die Implementierung der Verschuldungsregeln des europäischen Fiskalpaktes in den EU-Mitgliedsstaaten?

Die einzelnen Forschungsfragen gliedern auch die Abschnitte dieses Beitrags, der mit einem Empfehlungen aus den Perspektiven einer angewandten Politikforschung schließt.

2 Sind Verschuldungsgrenzen erfolgreich?

Die ökonomischen Befürworter von Schuldengrenzen berufen sich im Wesentlichen auf zwei Schulen: die Neue Klassische Makroökonomie und die Konstitutionelle Ökonomik. Die erste Schule formierte sich in den 1970er Jahren explizit gegen den vorherrschenden keynesianischen Steuerungsoptimismus, der sich etwa in dem Mechanismus der Phillips-Kurve manifestiert[1]. Ausgehend von rationalen Erwartungen der Akteure, die sämtliche zur Verfügung stehenden Informationen ausnutzen, kommen Kydland und Prescott (1977) zu dem Ergebnis, dass politische Einflussnahmen entweder wirkungslos sind oder mehr Schaden anrichten als Nutzen bringen. Regierungen seien nicht in der Lage, die Fiskalpolitik wirkungsvoll zu beeinflussen; lediglich über zufällige Störungen könne es zu realen Veränderungen kommen. Kydland und Prescott stellen damit die grundlegende Frage, ob die klassischen Instrumente der Geld- und Fiskalpolitik bei rationalen Erwartungen überhaupt noch wirksam sein können. Ihre Empfehlung war daher die Einführung von strikten Regeln. Die Regelbindung der Politik sei einer diskretionären Steuerung bzw. politischen ad hoc-Entscheidungen überlegen, weil nur diese Art der Politik die Verhaltensweisen privater Wirtschaftssubjekte beeinflussen könne: „[...] [P]olicymaker[s] should follow rules rather than discretion" (Kydland/Prescott 1977: 487).

Für die Länder der Euro-Zone wirken die 1992 im Vertrag von Maastricht festgelegten Konvergenzkriterien als verbindliche Verschuldungsgrenzen. Demnach dürfen das gesamtstaatliche Defizit nicht über 3% des BIP und der gesamtstaatliche Schuldenstand nicht über 60% des BIP steigen. Diese Referenzwerte sind im Protokoll 12 des Vertrags über die Arbeitsweise der Europäischen Union (AEUV)[2] festgeschrieben und bilden den Kern des Stabilitäts- und Wachstumspakts der EU, der die Mitgliedstaaten an diese Haushaltsregeln bindet. Zudem sind die Mitgliedstaaten nach Art. 126 AEUV (ehem. Art. 104 EGV) angehalten, übermäßige öffentliche Defizite zu vermeiden. Falls dennoch ein solches festgestellt wird, richtet der Europäische Rat eine nicht-öffentliche Empfehlung an den betreffenden Mitgliedstaat, wie dieses abzubauen ist. Die EU-Kommission erstellt daraufhin einen Konvergenzbericht und muss sich in diesem Zusammenhang an der Entwicklung des Defizits und der Annäherung an den Referenzwert im betreffenden

---

[1] Die (modifizierte) Phillips-Kurve, die nach dem englischen Ökonomen Alban Phillips benannt ist, beschreibt eine Austauschbeziehung (*trade-off*) zwischen Inflation und Arbeitslosigkeit. Die Vorstellung ist dabei, dass eine niedrige Arbeitslosigkeit durch eine höhere Inflation erkauft werden kann.
[2] Das benannte Protokoll 12 war ursprünglich dem Vertrag von Maastricht von 1992 beigefügt und ist mit dem Vertrag von Lissabon als Anhang in den AEUV übergegangen.

Schuldengrenzen und Haushaltskonsolidierung in der Europäischen Union

Mitgliedstaat orientieren. Dabei wird unter anderem berücksichtigt, ob das negative Haushaltssaldo die öffentlichen Ausgaben für die Investitionen übertrifft und wie sich Schulden- und Defizitquote jeweils entwickelt haben. Anschließend gibt der Wirtschafts- und Finanzausschuss der EU seine Stellungnahme zu dem Bericht ab. Letztlich entscheidet der Rat mit qualifizierter Mehrheit, ob ein übermäßiges Defizit vorliegt und berücksichtigt dabei sowohl die Empfehlung der EU-Kommission bzw. die Stellungnahme des betroffenen Mitgliedstaates als auch die Gesamtlage. Wird ein übermäßiges Defizit festgestellt, so ergeht an den Mitgliedstaat die Aufforderung, binnen vier Monaten wirksame Maßnahmen dagegen zu ergreifen. Bleibt dieser Vorgang materiell folgenlos, kann der Ministerrat mit Zweidrittelmehrheit der Euro-Länder Sanktionszahlungen verhängen, die zwischen 0,2% und 0,5% des BIP betragen können.

So streng diese Regelung zunächst klingen mag, das Verfahren ist bisher nur ein Papiertiger: Deutschland, Frankreich und Portugal verhinderten bereits 2003 den so genannten „Blauen Brief". Im darauffolgenden Jahr konnten Deutschland und Frankreich durch massiven politischen Druck ein Defizitverfahren abwenden, indem sie eine Sperrminorität gegen den Beschluss organisierten. Bis heute setzte die EU noch kein einziges Mal Sanktionen gegen Verstöße des Stabilitäts- und Wachstumspaktes ins Werk, obwohl im Zuge der Finanzkrise seit 2008 gegen 25 der 27 EU-Mitgliedsländer ein Defizitverfahren eingeleitet wurde; lediglich Estland und Schweden konnten ein solches vermeiden.

Abbildung 1: Verletzungen der Maastricht-Kriterien (1999-2010)

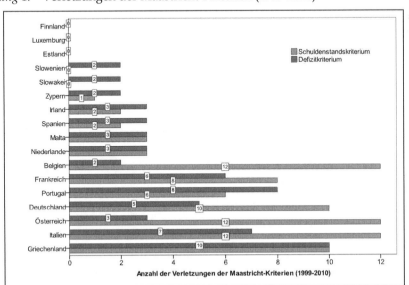

Quelle: Eurostat. Eigene Auswertungen und Berechnungen
Anmerkung: Indikatoren: Bruttoschuld des Staates (konsolidiert) sowie Finanzierungssaldo des Staates im Rahmen des Verfahrens bei einem übermäßigen Defizit

Die Performanz der Euro-Länder in Bezug auf die Einhaltung der Haushaltsregeln des Stabilitätspaktes ist daher auch eher bescheiden (vgl. Abb. 1). Betrachtet man das Drei-Prozent-Defizitkriterium, so wurde dieses über alle Mitgliedsländer und bezogen auf die jeweilige Mitgliedsdauer in 37,8% aller möglichen Fälle nicht erfüllt: Relative Spitzenreiter sind Griechenland, Malta und die Slowakei, die das Defizitkriterium bislang in jedem Jahr ihrer Euro-Mitgliedschaft verletzten. Das Schuldenstandslimit wurde sogar in 51,9% aller möglichen Fälle durchbrochen. Wiederum liegt Griechenland mit 100% gemeinsam mit Belgien, Italien, Malta und Österreich an der Spitze. Von den 17 Euroländern haben lediglich Belgien und Spanien die Schuldenstandsquote im Vergleich zum Termin der Euro-Einführung vor mehr als 13 Jahren reduziert. Eine kleine Gruppe mit Österreich, Finnland, Italien und den Niederlanden blieb zumindest annähernd stabil.

Dennoch kann für die Zeit vor 1999 ein – nicht intendierter – Effekt dieser Kriterien beobachtet werden: Zwar zeigen die durchschnittlichen Haushaltsdefizite nach der Verabschiedung des Vertrags von Maastricht im Jahr 1992 eine rückläufige Tendenz, allerdings war die Entwicklung des Haushaltsdefizits deutlich schlechter als bei den übrigen OECD-Ländern. Die Mitglieder der Eurozone haben also die Zeit vor 1999 zunächst als partiellen Verschuldungsfreibrief genutzt. Nach 1999 weicht die Performanz der Euro-Mitgliedsländer bei den zentralen Verschuldungsindikatoren dagegen statistisch nicht mehr signifikant von den übrigen OECD-Mitgliedsländern ab. Außerdem kann ein Konvergenzeffekt identifiziert werden, da die Spannweiten der Haushaltsdefizite zurückgingen und sich – wenn auch mitunter durch buchhalterische Tricks einzelner Staaten – einander annäherten. Insgesamt konnten die europäischen Verschuldungsregeln somit bestenfalls geringe Wirkung entfalten. Das Versagen dieser Regeln kann insofern als eine der Mitursachen der gegenwärtigen Schuldenkrise angesehen werden.

Im Zuge der aktuellen Widrigkeiten reagieren die Mitgliedstaaten der EU und die europäischen Institutionen auf die Ineffizienz des bisherigen Überwachungs- und Sanktionsmechanismus. So verabschiedeten das Europäische Parlament und der Rat der EU im September bzw. Oktober 2011 sechs Reformgesetze (das so genannte *Six-Pack*) zur Verschärfung des europäischen Stabilitätspakts. Dessen wichtigste Bestandteile sind eine Verschärfung des Verfahrens bei einem übermäßigen Defizit, die Etablierung eines Frühwarnsystems für Haushaltsnotlagen, eine bessere -überwachung, mehr Transparenz, institutionelle Änderungen bei der Einleitung eines Defizitverfahrens sowie die Etablierung einer makroökonomischen Koordinierung zum Abbau wirtschaftlicher Ungleichgewichte („Europäische Wirtschaftsregierung"). Künftig kann eine Sanktionsempfehlung der Kommission nur mit einer Zwei-Drittel-Mehrheit im Rat der Finanzminister verhindert werden, wodurch faktisch ein Sanktionsautomatismus bei Regelverstößen implementiert wird. Unklar ist jedoch mit Blick auf den Punkt „makroökonomische Koordinierung", ob die EU in Zukunft ebenso Sanktionen gegen Länder mit einem Leistungsbilanzüberschuss verhängen darf – was nicht zuletzt auch Deutschland treffen würde. Die stärkere Fokussierung auf den Schuldenstand, dessen

Reduktion nun mit quantifizierenden Vorschriften geregelt ist, kann dagegen als ein Fortschritt im Vergleich zum bisherigen Regelwerk betrachtet werden. Angesichts der bislang fehlenden *ownership* europäischer Regeln, also der mangelnden Akzeptanz vorhandener Verschuldungsnormen in den Nationalstaaten, bleibt allerdings abzuwarten, inwieweit die ab 2012 geltenden verschärften Regeln Prägekraft entfalten können.

Sämtliche wichtigen internationalen Organisationen, die vergleichende Analysen zur Verschuldungspolitik durchführen, verfügen über Indikatoren, die die Existenz und Stringenz von Fiskalregeln erfassen. So entwickelte der Internationale Währungsfonds (IWF) zwei große Datenbanken zur Fiskaltransparenz und betonte schon früh die Relevanz sowie auch die – vermeintliche – Wirksamkeit von Fiskalregeln (IMF 2007, 2011; Kopits/Symansky 1998; Manasse 2005). Die OECD veröffentlicht einen *Fiscal Rule Index* (OECD 2009: 87) und argumentiert ebenfalls sehr prononciert für Verschuldungs-, Haushaltsausgleichs- oder Ausgabenregeln (Schick 2003, 2010). Auch die Europäische Kommission konstruierte einen Index zur Erfassung nationaler Haushaltsnormen (Europäische Kommission 2009: 87 ff.; Deroose/Moulin/Wierts 2006). Dieser *Fiscal Rule Strength Index* (FRSI) misst das institutionelle Framework unterschiedlicher Fiskalregeln in einzelnen Ländern, wobei für fünf unterschiedliche Bereiche Punkte vergeben werden:

- die gesetzliche bzw. konstitutionelle Verankerung der Regeln,
- ihre Anpassungsflexibilität (negativ) bzw. Rigidität,
- die Überwachung und Regelbefolgung,
- die Sanktionsmechanismen und
- die öffentliche Sichtbarkeit der Regeln.

Die Daten werden sowohl für die unterschiedlichen staatlichen Ebenen erhoben als auch für verschiedene Arten: Budgetausgleichs-, Schulden-, Ausgaben- sowie Einnahmeregeln (vgl. Tabelle 1). Dabei ist die Variation beachtlich, wobei Haushaltsausgleichsregeln dominieren, gefolgt von Schulden- und Ausgabennormierungen. Besonders bemerkenswert ist jedoch die Tatsache, dass die Zahl der nationalen Regularien seit 1990 stark angestiegen ist – parallel zum Anstieg der Verschuldungsquoten. Somit stellt sich für die Interpretation ein erhebliches Kausalitätsproblem: Folgt die Implementierung einer wachsenden Verschuldung oder sind die Regeln unwirksam und dienen nur zur Beruhigung von Wählern, Anlegern und Banken?

Tabelle 1: Zahl der EU-Mitgliedstaaten mit unterschiedlichen Ausprägungen von Haushaltsregeln (2008)

Haushalts-ausgleichsregeln	„Goldene Regeln"	Regeln für ausgeglichene Budgets	Nominale Obergrenze	Obergrenze in % des BIP	Strukturelle Regeln	Gesamt
	5	10	7	1	3	26
Schuldenregeln	Nominale Schuldenobergrenze	Schuldenobergrenze in % des BIP	Schuldenobergrenze in Relation zur Rückzahlungskapazität	Andere Regeln		Gesamt
	5	3	8	2		18
Ausgabenregeln	Nominale Ausgabenobergrenze	Reale Ausgabenobergrenze	Nominale Ausgabenwachstumsrate	Reale Ausgabenwachstumsrate	Andere Regeln	Gesamt
	5	2	4	3	3	17
Einnahmenregeln	Steuerlast in % des BIP	Regel in Zusammenhang mit Steuersätzen	Zuteilung von zusätzlichen Einnahmen	Andere Regeln		Gesamt
	0	1	4	1		6

Quelle: Europäische Kommission (2009: 90)

Außerdem sind einige Normen für den Schuldenabbau nicht notwendigerweise positiv: So können Einnahmeregeln eine Konsolidierung sogar erschweren, wenn damit Steuererhöhungen verhindert werden. Sie tragen nur dann wirksam zur Konsolidierung bei, wenn sie mit einem Automatismus zur Einnahmeerhöhung bei einem hohen Defizit verbunden sind – wie es zum Beispiel in manchen Schweizer Kantonen der Fall ist.

Wirft man einen Blick auf das Haushaltsdefizit, dann zeigt sich in der empirischen Überprüfung, dass es für den Durchschnitt des Zeitraumes von 2001 bis 2009 eine klar dämpfende Wirkung der Fiskalregeln auf die durchschnittliche Höhe des Haushaltsdefizits gibt (vgl. Abb. 3). Dieser Befund wird auch durch multivariate Analysen der Europäischen Kommission gestützt: Je stärker der *Fiscal Rules Index* für ein Land ausfällt, desto stärker wird dort das (konjunkturbereinigte) Primärdefizit gedämpft (Europäische Kommission 2009: 93).

Jedoch ist eine solche Dämpfung des Anwachsens nicht gleichbedeutend mit einem Abbau der Staatsverschuldung. Die Haushaltskonsolidierung ist ein langwieriger Prozess der Rückführung von Schuldenstand und Defizit. Zur Beurteilung der Konsolidierungsanstrengungen in den OECD-Ländern hat der Autor daher einen entsprechenden Indikator entwickelt, der von 1 bis 10 (= stärkste Konsolidierungsanstrengung) skaliert ist (Wagschal u. a. 2009; Wagschal/Wenzelburger 2009). Auf der Basis von vier Kriterien werden damit die Konsolidierungsanstrengungen der Untersuchungsländer ermittelt:

- die Untersuchungsperiode von zwei Jahren,
- das Niveau des Primärsaldos (in % des BIP), gemessen am Durchschnitt des betrachteten Zeitraums,
- die Entwicklung der Staatsverschuldung (in % des BIP = Staatsschuldenquote) während der Untersuchungsperiode (Differenz im letzten Jahr vor der Konsolidierung im Vergleich zum letzten Jahr der Untersuchungsperiode),
- die Entwicklung der Staatsverschuldung (in % des BIP) in den drei Perioden nach Ablauf des Untersuchungszeitraums („Erfolgskriterium"). Zur Darstellung wurde über alle (gleitenden) Untersuchungsperioden das arithmetische Mittel gebildet.

Abbildung 2: Fiskalregeln und Haushaltsdefizit (2001-2009)

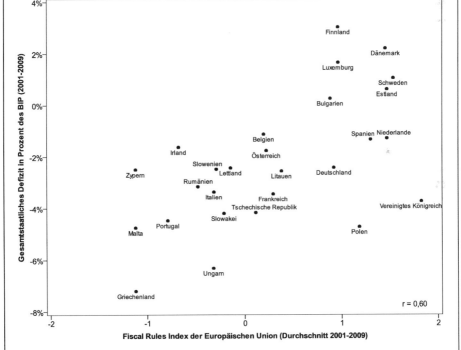

Quelle: Daten aus Europäische Kommission 2009 (Fiscal Rule Strength Index) sowie Eurostat und eigene Berechnungen

Abbildung 3: Fiskalregeln und Konsolidierungsanstrengungen (2001-2009)

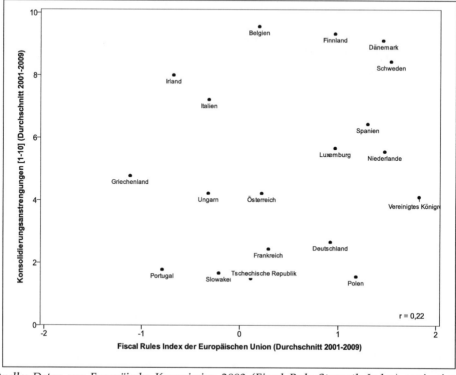

Quelle: Daten aus Europäische Kommission 2009 (Fiscal Rule Strength Index) sowie eigene Berechnungen anhand von Daten der OECD

Die Auswertung in Abb. 3 zeigt keinen statistischen Zusammenhang zwischen den Konsolidierungsanstrengungen und dem Fiskalregelindex der EU. Gleiches gilt für ein multivariates Untersuchungsdesign, welches zusätzliche Erklärungsfaktoren zur statistischen Kontrolle berücksichtigt. Der Befund des internationalen Vergleichs ist mithin eindeutig: Hinsichtlich Konsolidierungen sind Verschuldungs- bzw. Fiskalregeln nicht wirksam, diese scheinen anderen Logiken zu folgen. Für den Abbau der Staatsverschuldung braucht es also Instrumente und Strategien, die von der bloßen Fixierung auf Verschuldungsregeln abweichen.

3 Diskretionäre Politik bestimmt die Konsolidierungsperformanz

Die vorangegangene Analyse verdeutlicht, dass die Existenz staatlicher Schuldenbremsen nicht dazu beiträgt, die steigende Verschuldung in der Europäischen Union zu begrenzen. Der internationale Vergleich zeigt sogar, dass zahlreiche erfolgreiche Konsolidierungen nicht auf Grund der Existenz von Schuldenregeln durchgeführt wurden.[3] Anlass waren vielmehr häufig ein zu hohes Verschuldungsniveau und der Verlust an politischem Handlungsspielraum. Denn wie es etwa Göran Persson als schwedischer Ministerpräsident einmal ausdrückte: *„Wer verschuldet ist, ist nicht frei."*

Eine Alternative zu Schuldenregeln ist der so genannte „Commitmentansatz", der ein glaubhaftes Bekenntnis politischer Entscheidungsträger zum Schuldenabbau beinhaltet. Dessen Kernpunkte sind die Verstärkung einer mehrjährigen Finanzplanung und die verbindliche Festlegung von Ausgabenniveaus bzw. feststehenden Budgetzielen zu Beginn einer Legislaturperiode, beispielsweise in Koalitionsverträgen. Damit wird die Haushaltskonsolidierung im Rahmen der Einigung auf ein Regierungs- bzw. Koalitionsprogramm zu einem wichtigen politischen Ziel. Diese weiche Form einer Budgetregel ist gleichzeitig flexibler und praktikabler als die Verankerung entsprechender Normen in der Verfassung. Eine solche Strategie wurde u. a. in den Niederlanden gewählt. Neben der öffentlichen Ankündigung von Ausgaben- bzw. Einnahmezielen ist dabei vor allem die Festschreibung dieser Ziele im Koalitionsvertrag entscheidend – was sich als ein Mechanismus für eine stärkere (politische) Haftung der Entscheidungsträger interpretieren ließe. Allerdings wird gerade diese Form institutioneller Bindung im *Fiscal Rule Index* der EU am schwächsten bewertet.

Eine andere Alternative wird unter dem Schlagwort „Delegationsansatz" diskutiert (Hallerberg/Strauch/Hagen 2009). Dieser hat zum Inhalt, die Position des Finanzministers mit sehr viel mehr Macht und Kompetenzen auszustatten. Dessen ureigenes Interesse liege in gesunden Finanzen, und zur Erreichung dieses Ziels müsse er sich in den Budgetberatungen den Wünschen der Fachminister erfolgreich widersetzen können. Der „Delegationsansatz" wird wie der „Commitmentansatz" von Erkenntnissen aus dem internationalen Vergleich gestützt: So fallen die Staatsschulden geringer aus und die Konsolidierung kommt besser voran, wenn der Finanzminister ein Vetorecht bei der Entscheidung über Ausgaben besitzt – wobei dieses Veto erst durch das funktionierende Zusammenspiel zwischen Premierminister und Finanzminister seine volle Wirkung entfaltet.

In vielen Ländern, die erfolgreiche Konsolidierungsphasen aufzuweisen haben (Wagschal/Wenzelburger 2008), etwa in Schweden und den Niederlanden, aber auch in der Schweiz, wurde zudem der Budgetprozess vereinfacht und in einen *Top-Down*-Ansatz überführt. Auch die Bundesregierung hat 2011 das traditionelle Anmeldeverfahren im Budgetprozess (*Bottom-Up*-Ansatz) auf ein *Top-Down*-Verfahren umgestellt: „Das regierungsinterne Verfahren zur Aufstellung des Bundeshaushalts 2012 und des Finanzplans des Bundes 2011 bis 2015 erfolgt im Rahmen eines *Top-Down*-Verfahrens. Hierzu hat das Bundeskabinett spätestens Mitte März eines Jahres auf Vorschlag des Bundesministeriums der Finanzen Eckwerte zu beschließen, die die Einhaltung der verfassungsrechtlichen Schuldenregel sicherstellen und die verbindliche Grundlage für die weitere Haushaltsaufstellung in den Einzelplänen sind." (BMF 2011)

---

[3] Dieser empirische Befund wird auch durch andere Autoren gestützt: Vgl. z. B. Dreyer Lassen (2010).

Weitere positive Effekte für die Haushaltskonsolidierung sind bei klaren Vorgaben zum Umgang mit unerwarteten Haushaltsüberschüssen zu erkennen. Diese *windfall profits* entfalten ihre gewünschte Sparwirkung, wenn sie als außergewöhnliche Einnahme zur Schuldentilgung eingesetzt werden. Dasselbe trifft auf zusätzliche Sondereinnahmen (Versteigerungen von Lizenzen, Goldverkäufe, Privatisierungserlöse u. A. m.) zu. Werden diese ausschließlich in den Schuldenabbau gelenkt, dann wirkt dies über den sinkenden Schuldendienst positiv auf den Finanzierungssaldo zurück. Schließlich zeigt ein näherer Blick auf einige erfolgreiche Konsolidierungsfälle, dass auch moderate Steuererhöhungen, insbesondere für Besserverdienende, eine gewisse Rolle für die Gesundung der Staatsfinanzen spielen. Gleichwohl sind es aber vor allem Ausgabenkürzungen, die für eine erfolgreiche Haushaltskonsolidierung verantwortlich sind. Der Option einer Konsolidierung mittels neuer Schulden, die durch andere Länder, die EU oder den IWF finanziert werden, wird kein Erfolg beschieden sein können. Die Vergangenheit hat vielmehr gezeigt, dass diejenigen Länder, die konsolidiert haben, schneller gewachsen sind als Länder, die weiter in die Verschuldung gegangen sind. Diese so genannten nicht-keynesianischen Effekte basieren nämlich auf dem zurückgewonnenen Vertrauen der Wirtschaftssubjekte, während die weitere Verschuldung zusätzliche Unsicherheit schafft.

4 Die Implementierung von Fiskalregeln in die Verfassung

Ende Januar 2012 wurde von den Staats- und Regierungschefs in Brüssel der so genannte Fiskalpakt vereinbart, der zur Lösung der Schuldenkrise – so die Wunschvorstellung der Politik – führen soll. Bis auf Tschechien und Großbritannien haben alle 25 anderen EU-Länder diesem Fiskalpakt für mehr Haushaltsdisziplin zugestimmt. Sie verpflichteten sich in diesem zwischenstaatlichen Kontrakt zum Sparen und zur Einführung einer „Schuldenbremse" nach deutschem Vorbild. Dieses orientierte sich zuvor wiederum an den entsprechenden Beschlüssen in der Schweiz.

Die dortige „Schuldenbremse", die 2001 für den Bund in einer Volksabstimmung von über 84% der Schweizer Stimmbürger angenommen wurde, ist seit 2003 in Kraft. Sie ist als eine Ausgabenregel gestaltet, d. h. dass diese nur so hoch ausfallen dürfen, wie die mit einem Konjunkturfaktor verrechneten Einnahmen. Läuft die Konjunktur schlecht, dann ist eine stärkere Verschuldung erlaubt. Umgekehrt müssen Überschüsse erzielt werden, sobald die Konjunktur anzieht. Diese werden dann auf einem Ausgleichskonto gutgeschrieben, das wiederum durch Defizite belastet wird und über einen Konjunkturzyklus ausgeglichen sein muss. Dieser Mechanismus führt dazu, dass die Schuldenquote bei wachsender Wirtschaft reduziert wird, was in den vergangenen Jahren auch empirisch zu beobachten war. Insgesamt kann der Schweizer „Schuldenbremse" ein großer Erfolg zugesprochen werden.

Die deutsche Schuldenregel, die im Gefolge der Grundgesetzänderungen der zweiten Föderalismusreform von 2009 implementiert wurde, zielte darauf ab, die bisherige „Goldene Regel" zu verschärfen. Die bis dato weitgehend wirkungslose Begrenzungsvorschrift sah vor, dass die Neuverschuldung die Investitionen nicht übersteigen sollte. Mit dem Haushaltsjahr 2011 gilt nun die neue „Schuldenbremse" des Art. 115 GG, die für die Bundesländer ein Verbot der Verschuldung ab 2020 vorsieht und dem Bund ab 2016 nur einen engen Verschuldungsspielraum zubilligt (Art 115 GG, Abs. 2): „Einnahmen und Ausgaben sind grundsätzlich ohne Einnahmen aus Krediten auszugleichen. Diesem Grundsatz ist entsprochen, wenn die Einnahmen aus Krediten 0,35% im Verhältnis zum nominalen Bruttoinlandsprodukt nicht überschreiten. Zusätzlich sind bei einer von der Normallage abweichenden konjunkturellen Entwicklung die Auswirkungen auf den Haushalt im Auf- und Abschwung symmetrisch zu berücksichtigen. Abweichungen der tatsächlichen Kreditaufnahme von der nach den Sätzen 1 bis 3 zulässigen Kreditobergrenze werden auf einem Kontrollkonto erfasst; Belastungen, die den Schwellenwert von 1,5% im Verhältnis zum nominalen Bruttoinlandsprodukt überschreiten, sind konjunkturgerecht zurückzuführen."

Was sieht demgegenüber der europäische Fiskalpakt im Einzelnen vor? Mit Hilfe der Schuldenbremsen soll das strukturelle Defizit auf 0,5% begrenzt werden. Überdies schreibt das Abkommen automatische Sanktionen fest. Verstößt ein Land gegen die Schuldenregel, dann können Strafen bis zur Höhe von 0,1% der Wirtschaftskraft auf dieses zukommen. Entsprechende Strafzahlungen sollen gemäß des Konzepts in den permanenten Rettungsfonds ESM (Europäischer Stabilitätsmechanismus) einzubezahlen sein. Hilfskredite aus dem ESM können nur diejenigen Länder beantragen, die den Fiskalpakt ratifiziert haben. Außerdem sollen künftig gegen Mitgliedstaaten, die gegen die jeweilige nationale „Schuldenbremse" verstoßen, Klagen beim Europäischen Gerichtshof eingereicht werden können.

Seit Beginn der Schuldenkrise haben verschiedene Länder versucht, eine solche „Schuldenbremse" einzuführen bzw. ihre bestehenden Verschuldungsgrenzen zu verschärfen. Spanien etwa hat dies auf der Ebene der 17 autonomen Gebiete jüngst verabschiedet. In Österreich und Frankreich sind die Gesetzesvorlagen gegenwärtig durch eine entschiedene Oppositionspolitik blockiert, deren Zustimmung für eine Verfassungsänderung notwendig wäre. In Österreich wurde die Regel dann immerhin als Teil des Budgetgesetzes im Dezember 2011 verabschiedet. In Frankreich wurde im Juli 2011 das Verfassungsgesetzes zur Ausgeglichenheit der öffentlichen Finanzen *regle d'or* (eine „Schuldenbremse" nach deutschem Beispiel) durch beide Parlamentskammern in erster Lesung verabschiedet. Wegen des Sieges der Sozialisten in den Senatswahlen vom September 2011 ist die Verabschiedung nun jedoch blockiert. Besonders schnell, im September 2011, setzten allerdings in Spanien die befugten Akteure eine Verfassungsänderung zur „Schuldenbremse" in Kraft. Binnen weniger Monate wurde sie mit überwältigender Mehrheit, vor allem auf ökonomischen und politischen Druck aus Deutschland hin, eingeführt.

Gerade das letzte Beispiel zeigt, dass die Existenz von Schuldenregeln demnach nichts Anderes als ein Signal an den Markt und die Ratingagenturen darstellt, wonach es der Schuldner mit seinem Kampf gegen die Verschuldung ernst meint. Regelbindung setzt mithin Signale und erhöht die Glaubwürdigkeit des Schuldners, indem es möglich wird, zwischen (vermeintlich) guten und schlechten Schuldnern zu unterscheiden. Dies führt insgesamt zu mehr Transparenz und stellt für Gläubiger somit ein wichtiges Datum dar.

Aus politikwissenschaftlicher Sicht ist für die Umsetzung des europäischen Fiskalpaktes die Frage nach der Implementierung dieser Regeln in die nationalen Verfassungen entscheidend. Diese Frage ist angesichts von Vetospielern (Tsebelis 2002), gegenläufigen Mehrheiten und hoher Mehrheitshürden zentral. Die Rigidität von Verfassungsänderungen bzw. -politik wurde durch die Politikwissenschaft vor allem in vier Arbeiten untersucht (Lutz 1994; Busch 1999; Lorenz 2008; Grasl/Detzer 2009). Dabei betrachten Grasl/Detzer Verfassungsänderungen im Wesentlichen als formale Änderungen, die sich im Text der Verfassung niederschlagen (2009). Von den drei Arten der Erfassung von Verfassungsänderungen, die Busch (1999) vorschlägt (Zahl der Änderungsgesetze, Anzahl der geänderten Artikel und Erfassung jeglicher Textänderung), favorisieren Grasl/Detzer (2009) die Zahl der geänderten Verfassungsartikel, da etwa die Zahl der Änderungsgesetze ein zu grober Indikator sei.

Der Forschungsstand im Hinblick auf die Determinanten von Verfassungsänderungen sieht – kurz zusammengefasst – wie folgt aus: Lutz (1994) identifizierte vor allem zwei entscheidende Variablen zur Erklärung der Änderungshäufigkeit von Verfassungen: Die Länge des Dokuments (also der reine Textumfang) sowie der Schwierigkeitsgrad von Verfassungsänderungen (im Sinne von Mehrheitshürden und anderen Erfordernissen wie etwa Volksabstimmungen). Busch verweist zudem auf kontextuelle Faktoren, die z. B. die hohe Zahl von Verfassungsänderungen im Fall Deutschlands trotz hoher Hürden der Verfassungsänderungen erklären (1999). Nach Lijpharts (1999: 222) vergleichender Studie besitzt Deutschland eine sehr schwer zu ändernde Verfassung, da nach Artikel 79 II GG Bundestag und Bundesrat jeweils mit Zweidrittelmehrheit zustimmen müssen. Im Gegensatz dazu hält Andreas Busch eine solch schwierige Änderbarkeit des Grundgesetzes für einen „Mythos" (1999: 560), der sich mit einer nachholenden Verfassungsgesetzgebung, insbesondere durch die Einführung der Notstandsgesetze erklären lasse. Lorenz (2008) diskutiert weitere mögliche Erklärungsfaktoren, die aus unterschiedlichen Theorien abgeleitet werden können, wie etwa die Verfassungsrigidität, die Zustimmungserfordernis in einem Referendum, den Föderalismus, ein fragmentiertes Parlament, das Mehrheitswahlrecht, der hohe sozioökonomische Entwicklungsstand, eine gesellschaftliche Homogenität, das so genannte Westministermodell und die „Common law"-Tradition, die sich dämpfend auf die Veränderungshäufigkeit auswirken sollen. Im Gegensatz dazu resultieren aus Alter und Umfang der Verfassung sowie starken Mehrheitsparteien im Parlament Erhöhungen der Änderungshäufigkeit von Verfassungen. Besonders schwierig – so die vergleichende Übersicht verschiedener Operationalisierungen des Schwierigkeitsgrades von Verfassungsänderungen – sind solche in Belgien, den Niederlanden, Dänemark, Spanien und Deutschland (außerhalb der EU vor allem in den USA, der Schweiz und Australien).

Leichter sind derartige Novellen dagegen in der Slowakei, Tschechien, Österreich, Portugal, Ungarn, Finnland und Frankreich umsetzbar.

Die empirischen Befunde sind bei Lorenz (2008) jedoch eher bescheiden und decken sich mit jenen von Lutz (1994). Grasl/Detzer (2009) zeigen in ihrer bivariaten Analyse, dass es wiederum vor allem der Umfang des Verfassungstextes und der Schwierigkeitsgrad der Verfassungsänderung ist, die die Veränderungshäufigkeit bestimmen. Alle anderen Faktoren, wie das Alter der Verfassung, Vetospieler (Mitregenten), ein verpflichtendes Referendum oder die Möglichkeit dazu, das Rechtssystem (Common Law), der Föderalismus, das Wahlrecht, Wirtschaftswachstum, ökonomisches Bevölkerungswachstum, die Stärke linker Parteien, die Anzahl effektiver Parteien (also der Zersplitterung des Parteiensystems), Postmaterialismus und der Grad der Europäisierung spielen keine Rolle.

Hinsichtlich einer zügigen Verabschiedung der im Fiskalpakt vereinbarten Schuldengrenzen kann man damit voraussagen, dass dies in nur wenigen Ländern wahrscheinlich ist und bis zur vollständigen Implementierung in allen 25 EU-Staaten mehrere Jahre ins Land gehen werden. Koppelt sich der Schwierigkeitsgrad noch mit gegenläufigen Mehrheiten, dann sinkt die Wahrscheinlichkeit einer Verfassungsänderung weiter. Vor dem Hintergrund der gescheiterten Schuldenregeln im Vertrag von Maastricht (1991) besteht auch wenig Grund zur Hoffnung, dass diese neuen Schuldenregeln – trotz verschärftem Sanktionsmechanismus – greifen werden. Solange wirtschaftliche Ungleichgewichte bei der Produktivität und dem Exportüberschuss bestehen, werden Länder mit niedriger Produktivität bei vergleichsweise hohen Löhnen sowie großem Exportdefizit kaum in der Lage sein, die neuen Regeln einzuhalten. Weiterhin werden hoch verschuldete Länder keine Strafzahlungen in Millionenhöhe stemmen können.

5 Fazit

Der wissenschaftliche und der politische Mainstream sehen Schulden- und Haushaltsausgleichsregeln überwiegend als positiv an. Unter den Ökonomen bleibt das Lob für Schuldenregeln fast unwidersprochen. Angesichts der empirischen Erfahrungen und der komparativen Evidenz der angewandten Politikforschung muss allerdings Wasser in den Wein gegossen werden: Schuldenregeln sind weit weniger wirkungsvoll als immer wieder betont wird. Folgende Ergebnisse können festgehalten werden:

- Verschuldungsregeln konnten Finanzkrisen und Höchststände bei der Verschuldung in vielen Ländern nicht verhindern.
- Länder mit Fiskalregeln verzeichnen einen niedrigeren Verschuldungszuwachs als Länder mit keinen bzw. nur schwachen Fiskalregeln.
- Fiskalregeln haben weitgehend keinen Einfluss auf die Haushaltskonsolidierung, also die Rückführung der Staatsverschuldung.

Hier sind andere Faktoren viel entscheidender, etwa das politische Bekenntnis zum Abbau der Verschuldung.

Zur Haushaltskonsolidierung sind Schuldenregeln daher nur sehr eingeschränkt von Nutzen, andere Faktoren hingegen weitaus bedeutsamer. Insgesamt lassen sich aus dem internationalen Vergleich wichtige politische Strategien identifizieren, mit denen Budgetkonsolidierungen umgesetzt werden können. Besonders erfolgreich erwiesen sich vor allem Ausgabenkürzungen, während Steuererhöhungen kaum nachhaltige Effekte erzielten. Die Durchsetzung von Ausgabenkürzungen ist für Regierungen eine schwierige Aufgabe. Denn meistens sind Einschnitte bei Sozialprogrammen oder Subventionen mit massivem Widerstand der betroffenen gesellschaftlichen Gruppen und eventuellem Verlust von Wählern verbunden. In den meisten Konsolidierungsfällen zeigte sich eine vorausschauende und vorsichtige Prognose der Wirtschaftsentwicklung als zielführend. Dadurch konnten positive Entwicklungen für Konsolidierungsbeiträge genutzt und schlechten Konjunkturentwicklungen frühzeitig begegnet werden.

Wenn Sondereinnahmen (z. B. Versteigerungen von Lizenzen, Goldverkäufe, Privatisierungserlöse) ausschließlich in den Schuldenabbau gelenkt werden, wirkt dies außerdem über den sinkenden Schuldendienst positiv auf den Finanzierungssaldo zurück. Einige erfolgreiche Konsolidierungsfälle haben deutlich gemacht, dass durchaus moderate Steuererhöhungen, insbesondere für Besserverdienende, vorgenommen werden können. Institutionelle Regeln sind ebenfalls ein Schlüssel zur Erklärung von erfolgreichen Konsolidierungen. Die Untersuchung erfolgreich verlaufener Fallbeispiele hat gezeigt, dass es klare Regeln zum Umgang mit Haushaltsüberschüssen geben sollte. Die erfolgreichen Konsolidierer haben solche *windfall profits* fast ausschließlich in den Schuldenabbau investiert. Erfolgreiche Konsolidierer wählten institutionell meistens zwischen zwei Strategien: Je nach institutioneller Ausgestaltung des politischen Systems entweder die *delegation*-Option oder diejenige eines *commitments*, d. h. des bewussten politischen Bekenntnisses zur Konsolidierung. Die Stärkung der Budgetinstitutionen im Sinne dieser Logiken führt zu einer höheren Haushaltsdisziplin und fördert Budgetsanierungen. Der zentrale Schlüssel zum Erfolg sind jedoch hohe Wirtschaftswachstumsraten. Diese allerdings über eine keynesianische Nachfragepolitik zu ‚erkaufen' wäre genau der falsche Weg, der nur weiter in den Schuldenabgrund führt.

Literatur

Bundesministerium der Finanzen (BMF), 2011: Eckwertebeschluss zum Regierungsentwurf des Bundeshaushalts und zum Finanzplan 2011-2015, Berlin.

Deroose, Servaas/Moulin, Laurent/Wierts, Peter, 2006: National Expenditure Rules and Expenditure Outcomes. Empirical Evidence for EU Member States, in: Wirtschaftspolitische Blätter, Januar 2006, 27-42.

Dreyer Lassen, David, 2010: Fiscal Consolidations in Advanced Industrialized Democracies: Economics, Politics, and Governance, Rapport till Finanspolitiska rådet 2010/4, Stockholm.

Europäische Kommission, 2009: Public Finances in EMU 2009, Directorate-General for Economic and Financial Affairs, European Economy Mai 2009.
Franzese, Robert, 2001: The Positive Political Economy of Public Debt, Working Paper, Michigan.
Grasl, Maximilian und Sandra Detzer, 2009: Das Grundgesetz im Wandel – Die institutionelle Reformfähigkeit. Deutschlands im internationalen Vergleich, in: Wagschal, Uwe (Hrsg.), Deutschland zwischen Reformstau und Veränderung. Ein Vergleich der Politik- und Handlungsfelder, Baden-Baden, 225-246.
Hallerberg, Mark/Strauch, Rolf/Hagen, Jürgen von, 2009: Fiscal Governance in Europe, Cambridge.
International Monetary Fund (IMF), 2011: Fiscal Monitor September 2011. Addressing Fiscal Challenges to Reduce Economic Risk, Washington D. C.
IMF, 2007: Manual on Fiscal Transparency, Washington D. C.
Kopits, George/Symansky, Steven, 1998: Fiscal Rules, IMF Occasional Paper 162, Washington D. C.
Kydland, Finn/Prescott, Edward, 1977: Rules Rather than Discretion. The Inconsistency of Optimal Plans, in: The Journal of Political Economy 3/85, 473-492.
Lijphart, Arend, 1999: Patterns of Democracy. Government Forms and Performance in Thirty-Six Countries, New Haven.
Lindh, Thomas/Malmberg, Bo/Petersen, Thieß, 2010: Die ökonomischen Konsequenzen der gesellschaftlichen Alterung, in: Wirtschaftsdienst 1/90, 54-63.
Lorenz, Astrid, 2008: Verfassungsänderungen in etablierten Demokratien. Motivlagen und Aushandlungsmuster, Wiesbaden.
Lutz, Donald S., 1994: „Toward A Theory of Constitutional Amendment", in: American Political Science Review 2/88, 355-370.
Manasse, Paolo, 2005: Deficit Limits, Budget Rules and Fiscal Policy, IMF Working Papers 05/120, Washington D. C.
OECD, 2009: Government at a Glance, Paris.
Schick, Allen, 2003: The Role of Fiscal Rules in Budgeting, in: OECD Journal on Budgeting 3/3, 7-34.
Schick, Allen, 2010: Post-Crisis Fiscal Rules: Stabilising Public Finance while Responding to Economic Aftershocks, in: OECD Journal on Budgeting 2/10, 35-51.
Wagschal, Uwe/Wintermann, Ole/Petersen, Thieß, 2009: Konsolidierungsstrategien der Bundesländer, Gütersloh.
Wagschal, Uwe, 1996: Staatsverschuldung, Opladen.
Wagschal, Uwe/Wenzelburger, Georg, 2008: Haushaltskonsolidierung, Wiesbaden.
Wagschal, Uwe/Wenzelburger, Georg, 2009: Determinanten der Haushaltskonsolidierung der Bundesländer 1992-2006, in: Zeitschrift für Vergleichende Politikwissenschaft 1/3, 33-58.

Gerd Langguth

Das deutsche Parteiensystem im Wandel – Krisensymptome und Revitalisierungsoptionen

1 Einleitung

Blickt man auf die Entwicklung des deutschen Parteiensystems, scheint es so etwas wie eine Gesetzmäßigkeit zu geben: wenn es der einen Volkspartei schlecht geht, leidet auch die andere. Während die Wahlbeteiligung 1972 noch bei 91,1% lag und die beiden großen Fraktionen zusammen 90,7% der Stimmen auf sich vereinigen konnten, kamen sie bei den Bundestagswahlen 2009 zusammen nur noch auf 56,8% – und das bei einer Wahlbeteiligung von lediglich 70,8%. CDU/CSU erzielten mit 33,8% das zweitschlechteste Wahlergebnis seit 1949, die Sozialdemokraten fuhren mit gerade einmal 23,0% sogar ihr schlechtestes in der Geschichte der Bundesrepublik Deutschland ein. Gemessen an der SPD ist die Union zwar noch eine relativ stabile Partei, doch auch sie muss um den Ruf als Volkspartei fürchten. So kommentierte der Kulturjournalist Alexander Kissler (2010) bereits scharfzüngig: „CDU/CSU und SPD, die einst fast das ganze Volk repräsentierten, haben sich friedlich-apokalyptisch bei der 30%-Marke einquartiert. Dort sitzen sie und kauern und schauen bang nach vorn: Werden wir je wieder für 40% der Wähler attraktiv sein? Müssen wir uns auf 25% oder weniger einstellen? Sind wir Phoenix oder Ikarus?".

2 Hennis und Weidenfeld

Die besondere Leistung der angewandten Politikforschung liegt in diesem Zusammenhang darin, dass sie nicht nur versucht, Antworten auf Fragen der politikwissenschaftlichen Theorie zu finden, sondern auch, Strategien für die politische Praxis zu entwickeln, denn „nur auf dem Boden eines Wissenschaftsbegriffs, für den die Praxis wissenschaftswürdig und wissenschaftsfähig bleibt, ist Zugang für eine Wissenschaft vom Regieren zu finden" (Hennis 1968: 85). Dieses Diktum von Wilhelm Hennis könnte auch von Werner Weidenfeld stammen. Im vorliegenden Beitrag soll es deshalb nicht nur darum gehen, eine Analyse der Parteienentwicklung vorzunehmen, sondern auch darum, einige Hinweise zu unterbreiten, wie die Parteienentwicklung beeinflusst werden könnte.

3 Die deutschen Parteien: Zurück zum bunten Anfang?

Inzwischen kann man sagen: Die einzige Kontinuität des deutschen Parteiensystems ist seine Diskontinuität. Manchmal scheint es sogar so, als wäre die Parteienentwicklung in Deutschland auf einem Weg zurück zu den Anfängen des bundesdeutschen Parlamentarismus. Bei der ersten Bundestagswahl im Jahr 1949 beteiligten sich am Bundestagswahlkampf 16 Parteien. Zu Beginn dieser Wahlperiode waren acht Fraktionen im Bundestag vertreten. Elf Parteien zogen in den Deutschen Bundestag ein. Allerdings gab es damals noch keine bundesweit gültige 5%-Hürde. Jedenfalls war die Parteienlandschaft 1949 sehr viel bunter als nach dem Konzentrationsprozess in den folgenden Jahrzehnten.

Erst als die Grünen 1983 mit 5,6% in den Deutschen Bundestag einzogen, wurde aus einem Drei- ein Vier-Fraktionen-System. Mit der Deutschen Einheit und der ersten gesamtdeutschen Wahl 1990 kam die Partei des Demokratischen Sozialismus (PDS) beziehungsweise (heute) Die Linke hinzu, so dass wir nun auf Bundesebene allgemein von einem fluiden Fünf-Fraktionen-System sprechen können. Mit dem Aufkommen der Piratenpartei, die bei den Wahlen zum Berliner Abgeordnetenhaus am 18. September 2011 immerhin 8,9% der Stimmen erhielt und damit erstmals in ein Landesparlament einzog, könnte sich das Parteiensystem noch stärker ausdifferenzieren. Sechs Fraktionen in einem Parlament – wir haben diese Situation derzeit bereits in Sachsen, wo auch die rechtsextreme NPD vertreten ist – erschweren die Regierungsbildung ungemein.

Ein Indikator dafür, dass die Integrationsfähigkeit der Altparteien nachlässt, ist meist übersehen worden: Kontinuierlich erhöhte sich die Zahl der so genannten „Reststimmen" in den letzten Jahrzehnten, die sich in der Regel auf die kleinen und Kleinstparteien verteilen. Bei den aktuellen Wahlanalysen werden häufig die „sonstigen" Parteien vergessen. In manchen Umfragen und Wahlstatistiken tauchen sie im Einzelnen kaum auf. Doch bei einem sehr knappen Wahlergebnis können sie ungewollt als Mehrheitsbeschafferinnen für die eine oder andere Koalition fungieren. So wäre in Berlin 2011 eine Große Koalition aus SPD und CDU ohne den Einzug der Piratenpartei nicht möglich gewesen. Auch zur Bundestagswahl 2009 traten viele Splitterparteien an, die an der 5%-Hürde scheiterten. Dennoch haben ihre Stimmen Gewicht, denn wer eine „sonstige" Partei wählt, die nicht über die 5%-Hürde kommt, leistet einen Beitrag dazu, dass eine Mehrheit im Parlament deutlich unterhalb der 50%-Marke möglich wird. Am krassesten sichtbar wurde das bei den thüringischen Landtagswahlen vom 13. Juni 2004. Hier war folgende kuriose Situation feststellbar: Neben den Grünen zog auch die FDP nicht in den Landtag ein. Insgesamt kamen 16,5% der Wählerstimmen nicht zur Geltung. Das reichte damals für Dieter Althaus und seine CDU, um mit gerade einmal 43% die absolute Mehrheit zu erzielen!

Die „Piratenpartei" ist ein neuer Stern am Parteienhimmel der Bundesrepublik Deutschland. Sie hat insbesondere bei den Wahlen zum Abgeordnetenhaus in Berlin und bei den Wahlen im Saarland im Januar 2012 sehr viele Jung- und Erstwähler mobilisieren können. Ihr Wählerreservoir sind vor allem bisherige Nichtwähler, aber auch bisherige Wähler der Grünen und der Partei „Die Linke". Auch andere neue Parteibildungen sind im Schwange, wie etwa die Kandidatur der Freien Wähler als Bundespartner.

4 Bonn war nicht Weimar, aber wird Berlin wieder dazu?

Schon seit vielen Jahren kann man beobachten, dass die Zahl der an der Bundestagswahl teilnehmenden Parteien immer größer wird. Die Vielzahl von Parteien kann einen Beitrag zur politischen Destabilisierung der Bundesrepublik Deutschland leisten. Schon Ludwig Erhard nahm darauf Bezug, als er 1965 argwöhnte, der Wechselwähler sei politischer „Flugsand", auf dem man keine stabile Demokratie errichten könne (Lau 2005). Die geringste Zahl von Parteien, die sich am Wahlkampf beteiligten, war 1972 zu verzeichnen. Damals standen lediglich acht Parteien auf den bundesdeutschen Wahlzetteln. Nach diesem Tiefstand stieg die Zahl 1976 bereits auf 19 an, 1987 waren es 21, seit 1990 sind es in der Regel um die 30 Parteien. Aktuell sind beim Bundeswahlleiter 112 Parteien registriert, von denen für die Bundestagswahlen am 27. September 2009 insgesamt 29 zugelassen wurden. Zwei Parteien blieb hingegen wegen des Fehlens einiger formaler Voraussetzungen die Zulassung zur Wahl verwehrt. Darunter fiel auch die Partei der ehemaligen CSU-Aktivistin und einstigen Fürther Landrätin Gabriele Pauli.

Wie zerfasert das Parteienspektrum inzwischen ist, zeigt die Tatsache, dass es neben den etablierten Parteien CDU, CSU, SPD, FDP, Bündnis 90/Die Grünen und Die Linke sowie den neu hinzukommenden Piraten auch eine Vielzahl von kleinen Parteien gibt, die nur einige wenige Mitglieder aufweisen können und teilweise ziemlich skurrile Namen tragen. So hat sich die „Technokratische Partei Deutschlands" genauso registrieren lassen wie eine Partei mit dem klangvollen Titel „Vorfahrt für Deutschland" oder „Wir Rentner machen mobil", bis hin zur „WIR-Partei". Ferner zu nennen sind hier etwa die „Deutsche Partei zum Wohle des Volkes", „Deutsche Realistenpartei", „Warum-Partei Deutschlands", „Männerpartei", die „Anarchistische POGO-Partei Deutschlands" oder die „Autochthone für Freiheit und Frieden". Die zur Bundestagswahl zugelassenen Parteien treten jedoch nicht alle gleichermaßen in sämtlichen Bundesländern an. Bei den Bundestagswahlen 2009 waren es in Nordrhein-Westfalen und in Bayern immerhin 20 Parteien, im Saarland und in Sachsen nur jeweils 10. Von den kleinen Parteien trat die kommunistische Splittergruppe „Marxistisch-Leninistische Partei Deutschlands (MLPD)" in allen Bundesländern an. Die junge Piratenpartei kandidierte seinerzeit in allen Bundesländern mit Ausnahme des Freistaats Sachsen und erreichte dabei immerhin 2,0%. Die „Partei Bibeltreuer Christen (PBC)" beispielsweise trat nur in Niedersachsen, Bremen, Sachsen, Rheinland-Pfalz, Bayern und Baden-Württemberg an.

Einer der Gründe für das vermehrte Auftreten von Kleinstparteien besteht sicherlich auch in einer insgesamt üppigen Parteienfinanzierung: Um am System der staatlichen Parteienfinanzierung teilzunehmen, muss eine Partei bei der letzten Bundestags- oder Europawahl mindestens 0,5% der Stimmen oder bei einer der jeweils letzten Landtagswahlen 1,0% der gültigen Stimmen erhalten haben. In einem differenzierten System bekommen die Parteien 0,70 Euro für jede zugunsten ihrer jeweiligen Liste abgegebene gültige Stimme (Zweitstimme), beziehungsweise für jede für sie in einem Wahl- oder Stimmkreis abgegebene gültige Stimme, wenn in einem Land eine Liste für diese Partei nicht antrat. Für die ersten vier Millionen Stimmen – ein Bonus vor allem für die FDP, die Grünen und die Linke – erhöht sich der Wert auf 0,85 Euro. Außerdem erhalten die Parteien 0,38 Euro für jeden Euro, den sie als Zuwendung (Mitglieds- oder Mandatsträgerbeiträge sowie rechtmäßig erlangte Spenden) erhalten haben. Dabei werden jedoch nur Zuwendungen bis zu 3.300 Euro je natürlicher Person berücksichtigt. Die staatlichen Mittel an eine Partei können den Betrag nicht übersteigen, der sich aus den Einnahmen der Partei aus anderen Quellen, wie zum Beispiel den Mitgliedsbeiträgen oder den Parteispenden, ergibt. Gleichwohl beträgt die absolute Obergrenze des jährlichen Gesamtvolumens der staatlichen Parteienfinanzierung 133 Millionen Euro.

Das Parteienrecht gibt den Kleinstparteien zudem viele Möglichkeiten öffentlicher Präsentation – etwa durch zahlreiche kostenlose Fernsehspots. Dadurch werden Kleinstgruppen geradezu animiert, sich an den Wahlen zu beteiligen. Bei der Verrechnung der ‚Reststimmen' hat die stärkste Partei einen Vorteil. 2005 erhielten auf Bundesebene die „sonstigen Parteien" 3,9%, was in der Umrechnung nach Hare/Niemeyer dazu führte, das theoretisch schon an die 49% für eine Mehrheitsbildung ausreichten. Auch nach dem neuen Mandatszuteilungsverfahren (Sainte-Laguë/Schepers) ist ein ähnlicher Effekt zu erwarten, vor allem deshalb, weil die Zahl der sonstigen Parteien und ihr Stimmenanteil stetig wachsen. Aber nicht nur die zunehmende Zahl von kleinen und Kleinstparteien ist ein Indikator für die allgemeine Zerfaserung des bundesdeutschen Parteiensystems. Ein weiterer Hinweis dafür ist, dass bei der Bundestagswahl 2009 166 Personen als Einzelbewerber in den insgesamt 299 Wahlkreisen antraten. So viele gab es noch nie. 2005 waren es noch 60 Kandidaten. Einzelbewerber haben im Wahlsystem der Bundesrepublik faktisch keine Chance, in den Bundestag zu gelangen, aber sie bestätigen den Trend, dass das Feld der Bewerber für den Bundestag bunter und vielfältiger wird.

Wer allerdings glaubte, dass eine bürgerliche Mehrheit aus Union und FDP wegen der größeren Anzahl der Parteien und Fraktionen unmöglich wäre, wurde 2009 eines Besseren belehrt. Allerdings dürfte die Fortsetzung dieser Koalition kaum sehr wahrscheinlich sein.

5 Sind die Volksparteien am Ende?

Jede rationale Analyse spricht dafür, dass es die beiden großen Parteien CDU und SPD tendenziell äußerst schwer haben werden, ihre einstige Stellung zurückzuerobern. Es wäre jedoch zu früh, jetzt schon den Grabgesang auf die Volksparteien anzustimmen. Ob die Volksparteien in der Wählergunst allerdings weiter verlieren oder sich gar erholen können, hängt auch von ihrer eigenen Performance ab. Es kommt darauf an, inwieweit sie sich argumentativ der Vorteile einer Volkspartei und ihres Alleinstellungsmerkmals bedienen.

Eine Volkspartei ist vom Typus her das Gegenteil einer Klientelpartei (Langguth 2011: 153f.). Letztere bedient nur Einzelinteressen. Volksparteien hingegen zielen immer auf das Ganze der Gesellschaft. Sie orientieren sich also nicht an peripheren Interessen, sondern an alten Ideen wie dem Gemeinwohl, was heißt, dass keine Gruppe der Gesellschaft ausgeschlossen bleiben soll. Von einer Volkspartei sprechen wir dann, wenn sie verschiedene Milieus abdeckt und sich der kulturelle Pluralismus unserer Gesellschaft in einer solchen Partei widerspiegelt.

Ein Charakteristikum von Volksparteien besteht darin, dass in ihnen eine breite Flügelbildung wirkt: In der CDU gab es immer schon drei historische Strömungen: die christlich-soziale, die liberale und die konservative. „CDU pur" hat es nie gegeben. Peter von Zahn (1976) sagte einmal: Die CDU gleiche „eher einem englischen Garten als einem französischen Park". Bis zum Jahre 1959 waren die beiden Unionsparteien die einzigen Volksparteien, dann kam das „Godesberger Programm" der SPD. Dies führte dazu, dass breitere Schichten des Volkes die SPD wählten – insbesondere in Zusammenhang mit der Ostpolitik von Willy Brandt. Doch ist die SPD heute noch eine Volkspartei? Zumindest für die neuen Länder ist das zu bezweifeln.

6 Die Nichtwähler – unbekannte Wesen

Zweifellos haben wir es mit Entwicklungen zu tun, die uns nachdenklich stimmen müssen. Das gilt nicht zuletzt auch für die Höhe der Wahlbeteiligung (Gesamt-Bundesrepublik 2009: 71,4%), die im Übrigen im Osten (65,1%) Deutschlands deutlich geringer ist als im Westen (72,9%). Generell kann man sagen, dass bei den Bundestagswahlen in den westlichen Bundesländern eine Wahlbeteiligung von über 70% vorliegt, am höchsten in Hessen mit 73,8%, gefolgt vom Saarland mit 73,7%, währenddessen sie in den neuen Ländern in Brandenburg bei 67,0% und Sachsen bei 65,0% lag. Das Schlusslicht war Sachsen-Anhalt mit 60,5%. Gelegentlich kommen Sonderfaktoren hinzu. So wurde die Wahlbeteiligung in Brandenburg auch durch die Tatsache beeinflusst, dass zum selben Zeitpunkt Landtagswahlen stattfanden (ähnlich wie in Schleswig-Holstein, das bei den Bundestagswahlen 73,6% Beteiligung hatte).

Andererseits wissen wir noch zu wenig über die Motive der Nichtwahl. Es gibt auch Nichtwähler oder temporäre Nichtwähler, die ihren Wahlverzicht nicht als eine

Absage an die Demokratie als Institution verstanden wissen, sondern eher als einen Protest gegenüber derjenigen Partei, die sie traditionell bisher gewählt haben, interpretiert sehen wollen. Die Nichtwahl-Situation ist bei Vielen so etwas wie ein Warteraum, bei dem man sich entscheidet, ob man bei der nächsten Wahl eine andere Partei wählt oder wieder zurück zur alten geht. Im Übrigen gibt es auch hartgesottene Nichtwähler, die zwar gut im gesellschaftlichen Leben integriert sind, sich selber aber als absolut unpolitisch empfinden. Insgesamt kann man sagen, dass Menschen mit niedriger Bildung weniger dazu neigen, zur Wahl zu gehen. Auch liegt in den Stadtteilen, in denen viele Bürger von Transferleistungen abhängig sind, eine niedrigere Wahlbeteiligung vor. In Köln war etwa bei den Landtagswahlen vom Mai 2010 im „Problemviertel" Köln-Chorweiler eine Wahlbeteiligung von 32% zu verzeichnen, hingegen waren es im ‚betuchteren' Köln-Hahnenwald 78%.

Die Wahlforschung zeigt, dass etwa Frauen häufiger die Teilnahme an Abstimmungen verweigern, als Männer, Ostdeutsche häufiger als Westdeutsche, Geringverdiener öfter als Bessergestellte und Wahlberechtigte mit niedriger formaler Bildung häufiger als höher Gebildete. Die Motive hinsichtlich der Nichtteilnahme an Wahlen sind mit diesen Hinweisen jedoch noch nicht klar. Einige Nichtwähler sind nicht generell politikverdrossen, sondern allenfalls wahlverdrossen. 84% der Nichtwähler geben als wichtigstes Motiv für ihre Wahlenthaltung an, Parteien und Politiker überzeugten sie nicht. Und drei Viertel meinen, der Wahlkampf spreche sie nicht an. Viele Nichtwähler bekennen sich nicht zu ihrer Wahlabstinenz. Befragungen nach dem Wahlverhalten beim letzten Urnengang führten zu einem erheblich geringeren zugegebenen Nichtwähleranteil, als dieser bei der Wahl tatsächlich betragen hatte. Hohe Wahlbeteiligungen sind im Übrigen auch das Zeichen einer sehr polarisierten Situation, so etwa vor der Machtübernahme durch die Nationalsozialisten. Auch wenn dem manche sicher nicht zustimmen: Man kann sogar sagen, dass eine geringe Wahlbeteiligung auch ein Stück weit Zufriedenheit mit der politischen Ordnung wiedergibt. Denn in sehr stark polarisierten Situationen ist die Wahlbeteiligung in der Regel höher.

Im internationalen Vergleich ist die Höhe der Wahlbeteiligung in Deutschland keine Besonderheit. Einige ausgewählte Beispiele zeigen, wie differenziert die Situation je nach Land zu betrachten ist:

- *Schweden*: Bei der letzten Parlamentswahl im September 2010 gingen 82% zur Wahl. Generell kann man sagen, dass das Königreich eines derjenigen europäischen Länder ist, das an der Spitze der Wahlbeteiligungen in Europa liegt (2006: 81,99%; 2002: 80,1%).
- *Großbritannien*: Im „Mutterland der Demokratie", gingen 2010 hingegen lediglich 65,1% zur Wahlurne (2005: 61,3%).
- *Belgien*: Wegen der dortigen Wahlpflicht liegt es mit einer Wahlbeteiligung von über 90% deutlich über dem Schnitt der gesamten Union und hat auch von allen Einzelstaaten den kleinsten Nichtwähleranteil. Belgische Bürger müssen an Wahlen teilnehmen, andernfalls droht eine Geldstrafe von 50 Euro.

- *Österreich*: In der Alpenrepublik lag bei den Nationalratswahlen des Jahres 2008 eine Wahlbeteiligung von 78,8% vor.
- *Schweiz*: Bei den Nationalratswahlen der *Schweiz* gab es 2007 lediglich eine Wahlbeteiligung von 49,9%.
- *Vereinigte Staaten von Amerika*: Bei den Präsidentschafts- und Kongresswahlen der USA im Jahr 2008 wurde eine Beteiligung von 66,6% vermeldet – die höchste Beteiligungsrate seit Jahrzehnten. Zum Vergleich: 1996 lag die Wahlbeteiligung lediglich bei 49%, 2000 waren es 50,3%, 2004 55,5%.

7 Gesamtgesellschaftliche Entwicklungen

Die gesamte Entwicklung des Parteiensystems wäre allerdings nicht ohne Hinweis auf die gesellschaftlichen Entwicklungen zu verstehen (Debus 2012: 40-62). Wir haben dramatische gesellschaftliche Veränderungen, die alle Großinstitutionen unserer Republik beeinträchtigen. Mit dem Schwinden des Einflusses sinnstiftender Institutionen, wie etwa der Kirchen, aber auch der Gewerkschaften, verschwand eine äußere Klammer, die zum Zusammenhalt der Gesellschaft beigetragen hatte. Zudem nahm die ideologische Polarisierung nach dem Ende des Kalten Krieges deutlich ab. Dies hat Ulrich Beck (1995: 141) wie folgt beschrieben: „An die Stelle des Gleichgewichts des Schreckens tritt so das Gleichgewicht der Nörgler – alle sind uneins mit allem und allen. Nicht der ewige Frieden, sondern der ewige Streit hebt die kulturelle Ernstfallbereitschaft auf. Mit fortschreitender Individualisierung könnte so zum ersten Mal in der Geschichte der Satz wahr werden: Staaten, die bellen, beißen nicht."

Wir haben zwei Großtendenzen, nämlich die der Individualisierung auf der einen Seite sowie die der Pluralisierung der Lebensstile auf der anderen. Pflicht- und Akzeptanzwerte verloren stetig an Bedeutung, währenddessen gleichzeitig Selbstentfaltungswerte und individuelle Interessen besonders für junge Menschen zunehmend wichtiger wurden. Immer größer wird der Anteil des Typus Wähler, der sich von der Stimmabgabe für eine bestimmte Partei persönliche Vorteile verspricht. Das hat Anthony Downs (1968) schon vor Jahrzehnten in der „Ökonomischen Theorie des Wählens" beschrieben.

Hinzu kommt, dass die Komplexität der politischen Probleme eher zunimmt, die Erklärungsfähigkeit der Politik jedoch ab. Das Lösungsversprechen der Politik, die sich für allzuständig erklärt hat, kann sie nicht einhalten. Viele Fragen wandern auf die europäische oder transnationale Ebene ab.

Ein weiteres Momentum der Politikverdrossenheit ist der vielfach festzustellende Traum von einer im Grunde genommen „unpolitischen Politik", wie sie schon Thomas Mann (1991) in seinen „Betrachtungen eines Unpolitischen" beschrieb. Gefordert wird eine Politik, die von Harmonie und dem Streben nach Überparteilichkeit geprägt ist, die auf hohem ethischem und moralischem Niveau agiert. „Runde Tische" stehen hoch im Kurs. So entsprach der Streitschlichtungsversuch im Zusammenhang mit dem umstrittenen Projekt „Stuttgart 21" letztlich auch dem romantisierenden Ideal des Einsatzes greiser Überväter – in diesem Falle von Heiner Geißler –, die nur an die „Sache", an das Gemeinwohl, nicht aber an die persönliche Macht denken. Im Herbst 2011 wurde auch in den deutschen Medien – nach entsprechenden Regierungsbildungen in Griechenland und Italien – die Frage gestellt, ob nicht in Deutschland ebenso ein Kabinett aus Technokraten zusammengestellt werden sollte.

Die in einer Partei ausgetragenen Konflikte werden häufig als eher abstoßend empfunden, obwohl Konflikte – inner- wie interparteilich – das Normalste in einer Konfliktdemokratie, in der wir nun einmal leben, sind. Konflikte in einer Partei – vielleicht noch am wenigsten bei den Grünen – werden als Schwäche derselben angesehen, obwohl Konflikte das Parteileben erst interessant machen. Nebenbei bemerkt: Wir haben in Deutschland eine politische Diskussionskultur, die sehr stark vom Konventionellen als einer Art Leitbild der Debattenkultur geprägt ist. Der Konsens ist ein Wert an sich. Jede dissidente Meinung, die von der *political correctness* abweicht, wird als Provokation empfunden. So stehen die Parteien vor einem grundsätzlichen Problem: Programmatisch verkümmern sie, weil sie nicht wagen, ihre Kernkompetenzen im Sinne eines Alleinstellungsmerkmals gegenüber anderen Parteien herauszudestillieren und Profil zu zeigen. Das gehört aber zum Kernbereich jeder Führung. Auf der anderen Seite zeichneten sich Volksparteien schon immer durch eine programmatische Unschärfe aus, weil sie nur so die ganze Bandbreite der Gesellschaft erreichen können. Je schwieriger allerdings das Wahlverhalten prognostizierbar wird, umso komplexer sind die strategischen Herausforderungen für die jeweiligen Parteiführungen. Eine breite innerparteiliche Diskussion muss auch ‚von oben' gefördert werden.

8   Was nun zu tun ist: Ein Acht-Punkte-Programm

Nach Ansicht des einstigen grünen Außenministers Joseph „Joschka" Fischer sind die Parteien „unfruchtbar, sind nicht fortpflanzungsfähig im Sinne wissenschaftlicher, kultureller Neugierde". Sind Parteien, so sollte man fragen, also überhaupt reformierbar? Welche Lösungsvorschläge kann eine angewandte Politikforschung den Regierenden und Regierten geben?

- Wir sollten nicht in pauschaler Form zulassen, dass Politik als ein „schmutziges Geschäft" bezeichnet wird. Wir sollten mehr, insbesondere junge Menschen, dazu motivieren, dauerhaft – also im Rahmen einer politischen Partei – politisch aktiv zu werden. Die pauschale Aussage, dass sich die Parteien den Staat „zur Beute" gemacht haben, sollte – trotz mancher berechtigter Argumente – immer wieder neu überprüft werden. Nur, wenn es genügend Parteimitglieder gibt, sind die Parteien auch tatsächlich in der Bürgerschaft verwurzelt. Der Rückgang von Parteimitgliedschaften ist jedenfalls alarmierend; es fehlen ‚Botschafter' von politischen Überzeugungen in der Gesellschaft.

- Politik und Parteien müssen sich auf ihre Kernaufgaben beschränken. Die Parteien sollten auch die Grenzen ihrer eigenen Kompetenz eingestehen. Sie haben den Auftrag des Grundgesetzes, an der politischen Willensbildung des Volkes mitzuwirken, ernst zu nehmen. Welche gesellschaftlichen Institutionen könnten an ihre Stelle treten? Sind nicht Parteien – zumindest prinzipiell – mehr dem Gemeinwohl verpflichtet als einzelne bürgerschaftliche Organisationen, die häufig genug nur an einzelne Interessen denken? Die Bürgergesellschaft ist nun einmal keine „Verlegenheitsalternative", um ein Wort von Niklas Luhmann zu gebrauchen. Bürgergesellschaft und Parteien, darauf kommt es an!
- In der praktischen Politik der Gegenwart haben wir es mit so etwas wie einer „desorientierenden Pragmatisierung" zu tun. Parteien brauchen so etwas wie einen Markenkern, gewachsene Grundüberzeugungen, ja einen „ideologischen Background", auf dem Ideen und Visionen entstehen können. Der Pragmatismus ist zwar einerseits der Komplexität der Probleme geschuldet, andererseits aber führt er dazu, dass die Politik immer weniger kommunizierbar ist. Der Politik fehlen sicht- und vermittelbare Zukunftsvorstellungen unserer Gesellschaft, die ideell begründet und klar formuliert werden. Das Phänomen der besonderen Wirkung etwa eines Joachim Gauck oder eines Karl-Theodor Freiherr zu Guttenberg bestätigt, dass es zudem eine gewisse Sehnsucht nach unabhängigen, charismatischen Führungsfiguren statt Technokraten an der Macht gibt. Politiker müssen wieder über die von Max Weber eingeforderten Fähigkeiten verfügen: Leidenschaft, Augenmaß und Verantwortungsbewusstsein.
- Insbesondere muss der Charakter einer Volkspartei wieder sichtbarer werden. Ebenso sollte deutlich werden, dass sich Volksparteien per se von kleineren, klientelistischen Parteien unterscheiden. Wäre der Bundestag in erster Linie eine Ansammlung von Fraktionen, die sich an eher klientelistischen Interessen orientieren, wäre damit die Fragmentierung unserer Gesellschaft auch symbolhaft vollzogen.
- Wir brauchen eine Verlebendigung der Parteien, z. B. durch Ämtertrennungen, Amtszeitbegrenzungen und ein Vorwahlsystem. Manche Selbstüberschätzung von Politikern und Parteien rührt auch daher, dass es in unserer Leistungs- und Erfolgsgesellschaft keine „Kultur des Verlierens" gibt. Wichtige Funktionsträger von Parteien sind – wenngleich aus einsichtigen Gründen – so abgesichert, dass ihnen trotz eventueller großer Wahlverluste ihrer Partei wenig passiert. Aber die Abberufung durch den Wähler gehört auch zu einer Demokratie. Die Parteimitgliedschaft muss zudem ‚interessanter' gemacht werden. Ein Großteil des jugendlichen Idealismus wird aber teilweise schon in den Strukturen der kommunalen Parteiorganisationen ausgebremst. Der Karriereweg in einer Partei steht meist im Gegensatz zum Erfordernis eines modernen Querdenkertums. Wer mit zu eigenständigen Positionen in der politischen Diskussion aufwartet, gilt leicht als unberechenbar. Parteien müssen sich mehr als Denkfabriken verstehen, die kluge Leute ver-

sammeln und vernetzen wollen. Das spricht junge Menschen an und wäre zugleich ein enormer Gewinn für den intellektuellen Output einer Partei.
- Die Forderung nach plebiszitären Entscheidungsmechanismen auf Bundesebene führt in die Irre, da viele Fragen nicht mit einem klaren Ja oder Nein beantwortet werden können. Plebiszite sind Ausdruck von Einzelinteressen – meistens um etwas Neues zu verhindern –, währenddessen sich Parteien, insbesondere Volksparteien, am Gemeinwohl orientieren müssen.
- Wir brauchen ein Wahlrecht, das eine klare Mehrheitsbildung erleichtert, ohne dass kleinere Parteien vom politischen Erdboden verschwinden. Ein reines Mehrheitswahlrecht, wie in Großbritannien, hätte zur Folge gehabt, dass nach den letzten Bundestagswahlen von 2009 weite Teile der politischen Landschaft von Unionspolitikern repräsentiert würden. Gleichzeitig sollte darüber nachgedacht werden, dass der Wähler auch eine Vorzugsstimme auf einer Landesliste vergeben kann. Ebenso könnte ein Konzept von Vorwahlen dazu beitragen, dass ‚bessere' Abgeordnete ins Parlament geschickt werden. Die Auswahl von innerlich unabhängigen Abgeordneten ist nur dann möglich, wenn die politischen Parteien nicht *closed shops* darstellen, sondern auch die Bereitschaft zur Mitgliedschaft besteht. Die zahlenmäßige Begrenzung von Parteiämtern ist notwendiger denn je.
- Prinzipiell sollte darüber nachgedacht werden, wie unsere Demokratie neu organisiert werden kann. Die Föderalismusreform ist auf halber Strecke stecken geblieben. Solange die Bundesländer keine eigene Finanzautonomie haben, bleiben sie hoch entwickelte Verwaltungseinheiten des Bundes. Wir haben neben dem Bundesrat in unserer Republik viele Veto-Spieler, z. B. das Bundesverfassungsgericht zuweilen als ‚Ersatzgesetzgeber', Lobbyisten, die Medien etc., die alle ihre Legitimation haben. Die Bundesrepublik Deutschland ist jedoch faktisch eine Konsensdemokratie, in der politische Führung – auch durch die Tatsache, dass seit 1949 alle Bundesregierungen Koalitionsregierungen waren – äußerst erschwert ist.

Mit Lösungsvorschlägen zur Verbesserung der Effizienz einer Demokratie und des nachhaltigen Regierens in die Politik hineinzuwirken, wird auch in Zukunft eine zentrale Aufgabe angewandter Politikforschung sein. Hierzu hat Werner Weidenfeld wichtige Beiträge geleistet.

Literatur

Beck, Ulrich, 1995: Eigenes Leben: Ausflüge in die unbekannte Gesellschaft in der wir leben, München.
Debus, Marc, 2012: Sozialstrukturelle und einstellungsbasierte Determinanten des Wahlverhaltens und ihr Einfluss bei Bundestagswahlen im Zeitverlauf: Westdeutschland 1976 bis 2009, in: Schmitt-Beck, Rüdiger (Hrsg.), Wählen in Deutschland, Politische Vierteljahresschrift, Sonderheft 45, Baden-Baden, 40-62.
Downs, Anthony, 1968: Ökonomische Theorie der Demokratie, Tübingen.

Hennis, Wilhelm, 1968: Politik als praktische Wissenschaft. Aufsätze zur politischen Theorie und Regierungslehre, München.
Kissler, Alexander, 2010: Volksparteien in der Krise, Dickschiff such Kompass, in: Eigentümlich frei, 09.08.10.
Langguth Gerd, 2011: Volksparteien ohne Volk? Ursachen und Konsequenzen, in: Arnim, Hans Herbert von (Hrsg.), Systemmängel in Demokratie und Marktwirtschaft. Beiträge auf der 12. Speyerer Demokratietagung vom 28.-29.10.10 an der Deutschen Hochschule für Verwaltungswissenschaften Speyer, Berlin, 153-161.
Mann, Thomas, 1991: Betrachtungen eines Unpolitischen, Frankfurt a. M.
Zahn, Peter von (Hrsg.), 1976: Profil der CDU, Hamburg.

Internetquellen

Lau, Jörg, 2005: „Und plötzlich wählst du CDU", in: Zeit online, 30.06.05, http://www.zeit.de/2005/27/Titel_2fWechselw_8ahler_27 (Stand: 29.03.12).

Lars C. Colschen

Politikberatung in der deutschen Außenpolitik

1 Einleitung

Ohne die Unterstützung durch angewandte Politikforschung ist die Gestaltung von Außenpolitik auf Grund der gestiegenen Komplexität des Gegenstands kaum noch denkbar. Der „Arabische Frühling", die Finanzkrise in der EU oder das iranische Kernwaffenprogramm sind mit all ihren weit verzweigten Implikationen ohne eine wissenschaftlich fundierte Expertise für außenpolitische Entscheidungsträger nicht mehr zur Gänze greifbar. Angewandte Politikforschung kann als Wissenschaft von der Politikberatung mit Kernfunktionen wie Problemidentifikation, Frühwarnsystem, Interessens- und Konfliktvermittlung, Gewinnung und Verbreitung von Informationen, Ideen, Evaluation und Legitimation (Weidenfeld/Janning 2003: 194) dazu beitragen, die Geschehnisse und vorhandenen Informationen systematisch miteinander zu verknüpfen, kausale Zusammenhänge herzustellen, Erklärungs- sowie Deutungsangebote zu formulieren und Handlungsempfehlungen auszusprechen.

Wissenschaftliche Politikberatung ist eine Mischung aus eigenständiger Forschung, inklusive der Grundlagenforschung, und wissenschaftlicher Dienstleistung für die Akteure im außenpolitischen Entscheidungsprozess. Die Politikberatung entsprechender Entscheidungsträger kann intern, z. B. durch die Ministerialbürokratie, Arbeitskreise, Beiräte, interministerielle Arbeitsgruppen oder Beauftragte bzw. Koordinatoren, Ministerien oder mit Hilfe des Wissenschaftlichen Dienstes des Deutschen Bundestages, andernfalls auch extern, z. B. durch unabhängige Think Tanks, erfolgen.

Interne Politikberatung in der Außenpolitik ist dabei typischerweise fest institutionalisiert. So lässt sich Außenminister Westerwelle maßgeblich von der Politischen Direktorin im Auswärtigen Amt, Emily Haber, beraten, während Angela Merkel im Bundeskanzleramt in außenpolitischen Fragen Christoph Heusgen konsultiert. Im Auswärtigen Amt gibt es verschiedene Beraterstäbe, die im dortigen Entscheidungsprozess von Bedeutung sind, darunter ganz maßgeblich die wöchentlich tagende „Außenpolitische Lage". Dort kommen u. a. Staatssekretäre, Abteilungsleiter und – je nach Themen – ebenso Beauftragte (z. B. für Nahost Andreas Michaelis) zusammen (Sattar 2011: 3).

Trotz solcher erheblicher interner Ressourcen ist die Notwendigkeit zusätzlicher externer Außenpolitikberatung unbestritten, ja sogar seit Jahren spürbar gewachsen. Dieser gestiegene Bedarf basiert auf mehreren Entwicklungen: So ist seit 1990 der Handlungskorridor für die deutsche Außenpolitik nach den erfolgreichen Verhandlungen der internationalen Aspekte der deutschen Einheit und der Ablösung der letzten alliierten Vorbehaltsrechte breiter geworden (Colschen/von Hoyer/Weigl 2002). Deutschland ist u. a. durch die Auslandseinsätze der Bundeswehr, die seit dem wegweisenden Bundesverfassungsgerichtsurteil von 1994 auch (verfassungs-)rechtlich abgesichert sind, in ganz markanter Weise ein anderer Akteur geworden, dessen Sicherheit nun u. a. auch am Hindukusch verteidigt wird.[1]

Die deutsche Außenpolitik wird seit 1990 nicht mehr durch das zuvor prägnanteste Strukturmerkmal in den Internationalen Beziehungen, den Ost-West-Konflikt, dominiert. An dessen Stelle ist ein vielschichtiges und unübersichtliches Spektrum von Bedrohungen getreten, das neue strategische Forderungen an die Gestaltung von Außenpolitik stellt. Risiken lassen sich weit weniger verlässlich kalkulieren oder räumlich begrenzen. Sie sind oft von globalem Charakter (z. B. in der Umweltpolitik). Bedrohungen sind zudem nicht mehr nur symmetrisch, sondern können verstärkt auch von anderen Akteuren als Staaten ausgehen, wie z. B. asymmetrische Gefährdungen durch den internationalen Terrorismus oder das organisierte Verbrechen zeigen. Die fortschreitende Europäisierung auch in der Außen- und Sicherheitspolitik (siehe die Gemeinschaft für Außen- und Sicherheitspolitik (GASP) und die Gemeinsame Sicherheits- und Verteidigungspolitik (GSVP)), mit einer wachsenden Anzahl von Mitgliedsstaaten, macht das Nachdenken über angemessene Entscheidungen nicht einfacher.

In diesem Aufsatz werden zunächst maßgebliche Institutionen der externen wissenschaftlichen Politikberatung in der deutschen Außenpolitik vorgestellt, um hierauf fundierend Inhalte der Außenpolitikberatung in Deutschland zu erläutern. Dabei wird der Fokus auf zentrale Herausforderungen gelegt, denen sich die wissenschaftliche Beratung widmen muss, wenn sie – jenseits des Tagesgeschäfts – zukünftig (weiterhin) einen substantiellen Input in außenpolitische Entscheidungsprozesse hinein leisten möchte.

2 Externe Beratung in der deutschen Außenpolitik

Außenpolitikberatung wird als das institutionalisierte oder punktuelle Liefern wissenschaftlich erhobener und aufbereiteter Informationen an außenpolitisch Handelnde definiert (Thunert 2007: 336ff.). In diesem Sinne ist Politikberatung eine wissenschaftliche Informationsdienstleistung, um außenpolitische Entscheidungsprozesse zu rationalisieren.

Die Akteurspalette der externen Politikberater ist bunt gemischt. Darunter befinden sich Einzelpersonen (‚Beratungssolisten') genauso wie Fachjournalisten (Leif 2006: 322-333), Intellektuelle, ehemalige Diplomaten und Militärs und die so genannten

---

[1] Sicherlich eine der prägnanteren Aussagen zur Außenpolitik des vereinigten Deutschlands, mit der im Dezember 2001 der damalige Verteidigungsminister Peter Struck den beginnenden Afghanistan-Einsatz der Bundeswehr zu legitimieren suchte.

Politikberatung in der deutschen Außenpolitik 349

Think Tanks (Braml 2006: 255-267). Letztere bezeichnen wissenschaftliche und zugleich politiknahe Forschungseinrichtungen, die nicht selten die Rechtsform einer Stiftung haben (Weidenfeld/Janning 2003: 185-204; Welzel 2006: 275-286). In Deutschland existieren – je nach Zählweise – 50-60 Einrichtungen, die im Kern oder randständig in der Außenpolitikberatung aktiv sind. Diese Einrichtungen unterscheiden sich durch ihre inhaltliche Ausrichtung, Finanzierungsquellen, Beratungsformen und ihre maßgeblichen Adressaten. Zu den wichtigsten und größten in der Außenpolitikberatung tätigen Instituten zählen (Colschen 2010: 93-99):

- Stiftung Wissenschaft und Politik (SWP), Berlin,
- Centrum für angewandte Politikforschung (C·A·P), München,
- Deutsche Gesellschaft für Auswärtige Politik (DGAP), Berlin,
- Hessische Stiftung für Friedens- und Konfliktforschung (HSFK), Frankfurt,
- Zentrum für Europäische Integrationsforschung (ZEI), Bonn,
- Bertelmann Stiftung, Gütersloh,
- Institut für Friedens- und Sicherheitspolitik (ISFH), Hamburg.

Das Feld wird deutlich breiter, wenn man auch die Institute mit Regional- und Länderexpertise sowie Einrichtungen, die monothematisch ausgerichtet sind, hinzunimmt. Die externe Politikberatung muss – will sie nicht zu einem weisungsgebundenen Zuliefererbetrieb degradiert werden – (auch) in der Außenpolitik mit dem Grundwiderspruch leben, dass die Tagesaktualitäten nachjagenden Politiker nicht selten – z. B. bei akuten außenpolitischen Krisen wie in Syrien oder dem Iran – schnelle Lösungsvorschläge suchen, die Wissenschaft aber längerfristige Untersuchungen anstellt und dauerhafte wie umfassende Problembearbeitungsansätze anstrebt. Sie kann nur dann erfolgreich sein, wenn bestimmte Regeln eingehalten werden. Dazu gehören (Janning 1996: 65-66):

- anwendungs- und ergebnisorientierte Analysen und Handlungsempfehlungen statt Praxisferne,
- wissenschaftliche Distanz bei gleichzeitiger kommunikativer Nähe,
- Aufzeigen von Möglichkeiten und Wegen politischer Gestaltung statt bloßer Faktenvermittlung,
- Berücksichtigung der den politischen Entscheidungsträgern zur Verfügung stehenden Zeitfenster durch Antizipation bevorstehender Entscheidungslagen,
- strategische Planung der Ergebnisvermittlung an die Politik als integraler Bestandteil des Arbeitsprozesses,
- Präsentation der Analysen und Empfehlungen in knapper, für die politischen Entscheidungsträger verständlicher, weiterverwendbarer und zugleich wissenschaftlich nachprüfbarer Form sowie die
- Nutzung des Dreiecks von Wissenschaft, Politik und Medien.

Externe Politikberatung kann in den unterschiedlichsten Formen auftreten. Dazu zählen die schriftliche Beratung in Form von Gutachten, Kurzanalysen, Strategie- und Positionspapiere genauso, wie öffentlich zugängliche Publikationen oder Medienauftritte. Die mündliche Beratung außenpolitischer Entscheidungsträger kann in formalisierten Kontexten wie Sachverständigenanhörungen, Expertengesprächen oder Kolloquien bei Planungsstäben stattfinden. Sie kann aber auch in informellen Gesprächen zwischen Beratern und Entscheidungsträgern erfolgen.

3 Herausforderungen für die deutsche Außenpolitik(-Beratung)

Zum Aufgabenspektrum der angewandten Politikforschung gehört es auch und vor allem, sich längerfristige, strategische Gedanken über die Zukunft der deutschen Außenpolitik zu machen. Wenn die Beschreibung und Erklärung von deren Gegenwart und Vergangenheit für das Nachdenken über die Zukunft relevant sind, dann scheint es mit Blick auf die letzten zehn Jahre um die deutsche Außenpolitik nicht sonderlich gut bestellt zu sein. Kritische Buchtitel aus der rot-grünen Regierungszeit sehen eine „Republik ohne Kompass" (Schwarz 2005) oder fragen sich, ob „Deutschland im Abseits?" (Maull 2003) steht. Auch in der Amtszeit der Großen Koalition sind maßgebliche außenpolitische Ziele nicht erreicht worden. Darunter fällt das Scheitern einer europäischen Verfassung. Das Streben nach einem Ständigen Sitz im Sicherheitsrat der Vereinten Nationen versandete ebenfalls. Die Außenpolitik der schwarz-gelben Koalition wurde von Altkanzler Helmut Kohl in einer Generalabrechnung im August 2011 vehement kritisiert. Kohl attestierte fehlende Berechenbarkeit und Verlässlichkeit. Zudem entferne sich Deutschland von Grundpfeilern seiner Außenpolitik wie die transatlantischen Beziehungen, das geeinte Europa und die deutsch-französische Freundschaft. Inhaltlich unverständlich und von den politischen Folgen her schädlich war auch die deutsche Entscheidungs- sowie Darstellungspolitik im Kontext der Enthaltung im Sicherheitsrat der Vereinten Nationen in der Libyen-Abstimmung vom März 2011 (Rinke 2011). Das aktuelle EU-Krisenmanagement der Bundesregierung ist zumindest umstritten. An Kritik und Kritikern am Zustand der deutschen Außenpolitik mangelt es also nicht. Das ist angesichts möglicher zukünftiger Herausforderungen für die deutsche Außenpolitik, die nachfolgend skizziert werden, zunächst einmal eine problematische Ausgangsbasis.

3.1 Westintegration: Äquidistanzpolitik und strategische Dialoge

In diesem Sinne ist es wesentlich, vier entscheidende Szenarien zu beleuchten: Zunächst soll es um die Westintegration sowie die Ostpolitik gehen, bevor der Blick auf das Phänomen Multilateralismus gelenkt wird, um, dieses Kapitel abschließend, die von Politikern wie Medien häufig erwähnte „Kultur der Zurückhaltung" zu erläutern.

Gerade in den konfliktreichen Beziehungen zur Zeit der George W. Bush-Administration war deutlich geworden, dass die USA als Partner und als transatlantischer Teil der Westintegration für Deutschland unverzichtbar sind. So stellte die Abwendung von dieser Partnerschaft während der rot-grünen Jahre auf der Ebene der Spitzenpolitiker (nicht auf jenen der zwischenstaatlich agierenden Bürokratien, der Wirtschaft oder den Zivilgesellschaften) keine grundsätzliche Entscheidung gegen die USA (und die NATO) bzw. für Frankreich (und die EU) dar. Die Zerwürfnisse waren zwar ein weit ausholender Pendelschlag, weg von der Äquidistanzpolitik, aber dieses Pendel ist seitdem wieder auf ein moderates Bewegungsniveau zurückgekehrt. Die Beziehungen zu den USA und zu Frankreich bleiben gleichermaßen wichtig. Deutschland muss sich auch gar nicht entscheiden, ob es nur europäisch oder nur transatlantisch sein will (Link 2007; Schwarz 2007). Die Frage ist als Alternativentscheidung nicht dazu angetan, die deutsche Außenpolitik in Zukunft auf ein tragfähiges und belastbares Fundament zu stellen.

Aber die transatlantische Partnerschaft ist neu begründungspflichtig. Der Wegfall der einigenden Klammer des Ost-West-Konflikts und das allmähliches Abtreten der unmittelbaren Nachkriegsgeneration, die den USA aus historischen Gründen tief verbunden war, gehören zu den Ursachen. Deutschland hat zudem für die USA an geostrategischer Relevanz verloren. Die US-Administrationen blicken auf der Suche nach Partnern schon seit Jahren stärker über den Pazifik denn über den Atlantik.

Auch die engen bilateralen Beziehungen zu Frankreich sind neu zu begründen. Das überaus erfolgreiche deutsch-französische Aussöhnungsprojekt kann als abgeschlossen betrachtet werden. Dieses Projekt vermag es daher auch nicht mehr, eine treibende Kraft des europäischen Integrationsprozesses zu sein. Nicht zufällig erlebt die EU seit Jahren eine zweite lange Phase der Stagnation (Eurosklerose II), die mit der derzeitigen Finanzkrise einen neuen Tiefpunkt erlebt. Auch der Lissabon-Vertrag von Ende 2009 war kein Befreiungsschlag und bedeutete keine Überwindung der krisenhaften Situation. Neue bedeutsame Initiativen in der Zeit nach der Ratifizierung des Lissabon-Vertrags, wie z. B. die direkte Wahl der Kommission durch das Europäische Parlament, sind notwendig. Das würde dem europäischen Bürger die Möglichkeit sichtbar vor Augen führen, durch seine Stimme bei Wahlen zum Europäischen Parlament Macht verteilen zu können. Auf diese Weise würden auch weiter sinkende Wahlbeteiligungen wie bei der letzten Europawahl vom 07.Juni 2009 der Vergangenheit angehören. Eine solche oder ähnliche Initiativen zur Überwindung der derzeitigen Stagnationsphase können nicht ohne Deutschland und Frankreich vorangehen. Allerdings ist der deutsch-französische Motor zwar notwendig, aber allein nicht mehr ausreichend, um die EU wieder voranzubringen. Der Motor muss zusätzliche Zylinder erhalten (z. B. Großbritannien oder ggf. auch Polen), damit die EU-Lokomotive gezogen werden kann. Die Aufgabe ist überaus schwierig, denn die Konsensmaschine der EU scheint gerade in diesen Krisenzeiten an die Grenzen ihrer politischen Organisations- und Gestaltungsfähigkeit gekommen zu sein.

Im Verhältnis zu den USA und zu Frankreich wird die Äquidistanzpolitik die deutsche Außenpolitik auch in Zukunft begleiten. Aber Deutschland muss darauf hinarbeiten, dass diese Politik künftig einfacher wird. Das wäre dann der Fall, wenn die jeweils zu überbrückende und einzuhaltende Distanz zu den USA wie zu Frankreich schrumpft, weil sich beide Staaten in ihrer Außen- und Sicherheitspolitik annähern. Dafür müssten aktive strategische Dialoge mit den USA und mit Frankreich geführt werden. Nur auf dieser Grundlage lassen sich auch die aktuellen Krisen bei den beiden bedeutsamsten Institutionen der Westintegration, NATO und EU, überwinden. In diesem Zusammenhang ist ebenfalls eine gründliche konzeptionelle Klärung des Verhältnisses von NATO und GSVP, einem wichtigen Bindeglied zwischen beiden Pfeilern der Westintegration, erforderlich, die trotz des Berlin plus-Abkommens noch immer nicht gelungen ist. Diese strategischen Dialoge zur Neubegründung der Beziehungen mit den USA und Frankreich gehören zu den zentralen Herausforderungen für die deutsche Außenpolitik.

3.2 Ostpolitik, aber mit anderen Mitteln

Dieser außenpolitische Grundsatz, begründet durch die Neue Ostpolitik von Willy Brandt (und Egon Bahr), wurde auch nach der Wiedervereinigung erfolgreich weiter verfolgt, allerdings mit anderen Zielen und neuen Mitteln. Viele der osteuropäischen Staaten sind mit nachdrücklicher deutscher Unterstützung Mitglieder in NATO und EU geworden. Andererseits ist die Bilanz der Bemühungen um eine Aussöhnung mit Polen und Tschechien nach fast 20 Jahren eher ernüchternd. Die Beziehungen zu den beiden unmittelbaren Nachbarn im Osten sind heute zwar gut, sie könnten aber deutlich besser sein und leiden nach wie vor unter historischen Belastungen. Hier zeigt sich, dass auf Grund der Einzigartigkeit vieler Probleme andere gelungene Aussöhnungsprojekte (insbesondere mit Frankreich) sich nicht als direkte Blaupause eignen. Dies gilt auch für die Wahl der Mittel. Die Konfliktbearbeitungsstrategien müssen spezifisch sein. Sie lösen sich auch nicht automatisch durch die gemeinsame Mitgliedschaft in Institutionen wie EU oder NATO, zu denen viele Staaten zählen, oder die Multilateralisierung der Beziehungen von alleine auf. Der Prozess muss von noch stärkeren bilateralen Anstrengungen seitens der deutschen Außenpolitik begleitet werden, wenn diese Aussöhnungsprojekte gelingen sollen.

Eine maßgebliche weitere Herausforderung besteht darin, einerseits gute Beziehungen zu Russland aufzubauen und andererseits gleichzeitig als Anwalt der mittel- und osteuropäischen Staaten, die vielfach immer noch misstrauisch nach Moskau blicken, aufzutreten. Diese Gratwanderung ist mit den europäischen und transatlantischen Partnern abzustimmen, um Befürchtungen eines deutsch-russischen Bilateralismus, wie sie gegen Ende der Regierungszeit Gerhard Schröders gehegt wurden, keinen Raum zu geben.

3.3 Multilateralismus, aber unter Effektivitätsvorbehalt

Das Vertrauen in den Grundsatz des Multilateralismus ist als außenpolitische Methode tief verankert und von außenpolitischen Entscheidungsträgern internalisiert. Es besteht ein breiter Konsens, dass sich die meisten Konflikte, mit denen sich die deutsche Außenpolitik befasst, nur durch multilaterale Kooperationsmodi erfolgreich bearbeiten lassen. Aber neben dieses Kontinuitätselement sind neue Merkmale getreten (Baumann 2006). So verhält sich Deutschland heute im Rahmen internationaler Interaktionen eigennutzorientierter. Als nationale Interessen definierte und offensiv vertretene außenpolitische Ziele werden öffentlich in den Vordergrund gerückt. Darunter fallen personalpolitische Interessen, bspw. im Internationalen Währungsfonds (IWF), genauso wie finanzielle Interessen (z. B. in der EU, in der Deutschland nicht mehr so bereitwillig wie früher die Rolle des Netto-Zahlmeisters übernehmen will) oder Statusangelegenheiten. Letztere sind durch die Bemühungen um einen Ständigen Sitz im VN-Sicherheitsrat plakativ sichtbar geworden. Mit diesem außenpolitischen Verhalten stürzt Deutschland den Multilateralismus noch nicht gleich in eine Krise. Die Werteentscheidung für Institutionen, in denen möglichst viele Länder vertreten sind, wird für die deutsche Außenpolitik – entgegen neorealistischer Prognosen (z. B. Mearsheimer 1990) – auch in Zukunft Bestand haben, zumal es angesichts der globalen Probleme und Konflikte keine ernsthaften Alternativen gibt.

Eine Abkehr vom Grundsatz des Multilateralismus als Einstellung wäre dann gegeben, wenn Deutschland von einer stärker eigennutzorientierten und forscheren Außenpolitik zu einer bloßen Instrumentalisierung internationaler Institutionen überginge, die aber überhaupt nicht erkenn- oder absehbar ist.

3.4 Kultur der Zurückhaltung – aber anders

Für den deutschen Politikwissenschaftler Hanns W. Maull (1990) war die alte Bundesrepublik – neben Japan – eine Zivilmacht par excellence. Sie kam dem idealtypischen Zivilmachtsmodell sehr nahe. Auch das vereinte Deutschland hat sich nicht von seiner Zivilmachtsrolle gelöst und am Grundsatz der Kultur der Zurückhaltung festgehalten. Dennoch sind zwei empirische Phänomene erklärungsbedürftig, da sie diesem Grundsatz auf den ersten Blick nicht entsprechen: Die weltweiten Auslandseinsätze der Bundeswehr und die öffentliche Formulierung sowie internationale Vertretung nationaler Interessen.

Die Semantik der deutschen Außenpolitik hat sich gewandelt. Dazu gehört auch die Verwendung des Begriffs ‚nationales Interesse', der in der alten Bundesrepublik nahezu ein Tabu war. Dieser Wandel im außenpolitischen Vokabular ist ein Indiz dafür, dass Deutschland in seiner Außenpolitik forscher auftritt und sich nicht mehr so zurückhält, wie es die Partner weltweit gewohnt waren. Diese Argumentationsfigur des ‚nationalen Interesses', in Deutschland durchaus noch negativ konnotiert, bedeutet per se aber noch keine grundsätzliche Abkehr von der Kultur der Zurückhaltung. Auch die alte Bundesrepublik vertrat – teilweise sogar mit Nachdruck – ihre Interessen und verfolgte ihre Ziele. Es handelt sich also nicht um ein grundsätzlich neues Element in der deutschen Außenpolitik. Neu ist die öffentliche Verwendung dieses Begriffes. Häufig ist es dabei jedoch gerade multilaterales Handeln, das über nationale Interessen begründet wird. Offenbar ist Multilateralismus stärker als in der alten Bundesrepublik begründungspflichtig geworden. Allerdings bleibt der Begriff des ‚nationalen Interesses' letztlich überaus sperrig, in seiner Verwendung oft schwer nachvollziehbar und als Erklärungsvariable für das außenpolitische Handeln nur sehr begrenzt nützlich. Als Schlüsselbegriff im außenpolitischen Vokabular ist er daher ungeeignet.

Eine der markantesten Veränderungen in der deutschen Außenpolitik nach der Wiedervereinigung fand jedoch im Bereich des Einsatzes militärischer Mittel statt (Clement 2007). Während sich die alte Bundesrepublik noch militärische Zurückhaltung auferlegt hatte, gibt es nun weltweit Auslandseinsätze der Bundeswehr. Deutschland ist heute der zweitgrößte Truppensteller bei VN-mandatierten Einsätzen. Es wurde erkannt, dass sich nicht alle außenpolitischen Ziele ohne den Einsatz militärischer Mittel erreichen lassen. Das Rollenverständnis als Zivilmacht ist mit dem Einsatz von Militär im Ausland aber unter bestimmten Bedingungen vereinbar; nämlich dann, wenn:

- das Parlament zugestimmt hat,
- ein Mandat des Sicherheitsrats vorliegt,
- der Einsatz multilateral eingebettet stattfindet,
- alle friedlichen Konfliktbearbeitungsmöglichkeiten ausgeschöpft worden sind und
- dieser von politisch-diplomatischen Initiativen begleitet wird.

Unter entsprechenden Bedingungen sind Auslandseinsätze der Bundeswehr nach wie vor Ausdruck einer wertegebundenen, zurückhaltenden Außenpolitik. Daher kann auch nicht von deren Militarisierung gesprochen werden.

4 Fazit

Globalisierung bedeutet keineswegs das Ende der Außenpolitik, wie dies der ehemalige US-Vizeaußenminister in der Clinton-Administration Strobe Talbott 1997 (81) verkündet hatte. Auch die Frage, ob deutsche Außenpolitik als solche angesichts der Prozesse der Europäisierung sowie der Verwobenheit von Innen und Außen überhaupt eine Zukunft hat, wird seit Jahrzehnten diskutiert (Krippendorff 1963). Wenn auch grenzüberschreitende Interaktionen für viele staatliche und nicht-staatliche Akteure zur Alltagserfahrung geworden sind und zahlreiche Herausforderungen mittlerweile dermaßen internationalisiert erscheinen, dass sie mit nationaler Politik nicht mehr adäquat zu bearbeiten sind (z. B. Klimawandel, Handel, Finanzen, Migration, transnationaler Terrorismus), so bedeuten auch diese Prozesse der zunehmenden Denationalisierung (Zürn 1998: 73) nicht, dass Außenpolitik nicht zukunftsfähig ist. Ganz im Gegenteil: Die Staaten und ihre politischen Handlungen bleiben – bei allen gegenläufigen Entwicklungen defizitärer Staatlichkeit (Maull 2002: 142) – nach wie vor maßgebliche Akteure in den internationalen Beziehungen. Die Unterscheidung von Innen- und Außenpolitik ist weiter sinnvoll.

Letztere wird in der deutschen Politik und Gesellschaft in Zukunft eine wichtigere Rolle als je zuvor einnehmen. Bei vielen Problemen ist eine multilaterale Konfliktbearbeitung geradezu alternativlos. Damit ist auch das betagte Klischee, mit Außenpolitik ließen sich keine Bundestagswahlen gewinnen, zu relativieren. Zudem waren mit der Neuen Ostpolitik Anfang der 1970er Jahre wie auch mit dem Irak-Konflikt von 2002/2003 außenpolitische Themen zentral, wenn nicht entscheidend, für den Verlauf der jeweiligen Wahlkämpfe 1972 bzw. 2002.

Dennoch haben strukturprägende Phänomene, insbesondere die Europäisierung und die Globalisierung, die Art und Weise, wie Außenpolitik betrieben wird, verändert. Darüber hinaus bleiben die – von Helmut Kohl unlängst vermissten – zentralen vertrauensbildenden Elemente Verlässlichkeit und Berechenbarkeit auch in Zukunft unverzichtbare Grundpfeiler deutscher Außenpolitik. Das Ergebnis der Entwicklung einer solchen außenpolitischen Gesamtstrategie könnte ein „Weißbuch zur deutschen Außenpolitik" (Maull 2005: 87) sein.

Angewandte Politikforschung, wie sie das C·A·P seit vielen Jahren höchst umfangreich und zu komplexen Sachverhalten betreibt, kann dabei mit ihrer politikrelevanten, an den Bedürfnissen der Praktiker orientierten Außenpolitikforschung dazu beitragen, aus der Informationsflut synthetisches Wissen herzustellen und verwertbar aufzubereiten, Zukunftsszenarien zu entwickeln und Deutungen anzubieten. So kann sie an der Entwicklung einer außenpolitischen Gesamtstrategie mitwirken und Entscheidungsträger auf mögliche Zukunftsszenarien vorbereiten.

Literatur

Baumann, Rainer, 2006: Der Wandel des deutschen Multilateralismus. Eine diskursanalytische Untersuchung deutscher Außenpolitik, Baden-Baden.
Braml, Josef, 2006: Wissenschaftliche Politikberatung und Think Tanks, in: Falk, Svenja/Rehfeld, Dieter/Römmele, Andrea/Thunert, Martin (Hrsg.), Handbuch Politikberatung, Wiesbaden, 255-267.
Colschen, Lars C/von Hoyer, Daniel/Weigl, Michael, 2002: Profis hinter den Kulissen. Bürokratische Regime im Prozess der deutschen Einheit, Schriftenreihe der Forschungsgruppe Deutschland, Band 13, München.
Colschen, Lars C., 2010: Deutsche Außenpolitik, Paderborn.
Janning, Josef, 1996: Anforderungen an Denkfabriken, in: Internationale Politik 9, 65-66.
Kohl, Helmut, 2011: Wir müssen wieder Zuversicht geben, in: Internationale Politik 5, September/Oktober 2011.
Korte, Karl-Rudolf/Weidenfeld, Werner (Hrsg.), 2001: Deutschland TrendBuch, Bundeszentrale für politische Bildung, Bonn.

Krippendorff, Ekkehart, 1963: Ist Außenpolitik Außenpolitik?, in: Politische Vierteljahresschrift 4.
Link, Werner, 2007: Europa ist unentbehrlich: Plädoyer für ein europäisches Deutschland, in: Jäger, Thomas/Höse, Alexander/Oppermann, Kai (Hrsg.), Deutsche Außenpolitik. Sicherheit, Wohlfahrt, Institutionen und Normen, Wiesbaden, 585-595.
Maull, Hanns W., 1990: Germany and Japan: The New Civilian Powers, in: Foreign Affairs 69: 5, 91-106.
Maull, Hanns W., 2002: Die Wissenschaft, in: Bertram, Christoph/Däuble, Friedrich (Hrsg.), Wem dient der Auswärtige Dienst? Erfahrungen von Politik, Wirtschaft, Gesellschaft, Opladen, 141-148.
Maull, Hanns W., 2005: Für eine Reform der deutschen Außenpolitik: Zustandsbeschreibung und Handlungsempfehlungen, in: Böckenförde, Stephan (Hrsg.), Chancen der deutschen Außenpolitik. Analysen – Perspektiven – Empfehlungen, Dresden.
Maull, Hanns W./Harnisch, Sebastian/Grund, Constantin (Hrsg.), 2003: Deutschland im Abseits? Rotgrüne Außenpolitik 1998-2003, Baden-Baden.
Mearsheimer, John J., 1990: Back to the Future. Instability in Europe after the Cold War, in: International Security 15:1, 5-56.
Perthes, Volker, 2007: Zwischen Hofnarr und Agendasetter. Über wissenschaftliche Politikberatung in der Außen- und Sicherheitspolitik, Internationale Politik, Dezember 2007, 114-123.
Rinke, Andreas, 2011: Eingreifen oder nicht? Warum sich die Bundesregierung in der Libyen-Frage enthielt, Internationale Politik 4, Juli/August 2011, 44-52.
Rosecrance, Richard, 1987: Der neue Handelsstaat. Herausforderungen für Politik und Wirtschaft, Frankfurt a. M.
Sattar, Majid, 2011: Zwischen Rat und Instinkt, Frankfurter Allgemeine Zeitung, 30.03.11, 3.
Schwarz, Hans-Peter, 2005: Republik ohne Kompaß? Anmerkungen zur deutschen Außenpolitik, Berlin.
Schwarz, Hans-Peter, 2007: Amerika ist unentbehrlich: Plädoyer für ein atlantisches Deutschland, in: Jäger, Thomas/Höse, Alexander/Oppermann, Kai (Hrsg.), Deutsche Außenpolitik. Sicherheit, Wohlfahrt, Institutionen und Normen, Wiesbaden, 569-584.
Talbott, Strobe, 1997: Globalization and Diplomacy: A Practitioner's Perspective, in: Foreign Policy, Nr. 108, Frühjahr 1997, 69–83.
Thunert, Martin, 2007: Politikberatung, in: Schmidt, Siegmar/Hellmann, Gunther/ Wolf, Reinhard (Hrsg.), Handbuch zur deutschen Außenpolitik, Wiesbaden.
Weidenfeld, Werner/Janning, Josef, 2003: Stiftung und Politikberatung, in: Bertelsmann Stiftung (Hrsg.), Handbuch Stiftungen, Gütersloh, 185-204.
Welzel, Carolin, 2006: Politikberatung durch Stiftungen, in: Falk, Svenja/Rehfeld, Dieter/Römmele, Andrea/Thunert, Martin (Hrsg.), Handbuch Politikberatung, Wiesbaden, 275-286.
Zürn, Michael, 1998: Regieren jenseits des Nationalstaats, Frankfurt a. M.

Andreas Meusch

Angewandte Politikforschung in der Gesundheitspolitik

1 Einleitung: Welchen Nutzen kann das Therapeutikum angewandte Politikforschung im Gesundheitswesen stiften?

Bevor wir uns der Frage der Therapie zuwenden, heißt es zunächst, die Diagnose zu stellen. Dies kann in zwei Schritten geschehen: Im ersten soll die Bedeutung der Politikberatung im politischen System Deutschlands, im zweiten die Rahmenbedingungen für die Umsetzung von Ansätzen der angewandten Politikforschung im Gesundheitswesen beschrieben werden.

Wissenschaftliche Politikberatung hat im politischen System der Bundesrepublik Deutschland einen festen Platz, vor allem aus drei Gründen:

- Politik, Wissenschaft und die übrigen Subsysteme der Gesellschaft sind durch unterschiedliche Referenzsysteme strukturiert. Aus systemtheoretischer Sicht bietet die Politikberatung deshalb *erstens* die Chance, die politikimmanenten Restriktionen zu überwinden, insbesondere die Orientierung der Politik an Macht und Wiederwahl und die damit verbundene Fixierung auf die nächsten Wahlen.
- In einem durch zahlreiche institutionelle und faktische Veto-Spieler gekennzeichneten politischen System bietet die Einbeziehung externen Sachverstandes *zweitens* die Option, Blockaden zu überwinden. Die Hartz-Gesetzgebung kann in diesem Kontext als ein Beispiel angesehen werden.
- *Drittens* kann die komplexe Realität der deutschen Gesellschaft zu Beginn des 21. Jahrhunderts ohne den Sachverstand der Wissenschaft kaum noch in praktische Politik übersetzt werden.

Die Praxis der Politikberatung wird dennoch zunehmend kritisch gesehen. Wintermann (2004) sieht in ihrer ineffizienten Ausgestaltung sogar eine Ursache für den Reformstau in Deutschland. Aus der Perspektive der Rational choice-Forschung wird ihr eigennutzinteressiertes Verhalten unterstellt: Erhöhung des Einkommens durch Beratungstätigkeit und Mehrung der wissenschaftlichen Reputation nennt Susanne Cassel (2003: 249f.) aus dem Bundeswirtschaftsministerium als Faktoren, die wissenschaftliche Politikberater mit beeinflussen. Zu ergänzen ist die Verantwortung für die Stellen von wissenschaftlichen Mitarbeitern, die in der Regel mit dem Auftrag für ein Gutachten oder eine Beratertätigkeit verbunden sind. Dieser Faktor wird in seiner Bedeutung noch dadurch gesteigert, dass einige Universitäten bei der Vergabe ihrer Forschungsmittel diejenigen Lehrstühle begünstigen, die bereits aus eigener Kraft Drittmittel akquiriert haben.

Kritik an der Rolle der wissenschaftlichen Politikberatung ergibt sich auch durch ihren vermehrten Einsatz. „Besorgniserregend" nennt deshalb Wilhelm (2005: 85) die Veränderungen der vergangenen Jahre, nicht zuletzt wegen des „massiven Einsatzes" von Kommissionen. Dies gilt auch und gerade im Gesundheitswesen, für das von einer „Hochkonjunktur der Politikberatung" gesprochen werden kann (Henke 2006). Wenn klassische Politikberatung und der Einsatz von Kommissionen an ihre Grenzen stoßen, dann stellt sich die Frage, wie Konzepte der angewandten Politikforschung hier Abhilfe schaffen können.

2 Rahmenbedingungen für die Umsetzung von Ansätzen der angewandten Politikforschung im Gesundheitswesen

Für die Politikberatung wie die angewandte Politikforschung, die sich der Vernetzung unterschiedlicher Politikarenen bzw. der Politik mit Wirtschaft und Gesellschaft widmet, erscheint gerade die Gesundheitspolitik als Eldorado:

- Die Sphären von Staat und Gesellschaft durchdringen sich in der Gesundheitspolitik in besonderer Weise und lassen sich nur theoretisch bzw. abstrakt unterscheiden.
- Ökonomische, medizinische, pharmazeutische und verwaltungspraktische Aspekte müssen in Gesetze gegossen werden. Besonders ausgeprägt sind die Verflechtungen mit dem Wirtschaftssystem.
- Gesundheitspolitisch relevant sind alle Ebenen, von der Kommune über die Kreise (über das Krankenhaus als Wirtschaftsfaktor und Teil der Daseinsvorsorge in der Kommunal- und Regionalpolitik gibt es bislang wenig politikwissenschaftliche Literatur), über die Länder (die als Teil der Daseinsvorsorge eigentlich für die Gesundheitspolitik zuständig sind), die Steuerung der Finanzen durch den Bund bis zur Europäischen Union, die über zahlreiche Urteile des Europäische Gerichtshofes und die offene Methode der Koordinierung wachsenden Einfluss gewinnt. Eine umfassende Beschreibung dieser sich verstärkenden „Politikverflechtungsfallen" (Scharpf 1985: 323) in der Gesundheitspolitik steht jedoch aus.
- Vor allem aber ist Gesundheit eine Querschnittsaufgabe, die nur begrenzt durch das Gesundheitssystem bewältigt werden kann. Familien, Kitas, Schulen und Betriebe beeinflussen die Gesundheit genauso wie individuelle Lebensweisen und die Umwelt. Wird bereits das Versorgungssystem in einer komplex ausdifferenzierten Gesellschaft als „überkomplex" (Henke 2006: 6) beschrieben, so muss man wohl die Vernetzung des Gesundheitssystems mit den gesellschaftlichen Systemen als Ganzen als hyperkomplexes Konstrukt begreifen.

- Die Steuerungsfähigkeit der Bundesregierung ist auch in der Gesundheitspolitik in die Krise geraten, seit die Kosten der Einheit bilanziert wurden (Beyme 2010: 162). Die Gesundheitspolitik wird nicht mehr durch hierarchische Entscheidungsfindungen geprägt, sondern es besteht, neben den Normsetzungskompetenzen des Bundes und der Länder, ein Nebeneinander verschiedener Formen sozialer Koordination: Recht, Wettbewerb sowie korporatistische Steuerung.
- Das deutsche Gesundheitswesen gilt als „stark reformresistent" (Rosewitz/Webber 1990: 295), geprägt durch „Schwerfälligkeit und Immobilismus" (317). Seine Binnenstruktur wirkt als „ausgesprochener Blockadefaktor" (Döhler/Manow 1995: 141) und es herrscht eine „im internationalen Vergleich auffallende Strukturkonstanz" (142).
- Ein systematischer politischer Diskurs über die Probleme in ihrer Wechselwirkung findet praktisch nicht statt. Die Fokussierung auf Wahlen und die Wirkung gesundheitspolitischer Entscheidungen auf relevante Wählergruppen ersetzt zu häufig den strategischen Diskurs: Gesundheitspolitik gilt nicht als Gewinnerthema. Es ist ein Feld, in dem man zwar keine Wahlen gewinnen, wohl aber verlieren kann.
- Der Verlust des Vertrauens in das Gesundheitswesen und in die Problemlösungskompetenz der Akteure ist längst eine politisch relevante Größe: Nur noch 18% der Bevölkerung waren im Januar 2007 der Überzeugung, die Gesundheitspolitik gehe in die richtige Richtung. 2001 waren es immerhin noch 27 (FORSA 2007). Es herrscht Ratlosigkeit: Von Forsa befragt, begreifen 88% der Arbeiter nicht mehr, was die Regierung in der Gesundheitspolitik will. Angestellten, Selbstständigen oder Beamten geht es kaum besser: 74% verstehen es nicht mehr. Überraschenderweise unterscheidet sich das Unverständnis bei Anhängern der Linkspartei (77%) nicht gravierend von dem der Anhänger von CDU/CSU (73%). Beide werden von Grünen und SPD noch übertroffen, von denen je 79% nicht mehr verstehen, was die Regierung will. Besonders auffällig: 86% sprechen der Regierung ab, mit der Gesundheitsreform ein klares Ziel zu verfolgen, und zeigen sich überzeugt, dass es sich eher um ein „Hick-Hack zwischen den Parteien ohne erkennbares Konzept handelt" (Klusen/Meusch 2007: 967).
- „In kaum einem Politikfeld gibt es so viel benevolentes Geschwätz, Heuchelei und vereinnahmendes Harmoniegetue wie im Gesundheitswesen" (Schütze 2011: 23) und Reformen werden nicht mehr als Schritt zur Verbesserung, sondern als Teil des Problems wahrgenommen, wie die Reaktionen auf das so genannte Wettbewerbsstärkungsgesetz (GKV-WSG) zeigen: „Belogen und ausgetrickst" betitelt Alexander Neubacher (2007: 62) seinen Beitrag zur Verabschiedung der Reform im Deutschen Bundestag. Über dasselbe Ereignis berichtet der Branchendienst gid (Broll 2007: 5) unter der Überschrift „Schwarzer Freitag" und sieht darin einen „doppelten Tiefpunkt in der deutschen parlamentarischen Nachkriegsgeschichte". Vertreter der Jungen Union und Andrea Nahles hatten noch nie so viel Gemein-

samkeit wie in der Einschätzung, keine Reform durchzuführen, wäre besser gewesen (Neubacher 2007: 63).
- Die Politik scheint sich mit den steigenden Kosten arrangiert zu haben, solange sie nicht die Lohnzusatzkosten belasten. Als amtierender Gesundheitsminister sah es Philipp Rösler als Fortschritt an, stattdessen Steuerzahler und Versicherte zu belasten (Focus Online, 12.11.10).
- Im OECD-Vergleich erzeugt das deutsche Gesundheitswesen bei überdurchschnittlichen Kosten eine ziemlich durchschnittliche Lebenserwartung, zugleich aber bei den Menschen selbst nur deutlich unterdurchschnittlich das Gefühl, gesund zu sein. Das Kopfschütteln über das US-amerikanische Gesundheitssystem ist in Deutschland ein Obligo in jedem ‚Gutmenschendiskurs'. Eine OECD-Befragung ergibt jedoch, dass sich in den USA 90% gesund fühlen, in Deutschland nur 64,7% (OECD 2011).

Zusammenfassend lässt sich feststellen, dass die Wahrscheinlichkeit erfolgreicher Kommunikation auf Grund der Hyperkomplexität des Themas Gesundheit besonders gering ist. Von der Mikroebene (Beispiel Arzneimittel: Meusch 2011a) bis zur Systemebene (Meusch 2011b: 62f.) lässt sich das Dilemma der Gesundheitspolitik beschreiben als die Unfähigkeit, zu kommunizieren.

3 Wer liefert der Gesundheitspolitik Orientierung?

Nachdem wir den Optionenraum von Betätigungsfeldern angewandter Politikforschung im Gesundheitsraum so als strukturell unendlich beschrieben haben, soll im nächsten Schritt das Feld der Betrachtung auf den Aspekt der angewandten Politikforschung als Form der Politikberatung wieder eingeengt werden:

Welche Funktion hat die angewandte Politikforschung in dieser Politikarena bei der Erfüllung von Dienstleistungen, die für die Akteure relevant sind?
Woher bezieht die Politik ihre Ideen und Visionen?
Wer liefert Orientierung, die verhindert, in der Fülle der Alltagsentscheidungen die Richtung zu verlieren?
Wer identifiziert und definiert die zu lösenden Probleme?
Wer versorgt die Entscheider mit für sie relevanten Informationen?
Wie laufen Konflikte ab, wer vermittelt wie?
Welche kommunikativen Netzwerke bestehen?

Die Antwort ist: Nicht die Politikwissenschaft und ihre Vertreter. Es fällt auf, dass in kaum einem Politikfeld die Lücke zwischen Politik und Politikwissenschaft so groß ist, wie im Gesundheitswesen. Wer nach den Einflussreichen in der Gesundheitspolitik sucht, wird an anderer Stelle fündig:

- Da ist zunächst auf ein extrem erfolgreiches Projekt der Politikberatung zu verweisen, das selbst in anderen Politikfeldern kaum Beispiele hat: die Enquêtekommission „Strukturreform der gesetzlichen Krankenversicherung" aus dem Jahr 1990. Es nötigt einem Unbeteiligten Hochachtung und Respekt ab (hin und wieder auch Neid und Missgunst), mit welcher Konsequenz in den darauffolgenden Jahren die dort formulierte Agenda durchgesetzt wurde. Zumindest bis zur Übernahme des Bundesgesundheitsministeriums (BMG) durch die FDP und dem damit verbundenen Generationswechsel prägte die Enquêtekommission zwei Jahrzehnte deutscher Gesundheitspolitik. Es lohnt auch ein Blick auf die Beteiligten von damals. Die Liste der Mitarbeiter und Sachverständigen darf man getrost als den Gotha der gesundheitspolitischen Nerds werten. Wer dabei gewesen ist, war durch hohen Sachverstand und Systemkenntnis ausgewiesen, er gehörte und gehört häufig noch heute dazu. Mit dem Ende der Großen Koalition im September 2009 und dem Ausscheiden von Franz Knieps als Abteilungsleiter des BMG beginnt die Spätphase der ‚Enquêtianer'. Allerdings ist nicht zu erkennen, ob die Nachfolger eine ähnlich wirkmächtige Agenda haben und wer diese eventuell formulieren könnte.

- Gegen die Ärzte kann man in Deutschland keine Gesundheitspolitik machen. Diese Einsicht Adenauers ist noch immer entscheidungsmächtig (vgl. Meusch 2011: 72-74). Man ist geneigt, die professionelle Dominanz, mit der ihre Rolle im Gesundheitswesen beschrieben wird, den Ärzten auch für ihr „aggressives Lobbying" (Döhler/Manow 1997: 88) zu attestieren. Ein professionelles ‚Chapeau' möchte man der Kassenärztlichen Bundesvereinigung (KBV) schon dafür zurufen, dass jene Abgeordnete, die in den großkoalitionären Bemühungen um das Gesundheitsreformgesetz 2003 das Argumentationspapier der KBV eins zu eins vertreten hatte (Speth 2004: 174), in der darauffolgenden schwarz-gelben Regierung zur parlamentarischen Staatssekretärin avancierte. *Honi soit qui mal y pense*: „Betrachtet man aber das große Ganze, ist das Rubrum Versorgungsstrukturgesetz eher eine Camouflage. Profiteure sind die Ärzte. Andreas Köhler (Vorsitzender der KBV) hat sich wieder einmal als brillanter und durchsetzungsfähiger Lobbyist erwiesen, dem die niedergelassenen Ärzte ein Denkmal setzen sollten", schreiben die professionellen Beobachter der Berliner Gesundheitspolitik, Lehr und Visarius, in ihrem Insiderdienst (2011: 3). Nicht nur Giaimo (2002: 96) kommt zu dem Ergebnis, dass die Krankenkassen diesem Einfluss nicht viel entgegenzusetzen haben. Die Vetomacht der verfassten Ärzteschaft muss einem nicht nur aus demokratietheoretischen Überlegungen heraus Sorgen bereiten. Auch der Stand der politikwissenschaftlichen Beschäftigung mit dem Thema gibt wenig Anlass zur Hoffnung, wenn in einem Standardwerk zu Politik und Regieren in Deutschland die Arena des Gesundheitssystems dargestellt wird, ohne dass die KBV als zentraler Akteur dort auch nur erwähnt wird (Korte/Fröhlich 2004: 33).

- Die Pharmaindustrie dominiert klar die Arena der Arzneimittelpolitik und versteht, die Fragmentierung des politischen Systems zu nutzen, insbesondere die von Mayntz und Scharpf als „Querkoalition" beschriebene Möglichkeit, über Bundesländer und den Bundesrat Veränderungen zu verhindern (Meusch 2011b: 398). Sie „führt den Krieg um die Köpfe mit der Schlagkraft einer modernen Armee und allen Tricks zur Manipulation der Öffentlichkeit, die Geheimdienste seit Jahrhunderten entwickelt haben" (Langbein 2003: 137). Der Hinweis auf die Methoden der Geheimdienste lässt auch den Rückschluss zu, den die Praxis des Lobbyismus der Pharmaindustrie bestätigt: Sie kommt weitgehend ohne politikwissenschaftliche Beratung aus, der Einsatz von Methoden der angewandten Politikforschung ist eher zufällig und nicht systematisch.

- Nicht gering schätzen darf man auch die Bedeutung des Sachverständigenrates Gesundheit (früher Sachverständigenrat für die Konzertierte Aktion im Gesundheitswesen). Natürlich gibt es auch für dieses Gremium Beispiele für die Berechtigung des Lamentos von Politikberatern, dass sie nicht gehört würden. Es spricht jedoch wenig dafür, dass auch nur 10% derjenigen, die in Interviews und Talkshows von „Unter-, Über- und Fehlversorgung im deutschen Gesundheitswesen" schwadronieren, das entsprechende Gutachten des Sachverständigenrates Gesundheit aus dem Jahre 2000 gelesen haben. Als Mitglieder dieses wichtigsten wissenschaftlichen Beratungsgremiums im Gesundheitswesen finden Politikwissenschaftler aber praktisch nicht statt.

- Wenn die Bezeichnung „Think Tank" auf eine Institution im Gesundheitswesen zutrifft, dann auf das WidO, das wissenschaftliche Institut der AOK. Wie erfolgreich und diskret hier Agendasetting betrieben wird, kann man an drei Publikationen sehen, die formal nicht vom WidO herausgegeben werden, für das es aber nicht nur die statistischen Grundlagen (zum Beispiel den von allen gesetzlichen Krankenkassen und der Apothekerschaft finanzierte, aber im WidO konzeptionell erarbeiteten GKV-Arzneimittelindex), sondern auch das konzeptionelle und intellektuelle Know-how liefert: die jährlich erscheinenden Arzneiverordnungs- sowie die Krankenhaus- und Versorgungsreports. Mit diesen und anderen Publikationen wird nicht nur die fachliche Diskussion, sondern auch die politische Agenda im deutschen Gesundheitswesen geprägt. Insbesondere die subtilen Verbindungen des WidO des AOK-Bundesverbands und relevanten Akteuren aus den einzelnen Allgemeinen Ortskrankenkassen sowie mit einer Reihe von wissenschaftlich fundierten Autoren, deren intellektueller Austausch wie aus dem Lehrbuch für angewandte Politikwissenschaft funktioniert, dominiert den Mainstream in der wissenschaftlichen Beschäftigung mit dem deutschen Gesundheitssystem. Wer nur einen Ort in Deutschland besuchen kann oder will, an dem er Antworten auf die oben gestellten Fragen findet, dem sei daher der Besuch in der Rosenthaler Straße 31 in Berlin empfohlen. Sofern man dort, am Sitz der AOK, über die Flure geht, wird man aber höchstens aus Versehen einen Mitarbeiter mit politikwissenschaftlicher Expertise treffen.

- Wenn man in Deutschland von Politikberatung spricht, dann darf außerdem der Name einer weiteren Institution nicht fehlen, die auch in der Gesundheitspolitik eine zunehmend wichtigere Rolle spielt: Die Bertelsmann Stiftung. Im Sinne von *think big* werden gleich ganze Gesundheitssysteme anderer Länder mit dem Carl-Bertelsmann-Preis ausgezeichnet, weil man in Gütersloh der Meinung ist, in Deutschland müsse man das Gesundheitswesen in diese Richtung verändern. Mit einer Vielzahl von Aktivitäten will man nicht nur die Versorgung verbessern, sondern auch das gesamte System wettbewerblicher ausrichten. Mit Brigitte Mohn wirkt dort allerdings eine studierte Politikwissenschaftlerin an prominenter Stelle mit. Es überrascht daher also nicht, dass die Aktivitäten der Stiftung erkennen lassen, dass angewandte Politikforschung hier kein Fremdwort ist.

Wenn man hier also ein Zwischenresümee ziehen will, dann gilt es festzuhalten, dass die Politikberatung im deutschen Gesundheitswesen bewusst unpolitisch und sachlich daher kommt sowie weitgehend ohne Politikwissenschaftler stattfindet. Bei ihren „Schwimmübungen im Haifischbecken Gesundheitswesen" (Norbert Blüm) wird die Politik überwiegend von Ökonomen, Juristen, Medizinern, Pharmakologen sowie Gesundheits- und Pflegewissenschaftlern beraten. Insbesondere die Ökonomen sind auf die Rolle der Rettungsschwimmer abonniert und haben hier den Medizinern in den vergangenen Jahren den Rang abgelaufen. Politikwissenschaftler sind die Ausnahme und stehen eher beobachtend am Beckenrand. Das von Leif/Speth (2003: 10) konstatierte Hinterherhinken der Politikwissenschaft hinter der Wirklichkeit des Lobbying gilt auch und noch immer für die Gesundheitspolitik. Bandelows (2004: 94) theoretische Einsicht, „aus systemtheoretischer Perspektive kann sich zunächst ein prinzipieller Pessimismus gegenüber Versuchen der politischen Lösung der Probleme des Gesundheitswesens ergeben", scheint weite Teile der akademischen Politikforschung resignieren zu lassen. Fast könnte man meinen, die Politikwissenschaftler sitzen in Auerbachs Keller und klagen mit Goethe: „Ein garstig Lied. Pfui! Ein Gesundheitspolitik-Lied".

4 Werner Weidenfeld, das C·A·P und die Gesundheitspolitik

Genau so wenig, wie ganz Gallien von den Römern besetzt war, so wenig ist die wissenschaftliche Beratung in der Gesundheitspolitik aber eine politologiefreie Zone. Ein Ort des Widerstandes gegen die die Dominanz von Ökonomen und Heilberufen in der Arena der Gesundheitspolitik liegt in München: das Centrum für angewandte Politikforschung. Auch wenn die Arena der Gesundheitspolitik nicht zu den Schwerpunkten von Werner Weidenfeld und des C·A·P gehört, so finden sich doch Gesundheitspolitiker unter den regelmäßigen Gästen. Inhaltlich ergeben sich Anknüpfungspunkte aus drei Schwerpunktthemen des C·A·P:

(1) Aus der Beschäftigung mit dem Regierungssystem Deutschlands. Da muss es z. B. im Deutschland TrendBuch (Merkel 2001: 300) auffallen, dass die Gesundheitspolitik der Ära Kohl sich nicht zu einer Strategie verdichten lässt, sondern „den Fluktuationen der Sozialversicherungshaushalte und der Intensität der Lobbyarbeit der Anbieter im Gesundheitswesen" folgt.
(2) Aus der Beschäftigung mit der Europapolitik. Der Europäische Gerichtshof mit seinen zahlreichen Urteilen zur Inanspruchnahme von Gesundheitsleistungen im EU-Ausland ist, von der breiten Öffentlichkeit unbemerkt, zu einer zentralen Instanz deutscher Gesundheitspolitik geworden und mit der offenen Methode der Koordinierung in der Gesundheitspolitik versucht die Europäische Union, über *naming and shaming* Gestaltungsmacht auch in diesem Politikfeld zu erlangen, das eigentlich zur Prärogative nationalstaatlicher Politikgestaltung, auch in der EU, gehört.
(3) Der Megatrend Gesundheit konnte an der Forschungsgruppe Zukunftsfragen am C·A·P nicht vorbeigehen. Es ist deshalb fast zwangsläufig, dass hier die Telemedizin als Zukunftsgut im Gesundheitswesen identifiziert wurde (vgl. den Beitrag von *Jürgen Turek* in diesem Band) und in diesem Rahmen auch Rollenspiele im Gesundheitswesen als Forschungskolloquien stattfinden.

Werner Weidenfeld (1999) hat einmal gesagt, dass Utopien die Grundlage für gesellschaftliche Veränderungen sind und gefragt, woher die Utopie einer zukünftigen Welt kommt. Mit der Methodik der angewandten Politikforschung hat er Werkzeuge zur Verfügung gestellt, mit deren Hilfe man das strategische Defizit, das die deutsche Gesundheitspolitik kennzeichnet, zumindest ein Stück weit verringern kann. Es bleibt zu hoffen, dass er auch an diesem harten Brett noch weiter bohrt, stark und langsam, mit Leidenschaft und Augenmaß.

Literatur

Bandelow, Nils C., 2004: Governance im Gesundheitswesen. Systemintegration zwischen Verhandlung und hierarchischer Steuerung, in: Lange, Stefan/Schimank, Uwe (Hrsg.), Governance und gesellschaftliche Integration, Wiesbaden, 89-110.
Beyme, Klaus von, 2010: Vergleichende Politikwissenschaft, Wiesbaden.
Broll, Gisela (Hrsg.), 2007: Schwarzer Freitag, in: Gesellschaftspolitischer Informationsdienst (gid), Nr. 5, 5.
Cassel, Susanne, 2003: Politikberatung und Politikerberatung. Zum Dilemma wissenschaftlicher Politikberatung in Deutschland, in: Korte, Karl-Rudolf/Hirscher, Gerhard (Hrsg.), Information und Entscheidung. Kommunikationsmanagement der politischen Führung, Wiesbaden, 146-162.
Deutscher Bundestag, 1990: Endbericht der Enquetekommission „Strukturreform der gesetzlichen Krankenversicherung", BT-Drs. 11/6380.

Döhler, Marian/Manow, Philip, 1995: Staatliche Reformpolitik und die Rolle der Verbände im Gesundheitssektor, in: Mayntz, Renate/Scharpf, Fritz W. (Hrsg.), Gesellschaftliche Selbstregelung und politische Steuerung, Frankfurt a. M., 140–168.

Diess., 1997: Strukturbildung von Politikfeldern: Das Beispiel bundesdeutscher Gesundheitspolitik seit den fünfziger Jahren, Opladen.

Forsa, 2007: Die Bürger und die Gesundheitsreform: Wahrnehmung und Einschätzungen, P090.8.

Giaimo, Susan, 2002: Markets and medicine: the politics of health care reform in Britain, Germany and the United States, Michigan.

Henke, Klaus Dirk, 2006: Sachverständigenräte: Gute Ideen setzen sich langfristig durch, in: Deutsches Ärzteblatt, 103, 6.

Klusen, Norbert/Meusch, Andreas, 2007: Das GKV-WSG: Ein Projekt zur Förderung der Politikverdrossenheit?, in: Ulrich, Volker/Ried, Walter (Hrsg.), Effizienz, Qualität und Nachhaltigkeit im Gesundheitswesen. Theorie und Politik öffentlichen Handelns insbesondere in der Krankenversicherung. Festschrift zum 65. Geburtstag von Eberhard Wille, Baden-Baden, 965-984.

Korte, Karl-Rudolf/Fröhlich, Manuel, 2004: Politik und Regieren in Deutschland: Strukturen, Prozesse, Entscheidungen, Grundkurs Regieren, Paderborn.

Langbein, Kurt, 2003: Die Pharmalobby. Der Mut zur Überdosis Macht, in: Leif, Thomas/Speth, Rudolf (Hrsg.), Die stille Macht – Lobbyismus in Deutschland, Wiesbaden, 137- 143.

Lehr, Andreas/Visarins, Jutta, 2011: Abschluss GkV-Versorgungsstrukturgesetz, in: Highlights, Nr. 28, 1-4.

Leif, Thomas/Speth, Rudolf, 2003: Anatomie des Lobbyismus. Einführung in eine unbekannte Sphäre der Macht, in: Die stille Macht – Lobbyismus in Deutschland, Wiesbaden, 7-32.

Merkel, Wolfgang, 2001: Sozialpolitik, in: Korte, Karl-Rudolf/Weidenfeld, Werner (Hrsg.), Deutschland TrendBuch. Fakten und Orientierungen, Opladen, 289-326.

Meusch, Andreas, 2011a: Der doppelte compliance-gap: Warum das deutsche Gesundheitswesen die Qualität der Arzneimitteltherapie stärker auf der Mikro-Ebene steuern muss, in: Recht und Politik im Gesundheitswesen 4/201, 76-82.

Meusch, Andreas, 2011b: Moral Hazard in der gesetzlichen Krankenversicherung in politikwissenschaftlicher Perspektive, Beiträge zum Gesundheitsmanagement, Band 33, Baden-Baden.

Neubacher, Alexander, 2007: Belogen und ausgetrickst, in: Der Spiegel, Nr. 5, 66f.

OECD, 2011: Health at a glance, OECD indicators, Paris.

Rosewitz, Bernd/Webber, Douglas, 1990: Reformversuche und Reformblockaden im deutschen Gesundheitswesen, Frankfurt a. M./New York, 317.

Sauga, Michael, 1998: Keine Angst vor Piranhas, in: Fokus, Nr. 48, 23.11.98.

Scharpf, Fritz W., 1985: Die Politikverflechtungsfalle. Europäische Integration und deutscher Föderalismus im Vergleich, in: Politische Vierteljahresschrift, 4/26, 323-356.

Schütze, Leo (Hrsg.): Schütze-Brief, Nr. 91, 23f.

Speth, Rudolf, 2004: Politikberatung als Lobbying, in: Dagger, Steffen u. a. (Hrsg.), Politikberatung in Deutschland: Praxis und Perspektiven, Wiesbaden, 164-177.

Weidenfeld, Werner, 1999: Gefangene im globalen Netzwerk, in: Süddeutsche Zeitung, Feuilleton-Beilage, 31.07./01.08.99.

Wintermann, Ole, 2004: Reformstau: Beratungsresistenz oder Versagen der Politikberatung? (...), in: Priddat, Birger P. (Hrsg.), Risiken der Politikberatung. Der Fall der Ökonomen. Baden-Baden.

Internetquellen

Focus Online, http://www.focus.de/finanzen/versicherungen/krankenversicherung/die-aufteilung-in-arbeitgeber-und-arbeitnehmer-gesundheitsreform-kommentar_3124883.html (Stand: 19.03.12).

Sachverständigenrat Gesundheit: Gutachten 2000, http://www.svr-gesundheit.de/Gutachten/Ueber-sicht/Uebersicht.htm (Stand: 17.01.12).

Jürgen Turek

Demographischer Wandel und Telemedizin

1 Einleitung

Der Mitherausgeber der Frankfurter Allgemeinen Zeitung (FAZ), Frank Schirrmacher, schrieb 2004 in seinem zum Bestseller avancierten Buch „Das Methusalem – Komplott": „Die Menschheit altert in unvorstellbarem Ausmaß. Wir müssen das Problem unseres eigenen Alterns lösen, um das Problem der Welt zu lösen". Er fokussierte weiter auf die Folgen und Konsequenzen der „gesprengten Fesseln der Lebenserwartung" (17) und führte dazu aus: „Der Eintritt der Babyboomer ins Rentnerdasein wird in der ganzen westlichen Welt einen Altersschub auslösen und wie ein nie verglühender Raketentreibsatz über Jahrzehnte Millionen von Menschen, Einzelne, die sich zu ganzen Völkern summieren, über die Datumsgrenze des 65. Lebensjahres katapultieren; nicht nur in eine neue ökonomische und soziale, sondern auch in eine fremde seelische Welt (…). Übersetzt man (…) Schätzungen in Bilder, dann wird die Erde wie ein riesiges Altersheim durchs Weltall kreisen. Wie viel Senilität, Vergesslichkeit, Altersdemenz, wie viel Krankheit wird in diesem kollektiven Bewusstsein sein?" (17 f.). Das war und ist ‚starker Tobak', der aufrüttelt. Aber ist eine solche Dramatisierung wirklich angebracht? Wenngleich Schirrmachers Deklamation der gerontologischen Katastrophe eine um Betroffenheit bemühte Streitschrift ist, basiert sie dennoch auf nüchternen Fakten: Dem demographischen Wandel in Deutschland. Als Basistrend berührt er allerdings mehr als nur das Altern in Deutschland und hebt ihn wegen seiner Komplexität und wachsenden Allgegenwart aus dem Sujet des Feuilletons deutlich heraus. Er tangiert das Konstrukt des Gesellschafts- und Generationenvertrags im Land. Dieses Konstrukt prägt die Balance zwischen den lernenden, arbeitenden, ruhenden, zu- und wegziehenden sowie gesunden und kranken Teilen einer Gesellschaft und trimmt die Generationengerechtigkeit zwischen jungen und alten Menschen. Der demographische Wandel beschreibt, mit anderen Worten, die Tendenzen der Bevölkerungsentwicklung in Deutschland. Das sind die Altersstruktur, das Verhältnis von Frauen und Männern, der Anteil von Inländern, Ausländern und Eingebürgerten, sowie die Geburten- und Sterbeentwicklung. Die entscheidenden Faktoren, die den demographischen Wandel bestimmen, liegen also in den Einflussgrößen Geburtenziffer, Lebenserwartung und Migration. Als politische Gestaltungsaufgabe fordert er in der Konsequenz die Akteure im politischen System Deutschlands insgesamt mit Blick auf die Renten-, Sozial-, Arbeits- und Gesundheitspolitik heraus.

Der demographische Zustand einer Industriegesellschaft hat aber auch viel mit sozialer Gerechtigkeit zu tun; er thematisiert die Mentalität einer Bevölkerung – und die Konstruktion eines menschenwürdigen Daseins. Kommt dieses System aus dem Tritt, verliert der soziale Kitt seine Bindewirkung. In Frank Schirrmachers Lesart klingt das so: „Wir müssen in den nächsten 30 Jahren ganz neu lernen, zu altern, oder jeder einzelne der Gesellschaft wird finanziell, sozial und seelisch bestraft. Es geht um die Befreiung jenes unterdrückten und unglücklichen Wesens, das wir verdrängen und das heute noch nicht existiert. Es geht um unser künftiges Selbst" (12).

Ein gewisses Maß an Dramatik ist also korrekt, denn der Wandel in der Bevölkerungsstruktur berührt fundamentale Grundlagen des sozialen Miteinanders. Alterung und Schrumpfung der deutschen Gesellschaft sind schlicht und einfach real. Das Buch von Schirrmacher, Filme wie die fiktive dreiteilige ZDF-Dokumentation „Der Aufstand der Alten" oder Bücher wie „Deutschland schafft sich ab. Wie wir unser Land aufs Spiel setzen" (Sarrazin 2010) sind Zuspitzungen, die auf Aufmerksamkeit zielen. Und diese Befassung wird zweifelsohne auch mit Blick auf weniger prominente Absender mit drastischen Botschaften zunehmen.

In der Welt der Politik und der angewandten Politikforschung ist das Thema demgegenüber als Objekt des sozialwissenschaftlichen Diskurses und des sozialpolitischen Streits seit langem virulent, auch wenn die Folgen der Alterung und Schrumpfung der deutschen Gesellschaft in den 1980er Jahren oft noch wirkten wie das babylonische Menetekel an der Wand. Die individuellen und sozialen Konsequenzen des Wandels kommen nun mit erhöhter Wirkung im Alltag an. Fragen der Gesundheitsfürsorge und Pflege, die Schwierigkeiten der Integration fremder Menschen, das ‚Halten' der Arbeitsgesellschaft sowie die Finanzierung eines angemessenen Lebensstandards im Alter durch Renten und Pensionen werden Gegenstand für jedermann. Das fordert, jenseits von Finanzierungsdebatten, immer stärker die angewandte Politikforschung und damit eine gute Politikberatung für eine strategische Politik heraus. Im Gegensatz zu den pointierten Reden des Kulturbetriebs, geht es hier um knallhartes sozialpolitisches Konfliktmanagement und die nüchterne Abwägung von Problemen und Lösungen. Für die angewandte Politikforschung stellt sich die Frage, was der demographische Wandel in seinen einzelnen Ausprägungen und in seiner Summe eigentlich ist, was er genau bedeutet und was die strategischen Antworten des politischen Systems der Bundesrepublik Deutschland und der Sozialen Marktwirtschaft darauf sind. Insgesamt dreht sie sich um vier große Zusammenhänge: Bevölkerungsrückgang, alternde Bevölkerung, Migration und regionale Ungleichgewichte. Zudem geht es darum, wie wir in den so adressierten Politikfeldern der Renten-, Arbeits-, Sozial- und Gesundheitspolitik auf diese Entwicklung reagieren.

Besonders betroffen davon ist auch das Gesundheits- und Pflegewesen. Technologische Innovationsfelder wie eHealth und Telemedizin bieten sowohl strategische als auch operative Antworten an. Sie sollen hier Gegenstand einer idealtypischen Reflexion über das Verhältnis von politikwissenschaftlicher Forschung, Beratung und operativer Politik sein.

2 ‚Patient' Demographie

In Deutschland findet der demographische Wandel seit den 1970er Jahren unaufhaltsam statt. Seit 1972 ist die Sterberate (Mortalität) höher als die Geburtenrate (Fertilität) (Statistisches Bundesamt 2002: 37). Die Geburtenhäufigkeit liegt derzeit bei 1,4 Kinder pro Frau. Das wird sich auch in den kommenden Jahrzehnten nicht ändern. Laut Berechnungen wird die Geburtenhäufigkeit im Jahr 2030 bei 1,2 – 1,6 Kindern pro Frau liegen (Statistisches Bundesamt 2011). Zu den geringen Fertilitätsraten kommt eine steigende Lebenserwartung. Deshalb ist von einem „doppelten Alterungsprozess" (Statistisches Bundesamt 2011) der Gesellschaft die Rede. International steigt die Lebenserwartung pro Jahrzehnt um 2,5 Jahre. Hierbei führend sind die japanischen Frauen mit einer durchschnittlichen Lebenserwartung von 87 Jahren (United Nations 2008). Deutsche Frauen liegen mit 82 Jahren ein Stück dahinter. Deutsche Männer haben demgegenüber eine Lebenserwartung von durchschnittlich 77 Jahren. Die Prognosen des Statistischen Bundesamts nehmen für das Jahr 2030 eine Lebenserwartung von 89 Jahren für Frauen bzw. 85 Jahren für Männer an (Statistisches Bundesamt 2011). Damit nimmt die Anzahl der über 60-Jährigen also drastisch zu, wobei die Anzahl der unter 20-Jährigen weiter sinkt (vgl. Abb. 1).

Abbildung 1:

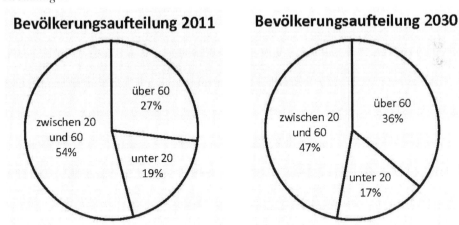

Quelle: Darstellung Bettina Reiter, C·A·P, basierend auf den Ergebnissen der 12. koordinierten Bevölkerungsvorausberechnung des Statistischen Bundesamtes (Basis: 31.12.2008)

Problematisch wirkt sich der demographische Wandel auf die Sozialsysteme und hier auch auf das Gesundheitswesen aus, das insbesondere immer mehr chronisch kranke Menschen zu versorgen hat. Das Statistische Bundesamt rechnet im Jahr 2030 mit 58% mehr Pflegebedürftigen und 12% mehr Krankenhausbehandlungen im Vergleich zu heute. Damit wird die Zahl der Pflegebedürftigen von 2,1 Millionen um fast ⅔ auf 3,4 Millionen steigen.

Dies ist insbesondere mit der wachsenden Anzahl der über 80-Jährigen zu erklären. Es ist anzunehmen, dass die Zahl von heute 3,6 Millionen um 73%, d.h. auf 6,3 Millionen, ansteigen wird (vgl. Abb. 2; Statistisches Bundesamt 2008). Die längere Lebenserwartung der Menschen in Deutschland und die hohe Anzahl an Senioren ist insbesondere durch die gute Gesundheitsversorgung, technologische Fortschritte, gute hygienische Bedingungen sowie das Bewusstsein für gesunde und vielseitige Ernährung in dieser Bevölkerungsgruppe zu erklären.

Abbildung 2:

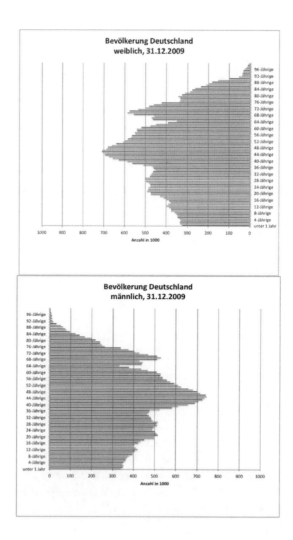

Demographischer Wandel und Telemedizin

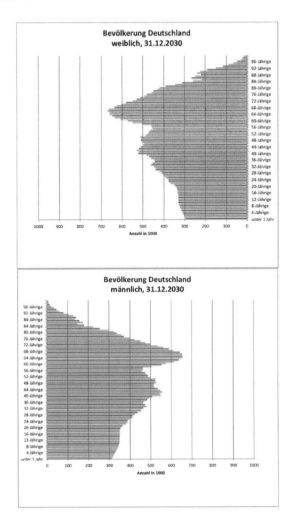

Quelle: Darstellung Bettina Reiter, C·A·P, basierend auf den Ergebnissen der 12. koordinierten Bevölkerungsvorausberechnung des Statistischen Bundesamtes (Basis: 31.12.2008)

Insgesamt verliert Deutschland damit trotz Migration an Bevölkerung. Die Rate von Zuzügen durch Migration ist in den letzten 20 Jahren ständig gefallen. Sie ist aber immer noch positiv. In den kommenden Jahren wird dabei ein jährlicher Wanderungssaldo zwischen 100.000 und 200.000 Menschen erwartet. Die nach Deutschland zuziehenden Menschen sind im Durchschnitt jünger als die fortziehenden. Daraus ergibt sich für die in Deutschland verbleibende Bevölkerung ein ‚Verjüngungseffekt'. Er hebt die Alterung der Gesamtbevölkerung und auch die Schrumpfung insgesamt jedoch nicht auf. Das Ausmaß des Bevölkerungsrückgangs fällt je nach Prognose unterschiedlich aus. Für das Jahr 2030 rechnet das Statistische Bundesamt mit 77 bis 82 Millionen Deutschen (Statistisches Bundesamt 2006: 28). Diese sich verändernde Bevölkerungsstruktur fordert das Rentensystem und das Gesundheitssystem in Deutschland durch vielfältige Problemlagen heraus. Die Herausforderung der Integration zuziehender Menschen aus anderen Kulturkreisen ist keineswegs gelöst. Entstehende Schieflagen und systemische Defizite machen die Demographie so insgesamt zum ‚Patienten' im Land. Die gesundheitspolitischen Implikationen liegen auf der Hand.

3   Rezepte statt sozialpolitischer Erstarrung und Betroffenheitsrhetorik

Ausmaß und Konsequenzen des demographischen Wandels sind immer mehr Themen der Politik. Auch die allgemeine öffentliche Wahrnehmung nimmt zu. Der kommerzielle Kulturbetrieb und das gesamte Sozialsystem greifen die Konsequenzen nunmehr in vielfältiger Weise mit Blick für die vielschichtigen Dramen einer alternden und schrumpfenden Gesellschaft mit einem zugleich problematischen Integrationsgeschehen fremder Menschen auf. Vieles kommt allerdings im Gewand einer Untergangs- oder Betroffenheitsrhetorik daher. Sie proklamiert negative Bilder und Entwicklungen des Wandels, polarisiert und provoziert mitunter scharf, wie z. B. Thilo Sarrazins Buch. Die Debatten zum ‚Patienten' Demographie wirken oft starr und hilflos, ohne dem mit strategischen Antworten einer klugen Governance zu begegnen. Dass dies nicht nur notwendig, sondern auch möglich ist, zeigen viele Ideen, Initiativen und Beispiele auf. Auch eine Bewusstseinsänderung zeichnet sich mit Blick auf eine aktive Alten- und Alterungspolitik sowie eine entsprechende Integrationspolitik (langsam) ab. Dies können strategische Ansätze einer flexibilisierten Arbeitsgesellschaft sein, die alte und junge Arbeitnehmer klug integriert. Studien belegen, dass Arbeitnehmer ab 50 Jahren zuverlässiger und genauer arbeiten als ihre jüngeren Kollegen und zudem über einen enormen Erfahrungsschatz verfügen (BKK 2011). Kombiniert man diese Eigenschaften mit dem Elan und den Ideen junger Arbeitnehmer, entstehen effiziente Arbeitsresultate. Das kann sich auch in einer höheren Erwerbsquote von Frauen niederschlagen. Die Gesellschaft wird es sich nicht mehr leisten können, auf hochqualifizierte Frauen in der Arbeitswelt zu verzichten. Im Jahr 2008 waren nur rund 60% der Frauen mit Kindern unter 15 Jahren erwerbstätig, wohingegen rund 85% der Männer mit Kindern arbeiteten (Statistisches Bundesamt 2008). Bereits jetzt zeichnet sich dies mit einem ‚Female Shift' und einer anderen Arbeitskultur ab. Dies kann sich weiterhin in modernen Lebensformen realisieren, welche die Generationen in neuen Formen des Miteinanders wie etwa in Mehrgenerationenhäuser zusammenführen. Und es können Ansätze sein, die Migration energisch in funktionierende Integrationsansätze transformiert. Für all dies liegen umsetzbare Lösungen vor. Es ist evident, dass darüber hinaus im Bereich Gesundheit und Pflege eines der wichtigsten strategischen Politikfelder des demographischen Wandels liegt. Der Einsatz elektronischer Instrumente wie der Telemedizin bietet innerhalb eines integrierten eHealth-Systems Lösungen für Probleme an, die der demographische Wandel im Gesundheits- und Pflegesystem Deutschlands bewirkt.

Demographischer Wandel und Telemedizin

Das Politikfeld ist eine strategische Herausforderung für angewandte Forschung, die allerdings das gesamte Spektrum der Probleme deutscher Gesundheitspolitik zu berücksichtigen hat (Merz 2008; Meusch 2011).

4 Herausforderungen des deutschen Gesundheitssystems

Das deutsche Gesundheitswesen sieht sich insgesamt mit großen Herausforderungen konfrontiert. Dies sind nicht nur der demographische Wandel, sondern auch der medizinisch-technologische Fortschritt, die Finanzierbarkeit, Effizienz und Gerechtigkeit des Systems sowie Probleme der flächendeckenden Versorgung. Die Alterung der deutschen Bevölkerung führt zudem zu einer steigenden Notwendigkeit der Behandlung chronischer Erkrankungen. Jenseits der etablierten Versorgungsformen bringt dies künftig den Einsatz moderner Informationstechnologien und der Telemedizin vermehrt ins Spiel. Sie wird bereits seit Beginn der 2000er Jahre als eine medizinisch sinnvolle und gesundheitsökonomisch effiziente Versorgungsform gesehen (Klusen/Meusch 2002). In einem neuen Konzert der staatlichen und privaten Gesundheitsökonomie wird sie sich langfristig als hilfreiche Innovation der modernen Gesundheitsversorgung etablieren.

Abbildung 3:

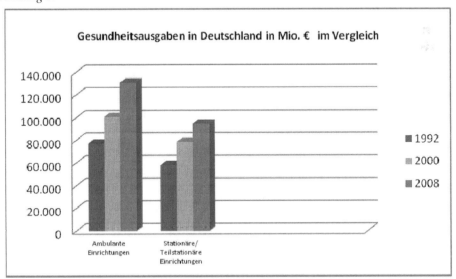

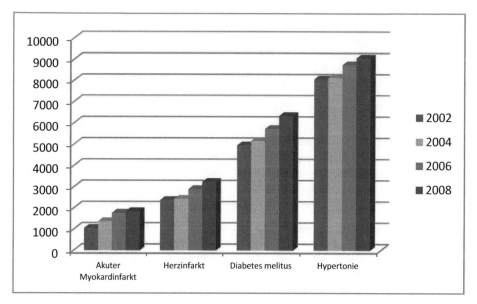

Quelle: Darstellung Bettina Reiter, C·A·P, basierend auf den Daten der Gesundheitsberichterstattung des Bundes

Gründe dafür sind nicht nur demographische Aspekte oder medizinisch-technologische Fortschritte in unserer Gesellschaft; das Gesundheitswesen wird insgesamt zum wirtschaftlich bedeutsamen Faktor im 21.Jahrhundert. Dies erklärt die Theorie des russischen Wirtschaftswissenschaftlers Nikolai Kondratieff. Demnach treten in einer Marktwirtschaft nicht nur kurze und mittlere Wirtschaftsschwankungen auf, sondern auch lange Zyklen mit einer Periode von 40 bis 60 Jahren. Sie beruhen auf Basisinnovationen, welche die Weltwirtschaft in einen kräftigen Wachstumsprozess führen. Sie gelten als Auslöser ganzer Wirtschaftszyklen, die nach Kondratieff benannt worden sind. Die Dampfmaschine, die Elektrotechnik, die Chemie, die Kommunikationstechnologie gelten als Beispiele solcher Basisinnovationen, die man in fünf Kondratieff-Zyklen eingeteilt hat. Sie haben das Tempo und die Richtung des Innovationsprozesses weltweit über mehrere Jahrzehnte bestimmt. Mit bahnbrechenden Entwicklungen und Innovationen in der modernen Medizin steht die Weltwirtschaft nach den oben genannten Basisinnovationen mutmaßlich wieder am Beginn eines neuen, dem sechsten Kondratieff-Zyklus (Nefiodow 2007). Der Megamarkt des nächsten Zyklus wird der Gesundheitssektor sein. Gesundheit wird hierbei ganzheitlich verstanden: körperlich, seelisch und geistig, ökologisch und sozial. Gerade die Informations- und Kommunikationstechnologien sind für die Erschließung und Weiterentwicklung der Gesundheitsmärkte unverzichtbar. Telemedizin avanciert so zum Zukunftsgut (Reiter/Turek/Weidenfeld 2011).

Als eigentliche Geburtsstunde der Telemedizin gilt eine Begebenheit, die den Erfinder Alexander Graham Bell betrifft und die Gegenstand einer erheiternden Anekdote geworden ist. Er hatte sich bei der Beschäftigung mit seinem Patentobjekt ‚Telefonapparatur' versehentlich Säure über den Anzug geschüttet und das Gerät dazu benutzt, seinen im Nebenzimmer anwesenden Kollegen Thomas A. Watson zu Hilfe zu rufen. Betrug die Entfernung bei diesem ersten medizinischen Notruf vor 130 Jahren nur wenige Meter, so hat sich die Telemedizin seither zu einem Instrument entwickelt, das über weiteste Entfernungen die präzise medizinische Überwachung und Betreuung von im Weltraum befindlichen Astronauten, auf Expedition befindlichen Forschern oder im Einsatz befindlichen Soldaten, etwa in Zentralasien, ermöglicht.

Die Telemedizin heute ist ein spezifischer Teilbereich der eHealth. Der Begriff eHealth entstand mit der New Economy zu Beginn des 21. Jahrhunderts. Er überträgt die e-Commerce-Idee als elektronischen Marktplatz für Gesundheitsleistungen auf das Gesundheitswesen. Der Sektor des eHealth bezeichnet alle Leistungen der Informations- und Kommunikationstechnologie im Gesundheitswesen, durch die medizinische Informationen unabhängig von Zeit und Ort digital übertragen und gespeichert werden können und subsumiert so den Sektor der Telemedizin als zugeordneten Bereich.

Telemedizin bezeichnet Diagnose und Therapie unter Überbrückung einer räumlichen oder zeitlichen Distanz zwischen Arzt, Apotheker und Patient. Die Telemedizin wird in verschiedene Anwendungsbereiche differenziert. Für zwei sich konsultierende Ärzte im so genannten „Doc2Doc"-Bereich gibt es spezielle Anwendungen in der Telekonsultation, Teleausbildung oder Telechirurgie. Im „Doc2Patient"-Bereich, bei dem Ärzte und Patienten mittels Telekommunikation in Kontakt stehen, existieren die Anwendungen Telediagnostik, Teletherapie, Telemonitoring und Telecare (Häcker/Reichwein/Turad 2008: 8). Die Telemedizin soll allen Akteuren des medizinischen Gesundheitswesens Daten und Informationen zur Verfügung stellen und dabei helfen, die medizinische Versorgung zu verbessern, die Effizienz der Versorgung zu steigern und Kosten zu senken.

5 Telemedizin als gesundheitspolitisches Feld angewandter Politikberatung in Zeiten des demographischen Wandels

Angewandt speziell bei chronischen Erkrankungen, steht Telemedizin für eine innovative Behandlungsform, die elektronische Werkzeuge für Diagnose und Therapie nutzt. Mit Blick auf die Implikationen des demographischen Wandels bieten telemedizinische Applikationen im Kontext eines übergreifenden eHealth-Systems strategische Lösungen an. Zahlreiche Studien, wie etwa die Untersuchung „Telemedical Interventional Monitoring in Heart Failure" der Berliner Charité und des Stuttgarter Robert-Bosch-Krankenhauses 2010, haben gezeigt, dass es möglich ist, durch den Einsatz der Telemedizin die Qualität der medizinischen Betreuung signifikant zu erhöhen, die Mortalitätsrate zu senken und gleichzeitig die Behandlungskosten zu verringern. So wird bei Patienten mit Herzinsuffizienz durch Telemonitoring weit über die Hälfte der Krankenhaustage eingespart, was auf eine höhere Lebensqualität der Patienten hinweist, aber auch zu einer erheblichen Einsparung von Behandlungskosten führt. Neben einer effizienteren Behandlung ist hierbei in besonderem Maße die geringere Beeinträchtigung der Patienten hervorzuheben. So bietet das Telemonitoring-Verfahren die Möglichkeit, Rekonvaleszente früher aus der stationären Behandlung zu entlassen und im privaten Umfeld weiter zu betreuen. Die medizinische Nachversorgung kann für die Patienten angenehmer und für die Leistungserträger kostengünstiger gestaltet werden. Ihr Potenzial und weit reichende Erfahrungen in anderen Ländern lassen erwarten, dass sie sich auch in Deutschland langfristig durchsetzen wird. In Israel etwa ist Telemedizin bereits flächendeckend im Einsatz. Israel ist Benchmark, da das Land insgesamt ein kohärent organisiertes Gesundheitssystem mit optimierten Behandlungsformen und Versorgungsmaßnahmen hat, welches vergesellschaftete und private Versorgungskomponenten miteinander verknüpft und weltweit hinsichtlich Technik und Eigenverantwortung als innovativ gilt (C·A·P 2008).

Angesichts der Zunahme des Lebensalters und des Anstiegs der Anzahl chronischer Erkrankungen werden medizinische wie gesundheitsökonomische Aspekte der Versorgung immer wichtiger. Alleine in Deutschland leben 1,6 Millionen Menschen mit Herzinsuffizienz und über 5 Millionen Menschen mit koronarer Herzkrankheit, die es heute und in Zukunft gut und ökonomisch vertretbar zu versorgen gilt. Weitere chronische Krankheiten wie Diabetes oder periphere Verschlusskrankheiten kommen hinzu. Die Gesundheitstelematik zeigt hierfür praktikable und gute Lösungen auf. Telemedizin ist darüber hinaus ein Mittel, um die strategischen Ziele des „eHealth Action Plan" für alle Bürger der Europäischen Union zu erreichen. Die von der Europäischen Kommission dort formulierten Ziele sind: besserer Zugang, bessere Qualität und höhere Effizienz hinsichtlich der Gesundheitsdienste (Europäische Kommission 2011). All dies zusammen – demographischer Wandel, medizinischer Fortschritt, Funktionalität und politischer Rahmen – deutet eine vielversprechende Zukunft gesundheitstelematischer Innovationen an, die in Zukunft etwa im Bereich des „Ambient Assisted Living" integrierte technologische Lösungen für ein autonomes Leben trotz Alter und Krankheit ermöglichen sollen.

Das Marktpotenzial und die ökonomischen Impulse, zu handeln, sind dabei hoch. Die jährlichen Behandlungskosten für die über sieben Millionen Diabetiker in Deutschland liegen etwa bei 58 Milliarden Euro, davon entfallen etwa 30 Milliarden auf Folgeerkrankungen. Telemedizin soll dieses Kostenpotenzial durch telemedizinische Innovationen abschwächen, was entsprechende Investitionen erfordert. Bei Diabetikern wird neben einer effektiveren Behandlung auch das Risiko, eine schwere Folgeerkrankung (Herz-Kreislauf-Ereignisse, Amputationen, Erblindung, Niereninsuffizienz) zu entwickeln, durch den Einsatz der Telemedizin deutlich reduziert. Der gesamte Markt für Telemedizin und Ambient Assisted Living Systemen soll nach Berechnungen von Data Monitor allein in den USA und Europa von 3 Milliarden US-$ im Jahre 2009 auf bis zu 7,7 Milliarden 2012 angestiegen sein. Weltweit wurde hier ein Anstieg von 4,8 Milliarden US-$ 2009 auf 13,9 Milliarden bis 2012 prognostiziert (Wessig 2009).

6 Telemedizin und angewandte Politikforschung: Von der Medizintechnik zum holistischen Ansatz in der Sozialpolitik

Der technologische Impetus der Telemedizin ist kraftvoll, ihre Apologeten sind voller Tatendrang. Die Erfahrung aber zeigt, dass die Einführung innovativer Lösungen – wie etwa die Einführung der elektronischen Gesundheitskarte – oft nur schleppend vorangeht. Barrieren entstehen dadurch, dass der Nutzen und Aufwand solcher Lösungen und die strukturellen Veränderungen für die verschiedenen Sektoren und Akteure des Gesundheitssystems oft nicht hinreichend geklärt worden sind. Jenseits der Bereitstellung der Hochtechnologie müssen in einem ersten Schritt integrierte Versorgungsstrukturen entwickelt werden, die den stationären und ambulanten Sektor verzahnen. Es geht hier um eine durchgehende Optimierung von Prozessen. Dies erfordert einen entsprechenden politischen Rahmen, der Telemedizin von der technischen Ebene auf diejenige eines ganzheitlichen strategischen Ansatzes hebt, welcher dann auch in einem zweiten Schritt die gesamten sozialpolitischen Bezüge des demographischen Wandels thematisiert und der Technologie ihren Platz in einem solchen Ensemble zuweist. Der ganzheitliche Ansatz, der renten- und gesundheitspolitische Aspekte sowie gesundheitsökonomische Zwänge zusammenführt, macht die Telemedizin zum Gegenstand angewandter Politikforschung. Für die Zukunft ergeben sich hier folgende konkrete Ansatzpunkte:

- Die Ausgaben im Gesundheitssektor steigen in erster Linie durch die Zunahme chronischer Krankheiten an. Demnach sind die Gesamtausgaben für ambulante Leistungen im deutschen Gesundheitswesen zwischen 1992 und 2008 um rund 68,4% gestiegen. Bei den Gesamtausgaben für stationäre und teilstationäre Einrichtungen ist ein Anstieg um 63,1% zwischen 1992 und 2008 zu verzeichnen. Chronische Herzkrankheiten (auch ischämische Herzkrankheiten genannt), wie z. B. die koronare Herzkrankheit, Angina Pectoris, Herzinsuffizienz und Herzrhythmusstörungen waren im Jahr 2009 die häufigste Todesursache in Deutschland mit 854.544 Verstorbenen. Knapp 42% aller Todesfälle wurden somit durch Herz-Kreislaufkrankheiten verursacht (Statistisches Bundesamt 2010). Insgesamt verursachten Erkrankungen des Kreislaufsystems, darunter Herzkrankheiten und Hypertonie (Bluthochdruck) laut Statistischem Bundesamt die meisten stationären und ambulanten Behandlungen (Statistisches Bundesamt 2009b). Die Diabetes-Erkrankung steht heute an vierter Stelle der Haupttodesursachen in den Industrieländern. Vor allem durch die Folgeerkrankungen entstehen ca. 5-10% der Gesundheitsausgaben (Häcker/Reichwein/Turad 2008: 14). In Deutschland sind über 7 Millionen Menschen von der Krankheit betroffen, was eine Diabetes-Häufigkeit von rund 9% bedeutet. Laut der International Diabetes Federation (IDF) waren 2007 ca. 246 Millionen Menschen auf der Welt davon betroffen. Die Zahl der Diabetesfälle ist in den letzten 20 Jahren um mehr als das Siebenfache angestiegen. Bis zum Jahr 2025 wird mit einer weiteren Erhöhung auf bis zu 350 Millionen Betroffene gerechnet (Scherbaum 2009). Der Kostenanstieg im Gesundheitswesen ist somit ungebremst. Eine Studie des Wissenschaftlichen Instituts der Privaten Krankenversicherung hat gezeigt, dass im Rahmen des demographischen Wandels die Gesundheitsausgaben kontinuierlich gestiegen sind und hierdurch die so genannte ‚Medikalisierungsthese' bestätigt wird. Das heißt, dass die steigende Lebenserwartung der Menschen zu Mehrausgaben im Gesundheitswesen führt (Reiter/Turek/Weidenfeld 2011: 9).

- Dem Ausgabenzuwachs in einer ‚alten' Bevölkerung stehen zunehmend weniger Einnahmen gegenüber, wenn das Gesundheitssystem nicht angepasst wird; für dieses bedeutet das, dass eine immer kleiner werdende arbeitende Bevölkerung einen immer größer werdenden Rentneranteil mitfinanzieren muss. Rentner zahlen prozentual zu ihrem Einkommen so viel wie Erwerbstätige in das Gesundheitssystem ein. Da Erwerbstätige jedoch ein höheres Einkommen haben, zahlen sie absolut auch höhere Beträge in die Krankenkassen ein. Die Studie „Grundlohnentwicklung und Ausgaben der GKV" von Hermann Berié und Ulf Fink (2003: 10) belegt, dass die Einnahmen aus Beitragszahlungen der Rentner im Jahr 2000 die Ausgaben für deren Behandlung nur zu 40% deckten. Bis zum Jahr 2020 soll die Deckungsquote nur noch bei 36% liegen. Durch die steigende Lebenserwartung und die Zunahme chronischer Krankheiten wird dieser Trend noch verstärkt. Unter Beibehaltung des derzeitigen Systems ist also damit zu rechnen, dass die Einnahmen der Krankenkassen weiter sinken werden (10).
- Das deutsche Gesundheitssystem hat zunehmend mit Herausforderungen, wie Unter-, Über- und Fehlversorgung, zu kämpfen – und dies in einer paradoxen Gleichzeitigkeit. Der demographische Wandel wird in Verbindung mit einer flächendeckenden und effizienten Versorgung immer mehr zum Problem. Er verursacht Kostensteigerungen und Einnahmedefizite. Es mangelt, insbesondere im ländlichen Raum, an Ärzten, was zur Unterversorgung eines großen Teils der Bevölkerung führt. 2007 waren etwa in den neuen Bundesländern 13 Bezirke von ärztlicher Unterversorgung betroffen. Neben dem Rückgang der hausärztlichen Versorgung, ist der Rückgang fachärztlicher Gruppen immens. Zudem kommt es auf Grund fehlender Kommunikation zwischen behandelnden Ärzten und des Mangels an einer überwachenden Kontrollinstanz zu Doppel- und Mehrfachuntersuchungen. Da u. a. die Preise für Behandlungskosten den Patienten nicht transparent genug gemacht werden, fehlt größtenteils das Bewusstsein dafür, teure Behandlungsmethoden zu vermeiden, bzw. Mehrfachuntersuchungen zu verhindern. Angewandte Politikforschung in der Gesundheitspolitik thematisiert das Verhältnis von Solidarsystem und Kassenbeitrag einerseits sowie Markt, Eigenleistung und Staat andererseits (12). Die Gesundheitspolitik ist sich bestehender Herausforderungen auf dem Weg hin zur allgemeinen Anwendbarkeit der Telemedizin bewusst. Konkret werden derzeit auf europäischer und nationalstaatlicher Ebene Projekte unterstützt, welche die Umsetzung telemedizinischer Dienstleistungen erleichtern sollen. Insbesondere die Europäische Union leitete in den ver-

gangenen Jahren einige Initiativen in die Wege. Sie verabschiedete eine Reihe von Richtlinien, welche die nationalen Regierungen anleiten sollen, die Telemedizin zum Bestandteil ihrer Gesundheitspolitik zu machen. Im Koalitionsvertrag der Bundesregierung wird die Telemedizin erstmals explizit genannt. Dementsprechend wurde eine Bestandsaufnahme für den Aufbau der Telematikinfrastruktur unter besonderer Beachtung datenschutzrechtlicher Aspekte in Angriff genommen. Telemedizin gilt als wichtiges Zukunftsgut in der Gesundheitsversorgung. Hinsichtlich ihrer Bedeutung erschließt sie die Möglichkeit, Fortschritte in der Medizintechnologie mit ökonomischer Rentabilität zu verbinden. Sie ermöglicht, medizinischen Fortschritt nicht nur an der Sicherheit, Qualität und Wirksamkeit auszurichten, sondern behält auch die Effizenz der Gesundheitsversorgung im Auge (Weidenfeld/Turek 2009). Obwohl die Telemedizin technisch ausgereift ist, wird sie nur zaghaft in Anspruch genommen. Die Komplexität ihrer Einführung erschwert ihre Nutzung, da ihre interdisziplinären Bezüge hohe Anforderungen an den Innovationsprozess stellen. Hier bestehen Spannungsfelder zwischen Leistungsträgern und -erbringern, den Versicherten und den Krankenkassen sowie zwischen dem Versicherten und seinem persönlichen Umfeld. Es wird aber zunehmend erforderlich, dass die einzelnen Akteure enger zusammenarbeiten und ihre Ansprüche den Anforderungen eines modernen Gesundheitssystems anpassen. Viele Initiativen waren bisher nur einmalige und vergleichsweise kleine Projekte und nicht im Gesundheitssystem als Regelversorgung integriert. Fehlende Finanzierungsmöglichkeiten für Telemedizin in der Fläche oder Probleme der Akzeptanz behindern die nachhaltige Einführung der Technologie. Beklagt wird auch die fehlende Rechtsklarheit mit Blick auf den Datenschutz. Dennoch zeigt der aktuelle Befund deutlich auf: Telemedizin kann und wird trotz dieser Probleme ihren Beitrag zur Bewältigung medizinischer Folgen des demographischen Wandels leisten. Und moderne Politikforschung wird ihre Implementierung speziell im Gesundheitswesen mit Informationen, kritischer Analyse und strategischer Beratung begleiten. So wird der anfängliche Kassandraruf von Frank Schirrmacher durch vielfältige Möglichkeiten der Technologie und der gesundheitlichen Versorgung zumindest relativiert. Voraussetzung dafür sind politische und rechtliche Regularien, die es angesichts des demographischen Wandels in der gesamten Breite der Wirtschafts-, Sozial- und Gesundheitspolitik konsequent zu entwickeln gilt.

Literatur

Häcker, Joachim/Reichwein, Barbara/Turad, Nicola, 2008: Telemedizin. Markt, Strategien, Unternehmensbewertung, München.
Klusen, Norbert/Meusch, Andreas, 2002: Gesundheitstelematik. Medizinischer Fortschritt durch Informationstechnologien, Baden-Baden.
Merz, Friedrich (Hrsg.), 2008: Wachstumsmotor Gesundheit. Die Zukunft unseres Gesundheitswesens, München.
Meusch, Andreas, 2011: Moral Hazard in der gesetzlichen Krankenversicherung in politikwissenschaftlicher Perspektive, Baden-Baden.
Nefiodow, Leo A., 2007: Der sechste Kondratieff. Wege zur Produktivität und Vollbeschäftigung im Zeitalter der Information, St. Augustin.
Reiter, Bettina/Turek, Jürgen/Weidenfeld, Werner 2011: Telemedizin – Zukunftsgut im Gesundheitswesen. Gesundheitspolitik und Gesundheitsökonomie zwischen Markt und Staat, C·A·P Analyse, Januar 2011.
Sarrazin, Thilo, 2010: Deutschland schafft sich ab. Wie wir unser Land aufs Spiel setzen, München.
Schirrmacher, Frank, 2004: Das Methusalem – Komplott, München.
Statistisches Bundesamt, 2002: Datenreport 2002, Bonn.
Ders., 2006: Koordinierte Bevölkerungsvorausberechnung. Annahmen und Ergebnisse, Wiesbaden.
Weidenfeld, Werner/Turek, Jürgen, 2009: Telemedizin im Spannungsfeld von Innovation und Politik, in: AFH Alliance 03, Hamburg, 12-17.
Wessig, Kerstin, 2009: Ambient Assisted Living. Technisch unterstütztes Leben zur Sicherung von Autonomie und sozialer Teilhabe im Alter. Vortrag bei der Fachtagung „Telemonitoring in Gesundheits- und Sozialsystemen. Eine eHealth-Lösung mit Zukunft", München.

Internetquellen

Berié, Hermann/Fink, Ulf, 2003: Grundlohnentwicklung und Ausgaben der GKV. Gutachten im Auftrag des AOK-Bundesverbandes, http://www.wiso-gruppe.de/download/grundlohnentwicklung.pdf (Stand: 08.12.11).
BKK Landesverband Hessen, http://www.dnbgf.de/fileadmin/texte/Downloads/uploads/dokumente/BKK-Studie_aeltere_Arbeitnehmer.pdf (Stand: 08.12.11).
Europäische Kommission, http://ec.europa.eu/information_society/activities/health/ehealth_ap_consultation/index_en.html (Stand: 08.12.11).
Gesundheitstelematik im internationalen Vergleich, http://www.cap-lmu.de/aktuell/events/2008/telemedizin.php (Stand: 08.12.11).
Robert-Bosch-Krankenhaus, http://www.rbk.de/standorte/robert-bosch-krankenhaus/abteilungen/kardiologie/leistungsspektrum/telemedizin.html (Stand: 08.12.11).
Scherbaum, Werner 2009: Diabetes Deutschland, http://www.diabetes-deutschland.de/aktuellesituation.html (Stand: 08.12.11).
Statistisches Bundesamt, http://www.destatis.de/jetspeed/portal/cms/Sites/destatis/Internet/DE/Content/Publikationen/STATmagazin/Arbeitsmarkt/2010__03/2010__03PDF,property=file.pdf (Stand: 08.12.11).
Statistisches Bundesamt, http://www.destatis.de/jetspeed/portal/cms/Sites/destatis/Internet/DE/Content/Statistiken/Bevoelkerung/VorausberechnungBevoelkerung/Content75/Geburtenannahmen,templateId=renderPrint.psml (Stand: 08.12.11).

Statistisches Bundesamt, http://www.destatis.de/jetspeed/portal/cms/Sites/destatis/Internet/DE/Content/Statistiken/Bevoelkerung/VorausberechnungBevoelkerung/Content75/Sterblichkeit.psml (Stand: 08.12.11).

Statistisches Bundesamt, http://www.destatis.de/jetspeed/portal/cms/Sites/destatis/Internet/DE/Presse/pm/2008/03/PD08__121__12421,templateId=renderPrint.psml (Stand: 08.12.11).

United Nations, Department of Economic and Social Affairs, http://esa.un.org/unpd/wpp2008/JS-Charts/mor-life-exp-female_0.html (Stand: 08.12.11).

Martin Brusis/Olaf Hillenbrand/Peter Thiery

Demokratiemessung – Der Bertelsmann Transformation Index

1 Einleitung

Als normatives Leitbild ist die Demokratie heute weltweit unumstritten und konkurrenzlos. Mit ihrem Siegeszug sind jedoch auch die Unterschiede zwischen politischen Systemen, die sich als Demokratien verstehen, stärker hervorgetreten. Viele Anzeichen deuten darauf hin, dass es sich bei diesen Unterschieden nicht um Übergangsphänomene handelt, die im Zuge der Reifung demokratischer Institutionen verschwinden, sondern um relativ stabile, da strukturell verfestigte Merkmale. Für die Politikwissenschaft und die angewandte Politikforschung ergeben sich daraus mehrere Probleme bzw. Herausforderungen.

Zunächst lässt sich fragen, welche institutionellen Arrangements den im Demokratiebegriff enthaltenen Normen der politischen Partizipation, der Gleichberechtigung aller Bürger und der von diesen ausgeübten Herrschaftskontrolle entsprechen. Die empirische Erfassung der gewachsenen Vielfalt nationaler Demokratien legt dann sogleich die Frage nahe, inwieweit Institutionen als funktional äquivalent gelten und nach welchen Kriterien sie als solche eingestuft werden können. Lassen sich umgekehrt empirische Bedingungen und Formen der Herrschaftsausübung identifizieren, die, entgegen den deklarierten Selbstverständnissen der jeweiligen Herrschaftsträger, keine Demokratien darstellen? Welche institutionellen Arrangements realisieren den normativen Kern der Demokratie am besten oder zumindest besser als andere institutionelle Lösungen? Inwieweit lassen sich unterschiedliche demokratische politische Systeme in ihrer entsprechenden Qualität überhaupt vergleichen, wo doch die empirisch beobachtbaren Demokratien jeweils in historische, kulturelle und gesellschaftliche Kontexte eingebettet sind und möglicherweise nur an den normativen Dispositionen dieser Kontexte, nicht aber an einem bestimmten Sollmodell, gemessen werden können?

Diese Fragen haben nicht nur zu theoretischen Kontroversen in Politikwissenschaft und politischer Philosophie geführt, sondern besitzen auch hohe praktische Relevanz für die Bewertung von Demokratisierungs- und Entdemokratisierungsprozessen, die Demokratieförderung sowie die Entwicklung internationaler Demokratienormen. Vor allem aber bezeichnen die genannten Fragen zentrale konzeptionelle Herausforderungen an jeden Versuch zur Messung von Demokratie. Eine solche Messung muss klären, welche Funktionen und Institutionen Demokratien ausmachen, wie sie von nicht-demokratischen politischen Systemen – Autokratien – abzugrenzen sind und wie die Qualität von Demokratien zu bewerten ist.

In der Politikwissenschaft und Demokratietheorie hat Robert Dahl (1971; 1989; Schmidt 2008) mit seinem Begriff der Polyarchie ein schlankes, prozeduralistisches Demokratiekonzept vorgelegt, das politische Partizipationsrechte und die Konkurrenz der politischen Eliten um Wählerstimmen als Mindestbedingungen für die Existenz einer Demokratie postuliert. In der demokratietheoretischen Debatte wurde jedoch zum einen darauf hingewiesen, dass politische Partizipation Bürgerschaft (*citizenship*) voraussetzt und damit einen (rechts-)staatlichen Rahmen, der zumindest die grundlegenden bürgerlichen Freiheitsrechte der im Staatsgebiet lebenden Personen schützt (Habermas 1992; O'Donnell 2001). Zum anderen wurde argumentiert, dass freie und faire Wahlen zur Kontrolle der Herrschenden nicht ausreichen, sondern dass die Herrschaftsausübung auch zwischen den Wahlterminen rechtsstaatlichen Kontrollen unterliegen muss (Lauth 2004; O'Donnell 1999).

Eine Demokratiemessung, die diese Argumente ernst nimmt, kann mithin nicht nur die Freiheit und Fairness des Wahlvorgangs untersuchen, sondern muss auch die Rechtsstaatlichkeit erfassen, insbesondere den Schutz der Bürgerrechte sowie die Kontrolle des Regierungs- und Verwaltungshandelns durch Legislative und Judikative (*horizontal accountability*). In der deutschsprachigen Politikwissenschaft haben Wolfgang Merkel und seine Mitarbeiter mit der Bezeichnung „rechtsstaatliche Demokratie" (2003) ein Konzept vorgelegt, das Dahls Polyarchie-Begriff um jene funktionsnotwendigen Dimensionen erweitert. Dieses Konzept liegt der Demokratie-Messung im Bertelsmann Transformation Index (BTI) zu Grunde, weil es eine differenzierte Erfassung der für die Existenz einer rechtsstaatlichen Demokratie notwendigen Funktionen und Verfahren ermöglicht. Das Konzept der rechtsstaatlichen Demokratie ist insoweit universalistisch ausgelegt: Demokratie benötigt bestimmte Essenzialien unabhängig von nationalen kulturellen Kontexten. Es benennt Kriterien zur Bewertung der Steuerungs- und Orientierungsleistungen existierender politischer Institutionen. Überdies erlaubt das Konzept die Abgrenzung funktionierender Demokratien von Autokratien, in denen entweder keine freien und fairen Wahlen stattfinden oder in denen die rechtsstaatlichen Bedingungen einer politischen Partizipation bzw. eines fairen Elitenwettbewerbs nicht vorliegen.

2 Entstehung des Bertelsmann Transformation Index

Die demokratietheoretische Diskussion entwickelte sich unter dem Eindruck der demokratischen Umbrüche in Osteuropa seit 1989. In der deutschsprachigen Öffentlichkeit wurden diese frühzeitig als Transformationen bezeichnet, um ihren umfassenden, Wirtschaft, Gesellschaft und Staatlichkeit einbeziehenden Charakter sowie ihre Intentionalität zum Ausdruck zu bringen (Merkel 2010). Diese Prozesse beschäftigten seit Mitte der 1990er Jahre auch die Bertelsmann Stiftung, eine der großen gemeinnützigen Unternehmensstiftungen in Deutschland. Sie wollte die Erfahrungen erfolgreicher Transformationen sammeln und anderen Ländern in entsprechenden Lagen vermitteln.

Angeregt wurde dies durch den Stifter Reinhard Mohn selbst, der im Dialog mit Werner Weidenfeld erkennen ließ, dass ihn hierzu auch die persönliche Erfahrung mit der erfolgreichen Transformation seines eigenen Unternehmens (und Deutschlands) nach dem Zweiten Weltkrieg bewog.

Entsprechend richtete die Stiftung eine mit Wissenschaftlern und Praktikern besetzte Arbeitsgruppe zur Gestaltung von Transformationsprozessen ein und vergab nach umfangreichen Recherchen 2001 einen Preis an Polen und Bolivien für die erfolgreiche Bewältigung der Transformation. Nachdem das Centrum für angewandte Politikforschung (C·A·P) die Diskussionen der Arbeitsgruppe und die vergleichende Länderbewertung vor der Preisverleihung wissenschaftlich betreut hatte, beschloss die Stiftung, mit dem C·A·P eine regelmäßige Bewertung von Transformationsprozessen zu erarbeiten. Diese Kooperation mündete im BTI, einer weltweiten Expertenumfrage zur Analyse und numerischen, aggregierten Bewertung demokratischer und marktwirtschaftlicher Reformen, die 2004 erstmals publiziert und bis heute vier weitere Male durchgeführt wurde. Der Transformationsindex analysiert und misst den Entwicklungsstand von Demokratie und Marktwirtschaft sowie die Gestaltungsleistungen politischer Eliten in Entwicklungs-, Schwellen- und Transformationsländern, insgesamt 128 Staaten seit der Neuausgabe (Bertelsmann Stiftung 2009).

Der Index erfasst jedoch nicht die Situation in den etablierten Demokratien und reichen Industriestaaten des Nordens/Westens der Erde, da die Transformationsprozesse in diesen Staaten nicht mit den im BTI untersuchten Prozessen vergleichbar erscheinen. Kritiker warfen dem BTI und anderen Indizes deshalb einerseits eine kolonialistisch anmutende Perspektive vor (Koelble/Lipuma 2008), andererseits eine Vernachlässigung von offenkundigen Qualitätsunterschieden innerhalb der Gruppe der etablierten Demokratien. Deshalb beschlossen die Stiftung und das C·A·P im Jahr 2005, zu den Mitgliedstaaten der Organisation für Wirtschaftliche Zusammenarbeit und Entwicklung (OECD) eine eigene Expertenumfrage und -bewertung zu erstellen. Die daraus entstandenen „Sustainable Governance Indicators" (SGI) vergleichen die Regierungsführung bzw. Politikergebnisse innerhalb der OECD-Welt und wurden erstmals 2009 sowie erneut 2011 publiziert. Die SGI stützen sich ebenfalls auf das Konzept der rechtsstaatlichen Demokratie, erweitern die Messung dieses Konzeptes aber um eine solche der Regierungsführung, die sie als Interaktion von exekutiver Strategiefähigkeit und Handlungskapazität einerseits sowie der Beteiligungskompetenzen von Parlamenten, Bürgern und intermediären Organisationen andererseits verstehen (Brusis 2008).

3 Demokratiebewertung im BTI

Wie die Entstehungsgeschichte des BTI verdeutlicht, stellt der Index die Demokratiemessung in den breiteren Kontext einer Messung von politischen und ökonomischen Transformationsprozessen. Neben der rechtsstaatlichen Demokratie basiert der BTI deshalb auf Konzepten einer sozialpolitisch flankierten Marktwirtschaft sowie eines

„Transformationsmanagements", d. h. einer Reihe von Gestaltungsleistungen, die politische Eliten in erfolgreichen Systemwechseln vollbringen.

Die Demokratiemessung im BTI gehört insofern zur Messung des Entwicklungsstandes der politischen Transformation, die neben der Marktwirtschafts- und Managementmessung eine von drei Dimensionen der Gesamtstudie bildet. Der Entwicklungsstand der politischen Transformation wird durch die in der folgenden Tabelle detailliert dargestellten fünf Kriterien und 18 Fragen bewertet.

Abbildung: Messung der Politischen Transformation im BTI

1. Staatlichkeit	
1	Inwieweit ist das staatliche Gewaltmonopol auf das gesamte Staatsgebiet ausgedehnt?
2	Inwieweit sind sich relevante gesellschaftliche Gruppen über die Zugehörigkeit zum Staatsvolk einig und akzeptieren den Nationalstaat als legitim?
3	Inwieweit sind die Legitimität staatlicher Herrschaft und die staatliche Rechtsordnung ohne Beeinflussung durch religiöse Dogmen definiert?
4	Inwieweit bestehen grundlegende Verwaltungsstrukturen?
2. Politische Partizipation	
1	Inwieweit werden die Herrschaftsträger durch allgemeine, freie und faire Wahlen bestimmt?
2	Inwieweit besitzen demokratisch gewählte Herrschaftsträger die effektive Regierungsgewalt? Existieren Vetomächte und politische Enklaven?
3	Inwieweit können sich unabhängige politische und/oder zivilgesellschaftliche Gruppen frei bilden und versammeln?
4	Inwieweit können Bürger, Organisationen und Medien ihre Meinung frei äußern?
3. Rechtsstaatlichkeit	
1	Inwieweit funktioniert die Teilung und wechselseitige Kontrolle der staatlichen Gewalten?
2	Inwieweit existiert eine unabhängige Justiz?
3	Inwieweit wird Amtsmissbrauch von Mandatsträgern rechtlich und/oder politisch geahndet?
4	Inwieweit sind bürgerliche Freiheitsrechte gewahrt und von Bürgern einklagbar?
4. Stabilität demokratischer Institutionen	
1	Sind die demokratischen Institutionen, inkl. Verwaltungs- und Justizsystem, leistungsfähig?
2	Inwieweit werden die Institutionen des demokratischen Staates von den relevanten Akteuren akzeptiert bzw. gestützt?

5. Politische und gesellschaftliche Integration	
1	Inwieweit existiert ein stabiles, moderates, gesellschaftlich verankertes Parteiensystem zur Artikulation und Aggregation unterschiedlicher Interessen?
2	Inwieweit existiert ein Netz kooperationsfähiger Verbände oder Interessengruppen zur Vermittlung zwischen Gesellschaft und politischem System?
3	Wie groß ist die Zustimmung zu demokratischen Normen und Verfahren seitens der Bevölkerung?
4	In welchem Maße sind die gesellschaftliche Selbstorganisation und der Aufbau von Sozialkapital vorangeschritten?

Quelle: Eigene Darstellung

Während das zweite und dritte Kriterium Elemente rechtsstaatlicher Demokratie untersuchen, überprüft das erste die Existenz sowie das Funktionieren eines stabilen staatlichen Rahmens, der als notwendige äußere Voraussetzung für demokratische Entwicklung angesehen wird (Linz/Stepan 1996; Offe 1994). Das vierte und fünfte Kriterium bewerten die Qualität oder Konsolidierung der Demokratie im Hinblick auf leistungsfähige Institutionen bzw. Akzeptanz sowie Interessenrepräsentation und politische Kultur.

Diese Kriterien und Fragen ermöglichen eine differenzierte Bewertung der Unterschiede zwischen Demokratien und liefern Maßstäbe für die Entscheidung, ob ein Land als Demokratie oder als Autokratie einzustufen ist. Dem Konzept rechtsstaatlicher Demokratie entsprechend wird zur Klassifizierung nicht nur die Frage 2.1 (freie Wahlen) herangezogen, sondern sechs weitere, die die politischen und bürgerlichen Freiheitsrechte (2.3, 2.4, 3.4), die rechtsstaatliche Gewaltenkontrolle (3.1), den Einfluss antidemokratischer Vetomächte (2.2) und die staatliche Stabilität (1.1) erfassen. Um als Demokratie bezeichnet zu werden, muss ein Land in jeder der sieben Fragen ein bestimmtes Bewertungsniveau erreichen. Für Frage 2.1 beispielsweise ist es notwendig, dass allgemeine Wahlen abgehalten und dass diese Wahlen im Prinzip als Verfahren der Besetzung von Führungspositionen akzeptiert werden, was einem Wert von mindestens sechs Punkten auf der im BTI benutzten Bewertungsskala von eins bis zehn Punkten (Bestwert) entspricht. Bei den übrigen sechs Fragen betragen die Mindestniveaus drei Punkte. Liegt ein Land bei einer der sieben Fragen unterhalb dieser Mindestniveaus, dann wird es als Autokratie bezeichnet.

Autokratien werden im BTI im Prinzip mit den gleichen Fragen bewertet wie Demokratien, was ausdrückt, dass der BTI nicht nur Länder als Demokratien klassifizieren, sondern auch messen will, *wie* demokratisch Demokratien bzw. Autokratien sind. Da diese Messung durch eine additive Aggregation der Werte für die Einzelfragen geschieht, können Autokratien einen höheren Gesamtwert erzielen als Demokratien, etwa wenn sie in einzelnen Fragen besser als diese bewertet werden und damit ihre unzureichenden Werte in einer (oder mehreren) der sieben Klassifizierungsfragen kompensieren.[1] Dieser Effekt reflektiert letztlich die Multidimensionalität des dem BTI zu Grunde liegenden Demokratiekonzeptes. Da die Fragen nach der Stabilität demokratischer Institutionen (viertes Kriterium) aber davon ausgehen, dass diese Institutionen Teil eines *demokratischen* politischen Systems sind, sind sie für Autokratien nicht sinnvoll zu beantworten. Deshalb können diese hier nur höchstens zwei Punkte erreichen. Die besondere Problematik autoritärer Systeme manifestiert sich überdies in der Frage zur Demokratiezustimmung, denn in vielen dieser Staaten finden keine Meinungsumfragen statt oder entsprechende Veröffentlichungen besitzen nur zweifelhafte Validität. Für Autokratien wird daher die Zustimmung zur Demokratie nicht bewertet.

4   Anlage und Methoden der Messung

Auf Grund der zahlreichen und komplexen Untersuchungsfragen ist der Transformationsindex als Expertenumfrage organisiert. Auf Grundlage der erläuterten Fragestellungen erstellten Länderexperten zu jedem Untersuchungsland einen standardisierten Bericht. Die Basis hierfür ist ein ausführlicher Fragebogen, der jede einzelne Teilfrage erläutert und mit vier abgestuften, auf sie zugeschnittenen Bewertungsniveaus allgemein beantwortet. Diese Antwortoptionen können in den Länderanalysen aufgegriffen und an die Situation des Landes angepasst werden. Jede Länderanalyse wird von einem zweiten Länderexperten anonymisiert überprüft und kommentiert, um das Ausmaß subjektiv begründeter Perzeptionen zu verringern und die Objektivität der Bewertungen zu erhöhen. Die Auswahl der Experten gewährleistet, dass sowohl inländischer als auch internationaler Sachverstand in die Länderanalysen einfließt.

Die im BTI untersuchten Entwicklungs- und Transformationsstaaten sind in sieben regionale Gruppen unterteilt: Ost- und südliches Afrika, West- und Zentralafrika, Asien und Ozeanien, Naher Osten und Nordafrika, Lateinamerika und Karibik, Eurasien sowie Ostmittel- und Südosteuropa. Für jede der Weltregionen betreut ein ländervergleichend arbeitender Politikwissenschaftler mit Regionalexpertise die Erstellung der Analysen. Diese Regionalkoordinatoren begleiten sämtliche Arbeitsschritte, vermitteln bei Differenzen zwischen den Länderexperten, vergleichen die Arbeitsresultate im Detail miteinander, entwickeln ein gemeinsames Verständnis der Fragen und stimmen die einzelnen Bewertungen aufeinander ab. Zudem unterstützt die Untersuchung ein Beirat, dem renommierte Wissenschaftler und erfahrene Praktiker im Bereich Entwicklung und Transformation angehören.

Die Länderexperten bewerten ‚ihre' Länder im Hinblick darauf, ob und inwieweit sie den vorgegebenen Bewertungsniveaus entsprechen und die Kriterien des BTI erfüllen. Auf Basis der vorliegenden Werte *(scores)* und Berichte erarbeiten die Regionalko-

---

[1] De facto zeigen die Zeitreihen des BTI allerdings, dass dies nur zwei ‚wohlgeordnete' autoritäre Staaten betrifft: Singapur und Malaysia.

ordinatoren zunächst regional vergleichbare *scores* und stimmen diese dann im interregionalen Vergleich aufeinander ab („Kalibrierung"). Die Regionalkoordinatoren müssen ihre kalibrierten Bewertungen dabei zunächst untereinander und dann gegenüber dem Beirat begründen, verteidigen und nötigenfalls auch anpassen.

Die Aggregation der einzelnen Punktwerte stützt sich auf die Annahme, dass die ordinale Punkteskala näherungsweise eine Intervallskalierung widerspiegelt. Bei der Konzipierung der Fragen und Kriterien wurde außerdem darauf geachtet, dass jede Frage innerhalb eines Kriteriums sowie jedes Kriterium innerhalb einer Untersuchungsdimension ungefähr den gleichen konzeptionellen Stellenwert besitzt. Auf diesem Fundament werden die erhaltenen Punkte durch eine einfache, dreistufige arithmetische Mittelwertbildung aggregiert. Der Entwicklungsstand der politischen Transformation entspricht dabei dem Durchschnitt der fünf gleichgewichteten Kriterienbewertungen, die wiederum auf den Mittelwerten für die ebenfalls jeweils gleichgewichteten Beurteilungen der einzelnen Fragen basieren. Reliabilitäts- und Dimensionalitätsanalysen mit den *scores* der bisherigen BTI-Datensätze bestätigen die Konstruktvalidität der aggregierten Werte sowie der sie bildenden Dimensionen und Kriterien. Auf dieser Basis veröffentlicht die Bertelsmann Stiftung zwei Ranglisten, die den Entwicklungsstand der politischen und ökonomischen Transformation sowie die Qualität des Transformationsmanagements darstellen.

Der BTI repräsentiert somit ein Instrument der Demokratiemessung, das auf die Einschätzungen von Experten vertraut. Im Unterschied dazu sind quantitative Indikatoren besser überprüfbar, ihre Validität hängt jedoch vollständig von der Auswahl des Indikators ab, dessen Aussagekraft für das zu messende Phänomen sowie der vorab festzulegenden Gewichtung gegenüber anderen Indikatoren. Experten dagegen können quantitative Indikatoren in ihrem jeweiligen Kontext interpretieren und in einem hermeneutischen Prozess kontextabhängig gewichten.

Meinungsumfragen zur Lage der Demokratie basieren, ebenso wie Expertenumfragen, auf subjektiven Wahrnehmungen, können aber durch die große Zahl der befragten Personen sowie die repräsentative Zusammensetzung der Stichprobe(n) Verzerrungen der Bewertungen minimieren. Sie sind allerdings mit hohen Kosten verbunden, beschränken die Messung auf diejenigen Aspekte der Demokratie, zu denen ein Alltagswissen existiert, und klammern den jeweiligen Wahrnehmungshorizont der Befragten aus. Da die gestellte Frage mit jeweils unterschiedlichen heimischen Kontexten und ausländischen Vergleichsgrößen verbunden wird, erscheinen die Ergebnisse zwischen einzelnen Ländern und Weltregionen nur bedingt vergleichbar. Bei den am BTI beteiligten Experten existiert dagegen eine breitere gemeinsame Wissensbasis und man kann annehmen, dass sie sich während der Bearbeitung des Fragebogens ein weitergehendes Verständnis der Untersuchungskonzepte erschließen werden bzw. erschlossen haben. Zudem zielen die Kommentierung der Länderberichte und die Kalibrierung darauf ab, die Bewertungen im Ländervergleich zu überprüfen.

Sekundäranalysen existierender Studien versuchen, die mit Expertenbewertungen verbundenen Messfehler zu verringern, indem sie die Daten zahlreicher Studien miteinander vergleichen, daraus Mittelwerte schätzen und die einzelnen Informationsquellen höher gewichten, wenn sie näher am Durchschnitt aller einbezogenen Studien liegen (Kaufmann/Kraay/Mastruzzi 2004). Diese Messstrategie gewichtet jedoch Einzelstudien, die eine gleichgerichtete Verzerrung aufweisen, auf Grund ihrer Korrelation höher und beeinträchtigt damit die Genauigkeit des Schätzwertes (Arndt/Oman 2006). Überdies reduziert jenes Syntheseverfahren Untersuchungsfragen aus unterschiedlichen Quellen, die in ihren Formulierungen und Bedeutungen divergieren, auf ihren numerischen Informationsgehalt und erzeugt damit konzeptionelle Unschärfe (Knack 2007). Im BTI dagegen korrespondieren die *scores* – idealiter – mit den verbalen Bewertungen in den Länderberichten, was eine inhaltliche Validierung ermöglicht. Zudem stehen die einzelnen Punktwerte in Zusammenhang mit einer zeitlich, personell bzw. organisatorisch bestimmten Expertenumfrage und verweisen damit auf die übergeordneten Messkonzepte sowie deren konkrete Umsetzung.

Der BTI beschreitet in diesem Sinne einen Weg der Demokratiemessung, der den konzeptionellen Zusammenhang von Demokratie und Rechtsstaat im Rahmen eines prozeduralistischen Demokratieverständnisses berücksichtigt. Die Messung ermittelt, ob eine Demokratie existiert und wie demokratisch ein politisches System ist. Sie nutzt zwar die Vorteile von Expertenumfragen, versucht aber zugleich, die Objektivität entsprechender Urteile durch diskursive Kontrollverfahren zu vergrößern.

5 Ergebnisse des BTI

Welches grundlegende Bild der Demokratieentwicklung lässt sich mit den Daten des BTI zeichnen? Über den bisher vermessenen Zeitraum hinweg (inklusive des BTI 2012 mit dem Stichdatum der Erhebung 31.Januar 2011) zeigt sich, dass die Anteile von Demokratien bzw. Autokratien relativ stabil sind: Derjenige der Demokratien liegt konstant bei etwa 60%, der Anteil der Autokratien um 40%. Das Leitbild der Demokratie hat sich somit nicht wie erhofft auf breiter Linie durchgesetzt. Von einigen Ländern abgesehen, die von der Demokratie zur Autokratie (z. B. Venezuela) beziehungsweise wiederholt gewechselt sind (z. B. Thailand), ist die Mehrzahl dieser Autokratien durchgängig autokratisch geblieben. Dazu gehören neben den recht bekannten Fällen wie China, Kuba oder der Iran auch Länder, die seit jeher kaum in das Blickfeld der Öffentlichkeit geraten (z. B. Laos, Eritrea oder der Tschad). Unter regionalen Gesichtspunkten sind die meisten Autokratien nach wie vor in Nordafrika/Nahost sowie in Eurasien anzutreffen. Der „Arabische Frühling" von 2011, der auch im BTI 2012 noch nicht abgebildet wird, ist mittlerweile sichtlich ins Stocken geraten. Es bleibt abzuwarten, ob sich rechtsstaatliche Demokratien in dieser Region durchsetzen werden.

Die Hoffnung auf einen raschen Siegeszug der Demokratie wird weiterhin dadurch getrübt, dass lediglich etwa ein Siebtel aller bewerteten Länder (11 von 76) – und damit nur knapp 9% – als funktionierende rechtsstaatliche Demokratien bezeichnet werden können. Zu ihnen zählen neben sieben osteuropäischen Staaten, die 2004 der

EU beigetreten sind, nur vier Länder aus den übrigen Weltregionen: Uruguay, das seit Messungsbeginn die beste Bewertung aller Demokratien erzielt hat, sowie Chile, Costa Rica und Taiwan. Die übrigen 65 Demokratien – und damit mehr als die Hälfte aller Länder – weisen teils beträchtliche Schwächen in ihren Institutionengefügen auf. Sie sind politische Regime, die als „defekte Demokratien" (Merkel/Puhle u. a. 2003) beziehungsweise „hybride Regime" (Rüb 2002) bezeichnet werden (müssen). Darüber hinaus gilt: Je defekter Demokratien sind, desto eher neigen solche Länder zu Instabilität (Croissant/Thiery 2009). Solche Fälle sind auffallend oft in Afrika zu finden, einer Region, in der alle Demokratien als defekte oder gar stark defekte Demokratien zu bezeichnen sind. Der BTI bildet jedoch auch ab, wenn scheinbar konsolidierte Demokratien sich wieder dekonsolidieren. Mit Ungarn unter der Regierung von Viktor Orbán weist der BTI 2012 einen solchen Fall auf.

Insgesamt haben sich somit die hohen Erwartungen, die in den 1990er Jahren in Politik und Wissenschaft vorherrschten, nur teilweise erfüllt. Die Errichtung einer stabilen Demokratie, und weit mehr noch die Etablierung von Rechtsstaatlichkeit, sind große Herausforderungen, insbesondere für die Entwicklungszusammenarbeit, geblieben. Zwar gibt es mittlerweile ein ausgesprochen stabiles Lager der Demokratien, doch sind viele von ihnen von Praktiken durchzogen, die im Kern als autoritär bezeichnet werden müssen. Die Ursachen dieser Phänomene sind vielfältig (Croissant/Thiery 2009): Teils erlauben prekäre sozioökonomische Bedingungen bestenfalls auf längere Sicht eine Komplettierung beziehungsweise Konsolidierung dieser Demokratien, teils liegen Relikte tradierter informeller Institutionen und Praktiken vor, die nur schwer zu eliminieren sind und die formalen Spielregeln von Demokratie und Rechtsstaat unterlaufen. Die Daten des BTI erlauben indes – wie natürlich auch diejenigen anderer Demokratiemessungen – vertiefte statistische Analysen über diese Zusammenhänge anzustrengen. Deren Zwischenergebnis lautet, dass für Erfolg bzw. Misserfolg der Demokratisierung eher komplexe Faktorenbündel verantwortlich sind. Dies bedeutet umgekehrt, dass für die Demokratieförderung keine simplen Lösungsansätze oder gar ‚Blaupausen' existieren (können).

6   Ausblick

Der BTI hat sich in der noch kurzen Zeit seines Bestehens relativ gut in Wissenschaft wie Praxis etabliert und sich einen hohen Bekanntheitsgrad verschafft. Konzeptionelle und methodologische Solidität sowie ein hohes Maß an Transparenz in der Erstellung haben ihn zu einem verlässlichen Instrument der Demokratiemessung gemacht, das ein differenziertes Bild der Demokratie in Transformations- und Entwicklungsländern ermöglicht. Überdies werden einzelne Indikatoren des BTI von anderen Indizes, wie etwa den World Governance Indicators der Weltbank, dem Corruption Perception Index von Transparency International oder dem Ibrahim Index of African Governance, genutzt. Seine Entstehungsgeschichte bringt es mit sich, dass der BTI bislang über keine Zeitreihen für Analysen verfügt, die in ihrer Anlage längere Zeiträume berücksichtigen. Weniger problematisch dürfte es hingegen sein, mithilfe der Sustainable Governance Indicators einen Demokratieindex zu erstellen, der auch die OECD-Staaten einbezieht, um so ein nicht selten kritisiertes Manko zu beheben. Dessen ungeachtet hat die Stärke des BTI, Transformationsprozesse umfänglich abzubilden und vergleichbar zu machen, auch in der politischen Praxis Anklang gefunden. So nutzen etwa die Regierungen Deutschlands, Großbritanniens, der Niederlande und der USA ebenso wie die EU-Kommission den Transformationsindex als Gradmesser und Analysehilfe für ihre Entwicklungspolitik.

Literatur

Arndt, Christiane/Oman, Charles, 2006: Uses and Abuses of Governance Indicators, Paris.
Bertelsmann Stiftung, 2009: Transformation Index 2010, Gütersloh.
Brusis, Martin, 2008: Reformfähigkeit messen? Konzeptionelle Überlegungen zu einem Reformfähigkeitsindex für OECD-Staaten, in: Politische Vierteljahresschrift 1/49, 92-113.
Croissant, Aurel/Thiery, Peter, 2009: Erosion der Demokratie oder Beharrlichkeit defekter Demokratien? Eine Analyse des Verlaufs demokratischer Transformation, in: Bertelsmann Stiftung: Transformation Index 2010, Gütersloh, 69-97.
Dahl, Robert A., 1971: Polyarchy: Participation and Opposition, New Haven.
Dahl, Robert A., 1989: Democracy and its Critics, New Haven.
Habermas, Jürgen, 1992: Faktizität und Geltung. Beiträge zur Diskurstheorie des Rechts und des demokratischen Rechtsstaates, Frankfurt a. M.
Kaufmann, Daniel/Kraay, Aart/Mastruzzi, Massimo, 2004: Governance Matters III: Governance Indicators for 1996, 1998, 2000, and 2002, in: The World Bank Economic Review 2/18, 253-287.
Knack, Stephen, 2007: Measuring Corruption in Eastern Europe and Central Asia: A Critique of Indicators in Eastern Europe and Central Asia, in: Journal of Public Policy 3/27, 255-291.
Koelble, Thomas A./Lipuma, Edward, 2008: Democratizing Democracy: A Postcolonial Critique of Conventional Approaches to the 'Measurement of Democracy', in: Democratization 1/15, 1-28.
Lauth, Hans-Joachim, 2004: Demokratie und Demokratiemessung. Eine konzeptionelle Grundlegung für den interkulturellen Vergleich, Wiesbaden.
Linz, Juan J./Stepan, Alfred, 1996: Problems of Democratic Transition and Consolidation: Southern Europe, South America and Post-Communist Europe, Baltimore.
Merkel, Wolfgang, 2010: Systemtransformation. Eine Einführung in die Theorie und Empirie der Transformationsforschung, Opladen.
Merkel, Wolfgang/Puhle, Hans-Jürgen/Croissant, Aurel/Eicher, Claudia/Thiery, Peter, 2003: Defekte Demokratie, Band 1, Opladen.
O'Donnell, Guillermo, 1999: Horizontal Accountability in New Democracies, in: Schedler, Andreas/Diamond, Larry/Plattner, Marc F. (Hrsg.), The Self-Restraining State: Power and Accountability in New Democracies, Boulder, 29-51.
O'Donnell, Guillermo, 2001: Democracy, Law, and Comparative Politics, in: Studies in Comparative International Development, 1/36, 7-36.
Offe, Claus, 1994: Der Tunnel am Ende des Lichts. Erkundungen der politischen Transformation im Neuen Osten, Frankfurt a. M./New York.

Rüb, Friedbert, 2002: Hybride Regime – Politikwissenschaftliches Chamäleon oder neuer Regimetypus? Begriffliche und konzeptionelle Überlegungen zum neuen Pessimismus in der Transitologie, in: Bendel, Petra/Croissant, Aurel/Rüb, Friedbert (Hrsg.), Zwischen Demokratie und Diktatur. Zur Konzeption und Empirie demokratischer Grauzonen, Opladen, 93-118.

Silvia Simbeck/Susanne Ulrich/Florian Wenzel

Politische Bildung: Demokratiekompetenz als pädagogische Herausforderung

Demokratie und Toleranz gehören als Grundwerte zum Selbstverständnis westlicher Gesellschaften am Beginn des 21.Jahrhunderts. Die Akademie Führung & Kompetenz trägt seit vielen Jahren dazu bei, die Akzeptanz jener Werte als tragende Säulen des sozialen Miteinanders weiter zu festigen. Dies gilt beispielhaft auch für das aktuelle Projekt der Akademie zur Erfassung von Demokratiekompetenz.

1 Das Arbeitsfeld der Akademie Führung & Kompetenz

Die Akademie Führung & Kompetenz am Centrum für angewandte Politikforschung (C·A·P) fokussiert im Rahmen angewandter Politikforschung im Bereich der politischen Bildung besonders das Demokratie-Lernen. Auf diesem, für moderne pluralistische Gesellschaften höchst relevanten Feld hat sie sowohl international bewährte theoretische Konzepte und praktische Lernprogramme nach Deutschland gebracht als auch eigene Bildungsideen zur Förderung eines demokratischen Verhaltens gegenüber Heterogenität und Konflikten entwickelt. So entstand ein umfangreicher Pool von Ansätzen zum Umgang mit den aktuellen Herausforderungen einer Einwanderungsgesellschaft. Demokratie-Lernen als eine der vorrangigen Aufgaben politischer Bildung hat dabei aus Sicht der Akademie Führung & Kompetenz einen umfassenden Anspruch:

Es soll zunächst dazu beitragen, Wissen über Demokratie zu vermitteln und Fertigkeiten des demokratischen Umgangs in Konflikt- und Entscheidungssituationen einzuüben. Ein wichtiger Aspekt dabei ist es, zu lernen, verschiedene Perspektiven zu übernehmen und in einen Austausch darüber treten zu können. Dazu werden unterschiedliche Meinungen sowie Gesellschaftsentwürfe thematisiert und diskutiert. Insbesondere die Fähigkeit zur Analyse von Machtasymmetrien, Privilegien und (struktureller) Diskriminierung soll SchülerInnen und Erwachsene in die Lage versetzen, zu einer gerechten demokratischen Gesellschaft beizutragen. Demokratie-Lernen bietet hierzu Modelle und Verfahren an, die nicht nur Orientierung für demokratisches Handeln geben, sondern auch direkt im Seminar erprob- und trainierbar sind. Darüber hinaus will Demokratie-Lernen dazu beitragen, dass Menschen die Fähigkeit (weiter)entwickeln, eigenverantwortlich und selbstreflexiv mit sich wandelnden gesellschaftlichen Herausforderungen umzugehen. Demokratie als Volkssouveränität muss daher nicht nur als Herrschafts- und Gesellschafts-, sondern auch als Lebensform thematisiert und erfahrbar werden, wie Himmelmann (2006: 77f.) konstatiert: „Es geht (...) nicht um ‚Belehrung', sondern um die Ermöglichung der Sammlung von konkreten ‚Erfahrungen' mit Demokratie in der vielfältigsten Form und es geht um das ‚Wachstum' dieser Erfahrung (...) Gemeint ist dabei die ‚face-to-face'-Ebene der Demokratie." Dieser Ansatz der Fokussierung auf das individuelle Erleben als bedeutungsvollem Teil von Demokratie-Lernen geht auf John Dewey (1916/1993) zurück, der aus pädagogischer Perspektive Bildung insgesamt mit Demokratie als Lebensform verknüpfte und deshalb auch in Zusammenhang mit der steigenden Bedeutung von Demokratie-Lernen regelmäßig rezipiert wird. Dewey versteht Demokratie als einen ‚way of life', der Kognition, Emotion, Reflexivität und Aktion umfasst. So setzt Dewey auch wesentlich auf Erfahrungslernen: „Ein Gramm Erfahrung ist besser als eine Tonne Theorie, einfach deswegen, weil jede Theorie nur in der Erfahrung lebendige und der Nachprüfung zugängliche Bedeutung hat." (1916/1993: 193) Dieser umfassende Anspruch verdeutlicht die Bedeutung von Demokratie-Lernen in der Bildungslandschaft insgesamt. In Deutschland ist vor allem im schulischen Bereich nach wie vor häufig ein eingeengtes Verständnis von politischer Bildung anzutreffen, das Wissensvermittlung über politische Strukturen und Partizipationsformen in den Vordergrund rückt. Demokratie-Lernen, wie es hier vorgestellt wird, weitet demgegenüber die Umschreibung aus, macht ihn anschlussfähig an die international gängige Begrifflichkeit von „Civic Education" (Sliwka 2006) und betont die Verantwortung für eigenständiges Handeln. Demokratie-Lernen schließt somit an das klassische Ideal von ‚Selbstbildung' an und hat die Befähigung zur Wahl- und Gestaltungsfreiheit im Fokus. Wolfgang Sander formuliert es so: Politische Bildung „will Menschen befähigen, politische Freiheit zu leben" (2007: 72). Dies umzusetzen, ist eine didaktische und methodische Herausforderung.

2 Erziehung zu Demokratie und Toleranz

Das C·A·P stellte sich dieser Herausforderung zunächst im Projekt „Erziehung zu Demokratie und Toleranz" (1995-2003, in Kooperation mit der Bertelsmann Stiftung). Dieses Projekt wurde von der Idee geleitet, dass es in dem Themenfeld international viel von bereits vorhandenen Ansätzen zu lernen gibt. Deshalb wurden verschiedene internationale Modelle zum Demokratie- und Toleranz-Lernen zusammengetragen und auf die Anwendbarkeit im deutschen Bildungskontext geprüft. Das Ergebnis hiervon waren unter anderem die Adaptionen des israelischen Programms *Miteinander – Erfahrungen mit Betzavta* und des US-amerikanischen Programms *Eine Welt der Vielfalt*. Die Erfahrungen, die das Projektteam in der Arbeit mit diesen Programmen sammelte, führten 1998 zu dem selbst entwickelten Programm *Achtung (+) Toleranz*[1]. Zielgruppe der Programme waren zu Beginn vor allem Jugendliche in der schulischen und außer-

---

[1] Zu diesen drei Programmen siehe auch Centrum für angewandte Politikforschung, www.cap-lmu.de/akademie/praxisprogramme (Stand: 24.02.12).

schulischen Bildung und das dazugehörige pädagogische Personal. Mit steigendem Interesse an dieser Form der handlungs- und prozessorientierten politischen Bildung fanden diese Programme mehr und mehr Einzug in den Bereich der Erwachsenenbildung, so dass sie heute auch in der Ausbildung bei der Polizei, in Berufsschulen, in der öffentlichen Verwaltung und in der freien Wirtschaft eingesetzt werden. Die zahlreichen internationalen Erfahrungen führten 1998 zur Gründung des *International Network Democracy, Tolerance and Human Rights*, in dem Wissenschaftler und Praktiker aus elf Ländern an Themen des Demokratie-Lernens arbeiteten und durch Studien und Praxismaterialien weitere Impulse dazu gaben, wie Bildungseinrichtungen auf krisenhafte Herausforderungen in der Demokratie pädagogisch angemessen reagieren können. Ein weiteres wichtiges Feld der angewandten Politikforschung war und ist die Qualitätssicherung in dem in Deutschland sehr diversifizierten Feld der politischen Bildung. Das von der Akademie Führung & Kompetenz 2003 entwickelte Konzept der *Partizipativen Evaluation*[2] dient seither als Möglichkeit, Ansätze, Trainings und Projekte des Demokratie-Lernens hinsichtlich der Wirkung und Qualität ihrer Prozesse und Ergebnisse zu untersuchen. Die Impulse zum Demokratie- wie Toleranzlernen wurden in zahlreichen Projekten und Programmen des Bundes zu Demokratie bzw. Integration aufgegriffen und sind in die politische Bildungslandschaft Deutschlands umfassend implementiert. Auf institutioneller Ebene versteht sich die Akademie Führung & Kompetenz als Servicestelle bzw. Zertifizierungsinstanz für Ausbildungen der von ihr verantworteten Programme und ist beratend für politische wie pädagogische Organisationen tätig.

3 Aktuelles Forschungsprojekt zur Erfassung von Demokratiekompetenz

Die Professionalisierung und Zertifizierung von politischer Bildungsarbeit zählen zu den Kernanliegen eines derzeit laufenden Projekts der Akademie Führung & Kompetenz.[3] Hierbei geht es *erstens* um eine Fokussierung auf Kompetenzen als relevante Neuorientierung für politische Bildung und *zweitens* um ein umfassendes und international anschlussfähiges Verständnis von Demokratiekompetenz, zu dem die Akademie Führung & Kompetenz ein eigenes Konzept entwickelt hat[4]. *Drittens* soll ein eigens entwickeltes Qualitäts- und Qualifikationsraster eine bessere Einordnung und Zertifizierung von politischer Bildung erlauben, die damit ihren gesellschaftlichen Stellenwert

---

[2] Mehr hierzu siehe: Centrum für angewandte Politikforschung, www.cap-lmu.de/akademie/praxis programme/partizipative-evaluation/index.php (Stand: 24.02.12).

[3] Das Projekt „Demo-Credit-Zertifizierung und Professionalisierung von Demokratie-Lernen in der deutschen Einwanderungsgesellschaft" (Laufzeit 2009-2012) wird im Rahmen des Bundesprogramms „XENOS – Integration und Vielfalt" gefördert durch das Bundesministerium für Arbeit und Soziales und den Europäischen Sozialfonds. XENOS ist Teil des Nationalen Integrationsplans der Bundesregierung.

[4] Für die Mitwirkung an der Entstehung des Konzepts zu Demokratiekompetenz danken wir Gabriele Rösing und Judith Fesser.

umfassender darstellen und in Zeiten schrumpfender Budgets und institutioneller Kürzungen eine stärkere Legitimation erreichen kann.

3.1 Kompetenzorientierung als Paradigmenwechsel politischer Bildung

Bildung als Erziehung zur Mündigkeit ist in einem Dilemma gefangen: Aus Sicht der Soziologie gibt es für pädagogische Prozesse insgesamt keine „funktionsfähige Kausaltechnologie" (Luhmann/Schorr 1982: 9). Gäbe es eine solche, so ließe sie sich idealtypisch in Analogie zum Fabrikmodell begreifen, in welchem unterschiedliches Ausgangsmaterial am Ende zu einer Menge homogener Produkte zusammengefügt wird. Bildung hingegen ist ein kreativer, Potenzial entfaltender Prozess und kann sich nicht in technischen Machbarkeitsvorstellungen erschöpfen. Insbesondere Demokratie-Lernen geht über die Vermittlung von Wissen, Werten und Fertigkeiten hinaus, weil es wesentlich um die übergeordneten Ziele Autonomie und Freiheit des Einzelnen sowie gesellschaftlicher Gruppen geht. Jegliche pädagogische Maßnahme muss jedoch durch ihre Vorgaben und Rahmenbedingungen die Autonomie und die Freiheit der Lernenden per se zunächst einschränken.

Ein neuer und hilfreicher Weg, mit diesem Dilemma umzugehen, ist der Fokus auf die angestrebten Lernergebnisse. Nicht mehr Zielformulierungen, die aus der Perspektive des Inputs Inhalte, Methoden und Curricula im Blick haben, sondern der Blickwinkel auf die angestrebten Lernergebnisse seitens der Lernenden können helfen, besser zu begreifen und sichtbar zu machen, was die Qualität von Demokratie-Lernen sein kann.

Wenn Freiheit und Verantwortung hier als Kernbestandteile politischer Bildung verstanden werden, so orientiert sich dieser Kern nicht länger an einem bestimmten Input oder an einem Kanon. Vielmehr werden Lernergebnisse und damit in Anlehnung an den Lissabon-Prozess der Europäischen Kommission *Kompetenzen* für politische Bildung in den Blick genommen.

Um welche Lernergebnisse und welches Ziel geht es nun der politischen Bildung? Um systemkonforme, ‚bessere' BürgerInnen kann es im Sinne ihres emanzipatorischen Anspruchs nicht gehen. Vielmehr arbeitet politische Bildung darauf hin, dass jede/r Einzelne die eigenen Belange in die Hand nimmt und verantwortlich handelt. Dieses Lernergebnis knüpft an die Definition des Europäischen Qualifikationsrahmens (EQR)[5] an, in der Kompetenz als *„Übernahme von Verantwortung und Selbstständigkeit" (KOM 2006: 279)* verstanden wird. Diese Kurzdefinition ist weit und nicht funktionalistisch.

---

[5] Dieser Rahmen soll dabei Orientierung bieten, das Lissabon-Programm der Gemeinschaft umzusetzen. Es handelt sich um einen Vorschlag für eine Empfehlung des Europäischen Parlaments und des Europäischen Rats zur Einrichtung eines europäischen Qualifikationsrahmens für lebenslanges Lernen (Kommission der Europäischen Gemeinschaften 2006).

Sie eignet sich für das Anliegen von Demokratie-Lernen sehr gut, da sie sowohl individuelle als auch soziale Dimensionen enthält.

Auf der Grundlage des so verstandenen Kompetenzbegriffs rückt nun die Frage in den Mittelpunkt, was Menschen brauchen, um den komplexen Anforderungen im Leben einer heterogenen Gesellschaft mit demokratisch-freiheitlicher Grundordnung begegnen zu können. Erst nach Beantwortung dieser Kernfrage sollte es darum gehen, Vermittlungsinhalte und Methoden zu finden sowie Konzepte auszuarbeiten, die dabei helfen können, diese Fähigkeiten zu erlangen. Umgekehrt stellt sich bei allen angewandten Konzepten politischer Bildung die Aufgabe, ihre Grundlagen zu (er)klären bzw. zu verdeutlichen, um begründ- und überprüfbar zu sein. Die Akademie Führung & Kompetenz legt hierzu ein eigenes Konzept vor, das erläutert, wie Demokratiekompetenz als Lernziel politischer Bildung verstanden werden kann und anhand eines Erfassungsrasters erkennbar ist. Dieses Konzept hat den Anspruch, die Verortung und Erfassung pädagogischer Programme des Demokratie-Lernens zu ermöglichen und wird im Folgenden erläutert.

3.2 Demokratiekompetenz als Lernziel politischer Bildung

Zunächst wird hierfür die oben genannte Frage aufgegriffen: Was brauchen Menschen, um selbstständig und verantwortlich den Anforderungen in einer heterogenen Gesellschaft mit demokratisch-freiheitlicher Grundordnung begegnen zu können? Zur Beantwortung dessen gilt es zunächst zu klären, was diese Grundordnung im Besonderen ausmacht, was also das freiheitliche Fundament für eine heterogene Gesellschaft bedeutet. Denn wo Menschen in ihrem gleichen Recht auf freie Entfaltung anerkannt werden, kann sich die Regelung des gemeinsamen Lebens nicht auf absolut gesetzte Normen berufen. Daher besteht die Besonderheit des demokratischen Rahmens darin, dass in ihm alles verhandelt werden kann (und muss). Daraus leitet sich folgende Prämisse für Demokratiekompetenz ab: *In einer Demokratie muss der Umgang mit allem, was mehr als eine Person betrifft, verhandelbar sein.* Dieses Postulat verdeutlicht, dass Demokratie im kleinsten Kontext beginnt und grundlegend in allen Lebensbereichen relevant sein kann. Es grenzt Demokratie-Lernen aber auch von einer Werteerziehung ab, die in Richtung festgeschriebener Normen geht. Daraus ergeben sich die konkreten, im Folgenden erläuterten Anforderungen demokratischen Handelns.

3.3 Gestalten und Entscheiden

Erstens ist zu berücksichtigen: Demokratie leben heißt gestalten. Mit wachsender Anerkennung der Tatsache, dass Deutschland eine Einwanderungsgesellschaft ist, die eine Offenheit für vielfältige Perspektiven und Lebenswege braucht, wurde auch zunehmend die umfassende Frage gestellt: In welcher Gesellschaft wollen wir leben? Und diese Frage lässt sich für alle Bereiche und strukturellen Ebenen des öffentlichen Lebens wiederholen: Wie gestalten wir unser Miteinander in der Klasse, in der Schule, im Team, in unserem Stadtviertel? Wie gehen wir mit den Chancen und Herausforderungen gesellschaftlicher Vielfalt um, wie gestalten wir Integration? Und für jeden Einzelnen gilt: Wie gestalte *ich* mein Leben in der Gesellschaft, in der ich lebe, zusammen mit den Menschen, die mich umgeben? Die freiheitliche Struktur des postmodernen Lebens bringt die Möglichkeit und die Notwendigkeit mit sich, aktiv zu werden und diese Freiheit wahrzunehmen. Selbst da, wo es scheint, als seien diese Bereiche bereits von Anderen gestaltet worden, können und müssen sie immer wieder in Frage gestellt werden.

Zweitens: Demokratie leben heißt entscheiden. Die oben genannten Fragestellungen erfordern auf allen gesellschaftlichen Ebenen Entscheidungen, weil wir es immer mit unterschiedlichen Interessen und Standpunkten zu tun haben (werden). Im demokratischen Kontext sollten Entscheidungen, sobald sie mehr als eine Person betreffen, nicht von einer einzelnen Person getroffen werden (zumindest, wenn sie nicht ausdrücklich das Mandat dazu hat). Das Prinzip der Volksherrschaft besagt, dass möglichst alle Beteiligten und Betroffenen einer Sachlage diese gemeinsam aushandeln und dann per Konsens, Kompromiss oder Mehrheitsbeschluss eine Entscheidung treffen. Wo die Anzahl der Betroffenen zu groß für den Aushandlungsprozess wird oder die Fragestellungen zu komplex sind, braucht es RepräsentantInnen, die stellvertretend am Entscheidungsprozess teilnehmen. In diesem Fall geht es für den Einzelnen im Rahmen von Wahlen um die Entscheidung für eine Person oder eine Partei, welche diese Aufgabe auf Zeit wahrnimmt.

3.4 Definition von Demokratiekompetenz

Die Frage nach den Lernergebnissen aufgreifend lässt sich festhalten, dass das Ziel von Demokratie-Lernen in einem selbst gesteuerten und konstruktiven Umgang mit den Anforderungen, die sich aus der Verhandelbarkeit ergeben, besteht. Dies gilt für die Gestaltung des privaten wie öffentlichen Miteinanders bzw. der Beteiligung daran und wird insbesondere dann zur Herausforderung, wenn Menschen sich auf Grund unterschiedlicher Interessen und Bedürfnisse in konflikthaften Entscheidungsprozessen befinden. Darauf aufbauend lässt sich Demokratiekompetenz als *Fähigkeit und Bereitschaft zur Beteiligung am gesellschaftlichen (privaten und öffentlichen) Miteinander, in Anerkennung des prinzipiell gleichen Rechts auf freie Entfaltung*, definieren. Die Maßstäbe für Demokratiekompetenz sind hierbei der Grad an Selbstständigkeit und der Grad an Verantwortungsübernahme. Im Einzelnen beinhaltet Demokratiekompetenz:

- Die Fähigkeit, den Inhalt und Prozess von vergangenen, laufenden und zukünftigen Prozessen und Entscheidungen individuell dahingehend bewerten zu können,

ob sie *demokratisch genug* sind. Diese Bewertung muss sich an den Prinzipien sowie Kriterien der Demokratie orientieren und entsprechend begründbar sein.
- Demokratiekompetenz bedeutet weiterhin, in Auseinandersetzung über die eigene Bewertung treten und somit an laufenden oder künftigen demokratischen Prozessen teilnehmen bzw. sie gegebenenfalls anregen oder optimieren zu können.

Diese beiden Einzelkompetenzen erfordern nicht nur die Kenntnis demokratischer Inhalte – also demokratischer Prinzipien, Rechte und Pflichten –, sondern auch ein anwendbares Wissen um demokratische Verfahren der Entscheidungsfindung. Nicht zuletzt braucht Demokratiekompetenz ein Verständnis für den Umstand, dass sich demokratische Werte und Prinzipien auch im Widerspruch zueinander befinden können und entsprechende Aushandlungsprozesse daher Empathie, Toleranz und Ausdauer benötigen. Anhand dieser Beschreibung lassen sich pädagogische Programme des Demokratielernens nun genauer verorten, je nachdem, an welcher Stelle sie ansetzen und was sie im Einzelnen vermitteln (wollen). Trotz einer großen Bandbreite an Angeboten wird durch die Definition von Demokratiekompetenz deutlich, wie die verschiedenen Ansätze zusammenhängen und mit unterschiedlicher Methodik an demselben übergeordneten Ziel arbeiten. Andererseits erlaubt diese Darstellung auch eine Abgrenzung von pädagogischen Programmen, die ähnliche oder ergänzende Ziele verfolgen (wie die Stärkung von Sozialkompetenz und Selbstbewusstsein), aber nicht mit politischer Bildung gleichgesetzt werden können.

3.5 Erfassung von Demokratiekompetenz

Eine Erfassung von Demokratiekompetenz dient mehreren Zwecken: Auf der gesellschaftlich-politischen Ebene geht es darum, durch den Nachweis von Lernergebnissen die Anwendung von Demokratie-Lernprogrammen zu legitimieren. Für Akteure der Bildungsarbeit kann die Erfassung dazu dienen, im Vorfeld die Konzipierung von Seminaren noch stärker an den genannten Lernergebnissen auszurichten und im Nachhinein auf ihren Erfolg hin zu prüfen. Für die Einzelne bzw. den Einzelnen wiederum ermöglicht eine Erfassung von Lernergebnissen zum einen die Spiegelung der persönlichen Entwicklung und damit auch eine Form von Empowerment, zum anderen kann ein entsprechender Kompetenznachweis auch zur Erweiterung der Beschäftigungsfähigkeit beitragen.

Zur Erfassung von Demokratiekompetenz hat die Akademie Führung & Kompetenz ein kombiniertes Stufen- und Perspektivenmodell entwickelt. Verschiedene Stufen der Kompetenz ergeben sich durch ein zunehmendes Maß an Selbstständigkeit sowie durch den Blick für die Verantwortung nicht nur für eigene Belange, sondern auch für diejenigen der Gesellschaft insgesamt.

Abbildung 1:

STUFEN von DEMOKRATIEKOMPETENZ = zunehmendes Maß an Selbstständigkeit und Verantwortungsübernahme
Stufe 1: Sich in einem stark vorstrukturierten Kontext beteiligen – zwischen Alternativen wählen.
Stufe 2: Sich in einem vorgegebenen Rahmen beteiligen – Spielräume ausloten und kreativ nutzen.
Stufe 3: Den Rahmen und die Alternativen kreativ mitgestalten – Beteiligung von Anderen fördern.
Stufe 4: Initiativ handeln und Rahmen neu setzen – gesellschaftliche Veränderungen anstoßen.

Quelle: Eigene Darstellung

Die Stufen der Beteiligung stellen eine Entwicklungsreihenfolge von 1 nach 4 dar, wobei alle erreichten Stufen, je nach Kontext, relevant bleiben. Angelehnt an den EQR können diese ersten vier Stufen zur Darstellung spezifischer Berufsanforderungen ergänzt werden. Im pädagogischen Kontext sind dies die Kompetenzstufen zur Vermittlung von Demokratiekompetenz, also für TrainerInnen.

Als Kern von Demokratiekompetenz betrachten wir, mit Verweis auf die Reflexionsniveaus von Armin Scherb[6], die Reflexivität aus vier Perspektiven, welche gleichzeitig zur qualitativen Erfassung dessen dienen, was Demokratiekompetenz beinhaltet.

---

[6] In der deutschen Debatte um Demokratiekompetenz hat Scherb einen von Kohlberg ausgehenden Versuch unternommen, verschiedene Niveaus für Demokratiekompetenz ganz allgemein zu formulieren (2005: 279).

Abbildung 2:

PERSPEKTIVEN DER REFLEXIVITÄT zur Erlangung von Demokratiekompetenz			
Sich selbst sehen	**Die Anderen sehen**	**Das Ganze sehen**	**Die Grenzen hinterfragen**
Die eigene Identität und Individualität erkennen. Eigene Bedürfnisse, Werte, Interessen und Gefühle anerkennen. Die eigene Rolle im Miteinander reflektieren. Die Zuständigkeit für eigene Belange anerkennen und Selbstbewusstsein entwickeln.	Bedürfnisse, Werte und Kollektiverfahrungen, Interessen und Gefühle Anderer als prinzipiell gleichwertig konstitutiv für die eigene Identität betrachten. Diversität und Differenz unter dem Aspekt von Gleichwertigkeit und Chance berücksichtigen.	Den Kontext einer Handlung bzw. Situation erkennen: Strukturen, Ressourcen, Machtunterschiede sowie die Implikationen möglicher Handlungsoptionen wahrnehmen. Stillschweigende Annahmen und Dilemmata berücksichtigen. Gesamtsystem/inhärente Wertvorstellungen erkennen.	Rahmenbedingungen und inhärente Urteilskriterien der Systemlogik hinterfragen, eine Situation neu umreißen. Kreative Freiheit zur Veränderung des Gesamtkontextes erkennen und wahrnehmen. Systemlogik hinterfragen und Alternativen aufzeigen.

Quelle: Eigene Darstellung

Idealerweise sind die vier Perspektiven von Reflexivität so im Ausgleich, dass ein der Situation jeweils angemessenes Verhalten möglich ist. Dies entspricht auch Ansätzen der Kompetenzdiagnostik, die Fertigkeiten als Stärken verstehen, deren Ausprägungen sie durch eine einseitige Übertreibung wiederum zu Schwächen werden lassen können (Erpenbeck/Sauer 2001). Eine Balance zwischen den gesamten Perspektiven ermöglicht die sinnvolle Abwägung aller prinzipiellen Handlungsoptionen und ihrer Angemessenheit. Sie werden im Gegensatz zu den Stufen nicht zwingend nacheinander erworben, sondern entwickeln sich bei jedem Menschen je nach Biographie mit unterschiedlichen Schwerpunkten. So erlauben diese Perspektiven, den Bildungsprozess als ressourcenorientiert und aufbauend zu verstehen. Einmal erworben, bleiben sie nicht etwa fest vorhanden, sondern müssen immer wieder aktualisiert, verfeinert und erweitert werden. Für die pädagogische Praxis des Demokratie-Lernens ergibt sich daraus die Aufgabe, Angebote für die Entwicklung aller Perspektiven zu machen und systematisch anzuleiten, um den individuellen Lernbedarf an Reflexion anzusprechen. Durch den Bezug auf dieses Kompetenzmodell können dabei die unterschiedlichen didaktischen Vorgehensweisen und deren Ziele erläutert sowie gerechtfertigt werden.

4 Ausblick

Die Akademie Führung & Kompetenz hat sich in einem nächsten Schritt die Entwicklung und Erprobung passender Methoden zur Erfassung und Zertifizierung von Demokratiekompetenz auf der Grundlage des Stufen- und Perspektivenmodells zur Aufgabe gemacht. Demokratiekompetenz soll auf diese Weise eine angemessene Wertschätzung und Anerkennung im Rahmen einer schulischen oder außerschulischen politischen Bildung erfahren, deren Vision vor allem die Ermöglichung von Beteiligung und Mitgestaltung ist.

Literatur

Bertelsmann Stiftung/Bertelsmann Forschungsgruppe Politik (Hrsg.), 2002: Eine Welt der Vielfalt. Moderationshandbuch, in der Adaption von Regina Piontek, Susanne Ulrich, Angelika Weber, Florian Wenzel, Czarina Wilpert, Gütersloh.
Breit, Gotthard/Schiele, Siegfried (Hrsg.), 2002: Demokratie-Lernen als Aufgabe der politischen Bildung, Schwalbach/Ts.
Deißinger, Thomas, 2008: Spannungsfelder auf dem Weg zum Deutschen Qualifikationsrahmen (DQR). Von ‚Berufsprinzip' bis ‚Zertifizierungshoheit', in: DIE - Zeitschrift für Erwachsenenbildung, Heft IV/2008 EQR/EQF/DQR, 25-28.
Dewey, John, 1916/1993: Demokratie und Erziehung. Eine Einleitung in die philosophische Pädagogik, Weinheim.
Erpenbeck, John/Sauer, Johannes, 2001: Das Forschungs- und Entwicklungsprogramm „Lernkultur Kompetenzentwicklung", in: QUEM-Report 67, Berlin, 9-65.
Europäische Union, 2006: Empfehlung des Europäischen Parlaments und des Rates zu Schlüsselkompetenzen für lebenslanges Lernen. PE-CONS 3650/1/06 REV 1, Brüssel.
Gesellschaft für Politikdidaktik und politische Jugend- und Erwachsenenbildung (GPJE), 2004: Anforderungen an nationale Bildungsstandards für den Fachunterricht in der politischen Bildung, Schwalbach/Ts.
Hahn, Gerhard/Edelstein, Wolfgang/Eikel, Angelika (Hrsg.), 2007: Qualitätsrahmen Demokratiepädagogik. Demokratische Handlungskompetenz fördern, demokratische Schulqualität entwickeln, Heft 2, 11.
Himmelmann, Gerhard, 2006: Leitbild Demokratieerziehung. Vorläufer, Begleitstudien und internationale Ansätze zum Demokratie-Lernen, Schwalbach/Ts.
Himmelmann, Gerhard/Lange, Dirk (Hrsg.), 2005: Demokratiekompetenz. Beiträge aus Politikwissenschaft, Pädagogik und politischer Bildung, Wiesbaden.

Kommission der Europäischen Gemeinschaften, 2006: Das Lissabon-Programm der Gemeinschaft umsetzen. Vorschlag für eine Empfehlung des Europäischen Parlaments und des Europäischen Rats zur Einrichtung eines europäischen Qualifikationsrahmens für lebenslanges Lernen, KOM (2006) 279 endgültig, Brüssel.
Luhmann, Niklas/Schorr, Karl Eberhard, 1982: Zwischen Technologie und Selbstreferenz. Fragen an die Pädagogik, Frankfurt a. M.
Oberreuter, Heinrich (Hrsg.), 2009: Standortbestimmung politische Bildung, Schwalbach/Ts.
OECD, 2005: Definition und Auswahl von Schlüsselkompetenzen. Zusammenfassung, Neuchâtel.
Sander, Wolfgang, 2007: Politik entdecken - Freiheit leben. Didaktische Grundlagen politischer Bildung, Schwalbach/Ts.
Scherb, Armin, 2005: Demokratie-Lernen und reflexive Urteilskompetenz, in: Himmelmann, Gerhard/Lange, Dirk, 2005: Demokratiekompetenz, 270-285.
Simbeck, Silvia, 2011: Kompetenter Umgang mit Demokratie, in: Weiterbildung – Zeitschrift für Grundlagen, Praxis und Trends, 04/2011, 23-25.
Sliwka, Anne/Diedrich, Martina/Hofer, Andreas (Hrsg.), 2006: Citizenship Education. Theory - Research, Practice, Berlin.
Strauch, Anne/Jütten, Stefanie/Mania, Ewelina, 2009: Kompetenzerfassung in der Weiterbildung. Instrumente und Methoden situativ anwenden, Bielefeld.
Uhl, Katrin/Ulrich, Susanne/Wenzel, Florian, 2004: Evaluation politischer Bildung. Was können wir messen?, Gütersloh.
Ulrich, Susanne/Henschel, Thomas. R./Oswald, Eva, 2002: Miteinander – Erfahrungen mit Betzavta, Gütersloh.
Ulrich, Susanne (unter Mitarbeit von Jürgen Heckel, Eva Oswald, Stefan Rappenglück, und Florian Wenzel), 2005: Achtung (+) Toleranz. Wege demokratischer Konfliktregelung. Praxishandbuch für die politische Bildung, Gütersloh.
Wenzel, Florian, 2009: Demokratische Evaluation. Ein beteiligungsorientierter und wertschätzender Ansatz, in: Österreichische Zeitschrift für Politikwissenschaft ÖZB März 2009 (Politische Bildung revisited), 309-323.

Internetquellen

Demokratie lernen und leben, www.blk-demokratie.de (Stand: 25.01.12).
Betzavta, www.betzavta.de (Stand: 24.02.12).
Centrum für angewandte Politikforschung (C·A·P), www.cap-lmu.de/akademie/praxisprogramme/achtung-toleranz/index.php. (Stand: 24.02.12).
Centrum für angewandte Politikforschung, www.cap-lmu.de/akademie/praxisprogramme/eine-welt-der-vielfalt/index.php (Stand: 24.02.12).
Centrum für angewandte Politikforschung (C·A·P), www.cap-lmu.de/akademie/praxisprogramme/partizipative-evaluation/index.php (Stand: 24.02.12).
Deutscher Qualifikationsrahmen für Lebenslanges Lernen, www.deutscherqualifikationsrahmen.de (Stand: 25.01.12).

Eva Feldmann-Wojtachnia/Barbara Tham

Europäisierung der Bildungsarbeit und aktives Bürgerbewusstsein junger Menschen

1   Einleitung: Vom Defizit zum Mehrwert

Jugend und Europa als eigenständiges Thema blieb bis in die 1980er Jahre weitgehend unbeachtet. Mit der grundlegenden Studie über die Europabilder junger Menschen in Deutschland 1985-1988 hat die Forschungsgruppe Jugend und Europa (FGJE) diese Schnittstelle zwischen Jugendforschung und Politikwissenschaft systematisch erschlossen.[1] Erstmals wurden in Deutschland die Auswirkungen der Europapolitik auf die junge Generation repräsentativ untersucht. Mit Hilfe von quantitativen und qualitativen Methoden erforscht, was junge Menschen selbst von Europa und europäischer Politik halten. Die Ergebnisse zeigten ein erschreckendes Defizit bei der Vermittlung Europas und einen deutlichen Handlungsbedarf zur Europäisierung der Jugend- und Bildungsarbeit. Die Förderung des europäischen Bewusstseins sowie einer aktiven europäischen Bürgerschaft bestimmen seitdem die Forschungs- und Praxisarbeit der FGJE. Seit nunmehr 25 Jahren richtet sich der Fokus der Forschungsgruppe auf Jugendpartizipation, Toleranz und interkulturelles Lernen im europäischen Kontext.

Auf Grundlage der relevanten Einstellungsdaten Jugendlicher zu Europa hat die FGJE einen jugendgerechten Vermittlungsansatz in der politischen Jugend- und Bildungsarbeit entwickelt, um den Wissensdefiziten und der Akzeptanzkrise der EU entgegenzusteuern. Jugend und Europa wird dabei als Querschnittsansatz verfolgt, bei dem Europa gleichermaßen als geographischer Raum *und* als gesellschaftspolitische Größe thematisiert wird. Der Rückbezug zur aktiven Bürgergesellschaft und die demokratische Identitätsbildung Jugendlicher stehen für die Forschungsgruppe bei der Diskussion des Europabegriffs im Vordergrund. Anhand aktueller Bezüge zur Europapolitik untersucht die FGJE entlang der EU-Jugend- und Bildungspolitik fortlaufend die Entwicklung von Demokratie und Dialog als Grundvoraussetzungen für eine gelingende Bürgerbeteiligung. Ziel ist es, für und mit der Zielgruppe Jugendliche diese aktiv am Konzept sowie an der Umsetzung einer europäischen Bürgergesellschaft teilhaben zu lassen. Damit jener Begriff nicht zur schönen, aber leeren Floskel wird, sind Informationen und Sachkenntnisse über Europa zielgruppenspezifisch aufzubereiten sowie Möglichkeiten für die Mitwirkung Jugendlicher in Europa zu schaffen und zu stärken.

---

[1] Diese Studie sowie weitere Nachfolgeprojekte sind dank der langjährigen Förderung des Bundesministeriums für Frauen, Senioren, Familie und Jugend (BMFSFJ) ermöglicht worden.

Als eine Grundbedingung für die nachhaltige Europäisierung der Jugend- und Bildungsarbeit ist die Partizipationsförderung anzusehen. Hierzu hat die FGJE den Begriff der europäischen Identität in seiner bildungspraktischen Dimension geschärft. Die europabezogene Bildungsarbeit und das interkulturelle, demokratische Lernen gelten als identitätsstiftender Faktor für junge Menschen. Europa wird dabei nicht als feststehendes System vermittelt, sondern als ein Prozess, der auf den europäischen Grundwerten sowie auf kultureller Vielfalt fußt und von der aktiven Mitwirkung vor Ort lebt. Der von der FGJE verfolgte Ansatz umfasst also weit mehr, als nur die EU und deren Politik wissenschaftlich zu untersuchen und möglichst objektiv zu vermitteln. Gemeint ist explizit auch die kritische Diskussion der politischen Dimension Europas. Diese endet nicht bei der Vermittlung des politischen Systems, sondern zielt auf die persönliche Auseinandersetzung Jugendlicher mit den europäischen Handlungsleitlinien in Wirtschaft, Politik und Gesellschaft ab. Aus diesem Grundverständnis heraus leitet sich das Hauptziel der Forschungsgruppe Jugend und Europa ab: die nachhaltige Förderung von Jugendpartizipation.

Im Folgenden wird mit Blick auf die zurückliegenden 25 Jahre eine aktuelle Bilanz gezogen. Zahlreiche Ansätze und Formate der FGJE weisen dabei nicht nur Modellcharakter auf, sondern sind weit verbreitet und gehören mittlerweile zum Didaktik- und Methodenfundus der europabezogenen Bildungsarbeit.

2 Angewandte Politikforschung im Dreieck von Wissenschaft, Bildung und Beratung

Die FGJE hat sich über die Jahre als bundes- und europaweit tätiges, wissenschaftliches Beratungs- und Kompetenzzentrum für die politische Jugend- und Bildungsarbeit etabliert. Sie ist an der Schnittstelle zwischen Theorie und Praxis tätig: wissenschaftliche Forschung zur europäischen Jugend- und Bildungspolitik wird mit Politikberatung und ihrer Umsetzung in die politische Praxis und Jugendarbeit verknüpft. Diese setzt sich aus drei Komponenten zusammen: Grundlage ihrer Tätigkeit ist die Forschung im Hinblick auf jugend- und bildungsrelevante Herausforderungen in Europa. Daraus werden fachdidaktische Ansätze und Modelle der europapolitischen Bildung entwickelt, durchgeführt und evaluiert. Die Ergebnisse dieser Modellprojekte fließen in die Beratung von politischen Entscheidungsträgern und Multiplikatoren sowie Institutionen der Jugendarbeit ein. Die enge Verknüpfung von Forschung, Bildung und Beratung kennzeichnet die FGJE und unterscheidet sie von anderen Forschungseinrichtungen bzw. Bildungsträgern.

Abbildung: Profil und Arbeitsansatz der FGJE

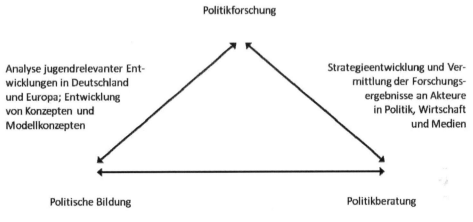

Quelle: Eigene Darstellung

2.1 *Politikforschung und wissenschaftliche Grundlegung*

Die fortschreitende Integration der Europäischen Union wirkt sich zunehmend auf die Jugend- und Bildungspolitik in den Mitgliedstaaten der EU aus. Die FGJE untersucht deshalb, inwieweit Jugendliche von der europäischen Politik betroffen sind, ihre Einstellungen gegenüber der EU und welche Wirkung bzw. Resonanz EU-Förderprogramme für junge Menschen entfalten. Der Ansatz der angewandten Politikforschung bedeutet hierbei zum einen, aus der Analyse der EU-Politik Empfehlungen und Praxismodelle für die Jugend- und Bildungsarbeit zu entwickeln, zum anderen politische Entscheidungsträger auf kommunaler, regionaler, Bundes- und Europaebene darin zu beraten, wie sie die Bedürfnisse und Anliegen junger Menschen bei der Politikgestaltung berücksichtigen können.

Die *Einstellungsforschung* ist der Ausgangspunkt für die Arbeit der FGJE. Bereits 1985 startete sie mit einer Jugendstudie zur europäischen Einigung in West- und Ostdeutschland (Weidenfeld/Piepenschneider 1987; Glaab 1992). Die Erhebung eigener Daten wurde in den kommenden Jahren mit der gezielten Auswertung der Eurobarometer-Daten verbunden und in Bezug auf aktuelle und spezifische Themen wie die Europawahlen oder die EU-Verfassung analysiert (Henschel 1993; Tham 2005, 2009).

Anhand der *Europa-Curricula* hat die FGJE in den 1990er Jahren die Vermittlung Europas an Schulen analysiert. Zwischen den ambitionierten politischen Vorgaben zur europäischen Dimension im Unterricht und ihrer Umsetzung wurden dabei erhebliche

Diskrepanzen festgestellt. Oftmals entsprachen die Unterrichtsmaterialien nicht dem aktuellen Stand der Europäischen Integration, die LehrerInnen fühlten sich nicht ausreichend qualifiziert bzw. forderten entsprechende inhaltliche und didaktische Weiterbildungsangebote zu Europa. Von SchülerInnenseite wurden ansprechende, jugendnahe Vermittlungsmethoden angemahnt, da sich der Frontalunterricht über das Thema Europa als zu abstrakt und rein institutionell darstellt(e).

Ein besonders drängendes Problem im Themenfeld Jugend und Europa ist das der *Jugendarbeitslosigkeit*. Die Arbeitslosenquote der unter 25-Jährigen beläuft sich schon seit Jahren auf mehr als 20%, in einigen Ländern sogar deutlich darüber. Zudem brechen viele Jugendliche ihre Schulausbildung ab und haben schlecht bezahlte, prekäre und gefährdete Arbeitsplätze. Dies betrifft oftmals auch gut qualifizierte junge Menschen. Die FGJE verfolgt diesen Bereich besonders aufmerksam und erforscht, was die Jugend- bzw. Bildungspolitik unternehmen kann, um den Angehörigen der nachwachsenden Generation die Eingliederung in den Arbeitsmarkt und in die Gesellschaft zu erleichtern (Tham 1999).

Ein weiterer Schwerpunkt der FGJE liegt auf der *Toleranzforschung*. Als Grundlage für das demokratische Miteinander hat sie der Toleranzkompetenz einen hohen Stellenwert beigemessen und diese für den Bildungskontext definiert (Feldmann/Henschel/Ulrich 2000). Toleranz wird hierbei als Maxime zur friedlichen, demokratischen Konfliktregelung im vorpolitischen Raum verstanden, Toleranzkompetenz als Fähigkeit zur Empathie mit dem Wissen um die jeweiligen Konsequenzen von Toleranz, aber auch ihrer Antonyme, die In- und Scheintoleranz. Auf dieses theoretische Konzept aufbauend, wurden am C·A·P zahlreiche Praxishandbücher entwickelt.

Nach dem Zerfall des Ostblocks 1989/90 und vor dem Hintergrund der EU-Osterweiterung hat die FGJE die Jugendpartizipation sowie die Neuorientierung der Bildungsaufgaben im Transformationsprozess in *Mittel- und Südosteuropa (MSOE)* wissenschaftlich untersucht. Insbesondere in Polen sowie in einigen MSOE-Ländern hat sie den Aufbau von neuen, demokratischen Strukturen der Jugend- und Bildungsarbeit sowie den Jugendaustausch wissenschaftlich begleitet und mit Konzepten bzw. methodischen Ansätzen bildungspraktisch unterstützt (Feldmann 2000).

Junge Menschen in Gesamteuropa sollen sich zu solidarischen, verantwortungsvollen, aktiven und toleranten BürgerInnen entwickeln. Die *Europäische Bürgergesellschaft* und ihre konkrete Umsetzung stehen somit kontinuierlich in der wissenschaftlichen Analyse (Feldmann-Wojtachnia/Tham/Fuchs 2005; Tham 2007a; Feldmann 2007). Die jugendspezifische *Partizipationsforschung* ist hierbei eine wichtige Grundlage. Neben zahlreichen wissenschaftlichen Fachaufsätzen hat die FGJE im Rahmen einer deutsch-finnischen Forschungskooperation der Fachstelle für Internationale Jugendarbeit der Bundesrepublik Deutschland e. V. (IJAB), eine erste Synopse zur Jugendpartizipation in Finnland und Deutschland vorgelegt und Handlungsempfehlungen für die Jugendpolitik in beiden Ländern abgeleitet (Feldmann-Wojtachnia u. a. 2010).

Der Ansatz der angewandten Politikforschung umfasst auch die *Evaluation von Jugend- und Bildungsprogrammen*. 2003 wurde die FGJE mit der Zwischenevaluation des

EU-Programms JUGEND betraut und hat hierfür einen spezifischen Peer Group-Ansatz zur Erhebung von qualitativen Jugenddaten entwickelt. Seit 2008 führt die FGJE beim Nachfolgeprogramm JUGEND IN AKTION (JIA) mit dem Institut für angewandte Kommunikationsforschung in der Außerschulischen Bildung (IKAB e. V.) und der Nationalagentur JUGEND die Begleitevaluierung in Deutschland durch (Feldmann-Wojtachnia/Otten/Tham 2011). Diese Untersuchung ist Bestandteil des Netzwerks RAY - Research based Analysis and Monitoring, welches europaweit quantitativ vergleichbare Daten erhebt und zur Optimierung des Programms JIA systematisch auswertet.

2.2 Konsolidierung der europäischen Dimension in der Politischen Bildung

Aufgabe der Jugend- und Bildungspolitik ist es, Jugendliche auf die aktuellen Herausforderungen in Europa vorzubereiten, sie zu informieren, zu qualifizieren und ihnen Möglichkeiten der Mitgestaltung zu geben. Die Förderung von partizipativen Kompetenzen und deren europäischer Dimension bilden die Basis für eine aktive europäische Bürgerschaft. Zur zielgruppenspezifischen Vermittlung Europas an junge Menschen bedarf es jugendgerechter und anschaulicher Methoden. Um die Strukturen und Entscheidungsprozesse der EU auch kritisch zu hinterfragen, müssen Jugendliche verstehen, wie diese funktionieren und welche Zielsetzungen die EU verfolgt. Entsprechende Angebote und Projekte ermöglichen es jungen Menschen, eine eigene Sichtweise zu entwickeln, ihre Bedürfnisse zu formulieren, aber auch mit den relevanten Entscheidungsträgern zu diskutieren. Die Konzepte der FGJE setzen bei der Lebenswelt und den Interessen Jugendlicher an und ermutigen sie dazu, das eigene Umfeld zu Europa in Bezug zu setzen. Anhand einiger Modellprojekte wird nachfolgend der Transfer der wissenschaftlichen Erkenntnisse in die Jugend- und Bildungsarbeit vorgestellt.

Anfangs galt es, mit jugendspezifischen *Europaveröffentlichungen* dem Informationsdefizit entgegen zu wirken und die grundsätzlichen Verbindungen zwischen Jugend und Europa darzulegen. Anstelle textlastiger Publikationen wurden anschaulichere Darstellungsformen – wie Infopakete, Plakate oder Filme – gewählt, mit dem Ziel, in verständlicher, jugendlicher Sprache die Chancen und Herausforderungen der europäischen Integration für Jugendliche sichtbar zu machen. Ein Schwerpunkt der Informationsbroschüren lag darin, Mobilitätsmöglichkeiten für junge Menschen in Europa aufzuzeigen.

Broschüren alleine reichen jedoch zur Vermittlung Europas nicht aus. Mitte der 1990er Jahre startete das *Juniorteam Europa* als ein innovatives Pilotprojekt der Peer Group Education. Mittlerweile hat sich dieses Modell der Jugendinformation und -partizipation zu einer festen Größe in der europabezogenen politischen Bildungslandschaft Deutschlands entwickelt. In Zusammenarbeit mit unterschiedlichen Einrichtungen, wie der Bundeszentrale (BpB) sowie diversen Landeszentralen für politische Bildung (LpB), der Nationalagentur JUGEND, den Hessischen Europaschulen, Jugendverbänden sowie Partnern in Österreich, Tschechien und Polen, wurden diverse Schulungen durchgeführt und zahlreiche junge TeamerInnen ausgebildet. Im Kontext der Arbeit des Juniorteams hat die FGJE eine Reihe von *Kleinmethoden* adaptiert und konzipiert, um Jugendliche für die Themen Europa, Demokratie, Toleranz und Integration zu sensibilisieren sowie vorhandenes Wissen und Einstellungen zu bündeln. Diese Methoden sind interaktiv angelegt und mit Bewegung, Spaß, Kreativität und Eigenengagement der Teilnehmenden verbunden. So sind zwei umfangreiche Methodenbände mit Bausteinen für die europapolitische Bildungsarbeit entstanden (LpB Baden-Württemberg, FGJE 2007, 2009).

Als herausgehobenen Ansatz hat die FGJE die *Planspiel-Methode* für die Bildungsarbeit erschlossen und evaluiert (Rappenglück 2004). Seit Ende der 1980er Jahre entwickelt die FGJE zahlreiche Planspiele für die unterschiedlichsten Kooperationspartner wie EU-Kommission, Europäisches Parlament, Bundestag, Auswärtiges Amt, Bundespresseamt, Bundes- und Landeszentralen für politische Bildung, Bundeswehr, Staatskanzleien, Landtage, Stiftungen, Bildungs- und Jugendeinrichtungen oder Unternehmen. Die Planspiele werden bundesweit wie auch in einigen Ländern in Mittelsüdosteuropa (Tschechien, Polen, Österreich, Serbien, Bosnien-Herzegowina, der Ukraine und Weißrussland) erfolgreich zum Einsatz gebracht. Inzwischen hat sich die Planspielmethode besonders bei der Vermittlung von komplexen Themen etabliert, um die Entscheidungsstrukturen im Mehrebenensystem der EU interaktiv zu veranschaulichen. Neben dem europapolitischen Schwerpunkt entwickelt die FGJE aber auch Planspiele zu demokratischen Entscheidungsprozessen auf lokaler und regionaler Ebene oder zu Themenstellungen wie Demokratie und Toleranz. Gefördert wird das konkrete Erleben und bessere Verständnis politischer Entscheidungsabläufe im Planspiel durch die Koppelung an direkte Begegnungs- und Dialogformate mit PolitikerInnen und ExpertInnen – wie beispielsweise in der seit 2007 bestehenden Planspielreihe mit dem Bayerischen Landtag „Der Landtag sind wir!". In Kooperation mit der BpB hat die FGJE darüber hinaus eine *Planspieldatenbank* erarbeitet, die einen weitreichenden Überblick über die deutsch- und englischsprachige Planspiellandschaft im Bildungsbereich bietet.

Ein weiterer Modellansatz der FGJE sind *Jugendparlamente*, die an authentischen Orten der Politik wie im Land- oder Bundestag stattfinden sollten. Hier tauschen interessierte Jugendliche ihre Positionen zu aktuellen Themen der Politik in verschiedenen Ausschüssen aus und kommen im Plenum zu Empfehlungen zusammen. Auch diskutieren sie mit Abgeordneten verschiedener Parteien, um die eigenen Interessen darzustellen und ihre Ergebnisse an die offizielle Politik zu übermitteln. Das erste Jugendparlament zu Europa führte die FGJE 1999 im Bayerischen Landtag durch. Es folgten Jugendparlamente im Bundestag, im Berliner Abgeordnetenhaus, im Bonner Wasserwerk sowie in den Landtagen des Saarlandes, Hessens, Rheinland-Pfalz und Nordrhein-Westfalens. Herausragende Themen waren die EU-Verfassung sowie die EU-Osterweiterung. 2010 konzipierte und organisierte die FGJE erstmals ein Gender-Parlament und 2011 das erste Kinderparlament im Bayerischen Landtag.

Die *Qualifizierungsseminare* der FGJE bilden MultiplikatorInnen schulischer und außerschulischer Jugend- und Bildungsarbeit inhaltlich und methodisch zu europaspezifischen Fragestellungen sowie interkulturellen und interaktiven Lernansätzen weiter. Zudem werden die Teilnehmenden in der Vorbereitung eigener Projektvorhaben und Seminare vor Ort unterstützt. Inhaltliche Schwerpunkte der Schulungen liegen gegenwärtig bei der EU-, Bundes- und Landespolitik, Demokratie, Toleranz sowie Integration.

2.3 Politikberatung und Strategieentwicklung

Angewandte Politikforschung bedeutet für die FGJE auch den Transfer der Erkenntnisse zur Unterstützung der Jugend- und Bildungspolitik. Die wissenschaftliche Beratungstätigkeit der FGJE findet neben konsultierenden Gesprächen hauptsächlich in der Mitwirkung in Gremien, Beiräten und Arbeitsgruppen, über Fachveranstaltungen oder mittels „Runder Tische" ihren Ausdruck. Beratung wird dabei als ein Prozess des Dialogs und der Interaktion zwischen den verschiedenen beteiligten Akteuren verstanden und dient dazu, die vorhandene Fachexpertise bei der Strategieentwicklung einzubeziehen. Das Themenspektrum reicht von der Partizipationsförderung Jugendlicher und entsprechenden methodisch-didaktischen Formaten sowie Konzepten über die Auswirkung aktueller politischer Prozesse auf Jugendliche bis hin zu Spezialfragen der EU-Jugend- und Bildungspolitik.

Zur *Qualifizierung von MultiplikatorInnen und EntscheidungsträgerInnen* stand in den Anfangsjahren zunächst die Sensibilisierung für eine Europäisierung der Bildungs- und Jugendarbeit im Vordergrund. Die FGJE wirkte – oft initiierend – bei einer Reihe von Veröffentlichungen, Informationsveranstaltungen und in zahlreichen Europa-Arbeitsgruppen im Bildungs- und Jugendbereich mit. Begleitend entwickelte die FGJE spezifische Qualifizierungsmodule für MultiplikatorInnen, zur LehrerInnenfortbildung sowie für die Medien und Verwaltungs- bzw. Entscheidungsebenen der Jugend- und Bildungsarbeit, um durch europarelevante Informationen und konzeptionelle Ansätze zum Einbezug aktueller europäischer Entwicklungen in die eigene Arbeit anzuregen. Die Spannbreite der vielfältigen Tätigkeiten reichte hier von der Entwicklung erster Modellprojekte in der Jugendarbeit bis hin zu EU-spezifischer Fortbildung von Nachwuchskräften auf kommunaler oder Landesebene. Hierzu gehören beispielsweise Qualifizierungsseminare zu kommunalen Handlungsspielräumen in Europa für junge VerwaltungsmitarbeiterInnen der Landeshauptstadt Düsseldorf (2010) oder Fortbildungsmodule für bayerische MinisterialbeamtInnen zur EU-Jugendpolitik (2011).

Die Fachexpertise der FGJE fließt in zahlreiche *Gremien* der nationalen und internationalen Jugend- und Bildungsarbeit ein. Aktuell zählen hierzu die Mitgliedschaft im Bundesausschuss für politische Bildung, dem Arbeitskreis deutscher Bildungsstätten, im Nationalen Beirat zum EU-Programm JIA, im Europäischen Migrationsnetzwerk, im deutschen Team Europe der EU-Kommission oder der Stiftungsratsvorsitz der Stiftung Kreisau für Europäische Verständigung. Hervorzuheben sind weiterhin die Mitarbeit im Nationalen Beirat zur Umsetzung der EU-Jugendstrategie in Deutschland sowie im

Rahmen der wissenschaftlichen Begleitung und Evaluierung in der Nationalen Arbeitsgruppe zum Strukturierten Dialog.

In *Fachveranstaltungen* und *Runden Tischen* bringt die FGJE Akteure aus Politik und Wissenschaft, Jugend- und Bildungsarbeit sowie den Medien, der Wirtschaft und der Kultur in einen Dialog miteinander. Das Ziel ist hierbei, Jugendpolitik als Querschnittspolitik zu denken, sich über die aktuellen Herausforderungen zu verständigen und gemeinsam Handlungsstrategien zu entwerfen, die in den Praxisfeldern aller Beteiligten relevant sind. Je nach Brisanz greift die FGJE aktuelle Themen auf und bereitet diese in Zusammenarbeit mit diversen KooperationspartnerInnen für den weiteren Fachdiskurs auf. Im Laufe der Jahre hat die FGJE zu den Themen Zuwanderung und Integration, Strukturierter Dialog mit der Jugend, Europawahl 2009 sowie Fußball und gesellschaftliche Verantwortung Runde Tische durchgeführt.

Eine wichtige Beratungsfunktion übte die FGJE auch als Mitglied in der *Enquete-Kommission* „Jungsein in Bayern – Zukunftsperspektiven für die kommenden Generationen" des Bayerischen Landtags aus (2005-2008). Der Schlussbericht stellt die vielfältigen Lebenswelten Jugendlicher in Bayern dar und macht deutlich, in welchen Politikbereichen sie besonders betroffen sind, um Handlungsempfehlungen zur Neuorientierung der bayerischen Jugendpolitik und als Querschnittsaufgabe für alle Ressorts abzuleiten. Die FGJE setzte sich hierbei besonders für die Verankerung der europäischen Dimension in der Jugendpolitik ein (Bayerischer Landtag 2008).

3 Aktuelle Herausforderungen und Zukunftsperspektiven: Die EU-Jugendstrategie

In der Retrospektive auf ein Vierteljahrhundert Forschungsgruppe Jugend und Europa lässt sich zweifelsohne eine positive Bilanz ziehen. Die Forderungen nach einer festen Verankerung der europäischen Dimension in der Jugend- und Bildungsarbeit mit dem Schwerpunkt der Jugendpartizipation sind seit 2009 in der so genannten EU-Jugendstrategie für die kommenden Jahre ebenso festgeschrieben wie die Evidenzbasierung der Jugendpolitik (Amtsblatt der Europäischen Union 2009). Dies ist eine erfreuliche Bestätigung des kontinuierlichen Arbeitsansatzes an der Schnittstelle zwischen Theorie und Praxis, wie ihn die FGJE seit Jahren erfolgreich am C·A·P analytisch und bildungspraktisch verfolgt.

Jugendliche verstärkt zu Eigenengagement zu befähigen und ihnen die Gelegenheit zu geben, einen Beitrag für die Gesellschaft und zur Umsetzung der europäischen Ziele und Werte zu leisten, ist eine Schlussfolgerung, welche die EU aus dem 2009 veröffentlichten ersten EU-Jugendbericht gezogen hat (Europäische Kommission 2009). Insbesondere die geringe Mitwirkung und Vertretung junger Menschen im demokratischen Prozess wird dabei als besondere Herausforderung eingestuft. Die EU zielt deshalb in ihrer Jugendstrategie auf die Förderung des gesellschaftlichen Engagements, die soziale und berufliche Eingliederung und die Solidarität aller jungen Menschen in

Europa. Hierfür ist es notwendig, die Zusammenarbeit zwischen den zuständigen Behörden, Jugendforschern, jungen Menschen, Jugendorganisationen sowie den in der Jugendarbeit Tätigen zu stärken.

Ein explizit herausgehobenes Instrument zur Förderung der Jugendpartizipation in Europa ist dabei der Strukturierte Dialog (SD) mit der Jugend in Europa. Er geht auf eine Entschließung des EU-Ministerrats zurück (Amtsblatt der Europäischen Union 2006). Ziel dessen ist es, den Diskurs zwischen Jugendlichen und politisch Verantwortlichen zu fördern sowie konkrete Möglichkeiten für Engagement und Partizipation zu eröffnen. Junge Menschen sollen so aktiv in die Debatten über die Zukunft der EU und die Gestaltung der europäischen Jugendpolitik einbezogen werden.

Im Rahmen der nationalen Umsetzung der EU-Jugendstrategie in der Bundesrepublik Deutschland wurde die FGJE durch das Bundesministerium für Familie, Senioren, Frauen und Jugend (BMFSFJ) mit der wissenschaftlichen Begleitung und Evaluierung des SD zur Untersuchung des Wirkungsfelds und Resonanzraums dieses jugendpolitischen Ansatzes beauftragt. Hier bringt die FGJE ihre Expertise zur Weiterentwicklung der Jugendpartizipation zielgerichtet in den von der EU angestoßenen Prozess ein. Die FGJE hatte bereits 2008 in Kooperation mit dem BMFSFJ einen Richtung weisenden Runden Tisch zum SD veranstaltet. Zudem untersucht sie im Rahmen der Evaluierung des EU-Förderprogramms JUGEND IN AKTION seit 2009 regelmäßig auch die entsprechende Förderlinie zu Projekten des SD.

Auch wird die dynamische Entwicklung im Bereich der EU-Jugendpolitik durch den aktuellen Vorschlag der EU-Kommission, das bisherige Förderprogramm JUGEND IN AKTION nicht mehr in der bestehenden und bislang sehr erfolgreichen Weise fortzuführen, in Frage gestellt. Damit würde die EU-Jugendstrategie ihr spezifisches Instrument zur Umsetzung verlieren. Anstelle dessen ist geplant, alle bisher bestehenden Programme im Bildungs- und Jugendbereich in einem Megaprogramm ERASMUS FÜR ALLE zusammenzufassen und dem großen Ziel der Mobilität bzw. Beschäftigungsfähigkeit junger Menschen unterzuordnen. Dadurch droht jedoch der Mehrwert von europäischem, nicht formalem Lernen mit seinen zahlreichen und vielfältigen Projekten im Bereich der Jugendpartizipation wie der aktiven europäischen Bürgerschaft aus dem Blickfeld zu geraten.

4 Fazit: Europa braucht Dialog und kritische Reflektion

Die Pionierjahre der FGJE sind mittlerweile vorbei und die europabezogene Jugend- bzw. Bildungsarbeit steckt nicht mehr in den Kinderschuhen. Heute geht es nicht mehr, wie bei dem Weißbuchprozess Neuer Schwung für die Jugend (Europäische Kommission 2001), darum, gute Begründungen dafür zu finden, dass die europäische Dimension in der Jugend- und Bildungsarbeit sowie in der Jugendpolitik überhaupt gestärkt wird. Mit der Jugendstrategie hat die EU bereits eine neue Ära in der europäischen Zusammenarbeit in diesem Politikfeld eingeleitet. Damit der neue Ansatz aber nicht lediglich als Papiertiger fungiert und der Begriff der Jugendpartizipation nicht nur schmückendes Beiwerk von Sonntagsreden ist, muss nun die Frage danach, *wie* die Qualität der Europäisierung der Jugend- und Bildungsarbeit tatsächlich gestärkt werden kann, in den Vordergrund rücken.

Mit ihrem diskursiven und partizipativen Grundverständnis sieht die Forschungsgruppe Jugend und Europa für die Zukunft ihren Schwerpunkt bei der nachhaltigen Stärkung des Verhältnisses von Jugend und Politik. Zur Entwicklung von guten Dialogstrukturen gehören auch Orte und Rahmenbedingungen, die eine kritische Reflektion der europäischen Dimension und konkrete Möglichkeiten der Mitwirkung eröffnen. Die Umsetzung der EU-Jugendstrategie in Deutschland beinhaltet die Chance, dass partizipative Strukturen und Dialogprozesse vor allem bei der lokalen und regionalen Basis gestärkt werden, an denen die unterschiedlichsten Akteure beteiligt sind. Damit die Ergebnisse der Bottom-up-Ansätze auch gesichert werden und Einfluss auf der europäischen Ebene erhalten, ist der Transfer zwischen den verschiedenen Ebenen von enormer Bedeutung. Diese Prozesse wissenschaftlich zu begleiten und zu beraten, wird auch weiterhin eine wichtige Rolle in der Arbeit der FGJE spielen, ebenso wie die Entwicklung von nachhaltigen Dialogformaten.

Literatur

Amtsblatt der Europäischen Union, 2006: Entschließung des Rates zur Umsetzung der gemeinsamen Ziele im Bereich Einbeziehung und Information der Jugendlichen im Hinblick auf die Förderung ihres europäischen Bürgersinns, C 297, 6-10.

Amtsblatt der Europäischen Union, 2009: Entschließung des Rates über einen erneuerten Rahmen für die jugendpolitische Zusammenarbeit in Europa 2010-2018, C 311, 1-11.

Bayerischer Landtag (Hrsg.), 2008: Bericht der Enquete-Kommission des Bayerischen Landtags „Jungsein in Bayern – Zukunftsperspektiven für die kommenden Generationen", Drucksache 15/10881.

Bundesrat, 2009: Drucksache 434.

Europäische Kommission, 2001: Weißbuch der Europäischen Kommission. Neuer Schwung für die Jugend Europas, KOM 428 endg.

Europäische Kommission, 2009: Youth – Investing and Empowering. EU Youth Report, SEC 549 endg.

Feldmann, Eva, 2000: Polen: „Für Eure und unsere Freiheit" – zum Verständnis der polnischen Gesellschaft, Kultur und Identität, Frankfurt a. M.

Feldmann-Wojtachnia, Eva, 2007: Identität und Partizipation. Bedingungen für die politische Jugendbildung im Europa der Bürgerinnen und Bürger, C·A·P Analyse, 8, München.

Feldmann-Wojtachnia, Eva/Gretschel, Anu/Helmisaari, Vappu/Kiilakoski, Tomi/Matthies, Aila-Leena/Meinhold-Henschel, Sigrid/Roth, Roland/ Tasanko, Pia, 2010: Youth participation in Finland and in Germany. Status analysis and data based recommendations, Helsinki/München.

Feldmann, Eva/Henschel, Thomas R./Ulrich, Susanne, 2000: Toleranz. Grundlage für ein gemeinsames Miteinander, gemeinsam mit Bertelsmann Forschungsgruppe Politik (Hrsg.), Gütersloh.

Feldmann-Wojtachnia/Otten, Hendrik/Tham, Barbara, 2011: Unter der Lupe. Bericht zur zweiten Phase der wissenschaftlichen Begleitung von JUGEND IN AKTION in Deutschland, Bonn/München.

Feldmann-Wojtachnia, Eva/Tham, Barbara/Fuchs, Alina, 2005: Bürgerinnen und Bürger versus Verfassung – und nun? Bildungspolitische Konsequenzen aus der Ablehnung des Verfassungsvertrags, C·A·P Papier, München.
Forschungsgruppe Jugend und Europa (Hrsg.), 2004: Das junge Europa. Plädoyer für eine wirksame Jugendpartizipation, Schriftenreihe der Forschungsgruppe Jugend und Europa, Band 8, München.
Forschungsgruppe Jugend und Europa (Hrsg.), 2008: Der Strukturierte Dialog mit der Jugend – quo vadis? Eine Tagungsdokumentation des Runden Tischs zur Politischen Bildung vom 25.-26.02.08 in München, München.
Glaab, Manuela, 1992: Neugierig auf Europa? Die junge Generation in den neuen Bundesländern, Schriftenreihe der Forschungsgruppe Jugend und Europa, Band 2, Bonn.
Henschel, Thomas R., 1993: Europabewusstsein Jugendlicher in West- und Ostdeutschland 1992, Arbeitspapiere der Forschungsgruppe Jugend und Europa, Band 1, Mainz.
Henschel, Thomas R./Thimmel, Andreas (Hrsg.), 1993: „Wohin der Stier uns trägt. Anforderungen an eine europabezogene Jugend- und Bildungspolitik, Schriftenreihe der Forschungsgruppe Jugend und Europa, Band 2, Bonn.
Landeszentrale für politische Bildung Baden-Württemberg/Forschungsgruppe Jugend und Europa (Hrsg.), 2007: „Europa sind wir!" – Methoden für die europapolitische Jugendbildung, Stuttgart.
Landeszentrale für politische Bildung Baden-Württemberg/Forschungsgruppe Jugend und Europa (Hrsg.), 2009: „Europa sind wir!" – Methoden für die europapolitische Jugendbildung, Band 2, Stuttgart.
Rappenglück, Stefan, 2006: Europäische Komplexität verstehen lernen, Schwalbach/Ts.
Tham, Barbara, 1999: Jugendarbeitslosigkeit in der Europäischen Union, Schriftenreihe der Forschungsgruppe Jugend und Europa, Band 7, München.
Tham, Barbara, 2005: Einstellungen, Erwartungen und Befürchtungen Jugendlicher gegenüber der Europäischen Union und ihrer Politik 2005 – Analyse, Bewertung und Perspektiven, C·A·P Papier, München.
Tham, Barbara, 2007: Europäische Bürgergesellschaft und Jugendpartizipation in der Europäischen Union, C·A·P Analyse, 9, München.
Weidenfeld, Werner/Piepenschneider, Melanie, 1987: Jugend und Europa. Die Einstellungen der jungen Generation in der Bundesrepublik Deutschland zur Europäischen Einigung, Mainzer Beiträge zur Europäischen Einigung, Band 9, Bonn.

Britta Schellenberg

Strategien gegen Rechtsextremismus und Vorurteilskriminalität – Für Pluralismus und liberale Demokratie in Deutschland

1 Einleitung

Die Entdeckung des *Nationalsozialistischen Untergrunds* (NSU) und die aktuelle Debatte über das tatsächliche Ausmaß der Gefahr durch den Rechtsextremismus für Leib und Leben sowie die deutsche Gesellschaft markieren die Notwendigkeit, erfolgversprechende Strategien gegen Rechtsextremismus und Vorurteilskriminalität umzusetzen. Der staatliche Umgang mit dem Phänomen weist gravierende strukturelle Probleme auf, ebenso deutliche Wahrnehmungsdefizite bei den bisher zuständigen Behörden und deren Personal. Kann die politische Kategorisierung dazu beigetragen haben, dass die Taten der NSU aus dem Blick gerieten und jahrelang als „Döner-Morde" verunglimpft wurden. Ist sie mit dafür verantwortlich, dass den Opfern von den Ermittlern mafiöse Verstrickungen und ausländische Bandenkriminalität unterstellt wurden?

Es werden einige dieser Defizite einleitend benannt, um davon ausgehend die allgemeine Kategorisierung des Phänomens als Rechtsextremismus zu reflektieren und dadurch entstehende ‚blinde Flecken' zu thematisieren. Hierfür werde ich zum einen historische Bezüge der deutschen Begrifflichkeit nachzeichnen, zum anderen mit dem „Hate Crime-Konzept" eine alternative Kategorisierung des Problems einführen.

Ausführlich benenne ich abschließend fünf Kernpunkte für Strategien gegen Rechtsextremismus bzw. Vorurteilskriminalität und stelle sie als zeitgemäße Instrumente für die Stärkung von Pluralismus sowie der liberalen Demokratie in Deutschland vor.

2 Taten sind Taten sind Taten?

Warum kommt es in Deutschland beim Thema Rechtsextremismus zu ungewöhnlich ausgeprägten Wahrnehmungsproblemen?

Es gibt eklatante Differenzen zwischen der staatlichen Einschätzung des Problems Rechtsextremismus und der zivilgesellschaftlichen sowie wissenschaftlichen Analyse der Lage. Besonders brisant sind diese Differenzen in der Einschätzung der Gefahr, insbesondere gemessen am Indikator der Todeszahlen: Die Bundesregierung hat bislang 48 Todesfälle seit 1990 registriert. Journalisten und Vertreter von Opferberatungsstellen verzeichnen dagegen in den Jahren 1990 bis 2010 138 Todesopfer „rechter Gewalt" (Jansen u. a. 2010, 2011a). Die jüngste Opferchronik der Amadeu Antonio Stiftung zählt inzwischen sogar 181 Todesopfer durch „rechtsextreme Gewalt" seit 1990 (2011). Auch internationale Institutionen kritisieren Deutschland wegen der Art und Weise der Erfassung und des Umgangs mit entsprechenden Opferzahlen. Sie bemängeln, dass Vorurteilskriminalität, insbesondere rassistische Taten, häufig von offiziellen Stellen nicht erfasst würden. Dies liege vor allem daran, dass die Täter keiner rechtsextremen Gruppierung zuzuordnen seien und damit die entsprechende Tat nicht als rassistisch motiviert verzeichnet werde (ECRI 2009: 30).[1]

Doch auch, wenn man – entgegen der Einschätzung von Experten – die offiziellen Zahlen[2] zugrunde legt, ist die Zahl der Opfer immer noch erschreckend hoch. Insbesondere muss einen objektiven Betrachter die aktuelle „Extremismus-"Debatte in Deutschland erstaunen: Die Gefahreneinschätzung beschreibt Rechtsextremismus häufig auf gleicher Ebene wie Linksextremismus bzw. Fundamentalistischen Islamismus. In den Verfassungsschutzberichten ist anderen Formen des Extremismus – je nach Bundesland – ungefähr gleich viel Raum wie dem Rechtsextremismus eingeräumt. Die Suche nach Todesopfern von Linksextremen oder Fundamentalistischen Islamisten in Deutschland im gleichen Zeitraum ist vergeblich – es gibt einfach keine.[3]
Wie kann es zu solchen Wahrnehmungsproblemen kommen?

3 Sind die Wahrnehmungsprobleme auch ein Problem der Kategorisierung und Begriffswahl?

3.1 Extremismus und Rechtsextremismus

In Deutschland ist folgende Perzeption des Problems üblich: Gesehen wird bei Morden an Migranten vor allem ein Problem mit Extremismus[4], nicht mit Rechtsextremismus, polizeilich erfasst werden sie (sogar) unter der Kategorie „polizeilich motivierte Kriminalität rechts". Wie kommt es zu dieser politischen Kategorisierung des Problemkomplexes?

---

[1] Ferner beobachten internationale Institutionen und Menschenrechtsorganisationen mangelnden Aufklärungswillen bezüglich „politisch motivierter Kriminalität rechts". Häufig fehle dem Personal ein menschenrechtliches Grundverständnis. Vorstellungen von Ungleichwertigkeit manifestierten sich beim Personal u. a. in Polizei-Publikationen mit diskriminierendem Inhalt (etwa gegen Roma) und Misshandlungsfällen in Polizeigewahrsam (ECRI 2009: 44f.; Amnesty International 2010).
[2] Die Debatte um den Nationalsozialistischen Untergrund hat dazu geführt, dass einige Länder Todesfälle prüfen, die bislang noch nicht offiziell als „politische motivierte Kriminalität rechts" erfasst worden sind (Jansen 2011b).
[3] Ein Mord im Jahr 1991 wird noch der RAF zugeschrieben, da der Mörder nie gestellt wurde, wird dies allerdings kontrovers diskutiert.
[4] Im Rahmen des Extremismus-Konzepts wird die demokratische Mitte als innerhalb der FDGO und Linksextremismus, Rechtsextremismus, sowie „Ausländerextremismus" außerhalb dieser verortet (Schellenberg 2012a).

Strategien gegen Rechtsextremismus und Vorurteilskriminalität 421

Bundesdeutsches Recht richtet sich strikt gegen alle Akteure und Bestrebungen, die eine Verwandtschaft mit dem Nationalsozialismus aufweisen. Das politische System der Bundesrepublik Deutschland, dessen Grundlage die freiheitlich-demokratische Grundordnung (FDGO) bildet, versteht sich als wehrhafte Demokratie. Der Staat soll durch diese Gesetzgebung in die Lage versetzt werden, eine Wiederholung der Geschichte – die Herrschaft des Nationalsozialismus – zu verhindern. Vor diesem Hintergrund ist die umfangreiche Gesetzgebung gegen als rechtsextrem definierte Delikte in Deutschland zu verstehen: Verboten ist alles, was sich gegen die Verfassung richtet oder eine Wesensverwandtschaft mit dem Nationalsozialismus aufweist, sei es in Schrift, Rede, Symbolik oder Struktur. Auf Grundlage dieser Gesetze wurden auch eine Vielzahl staatlicher Maßnahmen gegen Rechtsextremismus ergriffen, insbesondere Vereins- und Versammlungsverbote (Schellenberg 2008).

Der deutsche Ansatz ist somit traditionell täterzentriert. Als Täter wird definiert, wer sich gegen das System und damit die Grundlage des demokratischen Rechtsstaates – die Verfassung – richtet. Das sich ohnmächtig und entmachtet fühlende Opfer und die (potentielle) Opfergruppe geraten nicht in den Blick. Ebenso werden die feindseligen Vorurteile der Täter zu wenig thematisiert.[5]

3.2 Vorurteile und Vorurteilskriminalität

Bevor ich den Begriff Rechtsextremismus kritisch beleuchten werde, möchte ich ein anderes Konzept zur Beschreibung unseres – durch die Enthüllungen über den Nationalsozialistischen Untergrund (NSU) (wieder) öffentlich diskutierten – Problems einführen: Das „Hate Crime-Konzept". Es weist Schnittpunkte mit demjenigen zum Rechtsextremismus auf, in dem z. B. dieselben Opfergruppen von Übergriffen betroffen sind. Zugleich erlaubt es eine alternative Perspektive auf den hier diskutierten Problemkomplex, da es stärker positive Normsetzungen wie die Menschenrechte und den Pluralismus betont.[6]

Der Begriff „Hate Crime" beschreibt zuerst ein Konzept, kann aber auch eine rechtliche Kategorie sein. Hate Crimes – oder Bias Crimes sind strafrechtlich relevante Handlungen, die auf Grund eines Vorurteils gegenüber bestimmten Merkmalen des

---

[5] Zivilgesellschaftliche Aktivitäten und internationaler Einfluss auf deutsches Recht haben allerdings in den vergangenen Jahren bereits einen Wandel der Perspektive hin zu den Opfern eingeleitet (Schellenberg 2008 C·A·P Analyse; Schellenberg 2012b). Fremdenfeindlichkeit/Rassismus blieb lange unterthematisiert (Schellenberg 2012a).
[6] Das Konzept der Hate Crime oder Bias Crime wurde in den USA entwickelt. Es steht im Zusammenhang mit dem Amerikanischen Bürgerkrieg, der Entwicklung von Bürgerrechtsorganisationen und der amerikanischen Bürgerrechtsbewegung. Es ist also das Resultat einer breiten Opferrechtsbewegung (Coestner 2008). Inzwischen ist das Konzept in vielen Ländern verbreitet, nicht zuletzt auf Grund des Engagements der OSZE.

Opfers begangen wurden.[7] Es kann sich um Einschüchterung, Drohung, Sachbeschädigung, Beleidigung, Mord oder jede andere Straftat handeln. Erst ein Vorurteilsmotiv macht die Straftat zu einem Hate Crime. Vorurteilsmotiv meint, dass der Täter sich sein Opfer oder den Gegenstand auf Grund bestimmter Merkmale ausgesucht hat. Es geht also darum, welche Gruppe der Täter durch das Opfer repräsentiert sieht und nicht darum, wer das Opfer ist. Somit wird die Ursache der Tat wesentlich. Es geraten Vorurteile in den Blick, die ohne die Hate Crime-Kategorie unsichtbar bleiben.[8]

Selbstverständlich gibt es berechtigte Kritik an diesem Konzept (Schellenberg 2012b), aber – um unsere Wahrnehmungsdefizite beim Problemkomplex Rechtsextremismus in Deutschland auf den Prüfstand zu stellen – ist es hier hilfreich, die Vorteile des Konzepts zu betonen. So möchte ich drei positive Effekte hervorheben:

- Das Konzept unterstreicht menschenrechtliche Normsetzungen der Gesellschaft. Die Gesetzgebung gegen Vorurteilskriminalität bestätigt die Gleichwertigkeit aller Menschen in ihr und die Anerkennung der menschlichen Würde. Es sendet positive Signale für Opfer und Gruppen, die diskriminiert werden. Die Botschaft an sie heißt, dass der ihnen zugefügte persönliche Schaden anerkannt wird und das Rechtssystem sie schützt.
- Das Konzept fördert gesellschaftlichen Frieden und Sicherheit, indem es die Taten und die Täter ächtet sowie Vorurteilskriminalität bestraft. Hate Crimes werden als ein potentielles Sicherheitsproblem verstanden, da sie das Potential haben, gesellschaftliche Konflikte und Unruhen zu verursachen.
- Schließlich kann die Ächtung von Hate Crimes eine Eskalationsphase der Gewalt, etwa zwischen verschiedenen gesellschaftlichen oder ethnischen Gruppen, verhindern.[9]

3.3 Wahrnehmungsdefizite als Problem der Kategorisierung

In Deutschland ist die Geschichte eine andere als in den USA oder in den vielen Ländern, die das Hate Crime-Konzept nicht nur rechtlich eingeführt, sondern auch als Teil ihrer Normvorstellungen verinnerlicht haben. Wenngleich plausibel aus der NS-Geschichte, für die Einordnung des RAF-Terrors und die Selbstbehauptung im Kalten Krieg, ergeben sich aus der in Deutschland dominanten Extremismus-Vorstellung heu-

---

[7] Es muss eine strafrechtlich relevante Handlung gegeben sein. Das heißt, ohne strafrechtlich relevante Handlung gibt es kein Hate Crime.
[8] Die OSZE bezeichnet Personenmerkmale, die von Mitgliedern einer bestimmten Personengruppe geteilt werden, z. B. Ethnie, Nationalität, Sprache, Religion oder sexuelle Orientierung, als geschützte Merkmale.
[9] Vor diesem Hintergrund ist auch das besondere Engagement der OSZE gegen Hate Crimes zu sehen (OSCE/ODIHR 2009; ODIHR 2011).

te deutliche Probleme für eine realitätsnahe Einordnung des Phänomens Rechtsextremismus:

Die Fokussierung auf eine bestimmte politische Gruppierung und das Verhältnis des Täters zum Staat lenkt den Blick weg von alltäglicher Abwertung, Diskriminierung und Vorurteilskriminalität: Durch die Wahrnehmung des Phänomens als Rechtsextremismus wird die Verbreitung von Vorurteilen in der Gesellschaft weitgehend ausgeblendet. Stattdessen wird pauschal dem Rechtsextremismus, also einer vorgeblich geschlossenen politischen Ideologie und klaren Organisationsform, der Kampf angesagt. Mit dieser Perspektive auf das Problemfeld werden die Täter am extremistischen Rand, außerhalb der freiheitlich-demokratischen Grundordnung und der Gesellschaft, verortet. Hierdurch wird ein Großteil der Vorurteilskriminalität nicht als Problem wahrgenommen. Die gesamtgesellschaftliche Bedeutung der Fälle (etwa deren Potential für Gewalteskalationen) bleibt unterbelichtet, ebenso wie das Ausmaß der Verbreitung bestimmter Vorurteile in der Bevölkerung.

Zudem scheint die Gefahrenanalyse des Extremismus durch die ihr inhärente politisierende Perspektive eine Realitätsverklärung zu begünstigen: Anders lässt sich die staatliche Problembeschreibung zu Rechts- und Linksextremismus sowie Fundamentalistischem Islamismus nicht erklären. Ein Blick auf Opferzahlen, Ideologie und Schlagkraft der Anhängerschaft in Deutschland müsste dem Rechtsextremismus deutlich mehr Gewicht einräumen als bisher.

Bestimmte Opfer- und Tätergruppen geraten aus dem Blick: Die deutsche Perspektive hat beispielsweise Probleme bei der richtigen Einordnung (ausgerechnet!) von antisemitischen Übergriffen: Diese können nur unzureichend erfasst werden, wenn sie nicht von politisch rechts motivierten Tätern begangen werden, sondern z. B. von Linken oder Migranten. Denn Antisemitismus wird unter „politisch motivierte Taten rechts" verzeichnet.

Kritisch zu sehen ist auch die mangelnde Erfassung ‚gewöhnlicher' Straftaten mit menschenfeindlicher Motivation, wie zum Beispiel Brandstiftung, Körperverletzung und Beleidigung: Insbesondere bei diesen Straftaten greifen die Erfassungskriterien zu kurz, weil gruppenbezogene Menschenfeindlichkeit, wie Rassismus, auf politisch motivierten Rechtsextremismus verkürzt wird. Dadurch kommt es zu Problemen bei einer sauberen Registrierung.

Die entsprechende Motivation, eine solche Straftat zu begehen, bedeutet – anders als bei der Kategorie Hate Crime – nicht notwendigerweise eine Strafverschärfung. Damit geht die normgebende Signalwirkung verloren.

4 Strategien zur Stärkung der liberalen und pluralen Demokratie

Wie muss also ein Konzept aufgestellt sein, das Vorurteilskriminalität und Rechtsextremismus in Zukunft wirksam bekämpft? Die deutsche Diskussion um Gegenstrategien nach antisemitischen, rassistischen und rechtsextremen Taten oder eklatanten

Fällen von Vorurteilskriminalität gipfelt seit mehr als einem Jahrzehnt – gemäß der Logik der Kategorisierung des Problems als Rechtsextremismus – immer wieder in der Forderung nach einem neuen NPD-Verbotsverfahren.[10] Im Folgenden möchte ich nicht Einzelaspekte möglicher Strategien gegen Rechtsextremismus und deren Sinnhaftig- oder Unsinnigkeit diskutieren, ebenso nicht weiter das begriffliche ‚Zurechtstutzen' des Phänomens problematisieren. Vor dem Hintergrund der vorangegangenen Überlegungen stelle ich stattdessen im Folgenden fünf Kernpunkte erfolgsorientierter Strategien zur Stärkung von Pluralität und zur Bekräftigung der liberalen Demokratie vor.

4.1 Grundlagen schaffen: Probleme erkennen, benennen und ihnen strategisch entgegnen

- Kompetenzen und Aufgaben festlegen, Normen setzen: Es fehlen in Deutschland Strukturen, die ein koordiniertes staatliches Vorgehen gegen den Rechtsextremismus ermöglichen. Sich überlagernde, partielle Zuständigkeiten, Machtkonkurrenzen und Kommunikationsprobleme führen zu einem unübersichtlichen Durcheinander bei der staatlichen Annäherung an das Problem. Strategische Planung beginnt mit der Kompetenzklärung, der Formulierung von Zielen und der Entwicklung von Qualitätskriterien. Ein nicht zu unterschätzendes Problem liegt zudem in den verbreiteten Wahrnehmungsdefiziten bei den zuständigen Behörden und deren Personal. Hier braucht es Führungspersonen, die klare Normansagen (Menschenrechte, Pluralismus, liberalen Demokratie) machen, sowie intensive Trainingsmaßnahmen für das Personal. Grundvoraussetzung ist, dass das Problem überhaupt erkannt und auch mit Opfern angemessen umgegangen wird.
- Entstehungsbedingungen des Rechtsextremismus reflektieren und diesen entgegnen: In Deutschland müssen die unterschiedlichen Bedingungen in einzelnen Bundesländern, die Wendeerfahrungen und Entwicklungen in ostdeutschen Regionen, sowie die NS-Geschichte besonders berücksichtigt werden. Wissenschaftliche Arbeiten zu Entstehungsbedingungen, die auch gruppenbezogene Befindlichkeiten aufdecken, sind für die Strategiefindung unerlässlich.
- Verschiedene Erscheinungsformen der Radikalen Rechten[11] erkennen: Der deutsche Rechtsextremismus wird durch starke Gewalttätigkeit und seine ‚Innovationskraft' (etwa Organisationsformen wie NSU, Freie Kameradschaften, Autonome Nationalisten) charakterisiert. Das subkulturelle Milieu ist bedeutender als die Wahlerfolge von Parteien. In der Tat spielt die NPD nicht nur als Partei, sondern auch im bewegungsförmigen Milieu eine Rolle, z. B. durch die Verbreitung von

---

[10] Ein erstes Verbotsverfahren gegen die Partei scheiterte 2003 wegen Verfahrensfehlern, nicht an Zweifeln an der Verfassungsfeindlichkeit der NPD.
[11] Ich (B. S.) verwende den Begriff „Radikale Rechte" als Oberbegriff für politische Strömungen wie Rechtsextremismus und Rechtspopulismus. Der gemeinsame Kern ist die „gruppenbezogene Menschenfeindlichkeit" und die (tendenzielle) Ablehnung von Werten der liberalen Demokratie.

CDs (Schellenberg 2011a). Für eine solide Strategieentwicklung sind die Erfassung von aktuellen und differenzierten Daten, Monitoring und regelmäßige Berichterstattung notwendig. Um ein möglichst realistisches Bild der aktuellen Situation zu zeichnen, müssen neben staatlichen auch wissenschaftliche und zivilgesellschaftliche Akteure konsultiert werden.

4.2 Politischer Umgang: Nicht kooperieren, aber offensiv auseinandersetzen

Wie aktuelle Erfahrungen anderer europäischer Länder zeigen, geht die Strategie nicht auf, die Radikale Rechte zu entzaubern, indem sie in die politische Verantwortung genommen wird. Dies gilt ebenso für die Übernahme eines Teils ihrer politischen Forderungen und Argumentationen, die zu Konzessionen an diese Parteien und ihre Ideologie führen (Bertelsmann Foundation 2009; Beispiel Dänemark: Meret 2009). Dennoch reicht eine öffentlich bekundete Ausgrenzung der Rechtsextremen nicht. Der anstrengende, aber schließlich erfolgversprechende, Weg, den die demokratischen Parteien zu gehen haben, ist die offensive Auseinandersetzung mit dem Rechtsextremismus und seiner Ideologie. Dessen menschenverachtende, autoritäre und aggressive Überzeugungen müssen thematisiert und verurteilt werden. Dabei ist es wichtig, den eigenen Standpunkt plausibel zu machen, was bedeutet, eigene Werte (Vielfalt, Individualismus, Freiheit, Gleichheit etc.) begründet zu vertreten. Demokratie nicht einschränken, sondern sie kontinuierlich erstreiten: Rechtliche Mittel gegen rechtsextreme Akteure – wie etwa Bannmeilen, Nutzungsverbote von Plenarsälen, Demonstrationsverbote – können gebotene Mittel im Kampf gegen Rechtsextreme sein. Allerdings sollte hier stärker der Diskriminierungs- und Opferschutz im Mittelpunkt von Repressionsüberlegungen stehen, und es muss stets neu das richtige Maß gefunden werden, um nicht für die Demokratie lebensnotwendige Rechte anzutasten. Es zeigt sich gerade am Beispiel Deutschlands, dass schlichte Repression die Innovationskraft der Rechtsextremen sogar beflügeln kann (Schellenberg 2008; 2011b). Statt Einschränkungen demokratischer Rechte in Kauf zu nehmen, ist es notwendig, eine selbstbewusste Auseinandersetzung zu führen und gleichzeitig die Beteiligung der Rechtsextremen an politischen Entscheidungen nicht zu akzeptieren.

4.3 Schwerpunkte setzen: Diskriminierungsschutz und Werben für Vielfalt

- Fokus auf Diskriminierungs- und Opferschutz: Die gemeinsame Basis der Radikalen Rechten ist die „gruppenbezogene Menschenfeindlichkeit". Im Denken Rechtsradikaler kann nur eine homogene ethnische Gruppe (die es in der Realität nicht gibt) eine „gesunde Nation" oder einen „intakten Volkskörper" bilden. Ihre ethnisch definierte „Wir-Gruppe" konstituiert sich durch die Abgrenzung zu den von diesem Konzept aus definierten „Fremdgruppen". Die angeblich ‚Fremden' sollen ausgeschlossen werden, wenn nötig gewaltsam. Um Diskriminierung nachhaltig entgegenzutreten, sind auch in Deutschland kontinuierlich Beobachtungsstellen einzurichten und ist auf den Ausbau eines Antidiskriminierungsbewusstseins bei Mitarbeitern staatlicher Institutionen (etwa Polizei, Verwaltung) zu setzen. Gegenmaßnahmen konzentrieren sich weiterhin sehr auf die Gruppe der Täter und immer noch wenig auf die (potentiellen) Opfer. Öffentliche Anerkennung der Opfer und Opferhilfe sind Grundpfeiler einer menschenrechtlich fundierten Gesellschaft.

- Fokus auf Vielfalt und Gleichberechtigung: Entsprechend des rechtsextremen Weltbilds wird Heterogenität, insbesondere ethnische und religiöse Vielfalt, als Hauptursache für gesellschaftliche und individuelle Problemlagen ausgemacht. Desto wichtiger ist es für eine effektive Bekämpfung des Rechtsextremismus, auf Vielfalt und, im Sinne der eigenen Rolle in der demokratischen Gesellschaft, auf die Förderung von Verantwortungsbewusstsein und Partizipation des Einzelnen zu setzen. Gleichberechtigung oder Chancengleichheit müssen für jedes Individuum einzufordern sein, unabhängig vom kulturellen oder sozialen Hintergrund.

4.4 Die Entwicklung einer Zivilgesellschaft zulassen und bürgerschaftliches Engagement stärken

- Bürgerschaftliches Engagement anerkennen: *Starke* zivilgesellschaftliche Akteure und bürgerschaftliches Engagement sind unentbehrliche Partner bei der Bekämpfung der Radikalen Rechten. Sie beobachten die rechtsradikale Szene vor Ort, organisieren Protestaktionen, häufig in Form von Demonstrationen und Konzerten, oder sie leisten Opferhilfe. Diese Akteure haben sowohl großen Einfluss auf die Entwicklung einer breiteren Problemwahrnehmung in der Bevölkerung als auch auf ihre Mobilisierung gegen Rechtsextremismus und Vorurteilskriminalität.
- Zusammenarbeit zwischen Staat und Zivilgesellschaft: Während der Staat sein Gewaltmonopol nicht aufgeben darf und Gewalttaten sowie Verletzungen gegen die Menschenrechte insgesamt bestrafen muss, ist es gleichfalls wichtig, dass staatliche Institutionen sich gegenüber der Zivilgesellschaft öffnen, sie nicht kriminalisiert und nicht vor gemeinsamen Aktivitäten auf Augenhöhe zurückschrecken. Für eine erfolgreiche Bekämpfung des Rechtsextremismus und der Vorurteilskriminalität ist es wichtig, möglichst viele kompetente Akteure mit ‚im Boot' zu haben. Zivilgesellschaftliche Organisationen und der Staat sollten über ihre Monitoringergebnisse und die Auswertung der Daten im Gespräch sein. Da das Spendenverhalten in Deutschland (etwa im Vergleich zu anderen westeuropäischen Ländern) für Bürgerrechts- und Opferschutzorganisationen leider nicht sehr ausgeprägt ist, brauchen zivilgesellschaftliche Akteure meist finanzielle Unterstützung vom Staat. Insbesondere solche Organisationen, die in sozialen Brennpunkten und in strukturschwachen Regionen tätig sind, müssen intensiv gefördert

werden (Schellenberg 2009). Hierfür sollten Bundes- und Landesprogramme nötige Mittel bereitstellen.

4.5 *Bildung für Demokratie und Menschenrechte*

- Kompetenzen für die plurale Gesellschaft entwickeln: Die Verankerung einer für Pluralismus offenen politischen Kultur ist grundlegend, um Menschen gegen rechtsextreme, gewalttätige und menschenverachtende Orientierungen zu wappnen. Dafür ist Bildung entscheidend. Hier kann gezeigt werden, dass Ausländer oder Angehörige von Minderheiten nicht per se an gesellschaftlichen und individuellen Problemlagen schuld sind. Die kritische Thematisierung des Rechtsextremismus kann demonstrieren, warum die rechtsextreme Ideologie einem respektvollen Miteinander und der eigenen Entfaltung entgegensteht (Schellenberg 2011b). Neben einem reinen Faktenwissen sind zudem Erfahrungen mit Vielfalt wichtig, um über den eigenen Tellerrand hinausschauen zu können und sich in einer heterogenen Gesellschaft zurechtzufinden. Emotionale Ausgeglichenheit, die Fähigkeit, sich in die Situation Anderer zu versetzen, ein angemessenes Selbstwertgefühl, Konfliktfähigkeit, Offenheit und Neugier sind Kompetenzen, die Kinder und Jugendliche gegen Rechtsextremismus wappnen. Zentral ist die frühe, kontinuierliche und möglichst individuelle Förderung dieser sozialen und emotionalen Kompetenzen in Kindertagesstätten und Schulen, aber auch am Arbeitsplatz (Georgi/Hartmann/Schellenberg/Debrich 2005).
- Werte vermitteln und Demokratie erlebbar machen: Präventive Bildungskonzepte sollten sich an Werten wie Toleranz, den Menschenrechten und Vielfalt orientieren und zum Ziel haben, eine demokratische, partizipative und motivierende Lern- und Arbeitskultur zu entfalten. Dabei sind Prävention von gruppenbezogenen Vorurteilen, Gewalt und Extremismus wichtige Elemente einer breiten demokratischen Schul- und Gesellschaftsentwicklung (Edelstein/Fauser 2001). Bundes- und Landesprogramme können hier nur Impulse geben – sie erlauben schon von ihrem Anspruch her keine kontinuierliche und langfristige Arbeit.

5 Fazit

Die Extremismusbekämpfung ist weder Garant für die Entwicklung noch für den Erhalt einer pluralen, liberalen und demokratischen Gesellschaft. Unabdingbar für unsere heterogene, globalisierte Informations- und Wissensgesellschaft ist die Wahrnehmung und Ächtung von Vorurteilen (die in gewalttätigen Übergriffen ihren aggressivsten Ausdruck finden) gegen bestimmte Mitglieder unserer Gesellschaft und Ausländer. Eine entsprechende Vorurteilsperspektive – wie sie das Hate Crime-Konzept unterstreicht – ist Ausdruck der Achtung und Verteidigung der Menschenrechte und Voraussetzung für soziale Stabilität und ökonomischen Erfolg. Die Analyse zeigt, dass aktuelle Problembewältigungsstrategien nicht auf die Vorurteilsperspektive verzichten können. Es wird deutlich, dass es keinen Einzelansatz und keine kurzfristige Strategie gibt, welche die politische und soziale Gefahr, die vom Rechtsextremismus und von Vorurteilskriminalität ausgeht, neutralisieren könnte. Die Diskussion um Eckpunkte erfolgversprechender Strategien zeigt vielmehr, dass eine sorgfältige Analyse, Vielschichtigkeit und das gemeinsame Engagement vieler Akteure der Schlüssel zum Erfolg sind. Die fünf vorgestellten Punkte bieten einen sicheren Kompass für die erfolgreiche Bekämpfung der Vorurteilskriminalität und damit auch des Rechtsextremismus.

Literatur

Bertelsmann Stiftung (Hrsg.), 2009: „Strategies for Combating Right-Wing-Extremism in Europe", Gütersloh.
Coester, Marc, 2008: Hate Crimes. Das Konzept der Hate Crimes aus den USA (...), Frankfurt a. M.
Georgi, Viola/Hartmann, Hauke/Schellenberg, Britta/Debrich, Michael (Hrsg.), 2005: Strategien gegen Rechtsextremismus, Band 2, Gütersloh.
Meret, Susi, 2009: Country report Denmark, in: Bertelsmann Stiftung (Hrsg.), „Strategies for Combating Right-Wing-Extremism in Europe", Gütersloh, 81-126.
OSCE/ODIHR (Hrsg.), 2009: Preventing and responding to hate crimes, Warschau.
Schellenberg, Britta, 2009: Country Report Germany, in: Bertelsmann Stiftung (Hrsg.), Strategies for Combating Right-Wing-Extremism in Europe, Gütersloh, 179-248.
Schellenberg, Britta, 2011b: Unterrichtspaket Demokratie und Rechtsextremismus (...), Schwalbach /Ts.
Schellenberg, Britta, 2012a: Auseinandersetzung mit Rechtsextremismus und Fremdenfeindlichkeit in der Bundesrepublik Deutschland. Der Fall Mügeln, im Erscheinen.

Internetquellen

Amadeu Antonio Stiftung, 2011: 181 Todesopfer durch rechte Gewalt, in: Die Welt, 20.11.11, http://www.welt.de/politik/deutschland/article13725571/181-Todesopfer-durch-rechte-Gewalt-in-Deutschland.html (Stand: 30.12.11).
Amnesty International (Hrsg.), 2010: Täter Unbekannt. Mangelnde Aufklärung von mutmaßlichen Misshandlungen (...), http://www.amnesty-polizei.de/d/wp-content/uploads/Polizeibericht-Deutschland-2010.pdf (Stand: 30.12.11).
ECRI (Hrsg.), 2009: ECRI Report on Germany, fourth monitoring cycle, http://hudoc.ecri.coe.int/XMLEcri/ENGLISH/Cycle_04/04_CbC_eng/DEU-CbC-IV-2009-019-ENG.pdf (Stand: 30.12.11).
Edelstein, Wolfgang/Fauser, Peter, 2001: Demokratie lernen und leben (...), Heft 96, Bund-Länder-Kommission für Bildungsplanung und Forschungsförderung, http://blk-demokratie.de/fileadmin/public/dokumente/Expertise.pdf (Stand: 30.12.11).
Jansen, Frank, 2011a: Die 90 vergessenen Opfer, in: Potsdamer Neue Nachrichten, http://www.pnn.de/politik/386072/, 23.03.2011 (Stand: 30.12.11).
Jansen, Frank, 2011b: Mörder sah sich als „Sturmbannführer", in: Potsdamer Neue Nachrichten, 23.12.11, http://www.pnn.de/politik/607840/ (Stand: 30.12.11).

Jansen, Frank/Kleffner, Heike/Radke, Johannes/Staud, Toralf, 2010: Tödlicher Hass. 137 Todesopfer rechter Gewalt, in: Tagesspiegel, 15.09.10, http://www.tagesspiegel.de/politik/rechtsextremismus/toedlicher-hass-137-todesopfer-rechter-gewalt/1934424.html (Stand: 30.12.11).

ODIHR (Hrsg.), 2011: Hate crimes in the OSCE region: incidents and responses - annual report for 2010, http://tandis.odihr.pl/hcr2010/pdf/Hate_Crime_Report_full_version.pdf (Stand: 30.12.11).

Schellenberg, Britta, 2008: Strategien gegen Rechtsextremismus in Deutschland. Analyse der Gesetzgebung und Umsetzung des Rechts, C·A·P Analyse, 2, http://www.cap.lmu.de/download/2008/CAP-Analyse-2008-02.pdf (Stand: 30.12.11).

Schellenberg, Britta, 2011a: Die Radikale Rechte in Deutschland. Sie wird verboten und erfindet sich neu, in: Langenbacher, Nora/Schellenberg, Britta (Hrsg.), Europa auf dem „rechten" Weg? Rechtsextremismus und Rechtspopulismus in Europa, Friedrich-Ebert-Stiftung Berlin, 59 – 83, http://www.cap.lmu.de/download/2011/FES_2011_Deutschland.pdf (Stand: 30.12.11).

Schellenberg, Britta, 2012b: Hate Crime – meaning, development, critique, in: Stiftung Erinnerung, Verantwortung, Zukunft (Hrsg.), Stop Hate Crime! [...] International Conference, Berlin, 31-36. http://www.stiftung-erz.de/w/files/hate-crime/conference-report-stop-hate-crime.pdf (Stand: 02.05.12

Michael Weigl

Anwendungsfelder angewandter Identitätsforschung in Deutschland – eine politikwissenschaftliche Perspektive

1 Prämissen politikwissenschaftlicher Identitätsforschung

Politikwissenschaftliche Identitätsforschung ist per se nur interdisziplinär zu denken. Die identitäre Fragentrias „Wer bin ich?", „Woher komme ich?" und „Wohin gehe ich?" ist – auch wenn sie auf Kollektive gemünzt in der Wir-Form formuliert wird – immer dem Individuum verpflichtet. Sie fußt damit primär auf (sozial-)psychologischen wie soziologischen Erkenntnissen und bricht diese auf die politikwissenschaftliche Kernfrage nach „Aktivitäten zur Vorbereitung und zur Herstellung gesamtgesellschaftlich verbindlicher und/oder am Gemeinwohl orientierter und der ganzen Gesellschaft zu gute kommender Entscheidungen" (Meyer 2010: 37) herunter. Als Prämissen politikwissenschaftlicher Identitätsforschung sind deshalb zu formulieren:

Kein Kollektiv besitzt eine ‚naturgegebene' Identität, die es in einem Prozess des Grabens in historischen Tiefenschichten lediglich zu entdecken und zu Tage zu fördern gilt. Stattdessen ist kollektive Identität nur denkbar als „gesellschaftliche Konstruktion der Wirklichkeit" (Berger/Luckmann 1967). Gibt es keine Wirklichkeit per se, kann es auch keine Wahrheit a priori geben. Realität ist folglich nicht, was ist, sondern das, was von den Kollektivmitgliedern als seiend erachtet wird. Auf Grund ihres diskursiven Charakters ist eine einzige kollektive Identität nur hypothetisch denkbar. Vielmehr stellt sich diese als permanenter Wettstreit um Deutungshoheit dar, in dem verschiedene Identitätsangebote miteinander wetteifern. Akteure dieses Wettstreits sind potentiell alle, die Zugang zu kollektiven Teilöffentlichkeiten besitzen. Dabei sind ausgeprägte horizontale wie vertikale Fragmentierungen offensichtlich. So gibt es stets zahlreiche, parallel geführte Identitätskurse, die inhaltlich und/oder personell ineinander verschränkt sein können. Manche Diskurse sind geographisch und/oder auf ein Kollektiv begrenzt, andere sind als Mehrebenendiskurse zu charakterisieren, die über Grenzen wie Kollektive hinweg geführt werden. Instrumente dieses Diskurses sind nicht nur die Sprache, sondern ebenso visuelle und akustische Kommunikationsträger. Damit diese Wirksamkeit erlangen können, müssen sie auf symbolische Codes zurückgreifen, die von den Mitgliedern eines Kollektivs auch ohne erklärende Worte verstanden werden können. Kollektive Identitäten sind damit wesentlich kulturell bedingt und limitiert. Ein endgültiges und abschließendes Ergebnis kennen kollektive Identitätsdiskurse schließlich nicht. Damit Narrative ihre vergemeinschaftende Wirkung erzielen können, muss an sie erinnert werden und ihre Erzählung eine interpretative Orientierungsleistung vor dem Hintergrund der jeweiligen und sich fortlaufend wandelnden Umwelten erbringen.

Politikwissenschaftliche Identitätsforschung ist vor diesem Hintergrund mit einer Vielzahl von Fragestellungen konfrontiert, wie:

- Welche kollektiven Identitätsdiskurse werden in welchen Teilöffentlichkeiten warum und mit welchen Instrumenten geführt?
- Welche Themen erlangen wann und warum Relevanz für Identitätsdiskurse?
- Wer sind warum die zentralen Akteure in diesen Diskursen? Wer kann wie und warum Deutungshoheit erlangen?
- Inwieweit sind diese Diskurse miteinander verschränkt und verstärken oder limitieren sich so gegenseitig?
- Inwieweit verengen oder erweitern sie die Handlungskorridore politischer Akteure?
- Inwieweit wirken sich Identitätsdiskurse auf die Darstellungs- und Entscheidungspolitik politischer Akteure aus bzw. *vice versa*?

Sie ist daher als Querschnittsthema mit Bezug auf alle drei Dimensionen von Politik (Form, Inhalte, Prozesse) gleichermaßen zu charakterisieren – mit Relevanz beispielsweise für die Analyse von Regierungshandeln ebenso wie für Theorien der internationalen Beziehungen.

2 Abschied von identitären Selbstverständlichkeiten

Als zentral für die Intensivierung der politikwissenschaftlichen Beschäftigung mit Fragen von Identität erwiesen sich zu identifizierende Krisensymptome, die auf den schleichenden Abschied von identitären Selbstverständlichkeiten schließen ließen bzw. schließen lassen und die Politik vor neue Herausforderungen stellen.

Weitgehende Zustimmung erfährt unter Identitätsforschern die These, wonach Identität als Phänomen der Moderne zu begreifen sei: „Modern man, almost inevitably it seems, is ever in search of himself". (Berger/Berger/Kellner 1973: 94) Erst infolge des fortschreitenden „embedding" in der modernen Gesellschaft, der Auflösung traditioneller Wert-, Orientierungs- und Lebensmuster, müssten sich die Menschen demnach ihrer selbst vergewissern (Keupp u. a. 2002). Wie Vergangenheit, Gegenwart und Zukunft von Kollektiven in einen identitären Zusammenhang zu stellen seien, aber bestimmten lange noch Meinungsbilder stellvertretend für weitgehend geschlossene Milieus. Begleiteten solche Milieus mit ihren Normen und Werten das Leben der meisten Menschen früher ‚von der Wiege bis zur Bahre', verloren sie im 20. Jahrhundert und vor allem nach dem Zweiten Weltkrieg zunehmend an Bindungskraft. Kollektiven Identitätsdiskursen aber fällt es vor dem Hintergrund verstärkt pluralistischer und heterogener Gesellschaften immer schwerer, ihre vergemeinschaftende Wirkung zu generieren, zumal mit Milieuerosion und gesellschaftlicher Fragmentierung auch ein Verfall gemeinsamer Wahrnehmungs- und Symbolwelten verbunden ist (Elias 1987):

- Angesichts der gesellschaftlichen Fragmentierung in unzählige Individualinteressen und immer spezifischere Teilöffentlichkeiten wird es ständig schwieriger, Konsens in gesellschaftspolitischen Fragen zu stiften und Identität herzustellen. Die Notwendigkeit, Politik kommunikativ zu legitimieren, besteht heute mehr denn je, allerdings wird es zugleich ein immer komplexeres Unterfangen, Politik überhaupt erklären zu können.
- Problemlösungen gewinnen angesichts sich intensivierender Interdependenzen von Themen und Staaten zunehmend an Komplexität. Zwar ist Globalisierung kein neuartiges Phänomen (James 2009), jedoch liegt die neue Qualität des aktuellen Globalisierungsschubes darin, dass er die Gestaltungs- und Steuerungsfähigkeit der in der Neuzeit entstandenen Nationalstaaten in Frage stellt.
- Die Beschleunigung von Politik und Gesellschaft (Rosa 2005) lässt politischen Akteuren kaum noch Zeit zum Atmen. In einer multimedialisierten, digitalisierten und globalisierten Welt herrschen Produktivitätsdruck und Zeitmangel gleichermaßen. Jedes Geschehen verlangt sofortige Kommentierung und schnellstmögliche Lösung: „Diese Hektik im Getriebe führt in vielen Fällen zu Fehlentscheidungen." (Nida-Rümelin 2011)

Der Bedarf an Orientierungswissen ist in der Moderne stetig angestiegen. Bis 1990 wurden Defizite durch die hoch emotionalisierte Frontstellung der Ideologien im Kalten Krieg noch teilweise relativiert. Seit dem Ende der Blockkonfrontation aber treten die Problemlagen unverkennbar zu Tage. Doch obwohl die Politik oftmals selbst identitäre Mangelerscheinungen konstatiert, bleiben Akteure, die versuchen, notwendige Orientierungsleistungen zu erbringen, rar gesät. Nationale Eliten wie auch regionale und lokale Honoratioren haben kontinuierlich an Autorität eingebüßt, der permissive Konsens zu Europa ist merklich diffundiert. Nicht nur politische Akteure, auch die intellektuellen Eliten hegen in einer durch die weltweite Vernetzung immer facettenreicheren und auch komplizierteren Welt kaum noch den Anspruch, grundlegende Identitätsentwürfe zu entwickeln. Identität aber wird so stetig mehr zum Zufallsprodukt der Tagespolitik. Ihre Aushandlung findet, wenn überhaupt, immer seltener gesamtgesellschaftlich, sondern zunehmend in segmentierten Teilöffentlichkeiten statt; eine Entwicklung, die durch das Internet weiter forciert wird. Eine Folge ist, dass Identitätsaussagen zu Kollektiven heute viel schwieriger zu treffen sind als in Zeiten stabiler Milieus, öffentlich eindeutig identifizierbaren Meinungsbildern und/oder intensiv geführten Identitätsdiskursen. Der Bedarf an Orientierungsleistung wächst – und mit ihr jener an kompetenter Politikberatung zu Fragen zum Thema „Identität".

3 Arenen angewandter Identitätsforschung

Die Kompetenz, Entscheidungen responsiv zu gestalten, ist heute mehr denn je gefordert. Identität gewinnt an Bedeutung als eine der Variablen, die den Handlungskorridor politischer Akteure abstecken; sie definiert mit, welche Politik möglich ist und welche nicht. Gleichzeitig jedoch fällt es Politikern immer schwerer, eben diese Kompetenzen selber zu erwerben. Angewandte Identitätsforschung steht deshalb vor der Herausforderung, einerseits die aufgerissene Wissenslücke um die Identität von Kollektiven schließen zu helfen und andererseits, aufbauend auf diesem Wissen, identitär legitimierte Handlungsalternativen als Impuls für Politikhandeln zu formulieren.

Bereits in den frühen 1980er Jahren begann die angewandte Politikforschung, ihre Bemühungen um die Analyse kollektiver Identitätsdiskurse zu intensivieren. Den Anstoß hierzu hatte die Beobachtung des skizzierten Abschieds von ehemaligen identitären Selbstverständlichkeiten gegeben, die auch die Politik in Europa und Deutschland zunehmend beschäftigte.

3.1 Europa

Anfang der 1970er Jahre begann die Europäische Gemeinschaft (EG), sich intensiver mit ihrem eigenen Selbstverständnis auseinanderzusetzen (Weigl 2006). Am 14. Dezember 1973 nahmen die Außenminister der EG-Mitgliedstaaten ein Dokument über die europäische Identität an, in welchem von einem „gemeinsamen Erbe" ebenso die Rede ist wie von einer „weltpolitischen Verpflichtung" der Staatengemeinschaft (Europäische Gemeinschaften 1973). Der Grundstein für das weitere Nachdenken über Europa war damit, wenn auch inhaltlich noch wenig ausdifferenziert, gelegt.

Die angewandte Politikforschung begleitete den nunmehr begonnenen Weg der europäischen Identitätsfindung kontinuierlich. Sie bilanzierte die Prozesse, gab aber auch selbst Input für neue Diskussionen und Initiativen, indem sie die Ergebnisse ihrer Studien zur Grundlage politischer Beratungstätigkeit machte, sie politischen Entscheidungsträgern zur Verfügung stellte und ihnen gegenüber gezielt vermittelte.

Bereits 1985, nur ein Jahr nach der Annahme eines interfraktionell ausgearbeiteten und im Europäischen Parlament mit großer Mehrheit verabschiedeten „Vertragsentwurfes zur Gründung einer Europäischen Union", versuchte beispielsweise der Sammelband „Die Identität Europas" (Weidenfeld 1985) die begonnene Diskussion zu strukturieren und so selbst Impulse zu setzen. In der Folge gewann das Thema Identität eine immer größere Bedeutung, je komplexer und intransparenter die Staatengemeinschaft wurde und je weniger die identitären Grundlagen des ‚Friedensprojektes' Europa noch zu emotionalisieren verstanden. Die Diskussion um die Notwendigkeit einer europäischen Verfassung als Reaktion auf Ineffektivität wie Bürgerferne intensivierte sich deshalb zusehends. Eine Vielzahl von Personen und Institutionen legten im

Rahmen dieses Diskurses selbst Entwürfe eines Verfassungswerkes vor – darunter auch das Centrum für angewandte Politikforschung (C·A·P) München.

Mit dem Scheitern des Vertragsentwurfes und dem Beschluss des Lissaboner Vertrages Ende 2009, der gerade hinsichtlich der für Identitäten wichtigen Symbole hinter dem Verfassungsentwurf zurücksteht, trat auch in den Diskursen um eine europäische Identität eine neue Nüchternheit ein. Von Akteuren der angewandten Identitätsforschung vorgelegte Bilanzen untermauern dies nachdrücklich (z. B. Weidenfeld 2008). Welche Brisanz in jenem Befund liegt, offenbarte die jüngste Finanz- und Schuldenkrise des Euroraums, die an den Grundfesten des europäischen Gemeinschaftswerkes rüttelt. Es ist gerade diese Dramatik, die dem Ringen um eine europäische Identität neues Leben einhauchen könnte. Wie kein Ereignis in der Geschichte des europäischen Einheitswerkes zuvor führt die gegenwärtige Krise die Interdependenzen im Mehrebensystem der Europäischen Union allen Beteiligten wie Beobachtern vor Augen. Ambitionen der Formulierung eines Narrativs, das Europas Sinnhaftigkeit wieder fühlbar werden lassen und so eine mit zeitlosen Werten unterfütterte europäische Vision ergänzend zum Friedensprojekt formulieren könnte, fehlen jedoch.

Die angewandte Identitätsforschung weist seit Jahren in Beratung und Öffentlichkeit auf dieses Defizit und seine destabilisierende Wirkung für das europäische Gemeinschaftswerk hin (z. B. Nida-Rümelin/Weidenfeld 2007; Weigl 2009). Gleichzeitig entwickelt sie innovative Ansätze, Europa den Menschen näher zu bringen und den Diskurs um Europas Identität zu fördern (Feldmann-Wojtachnia/Tham 2012).

3.2 Deutschland

Fragen nach europäischer und deutscher Identität sind seit jeher eng miteinander verbunden: „Die Beschaffenheit der europäischen Mitte berührt stets die Interessen der umliegenden Staaten und Mächte. Die dialektische Einheit deutscher und europäischer Zukunftsentwürfe ist unübersehbar." (Weidenfeld 1990: 8)

Zur Zeit des Kalten Krieges und der Teilung war das Ringen um eine deutsche Identität grundlegend für die Selbstverortung der Bundesrepublik wie der DDR. Nicht nur die Frage nach der Art und Weise, wie mit der nationalsozialistischen Vergangenheit umzugehen und welche Lehren daraus für Innen- wie Außenpolitik im Blockantagonismus zu ziehen seien, bestimmte in vielfältiger Weise die öffentliche Debattenkultur. Auch die Zweistaatlichkeit und die bis 1990 eingeschränkte Souveränität Deutschlands zwangen zu kontinuierlicher Hinterfragung des eigenen Selbstverständnisses. Ebenso musste erst ein eigenes, demokratisches Selbstbild entwickelt werden. Die Parole „Mehr Demokratie wagen" von Willy Brandt stellte hier, nach der in der Adenauer-Ära von allen Parteien gleichermaßen geteilten Skepsis um die Demokratiereife der Deutschen, im Jahre 1969 einen Wendepunkt dar.

40 Jahre zweigeteilte Geschichte hinterließen zunehmend ihre mentalen Spuren. Je länger die Teilung Deutschlands andauerte und außerdem die Nachkriegsgeneration

heranwuchs, umso drängender stellten sich Fragen nach einer spezifisch bundesdeutschen Identität. Ende der 1970er Jahre setzte so abermals ein intensiviertes Nachdenken der (Bundes-)Deutschen über sich selbst ein, das ein Verblassen der bis dahin prägenden Aufgaben und Perspektiven kompensierte: „Die Nachwirkungen der Gründergeneration sind weitgehend aufgezehrt. Substanz und Legitimation der Politik werden neu besichtigt." (Weidenfeld 1989: 24f.)

Die angewandte Identitätsforschung nahm diesen Prozess zum Anlass, Deutschlands Identitätsdiskurse eingehend zu analysieren und als weitere Determinante politischer Prozesse in ihre Formulierungen von Handlungsalternativen zu integrieren. Bereits frühzeitig trat sie mit Studien zur Frage nach der Einheit der deutschen Nation (Weidenfeld 1982), zur Identität der Deutschen (1983) und zur Suche der Deutschen nach sich selbst (1984) auch an die Öffentlichkeit und verlieh so den Diskursen substantielle Impulse. Die Studiengruppe „Deutsche Frage", in der sich seit den 1980er Jahren führende Wissenschaftler und Experten zum Thema regelmäßig in Schloss Auel bei Bonn austauschten, war Zeugnis dieses intensivierten Nachdenkens über deutsche Orientierungen. Dass das 1989 vorgelegte „Deutschland-Handbuch" (Weidenfeld/Zimmermann) als umfassendes Kompendium zur deutsch-deutschen Politik und Befindlichkeit im Sinne einer Meta-Analyse begann, den Diskurs selbst zu bilanzieren, war vor diesem Hintergrund nur folgerichtig.

Was zu diesem Zeitpunkt kaum jemand ahnen konnte: Das „Deutschland-Handbuch" sollte die letzte umfassende Verortung des zweigeteilten Deutschlands und seiner Identitäten werden. Mit einem Mal gehörte die Teilung der Nation in zwei Staaten mit unterschiedlichen politischen Systemen der Vergangenheit an, gerade als das Gefühl einer besonderen, nationalen Verbundenheit zumindest in Teilen der westdeutschen Bevölkerung zu verblassen begann (Glaab 1999: 371). Mit der Wiedervereinigung und dem Erlangen der uneingeschränkten Souveränität im „Zwei-plus-Vier"-Vertrag (vgl. Korte 1998; Weidenfeld 1998) stand die deutsche Standortbestimmung vor neuen, aber nicht minder drängenden Herausforderungen. Nicht zuletzt die am politikwissenschaftlichen Lehrstuhl von Werner Weidenfeld an der Universität Mainz und ab 1995 an dem von ihm geleiteten Centrum für angewandte Politikforschung (C·A·P) in München angesiedelte Forschungsgruppe Deutschland legte hierzu kontinuierlich Studien vor, deren Ergebnisse in verschiedenen Formaten gegenüber politischen Entscheidungsträgern vermittelt wurden:

- Bereits unmittelbar nach dem Fall der Mauer sah die angewandte Identitätsforschung „die politisch-kulturelle Elementaraufgabe darin, die Konstruktionsgesetze für Deutschland und Europa nach Ende des ideologisch aufgeladenen Ost-West-Konflikts zu entwerfen" (Weidenfeld 1990: 180). Für Deutschland erwies sich dabei insbesondere die Frage als zentral, ob die Deutschen in den Jahrzehnten der Teilung ein Zusammengehörigkeitsgefühl hatten bewahren können (Weidenfeld/Glaab 1995; Glaab 1999) und welche Implikationen dies für den Prozess der Inneren Einheit bedeuten würde. Nachdem die Studie „Die Deutschen - Profil einer Nation" schon 1991 das Bild einer pragmatischen Gesellschaft gezeichnet hatte (Weidenfeld/Korte), ging die Forschungsgruppe Deutschland mittels qualitativer Interviews im Herbst 1993 der Frage nach, was die Deutschen eint und was sie trennt (Amsler u. a. 1995).

- In den Folgejahren wurden die Analysen deutscher Identität kontinuierlich fortgeschrieben. Bereits 1992 zog das von Werner Weidenfeld und Karl-Rudolf Korte herausgegebene „Handwörterbuch zur deutschen Einheit" eine erste Bilanz über diese Frage. In den darauf folgenden Jahren nahmen das „Handbuch zur deutschen Einheit" (Weidenfeld/Korte 1996) sowie das „Handbuch zur deutschen Einheit 1949–1989–1999" (1999) kritische Bestandsaufnahmen der Folgen der deutschen Einheit vor. Das 2001 erschienene „Deutschland-Trendbuch" erweiterte die Perspektive um die sich stellenden Zukunftsfragen (Korte/Weidenfeld). Mit dem Buch „Deutsche Kontraste" (Glaab/Weidenfeld/Weigl 2010) wurde schließlich eine Synthese der beiden Ansätze vorgelegt, die die zeithistorische Perspektive des „Handbuchs" mit dem Fokus auf zukünftige Entwicklungen des „Trendbuchs" verband.

- Schließlich gewann mit der EU-Erweiterung auch die Frage an Relevanz, wie die Beziehungen Deutschlands zu seinen östlichen, ehemals jenseits des Eisernen Vorhangs gelegenen Nachbarländern zu gestalten seien. Identitätsnarrative aus der Zeit der Blockkonfrontation, welche die Welt in Gut und Böse einteilten, erwiesen sich als hartnäckig, gerade entlang der bayerisch-tschechischen Grenze, die früher auch die Grenze zwischen den Blöcken darstellte. Zwar trugen zahlreiche Initiativen zur Intensivierung des grenzüberschreitenden Dialogs bei. In den identitätsbasierten Tiefenschichten der Beziehung aber blieb das Verhältnis noch von tiefen Gräben durchzogen. Auf Grundlage einer eigenen qualitativen Studie (Weigl 2008) brachte sich die Forschungsgruppe Deutschland des C·A·P auch hier in den regionalen Diskurs ein, indem sie Entscheidungsträger informierte, mit ihnen diskutierte und mögliche Handlungsalternativen abwog, beispielsweise auf einer Konferenz mit Teilnehmern aus Politik und Gesellschaft in Furth im Wald.

3.3 Regionen

Generell gewinnen Regionen als Arenen angewandter Identitätsforschung zunehmend an Bedeutung. In einer immer schnelllebigeren und unübersichtlicheren Welt sehen sich viele Menschen wieder nach abgrenzbaren geographischen wie soziokulturellen Räumen als Heimat bzw. Anker- und Ruhepunkte. Jedoch scheint dieses Phänomen nur die eine Seite zu sein, die andere hingegen, dass regionale Solidarität gleichzeitig immer schwieriger herzustellen scheint.

Die Ausprägung stabiler regionaler Identitäten ist dabei allerdings weiterhin von hoher Bedeutung. Beispielsweise engagieren sich Personen mit einer geringeren regionalen Identität tendenziell nicht nur weniger für ihre Wohnumgebung, sondern verlassen diese in persönlichen Krisenzeiten wie dem Arbeitsplatzverlust auch schneller (Weigl 2008). Zudem schwindet bei einer wenig ausgeprägten regionalen Identität der Wille, bei kontroversen Vorhaben eine gemeinsame Lösung für die Region zu finden und dabei persönliche Interessen hintanzustellen. Zunehmend auch auf der kommunalen und regionalen Ebene ausgefochtene Konflikte sind vor diesem Hintergrund als Warnsignal hinsichtlich einer sich verringernden Belastbarkeit regionaler Identitäten zu interpretieren.

Eine solche lässt sich heute nicht mehr „von oben", etwa durch lokale Honoratioren wie Bürgermeister, gewissermaßen verordnen. Vielmehr müssen die Bürger selbst in Prozesse des Nachdenkens über die eigene Region und ihre Gestaltung mit einbezogen werden. Die angewandte Identitätsforschung verweist deshalb auch bezüglich Regionen auf die Prämisse einer nur in kollektiven Diskursen verhandelbaren Identität, welche in der Forderung nach einer konsequenten Involvierung der Bevölkerung in Prozesse der Regionalentwicklung mündet. Genau dieser Gedanke ist es, der die angewandte Identitätsforschung anschlussfähig macht an ganzheitliche und nachhaltige Ansätze des Regionalmarketings wie dem einer endogenen Regionalentwicklung (Dujmovits 1995). Zwischen Geographie, Regionalmarketing, Tourismuswissenschaft und angewandter Identitätsforschung ist auf dieser Grundlage ein zunehmend intensiverer Dialog zu konstatieren, der dem gemeinsamen Ziel der Stärkung regionaler Entwicklung dient.

Angewandte Identitätsforschung sieht hierbei regionale Leitbilder, die lediglich von ausgewählten regionalen Vertretern erarbeitet wurden, als notwendig im Sinne effektiver Regionalpolitik an. Gleichzeitig aber betont sie, dass Regionen ihre Legitimation zunehmend erst dadurch erfahren, dass solche Leitbilder oder andere ‚Steinbrüche' regionaler Identität nicht nur nach der Formulierung kommuniziert, sondern bereits im Vorfeld mit der Gesamtbevölkerung erarbeitet werden.

Die Überzeugung, dass Bürger als weitere Entscheidungsträger neben den politisch Verantwortlichen bzw. gewählten Repräsentanten zu gelten haben, wird sich künftig durchsetzen müssen, wollen Regionen im verschärften interregionalen Wettbewerb, der inzwischen weit über nationale oder sogar kontinentale Grenzen hinausweist, bestehen. Auch ist eine stabile regionale Identität Grundvoraussetzung belastbarer örtlich gebundener Solidarität, die wiederum aus Regionen Heimaten werden lässt, regionale Wertschöpfung befördert und politische wie gesellschaftliche Innovationen bzw. Investitionen unterstützt. Schließlich ist auf den Charakter der Kommunen und Regionen als ‚Humus', auf dem politisches Interesse und Engagement gedeihen, zu verweisen. Dies lokalen und regionalen Entscheidungsträgern nahe zu bringen und sie in der Initiierung wie Organisation regionaler Identitätsdiskurse zu begleiten, ist vorrangige Aufgabe angewandter Identitätsforschung.

3.4 Kollektive politische Akteure

Zwar konzentriert sich die angewandte Identitätsforschung traditionell vorrangig auf geographisch und/oder ethnisch definierte Kollektive wie (National-)Staaten, die Europäische Union und Regionen. Gleichzeitig aber sind ihre Prämissen auch auf alle anderen Kollektive übertragbar. Da jene – in Deutschland vorrangig Parteien – mit ähnlichen Unsicherheiten bezüglich ihrer Identität zu kämpfen haben wie staatliche Kollektive, ist hier der Bedarf an Politikberatung ebenfalls kontinuierlich angestiegen.

Alle etablierten Parteien in Deutschland sind aktuell mit dem gleichen Problem konfrontiert: Ihre Programmatik hat sich über Jahrzehnte hinweg bewährt, bedarf aber einer zeitgemäßen Aktualisierung, wollen sie ihre Integrationskraft aufrechterhalten oder zumindest nicht noch mehr davon einbüßen. Immer mehr Bürger wenden sich von den etablierten Parteien ab, zudem werden in einer Welt der Beschleunigungswellen auch Parteien – wie Gesellschaften im Ganzen – pluralistischer und heterogener. Der Gegensatz zwischen Entscheidungs- und Mitgliedschaftslogik, den Parteien stets austarieren müssen, aber verschärft sich so merklich (Alemann 2010: 158). Die Logik der Einflussnahme, welche auf die externe Durchsetzung der Parteiinteressen und den Gewinn von Wählerstimmen abzielt, sowie die Mitgliedschaftslogik, die die Befriedigung der Mitgliederinteressen im Blick hat, definiert auch Spannungsfelder zwischen unterschiedlichen Identitätsentwürfen, welchen die Parteien in ihrer Binnenorganisation und ihrem Entscheidungsmanagement gerecht werden müssen.

Jede politische Gruppierung besitzt eine eigene Identität, deren Fundament das historisch gewachsene, in Parteistrukturen wie Parteikulturen verinnerlichte ideologische Selbstverständnis ist. Gerade die Betonung dieser ideologischen Grundsätze einer Partei, welche notwendig wäre, um weite Teile der eigenen Basis und Stammwählerschaft zu befriedigen, wird von einer zunehmend entideologisierten Wählerschaft jedoch immer weniger goutiert. Auf die Frage, was Sozialdemokratie, Liberalismus oder christliche Politik im 21.Jahrhundert noch bedeuten können, müssten die Parteien so zwei nur bedingt kompatible Antworten miteinander in ihrer Entscheidungs- wie Darstellungspolitik verschmelzen. Dass dies bislang nicht hinreichend gelingt, zeigt die zunehmende Diffusion von Parteiidentitäten. Fehleinschätzungen, was der eigenen Anhängerschaft zuzumuten ist, beispielsweise durch Gerhard Schröder mit seiner „Agenda 2010" ab 2002/03, sind zunehmend zu beobachten. Eine Voraussetzung dafür, dass die identitäre Verbindung von Entscheidungs- und Mitgliedschaftslogik gelingen könnte, aber wäre, die Identitäten der eigenen Mitglieder wie auch der angezielten Wählerklientel überhaupt noch bestimmen zu können. Beides jedoch ist gleichfalls, wie auch bezüglich anderer Kollektive, heute nicht mehr ohne Weiteres möglich.

Um die Frage beantworten zu können, wie Parteibasis und Wähler heute ‚ticken', bedarf es aufwändiger Analysen. Diese aber kann die Politik selbst nur noch bedingt leisten. Die eigenen Beobachtungen der Verhältnisse ‚vor Ort', zum Beispiel im Wahlkreis, reichen nicht mehr aus, da sie nur selektive Stimmungslagen – statt wie früher die Befindlichkeiten ganzer Milieus – einzufangen helfen. Angewandte Identitätsforschung verfolgt vor diesem Hintergrund zwei Stoßrichtungen: Einerseits bringt sie sich in fachwissenschaftliche Diskurse dazu ein, wie das methodische Instrumentarium, um Identitäten von Kollektiven wie Parteien oder Wählerklientel zu erfassen, optimiert werden kann. Neben bewährten quantitativen Erhebungsmethoden kommen hier auch zunehmend qualitative Verfahren zum Einsatz. Zugleich hat sie die Chance, andererseits ihre Beratungstätigkeit zu intensivieren, nicht zuletzt auch deshalb, da die Parteien ihr Defizit an identitätsrelevantem Wissen selbst erkennen und die Expertise der Politikberatung abrufen. Diese dient den Parteifunktionären als Ergänzung zu eigenen Anstrengungen, die Beziehungen zur Parteibasis wie den Wahlberechtigten responsiver, interaktiver, lebendiger und direkter zu gestalten – unter anderem auch durch die Professionalisierung ihrer Öffentlichkeitsabteilungen.

4 Perspektiven angewandter Identitätsforschung

Politikwissenschaftliche Identitätsforschung steckt auf Grund ihrer thematischen Offenheit und der potentiellen Betroffenheit aller Kollektive ein weites Terrain ab. Der Bedarf an ihrer Expertise wird auch künftig auf Grund weiter um sich greifender Unsicherheiten unter Entscheidungsträgern steigen. Die Diffusion kollektiver Identitäten in der Postmoderne fordert pluralistische demokratische Systeme, die dem Grundsatz der Volkssouveränität verpflichtet sind, im Besonderen heraus. Kollektive Identitäten können nicht mehr abgelesen, sondern müssen zunehmend erforscht werden. Genau hier aber stößt Identitätsforschung auch an ihre Grenzen.

Einstellungen, Meinungen und Orientierungen der Bürger zu politischen Vorhaben sind in Umfragen meist nur über wenig komplizierte, eindeutige Fragestellungen abzufragen. Identität hingegen, die einen komplexen Zusammenhang von Vergangenheit, Gegenwart und Zukunft einerseits und zwischen den Teilöffentlichkeiten eines Kollektivs andererseits beschreibt, bedarf methodisch aufwändiger Analysen. Da die Identitätsforschung bis heute kein standardisiertes Instrumentarium zur Analyse kollektiver Identitäten entwickelt hat, ist die Übertragung andernorts gewonnener Erkenntnisse auf neue Fälle nur bedingt möglich. Um überhaupt zeitlich adäquat reagieren zu können – eine für Politikberatung unabdingbare Voraussetzung –, ist die Identitätsforschung daher in besonderem Maße auf die kontinuierliche Erhebung von Daten angewiesen. Diese wissenschaftliche Leistung, die jeder seriösen Politikberatung vorausgehen muss, kostet Zeit und Geld – beides aber steht oftmals nicht zur Verfügung. Auch erlaubt es die wissenschaftliche Förderlandschaft Deutschlands nur selten, Studien nachhaltig zu verstetigen.

Schließlich ist es die Logik von Politik in Demokratien selbst, die angewandte Identitätsforschung Grenzen setzen. Politiker denken vorrangig in Zeiträumen von Legislaturperioden. Maßnahmen und Initiativen im Bereich der Identitätspolitik aber greifen zumeist nicht in kurzen Zeitspannen. Für sie bedarf es eines langen Atems. Angewandte Identitätsforschung wird angesichts dessen wohl auch in Zukunft zu den

,weichen' Themen von Politikberatung zählen, obwohl Identitätsdiskurse längst über Erfolg und Misserfolg von Politik und Politikern mitentscheiden.

Literatur

Alemann, Ulrich von, 2010: Das Parteiensystem der Bundesrepublik Deutschland, Wiesbaden.
Amsler, Peter/Bruck, Elke/Frühlich, Manuel/Heinz, Hans-Christian/Hennig, Ines/Himmler, Norbert/ Welker, Stephan, 1995: Was eint und was trennt die Deutschen? Stimmungs- und Meinungsbilder nach der Vereinigung, Schriftenreihe der Forschungsgruppe Deutschland, Band 4, Mainz.
Berger, Peter L./Berger, Brigitte/Kellner, Hansfried, 1973: The homeless mind, New York.
Berger, Peter L./Luckmann, Thomas, 1967: Die gesellschaftliche Konstruktion der Wirklichkeit. Eine Theorie der Wissenssoziologie, Frankfurt a. M.
Elias, Norbert, 1987: Die Gesellschaft der Individuen, Frankfurt a. M.
Europäische Gemeinschaften, 1973: Dokument über die europäische Identität, Kopenhagen, 14.12.73, in: Bulletin der Europäischen Gemeinschaften, 12/1973, 131-134.
Dujmovits, Rudolf, 1995: Eigenständige Entwicklung in ländlich-peripheren Regionen. Erfahrungen, Ansätze und Erfolgsbedingungen, Frankfurt a. M.
Feldmann-Wojtachnia, Eva/Tham, Barbara, 2012: Jugend und Europa. Europäisierung der Jugend- und Bildungsarbeit sowie Förderung der Jugendpartizipation, in: Glaab, Manuela/Korte, Karl-Rudolf: Angewandte Politikforschung. Festschrift für Werner Weidenfeld zum 65.Geburtstag, Wiesbaden.
Glaab, Manuela, 1999: Deutschlandpolitik in der öffentlichen Meinung. Einstellungen und Regierungspolitik in der Bundesrepublik Deutschland 1949 bis 1990, Opladen.
Glaab, Manuela/Weidenfeld, Werner/Weigl, Michael (Hrsg.), 2010: Deutsche Kontraste 1990-2010. Politik – Wirtschaft – Gesellschaft – Kultur, Frankfurt a. M./New York.
James, Harold, 2009: The Creation and Destruction of Value: The Globalization Cycle, Cambridge.
Keupp, Heiner/Ahbe, Thomas/Gmür, Wolfgang, 2002: Identitätskonstruktionen. Das Patchwork der Identitäten in der Spätmoderne, Hamburg.
Korte, Karl-Rudolf, 1998: Deutschlandpolitik in Helmut Kohls Kanzlerschaft: Regierungsstil und Entscheidungen 1982-1989, Geschichte der Deutschen Einheit, Band 1, Stuttgart.
Korte, Karl-Rudolf/Weidenfeld, Werner (Hrsg.), 2001: Deutschland-TrendBuch. Fakten und Orientierungen, Opladen.
Meyer, Thomas, 2010: Was ist Politik? Wiesbaden.
Nida-Rümelin, Julian, 2011: „Wir sollten uns nicht nur als Akademiker verstehen". Interview mit Julian Nida-Rümelin, in: Süddeutsche Zeitung, 193, 23.08.11, R2.
Nida-Rümelin, Julian /Weidenfeld, Werner (Hrsg.), 2007: Europäische Identität: Voraussetzungen und Strategien, Münchner Beiträge zur europäischen Einigung, Band 18, Baden-Baden.
Rosa, Hartmut, 2005: Beschleunigung. Die Veränderung der Zeitstrukturen in der Moderne, Frankfurt a. M.
Weidenfeld, Werner, 1982: Die Frage nach der Einheit der deutschen Nation, München/Wien.
Weidenfeld, Werner, 1983: Die Identität der Deutschen, München.
Weidenfeld, Werner, 1984: Ratlose Normalität. Die Deutschen auf der Suche nach sich selbst, Zürich/Osnabrück.
Weidenfeld, Werner, 1985: Die Identität Europas, München.
Weidenfeld, Werner, 1989: Konturen im Rückblick auf vierzig Jahre, in: Weidenfeld, Werner/Zimmermann, Hartmut (Hrsg.), Deutschland-Handbuch, Bonn, 13-31.
Weidenfeld, Werner/Zimmermann, Hartmut (Hrsg.), 1989: Deutschland-Handbuch. Eine doppelte Bilanz 1949-1989, München/Wien.

Weidenfeld, Werner, 1990: Der deutsche Weg, Berlin.
Weidenfeld, Werner/Korte, Karl-Rudolf, 1991: Die Deutschen, Profil einer Nation, Stuttgart.
Weidenfeld, Werner/Korte, Karl-Rudolf (Hrsg.), 1992: Handwörterbuch zur deutschen Einheit, Frankfurt a. M./New York.
Weidenfeld, Werner/Korte, Karl-Rudolf (Hrsg.), 1996: Handbuch zur deutschen Einheit, Frankfurt a. M./New York.
Weidenfeld, Werner/Wagner, Peter M./Bruck, Elke, 1998: Außenpolitik für die deutsche Einheit: Die Entscheidungsjahre 1989/90, Geschichte der Deutschen Einheit, Band 4, Stuttgart.
Weidenfeld, Werner/Korte, Karl-Rudolf (Hrsg.), 1999: Handbuch zur deutschen Einheit 1949 – 1989 – 1999, Frankfurt a. M./New York.
Weidenfeld, Werner/Glaab, Manuela, 1995: Das Zusammengehörigkeitsgefühl der Deutschen - Einstellungen der westdeutschen Bevölkerung 1945/49-1990, in: Deutscher Bundestag (Hrsg.), Materialien der Enquete-Kommission „Aufarbeitung von Geschichte und Folgen der SED-Diktatur in Deutschland", Band V/3: Deutschlandpolitik, Baden-Baden/Frankfurt a. M., 2798-2962.
Weidenfeld, Werner (Hrsg.), 2008: Lissabon in der Analyse, Münchner Beiträge zur europäischen Einigung, Band 20, Baden-Baden.
Weigl, Michael, 2006: Europas Ringen mit sich selbst. Grundlagen einer europäischen Identitätspolitik, Gütersloh.
Weigl, Michael, 2008: Tschechen und Deutsche als Nachbar. Historische Prägestempel in grenzregionalen Identitäten, Baden-Baden.
Weigl, Michael, 2009: Europa neu denken? Zur historischen Umorientierung europäischer Identitätspolitik, in: Hammerstein, Katrin u. a. (Hrsg.), Aufarbeitung der Diktatur – Diktat der Aufarbeitung? Normierungsprozesse beim Umgang mit diktatorischer Vergangenheit, Göttingen, 177-188.

Anhang

Würdigung des wissenschaftlichen Werdegangs von Werner Weidenfeld

Mit Werner Weidenfeld, dessen Wirken wir aus Anlass seines fünfundsechzigsten Geburtstages würdigen wollen, blicken wir auf einen beeindruckenden Lebensweg und eine herausragende akademische Karriere. Seine Schaffenskraft hat er im Rahmen seiner jahrzehntelangen, vielfältigen Aktivitäten als Politikwissenschaftler und Politikberater mannigfaltig unter Beweis gestellt.

Werner Weidenfelds außergewöhnliche Vita beginnt am 2. Juli 1947 in Cochem an der Mosel. Die Kleinstadt liegt in Rheinland-Pfalz, dem erst wenige Monate zuvor mit Unterstützung der Alliierten neu gegründeten Bundesland. Dort begann eine Bilderbuchkarriere, die vielen jungen Studierenden und Nachwuchswissenschaftlern zum Vorbild gereicht: Dem Abitur am Eichendorff-Gymnasium in Koblenz im Jahr 1966 folgte das Studium der Politikwissenschaft, der Geschichte sowie der Philosophie an der Rheinischen Friedrich-Wilhelms-Universität der damaligen Bundeshauptstadt Bonn. 1971 schloss Weidenfeld mit der Promotion zum Dr. phil. über die Englandpolitik des Reichskanzlers und Außenministers in Zeiten der Weimarer Republik, Gustav Stresemann, ab. Schon 1975 habilitierte er mit einer Arbeit über die deutsche Europapolitik in der Ära Adenauer. Das Thema der europäischen Einigung beschäftigt den Politikwissenschaftler bis zum heutigen Tag, ja es bildet einen Kristallisationspunkt seines wissenschaftlichen Werkes.

Mit erst achtundzwanzig Jahren, kaum älter als viele seiner Studierenden, folgte Werner Weidenfeld einem Ruf an die Johannes Gutenberg-Universität in Mainz, bevor er 1995 an die Ludwig-Maximilians-Universität (LMU) wechselte. Zusätzlich engagierte er sich von 1986 bis 1988 als Professeur associé auch an der Sorbonne in Paris. Seit 2000 ist der Politikforscher zudem ständiger Gastprofessor an der Remnin Universität Peking. Im Jahr 2012 wurde er außerdem zum Rektor der Alma Mater Europaea – der Europäischen Universität der renommierten Europäischen Akademie der Wissenschaften und Künste (Salzburg) – gewählt. All dies verweist auf seine beachtliche Schaffenskraft, die ganz selbstverständlich international wie über Fachgrenzen hinaus ausgerichtet war und ist.

1987 übernahm der stets praxisorientierte Wissenschaftler eine seiner herausragenden Funktionen außerhalb des Universitätsbetriebs, indem er bis 1999 als Koordinator der Bundesregierung für die deutsch-amerikanische Zusammenarbeit im Auswärtigen Amt wirkte. Werner Weidenfeld hat in dieser Zeit die transatlantischen Perspektiven der von Helmut Kohl geführten Bundesregierung und des von Hans-Dietrich Genscher sowie Klaus Kinkel geleiteten Außenministeriums mit geprägt und in ihrem Sinne vertreten. Das „Minda de Gunzburg Center for European Studies" an der Harvard University und weitere Centers of Excellence, etwa an der Brandeis University in Boston oder an der Georgetown University in Washington, sind in dieser Phase begründet und gefördert worden. Wissenstransfer und kultureller Austausch zwischen den Vereinigten Staaten und Europa sollten so wichtige Impulse erhalten. Folgerichtig wurde dem Amerika-Experten 1994 auch die Ehrendoktorwürde von Middlebury (USA) zuteil.

Der Reichhaltigkeit der an ihn verliehenen Preise und Auszeichnungen wegen, seien daneben lediglich exemplarisch die den deutsch-amerikanischen Beziehungen gewidmete „Columbus Medaille" (1991) und die „General Lucius D. Clay-Medaille" (1994) erwähnt sowie die „Medaille für besondere Verdienste um Bayern in einem Vereinten Europa" (1996). Der „A World of Difference"-Preis der Anti-Defamation League (1999) ist als weiteres herausragendes Beispiel zu nennen. Allein die Anzahl seiner Ehrungen zeigt die Dimension der Anerkennung, auf die sich Werner Weidenfeld als Träger des Bundesverdienstkreuzes 1. Klasse bereits mit fünfundsechzig Jahren stützen kann.

Angesichts der enormen Fülle der Tätigkeiten und Aktivitäten des Politikwissenschaftlers seien noch zwei der vielfältigen weiteren Arbeitsbereiche gewürdigt, in die sich Werner Weidenfeld leidenschaftlich eingebracht hat: Ab 1992 gehörte er für fünfzehn Jahre dem Präsidium bzw. Vorstand der Bertelsmann Stiftung in Gütersloh an, von 1990 bis 2004 zugleich als Mitglied des Kuratoriums. Von 1995 bis 2005 war er außerdem Mitglied des geschäftsführenden Präsidiums der Deutschen Gesellschaft für Auswärtige Politik (DGAP) und engagierte sich als Herausgeber für die von ihm völlig neu konzipierte Zeitschrift „IP – Internationale Politik". Selbstredend wirkte er in vielen weiteren Gremien mit und übernahm hier relevante Funktionen – auch jenseits der Politikwissenschaft. So bedeutet ihm der Vorsitz im Vorstand des Abt-Herwegen-Instituts für Liturgiewissenschaft der Abtei Maria Laach persönlich eine besondere Verpflichtung.

Zahlreiche Publikationen zur internationalen Politik und deutschen Zeitgeschichte, vor allem zur Europäischen Einigung und zur Deutschen Frage, zählen zu Werner Weidenfelds wissenschaftlichem Werk. Begonnen hat der Reigen von Veröffentlichungen schon früh. In diesem Zusammenhang sei auf den Erstling des gerade einmal zweiundzwanzigjährigen Politologiestudenten, „Jalta und die Teilung Deutschlands" (1969), verwiesen. Der Band „Europa – Bilanz und Perspektive" (mit Thomas Jansen 1973) unterstreicht seine schon immer vorhandene wissenschaftliche Begeisterung für die Geschicke des Kontinents. „Konrad Adenauer und Europa" (1976) stellt als seine Habilitationsschrift eine profunde Auseinandersetzung mit dem Gründungskanzler der Bundesrepublik dar, der die ersten Schritte auf dem Weg zur Versöhnung der Deutschen mit ihren westlichen Nachbarn in Gang gebracht hat.

„Die Frage nach der Einheit der deutschen Nation" (1982) trieb den jungen Professor der Politikwissenschaft auch und gerade in solchen Jahren um, in denen der Zeitgeist in der westdeutschen Gesellschaft eher davon geprägt war, die Existenz der DDR als das unabänderliche Schicksal der Landsleute auf beiden Seiten des Eisernen Vorhangs zu betrachten. Werner Weidenfeld, stets mit wachem historischen Interesse und fundierten politischen Standpunkten ausgestattet, hat den Glauben an die Einheit der geteilten Nation hingegen nie verloren. Davon zeugt eine Vielzahl von Publikationen wie „Die Identität der Deutschen" (1983) oder Beiträge der von ihm initiierten Studiengruppe Deutsche Frage wie beispielsweise „Ratlose Normalität. Die Deutschen auf der Suche nach sich selbst" (1984). Jeder, der diese Veröffentlichungen liest – ganz gleich, ob er das Privileg genießt, ihn bereits zu jener Zeit gekannt zu haben, oder seine Werke jetzt, Jahrzehnte später, aus dem Blickwinkel einer völlig veränderten Welt studiert – kann eines erkennen: Werner Weidenfeld hat sich, anders als zahllose andere Angehörige seiner Generation, die Grundhaltung bewahrt, dass auch das „andere" Deutschland ihn, wie alle Landsleute, etwas anzugehen hat. Positionierungen wie diese haben dazu beigetragen, dass die Deutsche Frage Studierenden des einundzwanzigsten Jahrhunderts als ein historischer Begriff erscheinen kann. „Die Identität Europas" (1985) war für ihn nicht ohne die Perspektive eines geeinten Deutschlands verständlich oder vorstellbar. Davon zeugt besonders das anlässlich des vierzigjährigen Bestehens beider deutscher Staaten herausgegebene „Deutschland-Handbuch. Eine doppelte Bilanz 1949-1989" (mit Hartmut Zimmermann 1989). Noch im Wendejahr 1989 begannen auch die Arbeiten am „Handwörterbuch zur deutschen Einheit", das in mehreren Neuauflagen erscheinen und zu einem Standardwerk avancieren sollte. Mit Karl-Rudolf Korte analysierte er in „Die Deutschen. Profil einer Nation" (1991) sogleich die politisch-kulturellen Gemeinsamkeiten und Trennlinien der Deutschen. Es folgten das „DeutschlandTrendbuch" (hrsg. mit Karl-Rudolf Korte 2001), das sich mit zentralen Zukunftsfragen des vereinten Deutschland auseinandersetzt, sowie zuletzt „Deutsche Kontraste" (hrsg.

mit Manuela Glaab und Michael Weigl 2010), das zwanzig Jahre nach der Zeitenwende den Stand der inneren Einheit bilanziert. Ein Glanzlicht hatte schon im Jahr 1998 die in vier gewichtigen Bänden erschienene „Geschichte der deutschen Einheit" gesetzt, deren Initiator und Mitautor er ist. Umfangreiches Quellenstudium und hochrangige Akteursinterviews wurden hier zur ersten Gesamtdarstellung des Wegs zur inneren und äußeren Einheit verdichtet. Erstmals konnten die Akten der Bundesregierung zum Prozess der deutschen Einheit gesichtet und ausgewertet werden.

Weidenfelds Zugang zur Deutschlandforschung wird nicht zuletzt durch die legendäre Studiengruppe Deutsche Frage unterstrichen, mit der er seit den 1980er Jahren in Schloss Auel bei Bonn intensiv die Suche der Westdeutschen nach ihrem Standort reflektierte. So gehörte er zu den ganz wenigen Forschern, die eine politik- und sozialwissenschaftliche Perspektive mit der Frage nach der Identität der Deutschen verbanden. Zur interdisziplinär besetzten Studiengruppe zählten herausragende Wissenschaftler und Intellektuelle jener Zeit. Hier zeigte sich deutlich, wie Werner Weidenfeld es versteht, sehr unterschiedliche Temperamente zu moderieren, selbst wenn Kontroversen unausweichlich waren. Stets an der Sache interessiert, vermochte er es, die verschiedenen Akteure mit ihren Sichtweisen in einen wissenschaftlichen Disput gewinnbringend einzubinden. Er nutzte dabei sein Talent als Spezialist für Ortsbestimmungen mit einem sicheren Blick für Systematisierungen. Komplexität reduzierte er durch sein tastend-konzeptionelles Denken, das dialektische Problemfelder und umkämpfte Begriffe mühelos miteinander verbindet.

Seine beeindruckende Bibliographie enthält außerdem eine Fülle von Büchern, die Standardwerke mit hohen Reichweiten über viele Jahre hinweg und immer neuen Auflagen geworden sind: So ist Werner Weidenfeld bereits seit 1980 zusammen mit Wolfgang Wessels Herausgeber des „Jahrbuchs der Europäischen Integration". Entgegen verbreiteter anfänglicher Skepsis in der Fachwelt konnte sich das monumentale Werk fest etablieren und bleibt unverzichtbar für alle Europakenner. Ähnliches gilt für den Bestseller „Europa von A-Z - Taschenbuch der europäischen Integration" (ebenfalls hrsg. mit Wolfgang Wessels). Die ab 1982 von ihm herausgegebenen „Mainzer" und später „Münchner Beiträge zur Europäischen Einigung" finden seit nunmehr drei Jahrzehnten große Beachtung. Hinzu kommen seit 2008 die „Münchner Beiträge zur politischen Systemforschung". Bis heute hat sich der Politikwissenschaftler seine Faszination für eine facettenreiche Themenpalette mit beneidenswerter Vitalität erhalten können. So widmete er sich mit dem Buch „Wie Zukunft entsteht" (zusammen mit Jürgen Turek 2002) auch Aspekten der Zukunftsforschung.

Würdigung des wissenschaftlichen Werdegangs von Werner Weidenfeld 449

Jede neue publizistische Aktivität belegt seine kaum nachzuahmende Schaffenskraft eindrucksvoll.

Die Grundlagenwerke zur europäischen Integration bilden dabei einen tragenden Pfeiler der erfolgreichen Arbeit im Bereich der Europaforschung. Bereits Ende der 1980er Jahre legte Werner Weidenfeld nach einem persönlichen Treffen mit dem Unternehmer Reinhard Mohn den Grundstein für eine systematisch angelegte strategische Begleitung der europäischen Einigung. In Zusammenarbeit mit der Bertelsmann Stiftung entstand in der Folgezeit ein stetig wachsender Europaschwerpunkt, der eine fortlaufende Analyse der europäischen Einigung mit der Entwicklung von Optionen und Strategien für die Zukunft Europas verband. Dies war die Geburtsstunde der großen und in ihrer Ausrichtung einzigartigen Reihe „Strategien für Europa". So entstanden im Rahmen von interdisziplinär und international arbeitenden Strategiegruppen gründliche Analysen des europäischen Vertragswerks, von Maastricht über Amsterdam und Nizza bis hin zum Vertrag von Lissabon. Analysen zu allen Aspekten der europäischen Politik nahmen ihn selbst, seine Mitarbeiter und Kollegen sowie unzählige Europaexperten publizistisch permanent in die Pflicht. Ansatz, Methode und Ergebnisse dieser Arbeiten gingen in die Verhandlungspositionen von Regierungen ebenso ein wie in die verschiedenen Vertragsrevisionen seit dem Vertrag von Maastricht. Wohl kein anderes Wissenschaftsprojekt zur Reform der EU, zur Ost-Erweiterung, zur Wirtschafts- und Währungsunion, zu Strategien differenzierter Integration hat für die 1990er Jahre und die erste Dekade des neuen Jahrhunderts vergleichbare Wirkung erzielen können.

Seine Veröffentlichungstätigkeit ergänzte er bewusst durch eine bis dahin in Deutschland so nicht gekannte Netzwerkbildung, die er als Qualitätsmerkmal seiner einzigartigen Umtriebigkeit zur Perfektion brachte. Durch persönliche Ansprache, Workshops, Gutachterkonferenzen, prominente Diskussionsforen, durch sein großes Moderationsgeschick und die zuweilen unwiderstehliche Art band Werner Weidenfeld jeweils geeignete Personen mit ihren spezifischen Themenfeldern und Erfahrungen in die Arbeit ein. Kaum jemand konnte dem entkommen und ‚sanfter Druck' – gelegentlich sogar per Telegramm – führte doch zum Ziel hochwertiger Arbeitsergebnisse. Viele exzellente Köpfe, die allesamt eine namentliche Nennung verdient hätten, wirkten daran über die Jahre engagiert und mit großer persönlicher Begeisterung mit. Ausgesuchte Begegnungsstätten und originelle Formate entstanden, zum Beispiel die Strategiegruppe Europa, die Internationalen Bertelsmann Foren, die Kronberger Gespräche zum Nahen Osten oder der Global Policy Council, bei denen hochrangige Persönlichkeiten und Entscheider der Politik regelmäßig zusammentrafen. Die Bundeskanzler der Bundesrepublik Deutschland, viele Minister aus dem In- und Ausland wie Politiker jedweder Couleur des demokratischen Spektrums konnten unter Werner Weidenfelds Moderation ihre Sichtweisen auf einer anderen Bühne als jener der politischen Arena austauschen und mit Blick auf mögliche Handlungsoptionen reflektieren. In herausragender Weise wurde diese Arbeitsweise dann in den 2000er Jahren durch die Begründung einer neuartigen Transformationsforschung komplettiert, die das Know-how der Forschung in einem Netzwerk ausgewiesener Experten verband und erstmals die Entwicklungen von Demokratie und Marktwirtschaft in den Schwellen- und Entwicklungsländern in globalem Maßstab vergleichbar machte. Eine zusätzliche, wichtige Marke wurde damit in der angewandten Politikforschung gesetzt, die Ende der 2000er Jahre durch ein entsprechendes Instrumentarium zur Messung der Managementqualitäten der Politik in der OECD-Welt erweitert werden konnte – ein einzigartiges Unterfangen!

Wichtig war für Werner Weidenfeld neben der nachhaltigen Netzwerkbildung immer die strikt strategisch ausgerichtete Arbeitsweise, die sich an den Grundsätzen der von ihm begründeten angewandten Politikforschung orientieren sollte. Einen Beitrag zur Rationalitätssteigerung in der praktischen Politik zu leisten, das war und ist seine Devise. So hat er schließlich eine Schule innerhalb der Politikwissenschaft begründet, die sich den Fragen der Zeit stellt und zugleich Grundlagenforschung im klassischen Wissenschaftsbetrieb ermöglicht. Quantitative und qualitative Methoden finden dabei nebeneinander Anwendung und ergänzen sich. Korrespondierende Projekte – zum Beispiel mit der Bertelsmann Stiftung, der VolkswagenStiftung, dem German Marshall Fund, der Alfred Herrhausen Gesellschaft, der Frankfurter Allgemeinen Zeitung (FAZIT), der Bosch Stiftung oder auch der DFG, um nur einige zu nennen – rundeten das Portfolio des Hochschullehrers, Politikwissenschaftlers und Wissenschaftsmanagers Weidenfeld ab. Seinen Mitarbeiterinnen und Mitarbeitern verlangte er dabei eine hohe Präzision, Tempo und viel Fleiß ab.

Für den überzeugten Europäer Weidenfeld liegt es nahe, zukunftsorientiert das Interesse der jungen Generation für europäische Fragen zu wecken. Dafür stehen nicht nur weitere Publikationen, etwa ein 2010 erschienenes Lehrbuch zur Europäischen Union. Bereits seit den ausgehenden 1980er Jahren fließen die Ergebnisse der Europaforschung in einen Arbeitsbereich ein, der sich der europapolitischen Bildungsarbeit widmet und hierzu neue, jugendgerechte Formate entwickelt. Der innovative Zugang angewandter Politikforschung, wissenschaftliche Befunde für die Praxis nutzbar zu machen, wird hier seit mehr als zwei Jahrzehnten konsequent realisiert. In den 2000er Jahren wurde dieser Ansatz auf die Demokratie- und Toleranzerziehung ausgeweitet, womit sich Weidenfeld mit seinen Mitarbeiterinnen und Mitarbeitern erneut auf ein bis dahin von der Politikwissenschaft wenig beachtetes Feld wagte. Unerlässlich hierfür war die Unterstützung des Bundesfamilien- bzw. Jugendministeriums und anderer wichtiger Mitstreiter im Bildungssektor, dank derer eine tragende Säule für ein europäisches Bewusstsein unter Jugendlichen geschaffen werden konnte.

Als Professor führte Werner Weidenfeld nicht nur unvergessliche Exkursionen mit seinen Studierenden durch, sondern pflegt seit Jahrzehnten die Tradition von Alumnitreffen, die den Kontakt und den Gedankenaustausch mit seinen Absolventinnen und Absolventen über das Studium hinaus lebendig erhalten. Für seine Studierenden hat er sich immer einen Grad an Freiheit und Dynamik an deutschen Hochschulen gewünscht, wie ihn amerikanische Vorbilder beispielhaft praktizieren. Insbesondere durch die neu eingerichteten, modularisierten Studiengänge erscheinen ihm die Gestaltungsspielräume und somit die Autonomie aller Beteiligten zuweilen nicht gerade vergrößert. Weidenfelds stete Botschaft und nachdrücklicher Ratschlag an die Studierenden sind und bleiben die Freiheit von Wissenschaft und Lehre sowie die Entwicklung von Leidenschaft für jene Forschungsthemen, mit denen sich die angehenden Politikwissenschaftler intensiv beschäftigen wollen und sollen.

1995 nahm Werner Weidenfeld den Ruf an die LMU in München an, wo er den Lehrstuhl für Politische Systeme und Europäische Einigung am renommierten, nach dem Zweiten Weltkrieg im Geiste demokratischer Verantwortung gegründeten Geschwister-Scholl-Instituts für Politische Wissenschaft (GSI) besetzte. Auf seine entschlossene Initiative geht sogleich die – bundesweit wie international stark beachtete – Gründung des Centrums für angewandte Politikforschung (C·A·P) zurück, dem er seit mehr als anderthalb Jahrzehnten als Direktor vorsteht. Gemeinsam mit den vielen Mitarbeitern und tatkräftiger Unterstützung seitens der LMU wurde in diesen Jahren beachtliche Pionierarbeit geleistet. Dem Haus verbunden ist zudem ein exklusiver Kreis von Fellows, die Werner Weidenfeld fachlich wie persönlich besonders nahe stehen. Ohne das Engagement seines Gründers und Direktors aber wäre die Erfolgsgeschichte des C·A·P in der Politikforschung und -beratung zu unterschiedlichsten Themen, Problematiken, Sachverhalten und Phänomenen nicht denkbar. Zentrales Charakteristikum ist und bleibt die Anwendung von Forschungsergebnissen in der Praxis, die Orientierung an der zu analysierenden wie zu beratenden realen Politik jenseits der rein akademischen Sphäre.

Werner Weidenfeld amtierte ebenso für mehrere Jahre als Geschäftsführender Direktor des GSI und langjähriges gewähltes Mitglied des Fakultätsrats der Sozialwissenschaftlichen Fakultät. Dabei verdiente er sich Respekt durch verlässliche Positionen und seinen Blick für das Ganze. Die Menschen in seiner Umgebung, die Kolleginnen und Kollegen auf nationaler wie internationaler Bühne, die von ihm beratenen Politikerinnen und Politiker, seine Mitarbeiterinnen und Mitarbeiter am C·A·P wie am GSI, genauso wie die Tausenden von Studierenden, die er in den vergangenen Jahrzehnten lehrte und weiterhin lehrt, begegnen diesem herausragenden Werk mit größtem Respekt. Zu Recht wurde Weidenfeld – als einer der Vorreiter und Vordenker jener Disziplin in Deutschland überhaupt – 2007 als einflussreichster Politikberater in Deutschland eingestuft.

Bei allem fachlichen Intellekt besitzt Werner Weidenfeld die keineswegs alltägliche Gabe, Andere für seine Gedanken zu begeistern. Er hat ein besonderes Talent entwickelt, Menschen um sich herum zu versammeln, ihre Potentiale auch zu entdecken und sie gleichzeitig herauszufordern. Jeder, der ihn näher erlebt hat, kennt seinen ausgeprägten Sinn für Humor, die Lust am Wortwitz und an der feinen Ironie, aber auch ausgelassener Fröhlichkeit. Seine Qualitäten als Improvisationsredner sind ebenso legendär wie die Dimension seines Anekdotenschatzes. Die Beiträge dieser Festschrift sind Beleg für die von ihm geprägte lebendige Verbindung zwischen Wissenschaft und Praxis, Theorie und Anwendung. Sie sind somit ein Zeugnis der nachhaltigen Wirkung von Werner Weidenfeld als Professor, Chef, Kollege, Freund und Wegbegleiter.

Herzlichen Glückwunsch!

Manuela Glaab (München)
Josef Janning (Brüssel)
Karl-Rudolf Korte (Duisburg-Essen)
Jürgen Turek (München)

Schriftenverzeichnis

Das Schriftenverzeichnis enthält eine Auswahl der von Prof. Dr. Dr. h.c. Werner Weidenfeld publizierten Bücher sowie die von ihm herausgegebenen Schriftenreihen. Darüber hinaus war er in den Jahren 1995 bis 2005 Herausgeber der Zeitschrift „Internationale Politik". Nicht enthalten sind im Folgenden die zahlreichen Artikel, die in Büchern, Fachzeitschriften sowie Print- und Online-Medien erschienen sind. Hinzu kommt ein umfangreicher Bestand an Strategie- und Arbeitspapieren. Weitere Literaturhinweise sind verfügbar unter: http://www.cap-lmu.de/cap/mitarbeiter/weidenfeld.php.

1   Reihen

Weidenfeld, Werner/Wessels, Wolfgang (Hrsg.), 1980ff.: Jahrbuch der Europäischen Integration, München/Bonn.

Weidenfeld, Werner (Hrsg.), 1982-1995: Mainzer Beiträge zur Europäischen Einigung, Mainz.

Weidenfeld, Werner (Hrsg.), 1997ff.: Münchner Beiträge zur Europäischen Einigung, München.

Weidenfeld, Werner (Hrsg.), 1989ff.: Strategien und Optionen für die Zukunft Europas, Gütersloh.

Weidenfeld, Werner (Hrsg.), 1992-2004: Schriftenreihe der Forschungsgruppe Jugend und Europa, Mainz/München.

Weidenfeld, Werner (Hrsg.), 1994-2005: Schriftenreihe der Forschungsgruppe Deutschland, Mainz/München.

Weidenfeld, Werner (Hrsg.), 2008ff.: Münchner Beiträge zur politischen Systemforschung, München.

2   Monographien und herausgegebene Bücher

Weidenfeld, Werner, 1969: Jalta und die Teilung Deutschlands. Schicksalsfrage für Europa, Andernach/Rh.

Weidenfeld, Werner, 1972: Die Englandpolitik Gustav Stresemanns. Theoretische und praktische Aspekte der Außenpolitik, Mainz.

Weidenfeld, Werner, 1972: Öffnung nach Osten, neue Wege deutscher Außenpolitik, Mannheim u. a.

Jansen, Thomas/Weidenfeld, Werner (Hrsg.), 1973: Europa. Bilanz und Perspektive, Mainz.

Weidenfeld, Werner, 1976: Konrad Adenauer und Europa. Die geistigen Grundlagen der westeuropäischen Integrationspolitik des ersten Bonner Bundeskanzlers, Bonn.

Weidenfeld, Werner (Hrsg.), 1980: Europa 2000. Zukunftsfragen der europäischen Einigung, München/Wien.

Weidenfeld, Werner, 1981: Die Frage nach der Einheit der deutschen Nation, München/Wien.

Rovan, Joseph/Weidenfeld, Werner (Hrsg.), 1982: Europäische Zeitzeichen. Elemente eines deutsch-französischen Dialogs, Bonn.

Weidenfeld, Werner (Hrsg.), 1983: Die Identität der Deutschen, München.

Weidenfeld, Werner, 1984: Die Bilanz der europäischen Integration, Bonn.

Weidenfeld, Werner, 1984: Ratlose Normalität. Die Deutschen auf der Suche nach sich selbst, Zürich/Osnabrück.

Weidenfeld, Werner (Hrsg.), 1985: Die Identität Europas. Fragen, Positionen, Perspektiven, München.

Weidenfeld, Werner (Hrsg.), 1985: Nachdenken über Deutschland. Materialien zur politischen Kultur der deutschen Frage, Köln.

Weidenfeld, Werner/Wessels, Wolfgang (Hrsg.), 1986: Wege zur Europäischen Union. Vom Vertrag zur Verfassung?, Bonn.

Weidenfeld, Werner (Hrsg.), 1987: 30 Jahre EG. Bilanz der Europäischen Integration, Bonn.

Weidenfeld, Werner (Hrsg.), 1987: Geschichtsbewusstsein der Deutschen. Materialien zur Spurensuche einer Nation, Köln.

Weidenfeld, Werner/Piepenschneider, Melanie, 1987: Jugend und Europa. Die Einstellung der jungen Generation in der Bundesrepublik Deutschland zur europäischen Einigung, Bonn.

Weidenfeld, Werner, 1987: La cuestión de la identidad. Los alemanes en Europa, Barcelona/Caracas.

Schriftenverzeichnis

Weidenfeld, Werner, 1988: Europäische Defizite, europäische Perspektiven – eine Bestandsaufnahme für morgen, Gütersloh.

Papcke, Sven/Weidenfeld, Werner (Hrsg.), 1988: Traumland Mitteleuropa? Beiträge zu einer aktuellen Kontroverse, Darmstadt.

Weidenfeld, Werner (Hrsg.), 1989: Binnenmarkt '92. Perspektiven aus deutscher Sicht, Gütersloh.

Weidenfeld, Werner/Zimmermann, Hartmut (Hrsg.), 1989: Deutschland-Handbuch. Eine doppelte Bilanz 1949-1989, München/Wien.

Weidenfeld, Werner u. a. (Hrsg.), 1989: Die Architektur europäischer Sicherheit. Probleme, Kriterien, Perspektiven, Gütersloh.

Weidenfeld, Werner (Hrsg.), 1989: Politische Kultur und deutsche Frage. Materialien zum Staats- und Nationalbewusstsein in der Bundesrepublik Deutschland, Köln.

Weidenfeld, Werner, 1990: Der deutsche Weg, Berlin.

Weidenfeld, Werner/Janning, Josef (Hrsg.), 1990: Der Umbruch Europas: die Zukunft des Kontinents, Gütersloh.

Weidenfeld, Werner (Hrsg.), 1990: Die Deutschen und die Architektur des Europäischen Hauses. Materialien zu den Perspektiven Deutschlands, Köln.

Weidenfeld, Werner/Wolf, Anita (Hrsg.), 1990: Europa '92. Die Zukunft der jungen Generation, Bonn.

Weidenfeld, Werner/Piepenschneider, Melanie, 1990: Junge Generation und Europäische Einigung: Einstellungen, Wünsche, Perspektiven, Bonn.

Weidenfeld, Werner/Korte, Karl-Rudolf (Hrsg.), 1991: Die Deutschen: Profil einer Nation. Stuttgart.

Weidenfeld, Werner (Hrsg.), 1991: Die doppelte Integration: Europa und das größere Deutschland, Gütersloh.

Weidenfeld, Werner/Janning, Josef (Hrsg.), 1991: Global responsibilities: Europe in Tomorrow's World, Gütersloh.

Weidenfeld, Werner (Hrsg.), 1991: Wie Europa verfaßt sein soll. Materialien zur Politischen Union, Gütersloh.

Weidenfeld, Werner (Hrsg.), 1992: Epochenwechsel: Neue Chancen der Zusammenarbeit zwischen Ost und West, Bonn.

Weidenfeld, Werner/Korte, Karl-Rudolf (Hrsg.), 1992: Handwörterbuch zur deutschen Einheit, Frankfurt a. M./New York.

Weidenfeld, Werner/Huterer, Manfred (Hrsg.), 1992: Osteuropa. Herausforderungen – Probleme – Strategien, Gütersloh.

Weidenfeld, Werner (Hrsg.), 1993: Der vollendete Binnenmarkt – eine Herausforderung für die Europäische Gemeinschaft, Gütersloh.

Weidenfeld, Werner (Hrsg.), 1993: Deutschland. Eine Nation – doppelte Geschichte. Materialien zum deutschen Selbstverständnis, Köln.

Frye, Alton/Weidenfeld, Werner (Hrsg.), 1993: Europe and America: Between Drift and New Order, New York.

Weidenfeld, Werner/Janning, Josef (Hrsg.), 1993: Europe in Global Change, Gütersloh.

Weidenfeld, Werner/Korte, Karl-Rudolf (Hrsg.), 1993: Handbuch zur deutschen Einheit, Frankfurt a. M./New York.

Weidenfeld, Werner/Turek, Jürgen (Hrsg.), 1993: Technopoly – Europa im globalen Wettbewerb, Gütersloh.

Weidenfeld, Werner (Hrsg.), 1993: Was ändert die Einheit? Deutschlands Standort in Europa, Gütersloh.

Weidenfeld, Werner (Hrsg.), 1994: Das europäische Einwanderungskonzept. Strategien und Optionen für Europa, Gütersloh.

Weidenfeld, Werner (Hrsg.), 1994: Europa '96. Reformprogramm für die Europäische Union, Gütersloh.

Weidenfeld, Werner (Hrsg.) u. a., 1994: Europäische Integration und Arbeitsmarkt. Grundfragen und Perspektiven, Nürnberg.

Weidenfeld, Werner (Hrsg.), 1994: Maastricht in der Analyse. Materialien zur Europäischen Union, Gütersloh.

Weidenfeld, Werner/Rumberg, Dirk (Hrsg.), 1994: Orientierungsverlust: Zur Bindungskrise der modernen Gesellschaft, Gütersloh.

Weidenfeld, Werner (Hrsg.), 1995: Demokratie und Marktwirtschaft in Osteuropa. Strategien für Europa, Bonn.

Weidenfeld, Werner (Hrsg.), 1995: Europa und der Nahe Osten, Gütersloh.

Weidenfeld, Werner (Hrsg.), 1995: Mittel- und Osteuropa auf dem Weg in die Europäische Union, Gütersloh.

Weidenfeld, Werner (Hrsg.), 1995: Reform der Europäischen Union. Materialien zur Revision des Maastrichter Vertrages 1996, Gütersloh.

Weidenfeld, Werner/Turek, Jürgen, 1995: Standort Europa. Handeln in der neuen Weltwirtschaft, Gütersloh.

Weidenfeld, Werner, 1996: America and Europe: Is the break inevitable?, Gütersloh.

Weidenfeld, Werner/Zimmermann, Moshe (Hrsg.), 1996: Beyond Sovereignty? The European Integration, Jerusalem.

Weidenfeld, Werner (Hrsg.), 1996: Demokratie am Wendepunkt. Die demokratische Frage als Projekt des 21.Jahrhunderts, Berlin.

Weidenfeld, Werner (Hrsg.), 1996: Kulturbruch mit Amerika? Das Ende transatlantischer Selbstverständlichkeit, Gütersloh.

Weidenfeld, Werner (Hrsg.), 1996: Neue Ostpolitik – Strategie für eine gesamteuropäische Entwicklung, Gütersloh.

Volle, Angelika/Weidenfeld, Werner (Hrsg.), 1996: Wegmarken eines halben Jahrhunderts, Bonn.

Weidenfeld, Werner (Hrsg.), 1997: Dialog der Kulturen. Orientierungssuche des Westens - zwischen gesellschaftlicher Sinnkrise und globaler Zivilisation, Gütersloh.

Weidenfeld, Werner (Hrsg.), 1997: Partnerschaft gestalten. Die Zukunft der transatlantischen Beziehungen, Gütersloh.

Weidenfeld, Werner (Hrsg.), 1997: Europa öffnen. Anforderungen an die Erweiterung, Gütersloh.

Volle, Angelika/Weidenfeld, Werner (Hrsg.), 1997: Frieden im Nahen Osten? Chancen, Gefahren, Perspektiven, Bonn.

Weidenfeld, Werner/Janning, Josef/Behrendt, Sven (Hrsg.), 1997: Transformation im Nahen Osten und Nordafrika. Herausforderungen und Potentiale für Europa und seine Partner, Gütersloh.

Weidenfeld, Werner (Hrsg.), 1998: Amsterdam in der Analyse. Strategien für Europa, Gütersloh.

Weidenfeld, Werner mit Peter M. Wagner und Elke Bruck, 1998: Außenpolitik für die deutsche Einheit. Die Entscheidungsjahre 1989/90. Geschichte der deutschen Einheit, Band 4, Stuttgart.

Weidenfeld, Werner (Hrsg.), 1998: Deutsche Europapolitik. Optionen wirksamer Interessenvertretung, Bonn.

Weidenfeld, Werner (Hrsg.), 1998: Wege zur Erneuerung der Demokratie, Gütersloh.

Weidenfeld, Werner (Hrsg.), 1999: Europa-Handbuch, Gütersloh.

Weidenfeld, Werner/Korte, Karl-Rudolf (Hrsg.), 1999: Handbuch zur deutschen Einheit 1949-1989-1999, Frankfurt a. M./New York.

Avineri, Shlomo/Weidenfeld, Werner (Hrsg.), 1999: Integration and Identity. Challenges to Israel and Germany, Bonn.

Volle, Angelika/Weidenfeld, Werner/ (Hrsg.), 1999: Krisen – Kriege – Konflikte. Die Weltgemeinschaft vor neuen Gefahren, Bonn.

Weidenfeld, Werner, 1999: Zeitenwechsel. Von Kohl zu Schröder. Die Lage, Stuttgart.

Weidenfeld, Werner (Hrsg.), 2000: Az európai integráció, Budapest.

Weidenfeld, Werner (Hrsg.), 2001: Den Wandel gestalten – Strategien der Transformation. Carl-Bertelsmann-Preis 2001, 2 Bände, Gütersloh.

Korte, Karl-Rudolf/Weidenfeld, Werner (Hrsg.), 2001: Deutschland-TrendBuch. Fakten und Orientierungen, Opladen.

Weidenfeld, Werner (Hrsg.), 2001: Nizza in der Analyse. Strategien für Europa, Gütersloh.

Avineri, Shlomo/Weidenfeld, Werner (Hrsg.), 2001: Politics and Identities in Transformation: Europe and Israel, Bonn.

Volle, Angelika/Weidenfeld, Werner (Hrsg.), 2002: Der Balkan zwischen Krise und Stabilität, Bielefeld.

Gorodetsky, Gabriel/Weidenfeld, Werner (Hrsg.), 2002: Regional Security in the Wake of the Collapse of the Soviet Union: Europe and the Middle East, Bonn.

Weidenfeld, Werner/Turek, Jürgen, 2002: Wie Zukunft entsteht. Größere Risiken – weniger Sicherheit – neue Chancen, München.

Weidenfeld, Werner (Hrsg.), 2004: Europa-Handbuch, 2 Bände, 3. aktualisierte und überarbeitete Auflage, Gütersloh.

Weidenfeld, Werner (Hrsg.), 2004: From Alliance to Coalitions – The Future of Transatlantic Relations, Gütersloh.

Weidenfeld, Werner (Hrsg.), 2004: Herausforderung Terrorismus. Die Zukunft der Sicherheit, Wiesbaden.

Weidenfeld, Werner (Hrsg.), 2005: Die Europäische Verfassung in der Analyse, Gütersloh.

Süßmuth, Rita/Weidenfeld, Werner (Hrsg.), 2005: Managing Integration. The European Union's responsibilities towards immigrants, Gütersloh/Washington.

Weidenfeld, Werner, 2005: Rivalität der Partner. Die Zukunft der transatlantischen Beziehungen – die Chance eines Neubeginns, Gütersloh.

Weidenfeld, Werner, 2006: Die Europäische Verfassung verstehen. Unter Mitarbeit von Janis A. Emmanouilidis, Almut Metz und Sybille Reiter, Gütersloh.

Weidenfeld, Werner (Hrsg.), 2007: Europa leicht gemacht. Antworten für junge Europäer, Bonn.

Nida-Rümelin, Julian/Weidenfeld, Werner (Hrsg.), 2007: Europäische Identität. Voraussetzungen und Strategien, Baden-Baden.

Weidenfeld, Werner (Hrsg.), 2007: Reformen kommunizieren. Herausforderungen an die Politik, Gütersloh.

Weidenfeld, Werner (Hrsg.), 2008: Lissabon in der Analyse. Der Reformvertrag der Europäischen Union, Baden-Baden.

Weidenfeld, Werner (Hrsg.), 2008: Die Europäische Union. Politisches System und Politikbereiche, 5., vollständig überarbeitete Auflage, Bonn.

Weidenfeld, Werner (Hrsg.), 2009: Die Staatenwelt Europas, 5., vollständig überarbeitete Auflage, Bonn.

Glaab, Manuela/Weidenfeld, Werner/Weigl, Michael (Hrsg.), 2010: Deutsche Kontraste 1990-2010. Politik – Wirtschaft – Gesellschaft – Kultur, Frankfurt a. M./New York.

Weidenfeld, Werner /Wessels, Wolfgang (Hrsg.), 2011: Europa von A bis Z – Taschenbuch der europäischen Integration, 12. Auflage, München (1. Auflage 1980).

Weidenfeld, Werner (Hrsg.), 2011: Die Europäische Union. Unter Mitarbeit von Edmund Ratka, 2. Auflage, Paderborn.

Autorinnen und Autoren

Dr. *Franco Algieri* ist Forschungsdirektor am Austria Institut für Europa- und Sicherheitspolitik (AIES) in Maria Enzersdorf bei Wien und Adjunct Professor an der Webster University Vienna. Nach seiner Tätigkeit am Institut für Europäische Politik (IEP) in Bonn arbeitete er von 1994 bis 2008 am Centrum für angewandte Politikforschung (C·A·P) in München als wissenschaftlicher Mitarbeiter und war dort für Forschungsprojekte zur GASP und zu den europäisch-chinesischen Beziehungen verantwortlich.
www.aies.at/aies/mitarbeiter/algieri.php.

Prof. Dr. *Heinz-Jürgen Axt* ist Professor für Politikwissenschaft mit dem Schwerpunkt Europapolitik und Europäische Integration an der Universität Duisburg-Essen. Er studierte Sozialwissenschaft an der Ruhr-Universität Bochum, promovierte an der Philipps-Universität Marburg und habilitierte an der Technischen Universität Berlin. Zudem ist er Gastprofessor an der Universität des Saarlandes. Er ist jahrelanger Autor des Standardwerks „Jahrbuch der europäischen Integration".
www.uni-due.de/politik/axt.php

Michael Bauer leitet den Nahostbereich am Centrum für angewandte Politikforschung (C·A·P) und ist akademischer Koordinator für die European Studies-Programme der Munich International Summer University (MISU) der Ludwig-Maximilians-Universität (LMU) München. Er ist Mitbegründer des Beratungsnetzwerks Seminar Simulations and Consulting Europe (ssc-europe).
www.cap-lmu.de/cap/mitarbeiter/bauer-michael.php.

Florian Baumann ist wissenschaftlicher Mitarbeiter am Lehrstuhl für Politische Systeme und Europäische Einigung am Geschwister-Scholl-Institut für Politikwissenschaft (GSI) sowie Senior Researcher am Centrum für angewandte Politikforschung (C·A·P) und Mit-Herausgeber der C·A·Perspectives.
www.gsi.uni-muenchen.de/personen/wiss_mitarbeiter/baumann/index.html.

Matthias Belafi ist seit 2007 Geschäftsführer der Kommission für gesellschaftliche und soziale Fragen der Deutschen Bischofskonferenz. Zuvor war er Forschungsassistent am Centrum für angewandte Politikforschung (C·A·P) der LMU München und Junior Fellow am Zentrum für Europäische Integrationsforschung (ZEI) der Universität Bonn.

Prof. Dr. *Andreas Blätte* ist seit 2009 Juniorprofessor für Politikwissenschaft der WestLB-Stiftung Zukunft NRW an der Universität Duisburg-Essen. Von 2001 bis 2009 war er wissenschaftlicher Mitarbeiter an der Universität Erfurt, wo er auch interimistisch stellvertretender Direktor der Willy Brandt School of Public Policy war. Er studierte Politikwissenschaft, Volkswirtschaftslehre und Europarecht an der LMU in München.

Dr. *Martin Brusis* ist wissenschaftlicher Geschäftsführer des Kompetenznetzes „Institutionen und institutioneller Wandel im Postsozialismus" in München. Von 1995 bis 2009 war er als wissenschaftlicher Mitarbeiter am Centrum für angewandte Politikforschung (C·A·P) tätig.
www.gsi.uni-muenchen.de/personen/drittmittel/brusis/index.html.

Dr. *Lars C. Colschen* ist Geschäftsführer des Geschwister-Scholl-Instituts für Politikwissenschaft (GSI) der LMU in München. Zuvor war er als wissenschaftlicher Mitarbeiter am Centrum für angewandte Politikforschung (C·A·P) in der Forschungsgruppe Deutschland u. a. für das Projekt „Bürokratische Regime" zuständig.
www.gsi.uni-muenchen.de/personen/wiss_mitarbeiter/colschen/index.html.

Dr. *Warnfried Dettling*, Ministerialdirektor a.D., war von 1983 bis 1990 Leiter der Abteilung Jugend, Zivildienst und generelle Planung im Bundesministerium für Jugend, Familie, Frauen und Gesundheit. Davor und danach war er als Publizist und in der Politikberatung tätig. Der C·A·P-Fellow lebt gegenwärtig als freier Autor am Bodensee.
www.warnfried-dettling.de/

Janis A. Emmanouilidis ist seit 2009 Senior Policy Analyst und Head of Programme beim European Policy Centre (EPC) in Brüssel. Nach seiner Tätigkeit am Institut für Europäische Politik (IEP) in Bonn arbeitete er von 1999 bis 2007 am Centrum für angewandte Politikforschung (C·A·P) in München als wissenschaftlicher Mitarbeiter und war dort für Forschungsprojekte zur Reform der EU und zur Erweiterung der EU verantwortlich. Zwischen 2007 und 2009 war er Stavros Costopoulos Research Fellow am Hellenic Foundation for European and Foreign Policy (ELIAMEP) in Athen.
www.emmanouilidis.eu.

Eva Feldmann-Wojtachnia ist wissenschaftliche Mitarbeiterin der Forschungsgruppe Jugend und Europa am Centrum für angewandte Politikforschung (C·A·P). Zu ihren Themenschwerpunkten zählen u. a. die europäische Identität, Jugendpartizipation, die Demokratieentwicklung sowie der europäische Integrationsprozess.
www.cap-lmu.de/cap/mitarbeiter/feldmann.php.

Dr. *Peter Frey* ist seit April 2010 Chefredakteur des ZDF. Seit 1983 arbeitet er für den Sender – zuerst als Redakteur und Reporter, dann als Auslandskorrespondent in Washington. Er entwickelte das ZDF-Morgenmagazin, leitete die Hauptredaktion Außenpolitik und das Hauptstadtstudio Berlin. Bei Professor Weidenfeld promovierte er zum Thema "Spanien und Europa: Die spanischen Intellektuellen und die Europäische Integration".
www.zdf.de

Prof. Dr. *Manuel Fröhlich* ist Professor für Internationale Organisationen und Globalisierung an der Friedrich-Schiller-Universität Jena. Zu seinen Forschungsschwerpunkten gehören die Vereinten Nationen, die Politische Philosophie der Internationalen Beziehungen, Global Governance, die Friedens- und Konfliktforschung sowie Arbeiten zum Verhältnis von Persönlichkeit, Sprache und Politik. Er studierte u. a. an der Universität Mainz Politikwissenschaft bei Werner Weidenfeld.
www.iog.uni-jena.de

Michael Garthe ist seit 1994 Chefredakteur der Tageszeitung „Die Rheinpfalz". Er war einer der frühen Mitarbeiter von Professor Weidenfeld am Institut für Politikwissenschaft der Johannes-Gutenberg-Universität Mainz. Der C·A·P Fellow ist Gründungsredakteur des von Werner Weidenfeld und Wolfgang Wessels herausgegebenen Jahrbuchs der Europäischen Integration und wirkte als Redakteur und Autor an zahlreichen Publikationen Weidenfelds mit.

Dr. *Manuela Glaab* ist Akademische Oberrätin am Geschwister-Scholl-Institut für Politikwissenschaft der LMU München und leitet seit 2000 die Forschungsgruppe Deutschland am Centrum für angewandte Politikforschung (C·A·P).

Dr. *Jürgen Gros* ist seit 2005 Bereichsdirektor Vorstandsstab und Kommunikation des Genossenschaftsverbands Bayern e.V. (GVB). Zuvor arbeitete er für den Verband der bayerischen Metall- und Elektroindustrie (VBM), leitete zwischen 1999 und 2003 das Büro des CSU-Generalsekretärs und war von 1994 bis1999 am Centrum für angewandte Politikforschung (C·A·P) in der Forschungsgruppe Deutschland beschäftigt.

Olaf Hillenbrand ist Politikwissenschaftler und war langjähriger wissenschaftlicher Mitarbeiter am Centrum für angewandte Politikforschung (C·A·P) im Bereich der Europa- und Transformationsforschung. Inzwischen leitet er ein Medienbüro in Bad Nauheim.
www.olaf-hillenbrand.de

Markus Hoffmann studierte Politikwissenschaft, Arbeitsrecht und Geographie an der Universität Duisburg-Essen. Von 2005 bis 2006 war er wissenschaftlicher Mitarbeiter am Lehrstuhl "Politisches System der Bundesrepublik Deutschland" und beteiligte sich an der Entwicklung und Planung der NRW School of Governance. Seit Oktober 2006 ist er dort Geschäftsführer.
www.nrwschool.de

Daniel von Hoyer ist Fraktionsgeschäftsführer der Fraktion Bündnis 90/Die Grünen im Bayerischen Landtag. Zuvor war er tätig als Persönlicher Mitarbeiter einer Landtagsabgeordneten (2000-2003) und wissenschaftlicher Projektmitarbeiter am Centrum für angewandte Politikforschung in München (1999-2002). Er studierte Politische Wissenschaften, Volkswirtschaftslehre und öffentliches Recht an den Universitäten Passau und München.

Josef Janning ist Director of Studies des European PolicyCentre (EPC) in Brüssel. Zuvor war er als Senior Director in der Bertelsmann Stiftung verantwortlich für den Bereich Internationale Verständigung, bis 2007 zudem stellvertretender Direktor des Centrums für angewandte Politikforschung (C·A·P) der LMU München.
www.cap-lmu.de/cap/fellows/janning.php

Christian Jung ist Direktor im Geschäftsbereich „Kommunikation – Bildung und Wirtschaft" beim Bundesverband deutscher Banken, Berlin. Nach seinem Studium der Politikwissenschaft, Publizistik und Philosophie an der Johannes Gutenberg-Universität Mainz war er von 1991 bis 1997 zunächst in Mainz, danach in München wissenschaftlicher Mitarbeiter der Forschungsgruppe Europa am Centrum für angewandte Politikforschung (C·A·P).

Dr. *Andreas Kießling* ist Key Account Manager für das Erneuerbare Energien Gesetz im Bereich Political Affairs und Corporate Communications der E.ON AG. Zuvor war er Projektmanager im Bereich „Regieren" der Bertelsmann Stiftung in Gütersloh. Dorthin wechselte er von seiner Stelle als wissenschaftlicher Assistent am Lehrstuhl von Professor Weidenfeld an der LMU München.

Prof. Dr. *Karl-Rudolf Korte* ist Professor für Politikwissenschaft am Institut für Politikwissenschaft der Universität Duisburg-Essen, Direktor der NRW School of Governance und Dekan der Fakultät für Gesellschaftswissenschaften. Er war Gründungsmitglied des C·A·P und leitete dort in den neunziger Jahren die Forschungsgruppe Deutschland. Seine Promotion und Habilitation erfolgten bei Professor Weidenfeld in Mainz bzw. in München.
www.nrwschool.de

Autorinnen und Autoren

Prof. Dr. *Gerd Langguth* lehrt Politische Wissenschaft an der Universität Bonn. Zuvor war er u. a. Mitglied des Deutschen Bundestags, Direktor der Bundeszentrale für politische Bildung, Staatssekretär und Bevollmächtigter des Landes Berlin beim Bund, Leiter der Vertretung der Europäischen Kommission in der Bundesrepublik Deutschland und geschäftsführender Vorsitzender der Konrad-Adenauer-Stiftung e.V.
www.gerd-langguth.de/.

Prof. Dr. *Thomas Leif* absolvierte sein Studium der Politikwissenschaft am Lehrstuhl von Professor Weidenfeld in Mainz, Promotion in Frankfurt am Main. Er ist Mit-Herausgeber des Forschungsjournals Neue Soziale Bewegungen und Chefreporter im Fernsehen SWR Mainz. Zudem moderiert er die SWR-Politik-Talkshow 2+LEIF (thomas.leif@faberdesign.de)
www.2plusleif.de

Dr. *Andreas Meusch* ist Leiter der Landesvertretungen der Techniker Krankenkasse. Der Politikwissenschaftler, der an der Johannes Gutenberg-Universität in Mainz studierte, ist außerdem Gründer des Meusch Verlags mit Sitz in Hamburg.
www.andreas-meusch.de/index.html.

Almut Möller war langjährige wissenschaftliche Mitarbeiterin am Centrum für angewandte Politikforschung (C·A·P) und ist heute Leiterin des Alfred von Oppenheim-Zentrums für Europäische Zukunftsfragen im Forschungsinstitut der Deutschen Gesellschaft für Auswärtige Politik (DGAP) in Berlin.
www.dgap.org/de/user/258.

Dr. *Melanie Piepenschneider* leitet die Politische Bildung der Konrad-Adenauer-Stiftung. Zuvor war sie Leiterin der Akademie der Stiftung in Berlin (1998-2008) und der Abteilung Europaforschung in Sankt Augustin (1991-1998). Ihre berufliche Laufbahn begann sie am Institut für Politikwissenschaft der Johannes-Gutenberg-Universität in Mainz als wissenschaftliche Mitarbeiterin (1986-1991) und als stellvertretende Leiterin der Forschungsgruppe Jugend und Europa (1991); Promotion 1991.
www.kas.de/wf/de/37.333/

Dr. *Reinhardt Rummel* ist seit 2005 Lehrbeauftragter für Politische Wissenschaft am Geschwister-Scholl-Institut für Politikwissenschaft der LMU München und Senior Scholar am Centrum für angewandte Politikforschung (C·A·P). Zuvor war er wissenschaftlicher Mitarbeiter und Forschungsgruppenleiter bei der Stiftung Wissenschaft und Politik (SWP) in Ebenhausen und Berlin.
www.cap-lmu.de/cap/mitarbeiter/rummel.php.

Britta Schellenberg ist zuständig für den Themenbereich „Rechtsextremismus" am Centrum für angewandte Politikforschung (C·A·P). Sie hat mehrere Projekte zu Rechtsextremismus in Deutschland und Europa sowie zu Gegenstrategien durchgeführt. Darüber hinaus ist sie Lehrbeauftragte am Geschwister-Scholl-Institut für Politikwissenschaft der LMU München.
www.cap-lmu.de/cap/mitarbeiter/schellenberg.php.

Dr. *Otto Schmuck* ist Leiter der Europa-Abteilung der Landesvertretung Rheinland-Pfalz in Berlin mit den Arbeitsschwerpunkten Europaministerkonferenz, institutionelle Reformen der EU. Er studierte an den Universitäten Bonn und Mainz und promovierte 1988 bei Professor Weidenfeld zum Thema "Das Europäische Parlament und die Entwicklungspolitik", von 1981 bis 1992 arbeitete er am Institut für Europäische Politik in Bonn, zuletzt als stellv. Direktor; Lehraufträge an der Universität Mainz (1984-1996) sowie von 1989-1994 am Europa-Kolleg Brügge; Leiter des Arbeitskreises „Europa" der Landeszentrale für politische Bildung Rheinland-Pfalz; Mitglied des Stiftungsrates des Europahauses Bad-Marienberg.

Silvia Simbeck studierte Philosophie, Sozial- und Kommunikationswissenschaften in München, Bologna und Kiel. Seit 2005 ist sie Mitarbeiterin an der Akademie Führung & Kompetenz. Im Projekt „Demo-Credit" arbeitet sie am Konzept „Demokratiekompetenz" und „Zertifizierung von Demokratie-Lernen".
www.cap-lmu.de/akademie/team/simbeck.php.

Marion Steinkamp absolvierte den Masterstudiengang Politikmanagement an der NRW School of Governance der Universität Duisburg-Essen. Sie unterstützte ab 2006 die NRW School of Governance als Projektmitarbeiterin und ist seit 2009 hier als Geschäftsführerin tätig. Im Jahr 2011 forschte sie in den USA als Fellow des AICGS zu alternativen Finanzierungsansätzen von kommunalen Haushalten.
www.nrwschool.de

Dr. *Barbara Tham* ist wissenschaftliche Mitarbeiterin der Forschungsgruppe Jugend und Europa am Centrum für angewandte Politikforschung (C·A·P). Neben der europäischen Bildungs- und Jugendpolitik beschäftigt sie sich insbesondere mit den Einstellungen Jugendlicher zu Europa sowie mit Jugendpartizipation und der europäischen Bürgergesellschaft.
www.cap-lmu.de/cap/mitarbeiter/tham.php.

Dr. *Peter Thiery* ist wissenschaftlicher Mitarbeiter am Institut für Politikwissenschaft und Sozialforschung der Universität Würzburg. Von 2002 bis 2009 war er wissenschaftlicher Mitarbeiter am Centrum für angewandte Politikforschung (C·A·P).
www.politikwissenschaft.uni-wuerzburg.de/lehrbereiche/vergleichende/forschung/rechtsstaat_und_informelle_institutionen_dfg/mitarbeiter4/thiery/

Autorinnen und Autoren

Jürgen Turek ist seit 2011 Gründer und Inhaber der Münchner Unternehmensberatung Turek Consultant und Fellow des Centrums für angewandte Politikforschung (C·A·P) der Ludwig-Maximilians-Universität München. Zuvor war er seit 1995 in verschiedenen leitenden Funktionen am C·A·P beschäftigt, von 1998 bis 2010 als Leiter der Forschungsgruppe Zukunftsfragen und von 2001 bis 2007 als Geschäftsführer und zuletzt von 2007 bis 2010 als stellvertretender Direktor.
www.cap-lmu.de/cap/mitarbeiter/turek.php

Susanne Ulrich studierte Politik- und Verwaltungswissenschaften in Konstanz und arbeitet seit 1995 am Centrum für angewandte Politikforschung (C·A·P) im Themenfeld Demokratie- und Toleranzerziehung. Seit 2003 leitet sie die Akademie Führung & Kompetenz. Sie zeichnet verantwortlich für die Adaption internationaler und die Entwicklung eigener Programme und Konzepte für die schulische und außerschulische Bildungsarbeit.
www.cap-lmu.de/cap/mitarbeiter/ulrich.php.

Prof. Dr. *Uwe Wagschal* ist Inhaber der Professur für Vergleichende Regierungslehre an der Albert-Ludwigs-Universität Freiburg. Zuvor lehrte und forschte er an den Universitäten in Bremen, München und Heidelberg. Außerdem war er Senior Political Scientist & Economist bei dem Think Tank Avenir Suisse in Zürich.
http://portal.uni-freiburg.de/politik/professuren/vergleichende-regierungslehre/professor.

Tassilo Wanner ist Referent im Leitungsstab des Bundesministeriums des Innern für Strategische Kommunikation, Internet und Reden. Zuvor war er als Referent in der Planungsgruppe der CSU im Deutschen Bundestag tätig. Er studierte an der LMU (München) und der Georgetown University (Washington, USA) Politische Wissenschaften, Neuere und Neueste Geschichte sowie Volkswirtschaftslehre.

Dr. *Michael Weigl* ist wissenschaftlicher Assistent am Lehrstuhl „Politische Systeme und Europäische Einigung" des Geschwister-Scholl-Instituts für Politikwissenschaft (GSI) und Mitarbeiter der Forschungsgruppe Deutschland (FGD) des Centrums für angewandte Politikforschung (C·A·P) an der LMU München.
www.gsi.uni-muenchen.de/personen/wiss_mitarbeiter/weigl/index.html.

Florian Wenzel hat Sozialwissenschaften, Politische Theorie und Erwachsenenbildung studiert. Er ist selbstständiger Trainer, Moderator und Prozessbegleiter und war bis 2011 wissenschaftlicher Mitarbeiter an der Akademie Führung & Kompetenz. Überdies hat er an der Adaption, Implementierung und Ausbildung von Demokratie-Lernen-Programmen mitgewirkt.
www.philso.uni-augsburg.de/lehrstuehle/paedagogik/paed2/Mitarbeiter/Wenzel.

Neu im Programm Politikwissenschaft

Ulrich von Alemann
Das Parteiensystem der Bundesrepublik Deutschland
Unter Mitarbeit von Philipp Erbentraut | Jens Walther
4., vollst. überarb. u. akt. Aufl. 2011. 274 S. (Grundwissen Politik) Br. EUR 24,95
ISBN 978-3-531-17665-9

In der parlamentarischen Demokratie nehmen Parteien eine zentrale Vermittlerrolle zwischen Staat und Gesellschaft ein. Deshalb ist es wichtig, ihre historische Entwicklung, die rechtlichen Rahmenbedingungen sowie ihre soziologischen Besonderheiten näher zu beleuchten. Über diese Grundfragen hinaus widmen sich die Autoren des Lehrbuchs auch aktuellen Herausforderungen, wie etwa der Parteienverdrossenheit oder der Diskussion um eine gerechte Parteienfinanzierung. Damit bietet dieses Standardwerk eine fundierte, aber zugleich kompakte und verständliche Einführung in das Parteiensystem der Bundesrepublik Deutschland.

Oliver W. Lembcke | Claudia Ritzi | Gary S. Schaal
Zeitgenössische Demokratietheorie
Band 1: Normative Demokratietheorien
ca. EUR 49,95
ISBN 978-3-531-19292-5

Das Buch diskutiert die zentralen Demokratietheorien der letzten Jahrzehnte nach einem einheitlichen Analyseschema. Die Einzeldarstellungen sind eingebettet in die Erörterung der größeren Entwicklungslinien innerhalb der vier zentralen demokratietheoretischen Paradigmen.

Udo Kempf | Jürgen Hartmann
Staatsoberhäupter in der Demokratie
2012. 329 S. mit 21 Tab. Br. EUR 24,95
ISBN 978-3-531-18290-2

Das Staatsoberhaupt zeichnet sich in den etablierten Demokratien durch den größten Variantenreichtum aus. Das konstitutionelle und das politische Format des Amtes klaffen teilweise weit auseinander. Dieses Buch schildert die Rolle des Staatsoberhauptes in Deutschland, Finnland, Frankreich, Italien, Österreich, Polen, den USA und in den europäischen Monarchien. Die an die Typologie demokratischer Regierungssysteme angelehnten Fallstudien erörtern unter anderem die historische Prägung des Staatsoberhauptes und sein Verhältnis zu Parlament und Regierung.

Erhältlich im Buchhandel oder beim Verlag.
Änderungen vorbehalten. Stand: Januar 2012.

Einfach bestellen:
SpringerDE-service@springer.com
tel +49 (0)6221 / 345 – 4301
springer-vs.de

Neu im Programm Politikwissenschaft

Jahn, Detlef
Vergleichende Politikwissenschaft
2011. 124 S. (Elemente der Politik) Br.
EUR 12,95
ISBN 978-3-531-15209-7

Die Vergleichende Politikwissenschaft ist eines der bedeutendsten und innovativsten Teilgebiete der Politikwissenschaft, das durch die Fokussierung auf die vergleichende Methode eine besonders ausgeprägte Analysekraft besitzt. Dieser Band führt auf knappen Raum und in verständlicher Form in alle wichtigen Aspekte der Vergleichenden Politikwissenschaft ein und weist auf die neuesten Entwicklungen der Disziplin hin.

Schmid, Josef
Wohlfahrtsstaaten im Vergleich
Soziale Sicherung in Europa: Organisation, Finanzierung, Leistungen und Probleme
3., überarb. u. akt. Aufl. 2011. 546 S. Br.
EUR 24,95
ISBN 978-3-531-17481-5

Ein Lehrtext zum Problemkreis: Wie funktioniert der Wohlfahrtsstaat in verschiedenen Ländern, mit welchen Problemen und Perspektiven? Untersucht werden unterschiedliche Fälle, Felder und Probleme der Sozialen Scherung, wobei eine enge Verbindung wissenschaftlicher Analyse mit politisch-praktischen Aspekten verfolgt wird. Die vorliegende 3. Auflage wurde umfassend aktualisiert und erweitert.

Theunert, Markus
Männerpolitik
Was Jungen, Männer und Väter stark macht
2012. 300 S. mit 20 Abb. Br. EUR 24,95
ISBN 978-3-531-18419-7

Die rechtliche Gleichstellung ist weit gehend verwirklicht. Bis zur gelebten Chancengleichheit bleibt ein langer Weg. Um ihn zu gehen, braucht es beide Geschlechter. Darin besteht Einigkeit. Doch was ist nun genau der gleichstellungspolitische Beitrag der Jungen, Männer und Väter? Welche Herausforderungen stellen sich ihnen? Welche Anliegen und Perspektiven haben sie? Mit dem vorliegenden Buch liegt erstmals für den deutschen Sprachraum ein Referenzwerk vor, das die Legitimation von Jungen-, Männer- und Väterpolitik(en) klärt; männerpolitische Konzeptionen, Ansätze und Anliegen fachlich fundiert und differenziert; die institutionellen Akteure und deren Politik(en) in Deutschland, Österreich und der Schweiz vorstellt; den Geschlechterdialog stärken und auf Männerseite Leidenschaft für das „Projekt Gleichstellung" entfachen will.

Erhältlich im Buchhandel oder beim Verlag.
Änderungen vorbehalten. Stand: Januar 2012.

Einfach bestellen:
SpringerDE-service@springer.com
tel +49(0)6221/345-4301
springer-vs.de

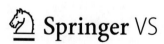

Printed by Publishers' Graphics LLC